KB275931

따라 하면서 배우는

NGUI 유니티 2D 게임 프로그래밍

따라 하면서 배우는

NGUI 유니티 2D 게임 프로그래밍

지은이 송요창
펴낸이 박찬규 엮은이 윤가희 디자인 북누리 표지디자인 아로와 & 아로와나

펴낸곳 위키북스 전화 031-955-3658, 3659 팩스 031-955-3660
주소 경기도 파주시 교하읍 문발리 파주출판도시 535-7 세종출판벤처타운 #311

가격 45,000 페이지 600 책규격 188 x 240mm

초판 발행 2014년 11월 14일
ISBN 978-89-98139-70-4 (13000)

등록번호 제406-2006-000036호 등록일자 2006년 05월 19일
홈페이지 wikibook.co.kr 전자우편 wikibook@wikibook.co.kr

이 도서의 국립중앙도서관 출판시도서목록(CIP)은
서지정보유통지원시스템 홈페이지(http://seoji.nl.go.kr)와
국가자료공동목록시스템(http://www.nl.go.kr/kolisnet)에서 이용하실 수 있습니다.
CIP제어번호 CIP2014031341

따라 하면서 배우는 NGUI 유니티 2 게임 프로그래밍

Unity

위키북스

서문

유니티를 통해서 게임을 만드는 일이 쉬워졌습니다. 만들어진 게임을 아이폰이나 안드로이드 등의 다양한 플랫폼으로 손쉽게 배포할 수도 있고, 어도비 플래시나 애프터 이펙트를 다루듯 손쉬운 조작으로 제작할 수 있기 때문입니다. 하지만 유니티를 이용하더라도 GUI 제작은 여전히 불편했습니다. GUI를 구성하려면 반드시 프로그래밍 작업을 거쳐야만 했고, 이를 확인하려면 번거롭게 게임을 플레이해야만 했습니다. 하지만 NGUI가 출시되면서 프로그래밍 작업을 거치지 않고 GUI를 구성할 수 있게 됐고, 에디터를 이용해 제작된 모습을 미리 확인할 수 있게 됐습니다.

이 책에서는 유니티와 유니티용 GUI 플러그인인 NGUI의 장점을 살펴보고, 실제 게임을 제작하는 흐름을 배울 수 있게 게임 제작 과정을 살펴봅니다. 1장에서는 유니티에 관한 기본적인 내용을 설명하고, 2장에서는 기초적인 2D 두더지 게임을 제작하면서 NGUI의 장점을 설명했습니다. 3장에서는 2D 디펜스 게임을 제작하면서 C# 프로그램, NGUI를 통한 GUI 구성, PHP와 MariaDB를 활용한 간단한 네트워크 작업, 안드로이드 네이티브 환경과의 연계, 페이스북 API를 활용한 소셜 기능 구현 등 NGUI의 구체적인 기능을 자세하게 설명했습니다.

새롭게 게임을 제작하려는 분들에게 게임 플레이 외에도 게임 제작에 필요한 구성 요소로 무엇이 있는지 간단하게나마 설명하고 싶어서 이 책을 쓰게 됐습니다.

먼저 책을 쓸 수 있도록 하신 하나님께 감사드립니다. 사랑하는 가족들과 옆에서 응원하며 1년여 간의 신혼 주말을 혼자 보낸 아내 아름이, 게임 개발을 시작하도록 해준 용성이, 김성욱 대표님 외 아라소 판단 식구들에게 감사를 전합니다.

이 책이 나올 수 있게 고생해주신 박찬규 대표님 외 모든 위키북스 관계자 여러분께 감사합니다.

마지막으로 이 책을 선택하신 독자분께 감사합니다.

2014년 11월 3일

이 책에서 설명하는 소스는 https://github.com/wikibook/ngui에서 내려받을 수 있습니다.

01 유니티 개발 환경 구성

목차

03
심화과정 – 디펜스 게임 만들기

부록

01
유니티 개발 환경 구성

- 유니티 설치
- 유니티 구성 요소
- Hello, Unity!

1장에서 사용하는 전체 소스 코드는 http://github.com/wikibook/ngui/complete/1에서 확인할 수 있습니다.

이번 장에서는 유니티의 설치 방법과 기본 개념을 익힙니다.

유니티 설치

유니티는 그래픽 인터페이스가 어도비의 플래시나 에프터 이펙트와 유사해 디자이너나 기획자가 개발자의 도움 없이 직접 필요한 부분을 수정할 수 있어서 협업하기에 좋은 개발 도구입니다. 그리고 다양한 기기(아이폰, 안드로이드, 윈도우 폰 등)로 애플리케이션을 출시해야 하는 상황을 고려하면 유니티만큼 다양한 포팅을 지원하는 프로그램이 없습니다. 하지만 10버전 이상 출시된 소프트웨어가 아니므로 안정성이 조금 떨어진다는 단점이 있습니다.

먼저 유니티를 설치하는 방법을 알아보겠습니다.

유니티 설치 파일 내려받기

웹 브라우저를 실행하고 유니티 공식 홈페이지에서 유니티를 내려받을 수 있는 페이지(http://unity3d.com/download/)로 이동합니다. [DOWNLOAD UNITY] 버튼을 클릭해 설치 파일을 내려받습니다.

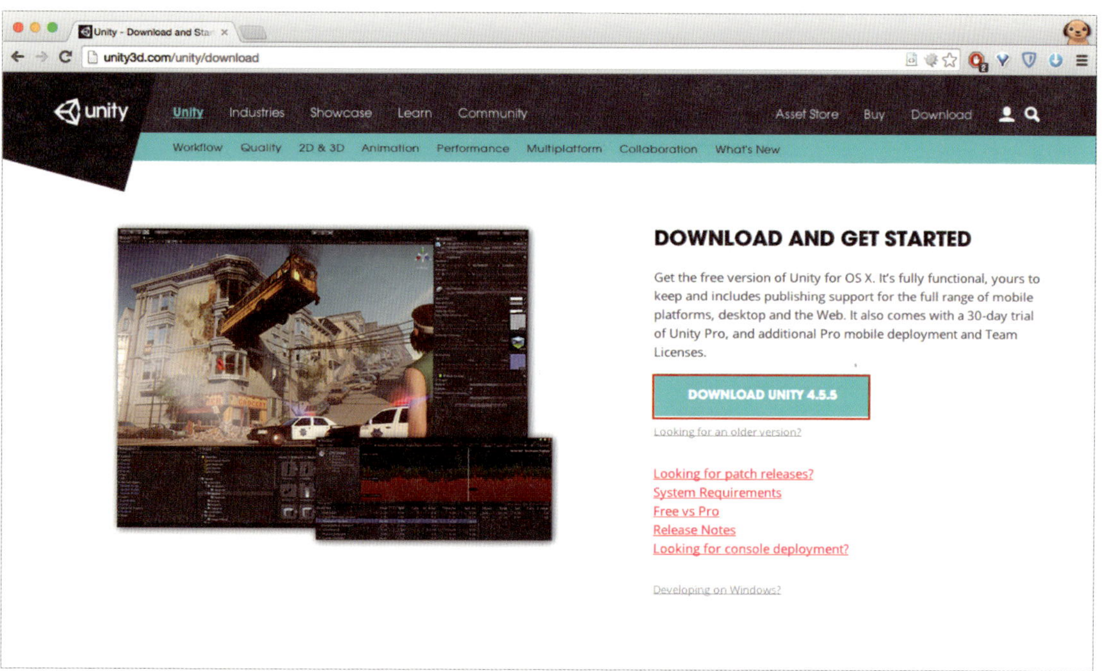

그림 1-1: 유니티 내려받기

사용하는 운영체제에 따라 윈도우나 맥 OS용 파일을 내려받을 수 있는 페이지로 연결되고 내려받기가 시작됩니다.

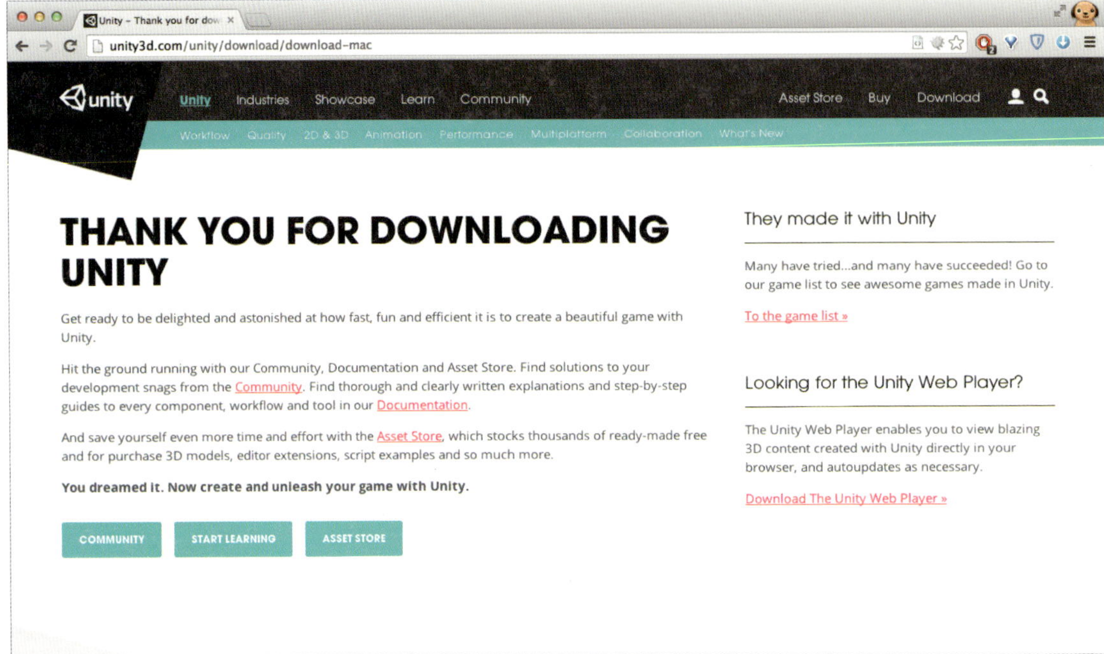

그림 1-2: 유니티 내려받기 시작

윈도우에서 유니티 설치

내려받은 파일을 더블클릭해 설치를 시작합니다.

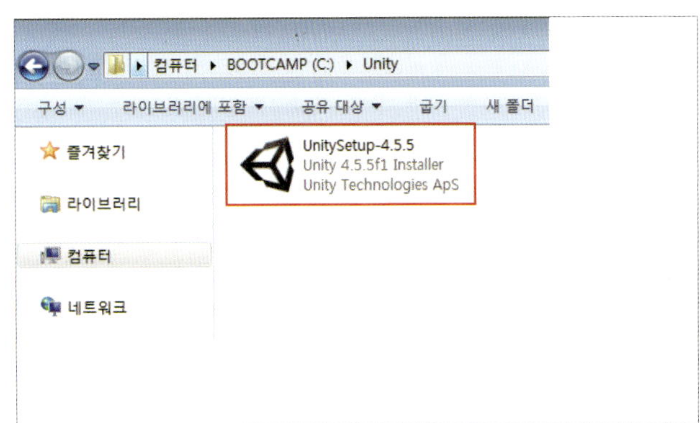

그림 1-3: 윈도우에서 유니티 설치 1

[Next] 버튼을 클릭해 다음으로 진행합니다.

그림 1-4: 윈도우에서 유니티 설치 2

[I Agree] 버튼을 클릭해 라이선스에 동의합니다.

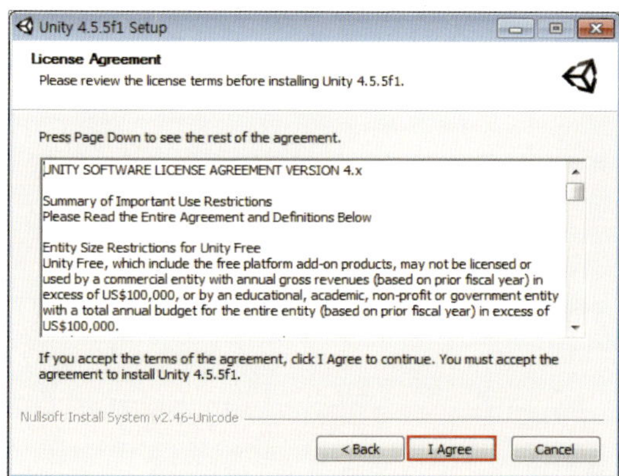

그림 1-5: 윈도우에서 유니티 설치 3

[Next] 버튼을 클릭해 다음으로 진행합니다. 여기에서는 Unity 외에 예제 프로젝트, 유니티 웹 플레이어, MonoDevelop을 선택했습니다. 예제 프로젝트와 유니티 웹 플레이어는 선택사항이지만 별도의 프로그래밍 도구가 없는 경우 MonoDevelop은 반드시 선택해야 합니다.

Unity 4.5.5f1 Setup
Choose Components
Choose which features of Unity 4.5.5f1 you want to install.
Check the components you want to install and uncheck the components you don't want to install. Click Next to continue.
Select components to install:
Unity
Example Project
Unity Development Web Player
MonoDevelop
Space required: 5.4GB
Nullsoft Install System v2.46-Unicode
< Back
Next >
Cancel

그림 1-6: 윈도우에서 유니티 설치 4

유니티를 설치할 경로를 지정하고 [Install] 버튼을 클릭해 설치를 시작합니다.

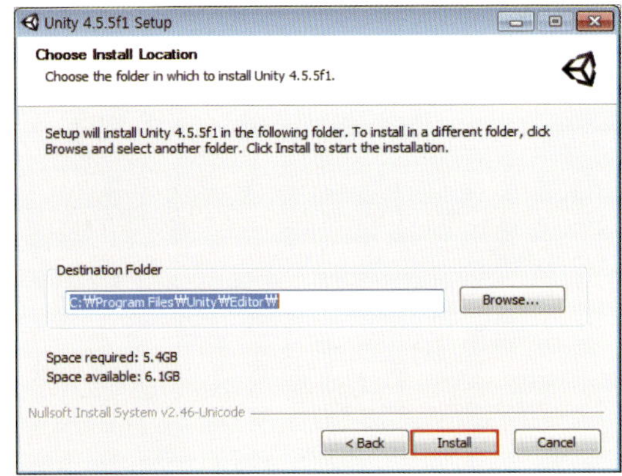

그림 1-7: 윈도우에서 유니티 설치 5

[Finish] 버튼을 클릭해 설치를 마칩니다.

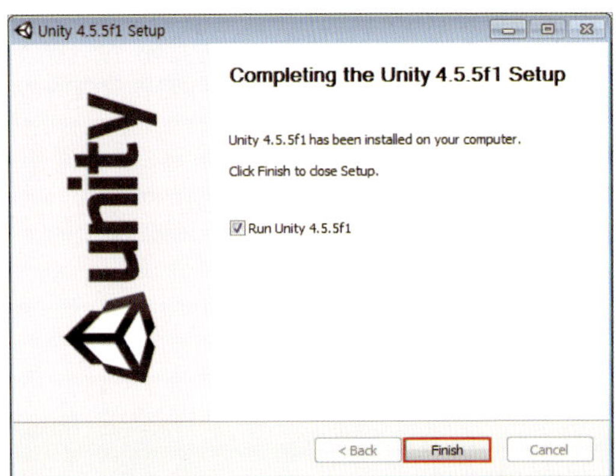

그림 1-8: 윈도우에서 유니티 설치 종료

윈도우에서 유니티 실행

설치가 완료되면 윈도우의 시작 버튼을 누르고 [모든 프로그램] → [Unity] → [Unity 실행 파일]을 클릭해 유니티를 시작합니다.

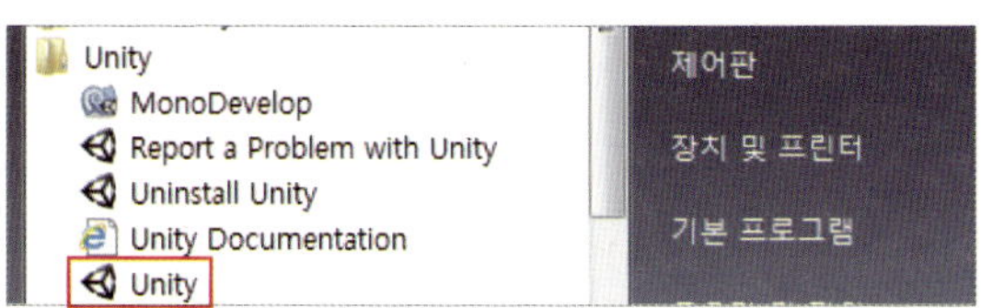

그림 1-9: 윈도우 시작 메뉴에서 유니티 실행

맥에서 유니티 설치

내려받은 파일을 더블클릭해 설치를 시작합니다.

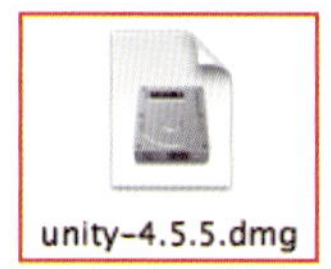

그림 1-10: 맥에서 유니티 설치 1

유니티를 더블클릭합니다.

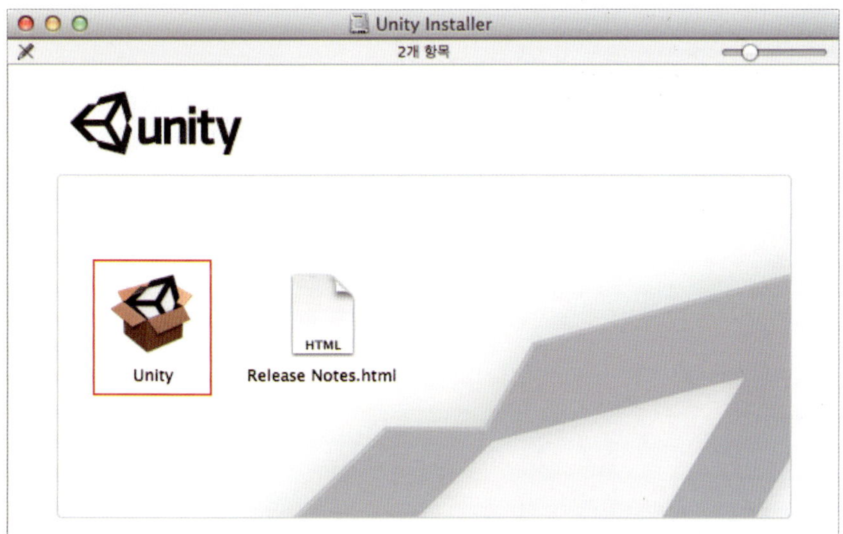

그림 1-11: 맥에서 유니티 설치 2

[계속] 버튼을 클릭해 다음으로 진행합니다.

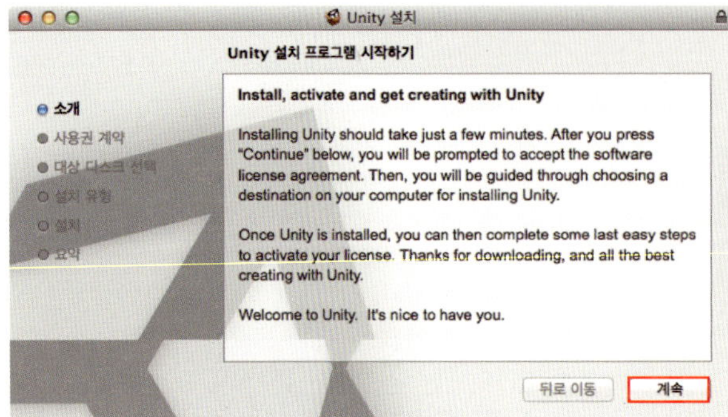

그림 1-12: 맥에서 유니티 설치 3

[계속] 버튼을 클릭해 다음으로 진행합니다.

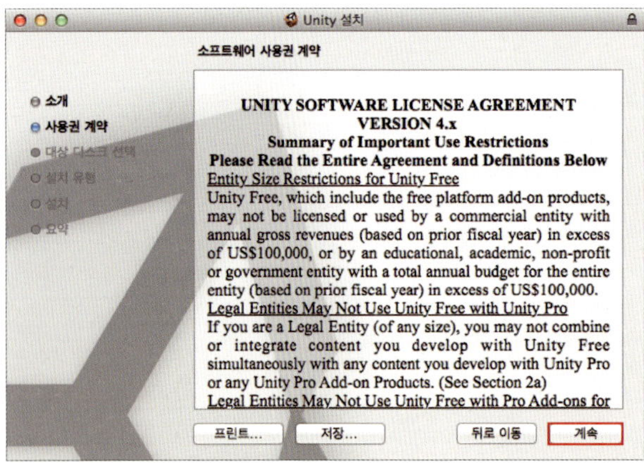

그림 1-13: 맥에서 유니티 설치 4

유니티를 설치할 경로를 지정하고 [설치] 버튼을 클릭해 설치를 시작합니다.

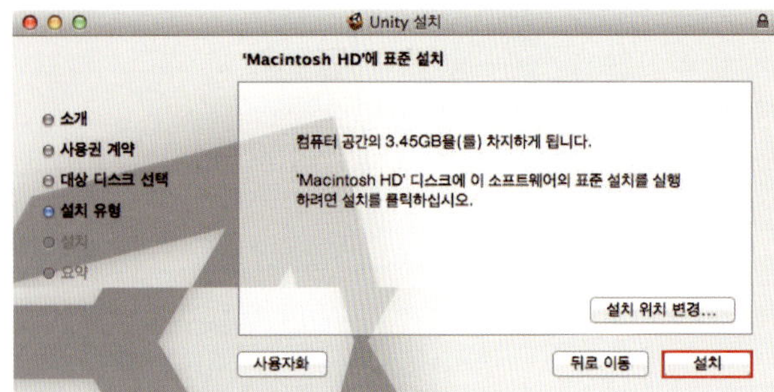

그림 1-14: 맥에서 유니티 설치 5

[닫기] 버튼을 클릭해 설치를 마칩니다.

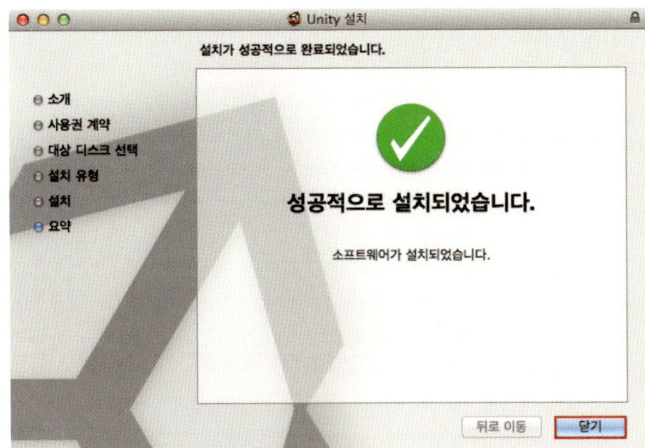

그림 1-15: 맥에서 유니티 설치 완료

맥에서 유니티 시작

[응용 프로그램] → [Unity] → [Unity 실행 파일]을 선택해 유니티를 시작합니다.

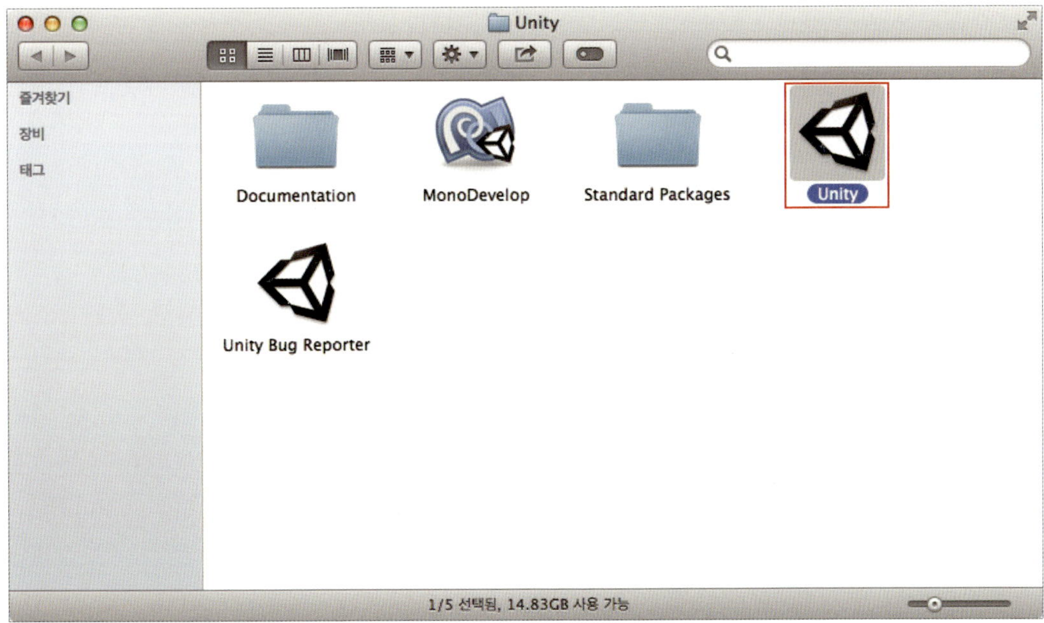

그림 1-16: 맥에서 유니티 실행

유니티 인증

유니티를 실행하면 인증을 진행하는 License 창이 열립니다. 아래와 같이 3가지 옵션을 선택할 수 있으나 여기서는 처음 유니티를 사용한다고 가정하고 설명하겠습니다.

Activate the exsiting serial number you received in your invoice
유니티에서 사용할 수 있는 시리얼 넘버로 인증할 때 선택합니다.
Activate the free version of Unity
유니티 프리 버전 라이선스로 인증할 때 사용합니다.
Activate a free 30-day trial of Unity Pro
유니티 프로 버전 라이선스로 30일간 사용하고자할 때 선택합니다.

표 1-1: 유니티 라이선스 종류

팁

유니티 프리(Free) 버전은 네이티브 코드 플러그인, 코드를 이용한 비동기 처리, 오디오 필터 등을 지원하지 않으며 프리 버전으로 애플리케이션을 제작하면 유니티 로고가 삽입됩니다. 프로(Pro) 버전과의 자세한 차이는 아래 링크에서 확인할 수 있습니다.

- http://unity3d.com/kr/unity/licenses

Activate the free version of Unity에 체크(❶)하고 [OK] 버튼을 클릭(❷)해 다음으로 진행합니다.

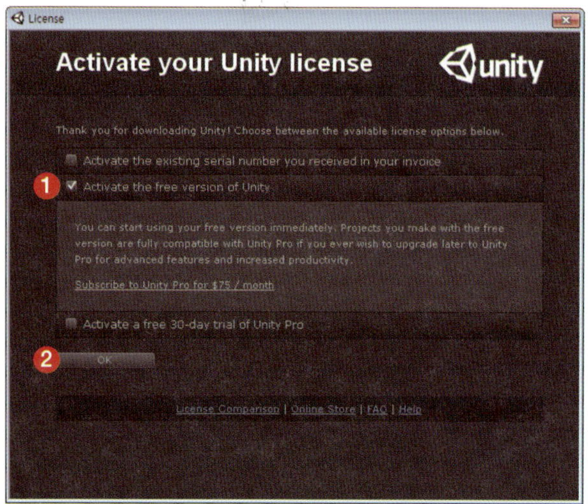

그림 1-17: 유니티 인증

유니티 아이디가 있다면 이메일(❶)과 비밀번호(❷)를 입력하고 [OK] 버튼을 클릭(❸)합니다. 유니티 아이디가 없다면 [Create Account] 버튼을 클릭(❹)해 가입한 후 사용합니다.

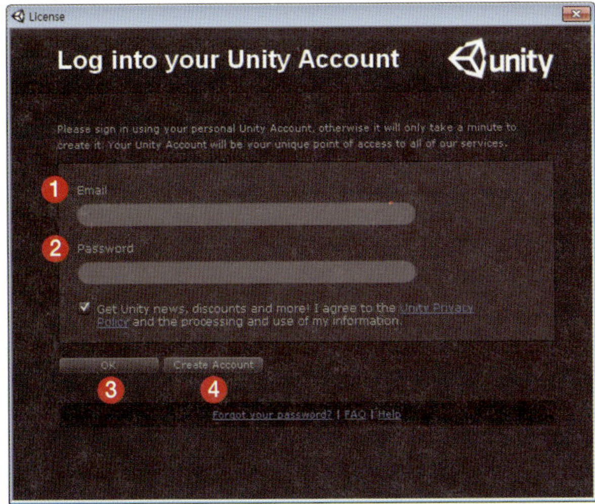

그림 1-18: 유니티 인증 받기

인증이 완료되면 [Start using Unity] 버튼을 클릭해 유니티를 시작합니다 이 책에서는 네이티브 코드 플러그인 기능을 소개하기 위해 유니티 프로 4.5.5 버전에서 검증을 완료했습니다.

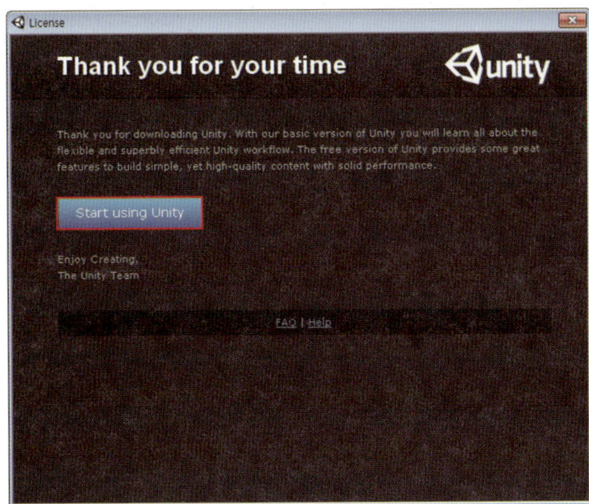

그림1-19: 유니티 인증받기 완료

유니티 구성 요소

유니티로 게임을 제작하면서 가장 많이 접하는 UI 뷰와 기본 구성 요소를 살펴보고 어떤 용도로 사용하는지 익힙니다. 구성 요소를 익혀두면 유니티가 더는 낯설게 느껴지지 않으므로 공부하는 데 큰 도움이 됩니다.

UI 뷰

유니티에는 고유한 역할을 수행하는 다양한 UI 뷰가 있으나 게임을 개발할 때 자주 이용하는 뷰는 프로젝트 브라우저(Project Browser), 하이어라키(Hierarchy), 인스펙터(Inspector), 씬 뷰(Scene View), 게임 뷰(Game View)입니다. UI 뷰를 하나씩 살펴보면서 각 뷰의 특징을 알아보겠습니다.

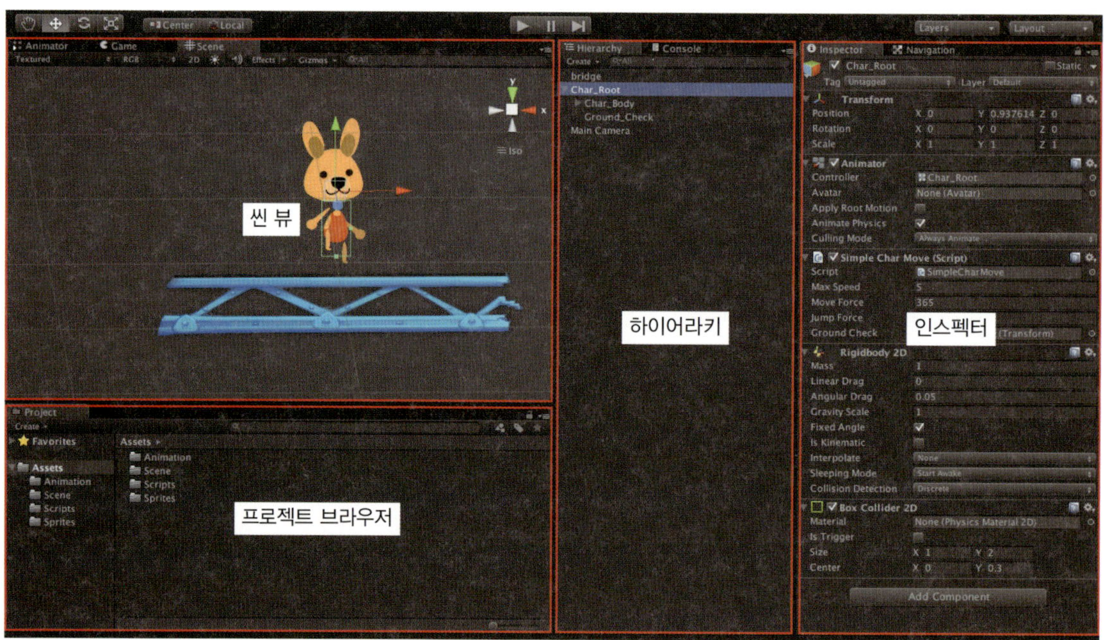

그림 1-20: 유니티 UI 뷰

프로젝트 브라우저

프로젝트 브라우저는 마치 창고처럼 게임에서 사용하는 모든 구성 요소를 등록하고 관리합니다. 예를 들어 주인공 캐릭터가 걸어갈 때 효과음을 재생하려면 먼저 프로젝트 브라우저에 효과음을 등록해야만 씬에 배치해 재생할 수 있습니다.

팁

유니티의 모든 UI 뷰는 마음대로 위치를 변경하고 떼어내 별도로 구성할 수 있습니다. 정형화된 방법으로 사용하도록 강요하지 않으므로 각자 편한 방법대로 설정합니다.

하이어라키

프로젝트 브라우저가 창고라면 하이어라키는 현재 사용 중인 소품 목록과 같습니다. 유니티에서 게임을 제작한다는 것은 씬에 구성 요소를 배치하는 것을 뜻하는데 각 씬에 배치한 구성 요소를 트리 구조를 이용해 체계적으로 보여주는 뷰가 하이어라키입니다.

인스펙터

인스펙터는 선택한 구성 요소의 자세한 정보를 보여줍니다. 원하는 구성 요소를 하이어라키에서 선택하면 인스펙터에 선택한 구성 요소의 자세한 정보가 나타납니다. 간단한 특성을 설정하는 일부터 수정하거나 적용하는 대부분의 일을 처리하는 영역이 인스펙터이므로 유니티의 모든 UI 뷰 중에서 가장 많이 사용하게 됩니다.

씬 뷰와 게임 뷰

유니티는 씬을 이용해 게임에서 필요한 구성 요소를 나누어 관리합니다. 메인 메뉴를 제작하는 씬이 있는가 하면 적과 전투를 하는 씬을 제작해 사용할 수도 있습니다. 이처럼 사용자가 다양하게 제작한 씬을 시점을 변경해 가며 배치한 구성 요소를 살펴볼 수 있게 도와주는 영역이 씬 뷰입니다. 이에 비해 게임 뷰는 유니티 카메라로 나타내고자 하는 것을 제한적으로 표현하는데 이 모습이 게임을 하는 사용자가 접하는 실제 게임 화면과 같습니다.

그림 1-21: 게임 뷰

툴 바

툴 바는 5가지 기본 컨트롤을 포함하고 있습니다. 실제로는 유니티 화면 상단에 길게 표현되지만 각 부분을 나눠서 설명하겠습니다.

그림 1-22: 툴 바

툴 바	이름	설명
	트랜스폼 툴	씬 뷰에서 바라보고 있는 위치를 변경하거나 게임 오브젝트의 위치, 회전, 크기 등을 변경할 때 사용합니다.
 Center Local	트랜스폼 기즈모(Gizmo) 버튼	토글 버튼으로 누를 때마다 Center와 Pivot, Local과 Global로 변경됩니다.
	플레이, 포즈, 스텝 버튼	게임 뷰의 플레이 상황을 변경하는 데 사용합니다.
 Layers	레이어 드롭다운 메뉴	씬 뷰에 표시할 오브젝트 레이어(Layer)를 선택할 때 사용합니다.
 Layout	레이아웃 드롭다운 메뉴	사용자에 맞게 설정한 유니티의 UI 뷰를 저장하거나 불러올 때 사용합니다.

표 1-2: 툴 바의 기본 컨트롤 설명

용어설명

기즈모(Gizmo)

게임 오브젝트의 좌표축이나 영역 등 게임 제작의 편의를 위해서 씬 뷰에 추가된 가상의 그래픽 오브젝트로 게임 뷰에는 나타나지 않습니다.

레이어(Layer)

간단히 설명하면 게임 오브젝트를 그룹으로 묶는 기능입니다. 예를 들어 게임을 제작할 때 획득한 점수나 남은 시간 등을 알려주는 UI와 게임 플레이에 사용되는 게임 오브젝트를 카메라 A와 카메라 B로 각각 렌더링하게 됩니다. 그런데 카메라 B에 UI가 렌더링되면 중복으로 표시됩니다. 이런 문제를 피하기 위해서 씬 뷰의 모든 게임 오브젝트에 레이어를 지정하고 카메라 컴포넌트에서 표현할 레이어를 지정하는 것입니다.

레이어 개념은 NGUI를 배우면서 어떤 용도로 사용하는지 확실히 배울 수 있습니다.

기본 구성 요소

유니티에서 사용하는 기본 구성 요소는 크게 게임 오브젝트(GameObject)와 컴포넌트(Component)로 나눌 수 있습니다. 나머지 요소는 이 두가지 요소를 효과적으로 사용하기 위해서 존재합니다. 가장 중요한 게임 오브젝트부터 알아보겠습니다.

게임 오브젝트와 컴포넌트

게임에 사용되는 모든 구성 요소는 게임 오브젝트입니다. 하지만 게임 오브젝트만으로는 게임에서 어떤 역할도 할 수 없습니다. 게임 오브젝트에 다양한 특징을 더해 주인공 캐릭터가 되기도 하고 배경이나 특수 효과가 되기도 합니다. 이렇게 게임 오브젝트에 더해 특정한 역할을 할 수 있게 하는 것이 컴포넌트입니다. 마치 레고 블럭을 어떻게 조합하는가에 따라 자동차가 되기도하고 우주선이 되기도하는 것처럼 유니티는 게임 오브젝트에 컴포넌트를 더해 게임에 활용합니다.

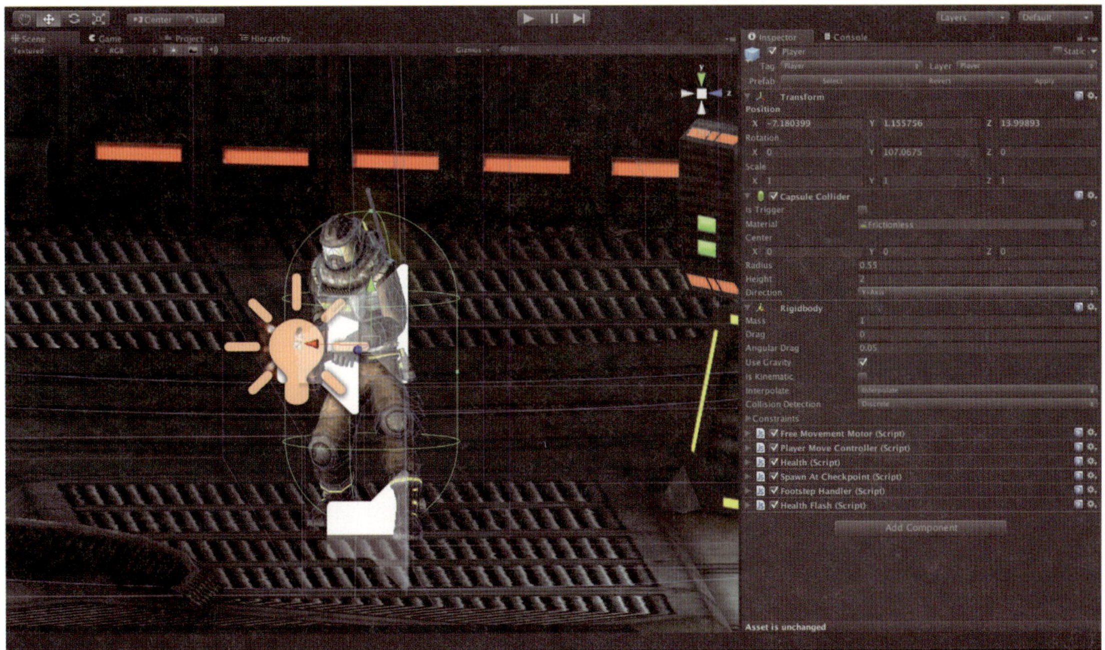

그림 1-23: 다양한 컴포넌트로 구성된 게임 오브젝트

스크립트

스크립트는 모든 게임의 필수 요소입니다. 사용자의 입력을 받아 상황에 따라 처리하거나 캐릭터의 실제 동작 제어, 인공 지능을 가진 적 생성, 그래픽 효과 발생 등 다양한 곳에 사용하기 때문입니다. 레고 블럭을 조합해 만든 자동차를 사용자의 조종에 따라 움직일 수 있게 처리하는 것이 스크립트라고 할 수 있습니다.

씬

씬은 게임에서 활용하는 오브젝트를 포함하고 있습니다. 어떤 오브젝트를 포함하느냐에 따라서 메인 메뉴가 될 수도 있고 게임을 플레이하는 씬이 될 수도 있습니다.

프리팹

프래핍은 씬에서 제작한 게임 오브젝트를 프로젝트 브라우저에 저장해 재사용할 수 있게 해줍니다. 주인공 캐릭터처럼 자주 사용하는 게임 오브젝트를 매 씬마다 빈 게임 오브젝트를 생성한 후 컴포넌트를 추가해 기능을 구현해야 한다면 오랜 시간이 소모됩니다. 프리팹은 이와 같은 불편을 해결해줍니다.

Hello, Unity!

유니티의 구성 요소를 살펴봤지만 사실 이것만으로 어떻게 유니티를 사용하는지 알 수 없습니다. 이제 게임 뷰에 "Hello Unity!"라는 메시지를 출력해보면서 유니티의 구성 요소를 활용해 보겠습니다. 이 예제를 통해 씬, 게임 오브젝트, 스크립트의 사용 방법을 익힐 수 있습니다.

새로운 프로젝트 생성

유니티의 모든 씬과 게임 오브젝트는 프로젝트 단위로 관리되므로 게임을 만들기 위해 첫 번째로 해야 할 일은 프로젝트를 생성하는 것입니다. 마치 워드프로세서에서 문서를 작성하려면 새로운 문서를 만들어야 하는 것과 같습니다.

주 메뉴의 [File] → [New Project...]를 클릭하면 새로운 프로젝트를 생성할 수 있는 프로젝트 위저드(Project Wizard) 창이 열립니다.

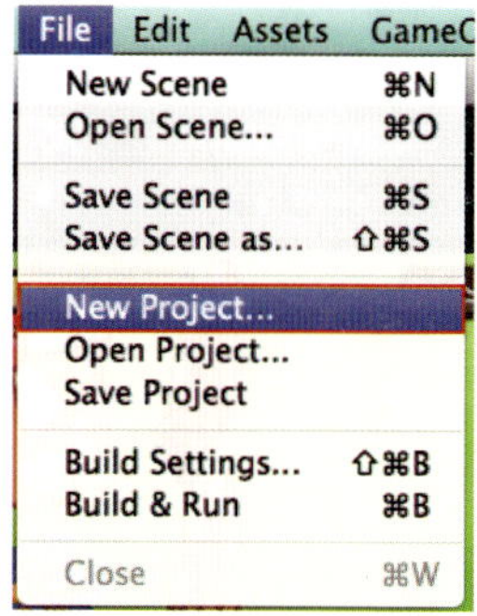

그림 1-24: 새 프로젝트 생성

프로젝트 위저드 창에서 [Set...] 버튼을 클릭(❶)하면 Create New Project 창이 나타납니다. Where에 프로젝트를 생성할 경로를 선택하고 Save As에 프로젝트 명을 입력한 후 [Save] 버튼을 클릭(❷)해 저장합니다.

윈도우 운영체제에서는 프로젝트 위저드 창에서 [Set...] 버튼이 아닌 [Browse...] 버튼으로 표시됩니다. 이 외에도 맥 OS를 기준으로 예제를 작성했기 때문에 윈도우 운영체제와 작은 차이가 있을 수 있습니다.

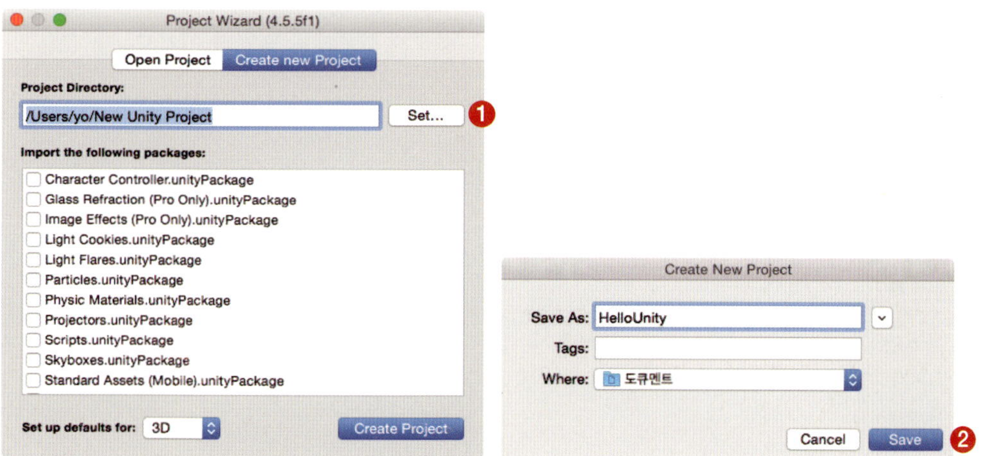

그림 1-25: 프로젝트 명, 프로젝트 생성 경로 지정

[Create Proejct] 버튼을 클릭해 프로젝트를 생성을 마무리합니다.

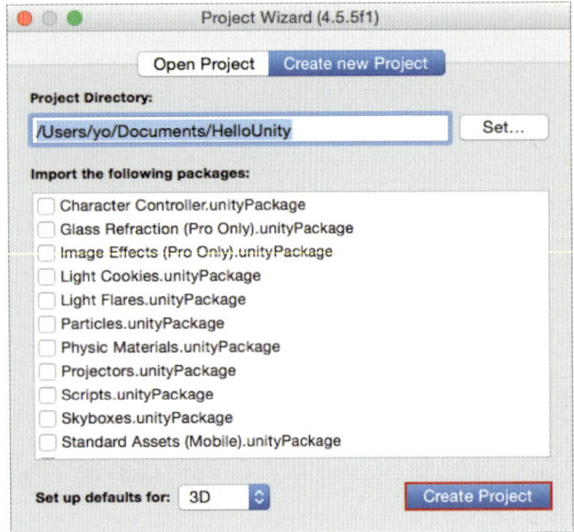

그림 1-26: 프로젝트 생성 완료

새로운 씬 생성

유니티에서 게임을 만든다는 것은 씬에 게임 오브젝트를 배치하는 것이라고 했습니다. 바꿔 말하면 유니티에서 어떤 작업을 하려면 반드시 씬이 필요합니다. 따라서 프로젝트를 생성하면 유니티는 이름없는(Untitled) 씬을 자동으로 생성합니다. 이렇게 만들어진 씬을 저장해 사용해도 되지만 여기서는 새로운 씬을 생성하는 방법을 배우기 위해서 기본적인 절차대로 진행하겠습니다.

주 메뉴의 [File] → [New Scene]을 클릭해 새로운 씬을 생성합니다.

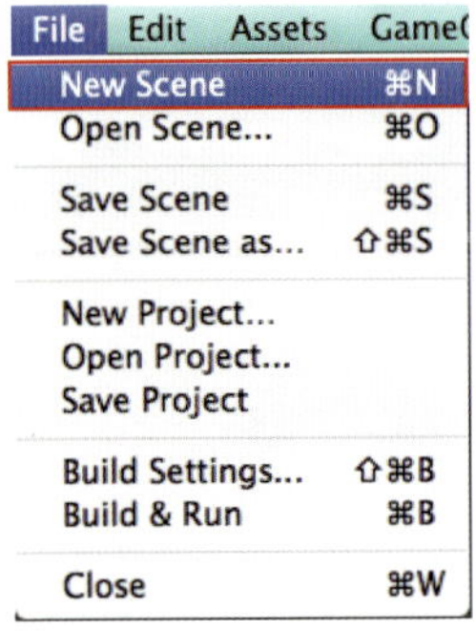

그림 1-27: 새로운 씬 생성

팁

새로운 씬을 생성할 때 이름없는(Untitled) 씬을 저장할지 묻는 팝업 창이 뜰 수 있습니다. 필요에 따라 [Save]나 [Don't Save] 버튼을 클릭해야 하는데 지금은 아무런 작업을 하지 않았으므로 [Don't Save] 버튼을 클릭합니다.

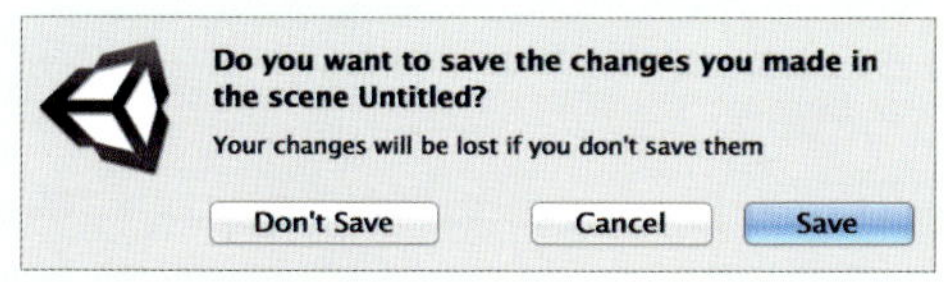

그림 1-28: 새로운 씬 생성 시 나타나는 팝업 창

게임 오브젝트 생성

컴포넌트나 스크립트를 유니티에 배치하려면 게임 오브젝트가 필요합니다. 여기서는 빈 게임 오브젝트를 생성하겠습니다.

주 메뉴의 [Game Object] → [Create Empty]를 클릭해 빈 게임 오브젝트를 생성합니다.

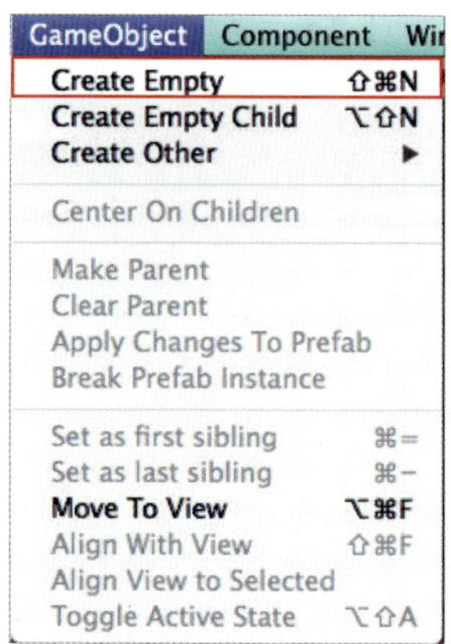

그림 1-29: 빈 게임 오브젝트 생성

스크립트 생성

마지막으로 'Hello Unity!'라는 메시지를 화면에 출력하는 스크립트를 작성합니다. 먼저 생성한 빈 게임 오브젝트에 추가할 스크립트를 생성해야 합니다.

주 메뉴의 [Asset] → [Create] → [C# Script]를 클릭해 새로운 스크립트를 생성합니다.

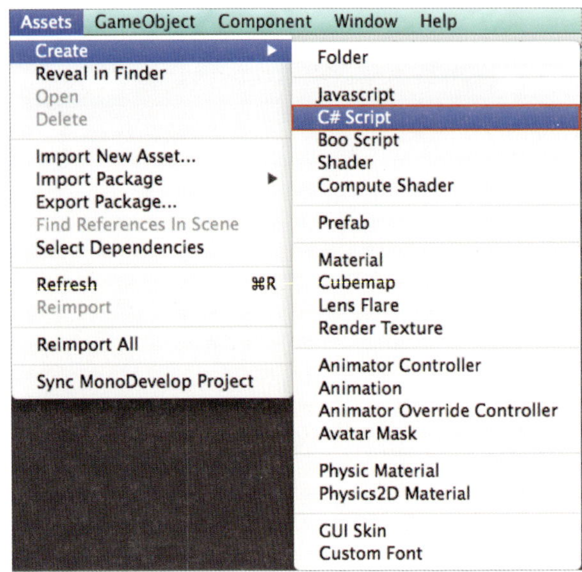

그림 1-30: C# 스크립트 생성

새로운 스크립트를 생성하면 프로젝트 브라우저에서 파일명이 NewBehaviourScript인 C# 스크립트가 생성(❶)된 모습을 볼 수 있습니다. NewBehaviourScript는 스크립트를 생성하면 기본적으로 붙여지는 이름인데 그대로 사용하면 나중에 각 스크립트가 어떤 역할을 하는지 구분하기가 어렵습니다. 이런 문제를 방지하기 위해서 새로운 스크립트를 생성한 후 커서가 위치해있을 때 스크립트 이름을 GuiScript로 변경(❷)합니다.

팁

만약 새로운 스크립트를 생성했을 때 스크립트 이름을 변경하지 못한 경우 프로젝트 브라우저에서 스크립트를 선택한 후 Enter 키(윈도우에서는 F2키)를 눌러 이름을 변경합니다. 그리고 스크립트 편집기에서 public class 뒤에 있는 newBehaviourScript라는 이름도 변경한 이름과 동일하게 변경해야 합니다.

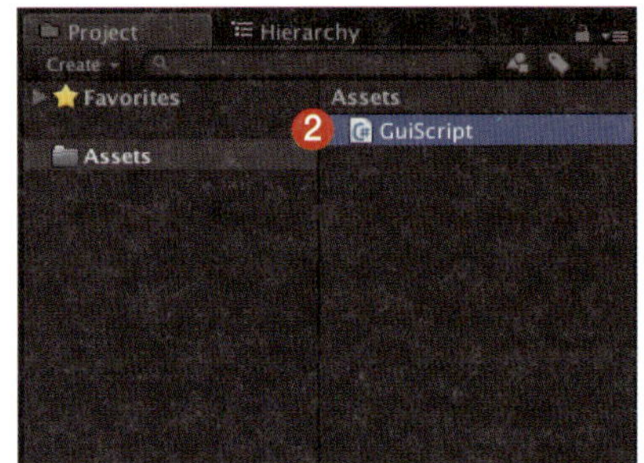

그림 1-31: 생성된 스크립트 이름 변경

스크립트 편집기 실행

새로 생성한 GuiScript를 작성하려면 유니티가 제공하는 기본 스크립트 편집기인 MonoDevelop을 실행해야 합니다. 스크립트 편집을 위해서 매번 MonoDevelop을 실행하고 파일을 선택하는 불편을 덜기 위해서 유니티는 스크립트를 편집하는 다양한 방법을 제공합니다.

첫째는 프로젝트 브라우저에서 원하는 스크립트(여기서는 GuiScript)를 선택하고 인스펙터에서 [Open...] 버튼을 클릭하는 방법입니다. 둘째는 프로젝트 브라우저에서 원하는 스크립트를 더블클릭하는 방법입니다. 편한 방법으로 스크립트 편집기를 실행해 스크립트를 편집하면 됩니다.

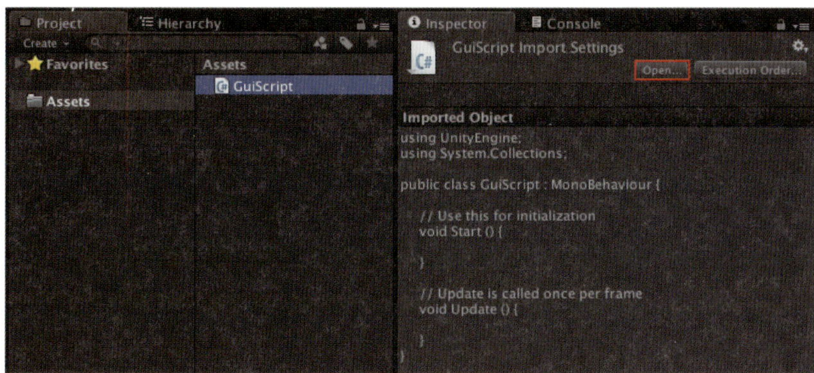

그림 1-32: 스크립트 편집기 실행

MonoDevelop이 실행되면 GuiScript 파일을 편집할 수 있습니다.

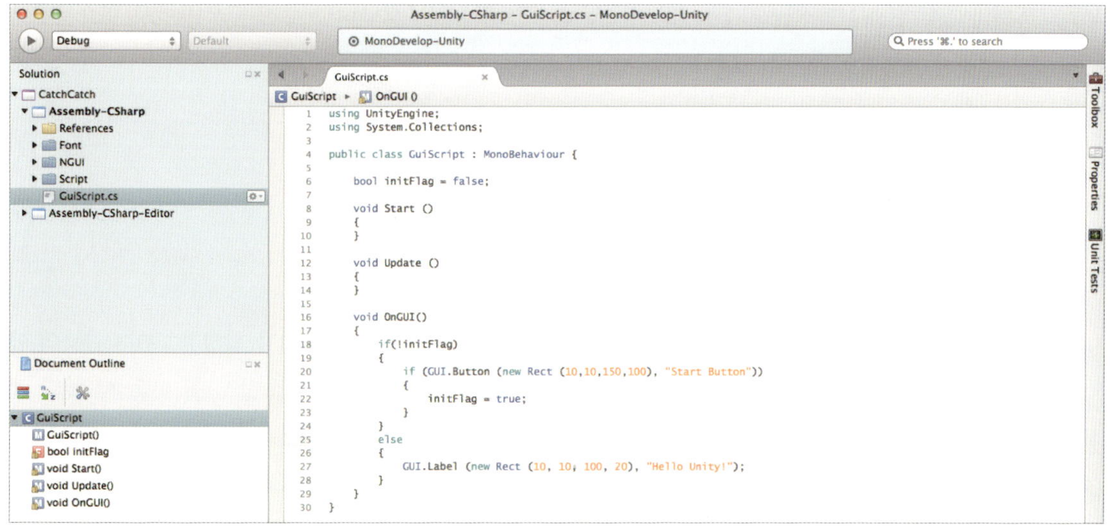

그림 1-33: MonoDevelop

스크립트 구조 살펴보기

먼저 GuiScript를 살펴보면서 기본적인 스크립트 구조를 배워보겠습니다. 프로그래밍 언어를 한번이라도 접해봤다면 더 쉽게 이해할 수 있는 내용이고, 프로그래밍 언어를 전혀 접해보지 않았더라도 쉽게 이해할 수 있는 내용이므로 부담없이 시작하면 좋겠습니다.

예제 1-1: GuiScript.cs

```
using UnityEngine;
using System.Collections;

public class GuiScript : MonoBehaviour {

    void Start ()
    {
    }

    void Update ()
    {
    }
}
```

예제 1-1의 첫 번째, 두 번째 줄에서는 using 지시문을 사용했습니다. using 지시문은 네임스페이스를 사용해 관련된 스크립트를 묶어놓은 일종의 스크립트 모음을 GuiScript에서 사용하겠다고 선언하는 문장입니다. 특히 UnityEngine과 System.Collections 네임스페이스는 유니티 스크립트에 반드시 필요하므로 스크립트를 생성하면 자동으로 추가됩니다.

용어설명

네임스페이스(namespace)

컴퓨터의 폴더처럼 관련된 스크립트를 포함하고 있는 범위를 지정합니다.

using 지시문 아래에 있는 public class GuiScript : MonoBehaviour는 우리가 생성한 GuiScript의 클래스를 선언하는 문장입니다. 클래스란 객체지향 프로그래밍에서 객체(혹은 인스턴스)를 만들 때 해당 객체가 어떤 역할을 하는지 알려주는 청사진과 같은 역할을 합니다. 그리고 클래스를 활용해 만든 객체는 철저히 정의된 내용에 따라 작동합니다.

아래 표는 예제 1-1의 클래스 선언 형식을 설명한 것입니다.

형식	[액세스 한정자] class [클래스명] : [상속받을 클래스 명] { …(중략)… } 혹은 [액세스 한정자] class [클래스명] { …(중략)… }	
예	public class GuiScript : MonoBehaviour { …(중략)… }	
	class	클래스 선언임을 명시
	GuiScript	클래스의 이름
	:	상속받을 클래스를 콜론(:) 뒤에 명시
	MonoBehaviour	GuiScript 클래스가 상속받을 클래스 명
	{ … }	중괄호는 정의된 클래스가 어느 부분까지 인지 나타냄

표 1-3: 클래스 선언 형식

용어설명

액세스 한정자(access modifier)

처방전이 없이도 구매할 수 있는 일반 의약품과 처방전이 필요한 전문 의약품처럼 프로그래밍에서도 클래스 앞에 액세스 한정자를 붙여 해당 클래스를 어떤 객체가 사용할 수 있는지 명시합니다. 액세스 한정자로는 private, (default), protected, public 등이 올 수 있으며, 유니티에서 사용하는 스크립트는 어떤 곳에서든 사용할 수 있는 public 액세스 한정자를 사용합니다.

상속(inheritance)

상속은 다른 클래스에 정의한 동작을 재사용하거나 확장 및 수정해 새로운 클래스를 만들 수 있게 합니다.

팁

괄호는 반드시 여는 괄호와 닫는 괄호의 짝을 맞춰 사용해야 합니다. 흔히 프로그래밍에서는 괄호만 잘 닫아도 에러가 없다고 말할 정도로 기초 중의 기초이나 많은 실수가 나오는 부분이기도 합니다. 앞으로 프로그래밍하면서 에러가 발생한다면 반드시 괄호를 짝 맞춰 사용했는지 의심해보기 바랍니다.

GuiScript의 void Start()와 void Update()는 메서드입니다. 두 가지 메서드 모두 MonoBehaviour의 메서드를 재정의 한 것으로 사용 방법은 차차 배워가겠습니다.

용어설명

메서드(method)

메서드는 일련의 명령문을 포함한 블럭으로 시작과 끝은 중괄호를 이용해 나타냅니다. 보통 사용하고자 하는 메서드에 필요한 입력값을 지정해 메서드에 포함된 명령문을 실행합니다.

스크립트 작성

GuiScript에서 처리하고자하는 것을 다시 정리해 보면 화면에 Start Button을 띄우고 버튼을 클릭했을 때 'Hello Unity!' 라는 메시지가 출력되게 하는 것입니다. 이 일을 처리하기 위해서 먼저 GuiScript가 상속받은 MonoBehaviour 클래스의 메서드 중에서 OnGUI 메서드를 사용하겠습니다. 예제 1-2와 같이 void Update 아래에 void OnGUI를 추가합니다.

예제 1-2: GuiScript.cs

```
---(전략)---
    void OnGUI()
    {
    }
---(후략)---
```

Start, Update, OnGUI 메서드는 모두 메서드 명 앞에 void라는 반환 형식을 가집니다. 메서드는 값을 반환할 수 있는데 이때 어떤 형식의 값이 반환되는지 메서드 명 앞에 명시하는 것입니다.

용어설명

반환 형식(return value)

메서드가 명령문을 실행한 후 반환하는 값의 형식을 나타냅니다. 예를 들어 메서드를 실행한 결과 정수를 반환한다면 정수형인 int를, 문자열을 반환한다면 String을, 아무런 반환 값일 없을 때에는 void를 사용합니다.

이제 OnGUI 메서드에서 GUI 클래스를 활용해 버튼을 만들어 보겠습니다. GUI 클래스는 앞서 설명한 UnityEngine 네임스페이스에 소속된 클래스로 게임의 GUI를 만들 때 사용합니다. 버튼을 만들려면 GUI 클래스의 Button 메서드를 활용하면 됩니다. GUI.Button 메서드는 2가지 인수를 전달해야 하는데 첫째는 위치와 크기를 정의하는 Rect 인스턴스(Rect 클래스로 만든 객체)이고 둘째는 버튼에 표시할 이름인 String 인스턴스입니다.

용어설명

도트 연산자(dot operator)

도트 연산자는 클래스 멤버에 접근할 때 사용합니다. 앞서 사용한 GUI.Button은 GUI클래스의 Button 메서드에 접근해 해당 메서드를 사용하겠다는 의미입니다. 클래스를 이용해 생성한 객체(인스턴스)의 멤버에도 같은 방식으로 접근해 사용할 수 있습니다. 유니티 스크립트를 사용할 때 자주 사용하는 연산자이므로 반드시 알아둬야 합니다.

예제 1-3: GuiScript.cs

```
---(전략)---
    void OnGUI()
    {
        GUI.Button (new Rect (10,10,150,100), "Start Button");
    }
---(후략)---
```

Rect 인스턴스는 new 연산자를 활용해 생성했고, String 인스턴스는 아무런 연산자 없이 쌍따옴표에 문자열만 입력했습니다. 우선 String 인스턴스는 int, float, bool 등과 같이 기본 자료형에 속하므로 new 연산자를 활용해 생성하지 않아도 자동으로 new 연산자를 활용한 것과 같은 역할을 합니다. 그에 비해 Rect는 new 연산자를 이용해 생성해야 합니다. 이때 4가지 인수를 전달해 초기 값을 지정합니다. 전달할 4가지 인수는 버튼의 x위치 값, 버튼의 y 위치 값, 버튼의 너비(width), 버튼의 높이(height)입니다.

GUI.Button 메서드에 활용한 값을 해석하면 게임 뷰의 (10, 10) 위치에 너비가 150이고 높이가 100인 버튼을 만들고 버튼의 이름을 Start Button으로 하라는 의미입니다.

용어설명

new 연산자(operators)

객체(혹은 인스턴스)를 만들고 생성자(constructors)를 호출하는데 사용합니다. 사용 방법은 다음과 같습니다.

ClassA1 [변수명] = new ClassA1();

예외로 int, float, bool 등의 기본 자료형은 new 연산자로 생성자를 호출하지 않아도 new 연산자를 활용한 것과 같은 효과를 발휘합니다.

생성자(constoructors)

클래스를 이용해 객체를 만들 때마다 해당 생성자가 호출됩니다. 생성자를 이용해 해당 객체의 기본값을 설정하거나 객체를 제한하는 등 융통성을 발휘할 수 있습니다.

GUI.Button 메서드의 반환형은 Boolean 타입이고 버튼이 눌렸을 때 true가 반환됩니다. GUI.Button의 반환값을 활용해 버튼이 눌렸는지 확인하고, 버튼이 눌렸다면 GUI.Label 메서드를 이용해 화면에 'Hello Unity!'라는 메시지를 출력해 보겠습니다.

예제 1-4: GuiScript.cs

```
---(전략)---
bool hasClickedButton = false;
---(후략)---
```

먼저 버튼이 눌렸는지 버튼의 상태를 저장할 bool(Boolean타입의 별칭) 타입의 멤버를 필드로 추가합니다. bool 형식의 필드를 추가하는 이유는 GUI.Button 메서드의 반환 값이 bool 형이므로 해당 값을 저장하려면 bool 형식의 필드여야 하기 때문입니다. 이는 마치 220V 콘센트에 110V 플러그를 꽂을 수 없는 것과 같은 이치입니다.

용어설명

멤버(members)

클래스의 데이터(data)나 동작(behavior)을 나타내는 것으로 쉽게 말하면 클래스에 속한 모든 것이 멤버입니다. 멤버의 종류로는 필드, 상수(constants), 속성(properties), 메서드, 이벤트(events) 등 다양합니다.

필드(field)

클래스 멤버의 하나로 클래스 내부(중괄호 안)에 직접 선언된 임의 형식(any type)의 변수(variable)입니다. 유니티 스크립트에서는 액세스 한정자를 붙이지 않고 필드를 선언하면 자동으로 private으로 설정됩니다.

변수(variable)

변수는 숫자 값, 문자열 값 또는 클래스의 객체를 나타냅니다. 변수에 저장되는 값은 변경할 수 있지만 변수의 이름은 그대로 유지됩니다. 쉽게 떠올릴 수 있는 것은 수학 시간에 자주 등장하는 x나 y입니다.

예제 1-5: GuiScript.cs

```
---(전략)---
    void OnGUI()
    {
        if(!hasClickedButton)
        {
            if (GUI.Button (new Rect (10, 10, 150, 100), "Start Button"))
            {
                hasClickedButton  = true;
            }
        }
```

```
        else
        {
            GUI.Label (new Rect (10, 10, 100, 20), "Hello Unity!");
        }
    }
---(후략)---
```

OnGUI 메서드에 if 조건문(Selection Statements)을 추가해 GUI.Button 메서드의 반환 값이 true라면 hasClickedButton 필드에 true 값을 할당하고 hasClickedButton 필드가 ture일 때 GUI.Label 메서드를 이용해 화면에 'Hello Unity!'라는 메시지를 출력합니다.

OnGUI 메서드는 GuiScript가 상속받은 MonoBehaviour의 영향으로 게임을 실행하는 동안 반복해서 실행됩니다. OnGUI 메서드의 내용을 자세히 설명하면, 먼저 hasClickedButton 필드가 false일 때 버튼을 표시합니다. hasClickedButton의 초깃값이 false이므로 게임을 처음 실행하면 화면에 버튼이 표시됩니다. 사용자가 버튼을 클릭하면 GUI.Button 메서드가 true를 반환하므로 if문 안의 명령문이 실행돼 hasClickedButton이 true 값을 가지게 됩니다. 그러면 hasClickedButton 값에 의해서 else 문으로 이동되어 GUI.Label 메서드를 이용해 화면에 'Hello Unity!'가 출력됩니다.

예제 1-6은 지금까지 작성한 GuiScript의 전체 코드입니다.

예제 1-6: GuiScript.cs

```
using UnityEngine;
using System.Collections;

public class GuiScript : MonoBehaviour {

    bool hasClickedButton = false;

    void Start ()
    {
    }

    void Update ()
    {
    }
```

```
        void OnGUI()
        {
            if(!hasClickedButton)
            {
                if (GUI.Button (new Rect (10, 10, 150, 100), "Start Button"))
                {
                    hasClickedButton = true;
                }
            }
            else
            {
                GUI.Label (new Rect (10, 10, 100, 20), "Hello Unity!");
            }
        }
    }
```

게임 오브젝트에 GuiScript 스크립트 추가

게임 오브젝트에 앞서 작성한 스크립트를 적용하겠습니다. 하이어라키에서 앞서 생성한 GameObject를 선택(❶)하고 인스펙터에서 [Add Component] 버튼을 클릭(❷)합니다. 검색창에 guiScript라고 입력(❸)해 검색된 Gui Script를 선택하면 GameObject에 Gui Script가 추가(❹)됩니다.

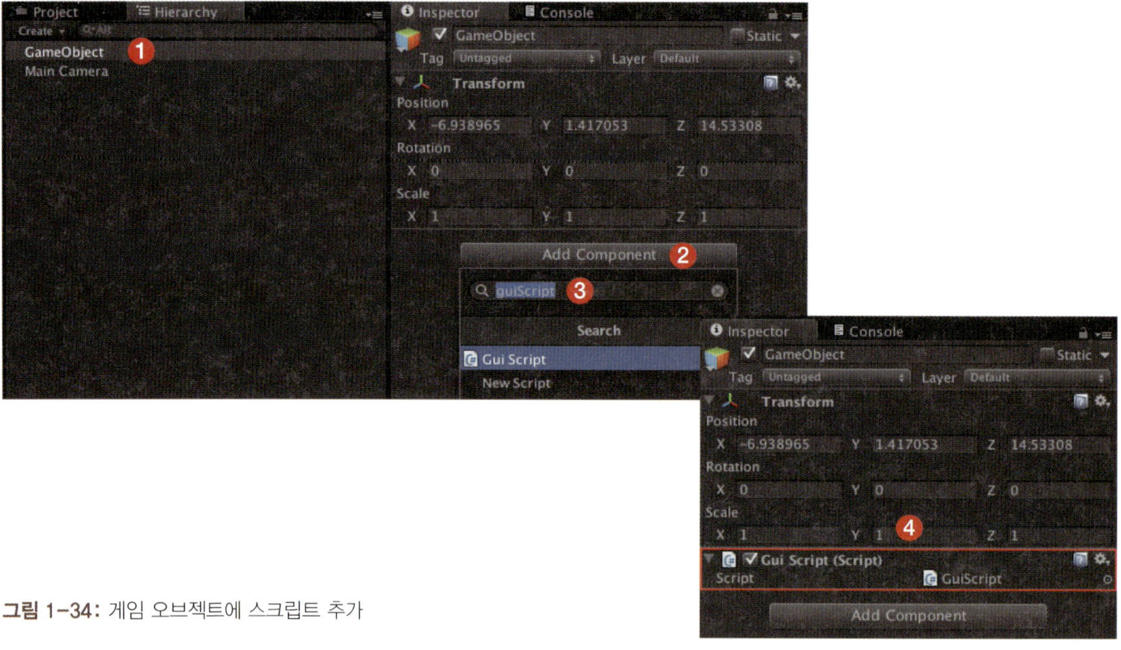

그림 1-34: 게임 오브젝트에 스크립트 추가

실행 및 씬 저장

툴 바의 플레이 버튼을 클릭하면 게임 뷰에서 직접 버튼을 눌러볼 수 있습니다. 화면의 버튼을 클릭하면 Hello Unity!라는 메시지가 출력되는 모습을 확인할 수 있습니다.

그림 1-35: 결과 확인

마지막으로 씬을 저장해 앞으로 해당 씬을 불러오면 동일한 결과를 확인할 수 있게 합니다. 씬을 저장하려면 주 메뉴의 [File] → [Save Scene]을 클릭(❶)합니다. Save Scene 창에서 씬 이름을 HelloUnity로 입력(❷)하고 경로를 선택(❸)한 후 [Save] 버튼을 클릭(❹)합니다.

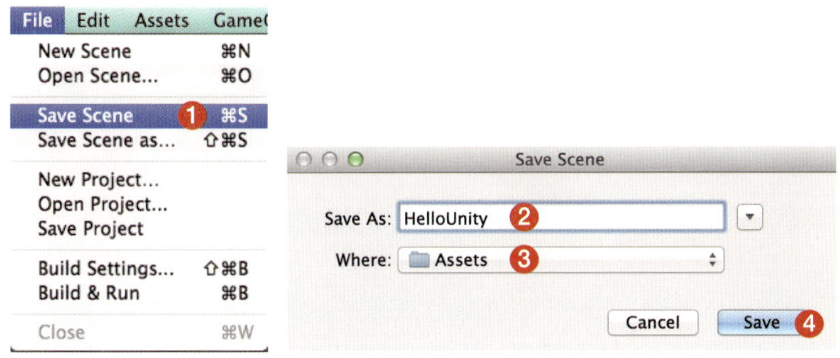

그림 1-36: 씬 저장

저장이 완료되면 프로젝트 브라우저에서 저장된 씬을 확인할 수 있습니다.

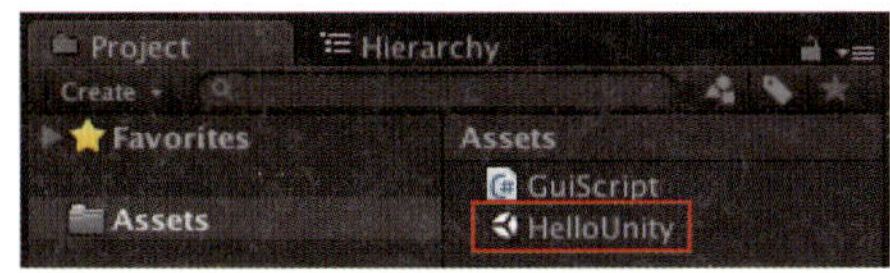

그림 1-37: 저장된 씬 확인

02

기초과정 - NGUI로 두더지 게임 만들기

- 게임 제작 준비
- 배경 유저 인터페이스 구성
- 두더지 만들기
- 두더지 활용
- 두더지 게임 마무리
- 두더지 게임 난이도 조절
- 두더지 게임 정리

2장에서 사용하는 전체 소스 코드는 http://github.com/wikibook/ngui/complete/2에서 확인할 수 있습니다.

간단한 터치 조작으로 누구나 손쉽게 즐길 수 있는 두더지 게임을 제작하면서 크게 2가지를 살펴보겠습니다. 첫째는 유니티에서 가장 널리 사용되는 UI 시스템인 NGUI입니다. 둘째는 유니티에서 사용자와 게임이 상호작용하는 방식입니다. 이를 통해서 게임 제작의 흐름을 익힐 수 있습니다.

게임 제작 준비

앞서 작성한 유니티 예제는 부족한 부분이 많습니다. 유니티의 GUI클래스와 OnGUI 메서드를 사용하는 것만으로 컴퓨터 처리 능력의 30% 이상이 소모됩니다. 이런 문제 때문에 유니티 개발자 중 71%가 NGUI를 사용해 부족한 부분을 보완하고 있습니다. 이번 장에서는 두더지 게임을 제작하는 데 필요한 준비 작업을 하면서 NGUI v3.x 버전을 기준으로 NGUI의 기능을 살펴봅니다.

NGUI

NGUI는 타샤렌 엔터테인먼트(Tasharen Entertainment)에서 제작했으며 유니티의 에셋 스토어에서 95달러(약 10만원)에 판매하고 있습니다. NGUI는 유저 인터페이스를 편리하게 구성할 수 있도록 다양한 편의를 제공합니다. 또한 직관적으로 사용할 수 있어 프로그래밍 언어에 친숙하지 않은 디자이너도 손쉽게 사용할 수 있습니다. NGUI를 구매할 수 있는 에셋 스토어의 주소와 NGUI를 소개한 페이지의 주소는 다음과 같습니다.

- **에셋 스토어**
  http://u3d.as/content/tasharen-entertainment/ngui-next-gen-ui/2vh

- **NGUI 소개**
  http://www.tasharen.com/?page_id=140

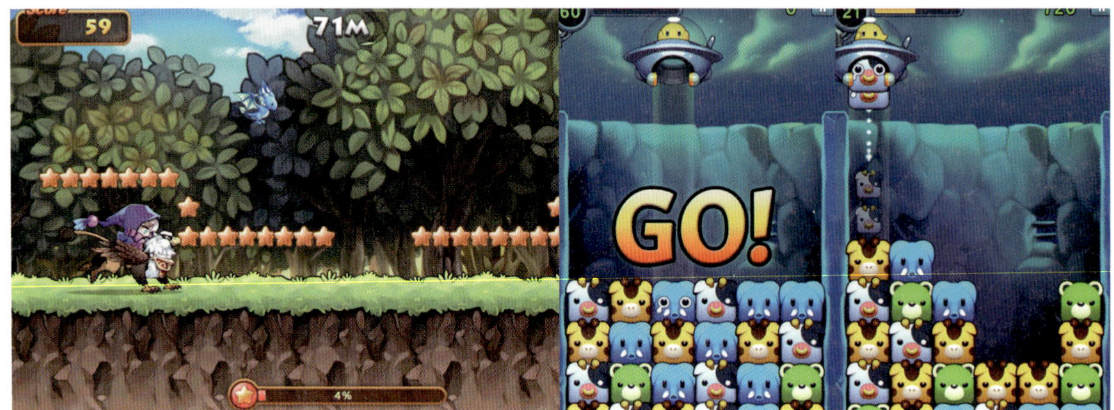

그림 2-1: NGUI를 활용한 게임(템플런, 서브웨이 서퍼, 윈드러너, 퍼즐 주주)

NGUI의 주요 특징으로는 씬 뷰와 게임 뷰를 동일하게 표현해주는 기능과 별도의 인터페이스를 사용하지 않고 인스펙터만으로 여러 기능을 조절할 수 있는 점이 있습니다. 아주 당연한 특징이지만 유니티의 GUI 클래스를 사용하면 반드시 게임을 플레이해서 구성한 유저 인터페이스를 확인해야 했고, 조절도 스크립트에서만 할 수 있었습니다. 이런 불편함을 덜어주는 기능 외에도 다양한 유저 인터페이스 프리셋을 제공해서 편리하게 유저 인터페이스를 제작할 수 있다는 장점이 있습니다.

그림 2-2: NGUI 씬 뷰(왼쪽)와 게임 뷰(오른쪽) 비교

아틀라스 제작

유니티에서는 이미지를 출력할 때마다 드로우콜이 발생합니다. 따라서 많은 이미지를 사용할수록 많은 드로우 콜이 발생돼 그래픽 장치를 독점하여 게임이 느려질 수 있습니다. 이런 문제를 방지하기 위해서 사용하는 용도가 비슷한 여러 이미지를 한 장의 이미지로 만들어서 관리하는데 이를 아틀라스(Atlas)라고 합니다. 이번에는 두더지 게임에 사용할 아틀라스를 만들어 보겠습니다.

용어설명

드로우 콜(Draw Call)

드로우 콜은 그래픽 장치를 통해서 얼마나 많은 이미지를 화면에 표현하고 있는지 나타냅니다. 게임을 만들다보면 캐릭터의 텍스처, 그래픽 유저 인터페이스, 이펙트 등이 겹쳐져서 많은 드로우 콜이 발생할 수 있습니다.

그림 2-3: 아틀라스 예제

새로운 프로젝트 생성

주 메뉴의 [File] → [New Project...]를 클릭해 두더지 게임을 작성할 새로운 프로젝트를 생성합니다. 이때 프로젝트 명은 catchcatch로 저장합니다.

File Edit Assets Game(

New Scene ⌘N
Open Scene... ⌘O
Save Scene ⌘S
Save Scene as... ⇧⌘S
New Project...
Open Project...
Save Project
Build Settings... ⇧⌘B
Build & Run ⌘B
Close ⌘W

그림 2-4: 새로운 프로젝트 생성

이미지 추가

두더지 게임에 사용할 이미지를 추가하기에 앞서 이미지를 저장할 폴더를 생성합니다. 프로젝트 브라우저의 [Create] 버튼을 클릭(❶)한 다음 Folder를 선택(❷)해 폴더를 생성합니다.

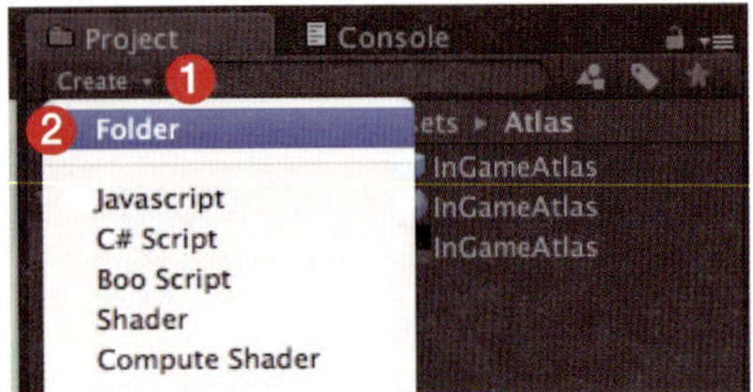

그림 2-5: 폴더 생성

New Folder라는 폴더가 생성(❶)되면 폴더명을 GUI로 변경(❷)합니다.

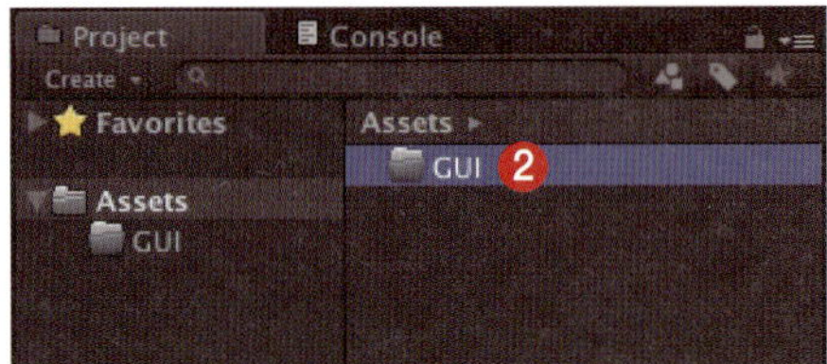

그림 2-6: 생성된 폴더 이름 변경

GUI에 추가할 파일을 먼저 내려받아야 합니다. 웹 브라우저에서 다음 주소(https://github.com/wikibook/ngui)로 이동한 후에 모든 소스를 내려받습니다. 내려받은 파일의 2-1/GUI로 이동해 두더지 게임에 사용할 이미지를 프로젝트 브라우저의 GUI 폴더에 끌어다 놓습니다.

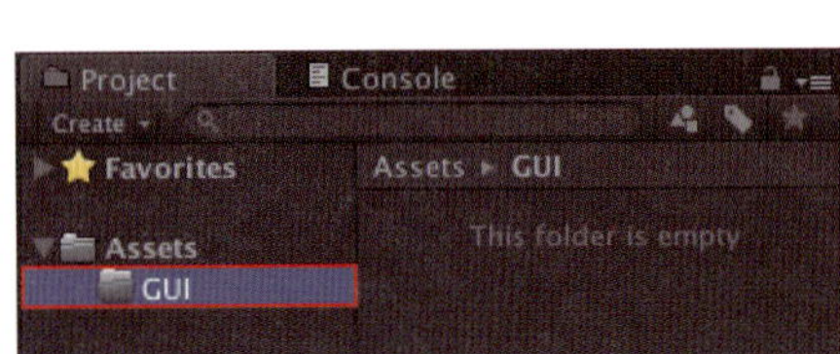

그림 2-7: 이미지 추가

팁

깃허브의 사용법이 익숙지 않으면 https://github.com/wikibook/ngui로 이동한 뒤 오른쪽 아래에 있는 [Download ZIP]을 클릭하여 모든 소스를 내려받은 후에 압축을 해제하여 사용하면 됩니다.

NGUI 추가

NGUI는 유니티의 기본 기능이 아니므로 별도로 추가해야 합니다. NGUI를 추가하려면 먼저 주 메뉴의 [Window] → [Asset Store]를 클릭해 에셋 스토어를 실행합니다.

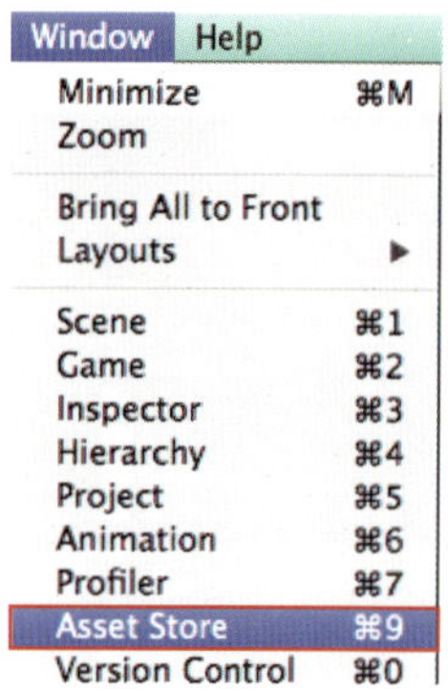

그림 2-8: 에셋 스토어 실행

에셋 스토어에서 NGUI를 검색(❶)해 [Buy] 버튼을 클릭(❷)해 구매합니다. 구매가 완료되면 [Buy] 버튼이 [Import] 버튼으로 변경되고, [Import] 버튼을 누르면 Import package 창이 열립니다.

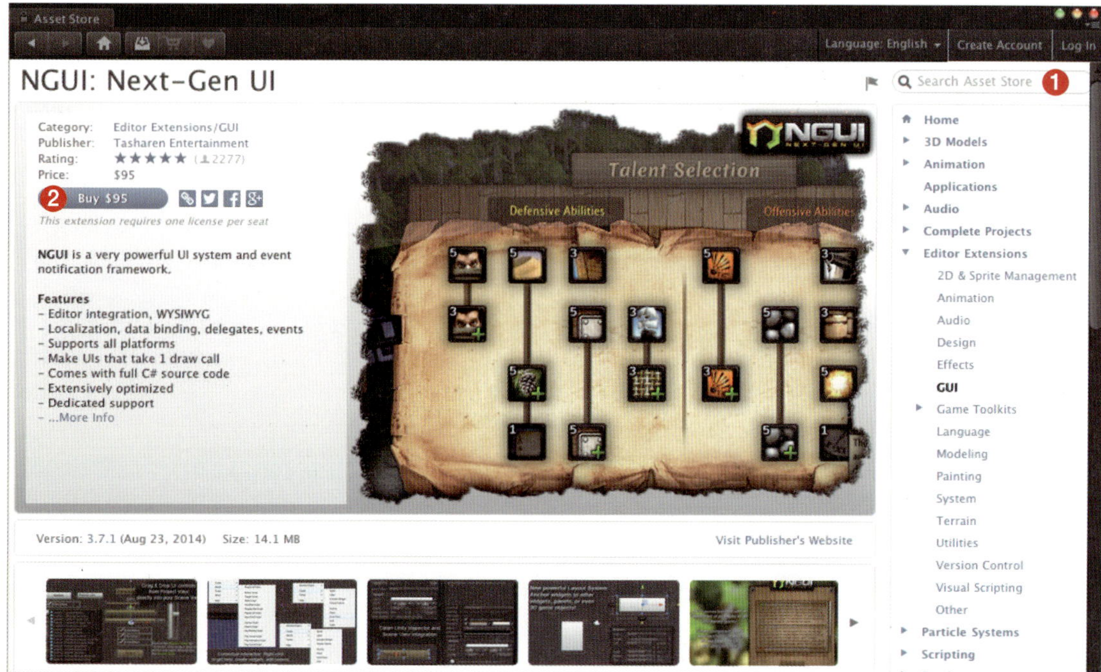

그림 2-9: 에셋 스토어

Importing package 창에서 [Import] 버튼을 클릭해 NGUI를 추가합니다.

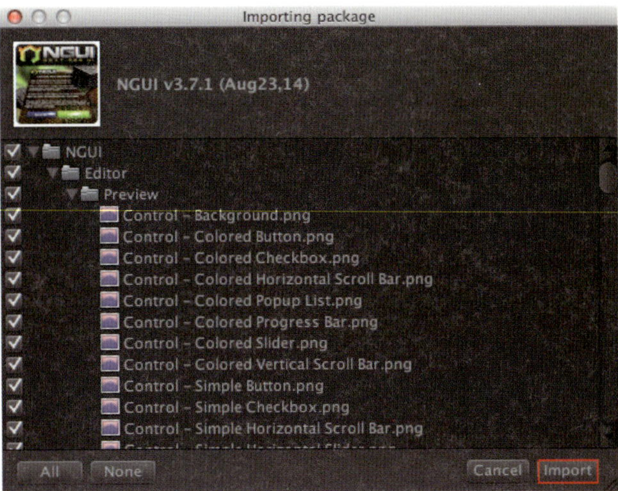

그림 2-10: 패키지 임포트

NGUI가 추가되면 프로젝트 브라우저에 NGUI 폴더가 생성(❶)되고 주 메뉴에 NGUI 메뉴가 추가(❷)된 모습을 확인할 수 있습니다.

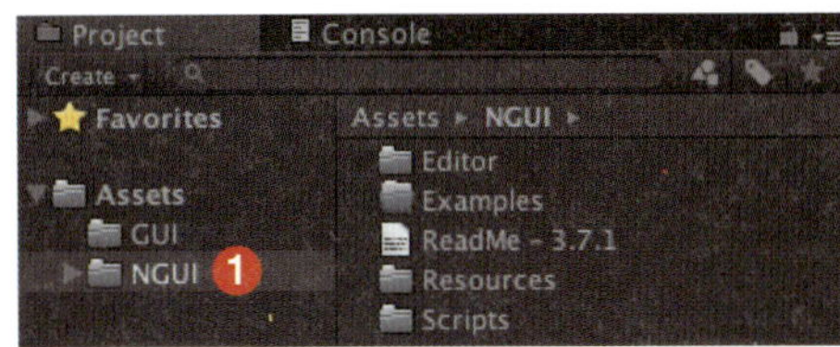

그림 2-11: NGUI 폴더와 메뉴

NGUI를 구매하기 전에 테스트하거나 무료로 사용해 보려면 타샤렌 홈페이지에서 NGUI v2.7.0 평가 버전(Free Version)을 내려받을 수 있습니다.

NGUI 평가 버전 : http://www.tasharen.com/?page_id=140

Free Version

NGUI 2.7.0, the last of NGUI 2 cycle is now free and can be downloaded here. It's dated September 2013, and comes in full source code form and without any kind of DRM. It's feature-limited and not nearly as streamlined as the current NGUI 3-based releases, and doesn't come with support — but if you can't afford NGUI 3 or just want to try it, you're welcome to grab it.

그림 2-12: NGUI v2.7.0 평가 버전 내려받기

NGUI 평가 버전을 유니티 프로젝트에 추가하려면 유니티가 켜져있는 상태에서 내려받은 유니티 패키지 파일을 더블클릭하면 됩니다.

그림 2-13: NGUI 평가 버전 유니티 패키지

NGUI 평가 버전과 책에서 사용한 NGUI의 버전이 다르지만 핵심적인 기능은 비슷합니다. 메뉴와 사용상 변경된 부분만 유의하면 NGUI 평가 버전으로도 충분히 예제를 따라할 수 있습니다.

	v2.x(평가버전)	v3.x
메뉴 세분화	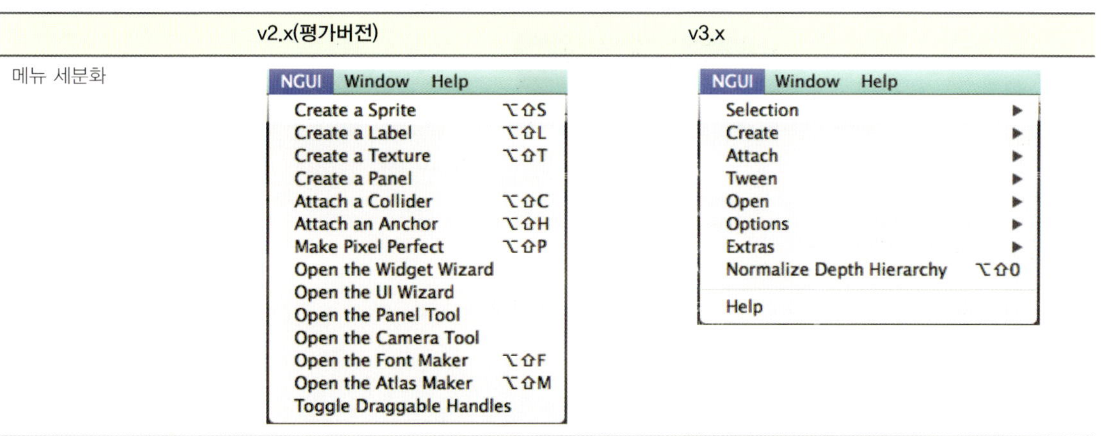	
스프라이트 위젯 통합	UISprite, UIFilledSprite, UISlicedSprite, UITiledSprite	UISprite컴포넌트의 Type을 선택해 타입별로 변경
위젯의 가로, 세로 크기를 스케일과 분리해 사용	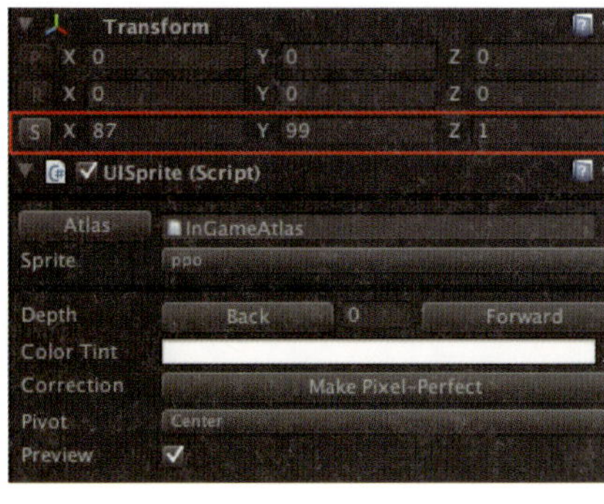	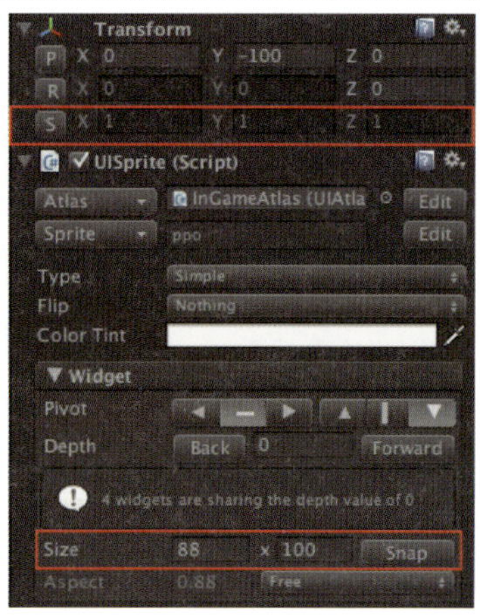

표 2-1: NGUI v2.x와 v3.x의 차이점

용어설명

스프라이트(sprite)

컴퓨터 그래픽스에서 스프라이트는 2D 이미지나 여러 장의 이미지로 애니메이션을 나타낼 수 있는 이미지를 통칭합니다.

아틀라스 생성

NGUI를 준비했으니 게임에서 사용할 아틀라스를 생성하겠습니다. 아틀라스를 생성하려면 주 메뉴의 [NGUI] → [Open] → [Atlas Maker]를 클릭해 아틀라스 메이커를 실행합니다.

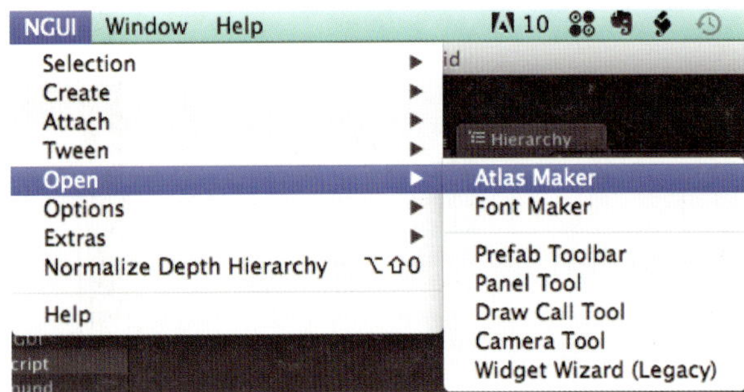

그림 2-14: 아틀라스 메이커 실행

아틀라스를 생성하기에 앞서 아틀라스 메이커를 다음 표와 같이 크게 세 부분으로 나눠 살펴보겠습니다.

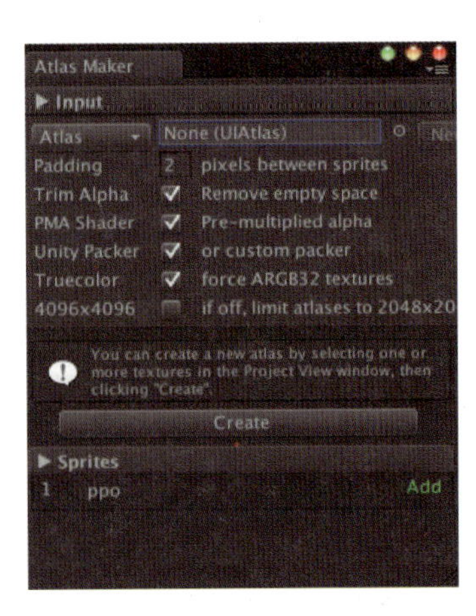

버튼	Create	아틀라스를 생성할 때 사용합니다.
옵션	Padding	스프라이트 사이의 간격을 설정합니다. 패딩 값을 지정하지 않으면 스프라이트를 사용할 때 주변 스프라이트의 영향을 받아 불필요한 색이 함께 표현될 수 있습니다. 권장값은 2이상입니다.
	Trim Alpha	스프라이트에 포함된 알파 영역을 제거합니다. 이미지 편집 툴에서 스프라이트를 만들 때 불필요하게 들어간 알파 영역을 제거해주므로 아틀라스 최적화에 도움이 됩니다.
	PMA Shader	NGUI에서 제공하는 PMA 쉐이더를 사용할 수 있게 합니다.
	Unity Packer	아틀라스를 만들 때 유니티에서 제공하는 Packer 사용 여부를 결정합니다.
	4096x4096	모바일 기기에서 4096x4096 크기의 이미지를 처리할 수 없는 경우가 많아서 최대 아틀라스 크기를 2096x2096으로 제한하고자 할 때는 체크를 해제 합니다.
스프라이트		아틀라스에 등록됐거나 등록할 스프라이트를 표시합니다.

표 2-2: 아틀라스 메이커의 각 부

아틀라스를 생성할 스프라이트 이미지를 프로젝트 브라우저에서 선택합니다. 프로젝트 브라우저의 GUI 폴더(❶)에서 BG를 선택(❷)합니다.

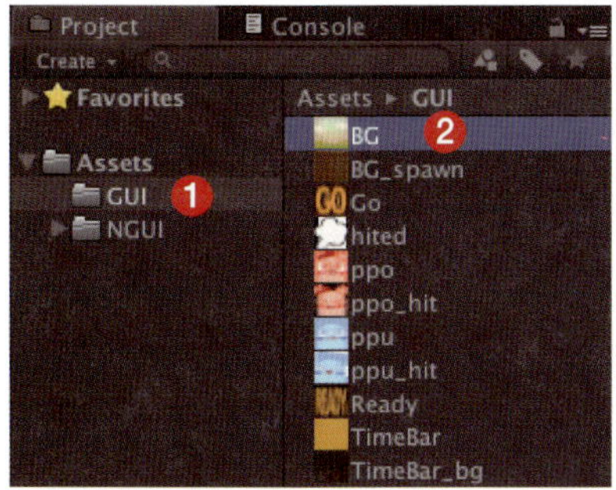

그림 2-15: BG 스프라이트 선택

스프라이트를 선택하면 아틀라스 메이커에 선택한 스프라이트의 이름(❶)과 Add(❷)라는 스프라이트 상태가 함께 표시됩니다. [Create] 버튼을 클릭(❸)해 아틀라스를 생성합니다.

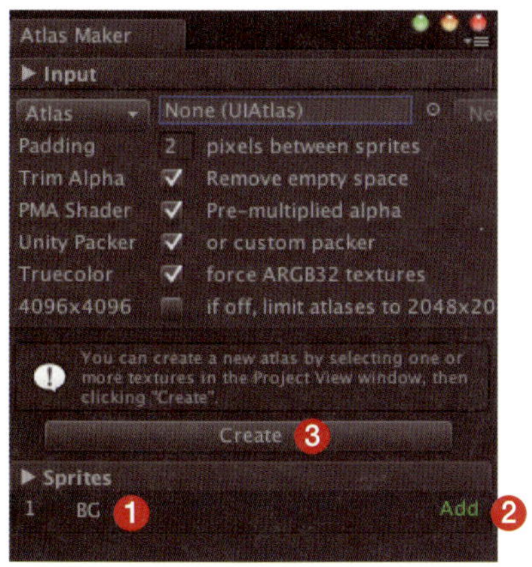

그림 2-16: 아틀라스 생성 전

생성할 아틀라스의 이름을 InGameAtlas로 입력(❶)하고 저장할 경로를 Assets/GUI로 지정(❷)한 다음 [Save] 버튼을 클릭(❸)해 저장합니다.

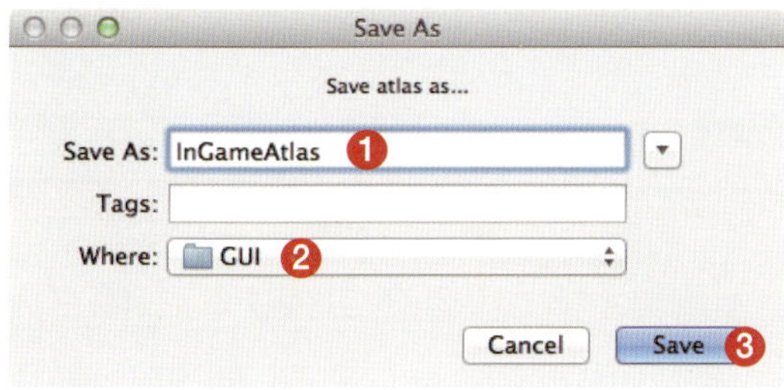

그림 2-17: 아틀라스 이름 및 저장할 경로 지정

아틀라스 생성을 마치면 아틀라스 메이커에 [Create] 버튼이 [Add/Update] 버튼으로 바뀌며, 프로젝트 브라우저의 GUI 폴더에서 파일명이 InGameAtlas인 머테리얼, 프리팹, 이미지가 생성된 모습을 확인할 수 있습니다.

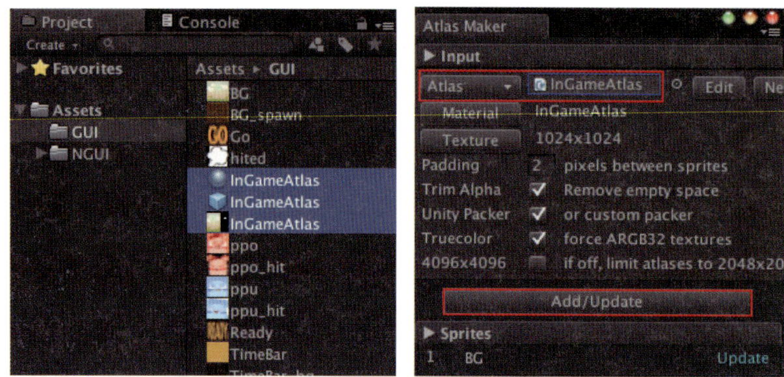

그림 2-18: NGUI 아틀라스의 구성 요소

지금은 한 개의 아틀라스만 있지만 게임 프로젝트가 커지면 여러 개의 아틀라스를 만들게 됩니다. 이를 효과적으로 관리할 수 있게 프로젝트 브라우저에 Atlas 폴더를 새로 생성하고 아틀라스 구성 요소를 모두 Atlas 폴더로 옮깁니다. 평소에 이런 습관을 기른다면 프로젝트를 관리하기가 수월해집니다.

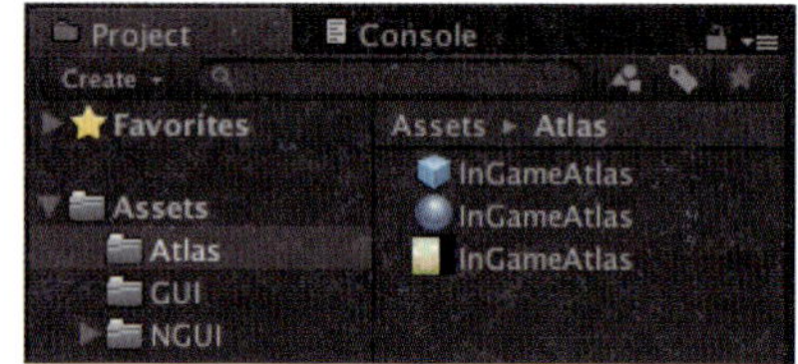

그림 2-19: 아틀라스 폴더

스프라이트 추가

생성한 아틀라스에 스프라이트를 추가해 보겠습니다. 우선 프로젝트 브라우저에서 사용할 스프라이트를 선택한 후 아틀라스 메이커를 실행합니다.

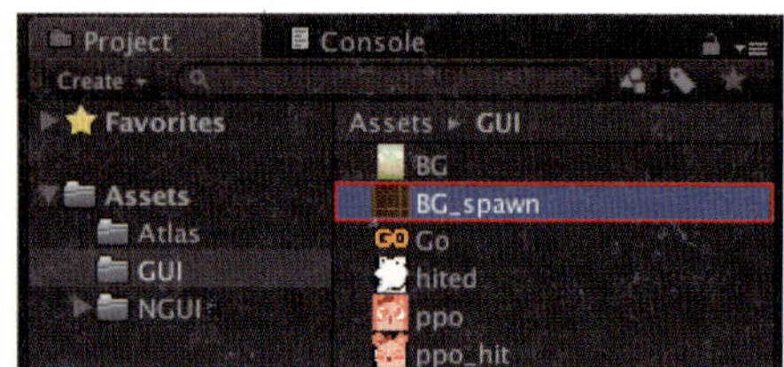

그림 2-20: 추가할 스프라이트 선택

아틀라스 메이커에 프로젝트 브라우저에서 선택한 스프라이트의 이름이 표시(❶)되면 [Add/Update] 버튼을 클릭(❷)합니다. 스프라이트 상태가 Update로 변경(❸)됐다면 스프라이트가 아틀라스에 추가된 것입니다.

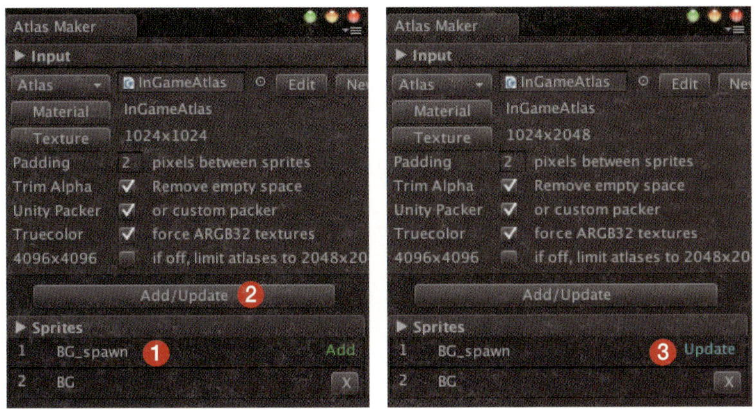

그림 2-21: 아틀라스에 스프라이트 추가

추가된 스프라이트를 확인하려면 프로젝트 브라우저에서 빈 곳을 클릭(❶)해 선택을 해제하고 아틀라스 메이커의 [View Sprites] 버튼을 클릭(❷)합니다.

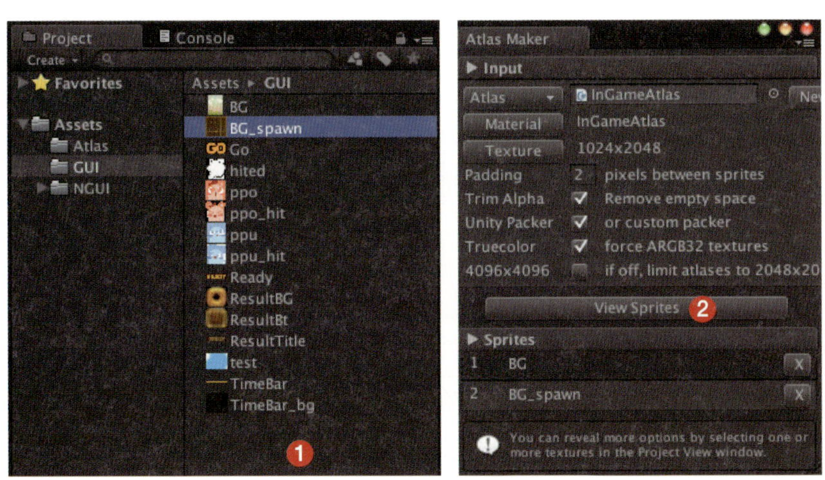

그림 2-22: 스프라이트 확인

아틀라스 메이커의 [View Sprites] 버튼을 클릭하면 Select a Sprite 창이 나타납니다. Select a Sprite 창에서 InGameAtlas에 추가한 BG와 BG_spawn 스프라이트를 확인할 수 있습니다.

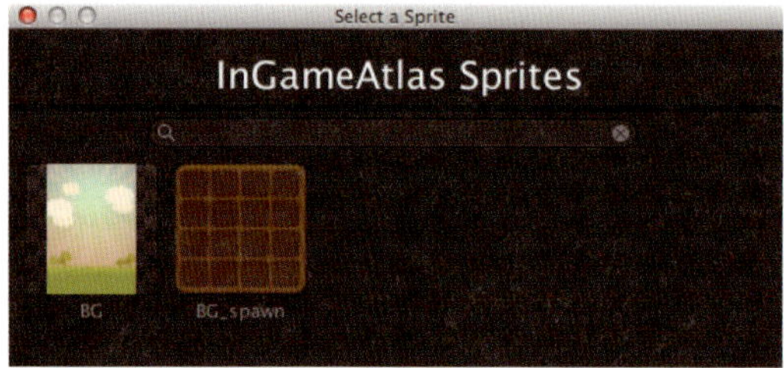

그림 2-23: Select a Sprite 창

추가한 스프라이트를 확인했으면 Select a Sprite 창을 닫고 프로젝트 브라우저로 돌아가 GUI 폴더의 모든 이미지를 아틀라스에 차례대로 추가합니다.

이미지 폰트 제작

NGUI v2.6 이상부터 서체를 유니티에 추가한 후 다이내믹 폰트를 활용해 폰트를 사용할 수 있게 됐습니다. 그 이전에는 표현하고자 하는 글자를 모두 이미지로 변경해 등록하는 이미지 폰트를 사용했습니다. 하지만 특수한 상황에서 이미지 폰트가 다이내믹 폰트보다 더 효율적일 때도 있습니다. 필요에 따라 사용할 수 있게 이미지 폰트와 다이내믹 폰트의 제작 방법을 모두 살펴보겠습니다.

용어설명

다이내믹 폰트와 이미지 폰트

다이내믹 폰트는 별도의 이미지 처리없이 트루타입 서체를 유니티에 추가하기만 하면 서체에 포함된 모든 텍스트를 사용할 수 있습니다. 이에 비해 이미지 폰트는 표현하고자 하는 모든 글자를 이미지화 해야 하므로 사전에 준비해야 할 작업이 많고 이미지 크기의 한계 때문에 표현할 수 있는 글자 수에도 제약이 있습니다.

Bmfont 설치

서체를 이미지로 변경하는 방법은 다양하지만 여기에서는 Bmfont 프로그램을 활용해 제작하는 방법을 알아보겠습니다. 우선 웹 브라우저에서 다음 주소로 이동한 다음 download installer 링크를 클릭해 프리웨어로 제공되는 Bmfont를 내려받습니다.

팁

Bmfont 프로그램은 윈도우에서만 작동하므로 맥에서는 다른 프로그램을 사용해야 합니다. 맥에서 사용할 수 있는 프로그램으로는 bmGlyph를 추천합니다.

- **Bmfont 내려받기**
  http://www.angelcode.com/products/bmfont/

Bitmap Font Generator

This program will allow you to generate bitmap fonts from TrueType fonts. The application generates both image files and character descriptions that can be read by a game for easy rendering of fonts.

The program is freeware, but a donation is greatly appreciated.

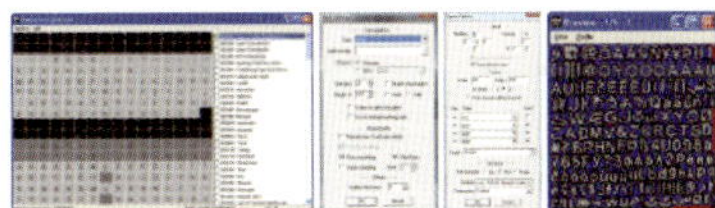

If you don't have an image viewer capable of reading TGA, PNG, or DDS files, I recommend PUPP, another free product from AngelCode.

Downloads

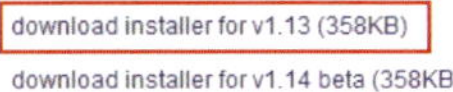

download installer for v1.14 beta (358KB)

그림 2-24: Bmfont 내려받기

내려받은 파일을 실행하면 설치가 진행됩니다. 프로그램 설명이 나오면 [Continue] 버튼을 클릭(❶)한 후 설치 항목을 확인(❷)하고 [Next] 버튼을 클릭(❸)합니다.

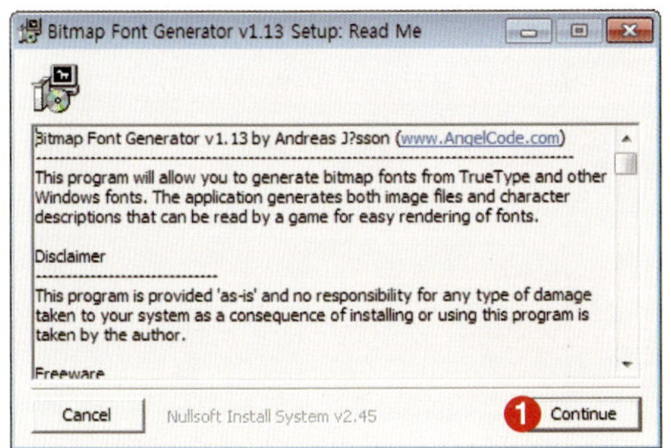

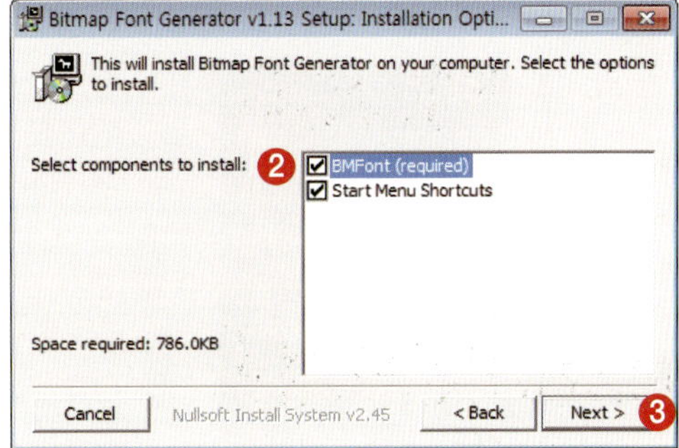

그림 2-25: Bmfont 설치

[Browse...] 버튼을 클릭(❶)해 프로그램을 설치할 경로를 지정하고 [Install] 버튼을 클릭(❷)해 설치를 시작합니다.

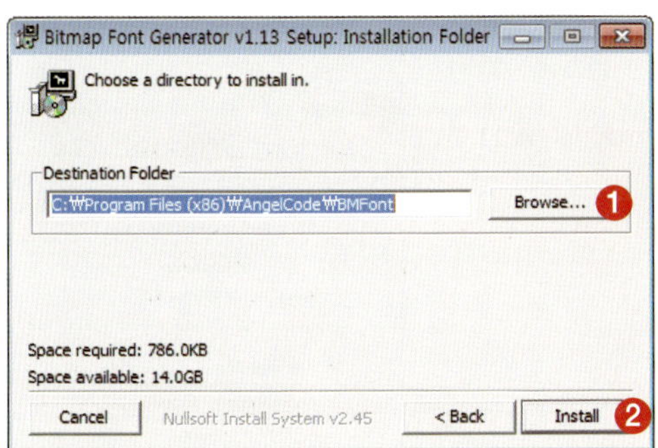

그림 2-26: Bmfont 설치

설치가 완료되면 [Close] 버튼을 클릭해 Bmfont 설치를 종료합니다.

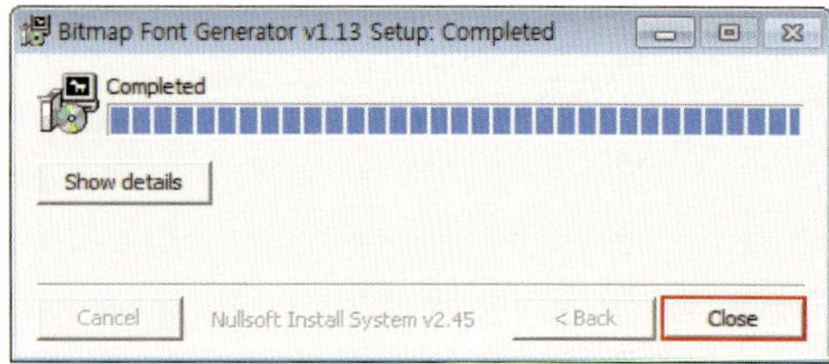

그림 2-27: Bmfont 설치 완료

폰트 설정

프로그램 설치를 마쳤으면 Bmfont를 실행한 후 폰트를 설정합니다. 폰트를 설정하기 위해 주 메뉴의 [Options] → [Font Settings]를 클릭해 Font Settings 창을 띄웁니다.

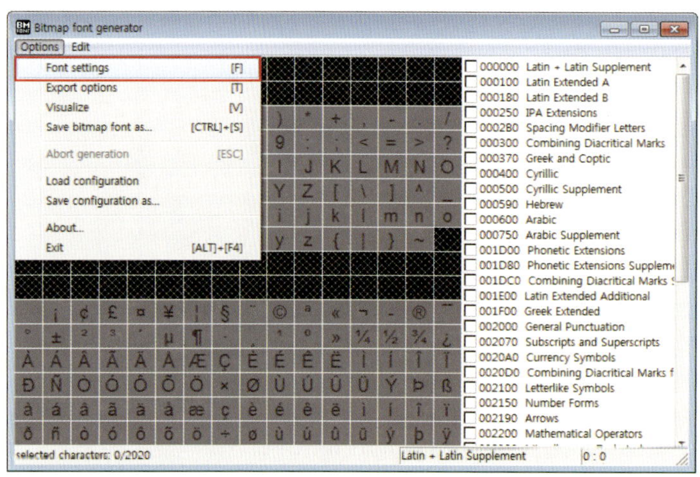

그림 2-28: 폰트 설정

Font Settings 창의 Font 드롭다운 메뉴에서 사용하고자 하는 폰트를 선택(❶)합니다. 폰트를 선택했다면 Size를 30으로 입력(❷)하고 Bold 옵션에 체크(❸)합니다.

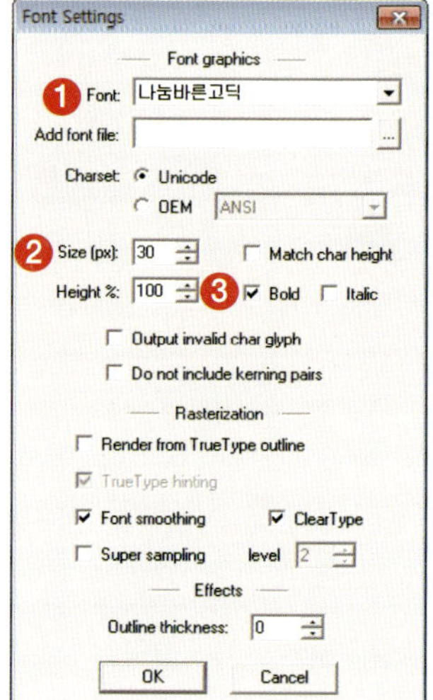

그림 2-29: 폰트 및 폰트 크기, 굵게 선택

팁

폰트 저작권 문제가 발생할 수 있으므로 구글, 네이버, 다음 등에서 제공하는 무료 폰트의 사용을 권장합니다.

사용할 글자 선택

폰트를 선택했다면 이제 게임에서 사용할 글자를 선택할 차례입니다. 아이디나 점수 표현을 위한 영문 알파벳과 숫자, 특수 문자 등을 선택하고 꼭 필요한 한글 글자를 선택합니다. Bmfont 프로그램의 오른쪽에 있는 글자 목록에서 해당 글자가 들어있는 목록을 선택(❶)하고 화면에 표시된 글자 중 필요한 글자를 클릭해 글자를 선택합니다. 선택된 글자는 배경색이 밝은 회색으로 표시(❷)됩니다.

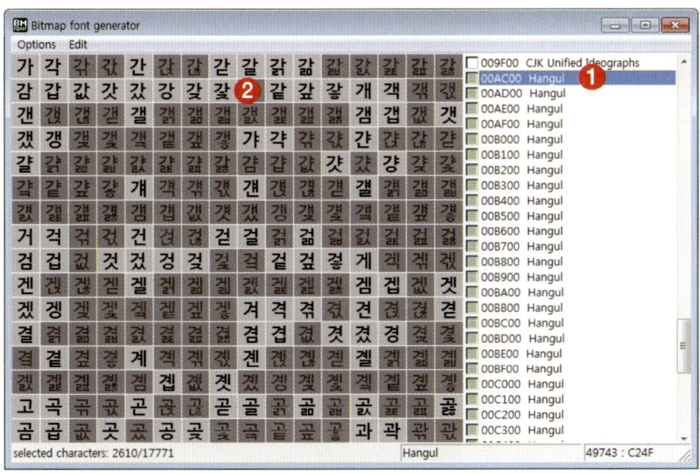

그림 2-30: 사용할 글자 선택

한글은 표현할 수 있는 전체 글자수가 11,172자로 이미지 한 장에 모두 표현할 수 없을 만큼 글자가 많습니다. 신중하게 사용하고자 하는 글자를 선택해 리소스를 절약합니다.

팁

사용할 글자를 텍스트 파일로 저장하고 주 메뉴의 [Edit] → [Select chars from file]을 실행해 저장한 텍스트 파일을 선택하면 손쉽게 글자를 선택할 수 있습니다. 글자를 하나씩 선택하려면 오랜 시간이 걸리므로 텍스트 파일을 이용하는 방법을 추천합니다.

출력 옵션 설정

사용하고자 하는 글자 선택이 끝났으면 주 메뉴의 [Options] → [Export options]를 클릭해 출력 옵션을 설정합니다.

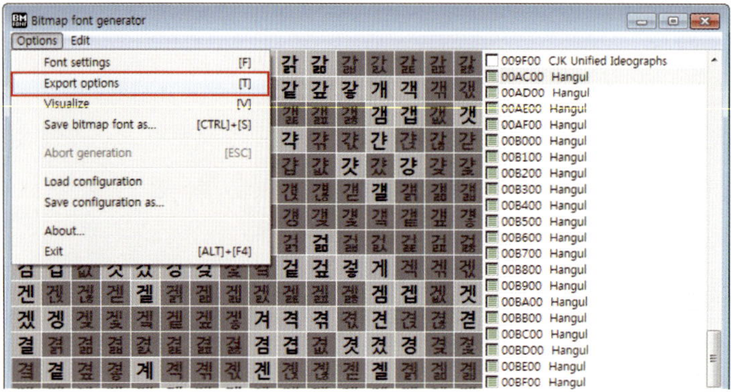

그림 2-31: 출력 옵션 설정

Export Options 창은 크게 Layout, Texture, File format으로 나뉩니다. 다음 표를 참조해 설정합니다.

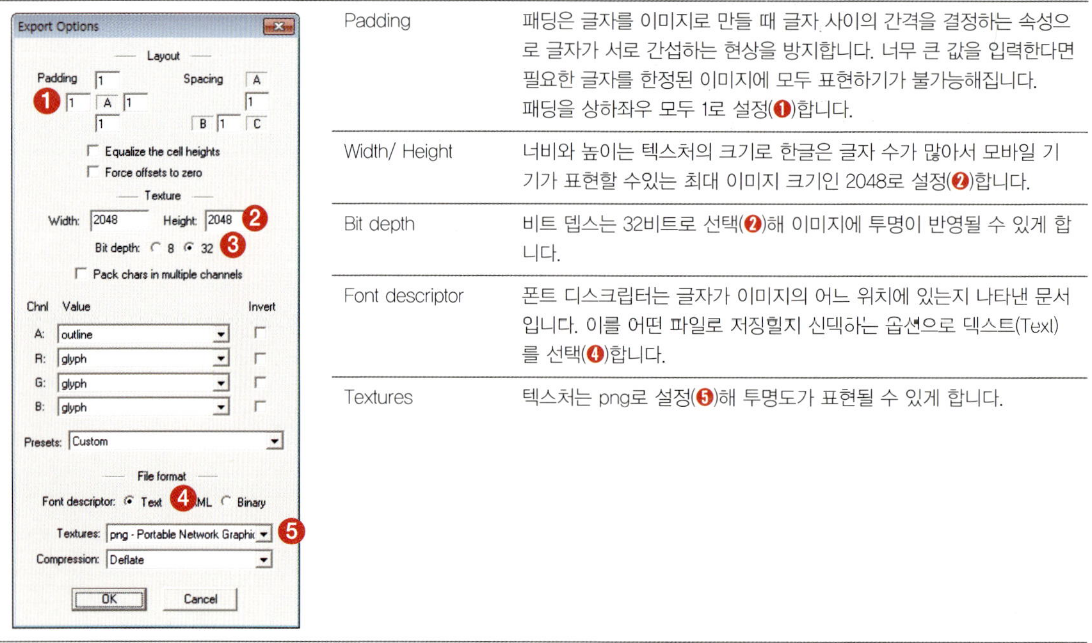

Padding	패딩은 글자를 이미지로 만들 때 글자 사이의 간격을 결정하는 속성으로 글자가 서로 간섭하는 현상을 방지합니다. 너무 큰 값을 입력한다면 필요한 글자를 한정된 이미지에 모두 표현하기가 불가능해집니다. 패딩을 상하좌우 모두 1로 설정(❶)합니다.
Width/ Height	너비와 높이는 텍스처의 크기로 한글은 글자 수가 많아서 모바일 기기가 표현할 수있는 최대 이미지 크기인 2048로 설정(❷)합니다.
Bit depth	비트 뎁스는 32비트로 선택(❷)해 이미지에 투명이 반영될 수 있게 합니다.
Font descriptor	폰트 디스크립터는 글자가 이미지의 어느 위치에 있는지 나타낸 문서입니다. 이를 어떤 파일로 저장할지 선택하는 옵션으로 텍스트(Text)를 선택(❹)합니다.
Textures	텍스처는 png로 설정(❺)해 투명도가 표현될 수 있게 합니다.

표 2-3: 출력 옵션 설정

모든 설정을 마쳤다면 [OK] 버튼을 클릭해 설정을 종료합니다.

출력

출력 설정을 마쳤으면 파일로 출력합니다. 주 메뉴의 [Options] → [Save bitmap font as...]를 클릭하고 나눔바른폰트를 사용한 크기가 30인 폰트이므로 파일명을 NanumBarun30으로 지정합니다.

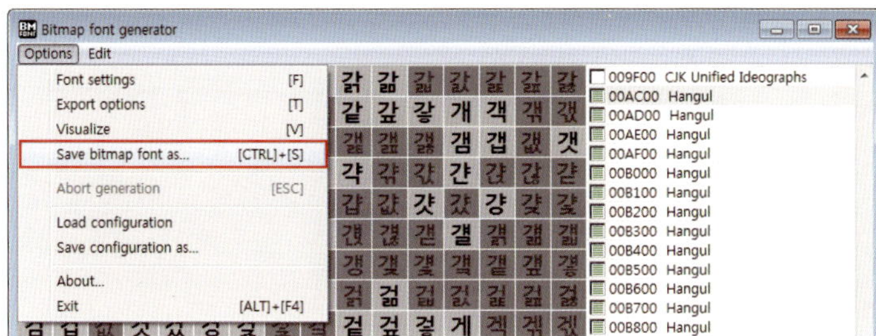

그림 2-32: 이미지 폰트 출력

확장자 변경

출력된 파일은 NanumBarun30.fnt와 NanumBarun30_0.png 두 가지입니다. NGUI가 확장자가 fnt인 파일(❶)은 인식하지 못하므로 확장자를 txt로 변경(❷)합니다.

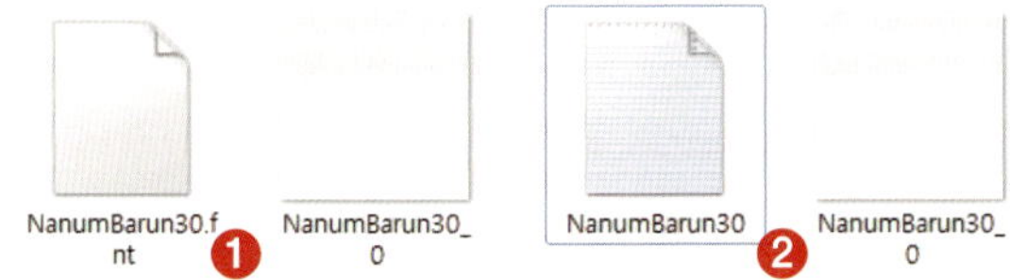

그림 2-33: 확장자 변경

txt 확장자는 윈도우(Windows)가 형식을 알고 있어서 별도로 확장자 명이 표현되지 않을 수 있습니다.

폰트 생성

출력된 두 개의 파일(NanumBarun30.txt, NanumBarun30_0.png)을 활용해 NGUI에서 이미지 폰트를 생성하는 방법을 알아보겠습니다. 프로젝트 브라우저에 새로운 폴더를 생성하고 폴더명은 Font로 지정(❶)합니다. Font 폴더에 앞에서 출력한 txt 파일과 png 파일을 추가(❷)합니다.

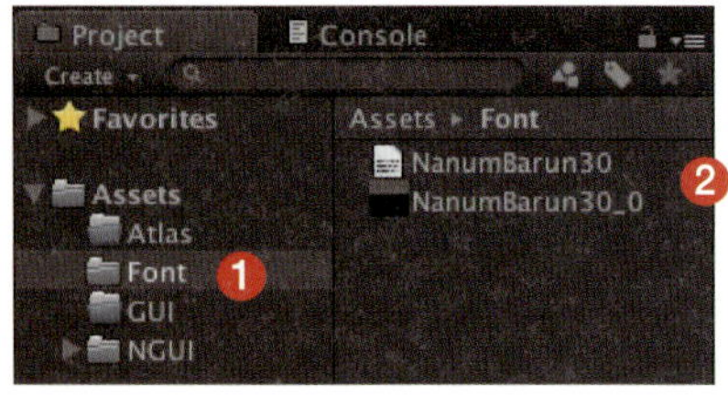

그림 2-34: 출력 파일 추가

이미지 폰트를 생성하기 위해 주 메뉴의 [NGUI] → [Open] − [Font Maker]를 클릭해 폰트 메이커를 실행합니다.

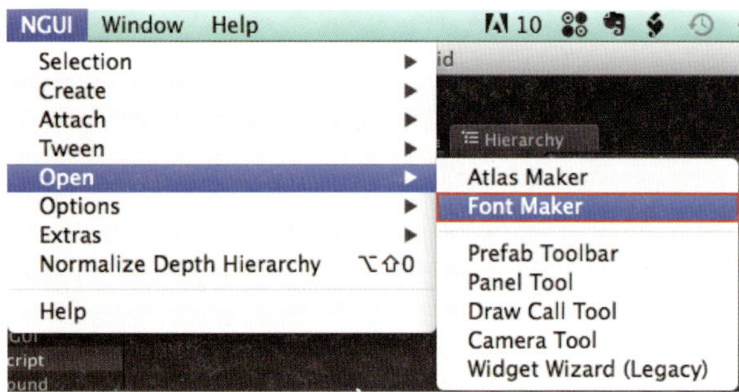

그림 2-35: 폰트 메이커 실행

폰트 메이커가 실행되면 이미지 폰트를 만들 것이므로 Type을 Imported Bitmap으로 선택(❶)합니다. Font Data에 NanumBarun30.txt 파일을 끌어다 놓고(❷) Texture에는 NanumBarun30_0.png 파일을 끌어다 놓습니다(❸). 폰트 메이커의 설정을 모두 마쳤으면 [Create the Font] 버튼을 클릭(❹)해 폰트를 생성합니다.

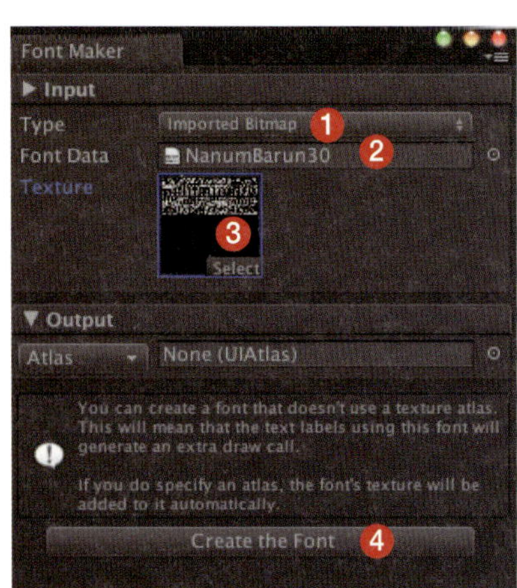

그림 2-36: 폰트 생성

팁

폰트 메이커의 Atlas를 앞에서 생성한 InGameAtlas로 선택하면 추가적인 컴퓨터 자원 손실을 막을 수 있습니다. 하지만 최신 NGUI 버전에서 이를 처리하면 제대로 폰트가 처리되지 않아 여기서는 적용하지 않았습니다.

폰트를 저장할 경로와 폰트 이름을 지정합니다. 여기서는 Assets/Font 폴더를 선택(❶)하고 폰트 이름은 NanumBarun30으로 설정(❷)했습니다.

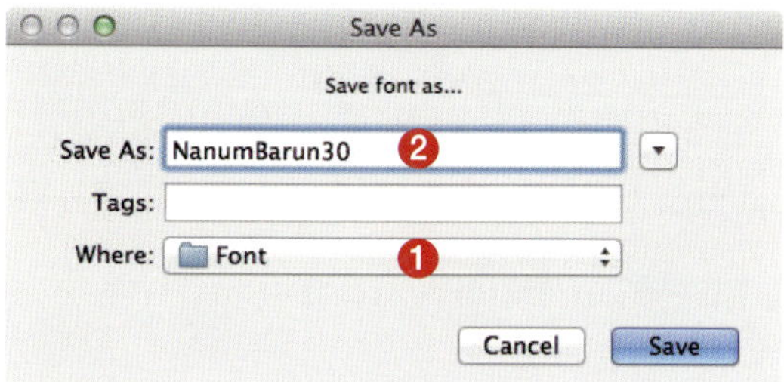

그림 2-37: 폰트 이름 입력 및 저장할 경로 선택

폰트가 생성됐다면 프로젝트 브라우저의 Font 폴더에 NanumBarun30 프리팹이 생성된 모습을 확인할 수 있습니다.

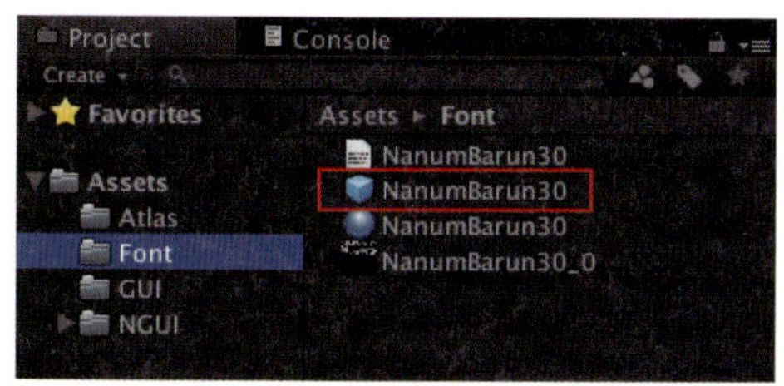

그림 2-38: 폰트 생성 완료

다이내믹 폰트 추가

다이내믹 폰트는 이미지 폰트와 달리 폰트가 지원하는 모든 글자를 표현할 수 있어 편리합니다. 이번 절에서는 Unity 4.x, NGUI v2.6 이상 버전부터 사용할 수 있는 다이내믹 폰트의 사용법을 알아보겠습니다.

TTF 파일 추가

NGUI에서 다이내믹 폰트를 사용하려면 트루타입(TrueType) 폰트인 TTF 파일을 추가해야 합니다. 앞서 이미지 폰트 제작에 사용한 나눔바른고딕 폰트의 TTF파일을 프로젝트 브라우저의 Font 폴더에 추가합니다.

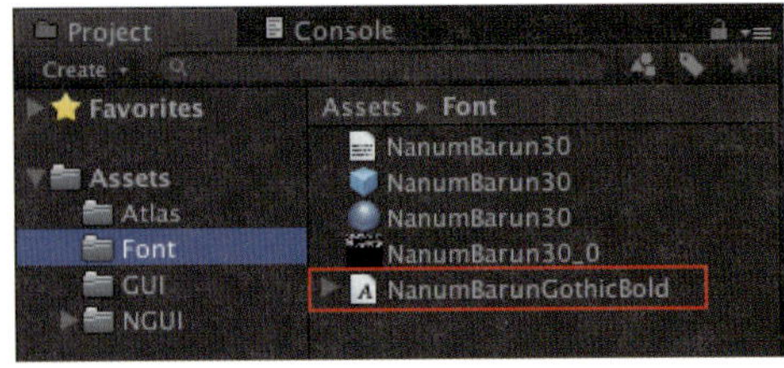

그림 2-39: TTF 파일 추가

비트맵 폰트와 달리 다이내믹 폰트는 프로젝트 브라우저에 TTF 파일만 추가하면 사용할 수 있습니다.

배경 유저 인터페이스 구성

아틀라스와 폰트를 활용해 두더지 게임의 배경을 구성하고 스크립트를 추가해 시간의 흐름에 따라 게임 시간이 줄어드는 타임바를 만들어 보겠습니다.

기본 배경 구성

씬 작성

주 메뉴의 [File] → [New Scene]을 클릭해 배경 작업에 필요한 새로운 씬을 생성합니다. 새로운 씬이 생성되면 주 메뉴의 [File] → [Save Scene]을 클릭해 씬을 저장합니다. 저장할 경로는 프로젝트 브라우저의 Asset 폴더로 지정하고 파일명은 PlayScene으로 합니다. 저장이 완료되면 프로젝트 브라우저에서 PlayScene이 등록된 모습을 확인할 수 있습니다.

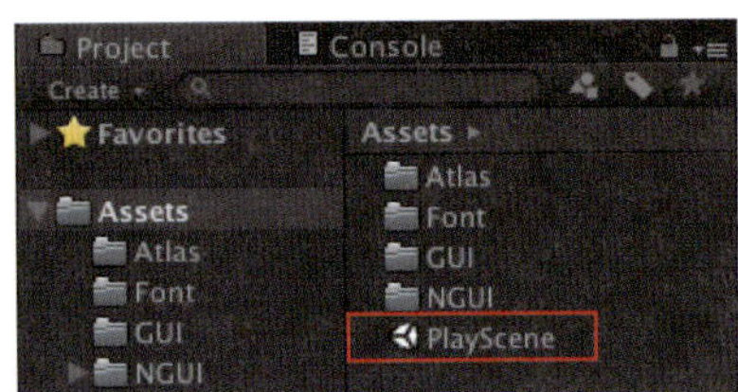

그림 2-40: 새로 생성한 PlayScene 씬

레이어 등록

유니티로 게임을 제작할 때에는 게임 오브젝트를 그룹별로 구분해서 관리해야 합니다. 특히 유저 인터페이스와 게임 플레이에 필요한 게임 오브젝트는 한 화면에 표시될 뿐 밀접하게 사용되는 경우가 적습니다.

이런 경우 레이어를 이용해 게임 오브젝트를 그룹별로 구분해 사용할 수 있습니다. 주 메뉴의 [Edit] → [Project Settings] → [Tags and Layers]를 클릭해 레이어를 등록합니다.

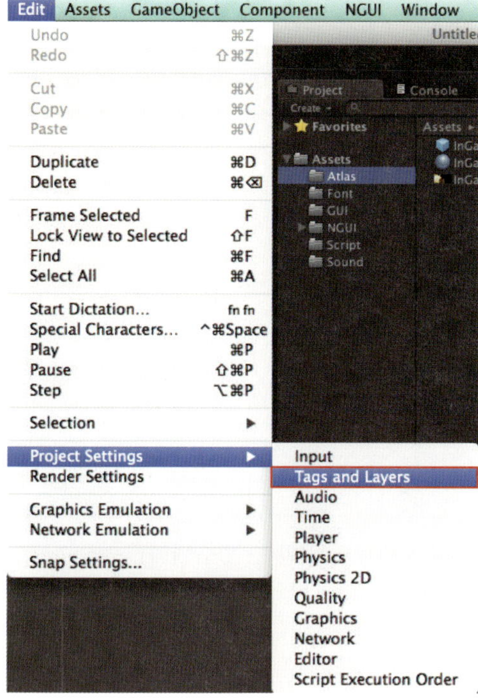

그림 2-41: Tags and Layers 실행

인스펙터에 태그 매니저(TagManager)가 표시되면 User Layer 8에 GUI라고 입력합니다.

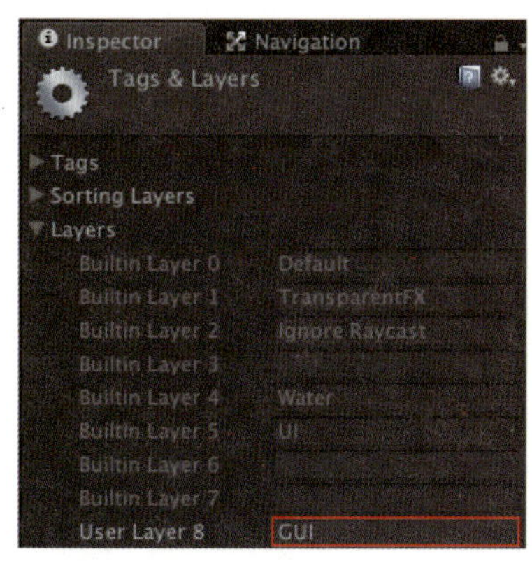

그림 2-42: GUI 레이어 생성

팁

유니티에서는 최대 32개의 레이어를 생성할 수 있지만 그중 0~7번 레이어는 빌트인으로 지정돼 있으므로 편집이 불가능합니다. 따라서 적절히 분배해 사용해야 합니다.

UI 생성

레이어를 생성했으면 이제 NGUI를 이용해 유저 인터페이스를 구성해 보겠습니다. NGUI를 활용해 씬에 유저 인터페이스를 구성하는 첫 걸음은 UI 게임 오브젝트를 생성하는 것입니다. 주 메뉴의 [NGUI] → [Create] → [2D UI]를 클릭해 UI 게임 오브젝트를 생성합니다.

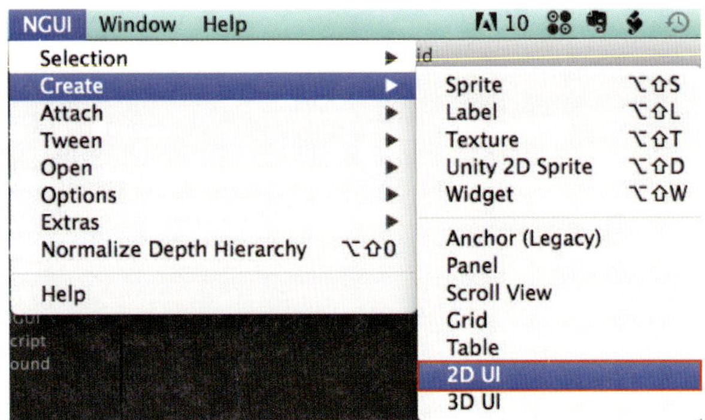

그림 2-43: 2D UI 생성

하이어라키를 확인해보면 UI Root(❶)와 Camera(❷)가 생성된 모습을 확인할 수 있습니다.

그림 2-44: UI Root와 Camera

하이어라키에서 UI Root의 자식 오브젝트로 생성된 Camera 게임 오브젝트를 선택합니다. 인스펙터에 Transform(❶), Camera(❷), UICamera(❸) 컴포넌트가 추가된 모습을 확인할 수 있습니다. Camera 컴포넌트 왼쪽의 삼각형 버튼(❹)을 클릭해 접어둔 컴포넌트를 열어봅니다.

그림 2-45: Camera 게임 오브젝트의 컴포넌트

팁

UICamera 컴포넌트에는 C# 아이콘과 Script 문구를 확인(❸)할 수 있습니다. 이는 C#으로 작성한 스크립트이지만 유니티의 컴포넌트처럼 게임 오브젝트에 추가해 사용했음을 뜻합니다. 이런 특징 때문에 컴포넌트 혹은 스크립트라고 불릴 수 있습니다.

Camera 컴포넌트의 Culling Mask(❶)로 카메라가 렌더링할 때 어떤 레이어에 포함된 게임 오브젝트를 표현할지 선택할 수 있습니다. 앞서 유저 인터페이스를 처리하려고 추가한 GUI 레이어를 선택(❷)합니다.

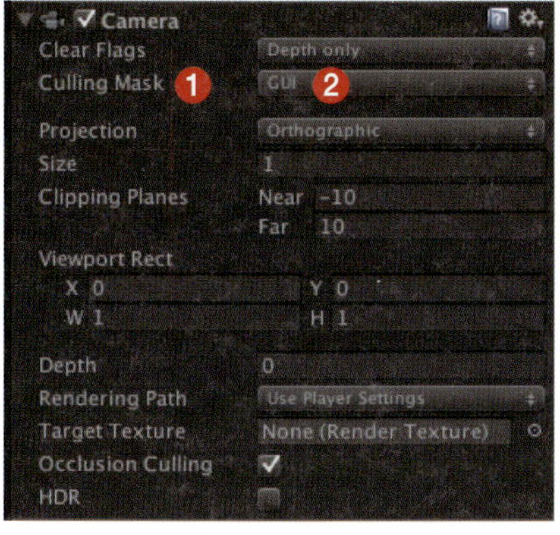

그림 2-46: Camera 컴포넌트의 Culling Mask

용어설명

렌더링(Rendering)

렌더링은 컴퓨터 프로그램에서 사용하는 모델(또는 모델을 모아놓은 씬)로부터 이미지를 만드는 과정을 말합니다. 유니티로 예를 들면 다양한 게임 오브젝트가 씬에 배치돼 있을 때 카메라를 통해서 보이는 화면을 만드는 것입니다.

Culling Mask에 렌더링할 레이어를 지정했으면 UICamera 컴포넌트를 이용해 사용자 입력을 처리할 레이어를 선택해야 합니다. NGUI에서는 사용자 입력을 처리할 레이어를 UICamera 컴포넌트의 Event Mask 드롭다운 메뉴를 이용해 선택합니다. Event Mask를 클릭(❶)해 나타난 레이어 중 GUI만 선택(❷)합니다.

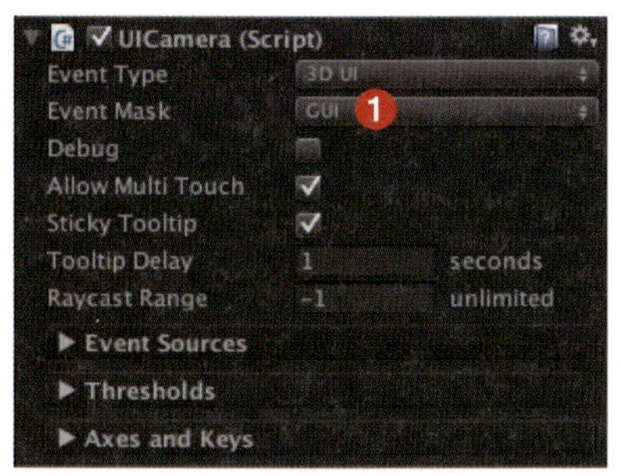

그림 2-47: UICamera 컴포넌트의 Event Mask

배경 구성

두더지 게임의 유저 인터페이스를 크게 두 개로 나누면 게임 중 큰 변경이 없는 배경 요소와 스크립트로 작동되는 두더지로 나눌 수 있습니다. 그 중 배경 부분을 구성해 보겠습니다.

하이어라키에서 UI Root를 선택합니다. UI Root를 선택한 이유는 주 메뉴의 [NGUI] → [Create] → [Sprite] 명령을 실행하면 하이어라키에서 선택된 게임 오브젝트의 자식으로 스프라이트가 형성되기 때문입니다. 여기에서는 UI Root의 자식으로 스프라이트를 생성하기 위해 UI Root를 선택했습니다.

그림 2-48: UI Root 선택

UI Root 게임 오브젝트를 선택하면 인스펙터에 UIRoot 컴포넌트와 UIPanel 컴포넌트가 추가된 모습을 확인할 수 있습니다. 이 중 UIRoot 컴포넌트를 활용해 게임을 실행하는 모바일 기기에 관계없이 유저 인터페이스가 같은 비율로 확대되거나 축소될 수 있게 설정하겠습니다.

유저 인터페이스 비율을 유지하려면 Scaling Style을 Constrained로 설정(❶)하고 원하는 화면 크기를 입력합니다. 우리가 사용하는 스프라이트 이미지의 크기(640×960)를 고려해서 Content Width와 Content Height을 각 640, 960으로 입력하고 Fit 옵션을 모두 체크(❷)합니다.

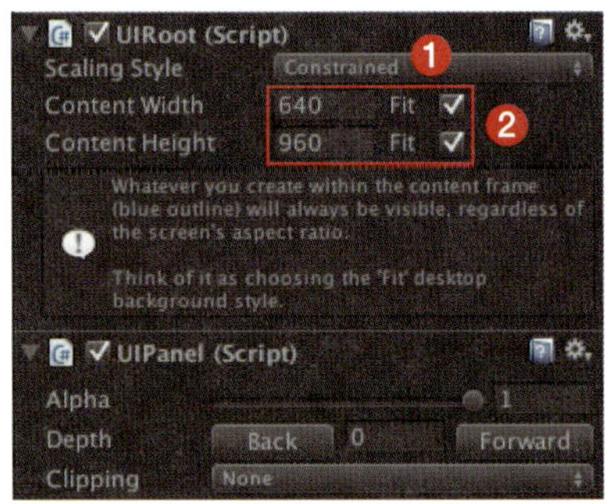

그림 2-49: UI Root 컴포넌트

Fit 옵션을 체크하면 너비와 높이의 화면 비율이 변경되더라도 해당 UI가 누락되지 않게 전체를 축소해 표현합니다. 이러한 특징을 활용해 한쪽 방향만 고려해 처리하고자 한다면 해당 방향의 Fit만 체크해 처리할 수 있습니다. 제작한 UI의 비율은 씬 뷰에서 파란 선(❶)으로 나타납니다.

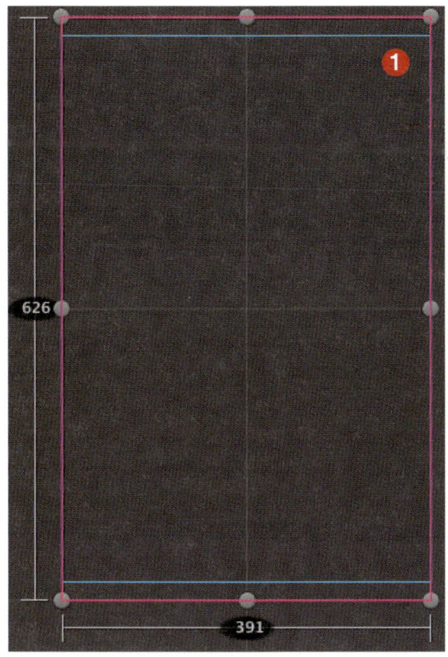

팁

이 그림은 제작한 UI보다 세로가 더 긴 화면에 해당합니다.

그림 2-50: 제작한 UI보다 기기의 세로 길이가 더 긴 화면

배경으로 사용할 스프라이트를 생성하기 위해 UI Root를 선택한 상태에서 주 메뉴의 [NGUI] → [Create] → [Sprite]를 클릭합니다.

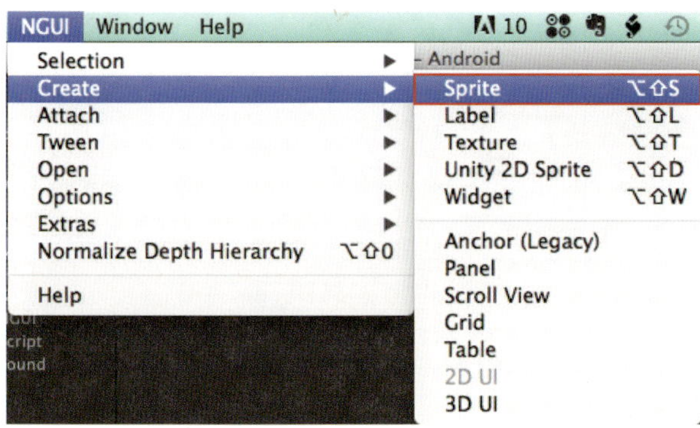

그림 2-51: 새로운 스프라이트 생성

하이어라키를 확인해보면 UI Root의 자식 오브젝트로 Sprite가 추가(❶)된 모습을 확인할 수 있습니다. 생성된 스프라이트 오브젝트를 구분하기 위해 이름을 BG로 변경(❷)합니다.

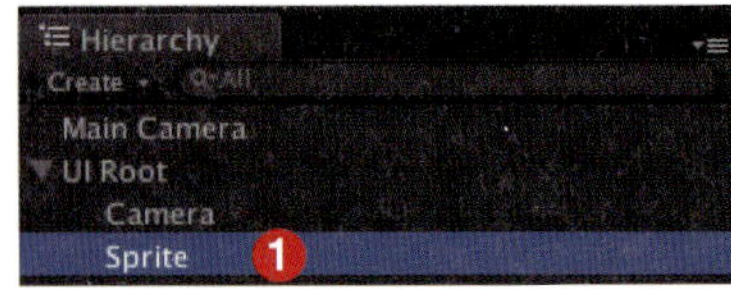

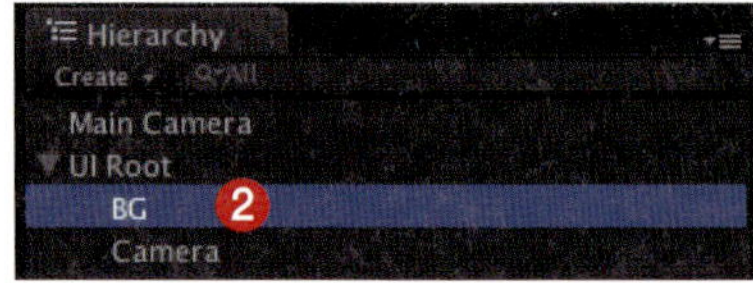

그림 2-52: Sprite 생성 확인

BG 게임 오브젝트를 선택하고 인스펙터를 확인하면 UISprite 컴포넌트가 추가(표 2-4의 그림)된 모습을 확인할 수 있습니다.

UISprite 컴포넌트는 NGUI를 사용할 때 가장 많이 다루는 컴포넌트로 다음과 같은 특성이 있습니다.

Atlas	UISprite에서 사용할 아틀라스를 설정(❶)합니다. 선택된 아틀라스의 이름이 오른쪽에 표시(❷)됩니다.
Sprite	선택된 아틀라스 안에서 스프라이트를 선택(❸)합니다. 선택한 스프라이트의 이름이 오른쪽에 표시(❹)됩니다.
Sprite Type	스프라이트를 나타내는 방식을 결정(❺) 합니다. 스프라이트 타입은 Simple, Sliced, Tiled, Filled 총 4가지로 사용하면서 자세히 설명하겠습니다.
Color Tint	스프라이트 색을 설정(❻)합니다.
Pivot	스프라이트의 중심점을 설정(❼)합니다. 좌우와 상하를 별도로 조합할 수 있습니다.
Depth	스프라이트 사이의 전후 관계를 설정(❽)합니다. 값이 높을수록 겹쳐졌을 때 먼저 보이게 됩니다.
Size	스프라이트의 크기를 설정(❾)합니다. 직접 입력해 크기를 변경할 수 있습니다.
Anchors Type	스프라이트의 상하좌우 기준점을 설정(❿)합니다. None, Unified, Advanced 총 3가지로 사용하면서 설명하겠습니다.

표 2-4: UISprite 컴포넌트

UISprite 컴포넌트를 알아봤으니 이제 설정을 해보겠습니다. 배경 스프라이트는 Sprite를 클릭해 BG를 선택(❶)합니다. 배경 스프라이트는 가장 뒷쪽에 위치해야 하므로 Depth를 0으로 설정(❷)합니다.

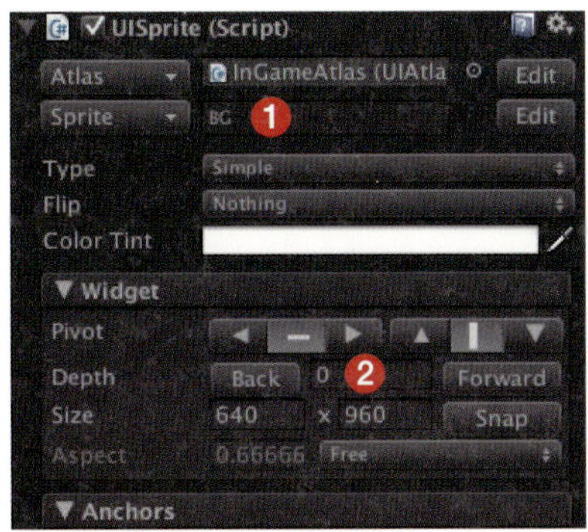

그림 2-53: BG 설정

배경 스프라이트는 게임을 실행하는 기기의 화면 크기에 관계없이 화면을 가득 채워야 합니다. 그렇지 않으면 사용자가 의도하지 않은 화면을 볼 수도 있습니다. UISprite 컴포넌트의 Anchors 기능을 활용해 화면 가득 배경 스프라이트가 나타나게 설정하겠습니다.

먼저 Anchors의 Type을 Unified로 변경(❶)하고 하이어라키에서 UI Root 게임 오브젝트를 선택해 Target에 끌어다 놓습니다. 이렇게 설정하면 UI Root 게임 오브젝트의 상하좌우 중심점을 기준으로 스프라이트의 상하좌우 기준점을 상대적으로 어느 위치에 놓을지 편집할 수 있습니다. Execute는 이런 계산의 실행 시점을 결정합니다. OnEnable로 선택(❷)해 한 번 계산한 후에는 다시 계산하지 않도록 합니다. 이제 모든 기준점이 화면 영역과 일치해야하므로 Left, Right, Bottom, Top을 Target의 각 지점과 일치(❸)시키고 값을 모두 0으로 입력(❹)합니다. 씬 뷰를 확인해보면 노란색으로 표시된 기준점(❺)이 화면 크기에 맞게 위치해 있습니다.

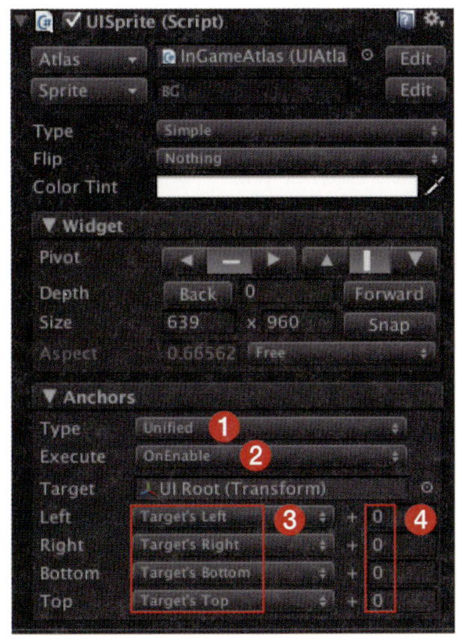

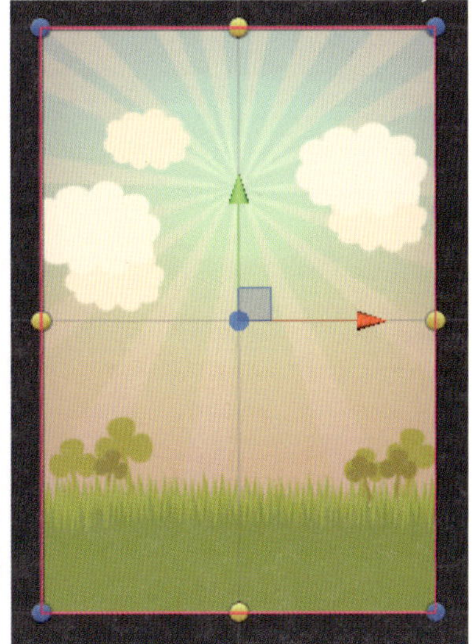

그림 2-54: Anchors 설정

팁

NGUI에서 Depth는 높은 숫자일수록 위에 나타납니다. Depth가 낮은 스프라이트가 Z축을 기준으로 카메라와 더 가깝더라도 마찬가지입니다. 아래 이미지를 확인해보면 Go 스프라이트가 Z축 상 카메라에 가까운 위치임에도 렌더링 화면에서는 Ready 스프라이트가 Depth값이 높아서 상위 표시된 것을 확인할 수있습니다.

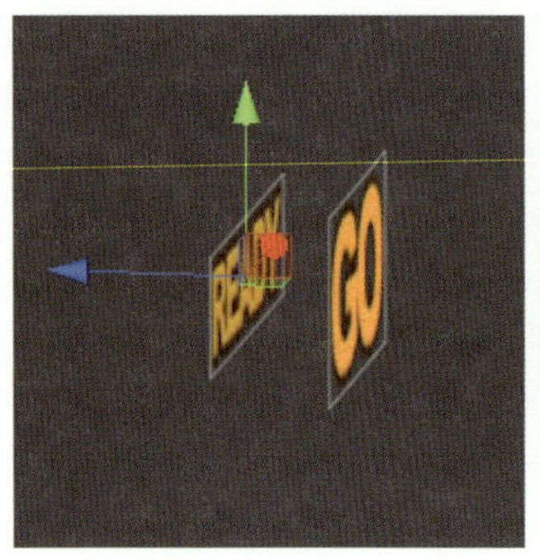

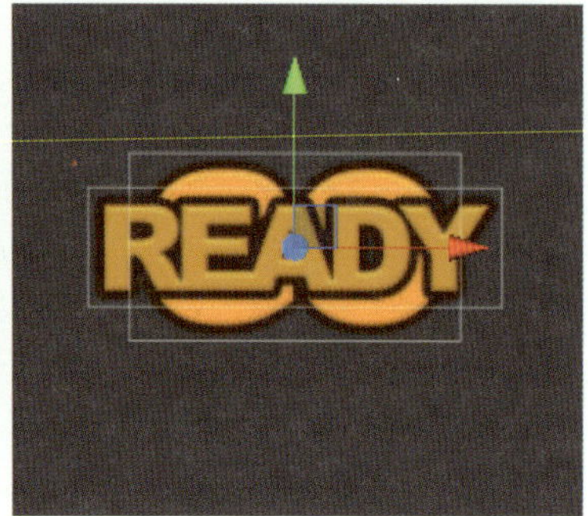

그림 2-55: Depth의 차이

타임바 구성

게임이 진행되면서 시간이 얼마나 남았는지 표시할 타임바를 구성하겠습니다.

그림 2-56: 완성된 타임바

타임바를 구성하기 전에 밑 작업으로 타임바의 배경으로 사용할 스프라이트를 편집하겠습니다. 프로젝트 브라우저의 Atlas 폴더에서 InGameAtlas 프리팹을 선택합니다.

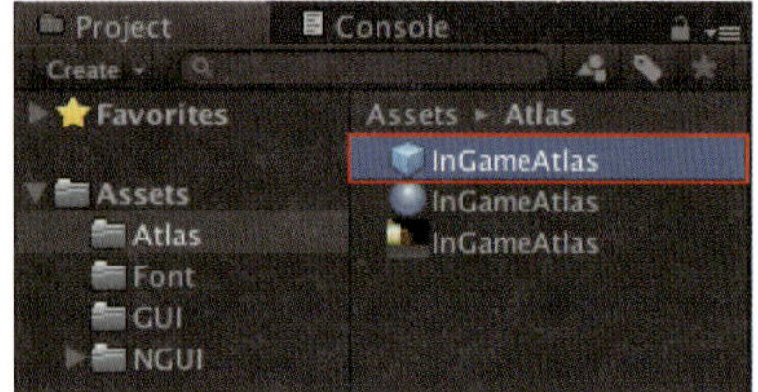

그림 2-57: InGameAtlas 프리팹 선택

InGameAtlas 프리팹을 선택하면 인스펙터에 UIAtlas 컴포넌트가 표시됩니다. 이 중 TimeBar_bg 스프라이트를 편집하기 위해 Sprite를 TimeBar_bg로 선택(❶)합니다. Border의 Left, Right, Bottom, Top을 모두 21로 입력(❷)하면 인스펙터 하단의 Preview에 점선이 추가된 모습을 확인(❸)할 수 있습니다.

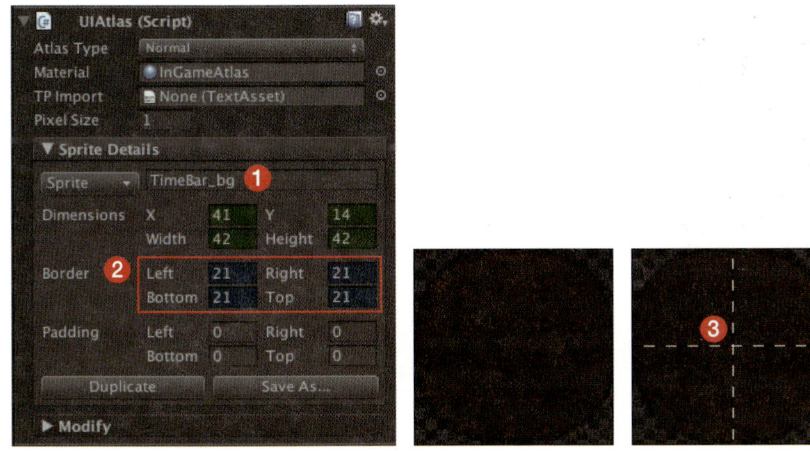

그림 2-58: TimeBar_bg 스프라이트 편집

팁

UISprite 컴포넌트에서 Sprite Type을 Sliced로 활용하기 위해 UIAtlas 컴포넌트에서 Border를 설정했습니다. Sliced 기능을 사용하면 작은 크기의 스프라이트로 다양한 규격의 스프라이트를 생성할 수 있어 아틀라스 텍스처를 절약할 수 있습니다. 절약된 공간에 더 많은 스프라이트를 등록할 수 있으므로 커다란 스프라이트를 여러장 넣는 것보다 경제적입니다.

Dimesions에 같은 값을 입력해도 Simple(그림 2-59 왼쪽)과 Sliced(오른쪽)가 확연히 다른 것을 확인할 수 있습니다.

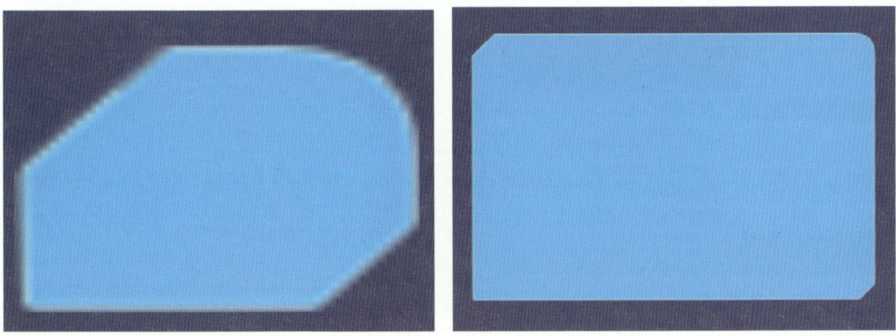

스프라이트 타입에 따른 차이(왼쪽: Simple, 오른쪽: Sliced)

위젯 위저드(Widget Wizard)는 버튼, 슬라이더, 인풋, 스크롤 바 등 유저 인터페이스 구성에 필요한 요소를 손쉽게 생성할 수 있게 도와줍니다. 위젯 위저드를 실행하면 위젯 툴(Widget Tool)이 열립니다. 다음 표를 참조해 속성을 설정합니다.

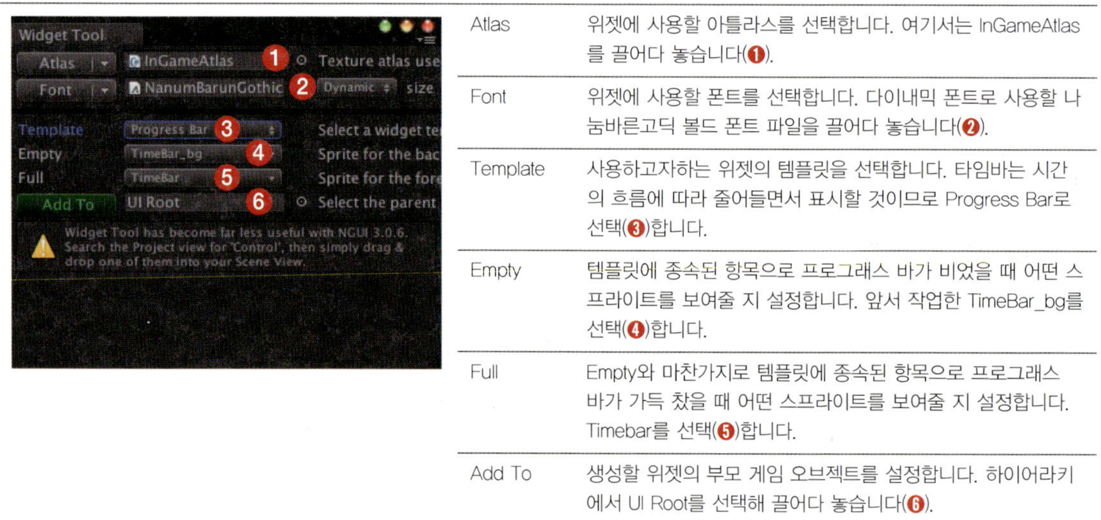

Atlas	위젯에 사용할 아틀라스를 선택합니다. 여기서는 InGameAtlas를 끌어다 놓습니다(❶).
Font	위젯에 사용할 폰트를 선택합니다. 다이내믹 폰트로 사용할 나눔바른고딕 볼드 폰트 파일을 끌어다 놓습니다(❷).
Template	사용하고자하는 위젯의 템플릿을 선택합니다. 타임바는 시간의 흐름에 따라 줄어들면서 표시할 것이므로 Progress Bar로 선택(❸)합니다.
Empty	템플릿에 종속된 항목으로 프로그래스 바가 비었을 때 어떤 스프라이트를 보여줄 지 설정합니다. 앞서 작업한 TimeBar_bg를 선택(❹)합니다.
Full	Empty와 마찬가지로 템플릿에 종속된 항목으로 프로그래스 바가 가득 찼을 때 어떤 스프라이트를 보여줄 지 설정합니다. Timebar를 선택(❺)합니다.
Add To	생성할 위젯의 부모 게임 오브젝트를 설정합니다. 하이어라키에서 UI Root를 선택해 끌어다 놓습니다(❻).

표 2-5: Progress Bar 게임 오브젝트

위젯 위저드를 사용해 타임바를 만들겠습니다. 주 메뉴의 [NGUI] → [Open] → [Widget Wizard]를 클릭해 위젯 위저드를 실행합니다.

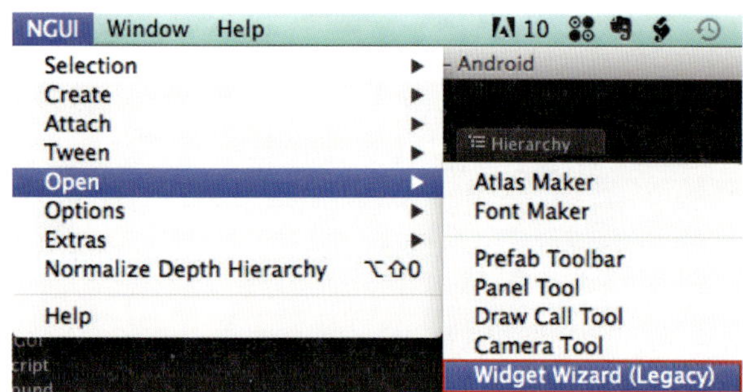

그림 2-59: 위젯 위저드 실행

위젯 툴 설정을 모두 마쳤으면 [Add To] 버튼을 클릭해 프로그래스 바 위젯을 생성합니다. 하이어라키에 UI Root 게임 오브젝트의 자식으로 Progress Bar 게임 오브젝트가 생성된 모습을 확인할 수 있습니다.

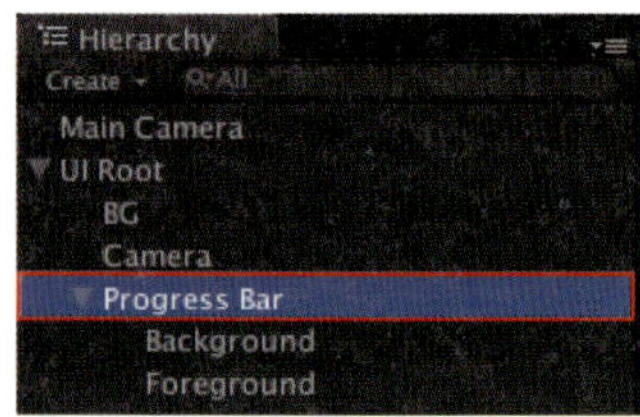

그림 2-60: Progress Bar 게임 오브젝트

하이어라키에서 생성된 Progress Bar 게임 오브젝트를 선택하고 인스펙터를 확인해보면 UISlider 컴포넌트가 추가돼 있습니다. UISlider 컴포넌트는 생성된 프로그래스 바를 손쉽게 조절하기 위해서 추가된 컴포넌트로 Value 슬라이더(❶)를 움직여보면 씬 뷰나 게임 뷰에서 즉각적으로 변화(❷)하는 모습을 볼 수 있습니다.

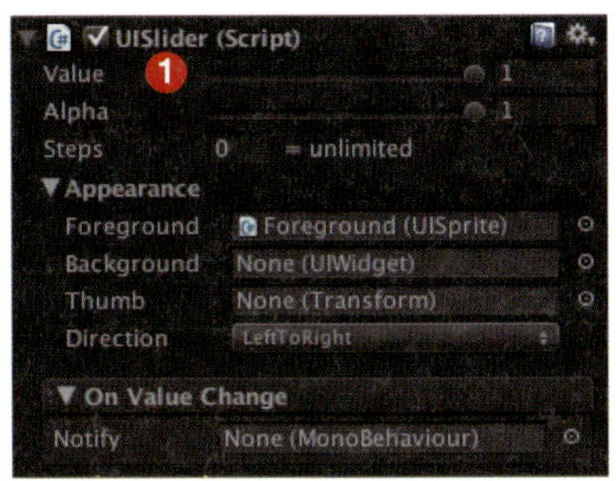

그림 2-61: UISlider 컴포넌트

하지만 위젯 위저드로 생성한 프로그래스 바 게임 오브젝트를 타임바로 사용하기에는 시간을 표시하는 레이블도 없고 마감도 엉성합니다. 먼저 깔끔하게 마감되도록 뒷 배경으로 사용되는 Background 게임 오브젝트와 실제로 줄어드는 Foreground 게임 오브젝트를 차례로 수정하겠습니다.

하이어라키에서 Progress Bar 게임 오브젝트의 자식인 Background 게임 오브젝트를 선택하고 UISprite 컴포넌트를 다음 표를 참조해 속성을 설정해 Foreground 게임 오브젝트와 크기를 동일하게 맞춥니다.

속성	값
Size	458 x 42

표 2-6: UISprite 컴포넌트 설정

Background 게임 오브젝트의 설정을 마쳤다면 하이어라키에서 Foreground 게임 오브젝트를 선택하고 다음 표를 참조해 UISprite 컴포넌트의 속성을 설정합니다. 타임바가 가로 방향으로 줄어야하므로 Fill Dir을 Horizontal로 설정했습니다.

속성	값
Type	Filled
Fill Dir	Horizontal

표 2-7: UISprite 컴포넌트 설정

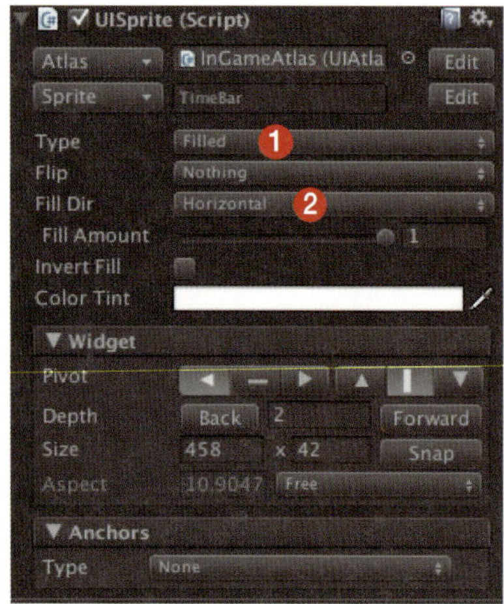

그림 2-62: Foreground 게임 오브젝트의 UISprite 컴포넌트 설정

Foreground 게임 오브젝트에 있는 UISprite 컴포넌트의 Type은 Simple이었는데 이를 Filled로 변경하면 어떤 차이가 있는지 확인해보겠습니다. Type을 Simple로 설정한 후 Fill Amount를 변경하면 그림 2-63의 왼쪽과 같이 스프라이트의 너비가 변경되며 줄어듭니다. 하지만 Typed을 Filled로 설정하면 오른쪽과 같이 점차 사라지는 형태로 줄어듭니다.

그림 2-63: UISprite 컴포넌트의 Type에 따른 차이 (왼쪽: Simple, 오른쪽: Filled)

프로그래스 바의 설정을 마쳤다면 시간을 숫자로 표현할 때 사용할 레이블을 추가하겠습니다. 하이어라키에서 Progress Bar 게임 오브젝트를 선택하고 주 메뉴의 [NGUI] → [Create] → [Label]을 클릭해 새로운 레이블을 생성합니다.

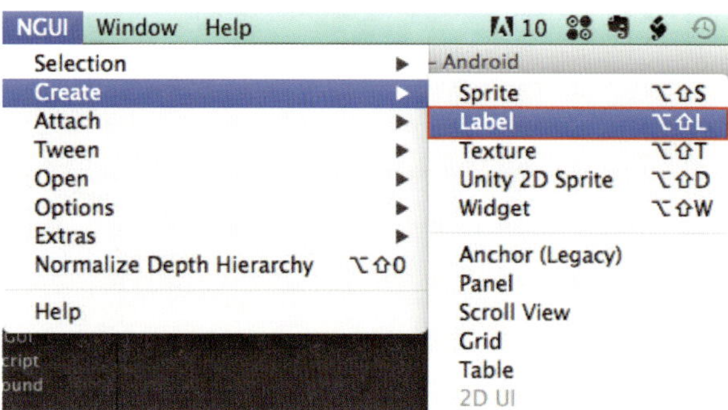

그림 2-64: Label 생성

하이어라키에 생성된 Label 게임 오브젝트를 선택(❶)해 이름을 Time_Text로 변경(❷)하고 다음 표를 참조해 UILabel 컴포넌트를 설정합니다.

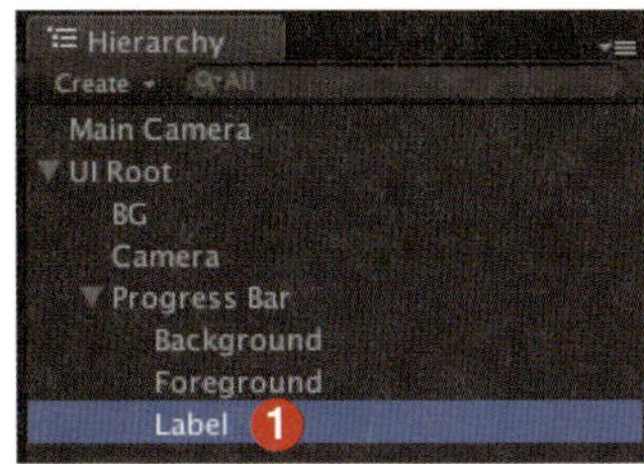

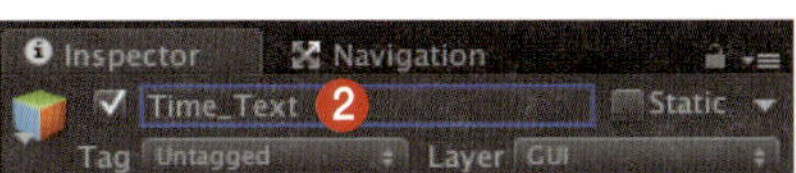

그림 2-65: Label 게임 오브젝트 이름 변경

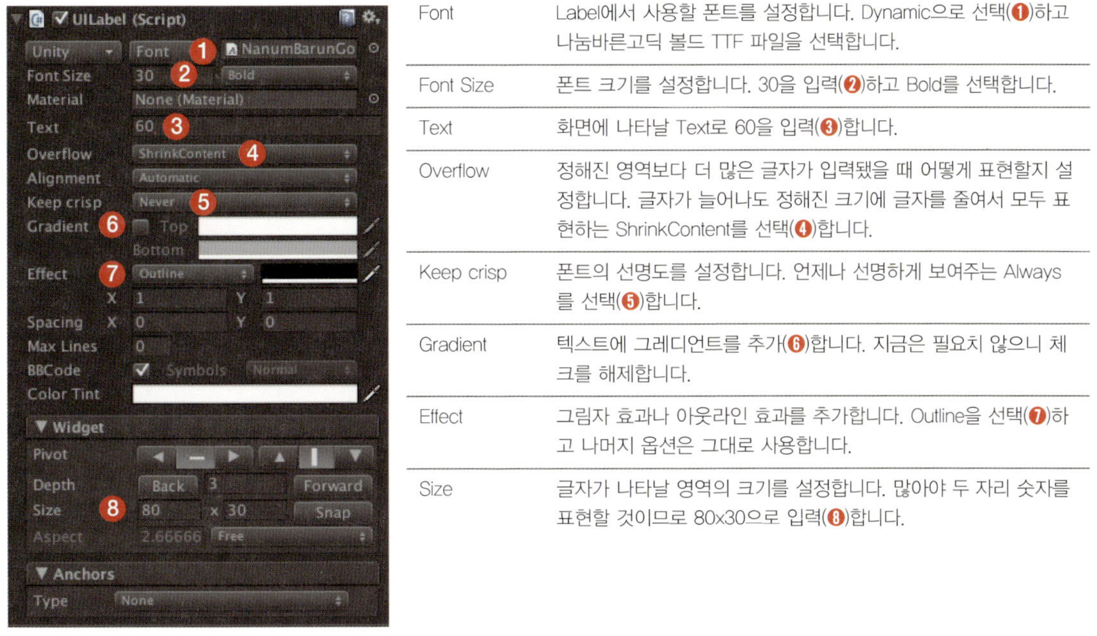

Font	Label에서 사용할 폰트를 설정합니다. Dynamic으로 선택(❶)하고 나눔바른고딕 볼드 TTF 파일을 선택합니다.
Font Size	폰트 크기를 설정합니다. 30을 입력(❷)하고 Bold를 선택합니다.
Text	화면에 나타날 Text로 60을 입력(❸)합니다.
Overflow	정해진 영역보다 더 많은 글자가 입력됐을 때 어떻게 표현할지 설정합니다. 글자가 늘어나도 정해진 크기에 글자를 줄여서 모두 표현하는 ShrinkContent를 선택(❹)합니다.
Keep crisp	폰트의 선명도를 설정합니다. 언제나 선명하게 보여주는 Always를 선택(❺)합니다.
Gradient	텍스트에 그레디언트를 추가(❻)합니다. 지금은 필요치 않으니 체크를 해제합니다.
Effect	그림자 효과나 아웃라인 효과를 추가합니다. Outline을 선택(❼)하고 나머지 옵션은 그대로 사용합니다.
Size	글자가 나타날 영역의 크기를 설정합니다. 많아야 두 자리 숫자를 표현할 것이므로 80x30으로 입력(❽)합니다.

표 2-8: UILabel 컴포넌트 설정

TimeText 게임 오브젝트의 UILabel 컴포넌트 설정이 끝났으면 Transform 컴포넌트의 Position 속성을 229, −2.5, 0으로 설정해 Progress Bar 게임 오브젝트의 중앙에 위치하도록 합니다.

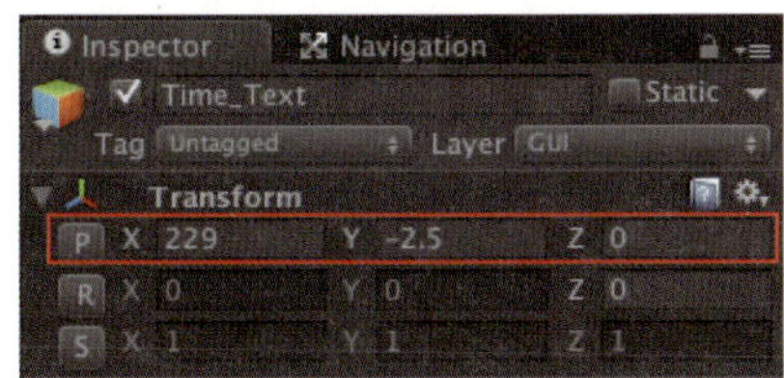

그림 2-66: Trasform 컴포넌트의 Position 설정

Progress Bar 게임 오브젝트를 화면 중앙에 위치시키기 위해 하이어라키에서 Progress Bar 게임 오브젝트를 선택한 후 Transform 컴포넌트의 Position을 −229, 0, 0으로 설정(❶)합니다. 용도를 명확히 하기 위해 Progress Bar라는 이름을 TimeBar로 변경(❷)합니다.

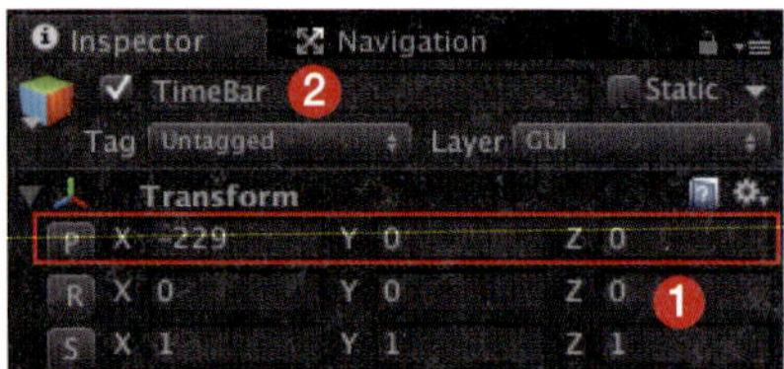

그림 2-67: 프로그래스 바 편집

게임 뷰에서 화면 중앙에 위치한 TimeBar 게임 오브젝트를 확인(❶)할 수 있습니다.

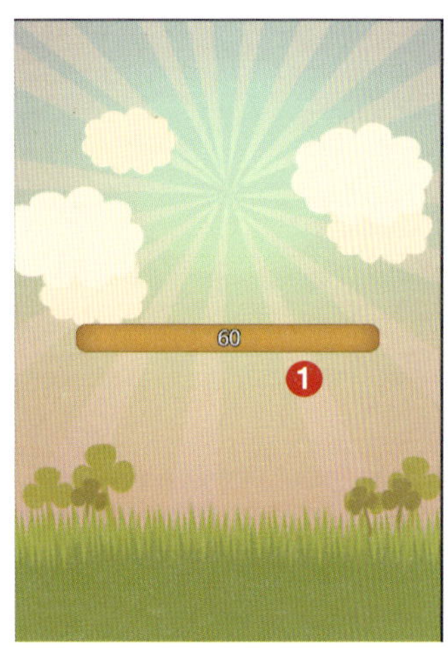

그림 2-68: 완성된 타임바

두더지 배경 추가

두더지가 배치돼 움직일 때 어색함을 줄이고 두더지가 나타날 위치를 사용자에게 알려주기 위해 두더지 배경을 추가하겠습니다.

그림 2-69: 두더지 배경

하이어라키에서 UI Root 게임 오브젝트를 선택하고 주 메뉴의 [NGUI] → [Create] → [Sprite]를 클릭해 새로운 스프라이트를 생성합니다. 하이어라키에서 새로 생성된 Sprite 게임 오브젝트를 선택하고 다음 표를 참조해 UISprite 컴포넌트의 속성을 설정합니다.

속성	값
Sprite	BG_Spawn
Depth	1
Size	[Snap]버튼 클릭

표 2-9: UISprite 컴포넌트 설정

구분을 위해서 하이어라키에서 Sprite를 선택한 후 BG_spawn으로 이름을 변경합니다.

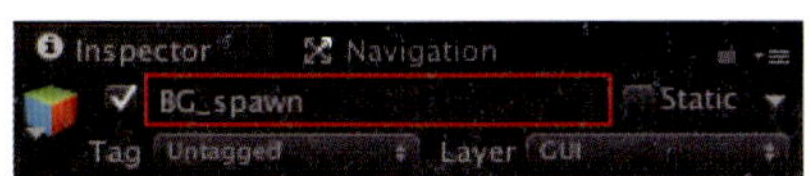

그림 2-70: 게임 오브젝트 이름 변경

타임바 위치 수정

BG나 BG_spawn 게임 오브젝트는 화면 중앙에 위치해 변경이 없는 것과 달리 TimeBar 게임 오브젝트는 화면 상단 중앙에서 일정 거리만큼 떨어져서 위치해야 합니다. 하지만 모바일 기기의 해상도가 천차만별이므로 화면 중심을 기준을 충족시키기는 어렵습니다. 이런 문제를 극복하기 위해서 NGUI는 유저 인터페이스를 비추는 카메라 화면에 Center를 포함한 9개의 기준점을 만들어서 유저 인터페이스가 상대적인 위치를 가질 수 있도록 앵커(Anchor)를 제공합니다.

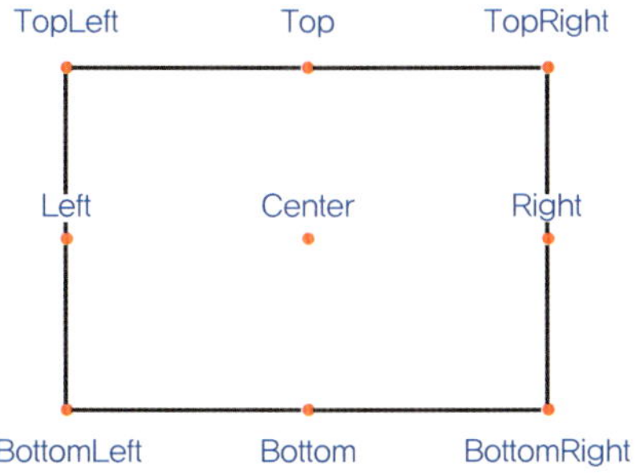

그림 2-71: 9개의 기준점

앵커를 추가하기 위해 하이어라키에서 UI Root 게임 오브젝트를 선택하고 주 메뉴의 [NGUI] → [Create] → [Anchor]를 클릭합니다.

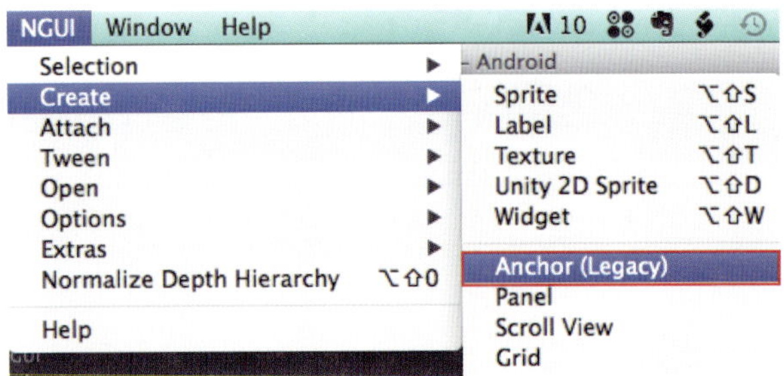

그림 2-72: 앵커 추가

하이어라키에서 새롭게 생성된 Anchor 게임 오브젝트를 선택하고 화면 상단 중앙을 기준점으로 하기 위해 UIAnchor 컴포넌트의 Side를 Top으로 설정합니다.

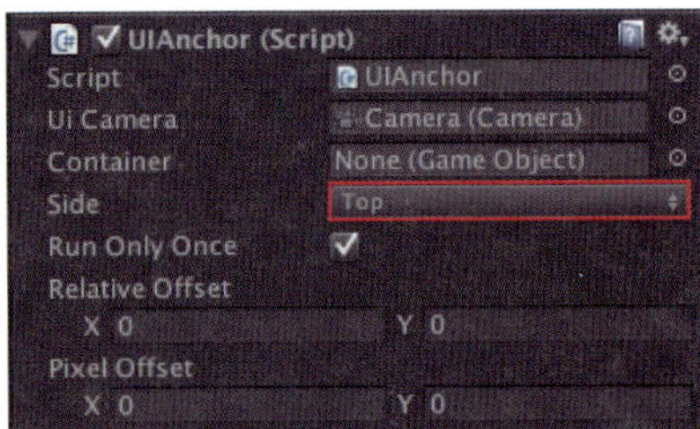

그림 2-73: UIAnchor 컴포넌트

씬 뷰를 확인해보면 Anchor 게임 오브젝트가 화면 상단의 중앙에 위치한 모습을 볼 수 있습니다.

그림 2-74: Anchor_Top의 위치

팁

UIAnchor 컴포넌트가 기준점을 만들 때 어떤 카메라를 기준으로 할지 정하는 속성이 Ui Camera 입니다. Anchor를 적용했는데 위치가 올바르게 나오지 않는다면 대부분 유저 인터페이스를 비추는 카메라가 아닌 Main Camera 등이 Ui Camera로 설정돼 있을 것입니다.

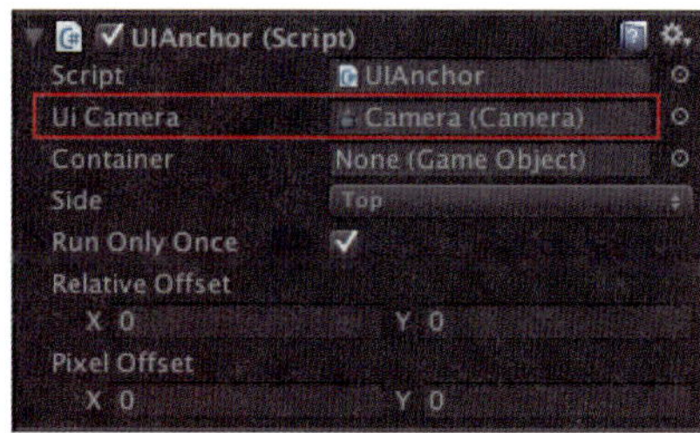

그림 2-75: UIAnchor 컴포넌트의 Ui Camera

앵커의 위치를 구분하기 위해서 Anchor 게임 오브젝트의 이름을 Anchor_Top으로 변경합니다.

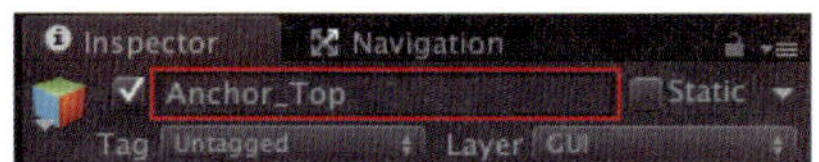

그림 2-76: Anchor 이름 변경

하이어라키에서 TimeBar 게임 오브젝트를 선택해 Anchor_Top 게임 오브젝트로 끌어다 놓은 후(❶) Transform컴포넌트의 Position을 −229, −40, 0으로 설정(❷)합니다. 이제부터 TimeBar 게임 오브젝트는 Anchor_Top 게임 오브젝트의 위치를 기준으로 일정한 거리를 유지한 채 위치하게 됩니다.

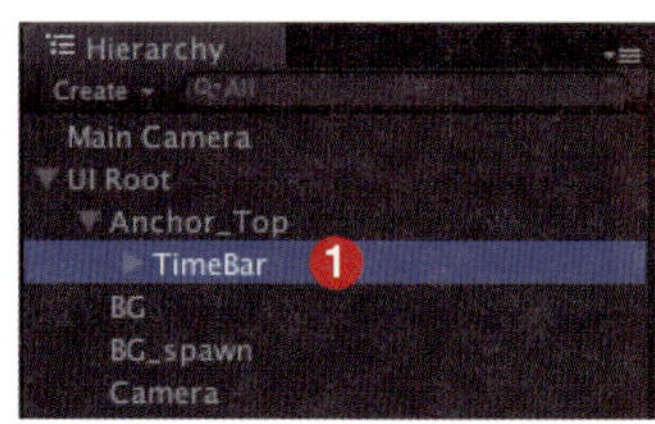

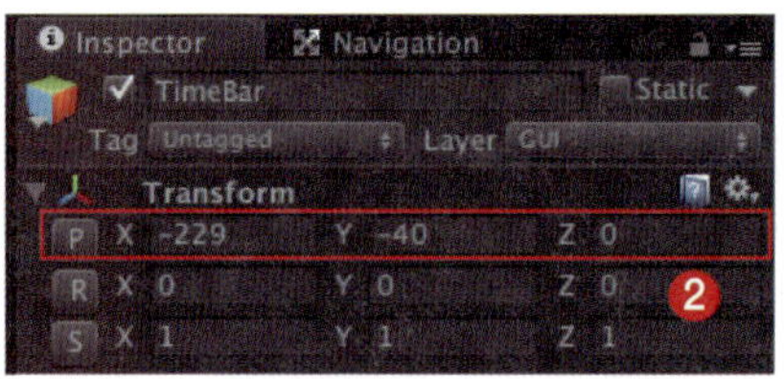

그림 2-77: TimeBar의 위치 설정

점수 라벨 추가

눈에 잘 띄는 화면 상단 중앙에 위치하면 좋은 유저 인터페이스는 점수입니다. 점수 라벨을 생성해 화면 상단 중앙에 위치시켜 보겠습니다.

하이어라키에서 Anchor_Top 게임 오브젝트를 선택하고 주 메뉴의 [NGUI] → [Create] → [Label]을 실행해 새로운 레이블 게임 오브젝트를 생성합니다. 하이어라키에서 Label 게임 오브젝트를 선택하고 구분을 위해 이름을 ScoreText로 변경(❶)합니다. Transform 컴포넌트의 Position은 0, −80, 0으로 설정(❷)합니다.

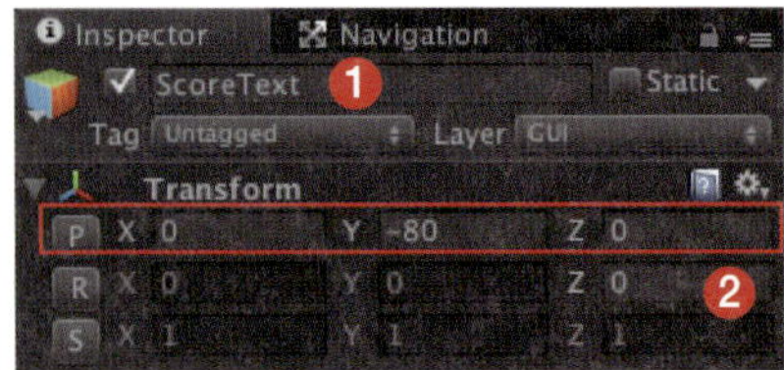

그림 2-78: 레이블의 이름과 Position변경

ScoreText 게임 오브젝트를 선택하고 다음 표를 참조해 UILabel 컴포넌트를 설정합니다.

속성	값
Font	NanumBarunGothicBold
Text	0
Keep crisp	Always
Gradient	체크 해제
Color Tint	167, 88, 0, 255
Size	300 x 30

표 2-10: UILabel 컴포넌트 설정

팁

Color Tint를 비롯한 색과 관련된 입력값은 Red, Green, Blue, Alpha의 약자인 RGBA 순으로 입력하면 됩니다.

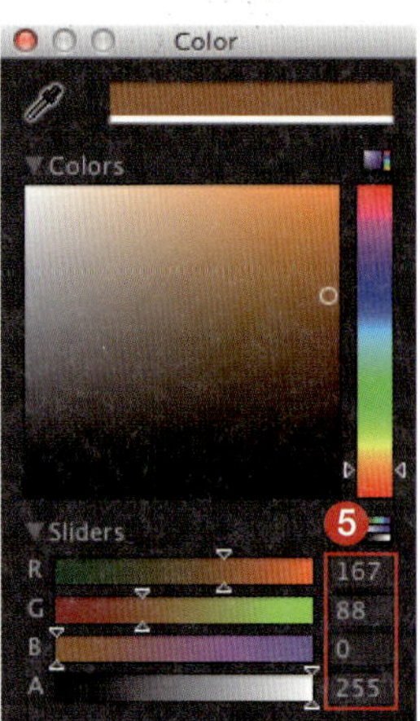

그림 2-79: UILabel 컴포넌트 편집

준비 메시지 스프라이트 추가

게임이 시작되면 보통 3~4초 가량 준비 시간을 가진 후 실제 게임이 진행됩니다. 이렇게 제공되는 준비 시간은 사용자가 충분히 상황을 인지하도록 하여 게임에 집중할 수 있게 도와줍니다.

이번에는 준비 시간을 표현할 준비 메시지를 추가하겠습니다.

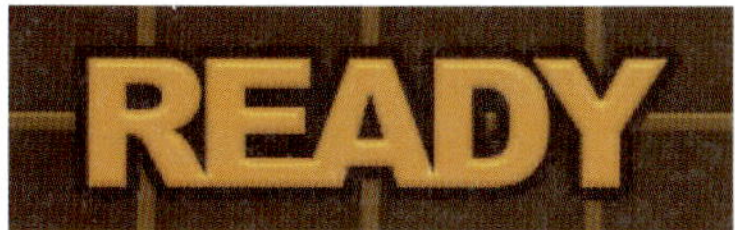

그림 2-80: 준비 메시지 예시

하이어라키에서 UI Root 게임 오브젝트를 선택하고 주 메뉴의 [NGUI] → [Create] → [Sprite]를 클릭해 새로운 스프라이트를 생성합니다. 새로 생성된 Sprite 게임 오브젝트를 선택하고 이름을 Ready로 변경(❶)합니다. Transform 컴포넌트의 Position은 0, 0, 0으로 설정(❷)합니다.

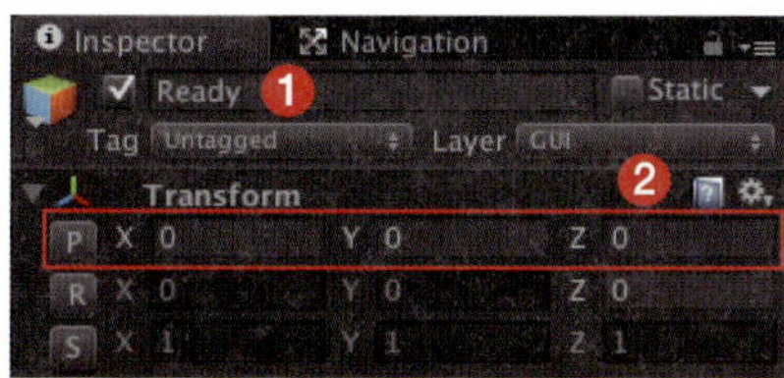

그림 2-81: 스프라이트의 이름과 Position 변경

UISprite 컴포넌트에서 Sprite는 Ready로 선택(❶)하고 뒷 배경보다 앞에 위치해야 하므로 Depth는 5로 설정(❷)합니다. Size의 [Snap] 버튼(❸)을 클릭해 스프라이트의 크기가 올바르게 나타나게 합니다.

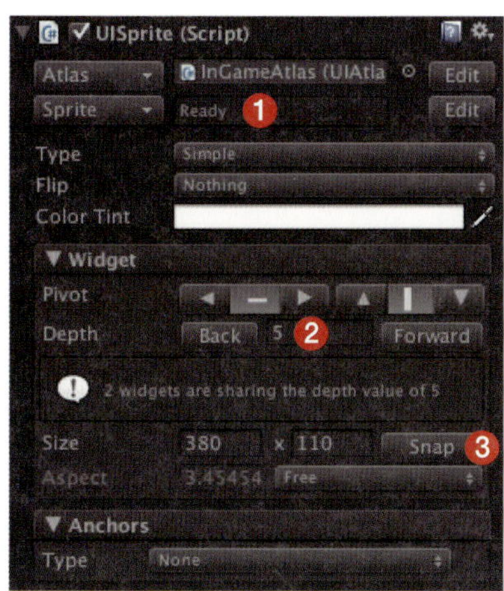

그림 2-82: UISprite 컴포넌트 편집

게임 뷰에서 Ready 게임 오브젝트가 올바르게 위치한 모습을 확인할 수 있습니다.

그림 2-83: 게임 뷰 확인

게임 매니저 스크립트 프로그래밍

게임 매니저 스크립트 생성

1장에서 제작한 GuiScript나 NGUI가 제공하는 기능을 살펴봤다면 한가지 공통점을 눈치챌 수 있었을 것입니다. 바로 C# 스크립트가 마치 컴포넌트처럼 게임 오브젝트에 추가돼 사용된다는 점입니다. 하지만 모든 스크립트를 컴포넌트처럼 사용할 수 있는 것은 아닙니다. 스크립트를 컴포넌트처럼 사용할 수 있는 조건을 알아보고 앞서 추가한 배경 요소를 제어하는 스크립트를 제작해보겠습니다.

스크립트를 컴포넌트처럼 사용하려면 3가지 조건을 반드시 충족해야 합니다.

첫째, MonoBehaviour를 상속해야 합니다.

유니티에서 스크립트를 생성하면 MonoBehaviour를 상속받은 상태이므로 크게 신경 쓸 부분은 아닙니다.

예제 2-1: GuiScript.cs

```
---(전략)---
public class GuiScript : MonoBehaviour {
---(후략)---
```

둘째, 스크립트 파일명과 클래스 이름이 같아야 합니다.

유니티에서 생성한 스크립트의 파일명과 해당 스크립트의 클래스명이 같아야 합니다. 간혹 유니티에서 제공하는 기본 명칭(NewBehavourScript)을 스크립트 파일명으로 사용하도록 해놓고 스크립트를 작성할 때 클래스 이름을 변경하는 경우가 있습니다. 스크립트가 게임 오브젝트에 추가되지 않는다면 대부분 이 문제이므로 주의해야 합니다.

그림 2-84: 스크립트 파일

셋째, 스크립트 파일명과 클래스는 고유해야합니다.

Input, Touch 등 유니티에서 이미 정의해서 사용하는 클래스나 사용자가 제작해놓은 스크립트와 중복되는 일이 없어야 합니다. NGUI는 이런 문제를 방지하기 위해서 스크립트에 모두 UI라는 접두어를 붙여서 명명했습니다.

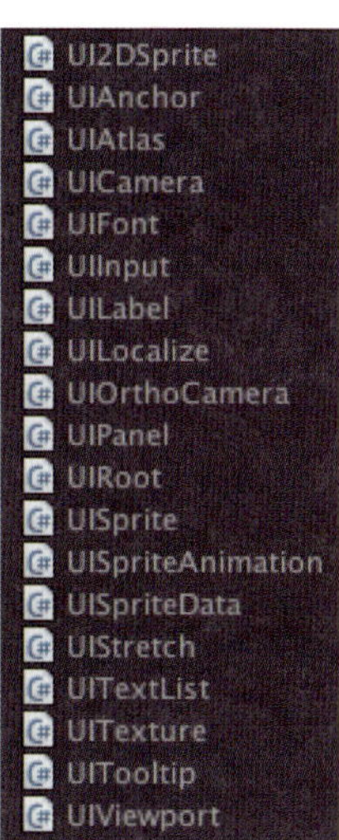

그림 2-85: NGUI의 스크립트 파일

시간에 따라 타임바가 줄어들거나 준비 메시지가 차례로 변경되는 등 배경 요소를 제어할 스크립트를 제작하겠습니다. 먼저 프로젝트 브라우저에서 Assets폴더에 Script라는 이름의 폴더를 추가(❶)하고 주 메뉴의 [Assets] → [Create] → [C# Script]를 클릭해 새로운 스크립트를 생성합니다. 스크립트 이름은 GameManager로 입력(❷)합니다.

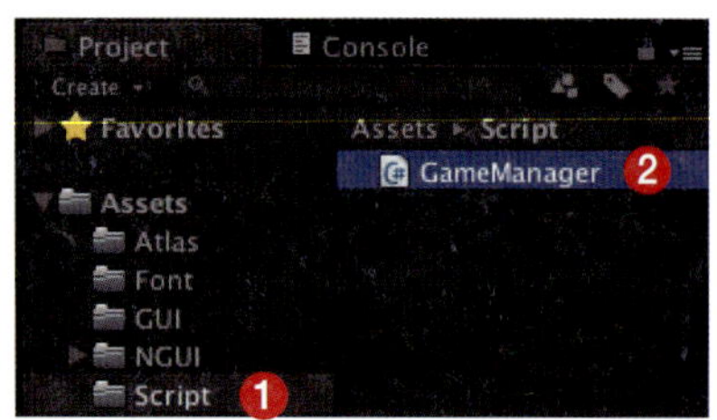

그림 2-86: GameManager 스크립트 생성

게임 스테이트 선언

두더지 게임을 진행하다 보면 준비 메시지를 보여줘야 하는 상황, 두더지를 잡았을 때의 상황, 결과를 보여줘야 하는 상황 등 다양한 상황에 처하게 됩니다. 이런 상황을 프로그래밍에서 구분하기 위한 적절한 형은 enum(열거형) 타입입니다.

용어설명

enum(열거형) 타입

enum 타입은 추가한 메뉴만 표시되는 콤보박스처럼 정수 상수 집합을 정의하는데 사용합니다. 예를 들면 다음과 같이 요일을 정의할 수 있습니다.

```
enum Days { Sunday, MonDay, Tuesday, Wednesday, Thursday, Friday, Saturday };
```

만약 요일을 int타입으로 정의했다면 실수로 1000이나 20000 등이 입력되는 경우를 예외로 처리해야 하고 읽기에도 불편합니다. 하지만 enum 타입은 추가한 범위 안에서만 값이 존재하고 읽기도 쉽습니다. 또 enum 타입 내부 형식은 int이므로 컴퓨터가 코드를 판단할 때도 그리 무리가 가지 않습니다.

GamaManager 스크립트에 게임 스테이트를 처리할 enum을 추가하겠습니다. 먼저 프로젝트 브라우저에서 GameManager 스크립트를 선택하고 더블클릭해 MonoDevelop을 실행합니다. GameManager 스크립트가 열리면 예제 2-2와 같이 using 지시문 아래에 GameManager 클래스와 별개로 GameState를 선언합니다.

예제 2-2: GameManager.cs

```
---(전략)---
public enum GameState {ready, idle, gameover, wait}
---(후략)---
```

선언한 GameState는 다음 표와 같이 게임 매니저가 상황에 따라 필요한 조치를 할 수 있게 합니다.

상황	조치
ready	게임의 최초 상태로 사용자가 게임 시작을 준비할 수 있게 메시지를 출력합니다.
idle	게임이 진행되는 상태로 두더지를 나타냅니다.
gameover	게임이 종료돼 결과를 표시합니다.
wait	사용자가 결과를 확인한 후 다음 동작 명령이 있을 때까지 대기합니다.

표 2-11: GameState 에 추가되는 내용과 상황별 조치

2장에서 진행할 두더지 게임의 전체 소스 코드는 http://github.com/wikibook/ngui/complete/2에서 확인할 수 있습니다.

멤버 필드 등록

GameManager가 주로하는 일은 게임 시작 시 준비 메시지를 표시하고 타임바에 남은 게임 시간을 보여주며 점수를 계산하는 일입니다. 각 상황을 인지할 GameState와 타임바, 준비 메시지, 점수를 제어할 유저 인터페이스 요소 등을 추가합니다.

예제 2-3: GameManager.cs

```
---(전략)---
public class GameManager : MonoBehaviour {

    public GameState nowGameState = GameState.ready; // 게임 상황 판단.

    public UISlider timeBarSlider; // 타임바.
    public UILabel timeBarText;    // 타임바의 시간을 표시할 라벨.
    public UISprite readySprite;   // 준비 메시지.
    public UILabel scoreLabel;     // 점수를 표시할 라벨.

    float mainTimer = 0;           // 게임 시간을 저장.
    int score = 0;                 // 게임 점수 저장.
---(후략)---
```

준비 메시지 처리

게임 시작 시 사용자에게 준비할 시간을 주고, 게임 시작 신호를 알리는 준비 메시지는 다음과 같은 순서로 처리됩니다.

화면	스크립트 처리
Ready 스프라이트	2초 경과
Go 스프라이트	1초 경과
	게임 시작

표 2-12: 준비 메시지 처리 순서

준비 메시지를 처리하기 위해 예제 2-4와 같이 InitReady 메서드와 ReadyToGo 메서드, GoToIdle 메서드를 추가합니다.

예제 2-4: GameManager.cs

```
---(전략)---
    void InitReady ()
    {
        // 스프라이트 초기화
        readySprite.spriteName = "Ready";
        readySprite.MakePixelPerfect();
        // 스프라이트 활성화
        readySprite.gameObject.SetActive(true);
        // 2초 후 ReadyToGo 실행
        Invoke("ReadyToGo", 2.0f);
    }

    void ReadyToGo ()
    {
        // 스프라이트 변경
        readySprite.spriteName = "Go";
        readySprite.MakePixelPerfect();
        // 1초 후 GoToIdle 실행
        Invoke("GoToIdle", 1.0f);
    }

    void GoToIdle()
    {
        // 스프라이트 비활성화
        readySprite.gameObject.SetActive(false);
```

```
            // 게임 진행 상태로 변경
            mainTimer = 0;
            nowGameState = GameState.idle;
        }
    ---(후략)---
```

InitReady메서드는 게임이 시작되고 처음으로 호출될 메서드로 스프라이트를 변경하고 준비 메시지 게임 오브젝트를 활성화한 후 2초가 경과하면 ReadyGo 메서드를 호출합니다. 이때 사용된 UISprite.spriteName(readySprite의 클래스가 UISprite)에 string타입을 입력하면 아틀라스 안에서 입력받은 이름과 같은 스프라이트를 선택하여 교체합니다. UISprite.MakePixelPerfect 메서드는 인스펙터에서 UISprite 컴포넌트의 Size 속성에 있는 [Snap] 버튼을 누른 것처럼 스프라이트가 고유의 크기로 표시될 수 있게 합니다. GameObject.SetActive 메서드는 게임 오브젝트를 bool 타입으로 활성화하거나 비활성화할 때 사용합니다. Invoke 메서드는 메서드 이름과 실행될 시간을 파라미터로 전달받아 입력받은 시간 후에 메서드를 실행합니다. 이러한 특징을 이용해 2초 후에 ReadyToGo 메서드를 실행합니다.

팁

스크립트 작성하면서 많이 하는 실수 중 하나는 GameObject와 gameObject처럼 대, 소문자를 잘못 입력하는 경우입니다. 소문자로 시작하는 멤버는 부모인 MonoBehaviour에 이미 정의된 객체(인스턴스)를 나타내고, 대문자로 시작하는 것은 클래스 자체를 뜻합니다.

용어설명

Invoke 메서드

Invoke 메서드는 지연 호출 시(일정 시간 이후에 원하는 일을 처리할 때) 매우 유용합니다. 타임바를 처리하는 데 사용하는 Time.deltaTime이나 Time.fixedDeltaTime을 누적해 시간을 계산하는 방식은 Update 메서드나 FixedUpdate 메서드에서 매번 비교식을 활용해야 하는 불편함이 있습니다. 이에 반해 Invoke 메서드는 유니티 내부에서 시간 흐름을 판단해 시간을 비교하는 구문이 드러나지 않고 한 번의 명령으로 처리할 수 있어 간편합니다. 유사한 메서드로 지정된 시간을 주기로 지연 호출을 반복하는 InvokeRepeating 메서드도 있습니다.

ReadyToGo 메서드는 InitReady 메서드처럼 스프라이트를 변경하고 1초 후에 GoToIdle 메서드를 호출하는 역할을 하고, GoToIdle 메서드는 준비 메시지 게임 오브젝트를 비활성화하고 게임의 상태를 변경해 본격적으로 게임을 진행할 수 있게 합니다.

InitReady 메서드는 씬이 시작되면 바로 실행돼야 하므로 예제 2-5와 같이 OnEnable 메서드에서 호출합니다.

예제 2-5: GameManager.cs

```
---(전략)---
    void OnEnable ()
    {
        InitReady();
    }
---(후략)---
```

팁

MonoBehaviour를 상속받아 컴포넌트로 활용할 수 있는 유니티의 스크립트는 게임 시작이나 오브젝트 생성과 함께 Awake, OnEnable, Start 세 가지 메서드를 호출합니다. 이 메서드를 활용해 게임이 시작될 때 스크립트에 필요한 초기화 작업을 진행하게 되는데 그중 가장 확실한 메서드는 Awake 메서드이고, 변수 할당이 필요할 때에는 OnEnable 메서드를 활용하는 게 좋습니다. OnEnable 메서드에서 게임 오브젝트를 비활성화하면 Start 메서드가 동작하지 않아 초기화 되지 않을 수 있으므로 유의해야 합니다.

메서드 명	호출 시점
Awake	오브젝트 생성 시
OnEnable	Awake에서 OnEnable을 직접 호출 오브젝트가 활성화될 때
Start	첫 프레임 시작 전

표 2-13: MonoBehaviour 메서드

타임바와 타임 텍스트 처리

시간이 흐를 때마다 조금씩 줄어드는 타임바와 숫자가 1초씩 줄어드는 타임 텍스트는 시간의 흐름을 파악하는 데 필수입니다. 이외에도 매번 확인이 필요한 작업을 처리하기 위해서 MonoBehaviour에서는 게임이 렌더링되는 매 프레임마다 반복해서 호출되는 Update 메서드를 제공합니다.

반복 호출되는 Update 메서드를 활용해 시간의 흐름을 체크하고, 타임바와 타임 텍스트가 작동하도록 스크립트를 작성합니다.

```
---(전략)---
    void Update ()
    {
        switch(nowGameState)
        {
        case GameState.idle:
            // deltaTime 누적
            mainTimer += Time.deltaTime;
            if( mainTimer >= 60.0f )
            {
                // 게임 종료
                mainTimer = 60;
                nowGameState = GameState.gameover;
            }
            // timeBar를 점차 비운다
            timeBarSlider.value = (60.0f - mainTimer) / 60.0f;
            // timeBarText는 60에서부터 1초 단위로 줄어든다
            timeBarText.text = string.Format("{0:f0}", (60.0f - mainTimer));
            break;
        }
    }
---(후략)---
```

switch … case 문은 소괄호(())안의 조건과 일치하는 case로 이동해 break 문이 있는 부분까지 실행하도록 되어 있습니다. 반복되는 Update메서드에서 GameState.idle인 경우가 아니면 아무런 작용이 일어나지 않습니다.

Time.deltaTime은 지난 프레임이 완료됐을 때의 시간을 float 타입으로 반환합니다. 이 특징을 활용해 mainTimer에 누적하면 경과한 시간을 알 수 있습니다.

UISlider.value는 0부터 1 사이의 실수를 입력 받아 스프라이트를 채워나갈 때 활용합니다. 예제 2-6에서는 점차 줄어들어야 하는 타임바를 표현하기 위해 1에서 0으로 줄어들도록 계산식을 작성했습니다.

UILabel.text는 입력받은 string타입을 유저 인터페이스에 글자로 표현할 때 사용합니다. 여기서는 string.Format을 활용해 남은 시간을 초 단위로 표현했습니다.

팁

string.Format은 지정된 문자열에 있는 형식 항목(예제 2-6에서 {0:f0})에 값(예제 2-6의 60.0f-mainTimer)을 넣어 string 타입으로 변환할 때 사용됩니다. 소수점 이하 값을 제거하거나 한 자리 숫자에 0을 추가해 두 자리 숫자로 표현(01)하는 등 다양하게 활용할 수 있습니다.

작성한 스크립트가 제대로 동작하는지 확인하기 위해서 하이어라키에서 [GameObject] → [Create Empty]를 실행해 빈 게임 오브젝트를 생성하고 이름을 @GameManager로 입력합니다.

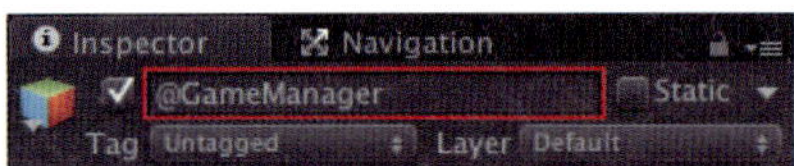

그림 2-87: 게임 오브젝트 생성

게임을 제작하다보면 게임 오브젝트 중에서 눈에 잘 띄는 곳에 정렬해 두어야하는 오브젝트가 있습니다. 이때 이름 앞에 @나 _와 같은 특수 문자를 추가하면 간단히 문제를 해결할 수 있습니다.

프로젝트 브라우저에서 GameManager 스크립트를 선택해 @GameManager 게임 오브젝트에 끌어다 놓습니다. 인스펙터의 GameManager 스크립트에서 public 액세스 한정자로 추가된 멤버 필드가 표현된 것을 확인할 수 있습니다.

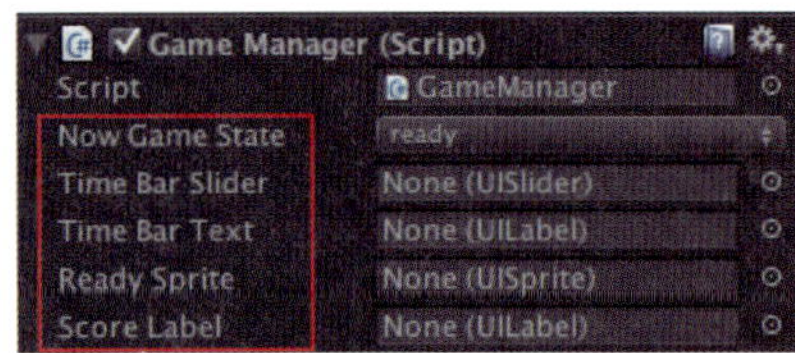

그림 2-88: GameManager 적용

private 이나 protected 액세스 한정자를 사용하더라도 [Serialize Field]를 활용해 강제로 인스펙터에 나타나게 할 수 있습니다.

GameManager의 멤버 필드가 올바르게 작동할 수 있게 하이어라키에서 TimeBar, Time_Text, Ready, ScoreText 게임 오브젝트를 Time Bar Slider(❶), Time Bar Text(❷), Ready Sprite(❸), Score Label(❹)에 각각 끌어다 놓습니다. 게임 오브젝트를 끌어다 놓으면 게임 오브젝트에 있는 컴포넌트(스크립트로 제작된 컴포넌트 포함) 중 해당 멤버 필드와 같은 클래스로 만들어진 컴포넌트를 찾아 할당됩니다. 이는 int i를 선언하고 i에 값을 0으로 전달하는 것(i = 0)과 같은 과정입니다.

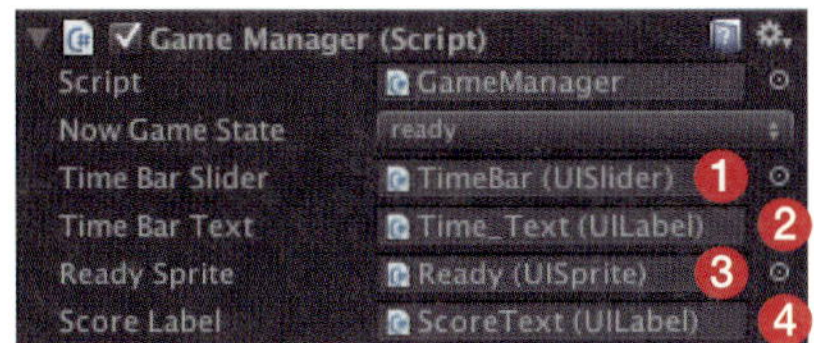

그림 2-89: 게임 오브젝트 할당

멤버 필드를 모두 할당했으면 플레이 버튼을 눌러 게임을 실행해 봅니다. Ready 메시지와 타임바, 타임 텍스트가 올바르게 표현되는 모습을 확인할 수 있습니다.

그림 2-90: 게임 플레이

두더지 만들기

배경 위에서 작동할 두더지를 구성하고 두더지의 상태에 따라 NGUI에서 제공하는 Tween 클래스를 활용해 움직임을 제어합니다.

두더지 구성

패널 추가

두더지는 BG_spawn 스프라이트의 한 칸 안에서 위쪽(두더지의 머리)부터 나타나면서 등장하게 할 것입니다. 이처럼 스프라이트의 일부만 나타나도록 UIPanel의 Clipping 기능을 활용하겠습니다. Clipping 기능은 일정 영역 밖으로 스프라이트가 벗어나면 화면에 나타나지 않게 합니다.

그림 2-91: Clipping 예시

먼저 하이어라키에서 UI Root를 선택하고주 메뉴의 [NGUI] → [Create] → [Panel]을 클릭해 새로운 Panel을 생성합니다. 구분을 위해 생성된 Panel의 이름을 1_MolyPanel로 변경(❶)합니다. 두더지를 표현할 첫 번째 Panel이므로 Transform컴포넌트의 Position을 0, 200, 0으로 입력(❷)해 두더지 배경의 제일 위쪽에 배치합니다.

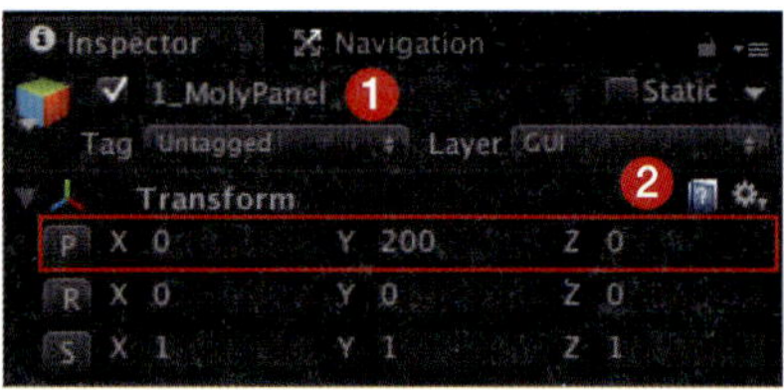

그림 2-92: 게임 오브젝트 이름 변경 및 Position 입력

하이어라키에서 1_MolyPanel 게임 오브젝트를 선택하고 인스펙터를 확인해 UIPanel 컴포넌트의 Clipping을 Soft Clip으로 변경(❶)합니다. Size는 전체 유저 인터페이스의 가로 크기와 일치하며 두더지 배경의 한 칸 높이와 일치하도록 640, 120으로 설정(❷)합니다.

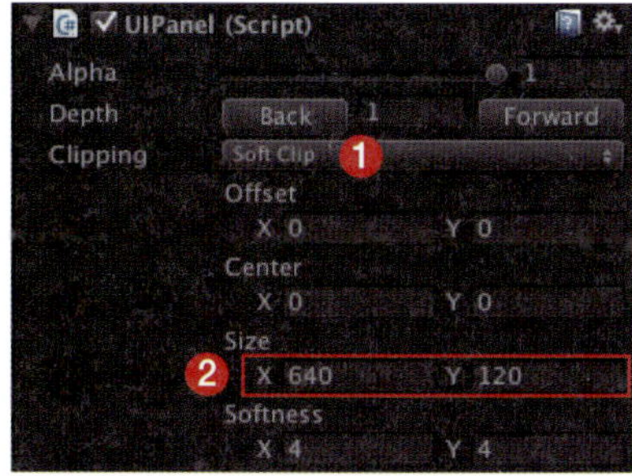

그림 2-93: UIPanel 설정

씬 뷰를 확인해보면 1_MolyPanel의 영역을 확인할 수 있습니다.

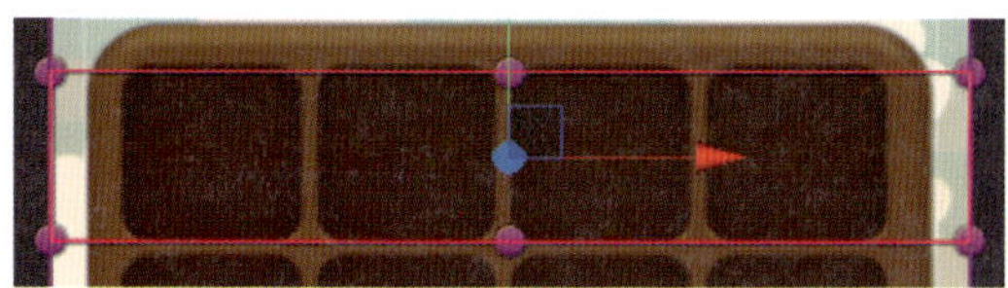

그림 2-94: Clipping영역

두더지 스프라이트 구성

두더지는 두더지를 표현할 스프라이트와 사용자의 터치가 발생했을 때 표현할 이펙트 스프라이트로 구성합니다. 먼저 두더지 스프라이트와 이펙트 스프라이트의 부모 게임 오브젝트로 사용할 빈 게임 오브젝트를 생성해야 합니다. 주 메뉴의 [GameObject] → [Create Empty]를 클릭해 빈 게임 오브젝트를 생성하고 이름을 MolyUnit1으로 변경(❶)합니다. 하이어라키에서 1_MolyPanel의 자식 게임 오브젝트로 MolyUnit1을 위치(❷)시킵니다.

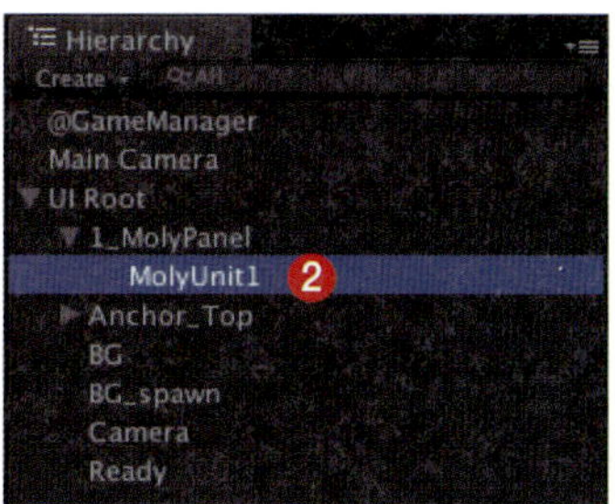

그림 2-95: MolyUnit1 게임 오브젝트

팁

하이어라키에서 게임 오브젝트를 선택하고 자식 게임 오브젝트를 생성하려면 단축키 alt + shift + N을 누릅니다. 선택된 게임 오브젝트의 자식 게임 오브젝트로 Child가 생성된 모습을 확인할 수 있습니다.

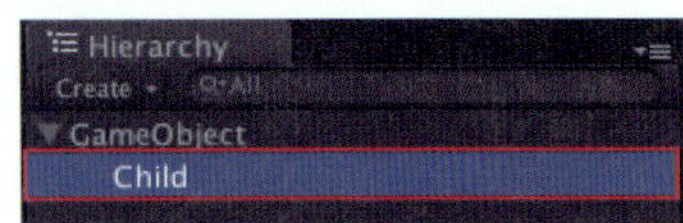

그림 2-96: Child 게임 오브젝트

이어서 두더지 스프라이트를 추가하겠습니다. 하이어라키에서 MolyUnit1을 선택하고 주 메뉴의 [NGUI] → [Create] → [Sprite]를 클릭해 스프라이트를 생성합니다. 생성된 스프라이트 이름을 Moly로 변경합니다.

그림 2-97: Moly 게임 오브젝트

Moly 게임 오브젝트를 선택하고 다음 표를 참조해 UISprite 컴포넌트를 설정합니다.

속성	값
Sprite	ppo
Type	Simple
Pivot	아래 정렬
Depth	0
Size	[Snap] 버튼 클릭

표 2-14: UISprite 컴포넌트 설정

두더지 스프라이트를 추가했으니 이펙트 스프라이트를 추가하겠습니다. 하이어라키에서 MolyUnit1을 선택하고 주 메뉴의 [NGUI] → [Create] → [Sprite]를 클릭해 스프라이트를 생성합니다. 생성된 스프라이트 이름을 effect로 변경(❶)합니다.

그림 2-98: effect 게임 오브젝트

effect 게임 오브젝트를 선택하고 다음 표를 참조해 UISprite 컴포넌트를 설정합니다.

속성	값
Sprite	hited
Type	Simple
Depth	1
Size	[Snap] 버튼 클릭

표 2-15: UISprite 컴포넌트 설정

Tween 기능 활용

Moly와 effect 게임 오브젝트를 구성했으면 움직임을 추가해보겠습니다. 하이어라키에서 Moly 게임 오브젝트를 선택하고 주 메뉴의 [NGUI] → [Tween] → [Position]을 클릭합니다.

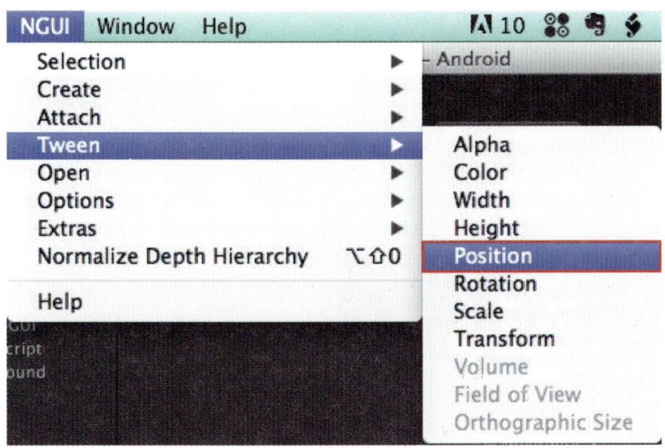

그림 2-99: Tween Position 컴포넌트 추가

인스펙터를 확인하면 그림 2-100과 같이 From에서 To까지 움직일 수 있게하는 Tween Position 컴포넌트가 추가된 것을 확인할 수 있습니다. Moly 게임 오브젝트는 보이지 않다가 아래쪽에서 위쪽으로 이동해야하므로 From을 0, −100, 0으로 설정(❶)하고 From에서 To까지 움직이는 시간을 뜻하는 Duration은 0.2로 설정(❷)합니다. 그리고 준비 메시지가 표현될 때 자동으로 Moly 게임 오브젝트가 움직이는 것을 방지 하기 위해서 Tween Position 컴포넌트의 체크박스를 해제(❸)합니다.

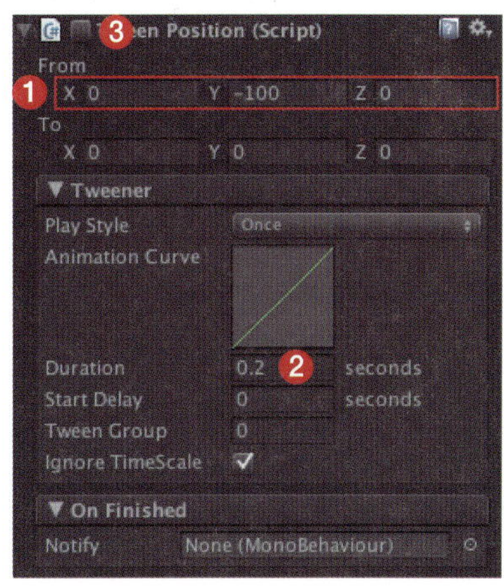

그림 2-100: Tween Postion 컴포넌트 입력

Moly 게임 오브젝트 Transform 컴포넌트의 Position을 0, −100, 0으로 설정해 Tween Position 컴포넌트의 출발 지점과 위치를 같게 설정합니다.

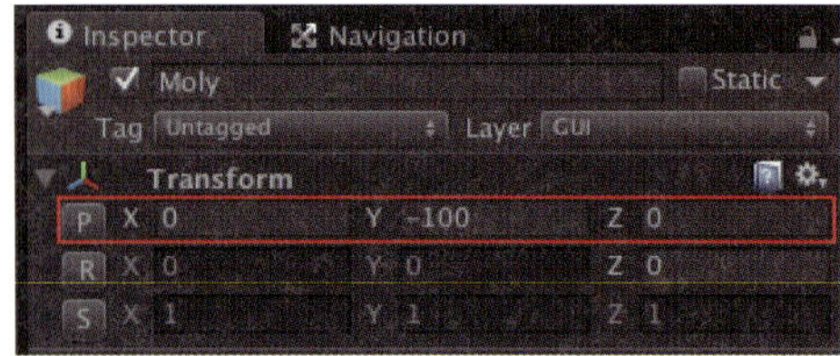

그림 2-101: Transform컴포넌트

효과로 사용할 effect 게임 오브젝트를 하이어라키에서 선택하고 주 메뉴의 [NGUI] → [Tween] → [Position]을 클릭해 Tween Position 컴포넌트를 추가합니다. effect 게임 오브젝트는 두더지의 머리쪽에서 움직이게 할 것이므로 From을 22, 73, 0으로 설정(❶)하고 To는 35, 93, 0으로 설정(❷)합니다. From에서 To까지 움직일 때 처음에는 빠르다가 점점 느리게 움직이게 만들기 위해서 Animation Curve를 선택(❸)하고 열린 Curve 팝업 창에서 기울기가 점차 완만해지는 곡선을 선택(❹)합니다. Duration은 0.2로 설정(❺)합니다.

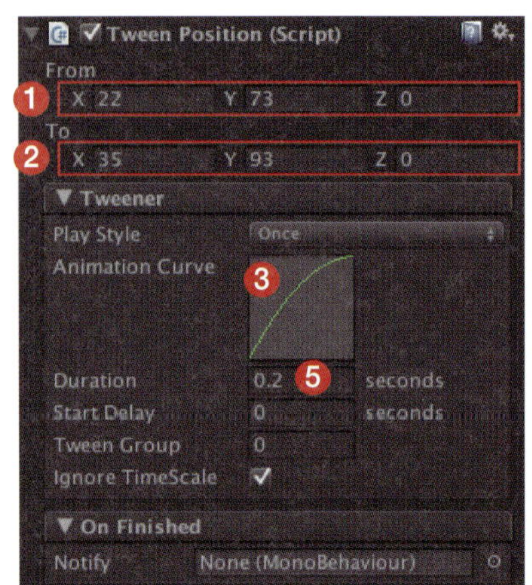

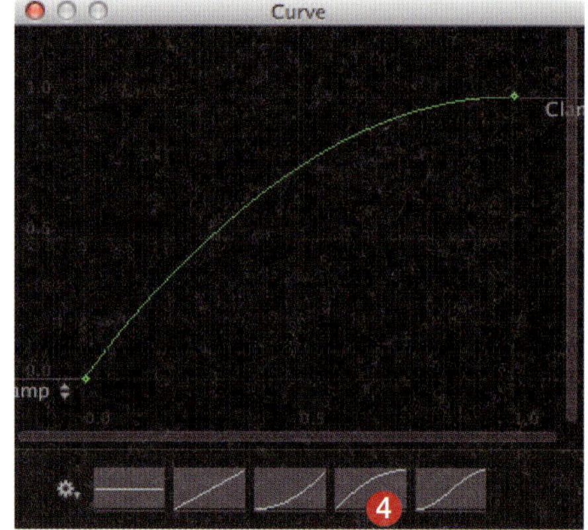

그림 2-102: Tween Position 컴포넌트 설정

effect 게임 오브젝트는 게임 시작 시 나타나지 않아야 하므로 게임 오브젝트의 체크박스를 해제(❶)하고 Transform 컴포넌트의 Position을 22, 73, 0으로 설정(❷)해 Tween Position 컴포넌트의 출발 지점과 위치를 같게 만듭니다.

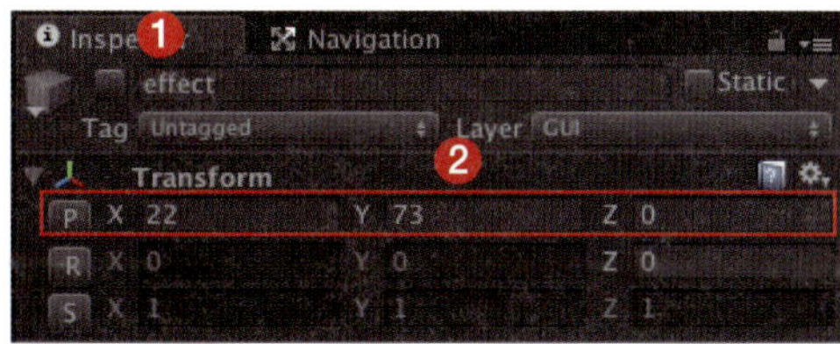

그림 2-103: Transform 컴포넌트 입력

팁

A상태에서 B상태로 변화를 주는 Tween 클래스는 Position 이외에도 Scale, Alpha 등 다양하게 제공되므로 필요에 따라 사용하면 됩니다. 여러 Tween 클래스를 추가해 복합적으로 적용하면 멋진 효과를 만들 수 있습니다.

충돌 처리

사용자가 두더지를 잡기 위해서 터치하거나 마우를 조작하면 NGUI의 UICamera 컴포넌트가 입력을 받아 OnHovor, OnPress, OnClick 등의 메서드를 실행하게 돼있습니다. 이때 어떤 게임 오브젝트가 조작의 대상인지 판단하기 위해서 충돌 처리가 필요합니다.

유니티에서는 직선으로 움직이는 Ray를 발사해 콜라이더(Collider)가 추가된 게임 오브젝트에 충돌했는지 판단하는 방법으로 충돌을 처리합니다. 그러므로 충돌 처리에 필요한 콜라이더를 추가하겠습니다.

용어설명

콜라이더(Collider)

콜라이더는 리기드바디(Rigidbody)와 함께 유니티에서 물리를 재현하기 위해 작동하는 컴포넌트로 물체가 서로 충돌할 수 있게 해줍니다.

콜라이더를 추가하기 위해서 하이어라키에서 MolyUnity1 게임 오브젝트를 선택하고 주 메뉴의 [Component] → [Physics] → [Box Collider]를 클릭합니다.

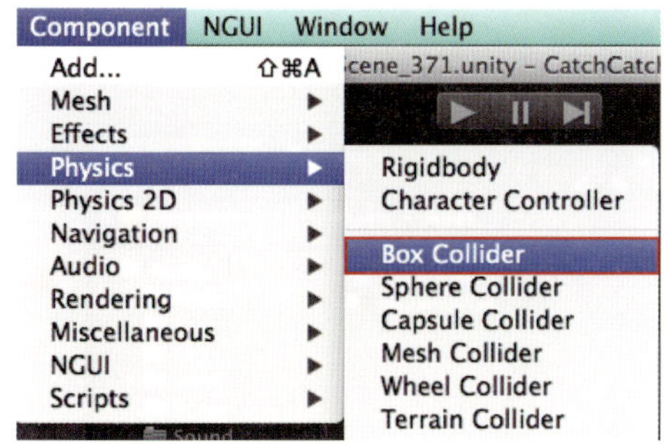

그림 2-104: 콜라이더 추가

팁

콜라이더는 Box, Sphere, Capsule 등 다양한 모양이 있으므로 충돌을 처리할 대상의 모양을 고려해 추가합니다. 일반적으로 Box와 Capsule을 많이 사용합니다.

사용자 입력으로 발생한 Ray와 충돌 후 물리적인 처리가 필요하지 않으므로 Box Collider 컴포넌트의 Is Trigger에 체크(❶)하고, Center를 0, 60, 0으로 설정(❷)해 Moly게임 오브젝트의 중앙에 Box Collider가 위치하게 합니다. Size는 100, 120, 1로 설정(❸)해 Moly 게임 오브젝트와 크기를 맞춥니다.

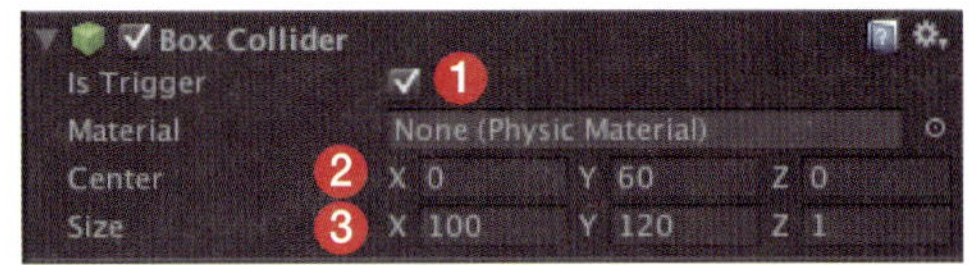

그림 2-105: Box Collider 컴포넌트

팁

NGUI의 UISprite, UILabel, UIWidget 컴포넌트가 적용된 게임 오브젝트에 콜라이더를 추가해 크기에 딱맞도록 추가하는 손쉬운 방법은 주 메뉴의 [NGUI] → [Attach] → [Collider]를 선택하는 것입니다.

두더지 스크립트 작성

두더지 스크립트 생성

두더지를 제어할 스크립트를 생성하겠습니다. 프로젝트 브라우저에서 Script 폴더로 이동한 후 주 메뉴의 [Assets] → [Create] → [C# Script]를 실행해 스크립트를 만들고 스크립트 이름은 MolyUnit으로 입력합니다.

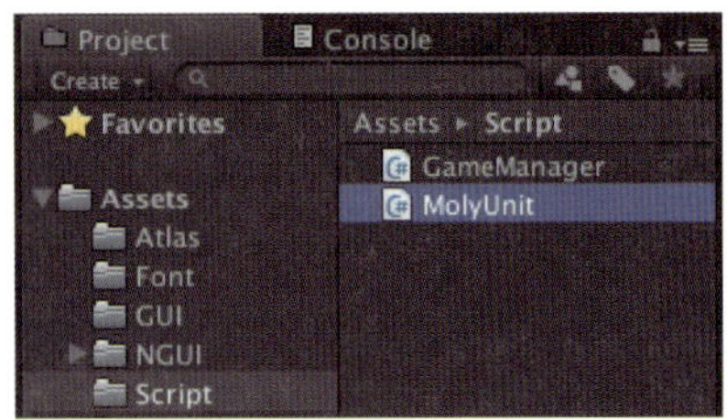

그림 2-106: MolyUnit스크립트 생성

스테이트 선언

예제 2-7과 같이 두더지의 상황에 따른 처리를 위해서 enum 타입으로 MolyState를 선언합니다. 그리고 두더지 스프라이트를 빨간색인 Ppo와 푸른색인 Ppu로 나눠서 사용할 것이므로 SpriteType으로 enum 타입을 선언합니다.

예제 2-7: MolyUnit.cs

```
---(전략)---
public enum MolyState {idle, move, wait, hited}
public enum SpriteType {Ppo, Ppu}
---(후략)---
```

두더지의 상태를 처리할 MolyState는 다음 표와 같습니다. 상황에 따라 필요한 조치를 할 수 있게 처리하겠습니다.

상황	조치
idle	두더지의 기본 상태입니다. GamaManager의 명령을 받아 움직임을 시작할 수 있는 상태입니다.
move	두더지가 화면에 나타나거나 사라지는 동안을 나타냅니다.
wait	두더지가 화면에 등장해 사용자 입력을 기다리는 상태입니다.
hited	wait상태에서 사용자의 터치로 발생하며 effect 게임 오브젝트를 보여주는 등 사용자가 명확히 알 수 있는 리액션을 표현하는 상태입니다.

표 2-16: MolyState에 추가되는 내용과 상황별 조치

멤버 필드 등록

두더지가 주로 아래나 위로 움직이고 타이머를 통해서 다음 스테이트로 변하는 등의 일을 처리합니다. 이런 일을 처리하기 위해서 TweenPosition과 타이머, 점수, 두더지 스프라이트, 두더지 상태 변수 등을 멤버 필드로 등록합니다.

예제 2-8: MolyUnit.cs

```
---(전략)---
    public MolyState nowMolyState = MolyState.idle; // 두더지의 현재 상태.

    SpriteType nowMolySpriteType = SpriteType.Ppo; // 현재 스프라이트 타입.

    public UISprite molySprite;
    public GameObject effectObj;
```

```
    // 움직임을 관장할 2개의 TweenPostion
    TweenPosition molyTweenPos;
    TweenPosition effectTweenPos;

    Vector3 molyFromPos = new Vector3(0, -100, 0); // Moly 게임 오브젝트의 최초 위치.

    // 위쪽으로 이동을 마치고 사용자의 입력을 기다릴 때 사용할 대기용 타이머.
    public float waitTimer = 0;
    float waitTimeFact = 0.5f;

    // 두더지를 때리고 난 뒤 다시 초기화 될 때까지 대기할 때 사용할 타이머.
    public float hitAfterTimer = 0;
    float hitAfterTimeFact = 0.5f;
---(후략)---
```

TweenPosition 초기 설정

molySprite와 effectObj 멤버 필드를 public 액세스 한정자로 지정해 인스펙터에서 직접 Moly와 effect 게임 오브젝트를 각각 할당할 수 있게 됐습니다. 그런데 TweenPosition 컴포넌트를 할당받는 molyTweenPos와 effectTweenPos는 별도의 액세스 한정자가 없으므로 private로 인식돼 인스펙터에 나타나지 않습니다. 어떻게 두 개의 멤버 필드를 초기화할 수 있을까요? 답은 GameObject.GetComponent〈T〉 메서드를 활용하는 것입니다.

예제 2-9: MolyUnit.cs

```
---(전략)---
    void OnEnable ()
    {
        molyTweenPos = molySprite.GetComponent<TweenPosition>();
        effectTweenPos = effectObj.GetComponent<TweenPosition>();

        // molyTweenPos초기화
        molyTweenPos.from = molyFromPos;
        molyTweenPos.to = Vector3.zero;
        molyTweenPos.eventReceiver = gameObject;
        molyTweenPos.enabled = false;

        effectTweenPos.enabled = false;
    }
---(후략)---
```

GameObject.GetComponent〈T〉 메서드는 형식 매개 변수 T를 사용해 T에 할당된 컴포넌트를 해당 게임 오브젝트에서 찾아 반환해주는 역할을 합니다. 그러므로 T에 TweenPosition을 할당하면 TweenPosition 컴포넌트에 접근할 수 있게 됩니다.

용어설명

형식 매개 변수(Type Parameter)

제네릭 형식 또는 메서드 정의에서 형식 매개 변수는 제네릭 형식의 변수를 인스턴스화(객체화)할 때 지정하는 특정 형식에 대한 자리 표시자입니다. 예를 들어 '치우다〈T〉' 메서드에 형식 매개 변수로 '쓰레기', '책' 등 치울 수 있는 대상을 넣으면 메서드에 정의된 동작대로 치워집니다. 비슷한 특징을 가진 형식을 대상으로 동일한 작업을 할 수 있어 편리합니다.

molyTweenPos는 게임을 진행하면서 시작점인 from과 끝점인 to가 수시로 변경돼 초기화할 때의 최초 위치를 지정한 것입니다. 게임 시작과 함께 두 게임 오브젝트가 움직이지 않아야 하므로 molyTweenPos와 effectTweenPos 모두 enabled를 false로 할당했습니다. enabled에 false를 할당하면 인스펙터에서 해당 컴포넌트의 체크박스를 해제해 동작하지 못하게 하는 것과 같은 역할을 합니다.

두더지 움직임 처리

두더지의 움직임을 정의하면 보이지 않는 곳에서 위로 올라오거나 위에서 아래로 내려가는 두 가지 형태만 존재합니다. 이런 움직임을 제어하는 메서드를 정의합니다.

예제 2-10: MolyUnit.cs

```
---(후략)---
    void MolyMove(bool goUpside=true)
    {
        // 두더지 스테이트 변경.
        nowMolyState = MolyState.move;

        switch( goUpside )
        {
        case true: // 아래에서 위로 움직인다.
            molyTweenPos.from = molyFromPos;
            molyTweenPos.to = Vector3.zero;
            break;
        case false: // 위에서 아래로 움직인다.
            molyTweenPos.from = Vector3.zero;
            molyTweenPos.to = molyFromPos;
```

```
                effectObj.SetActive(false);
                break;
            }
            molyTweenPos.Reset();
            molyTweenPos.callWhenFinished = "FinishMove";
            molyTweenPos.enabled = true;
        }
    ---(후략)---
```

먼저 움직임이 발생할 것이므로 두더지 스테이트를 MolyState.move로 변경했습니다. 그리고 움직여야 할 방향에 따라 from과 to를 지정했습니다. TweenPosition은 from에서 to까지 이동한 후 동작이 끝나면 callWhenFinished에 입력된 텍스트를 읽어 메서드를 호출하고 상태를 변경하는 특징을 활용해 움직임을 마치면 FinishMove 메서드를 호출하도록 했습니다.

TweenPosition의 상태를 초기화할 때는 Reset 메서드를 활용하는데 이는 게임을 진행하는 중에 molyTweenPos를 계속 사용하므로 내부적인 상태가 이미 종료돼 움직임을 반영하지 못할 수 있기 때문에 초기화 한 것입니다. callWhenFinished로 호출되는 FinishMove 메서드는 다음과 같이 정의합니다.

예제 2-11: MolyUnit.cs

```
    ---(전략)---
        void FinishMove()
        {
            if ( molyTweenPos.from == Vector3.zero )
            {
                nowMolyState = MolyState.idle;
            }
            else
            {
                nowMolyState = MolyState.wait;
            }
            molyTweenPos.enabled = false;
        }
    ---(후략)---
```

TweenPosition.From을 기준으로 두더지가 아래에서 위로 움직이는지, 위에서 아래로 움직이는지 판단해 각 상태를 nowMolyState에 반영합니다. 이렇게 처리하면 Update 메서드에서 타이머 등을 동작시키는 작업을 할 때 nowMolyState를 이용해 현재 상태를 정확히 알 수 있으므로 편리합니다.

다음으로 GameManager가 두더지 상태가 idle인 두더지를 찾아 움직이게 할 때 사용할 StartUseMoly 메서드를 정의합니다.

예제 2-12: MolyUnit.cs

```
---(전략)---
    public void StartUseMoly(SpriteType spriteType=SpriteType.Ppo,
                              float waitTime = 0.5f)
    {
        // idle이 아닐 때 실행 종료 .
        if( nowMolyState != MolyState.idle) return;
        // 두더지 대기 시간.
        waitTimeFact = waitTime;
        nowMolySpriteType = spriteType;

        // 두더지 스프라이트 변경.
        switch(spriteType)
        {
        case true:
            molySprite.spriteName = "ppo";
            break;
        case false:
            molySprite.spriteName = "ppu";
            break;
        }
        molySprite.MakePixelPerfect();
        // 두더지 아래에서 위로 움직이게 설정.
        MolyMove(true);
    }
---(후략)---
```

StartUseMoly 메서드는 크게 두 부분으로 나눌 수 있습니다. 먼저, spriteType과 waitTime 매개 변수를 이용해 사용할 스프라이트의 종류와 두더지가 위로 이동하고 나서 사용자의 입력을 기다리는 시간을 설정하는 것입니다. 그리고 스프라이트를 변경하고 아래에서 위로 움직이도록 설정하는 것입니다. 이때 중간에 사용된 UISprite.MakePixelPerfect 메서드는 인스펙터에서 UISprite 컴포넌트의 Size 옆에 있는 [Snap] 버튼을 클릭한 것처럼 스프라이트를 본래 크기로 나타나게 합니다.

터치 입력 처리

두더지의 상태가 wait일 때 터치 입력이 발생하면 사용자가 알 수 있도록 터치 입력에 대한 반응을 해야 합니다.

예제 2-13: MolyUnit.cs

```
---(전략)---
    void HitedMoly()
    {
        // 스프라이트 변경
        switch( nowMolySpriteType )
        {
        case SpriteType.Ppo:
            molySprite.spriteName = "ppo_hit";
            break;
        case SpriteType.Ppu:
            molySprite.spriteName = "ppu_hit";
            break;
        }
        molySprite.MakePixelPerfect();
        // 이펙트 발생
        effectTweenPos.gameObject.SetActive(true);
        effectTweenPos.Reset();
        effectTweenPos.enabled = true;
    }
---(후략)---
```

터치 입력이 발생하면 스프라이트를 변경해 두더지를 터치했다는 시각적인 정보를 전달하고 이펙트를 Reset 메서드로 초기화한 후 발생시켜 이를 강조합니다.

터치 입력이 발생했을 때 필요한 조치를 취하고 HitedMoly 메서드를 활용하기 위해 OnPress 메서드를 추가(예제 2-14)합니다.

예제 2-14: MolyUnit.cs

```
---(전략)---
    void OnPress()
    {
        switch( nowMolyState )
        {
        case MolyState.wait:
            // 타이머 초기화
            waitTimer = 0;
            hitAfterTimer = 0;
            // 스테이트 변경
            nowMolyState = MolyState.hited;
            HitedMoly();
            break;
        }
    }
---(후략)---
```

충돌 처리에서도 언급했듯이 NGUI는 마우스나 터치 입력이 발생했을 때 입력의 단계에 따라 대상이 되는 유저 인터페이스에 OnPress, OnClick, OnHover, OnMouseOver 등의 메서드를 전달합니다. 이런 특징을 활용해 두더지의 현재 상태가 wait일 때 각종 타이머를 초기화하고 두더지가 터치 입력을 올바르게 받아들였는지 알 수 있도록 HitedMoly 메서드로 리액션을 전달합니다.

타이머 처리

게임을 제작하다보면 일정 시간이 경과한 이후에 필요한 일을 처리해야 할 때가 있습니다. 타임바의 시간을 표현할 때 이미 사용한 경험이 있는 Update 메서드는 이러한 상황에 자주 사용됩니다. 하지만 PC와 달리 스마트폰에서는 리소스(CPU 처리 능력, 메모리 용량 등)가 제한적이라 Update 메서드 대신 FixedUpdate 메서드를 사용하면 게임을 더 쾌적하게 즐길 수 있습니다.

FixedUpdate 메서드의 특징을 살펴보면 Update 메서드처럼 매 프레임 실행되는 것이 아니라 일정 시간 간격으로 실행됩니다. 그래서 지난 프레임의 시간을 처리하는 Time.deltaTime이 아니라 Time.

fixedDeltaTime을 활용해 지난번 호출된 FixedUpdate 메서드 시간을 계산해야 합니다. 이러한 특징을 활용해 타이머를 처리하겠습니다.

예제 2-15: MolyUnit.cs

```
---(전략)---
    void FixedUpdate()
    {
        switch( nowMolyState )
        {
        case MolyState.hit:
            // 터치 입력 후 대기 시간 처리
            hitAfterTimer += Time.fixedDeltaTime;
            if(hitAfterTimer >= hitAfterTimeFact)
            {
                hitAfterTimer = 0;
                MolyMove(false);
            }
            break;
        case MolyState.wait:
            // 두더지 대기 중 시간 처리
            waitTimer += Time.fixedDeltaTime;
            if( waitTimer >= waitTimeFact)
            {
                waitTimer = 0;
                MolyMove(false);
            }
            break;
        }
    }
---(후략)---
```

두더지는 hit 상태일 때 사용자가 두더지의 리액션을 볼 수 있도록 hitAfterTimer로 시간을 체크하고 그 모습을 유지한 후 MolyMove 메서드를 이용해 위에서 아래로 이동시킵니다. 그리고 wait 상태일 때 waitTimer로 시간을 체크해 앞서 정의한 OnPress를 통해 터치 입력이 일어날 때까지 대기하다가 사용자의 입력이 없는 경우 위에서 아래로 이동시킵니다.

점수 처리

점수 증가 메서드

게임 점수를 처리하기 위해서 GameManager 스크립트에 score 멤버 필드를 등록해 놓았습니다. 이를 활용해서 점수를 증가시킬 수 있는 AddScore 메서드를 정의하겠습니다.

예제 2-16: GameManager.cs

```
---(전략)---
    public void AddScore(int addScore)
    {
        score += addScore;

        // 최솟값처리
        if( score < 0)
        {
            score = 0;
        }
        scoreLabel.text = score.ToString();
    }
---(후략)---
```

addScore 매개 변수로 점수를 전달받아 score에 더합니다. 그리고 score가 0보다 작아지는 경우를 대비해서 최솟값이 0이 될 수 있게 처리하고 점수를 표현하는 scoreLabel에 현재 점수를 표현합니다. 이때 최솟값을 처리할 수 있도록 한 이유는 AddScore 메서드로 점수의 증감을 모두 처리하기 위함으로 addScore 매개 변수에 음수가 할당될 수 있기 때문입니다.

용어설명

더하기 할당(+=) 연산자

x += 10;을 풀어서 정의하면 x = x + 10;이 됩니다. 차이가 있다면 더하기 할당 연산자를 사용하면 x가 한번만 계산된다는 점입니다.

게임 매니저 스크립트 접근 처리

게임 매니저 스크립트의 AddScore를 사용하려면 MolyUnit 스크립트에 GameManager를 형식으로 하는 멤버 필드를 선언하고 인스펙터에서 끌어다 놓는 방식으로 할당할 수 있습니다. 하지만 이렇게 하면 16개의 두더지를 작업해야 합니다. 16개는 비교적 적은 편이지만 특수한 경우 100, 1000, 10000으로 그 개수가 증가할 수 있습니다. 그렇다면 할당만으로 엄청나게 오랜 시간이 소모됩니다. 이런 비효율적인 방법을 해결하고자 static 한정자를 활용해 정적 변수로 게임 매니저 스크립트를 등록하고 어디서나 접근할 수 있게 하겠습니다.

용어설명

static 한정자

static 한정자는 정적 멤버를 선언하는데 사용됩니다. 프로그래밍에서 사용되는 정적이란 의미는 건물처럼 한 곳에 그대로 있어서 언제나 그곳에 접근할 수 있는 것으로 이해하면 되겠습니다.

예제 2-17: GameManager.cs

```
---(전략)---
    public static GameManager instance;

    void Awake ()
    {
        // 정적변수 초기화
        if( instance == null)
        {
            instance = this;
        }
    }
---(후략)---
```

이렇게 선언하면 GameManager.instace로 instance 멤버 필드에 접근할 수 있으므로 GameManager 스크립트의 public 접근 제한자로 설정된 멤버 필드와 메서드에 접근이 가능해집니다. 즉 instance 멤버 필드는 게임 전체에서 하나뿐인 인스턴스(객체)인 것입니다. 이러한 특징 때문에 한가지 유의할 점이 있습니다. 반드시 한 개만 사용해야 한다는 점입니다. 한 개 이상을 할당하면 어떤 것이 instance에 할당됐는지 알 수 없어서 예측할 수 없는 오류가 발생할 수 있습니다.

두더지 스크립트 수정

두더지 스크립트의 OnPress 메서드로 터치 입력이 감지되면 HitedMoly 메서드를 실행합니다. 이때 스프라이트의 종류에 따라 점수를 증감하도록 HitedMoly 메서드를 수정하겠습니다.

예제 2-18: MolyUnit.cs

```
---(전략)---
    void HitedMoly()
    {
        // 스프라이트 변경
        switch( nowMolySpriteType )
        {
        case true:
            molySprite.spriteName = "ppo_surprised";
            // 점수 증가
            GameManager.instance.AddScore( 10 );
            break;
        case false:
            molySprite.spriteName = "ppu_suprised";
            // 점수 감소
            GameManager.instance.AddScore( -5 );
            break;
        }
        molySprite.MakePixelPerfect();
        // 이펙트 발생
        effectTweenPos.gameObject.SetActive(true);
        effectTweenPos.Reset();
        effectTweenPos.enabled = true;
    }
---(후략)---
```

앞서 정의한 GameManager의 정적 멤버인 instance를 호출해 AddScore 메서드를 활용하도록 했습니다. 점수는 빨간색 두더지인 Ppo를 클릭하면 10점이 증가하고, 푸른색 두더지인 Ppu를 클릭하면 5점이 감소합니다.

두더지 활용

두더지의 설정이 마무리됐으므로 두더지를 필요한 수만큼 배치해 GameManager 스크립트의 명령에 따라 두더지가 작동하게 합니다.

두더지 배치

MolyUnit1 게임 오브젝트에 MolyUnit 스크립트를 추가하겠습니다. 하이어라키에서 MolyUnit1 게임 오브젝트를 선택하고 MolyUnit 스크립트를 끌어다 놓습니다. MolyUnit 스크립트의 Moly Sprite(❶)와 Effect Obj(❷)에 Moly와 effect 게임 오브젝트를 끌어다놓습니다.

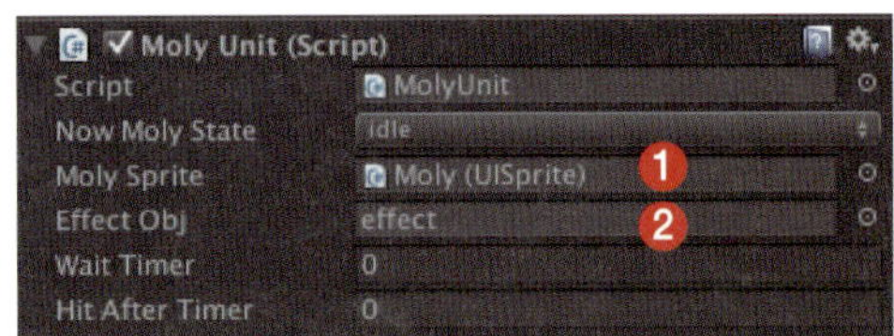

그림 2-107: MolyUnit 스크립트

스크립트까지 추가하여 구성을 마친 두더지를 복사해 1_MolyPanel 게임 오브젝트 아래에 배치하겠습니다.

4개의 두더지가 필요하므로 하이어라키에서 MolyUnit1를 선택하고 [Edit] → [Duplicate]를 네 번 반복 실행합니다. 구분을 위해서 게임 오브젝트 이름을 MolyUnit1_1 ~ MolyUnit1_4로 변경합니다. 앞의 숫자는 행 번호를 의미하고 뒤의 숫자는 열 번호인 셈입니다.

그림 2-108: MolyUnit 게임 오브젝트 복사

Duplicate로 생성된 MolyUnit 게임 오브젝트를 배경 칸에 맞춰서 배치합니다. 다음 표를 참조해 Transform 컴포넌트의 Position과 Scale 값을 설정합니다.

게임 오브젝트	Position	Scale
MolyUnit1_1	–208, –60, 0	1, 1, 1
MolyUnit1_2	–72, –60, 0	1, 1, 1
MolyUnit1_3	64, –60, 0	1, 1, 1
MolyUnit1_4	200 –60, 0	1, 1, 1

표 2-17: MolyUnit 게임 오브젝트의 Transform 컴포넌트 변경 값

씬 뷰에서 배경 칸에 맞춰 배치된 두더지 게임 오브젝트를 확인할 수 있습니다.

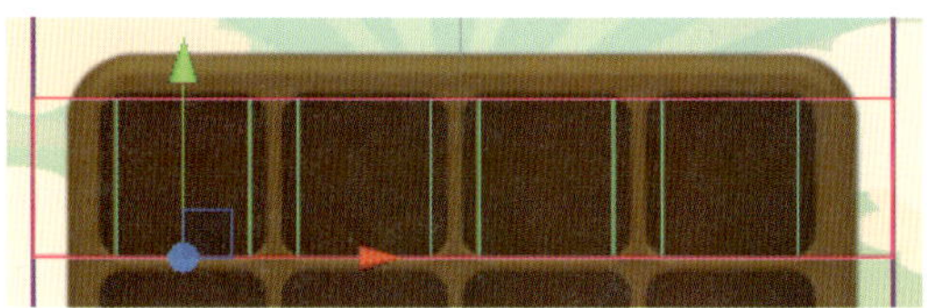

그림 2-109: 배치된 두더지 게임 오브젝트

팁

복사된 게임 오브젝트는 원본 게임 오브젝트와 달리 Transform 컴포넌트의 입력값이 미세하게 다릅니다. 예를 들어 원본 게임 오브젝트의 Transform 컴포넌트의 Scale이 1, 1, 1 이었다면 복사된 게임 오브젝트는 0.998, 0.998, 0.998로 설정돼 있는 것입니다. 이렇게 조금씩 차이가 생긴 게임 오브젝트를 계속 사용하면 값을 읽기도 어려워지므로 복사된 게임 오브젝트는 반드시 Transform 컴포넌트를 정리할 필요가 있습니다.

이제 패널을 복사해 행에 맞춰보겠습니다. 하이어라키 탭에서 1_MolyPanel 게임 오브젝트를 선택하고 [Edit] → [Duplicate]를 반복 실행해 총 4개로 만듭니다. 구분을 위해서 1_MolyPanel~4_MolyPanel로 이름을 변경합니다.

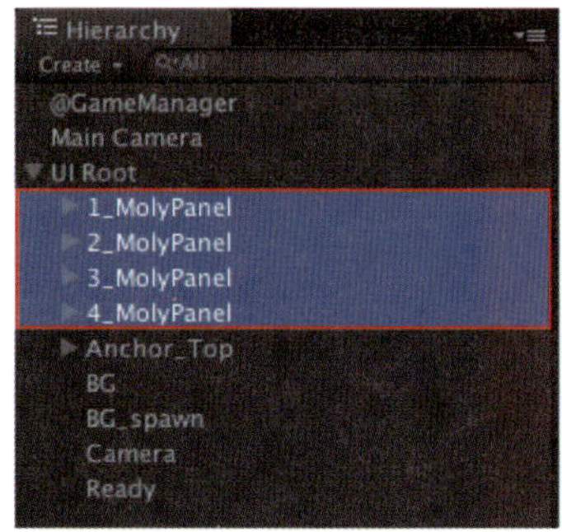

그림 2-110: MolyPanel 게임 오브젝트 복사

Duplicate로 생성된 MolyPanel 게임 오브젝트를 배경 행에 맞춰서 배치해야 합니다. 다음 표를 참조해 Transform 컴포넌트의 Position과 Scale 값을 설정합니다.

게임 오브젝트	Position	Scale
1_MolyPanel	0, 200, 0	1, 1, 1
2_MolyPanel	0, 67, 0	1, 1, 1
3_MolyPanel	0, -68, 0	1, 1, 1
4_MolyPanel	0, -204, 0	1, 1, 1

표 2-18: MolyPanel 게임 오브젝트의 Transform 컴포넌트 변경 값

MolyPanel 게임 오브젝트를 모두 변경했으면 수고스럽더라도 구별을 위해서 각 MolyUnit 게임 오브젝트의 이름을 MolyUnit(행번호)_(열번호) 형태로 모두 변경합니다.

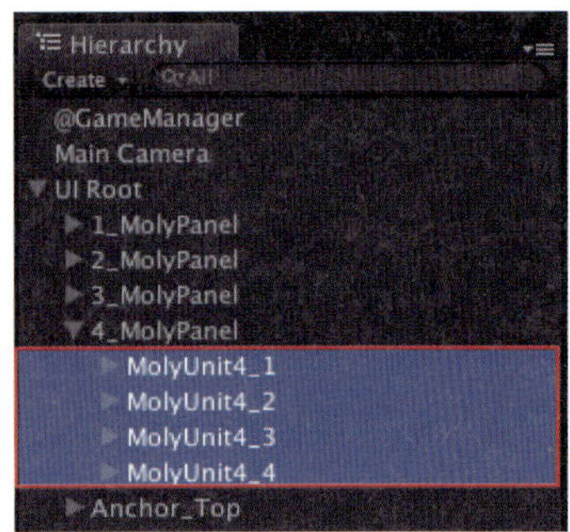

그림 2-111: MolyUnit 게임 오브젝트의 이름 변경

씬 뷰에서 배치를 모두 마친 MolyPanel 게임 오브젝트를 확인할 수 있습니다.

그림 2-112: 배치가 끝난 MolyPanel 게임 오브젝트

게임을 만들다보면 많은 수정이 필요해 지금처럼 직접 화면에 배치하고 관리하는 것이 비효율적인 방법일 수 있습니다. 하지만 직접 배치해 사용하면 생성 구문이 별도로 필요하지 않고, 유니티 특유의 메모리 누수를 막을 수 있습니다. 그러므로 개발 단계와 상황에 따라 효과적인 방법을 선택합니다.

게임 매니저 스크립트 멤버 필드 추가

배치가 완료된 MolyUnit 게임 오브젝트를 GameManager 스크립트에서 제어할 수 있게 스크립트를 수정해야 합니다. MolyUnit 게임 오브젝트를 관리할 멤버 필드를 추가하겠습니다.

C#의 List를 활용해야 하므로 using 지시문을 사용해 List가 포함된 System.Collections.Generic 네임스페이스를 추가합니다.

예제 2-19: GameManager.cs

```
using UnityEngine;
using System.Collections;
using System.Collections.Generic;
---(후략)---
```

용어설명

제네릭(Generic)과 리스트(List)

프로그래밍을 조금이라도 접해봤다면 배열(Array)에 관해 들어봤을 것입니다. 배열은 다양한 타입(type)을 담아둘 수 있는 칸이 많은 서랍이라고 이해하면 됩니다. 서랍에 물건을 넣을 때 어떤 물건을 넣었는지 구별하기 위해서 서랍칸에 물건의 이름을 적는 과정이 필요한데 이것이 Boxing입니다. 매번 이름을 적는다면 힘들겠죠. 컴퓨터도 마찬가지로 많은 부하가 생겨납니다. 이러한 문제점을 처리하기 위해서 눈으로 바로 물건을 확인할 수 있는 투명한 서랍을 개발했는데 그것이 C#의 제네릭입니다.

Generic 네임스페이스에는 이러한 특징이 있는 리스트(List), 딕셔너리(Dictionary) 등 다양한 클래스가 있습니다.

예제 2-20: GameManager.cs

```
---(전략)---
    public List<float> ppoMolyProbability = new List<float>();
    public List<MolyUnit> molyUnitList = new List<MolyUnit>();

    float molySpawnTimer = 0;
    float molySpawnRandom = 0;
    int molySelectRandom = 0;
    int listIndex = 0;
---(후략)---
```

새로 추가한 멤버 필드는 MolyUnit 스크립트를 타입으로 가지는 List인 molyUnitList와 빨간색 두더지 Ppo 출현 비율을 결정할 ppoMolyProbability 그리고 두더지를 일정 간격으로 나타나게할 때 사용할 타이머입니다.

게임 매니저 스크립트 메서드 추가

멤버 필드를 추가했으면 랜덤하게 MolyUnit 게임 오브젝트를 선택해 화면에 나타나도록 명령하는 RandomMolySpawn 메서드를 작성합니다.

예제 2-21: GameManager.cs

```
---(전략)---
    void RandomMolySpawn()
    {
        if( nowGameState != GameState.idle )
        {
            return;
        }
        molySpawnRandom = Random.Range(0f, 100f);
        molySelectRandom = Random.Range(0, 16);

        // idle 상태의 MolyUnit 선택.
        while( molyUnitList[molySelectRandom].nowMolyState != MolyState.idle )
        {
            molySelectRandom = Random.Range(0, 16);
        }

        // MolyUnit 작동.
        if( molySpawnRandom <= ppoMolyProbability[listIndex])
        {
            molyUnitList[molySelectRandom].StartUseMoly(SpriteType.Ppo, 0.5f);
        }
        else
        {
            molyUnitList[molySelectRandom].StartUseMoly(SpriteType.Ppu, 0.5f);
        }
    }
---(후략)---
```

RandomMolySpawn 메서드에서 활용한 Random.Range는 최솟값인 min과 최댓값인 max 매개 변수를 입력받아 범위 안에서 랜덤으로 숫자를 선택하는 역할을 합니다. Float과 int 모두 처리할 수 있지만 float 타입의 경우 max 매개 변수에 해당하는 값도 반환하는 것에 비해 int 타입은 max 매개 변수에 해당하는 값은 제외하고 반환하는 차이가 있습니다.

while 문은 조건이 true일 때 해당 내용을 반복해서 실행하는 특징이 있습니다. 여기서는 랜덤하게 선택한 숫자로 molyUnitList에 할당된 MolyUnit의 상태를 파악해 idle 상태의 MolyUnit을 선택하게 했습니다.

범위 안에서 랜덤하게 선택된 molySelectRandom을 바탕으로 molyUnitList에 추가된 MolyUnit 스크립트를 선택해 명령을 내리게 돼있습니다. 이때 List에 할당된 항목에 접근하는 것은 List에 항목이 들어간 순서로 0번부터 index 가 자동으로 생성되어서 해당 index 번호를 대괄호([])안에 넣으면 됩니다.

빨간색 두더지인 Ppo의 출현 비율이 같다면 시간이 지나도 게임의 난이도가 바뀌지 않아 지루할 수 있습니다. 이런 문제를 해결하기 위해서 추가한 ppoMolyProbability 리스트 항목에서 다음 항목을 선택할 수 있도록 하는 listIndex를 증가시키는 RepeatAddListIndex 메서드를 추가합니다.

예제 2-22: GameManager.cs

```
---(전략)---
    void RepeatAddListIndex()
    {
        // 게임 스테이트를 판단하여 idle이 아닌 경우 실행하지 못하도록 한다.
        if( nowGameState != GameState.idle )
        {
            return;
        }

        listIndex++; // listIndex 증가.
        // 예외처리:리스트의 마지막 항목이 있는 위치를 지나치면 마지막 항목을 가르키도록 한다.
        if( listIndex >= ppoMolyProbability.Count )
        {
            listIndex = ppoMolyProbability.Count -1;
        }
    }
---(후략)---
```

++ 연산자는 1씩 증가가 필요할 때 사용하는 연산자로 여기서는 listIndex = listIndex + 1과 같은 의미입니다. 증가한 listIndex가 리스트 항목을 초과할 수 있으므로 예외처리도 추가합니다.

이제 게임이 시작될 때 실행되는 GoToIdle 메서드를 수정해 listIndex를 초기화하고 주기적으로 RandomMolySpawn과 RepeatAddListIndex 메서드를 실행합니다.

예제 2-23: GameManager.cs

```
---(전략)---
    void GoToIdle()
    {
        // 스프라이트 비활성화
        readySprite.gameObject.SetActive(false);
        // 게임 진행 상태로 변경
        mainTimer = 0;
        nowGameState = GameState.idle;

        listIndex = 0;
        InvokeRepeating("RandomMolySpawn", 0.01f, 1f);
        InvokeRepeating("RepeatAddListIndex", 10f, 10f);
    }
---(후략)---
```

InvokeRepeating 메서드는 Invoke 메서드와 달리 3개의 매개 변수를 가집니다. 앞의 두 매개변수는 Invoke 메서드처럼 호출할 메서드명과 지연 호출될 시간이고 마지막 매개 변수는 반복할 시간을 설정합니다.

게임이 진행되는 60초가 지나면 더는 InvokeRepeating 메서드가 발생하지 않도록 Update 메서드를 수정합니다.

예제 2-24: GameManager.cs

```
---(전략)---
    void Update ()
---(중략)---
            if( mainTimer >= 60.0f )
            {
                // 게임 종료
```

```
                mainTimer = 60;
                nowGameState = GameState.gameover;

                CancelInvoke("RandomMolySpawn");
                CancelInvoke("RepeatAddListIndex");
            }
---(후략)---
```

CancelInvoke 메서드는 지정한 메서드가 Invoke 메서드나 InvokeRepeating 메서드로 반복 실행되고 있을 때 반복 실행 명령을 취소하는 메서드입니다.

두더지 게임 오브젝트 등록 및 출현 비율 입력

GameManager 스크립트에 추가된 ppoMolyProbability와 molyUnitList는 인스펙터를 이용해 할당하겠습니다. 먼저 하이어라키에서 @GameManager 게임 오브젝트를 선택하고 인스펙터의 GameManager 스크립트에서 MolyUnitList의 size를 16으로 설정(❶)합니다. 그리고 하이어라키에서 MolyUnit1_1 게임 오브젝트를 선택해 Element 0(❷)에 끌어다 놓습니다. 이를 반복해 MolyUnit1_2부터 MolyUnit4_4까지 모두 끌어다 놓습니다. Element 뒤의 숫자는 리스트의 인덱스입니다.

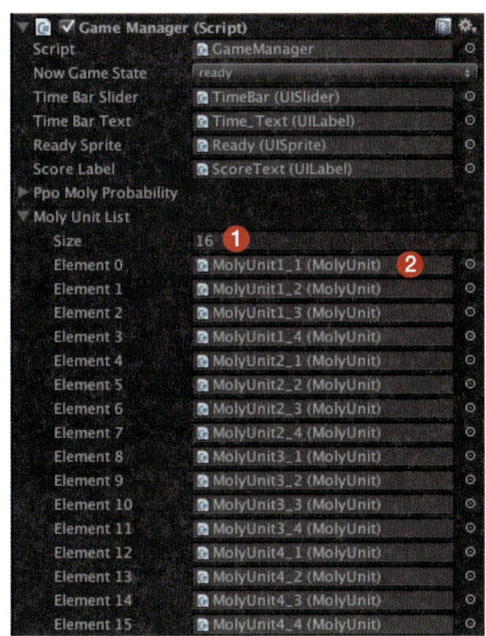

그림 2-113: MolyUnitList 할당

빨간색 두더지인 Ppo의 출현 비율을 나타내는 Ppo Moly Probability는 10초에 한번씩 동작해 총 6개가 필요합니다. Ppo Moly Probability의 size를 6으로 설정하고 다음 표를 참조해 값을 입력합니다.

항목	입력값
Element 0	90
Element 1	80
Element 2	70
Element 3	60
Element 4	50
Element 5	40

표 2-19: Ppo Moly Probability 입력 값

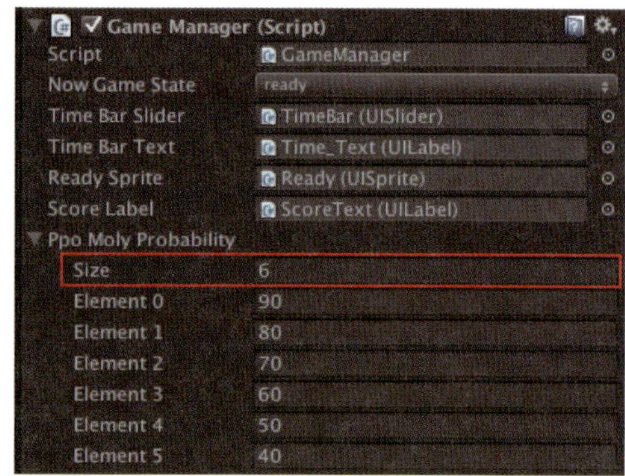

그림 2-114: Ppo Moly Probability 입력

게임을 실행하면 게임 뷰에서 두더지들이 작동하는 모습을 확인할 수 있습니다.

그림 2-115: 두더지 게임

두더지 게임 마무리

게임의 핵심이되는 부분은 모두 완성했습니다. 이제 게임을 마무리하기 위한 작업이 필요합니다. 게임을 시작하면 배경음을 재생하고 두더지를 터치하면 효과음을 재생하도록 하겠습니다. 그리고 게임이 끝나면 결과를 보여주고 다시 하기 버튼을 추가하겠습니다.

효과음 처리

배경음 및 효과음 등록

CD로 음악을 들을 때에는 음원이 있는 CD와 음원을 재생해 소리를 내는 CD플레이어, 스피커 그리고 음악을 듣는 청취자가 필요합니다. 유니티에서도 이와 마찬가지로 사운드를 재생하려면 음원 정보가 있는 AudioClip과 CD 플레이어 및 스피커 역할을 하는 AudioSource 그리고 재생된 소리를 듣는 AudioListener를 활용해야 합니다. 이를 활용해서 배경음과 효과음을 재생하겠습니다.

사운드를 재생하려면 먼저 프로젝트 브라우저에 Sound 폴더를 만들고(❶) 앞서 깃허브에서 내려받은 폴더의 2-5/Sound/로 이동해 사운드 소스를 선택해 끌어다 놓습니다(❷).

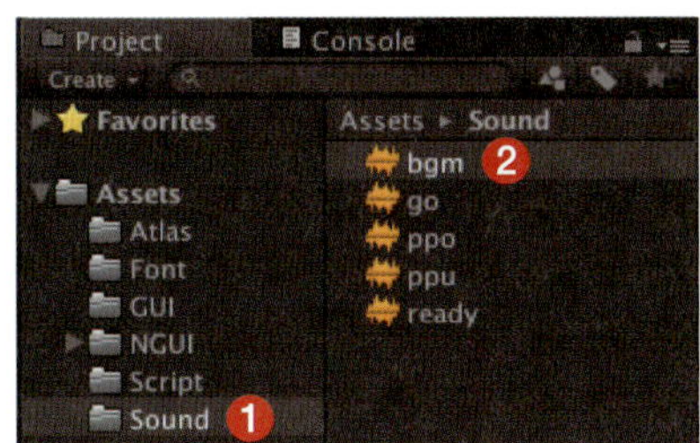

그림 2-116: 사운드 추가

추가한 사운드를 선택하고 인스펙터에서 확인하면 3D Sound 옵션이 체크돼 있습니다. 이 옵션은 소리가 나는 스피커와 소리를 듣는 청취자 사이의 거리가 멀면 소리가 작아지고 가까우면 소리가 커지는 현상을 가능하게 하는 옵션입니다.

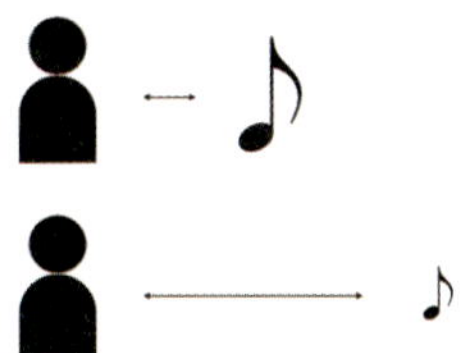

그림 2-117: 거리에 따른 소리의 상대적인 크기 변화

지금 제작하는 두더지 게임은 거리가 멀어지고 가까워질 일이 없으므로 추가한 사운드를 선택하고 3D Sound 옵션의 체크를 해제(❶)한 뒤 [Apply] 버튼(❷)을 눌러 적용합니다. 추가한 모든 사운드를 같은 방법으로 처리합니다.

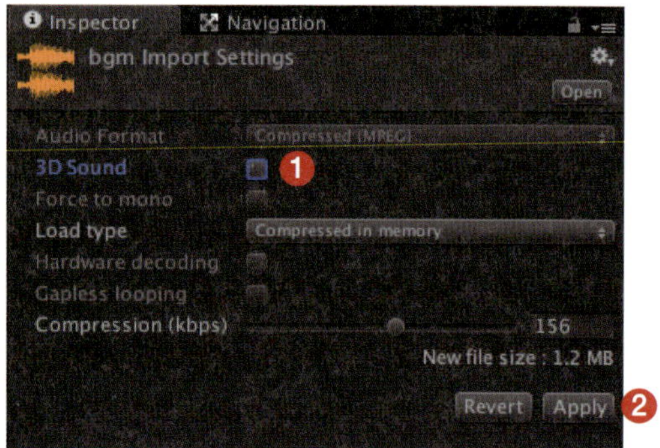

그림 2-118: 사운드 Import Setting

배경음 재생

음원으로 사용할 파일을 추가했으니 이제 소리를 듣는 AudioListener를 확인하겠습니다. 하이어라키에서 MainCamera를 선택하면 인스펙터에 AudioListener가 등록된 모습을 볼 수 있습니다. 보통 씬을 새로 만들면 지금처럼 MainCamera에 AudioListener가 추가돼 있습니다. 한 개의 씬에는 한 개의 AudioListener가 있어야 하므로 특별한 위치에서 청취할 것이 아니라면 별도의 AudioListener를 추가하는 작업이 필요하지 않습니다.

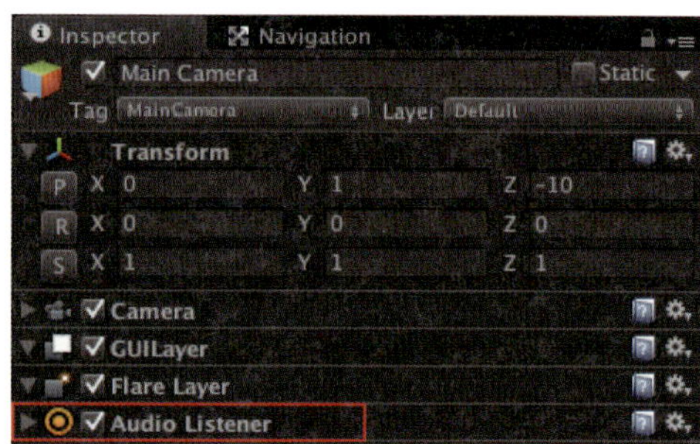

그림 2-119: AudioListener

이제 사운드를 재생하는 AudioSource를 추가하겠습니다. 하이어라키에서 @GameManager 게임 오브젝트를 선택하고 주 메뉴의 [Component] → [Audio] → [Audio Source]를 클릭해 AudioSource를 추가합니다.

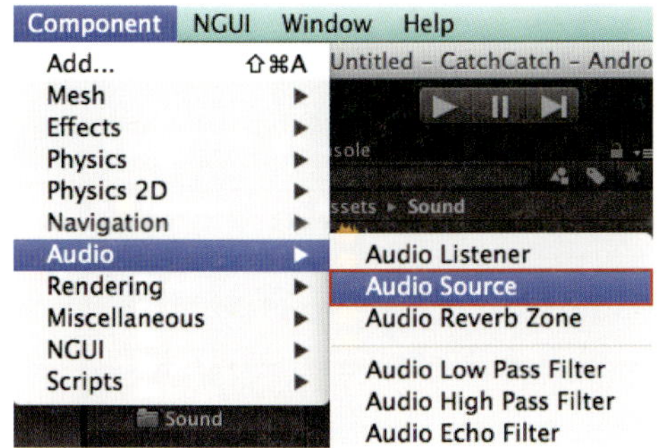

그림 2-120: AudioSouce 추가

배경음은 게임 시작과 함께 계속 반복해서 재생해야 하므로 @GameManager 게임 오브젝트에 추가된 AudioSource 컴포넌트의 Audio Clip에 배경음으로 사용할 bgm을 끌어다놓고(❶) 시작 시 음악을 재생하는 옵션인 Play On Awake(❷)와 반복 재생 옵션인 Loop(❸)를 체크합니다.

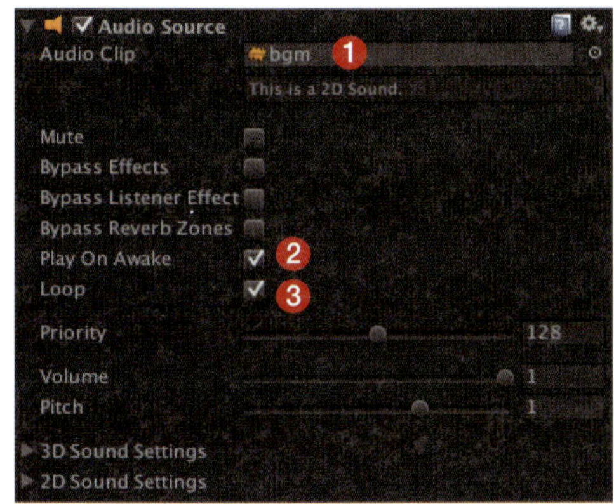

그림 2-121: Audio Source 컴포넌트

효과음 재생

효과음은 터치 입력이나 준비 메시지와 함께 재생할 것입니다. 스크립트를 수정해 필요한 순간에 효과음을 재생하겠습니다. 먼저 GameManager 스크립트에 필요한 멤버 필드를 추가합니다.

예제 2-25: GameManager.cs

```
---(전략)---
    // 효과음 재생에 필요한 필드.
    public AudioClip readyClip;
    public AudioClip goClip;
    public AudioClip ppoHitClip;
```

```
    public AudioClip ppuHitClip;

    public AudioSource audioSource;
---(후략)---
```

각 상황에 따른 효과음을 지정할 AudioClip과 소리를 재생할 AudioSource를 추가했습니다. 이를 활용해서 준비 메시지가 재생될 때 효과음을 재생하도록 InitReady와 ReadyToGo 메서드를 수정합니다.

예제 2-26: GameManager.cs

```
---(전략)---
    void InitReady ()
    {
---(중략)---
        // ready 효과음 재생
        audioSource.PlayOneShot(readyClip);
    }

    void ReadyToGo ()
    {
 ---(중략)---
        // go 효과음 재생
        audioSource.PlayOneShot(goClip);
    }
---(후략)---
```

AudioSource.PlayOnShot은 재생할 AudioClip을 매개 변수로 받아 명령이 실행되는 순간 한번만 재생합니다. 여기서는 Ready와 Go 준비 메시지가 나타날 때 재생됩니다. 이를 활용해서 두더지를 터치했을 때 효과음을 재생하는 PlayMolyHitSound 메서드를 추가합니다.

예제 2-27: GameManager.cs

```
---(전략)---
public void PlayMolyHitSound(SpriteType isPpo)
    {
        switch(isPpo)
        {
        case SpriteType.Ppo:
            audioSource.PlayOneShot( ppoHitClip );
            break;
```

```
            case SpriteType.Ppu:
                audioSource.PlayOneShot( ppuHitClip );
                break;
            }
        }
    ---(후략)---
```

두더지를 터치했을 때 발생하는 MolyUnit 스크립트의 HitedMoly 메서드에 GameManager 스크립트의 PlayMolyHitSound 메서드를 추가해 효과음을 재생하도록 수정합니다.

예제 2-28: MolyUnit.cs

```
    ---(전략)---
        void HitedMoly()
        {
    ---(중략)---
            // hit 효과음 재생
            GameManager.instance.PlayMolyHitSound( nowMolySpriteType );
    ---(중략)---
        }
    ---(후략)---
```

GamaManager 스크립트의 정적 멤버 필드인 instance를 호출해 현재 두더지 스프라이트의 상태에 따라 효과음이 재생되게 합니다. 이제 GameManager 스크립트의 Ready Clip, Go Clip, Ppo Hit Clip, Ppu Hit Clip에 음원인 ready, go, ppo, ppu를 연결(❶)합니다. Audio Source에는 @GamaManager 게임 오브젝트에 추가한 AudioSource 컴포넌트를 끌어다 놓습니다(❷).

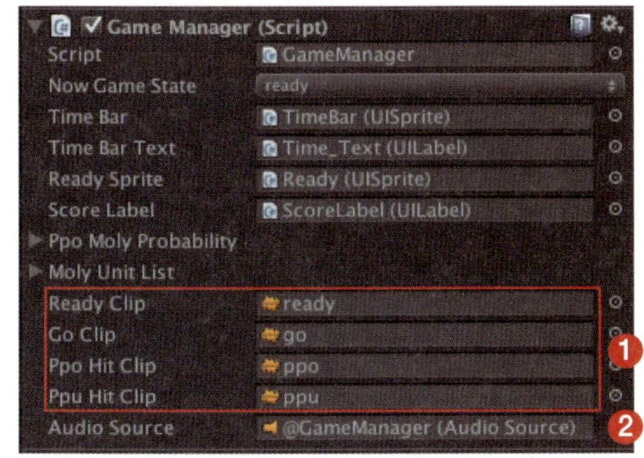

그림 2-122: AudioClip 및 AudioSouce 연결

결과 처리

스프라이트 추가

60초 간 게임을 진행한 후 획득한 점수를 표시하고 다시 게임을 즐길 수 있게 다시하기 버튼이 있는 결과창을 구성하는 데 필요한 스프라이트를 등록하고 편집하겠습니다.

앞서 깃허브에서 내려받은 폴더의 2-5/GUI/로 이동해 결과창에서 사용할 스프라이트 이미지를 선택한 후 프로젝트 브라우저의 GUI 폴더에 추가합니다.

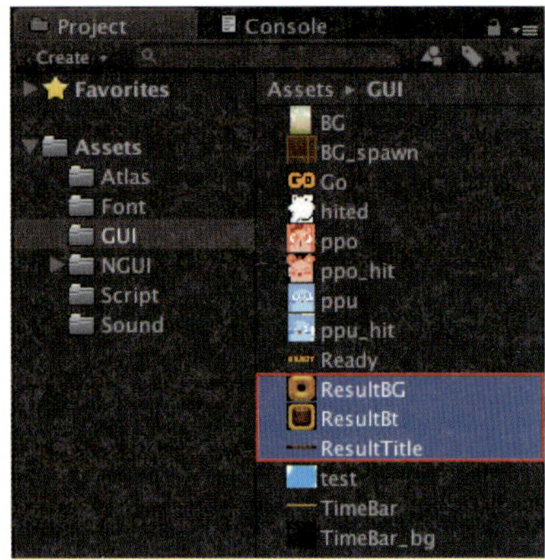

그림 2-123: GUI 폴더에 이미지 추가

새로 추가한 이미지를 InGameAtlas 아틀라스에 스프라이트로 등록합니다. 주 메뉴의 [NGUI] → [Open] → [Atlas Maker]를 실행해 아틀라스 메이커 창을 열고 프로젝트 브라우저에서 InGameAtlas를 선택해 Select에 끌어다 놓습니다(❶). 프로젝트 브라우저의 GUI 폴더에 새로 추가한 이미지를 하나씩 선택한 후 아틀라스 메이커의 [Add/Update] 버튼(❷)을 클릭해 InGameAtlas 아틀라스에 차례로 추가합니다.

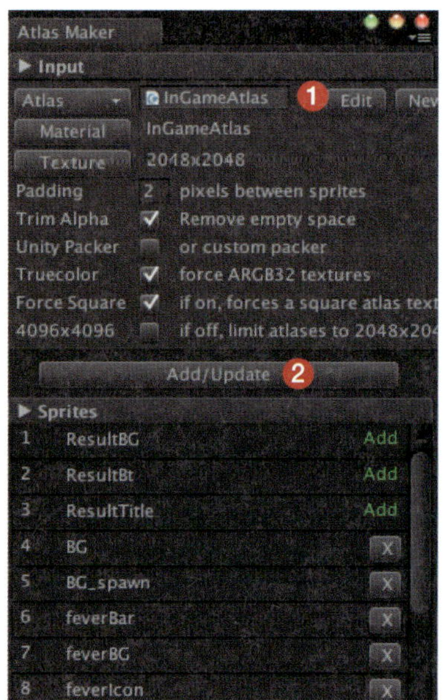

그림 2-124: 아틀라스에 스프라이트 추가

InGameAtlas 아틀라스에 스프라이트를 추가했으면 Sprite Type을 Sliced로 사용할 수 있게 ResultBG와 ResultBt 스프라이트를 편집합니다. 프로젝트 브라우저에서 InGameAtlas 프리팹을 선택하고 인스펙터의 UIAtlas 컴포넌트에서 Sprite를 클릭해 ResultBG를 선택(❶)합니다. Border의 Left, Right, Bottom, Top은 모두 50으로 설정(❷)합니다.

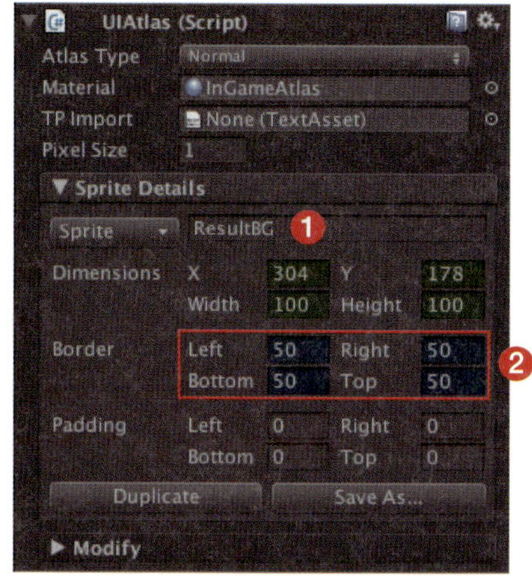

그림 2-125: ResultBG 스프라이트 편집

Sprite를 클릭해 ResultBt를 선택(❶)하고 같은 방식으로 Border에 모든 값을 35로 설정(❷)합니다.

그림 2-126: ResultBt 스프라이트 편집

결과창 구성

추가한 스프라이트를 이용해 결과창을 구성해보겠습니다. 하이어라키에서 UI Root 게임 오브젝트를 선택하고 주 메뉴의 [NGUI] → [Create] → [Panel]을 클릭해 새로운 Panel을 추가한 후 구분을 위해 이름을 ResultPanel로 변경합니다.

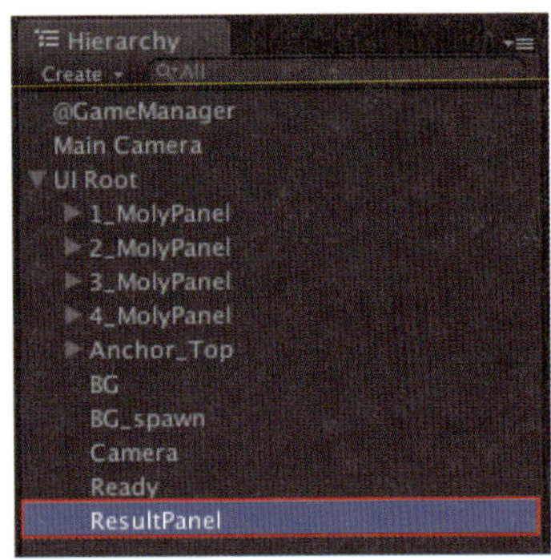

그림 2-127: Panel 추가

하이어라키에서 ResultPanel 게임 오브젝트를 선택하고 인스펙터의 UIPanel 컴포넌트를 확인하면 Depth가 2로 입력된 모습을 확인할 수 있습니다. 결과창은 게임이 종료되면 게임 화면과 관계없이 전면에 나타나야 하므로 화면 가장 앞쪽에 나타날 수 있게 한 것입니다.

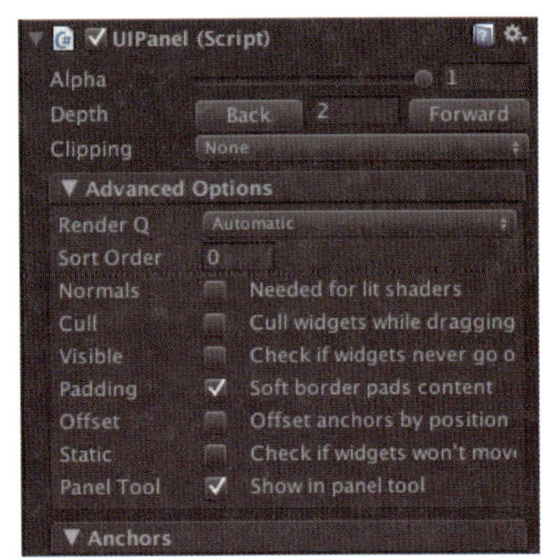

그림 2-128: UIPanel 컴포넌트의 Depth 조절

팁

UISprite나 UILabel 컴포넌트에서 스프라이트 사이의 전후 관계를 정립할 때 Depth를 사용했듯이 UIPanel 컴포넌트의 Depth도 두 개 이상의 Panel이 겹쳐졌을 때 Panel 사이의 전후 관계를 정립합니다.

결과창의 배경이 될 스프라이트를 추가하기 위해 하이어라키에서 ResultPanel 게임 오브젝트를 선택하고 주 메뉴의 [NGUI] → [Create] → [Sprite]를 클릭해 스프라이트를 추가합니다. 구분을 위해서 게임 오브젝트의 이름을 ResultBG로 변경하고 UISprite 컴포넌트를 다음 표를 참조해 설정합니다.

속성	값
Sprite	ResultBG
Type	Sliced
Depth	0
Size	600x500

표 2-20: UISprite 컴포넌트 설정

사용자가 결과창이라는 것을 알 수 있도록 Result라고 쓰여있는 스프라이트를 추가하겠습니다. 하이어라키에서 ResultPanel 게임 오브젝트를 선택한 후 주 메뉴의 [NGUI] → [Create] → [Sprite]를 클릭해 스프라이트를 추가합니다. 구분을 위해 게임 오브젝트 이름을 ResultTitle로 변경하고 다음 표를 참조해 UISprite 컴포넌트를 설정합니다.

속성	값
Sprite	ResultTitle
Type	Simple
Depth	1
Size	[Snap] 버튼 클릭

표 2-21: UISprite 컴포넌트 설정

ResultTitle 게임 오브젝트가 결과창의 오른쪽에 배치되도록 Transform 컴포넌트의 Position을 0, 230, 0으로 설정합니다.

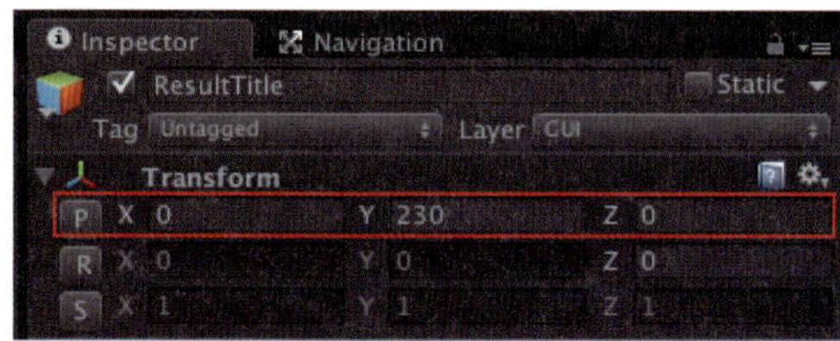

그림 2-129: Transform 컴포넌트 편집

결과창에 점수를 나타날 때 사용할 라벨을 추가하겠습니다. 하이어라키에서 ResultPanel 게임 오브젝트를 선택하고 주 메뉴의 [NGUI] → [Create] → [Label]을 클릭해 Label 게임 오브젝트를 추가합니다. 구분을 위해 이름을 ResultScore로 변경하고 다음 표를 참조해 UILabel 컴포넌트를 설정합니다.

속성	값
Font	NanumBarunGothicBold
Text	0
Overflow	ResizeFreely
Keep crisp	Always
Gradient	체크 해제
Depth	2

표 2-22: UILabel 컴포넌트 설정

다시하기 버튼 추가

결과창에서 게임을 다시 시작할 수 있는 다시하기 버튼을 추가하겠습니다. 버튼의 배경으로 사용할 스프라이트를 추가하기 위해 하이어라키에서 ResultPanel 게임 오브젝트를 선택하고 주 메뉴의 [NGUI] → [Create] → [Sprite]를 클릭해 스프라이트를 생성합니다. 구분을 위해서 이름을 Button으로 변경하고 UISprite 컴포넌트를 다음 표를 참조해 설정합니다.

속성	값
Sprite	ResultBt
Type	Sliced
Depth	3
Size	200x100

표 2-23: UISprite 컴포넌트 설정

하이어라키에서 Button 게임 오브젝트를 선택하고 주 메뉴의 [NGUI] → [Create] → [Label]을 클릭해 Label 게임 오브젝트를 생성합니다. 구분을 위해서 이름을 ButtonLabel로 변경하고 UILabel 컴포넌트를 다음 표를 참조해 설정합니다.

속성	값
Font	NanumBarunGothicBold
Text	0
Overflow	ResizeFreely
Keep crisp	Always
Gradient	체크 해제
Depth	2

표 2-24: UILabel 컴포넌트 설정

다시하기 버튼을 구성했으면 Button 게임 오브젝트의 Transform 컴포넌트 Position을 0, -220, 0으로 설정해 결과창 아래에 버튼을 배치합니다.

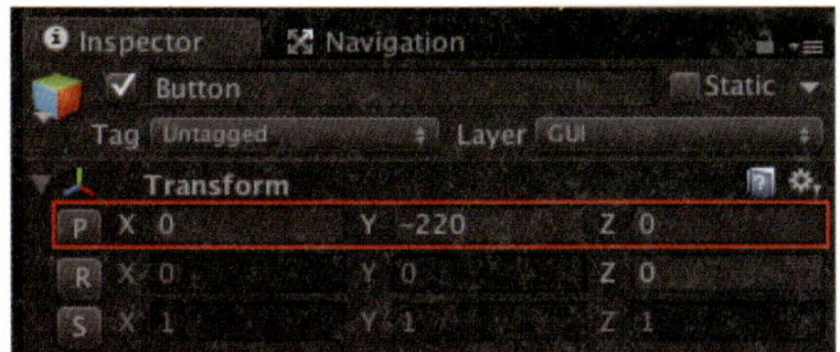

그림 2-130: Button 게임 오브젝트 위치 조정

구성을 완료했으면 MolyUnit 게임 오브젝트의 충돌 처리에 사용한 콜라이더를 추가해 버튼이 클릭된 것을 유니티가 알 수 있게 하겠습니다. 하이어라키에서 Button 게임 오브젝트를 선택하고 주 메뉴의 [NGUI] → [Attach] → [Collider]를 클릭해 Box Collider 컴포넌트를 추가합니다.

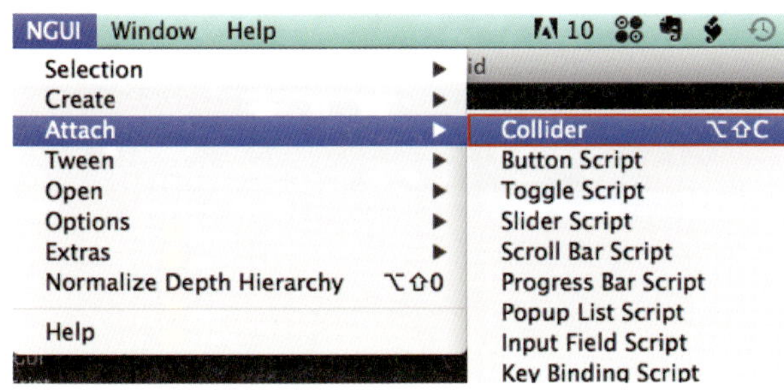

그림 2-131: Collider 추가

Button 게임 오브젝트의 Box Collider 컴포넌트는 Is Trigger 체크 박스에 체크(❶)해 충돌 시 물리적인 작용이 발생하지 않도록 하고 Size는 200, 100, 0으로 설정(❷)해 버튼의 크기와 콜라이더의 크기가 딱 맞게 설정합니다.

NGUI를 구성하는 컴포넌트와 상호작용하여 딱맞는 크기로 콜라이더가 생성되는 기능으로 UISprite 컴포넌트를 확인하면 Widget의 Dimensions 아래에 Collider라는 체크 박스(❸)가 생겨나고 자동으로 크기를 맞추는 옵션이라는 설명(audo-adjust to match)이 있습니다.

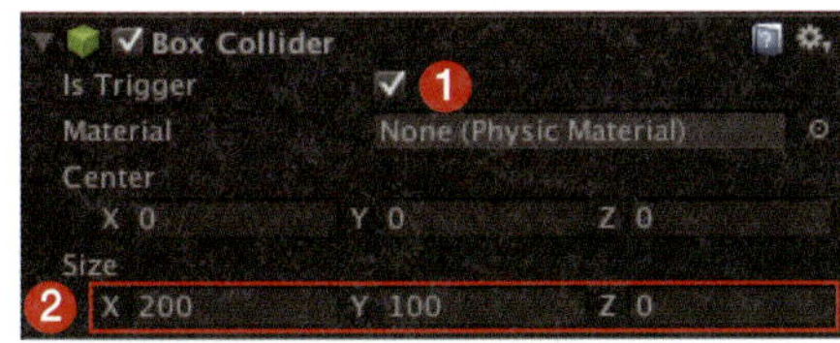

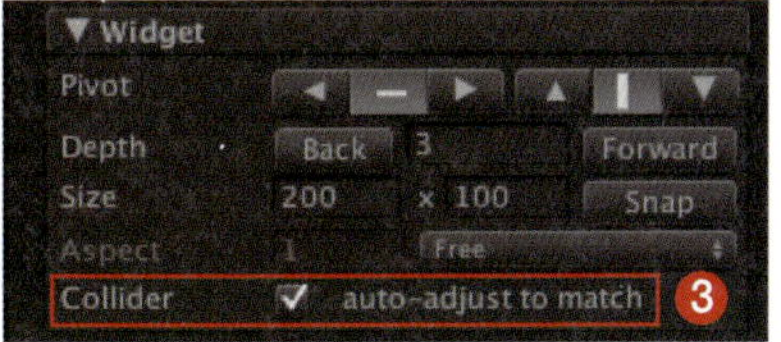

그림 2-132: Box Collider 컴포넌트와 UISprite 컴포넌트의 Widget

결과창 작동 처리

게임이 종료되면 결과창에 획득한 점수를 표시하고 사용자가 다시하기 버튼을 누르면 모든 것을 초기화하고 게임을 다시 시작해야 합니다. 이러한 처리를 위해서 결과창을 나타낼 게임 오브젝트와 점수를 나타낼 UILabel을 멤버 필드로 추가합니다.

예제 2-29: GameManager.cs

```
---(전략)---
    // 결과창
    public GameObject ResultPopupWindow;
    public UILabel ResultScoreLabel;
---(후략)---
```

추가한 멤버 필드를 활용해 결과창이 나타나게 합니다.

예제 2-30: GameManager.cs

```
---(전략)---
    void Update ()
---(중략)---
            if( mainTimer >= 60.0f )
            {
---(중략)---
                // 결과창 표시
                ResultPopupWindow.SetActive(true);
                ResultScoreLabel.text = score.ToString();
            }
---(후략)---
```

GameObject.SetActive()는 게임 오브젝트가 게임 뷰에 나타나거나 나타나지 않도록 bool 타입 매개 변수로 처리합니다. 이를 활용해 게임 플레이 시간이 60초가 넘었을 때 결과창이 나타나게 합니다. 그리고 int 타입 score 멤버 필드에 저장된 값을 UILabel.text로 전달해 화면에 점수를 표시합니다.

나타난 결과창에서 다시하기 버튼을 클릭했을 때 초기화를 진행할 InitReady 메서드를 수정합니다.

```
---(전략)---
    public void InitReady ()
    {
        // 결과창 비활성화
        ResultPopupWindow.SetActive(false);
        // 게임 스테이트 초기화
        nowGameState = GameState.ready;
        // 점수 초기화
        score = 0;
        scoreLabel.text = "0";
---(중략)---
    }
---(후략)---
```

GameObject.SetActive()를 활용해 화면에서 결과창이 사라지게 하고 게임 스테이트와 점수를 초기화합니다. 그리고 InitReady 메서드에 public 액세스 한정자를 추가합니다. 액세스 한정자를 추가한 이유는 다시하기 버튼을 클릭했을 때 NGUI의 UIButton을 활용해 GameManager 스크립트의 InitReady 메서드를 호출하기 위해서입니다. 버튼을 클릭했을 때 변경된 InitReady 메서드를 호출하려면 하이어라키에서 Button 게임 오브젝트를 선택하고 주 메뉴의 [NGUI] → [Attach] → [Button Scirpt]를 클릭해 UIButton 컴포넌트를 추가합니다.

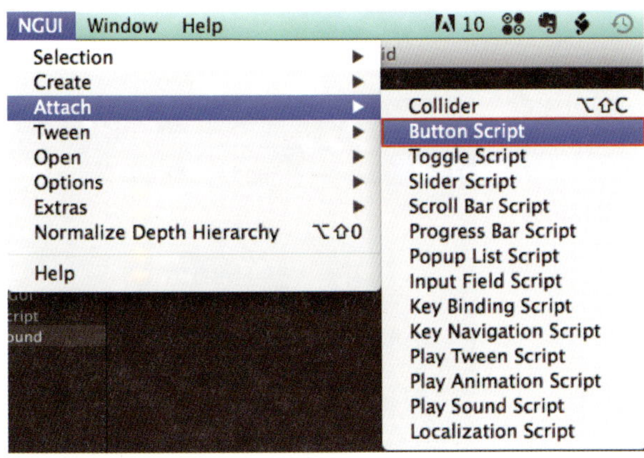

그림 2-133: Button Script 실행

추가된 UIButton 컴포넌트는 다음 표와 같은 특징이 있습니다.

Target	버튼과 상호작용을 통해서 변경되는 컬러를 반영할 대상 오브젝트를 설정(❶)합니다. 반드시 NGUI에 포함된 UISprite, UILabel 등이 포함된 게임 오브젝트여야만 정상적으로 작동합니다.
Normal / Hover / Pressed / Disabled	보통 때, 마우스를 올렸을 때, 버튼을 눌렀을 때, 마우스가 벗어났을 때 각각 Target에 반영할 색 정보를 지정합니다.
Drag Over	드래그 상태에서 해당 버튼에 마우스를 올렸을 때 Do Nothing이나 Press 옵션을 선택(❷)할 수 있습니다.
Transition	각 상태에 지정된 색으로 변경되는 시간을 설정(❸)합니다.
Notify	마우스로 버튼을 클릭했을 때 명령을 전달할 대상을 설정(❹)합니다.
Method	Notify에 대상을 지정했을 때 활성되는 메뉴(❺)입니다. 지정한 게임 오브젝트가 포함한 스크립트 중 public 액세스 한정자를 가진 메서드를 선택해 클릭 시 실행합니다.

표 2-25: UIButton 컴포넌트

UIButton 컴포넌트의 Target을 Button 게임 오브젝트로 할당하고 Notify에 @GameManager 게임 오브젝트를 끌어다 놓습니다. Method는 우리가 실행하고자 하는 GameManager.InitReady 메서드를 선택합니다. 이렇게 설정을 마치면 Button 게임 오브젝트를 클릭했을 때 InitReady 메서드가 호출되면서 초기화가 진행됩니다.

이제 결과창을 연결해 작동하도록 하겠습니다. 하이어라키에서 @GameManager 게임 오브젝트를 선택합니다. GameManager 스크립트의 Result Popup Window(❶)와 Result Score Label(❷)에 ResultPanel 게임 오브젝트와 ResultScore 게임 오브젝트를 끌어다 놓습니다.

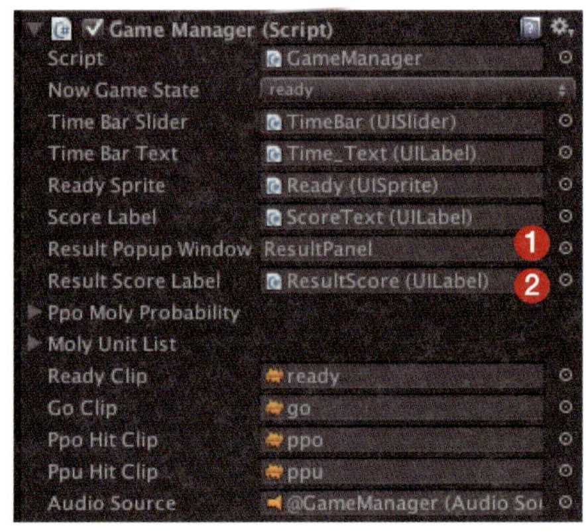

그림 2-134: 결과창 연결

마지막으로 결과창은 게임 시작 시 보이지 않아야 하므로 ResultPanel 게임 오브젝트를 선택해 비활성화 합니다.

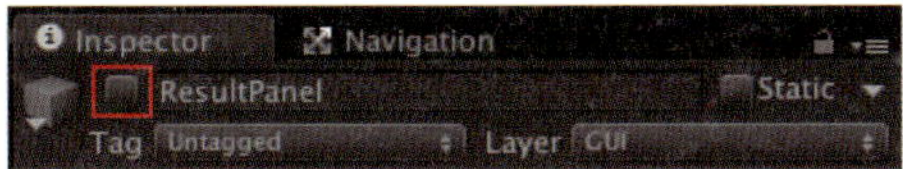

그림 2-135: 결과창 비활성화

두더지 게임 난이도 조절

게임의 기본이 될만한 부분을 모두 완성해 게임이 진행은 되지만 너무 지루합니다. 난이도 조절 요소가 빨간색 두더지의 출현 빈도를 구간별로 변경하도록 하는 것이 전부였기에 그럴 수밖에 없습니다. 이번에는 게임을 흥미롭게 변화시키기 위해서 두더지 생성 시간이나 대기 시간 등을 조절해 난이도를 변경할 수 있는 요소를 추가함으로써 긴장감을 더하겠습니다.

두더지 대기 시간 조절

두더지가 나타난 후 들어가기까지의 시간을 일정 구간별로 변경해 난이도를 변경합니다.

멤버 필드 추가

빨간색 두더지의 출현 빈도를 조절하기 위해서 GameManager 스크립트에 추가한 ppoMolyProbability 멤버 필드처럼 List 형식을 활용해 두더지의 대기 시간을 변경할 수 있도록 molyWaitTime 멤버 필드를 추가합니다.

예제 2-32: GameManager.cs

```
---(전략)---
    public List<float> ppoMolyProbability = new List<float>();
    public List<float> molyWaitTime = new List<float>();
    //두더지의 출현 후 대기 시간을 구간별로 설정한다.
---(후략)---
```

게임 매니저 스크립트 변경

게임에 두더지가 나타나도록하는 GameManager.RandomMolySpawn 메서드를 살펴보면 MolyUnit.StartUseMoly 메서드를 활용해 두더지 종류와 대기 시간을 입력하게 되어 있습니다.

예제 2-33: GameManager.cs

```
---(전략)---
    void RandomMolySpawn()
---(중략)---
        // MolyUnit 작동.
        if( molySpawnRandom <= ppoMolyProbability[listIndex])
        {
            // 두더지의 스프라이트 타입과 대기 시간을 입력하여 선택된 두더지를 작동시킨다.
            molyUnitList[molySelectRandom].StartUseMoly(SpriteType.Ppo,
                                                        molyWaitTime[listIndex]);
        }
        else
        {
            molyUnitList[molySelectRandom].StartUseMoly(SpriteType.Ppu,
                                                        molyWaitTime[listIndex]);
        }
---(후략)---
```

0.5초로 고정돼 있던 두더지 대기 시간을 두더지 출현 빈도처럼 listIndex 멤버 필드를 이용해 구간별로 입력된 값이 적용되게 수정합니다.

대기 시간 입력

하이어라키에서 @GameManager 게임 오브젝트를 선택해 GameManager 스크립트의 MolyWaitTime Size를 6으로 설정(❶)합니다. Element 0부터 Elment 5까지는 1, 0.6, 0.5, 0.4, 0.3, 0.2를 입력(❷)해 점차 대기 시간이 줄어들게 조정합니다.

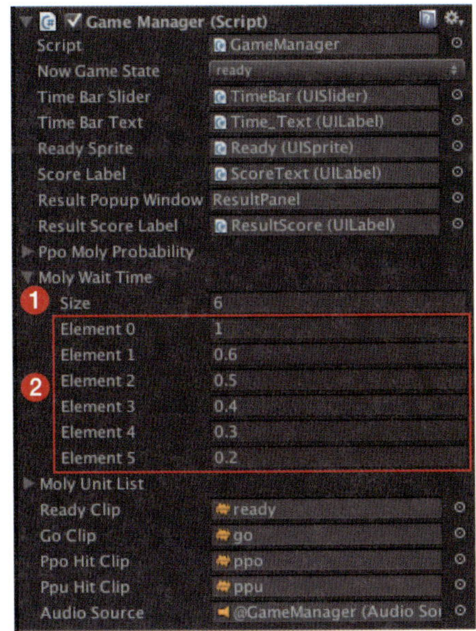

그림 2-136: 두더지 대기 시간 설정

두더지 출현 빈도 조절

1초에 한번씩 등장하던 두더지를 구간별로 더 자주 나타날 수 있게 변경하며 한 번에 여러 마리도 출현할 수 있게 변경합니다.

멤버 필드 추가

두더지가 출현하는 시간을 구간별로 설정할 수 있도록 List 형식의 molyAppearTime 멤버 필드를 추가합니다.

예제 2-34: GameManager.cs

```
---(전략)---
    public List<float> ppoMolyProbability = new List<float>();
    public List<float> molyWaitTime = new List<float>();
    // 두더지의 출현 후 대기 시간을 구간별로 설정한다.
    public List<float> molyAppearTime = new List<float>();
    // 두더지 출현 시간을 구간별로 설정한다.
---(후략)---
```

게임 매니저 스크립트 변경

GameManager.GoToIdle 메서드에서 주기적으로 메서드를 반복 실행하는 InvokeRepeating 메서드를 활용해 listIndex 멤버 필드를 증가시켜 List 형식 멤버 필드에 사용하도록 합니다. 이 부분에 GameManager.RandomMolySpawn을 실행하는 InvokeRepeating 구문의 반복 시간을 줄여줍니다.

예제 2-35: GameManager.cs

```
---(전략)---
    void RepeatAddListIndex()
---(중략)---
        // 작동중인 Invoke로 RandomMolySpawn이 작동 중인지 확인.
        if( IsInvoking("RandomMolySpawn") )
        {
            CancelInvoke("RandomMolySpawn");
        }
        // 구간별로 두더지 출현 시간이 반영되도록 한다.
        InvokeRepeating("RandomMolySpawn", 0.01f, molyAppearTime[listIndex]);
---(후략)---
```

IsInvoking은 현재 Invoke 메서드나 InvokeRepeating 메서드로 지연 호출되는 메서드를 파악해 지연 호출 중이면 bool 타입의 true값을 반환합니다. 이 특징을 활용해 현재 지연 호출 중인 RandomMolySpawn 메서드가 있으면 CancelInvoke 메서드로 지연 호출을 취소합니다. 그리고 구간별로 설정된 두더지 출현 시간을 반영해 반복 지연 호출되도록 수정합니다.

출현 시간 입력

하이어라키에서 @GameManager 게임 오브젝트를 선택해 GameManager 스크립트의 MolyAppear Time Size를 6으로 설정(❶)합니다. Element 0부터 Elment 5까지는 1, 0.8, 0.6, 0.5, 0.4, 0.2를 입력(❷)해 점차 짧은 간격으로 두더지가 출현하도록 조정합니다.

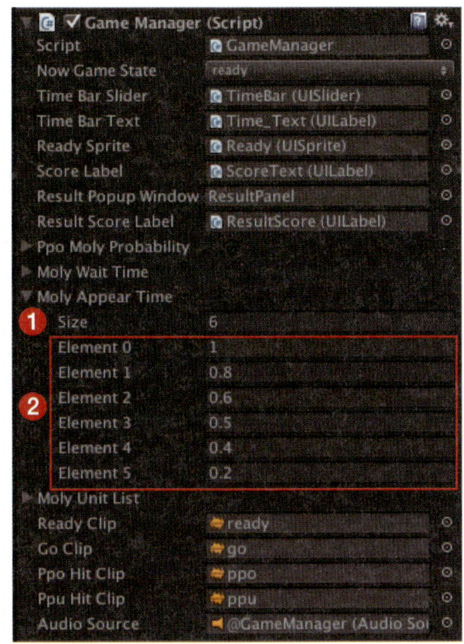

그림 2-137: 두더지 출현 시간 설정

두더지 동시 출현 조절

지금까지는 동시에 두더지 대기 시간과 출현 시간을 조절해 한 마리가 출현하고 짧은 시간차를 가지고 다른 한 마리가 출현하는 방식이었습니다. 게임 매니저를 수정해 한 번에 여러 마리가 출현할 수 있게 변경해 더욱 박진감 넘치는 게임을 만들겠습니다.

멤버 필드 추가

두더지가 구간별로 몇 마리까지 나타날 수 있는지 List 형식으로 정의하고 그 숫자 안에서 다시 랜덤하게 나타날 숫자를 결정하도록 변경할 것입니다. List 형식의 molyAppearCount 멤버 필드와 랜덤하게 숫자를 결정할 molySpawnCount 멤버 필드를 추가합니다.

예제 2-36: GameManager.cs

```
---(전략)---
    public List<float> ppoMolyProbability = new List<float>();
    public List<float> molyWaitTime = new List<float>();
    // 두더지의 출현 후 대기 시간을 구간별로 설정한다.
    public List<float> molyAppearTime = new List<float>();
    // 두더지 출현 시간을 구간별로 설정한다.
    public List<int> molyAppearCount = new List<int>();
    // 구간별로 동시에 출현 가능한 두더지 숫자를 설정한다.
```

```
---(중략)---
    int molySpawnCount = 0;
---(후략)---
```

게임 매니저 스크립트 변경

두더지가 동시에 나타나도록 GameManager.RandomMolySpawn 메서드를 수정합니다.

예제 2-37: GameManager.cs

```
---(전략)---
    void RandomMolySpawn()
    {
        if( nowGameState != GameState.idle )
        {
            return;
        }

        // 동시 출현 가능한 두더지 숫자를 랜덤하게 선택.
        molySpawnCount = Random.Range(0, molyAppearCount[listIndex]);
        // 동시 출현 가능한 두더지 숫자만큼 반복하여 실행.
        for(int i = 0; i<= molySpawnCount; i++)
        {
            molySpawnRandom = Random.Range(0f, 100f);
            molySelectRandom = Random.Range(0, 16);


            // idle상태의 MolyUnit 선택.
            while( molyUnitList[molySelectRandom].nowMolyState != MolyState.idle )
            {
                molySelectRandom = Random.Range(0, 16);
            }

            // MolyUnit 작동.
            if( molySpawnRandom <= ppoMolyProbability[listIndex])
            {
                // 두더지의 스프라이트 타입과 대기 시간을 입력하여 선택된 두더지를 작동시킨다.
                molyUnitList[molySelectRandom].StartUseMoly(SpriteType.Ppo,
                                                            molyWaitTime[listIndex]);
            }
            else
```

```
                {
                    molyUnitList[molySelectRandom].StartUseMoly(SpriteType.Ppu,
                                                         molyWaitTime[listIndex]);
                }
            }
        }
    ---(후략)---
```

for 루프는 조건(condition)이 true일 때 섹션을 반복적으로 수행합니다. 이러한 특징을 활용해 Random.Range 메서드로 구간별로 동시에 출현할 수 있는 두더지 숫자를 랜덤하게 선택하고 for 루프의 조건에 반영해 여러 마리의 두더지가 동시에 출현하도록 했습니다.

용어설명

for 루프

for 루프는 조건이 false가 될 때까지 반복적으로 섹션을 반복 수행합니다.

구조는 for(초기조건(initializer); 조건(condition); 반복자(interator)){섹션}으로 구성됩니다. 경우에 따라 최초에 초기조건이 조건에 반영될 때 false인 경우 한번도 반복하지 않고 섹션을 넘어갈 수도 있습니다.

두더지 동시 출현 입력

하이어라키에서 @GameManager 게임 오브젝트를 선택해 GameManager 스크립트의 Moly Appear Count Size를 6으로 입력(❶)합니다. Element 0부터 Elment 5까지는 1, 2, 2, 3, 3, 4로 입력(❷)해 점차 많은 두더지가 동시에 출현하도록 조정합니다.

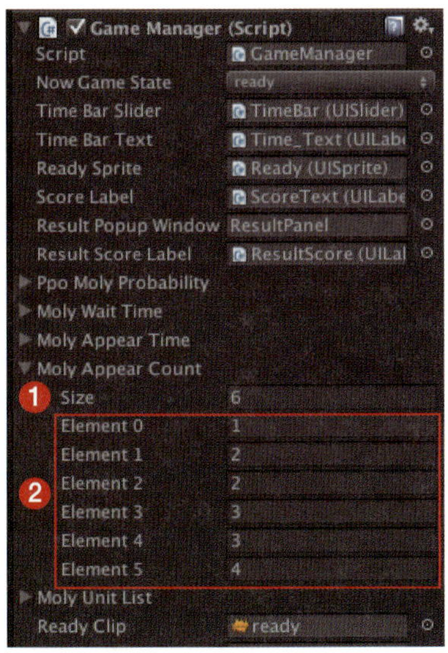

그림 2-138: 두더지 동시 출현 설정

콤보와 피버 추가

두더지가 작동하는 부분을 수정해 다양한 패턴을 만들 수 있게 되었습니다. 하지만 모든 두더지가 빨간색 두더지로 나온다는 가정을 하면 최대로 얻을 수 있는 점수는 일정 범위를 넘을 수 없습니다. 게임을 진행할수록 숙련돼 더 높은 점수를 얻을 수 있다면 간단한 게임이지만 계속할 수 있는 동기 부여가 됩니다. 숙련을 통해서 더 많은 점수를 얻을 수 있게 콤보와 피버를 추가하겠습니다.

콤보와 피버 유저 인터페이스 추가

콤보가 얼마나 진행되고 있는지 나타내기 위한 라벨과 피버를 표현할 프로그래스 바를 추가하겠습니다. 먼저 앞서 깃허브에서 내려받은 폴더의 2-6/GUI에서 이미지를 선택해 프로젝트 브라우저의 GUI 폴더에 끌어다 놓아 추가합니다.

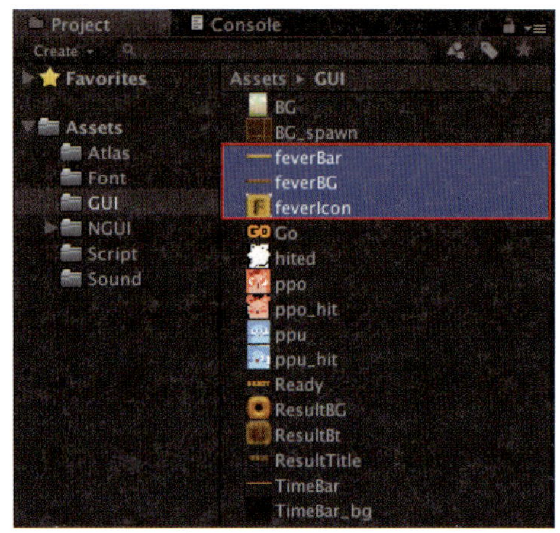

그림 2-139: 스프라이트로 사용할 이미지 추가

스프라이트로 사용하기 위해서 새로 추가한 3개의 이미지를 아트라스 메이커를 이용해 InGameAtals 아틀라스에 등록한 후 하이어라키에서 Anchor_Top 게임 오브젝트를 선택하고 주 메뉴의 [NGUI] → [Open] → [Widget Wizard]를 클릭해 Widget Tool을 실행합니다. Template을 Progress Bar로 선택(❶)하고 프로그래스 바가 비었을 때 나타날 스프라이트인 Empty는 feverBG(❷)를, 프로그래스 바가 꽉 찼을 때 나타날 스프라이트인 Full은 feverBar를 선택(❸)한 뒤 [Add To] 버튼(❹)을 클릭해 프로그래스 바를 추가합니다.

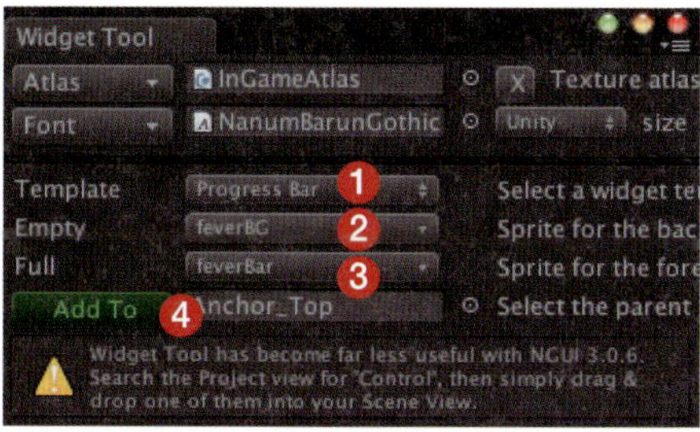

그림 2-140: 프로그래스 바 추가

하이어라키에서 새로 생성된 Progress Bar를 선택하고 구분을 위해서 이름을 FeverBar로 변경(❶)합니다. Transform 컴포넌트의 Position을 194, −105, 0으로 설정(❷)해 게임 화면의 오른쪽 상단에 위치시킵니다.

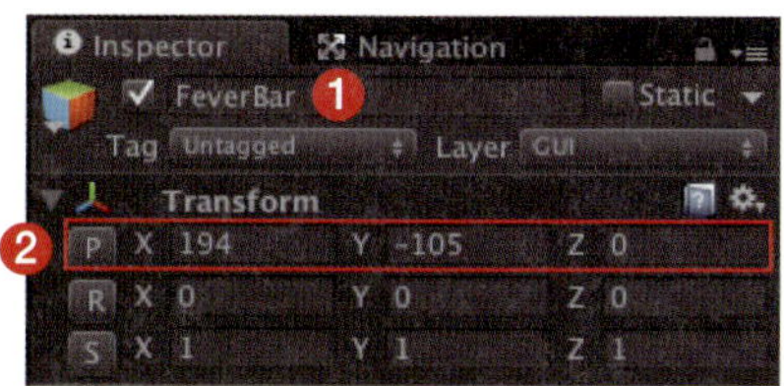

그림 2-141: 프로그래스 바의 위치 변경

피버를 나타내는 프로그래스 바임을 명시하기 위해 하이어라키에서 FeverBar 게임 오브젝트를 선택하고 주 메뉴의 [NGUI] → [Create] → [Sprite]를 실행해 새로운 스프라이트를 추가합니다. 구분을 위해 새로 생성된 Sprite 게임 오브젝트의 이름을 Icon으로 변경(❶)하고 Tranform 컴포넌트 Position을 −6, 0, 0으로 설정(❷)해 왼쪽에 위치시킵니다.

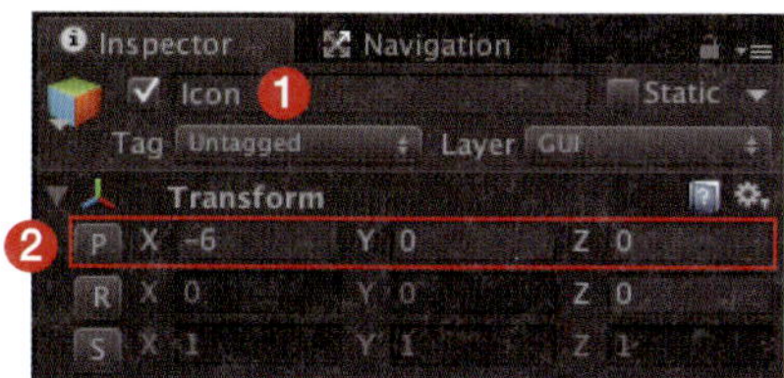

그림 2-142: Icon 게임 오브젝트의 위치 변경

Icon 게임 오브젝트의 UISprite 컴포넌트에서 Sprite를 feverIcon으로 변경합니다.

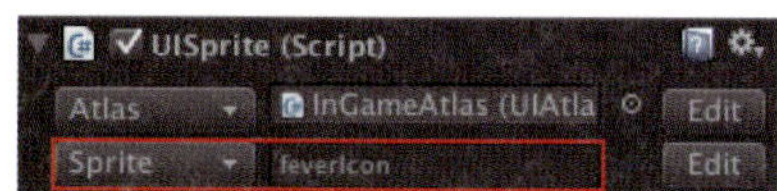

그림 2-143: UISprite 컴포넌트의 Sprite 변경

프로그래스 바가 작동할 때 타임바처럼 줄어들거나 늘면서 단면이 생길 수 있게 FeverBar 게임 오브젝트를 구성하는 Foreground 게임 오브젝트를 선택한 후 다음 표를 참조해 UISprite 컴포넌트를 설정합니다.

속성	값
Type	Filled
Fill Dir	Horizontal

표 2-26: UISprite 컴포넌트 설정

피버가 시작돼 더 많은 점수를 획득할 수 있는 피버 모드가 작동하면 사용자에게 이 사실을 알려야 합니다. 이때 사용할 라벨을 추가하겠습니다. 하이어라키에서 Anchor_Top 게임 오브젝트를 선택하고 주 메뉴의 [NGUI] → [Create] → [Label]을 클릭해 라벨을 등록합니다.

구분을 위해 새로 생성된 라벨 게임 오브젝트의 이름을 FeverText로 변경(❶)하고 Transform 컴포넌트의 Position을 0, −150, 0으로 설정(❷)해 화면 상단에 위치시킵니다.

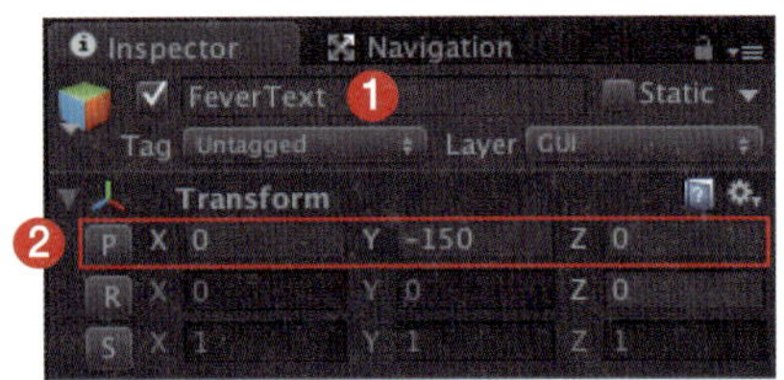

그림 2-144: 라벨의 이름 변경 및 Position 설정

피버모드 동작을 나타낼 때 사용할 FeverText 게임 오브젝트의 UILabel 컴포넌트는 다음 표를 참조해 입력합니다.

속성	값
Font	NanumBarunGothicBold
Font Size	80
Text	Fever
Overflow	ResizeFreely
Gradient	체크

표 2-27: UILabel 컴포넌트 설정

UILabel컴포넌트의 Gradient를 체크하면 그레디언트의 아래쪽 색상과 위쪽 색상을 선택할 수 있도록 Color가 나타납니다. Top을 선택해(❶) RGBA를 109, 0, 0 , 255로 입력하고 Bottom을 선택해(❷) RGBA를 255, 36, 36, 255로 입력합니다 .

그림 2-145: Gradient 색 설정

피버모드가 시작돼 FeverText 게임 오브젝트가 화면에 나타날 때 더 강조될 수 있도록 Tween 기능을 활용해 글자 크기가 커졌다 작아졌다 변경되도록 하겠습니다. 하이어라키에서 FeverText를 선택한 후 주 메뉴의 [NGUI] → [Tween] → [Scale]을 클릭합니다. Tween Scale 컴포넌트에서 크기를 변경하는 시작 값인 From을 1, 1, 1로 설정(❶)하고 크기 변경의 끝 값인 To를 1.3, 1.3, 1로 설정(❷)합니다. From과 To 값 사이를 왔다갔다 반복적으로 수행하도록 Play Style을 Ping Pong으로 선택(❸)하고 변경되는 시간인 Duration을 0.5로 설정(❹)합니다.

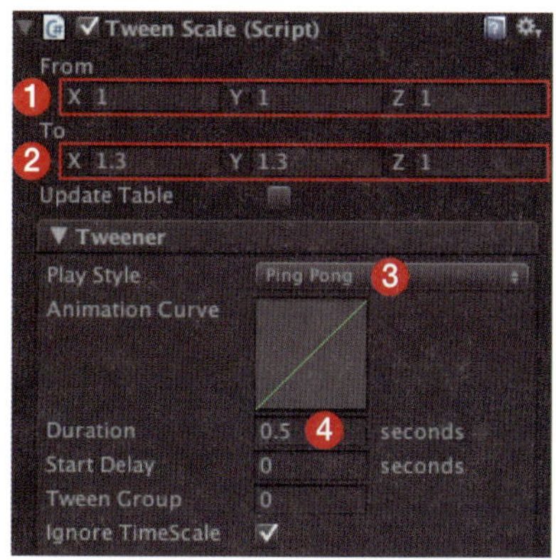

그림 2-146: Tween Scale 컴포넌트 설정

피버에 사용할 유저 인터페이스 구성을 완료했으면 콤보를 나타내겠습니다. 먼저 하이어라키에서 Anchor_Top 게임 오브젝트를 선택한 후 주 메뉴의 [NGUI] → [Create] → [Label]을 실행해 콤보를 나타낼 라벨을 생성합니다.

구분을 위해 새로 생성된 라벨 게임 오브젝트의 이름을 ComboText로 변경(❶)하고 Transform 컴포넌트의 Position을 −282, −111, 0으로 설정(❷)해 왼쪽 상단에 위치시킵니다.

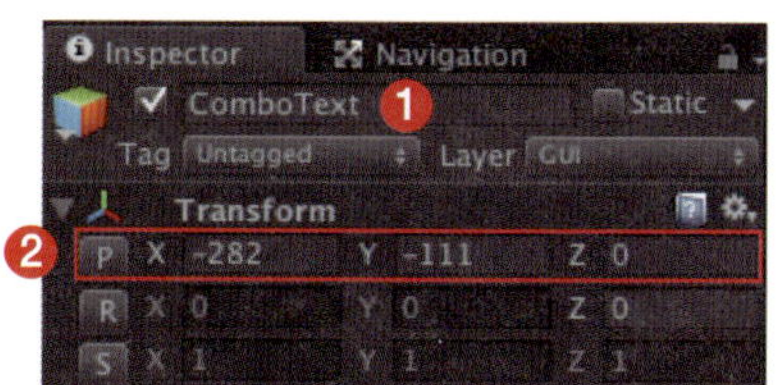

그림 2-147: 라벨의 이름 변경 및 Position 설정

콤보를 나타낼 때 사용할 ComboText 게임 오브젝트의 UILabel 컴포넌트는 다음 표를 참조해 입력합니다.

속성	값
Font	NanumBarunGothicBold
Text	1[ba4926]COMBOS[-]
Overflow	ResizeFreely
Gradient	체크 해제
Pivot	왼쪽 정렬

표 2-28: UILabel 컴포넌트 설정

UILabel 컴포넌트로 나타나는 Text 입력 값에 전과 다른 표현이 추가된 것을 확인할 수 있습니다. 바로 [ba4926]~[-] 부분입니다. 이는 UILabel 컴포넌트로 글자를 표현할 때 16진수로 표현된 색정보를 바탕으로 해당 글자 부분을 손쉽게 변경하기 위한 표현식입니다. 특정 글자를 강조할 때 유용합니다.

용어설명

16진수 색정보

화면에 표현하는 색의 정보는 Red, Green, Blue 3가지 색을 각 256단계로 나눠서 컴퓨터에 저장합니다. 이때 0~15까지 전체 16개 숫자를 표현하기 위해서 16진수를 사용합니다. 0~9까지는 숫자로 표현하고 10~15까지는 a~f로 대응되는 형태를 가지고 있습니다.

예를 들어 검은색을 나타내고 싶다면 000000으로 입력해 어떤 색도 나타나지 않게 합니다. 반대로 흰색을 나타내고 싶다면 ffffff로 입력해 모든 색을 발산하여 흰색을 만듭니다.

게임 뷰에서 FeverBar와 ComboText 게임 오브젝트에 추가된 피버와 콤보 유저 인터페이스를 확인할 수 있습니다.

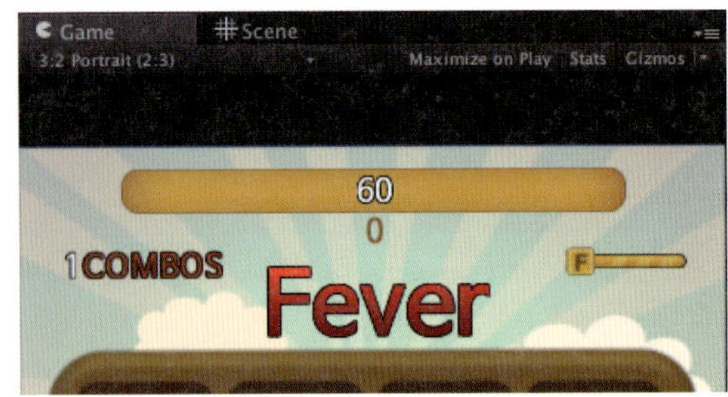

그림 2-148: 콤보와 피버

멤버 필드 추가

GameManager 스크립트를 수정하기에 앞서 콤보와 피버를 정의해보겠습니다. 콤보는 빨간색 두더지를 일정 시간 안에 연속으로 클릭했을 때 증가하는 값입니다. 이렇게 증가된 콤보는 1 이상일 때 빨간색 두더지를 클릭했을 때 획득하는 점수와 곱하여 총점수에 반영합니다. 따라서 사용자가 더 많은 점수를 얻을 수 있습니다. 피버는 빨간색 두더지를 클릭할 때마다 0.05씩 추가돼 1이상이면 피버 모드가 발동합니다. 피버 모드일 때에는 생성되는 모든 두더지가 기본 100점을 가지는 빨간색 두더지가 됩니다.

이와 같은 특징을 반영하기 위해서 먼저 멤버 필드를 추가합니다.

예제 2-38: GameManager.cs

```
---(전략)---
    int ComboCount = 0;           // 현재 콤보 숫자를 기억.

    bool haveFeverMode = false;   // 피버모드가 작동중인지 판단할 때 사용.
    float fever = 0;              // 피버가 채워지는 현재 값을 기억.

    public UILabel comboText;     // 콤보를 표현하는 라벨.
    public UILabel feverText;     // 피버모드를 알리는 라벨.
    public UISlider feverSlider;  // 피버를 표현하는 Progress Bar를 조절하는 슬라이더.
---(후략)---
```

게임 매니저 스크립트 수정

두더지를 잡으면 MolyUnit 스크립트의 GameManager.AddScore 메서드를 활용해 점수를 계산하도록 되어있으므로 콤보와 피버를 처리하기 위해 GameManager.AddScore 메서드를 수정합니다.

예제 2-39: GameManager.cs

```
---(전략)---
    public void AddScore(int addScore)
    {
        // 점수가 0보다 클 때(빨간색 두더지를 클릭했을 때) 작동.
        if( addScore > 0)
        {
```

```
        ComboCount++; // 콤보 증가.
        score += (addScore * ComboCount); // 콤보를 점수에 반영.

        // 콤보 숫자를 콤보 라벨에 표현.
        comboText.text = string.Format("{0}[ba4926]COMBOS[-]", ComboCount);
        comboText.gameObject.SetActive(true); // 콤보 라벨을 화면에 나타나도록 한다.

        // 이미 작동중인 Invoke가 있으면 취소하는 구문.
        if( IsInvoking("ResetCombo") )
        {
            CancelInvoke("ResetCombo");
        }
        // 콤보 발생이 없을 때 2초 후에 콤보를 초기화한다.
        Invoke ("ResetCombo", 2.0f);
    }
    else
    {
        score += addScore;
    }

    // 빨간색 두더지를 클릭했을 때와 피버모드가 작동 중이지 않을 때 작동.
    if( addScore > 0 && haveFeverMode == false)
    {
        // 피버 증가.
        fever += 0.05f;
        if( fever >= 1.0f)
        {
            fever = 1.0f;
            haveFeverMode = true; // 피버모드 작동.
            feverText.gameObject.SetActive(true);
            // 5초후 피버모드 초기화한다.
            Invoke("ResetFever", 5.0f);
        }
        // 피버를 화면에 나타나도록 한다.
        feverSlider.value = fever;
    }

    // 최솟값처리.
    if( score < 0)
    {
        score = 0;
    }
```

```
        scoreLabel.text = score.ToString();
    }
---(후략)---
```

점수를 변화시킬 때 사용하던 GameManager.AddScore 메서드는 매개변수 addScore를 이용해 증가시키거나 감소시킬 점수를 입력받습니다. addScore가 0보다 큰 양수이면 빨간색 두더지를 잡은 상황이 됩니다. 이를 판단의 근거로 콤보를 증가하게 하고 얻은 점수에 콤보를 곱하여 점수에도 반영합니다. 만약 2초 간 추가로 콤보를 발생시키지 못한다면 콤보를 초기화합니다. 그리고 피버가 작동 중인지 판단해 피버를 0.05씩 증가시키다가 피버가 1 이상이면 피버 모드를 5초 간 유지하도록 수정합니다.

GameManager.AddScore 메서드에 Invoke를 통해서 실행되는 콤보를 초기화하는 ResetCombo 메서드와 피버를 초기화하는 Reset Fever 메서드를 추가하겠습니다.

예제 2-40: GameManager.cs

```
---(전략)---
    void ResetCombo()
    {
        ComboCount = 0; // 콤보 초기화.
        comboText.gameObject.SetActive(false); // 콤보 라벨 화면에서 나타나지 못하게 한다.
    }

    void ResetFever()
    {
        // 피버 초기화.
        fever = 0;
        haveFeverMode = false;
        feverText.gameObject.SetActive(false);
        feverSlider.value = 0; // 피버를 화면에서 빈 칸으로 보이도록 한다.
    }
---(후략)---
```

콤보와 피버를 초기화하는 메서드는 간단하게 구성할 수 있습니다. 콤보나 피버의 상태를 체크하던 멤버 필드를 초기화하고 유저 인터페이스 요소를 게임 시작 시처럼 돌려놓는 것이 전부입니다. ResetCombo와 ResetFever 메서드를 활용해 게임이 시작될 때 실행되는 GameManager.InitReady 메서드에서도 콤보와 피버를 초기화하도록 수정합니다.

예제 2-41: GameManager.cs

```
---(전략)---
public void InitReady ()
    {
        // 이미 작동중인 ResetCombo 메서드 Invoke가 있으면 취소하는 구문.
        if( IsInvoking("ResetCombo") )
        {
            CancelInvoke("ResetCombo");
        }
        // 이미 작동중인 ResetFever 메서드 Invoke가 있으면 취소하는 구문.
        if( IsInvoking("ResetFever") )
        {
            CancelInvoke("ResetFever");
        }

        // 콤보와 피버 초기화.
        ResetCombo();
        ResetFever();
---(중략)---
    }
---(후략)---
```

게임이 시작될 때 만약 지난 게임에서 콤보와 피버가 작동 중이라면 이를 취소하려고 추가한 것입니다. 이제 MolyUnit.HitedMoly 메서드를 수정해 피버 모드일 때 100점짜리 빨간색 두더지가 나타나도록 처리합니다.

예제 2-42: MolyUnit.cs

```
---(전략)---
    void HitedMoly()
    {
        // 스프라이트 변경
        switch( nowMolySpriteType )
        {
        case SpriteType.Ppo:
            molySprite.spriteName = "ppo_hit";
            if( GameManager.instance.haveFeverMode)
            {
                // 피버모드 점수.
                GameManager.instance.AddScore( 100 );
```

```
            }
            else
            {
                // 점수 증가.
                GameManager.instance.AddScore( 10 );
            }
            break;
---(중략)---
    }
---(후략)---
```

MolyUnit.HitedMoly 메서드는 두더지의 타입에 따라 점수를 발생시킵니다. 이러한 특징을 활용해 빨간색 두더지를 잡을 때 피버 모드가 작동 중이라면 100점으로 적용하도록 합니다.

콤보와 피버 적용

유저 인터페이스를 GameManager 스크립트와 연결해 콤보와 피버가 작동될 수 있게 할당합니다. 먼저 하이어라키에서 @GameManager 게임 오브젝트를 선택합니다. GameManager 스크립트의 Combo Text에 Anchor_Top 게임 오브젝트의 자식 게임 오브젝트로 추가한 ComboText 게임 오브젝트를 적용(❶)합니다. Fever Text에는 FeverText 게임 오브젝트를 놓고(❷) Fever Slider에는 FeverBar 게임 오브젝트를 끌어다 놓아서(❸) 피버가 올바르게 작동할 수 있게 합니다.

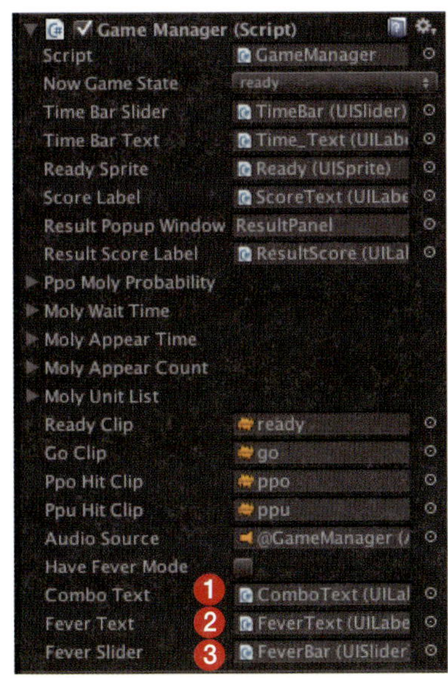

그림 2-149: 콤보와 피버 할당

게임을 플레이하면 콤보와 피버가 작동하는 것을 확인할 수 있습니다.

그림 2-150: 콤보와 피버 확인

두더지 게임 정리

지금까지 NGUI를 활용해 두더지 게임을 제작했습니다. NGUI 모든 기능을 100% 활용하지는 않았지만, 자주 사용되거나 필수로 사용되는 UIRoot, UIPanel, UICamera, UISprite, UILabel, UIAnchor를 다뤘고 부가적으로 제공하는 Tween 기능도 어떻게 사용하는지 익혔습니다. 이뿐 아니라 게임 오브젝트를 이용해서 부모 자식 관계를 형성하거나 스크립트를 추가하여 인스펙터를 이용해 편집하는 방법 등 기본적인 유니티 활용법도 익혔습니다. 이런 내용은 기본적이고 기초적인 내용이라서 간단하지만 반드시 익혀야 유니티를 활용해 게임을 제작할 수 있는 내용입니다.

게임 매니저 스크립트

GameManager 스크립트에서 활용한 기능 중 if 문과 for 문은 프로그래밍하면서 자주 접할 수 있는 문장입니다. 그리고 시간을 제어할 때 사용한 Time 클래스와 지연 호출이 가능한 Invoke 메서드는 시간에 따라 제어하고 변경해야 할 때 많이 사용되므로 어떻게 작동하는지 다시 한번 상기해보기 바랍니다.

두더지 스크립트

MolyUnit 스크립트가 제어하는 두더지를 일정 시간을 기준으로 상태를 변경하기 위해서 FixedUpdate 메서드를 활용했습니다. Update 메서드와 함께 자주 사용되는 메서드로 Time 클래스와 연관한 활용법은 개념을 꼭 알아야 합니다.

03
심화과정 - 디펜스 게임 만들기

- 유니티 2D 기능
- 테스트 캐릭터 구성
- 디펜스 게임 프로토타입 제작
- 디펜스 게임 유저 인터페이스 구성
- 네트워크 작업
- 결제
- 페이스북 활용
- 디펜스 게임 정리

3장에서 사용하는 전체 소스 코드는 http://github.com/wikibook/ngui/complete/3에서 확인할 수 있습니다.

이번 장에서는 유니티 4.3버전부터 추가된 2D 기능을 알아보고 이를 활용해 디펜스 게임을 제작하겠습니다.

유니티 2D 기능

게임을 제작하기에 앞서 애니메이션을 추가한 2D 캐릭터를 구성해보면서 유니티 4.3 버전에서 추가된 유니티 2D의 기능을 알아보겠습니다.

유니티 2D 기능 소개

유니티는 3D 게임을 지원하는 다양한 기능이 있지만, 3D 게임뿐만 아니라 2D 게임도 제작할 수 있습니다. 하지만 아틀라스 관리나 스프라이트 애니메이션, 2D 충돌 처리 등 게임을 제작하는 데 불편한 부분이 있어 이러한 불편을 해소하기 위해 2D Toolkit, Uni2D, SmoothMoves, SpriteManager 등의 다양한 플러그인을 사용해야만 했습니다. 하지만 유니티 4.3버전에서 유니티 2D 기능이 탑재되면서 유니티로 2D 게임을 제작하기가 한결 쉬워졌습니다.

- **유니티 4.3버전에서 새로 탑재된 유니티 2D의 기능**

  새로운 에셋 타입인 스프라이트 추가

  스프라이트 렌더러

  스프라이트 임포터(Importer)

  2D 모드 버튼 추가

  아틀라스 관리 가능

  2D 전용 물리 엔진 추가

  폴리곤 콜라이더 추가

  메카님을 이용한 애니메이션

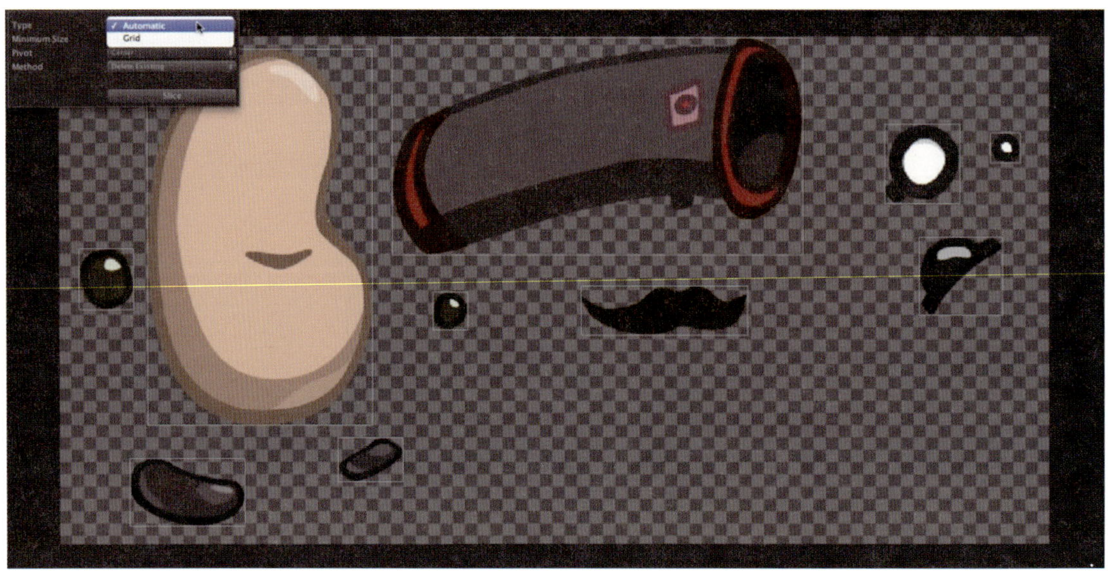
그림 3-1: 유니티 2D의 기능

테스트 캐릭터 구성

유니티가 새롭게 지원하는 스프라이트를 이용해 2D 캐릭터를 생성하는 방법과 유니티 2D의 기능을 배워 봅니다.

스프라이트 추가

주 메뉴의 [File] → [New Project]를 클릭해 새로운 프로젝트를 생성하고, 프로젝트 브라우저에 폴더를 생성해 이름을 Sprites로 변경(❶)합니다. 앞서 내려받은 첨부 파일에서 3-1/Sprites/로 이동해 Char_ProtoType.png를 새로 생성한 Sprites 폴더에 끌어다 놓습니다(❷).

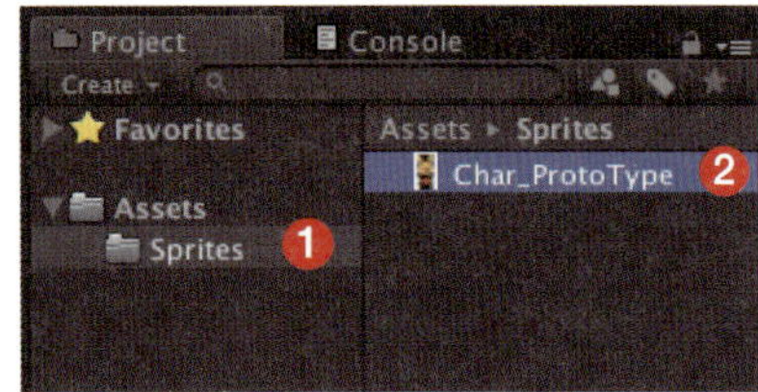

그림 3-2: 캐릭터 구성에 사용할 이미지 추가

프로젝트 브라우저에서 Char_ProtoType를 선택한 다음 인스펙터에서 Texture Type을 Sprite로 변경합니다.

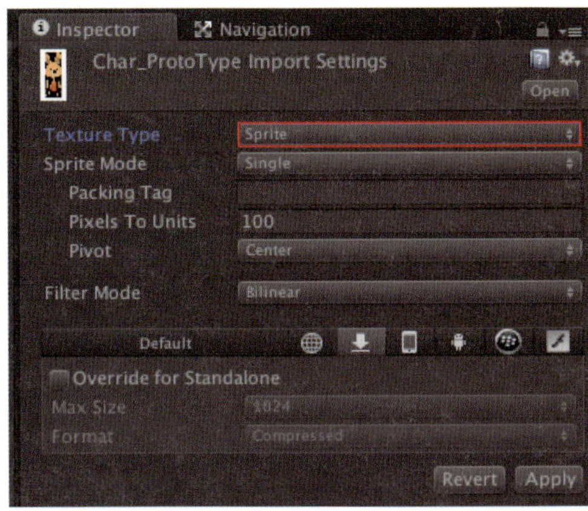

그림 3-3: 이미지의 Texture Type 변경

Char_ProtoType 이미지 한 장에 캐릭터의 몸을 이루는 부분이 별도로 있으므로 Sprite Mode를 Multiple로 선택(❶)합니다. Sprite Mode를 Multiple로 설정하면 이미지에서 영역을 나누어 여러 개의 스프라이트로 인식할 수 있습니다. Multiple로 변경한 뒤 유니티가 이미지를 아틀라스로 만들 때 사용하는 Packing Tag를 char_proto로 입력(❷)합니다.

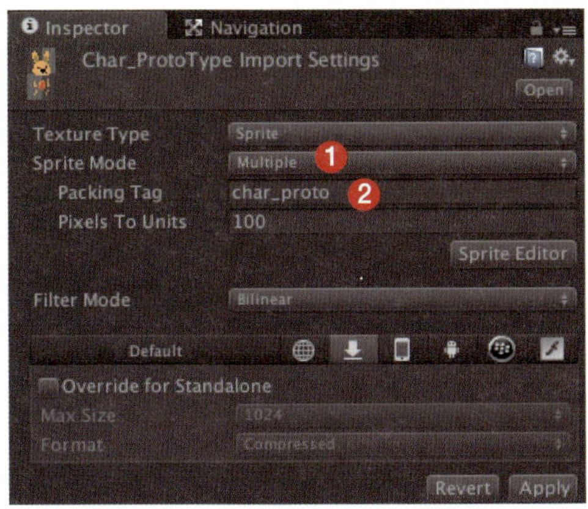

그림 3-4: SpriteMode와 Packing Tag 설정

팁

유니티 스프라이트의 Sprite Mode로는 Single과 Multiple이 있습니다. Single과 Multiple의 차이는 다음과 같습니다.

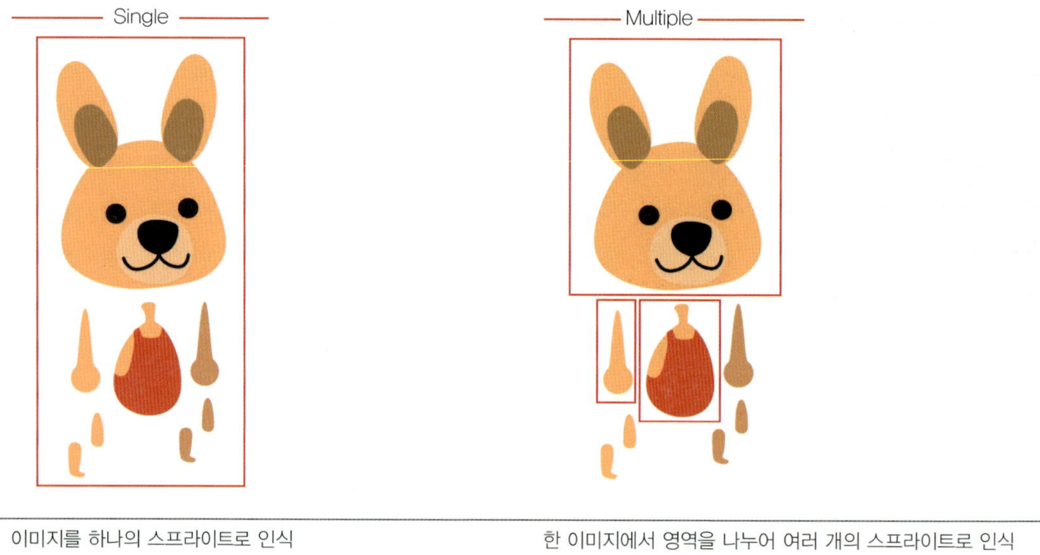

표 3-1: Sprite Mode 차이

Sprite Mode를 Multiple로 변경한 후 활성화된 [Sprite Editor] 버튼을 클릭해 스프라이트 에디터를 실행합니다.

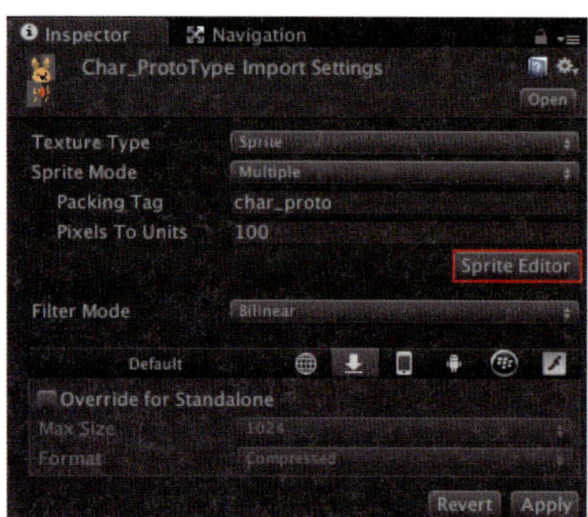

그림 3-5: 스프라이트 에디터 실행

스프라이트 에디터의 왼쪽 상단에 있는 [Slice]를 클릭(❶)해 나타난 창에서 Type을 Automatic으로 선택(❷)하고 [Slice] 버튼을 클릭(❸)합니다.

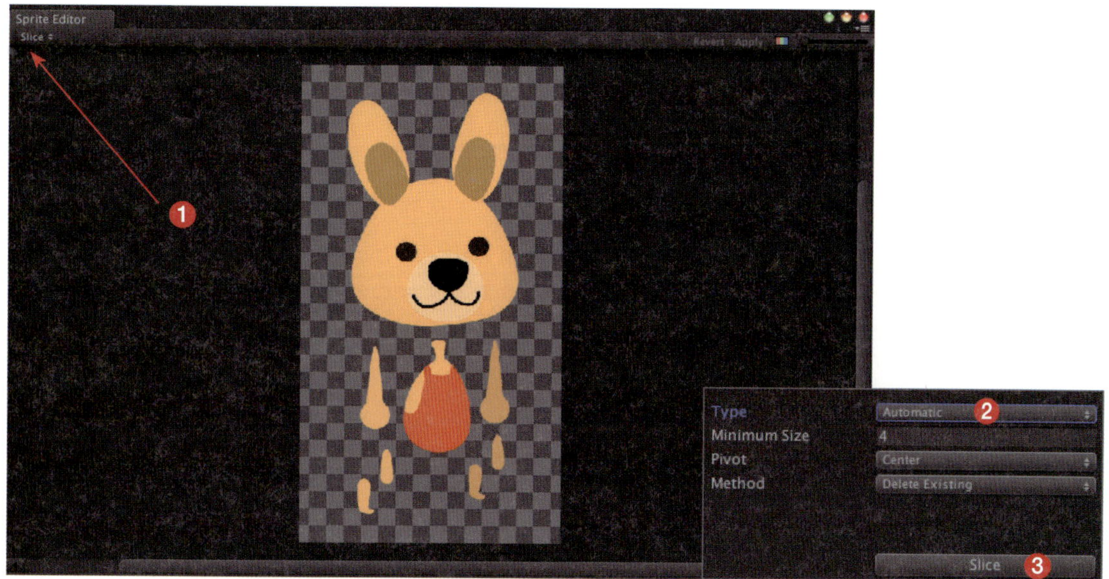

그림 3-6: 스프라이트 슬라이스

슬라이스를 실행하면 이미지가 캐릭터의 부분별로 흰색 가상선으로 나뉜 모습을 확인할 수 있습니다.

그림 3-7: 슬라이스 된 스프라이트

스프라이트 에디터에서 나눈 스프라이트 중 캐릭터의 머리 부분을 선택(❶)합니다. 그러면 스프라이트 에디터 오른쪽 아래에 스프라이트를 세부적으로 편집할 수 있는 Sprite 창(❷)이 나타납니다. 선택한 스프라이트가 캐릭터의 머리에 해당하므로 Name을 Char_Head로 변경(❸)하고 스프라이트의 중심점인 Pivot을 Custom으로 선택(❹)한 후 Custom Pivot을 0.54, 0.04로 설정(❺)합니다. Custom Pivot을 입력하다 보면 입력한 값에 따라 스프라이트의 중심점을 나타내는 파란색 원(❻)이 변경되는 모습을 확인할 수 있습니다.

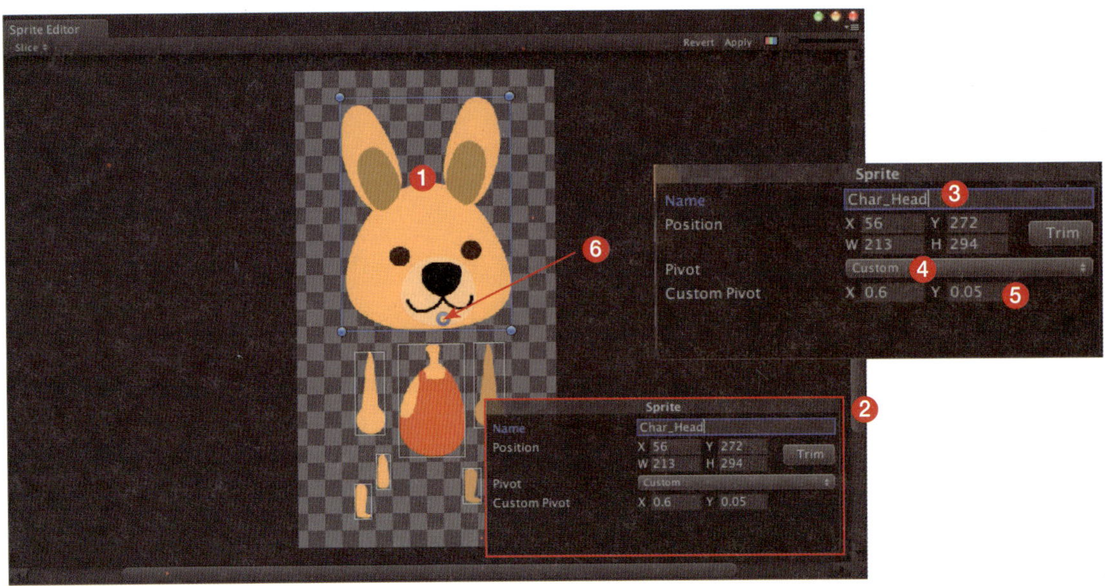

그림 3-8: 스프라이트의 이름과 중심점 설정

다른 스프라이트도 다음 표를 참조해 값을 설정합니다. 팔과 허벅지, 발에 해당하는 스프라이트는 몸을 중심으로 왼쪽에 있는 요소와 오른쪽에 있는 요소를 구분하기 위해 이름에 L과 R을 추가했습니다.

이미지	Name	Pivot	Custom Pivot
	Char_Body	Custom	0.53, 0.16
	Char_ArmL	Custom	0.52, 1
	Char_ArmR	Custom	0.48, 1

이미지	Name	Pivot	Custom Pivot
	Char_ThighL	Custom	0.45, 1
	Char_ThighR	Custom	0.45, 1
	Char_FootL	Custom	0.41, 0.82
	Char_FootR	Custom	0.41, 0.82

표 3-2: 각 스프라이트의 이름과 중심점

스프라이트 편집이 모두 끝나면 스프라이트 에디터의 오른쪽 상단에 있는 [Apply] 버튼(❶)을 클릭해 적용합니다.

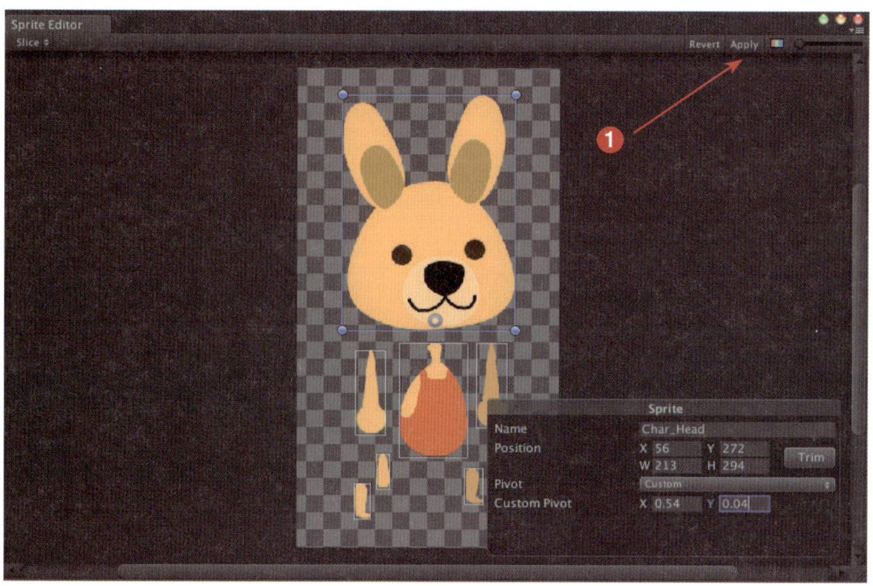

그림 3-9: 스프라이트 편집 적용

프로젝트 브라우저에서 Sprites 폴더를 확인하면 부위별로 스프라이트가 생성된 모습을 확인할 수 있습니다.

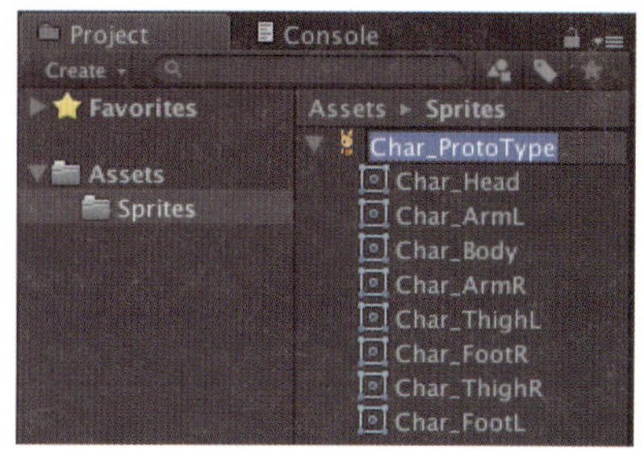

그림 3-10: 편집된 스프라이트 확인

캐릭터 구성

이제 추가한 스프라이트를 이용해 캐릭터를 구성해 보겠습니다. 먼저 빈 게임 오브젝트를 만들기 위해 주 메뉴의 [GameObject] → [Create Empty]를 클릭한 후 생성된 오브젝트의 이름을 Char_Root로 변경합니다. 프로젝트 브라우저에서 Char_ProtoType 아래에 있는 Char_Body를 선택(❶)해 하이어라키의 Char_Root 게임 오브젝트에 끌어다 놓습니다(❷).

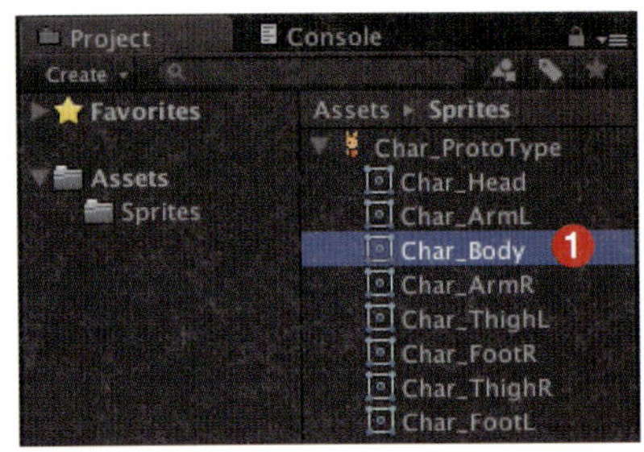

그림 3-11: 캐릭터 구성

같은 방식으로 Char_Body를 제외한 나머지 스프라이트도 Char_Root에 추가해 그림 3-12와 같이 구성합니다. 이때 Char_ThighL과 Char_ThighR 게임 오브젝트에 Char_FootL과 Char_FootR 게임 오브젝트를 자식 게임 오브젝트로 구성합니다. 이렇게 설정하면 부모 게임 오브젝트인 허벅지(Char_Thigh)의 움직임이 자식 게임 오브젝트인 발(Char_Foot)에 전달됩니다.

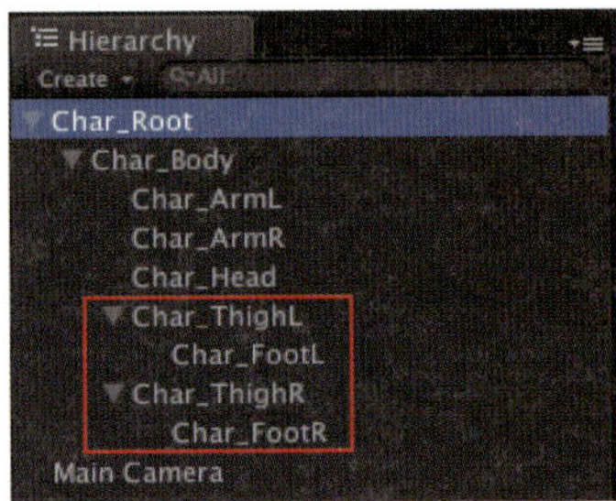

그림 3-12: 캐릭터 구성

스프라이트의 위치를 바로잡기 위해 다음 표를 참조해 구성된 캐릭터의 Transform 컴포넌트의 Position을 설정합니다.

오브젝트 이름	**Transform** Position X, Y, Z
Char_ArmL	–0.18, 0.8, –1
Char_ArmR	0.12, 0.86, 1
Char_Head	0, 1.16, –1
Char_ThighL	–0.26, 0.02, –1
Char_FootL	0.01, –0.38, 0
Char_ThighR	0.23, 0.02, 1
Char_FootR	0.01, –0.38, 0

표 3-3: 각 오브젝트의 Position 값 설정

Position 입력을 완료하면 씬 뷰에서 그림 3-13과 같이 위치가 올바르게 잡힌 캐릭터를 확인할 수 있습니다. 만약 3D 모드로 설정돼 있어 확인하기 어렵다면 씬 뷰의 상단에 있는 [2D] 버튼(❶)을 클릭해 2D 모드로 전환합니다.

그림 3-13: 구성을 완료한 캐릭터

캐릭터 구성을 마쳤으면 프로젝트 브라우저에 Scene 폴더를 만들고 씬을 CharSetup으로 저장합니다.

Assets 폴더는 유니티에서 활용되는 모든 리소스를 포함하다 보니 규칙에 따라 분류해놓는 것이 좋습니다. 이 책에서는 Scene, Sprites, Scripts, Animation, UI, Prefabs 등으로 폴더를 구성해 비슷한 리소스를 묶어서 관리했습니다.

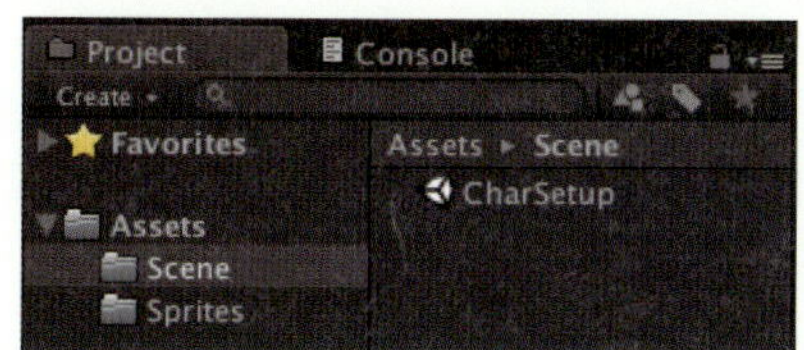

그림 3-14: 씬 저장

애니메이션 제작

구성을 마친 테스트 캐릭터를 이용해 유니티에서 애니메이션을 제작하는 방법을 살펴보겠습니다.

캐릭터 애니메이션 제작

구성을 마친 테스트 캐릭터에 생명력을 불어넣는 애니메이션을 제작해보겠습니다. 프로젝트 브라우저에서 Assets 폴더 아래에 애니메이션을 저장할 Animation 폴더를 생성합니다. 애니메이션을 제작하기 위해서 주 메뉴의 [Window] → [Animation]을 실행해 애니메이션 뷰가 화면에 나타나게 합니다.

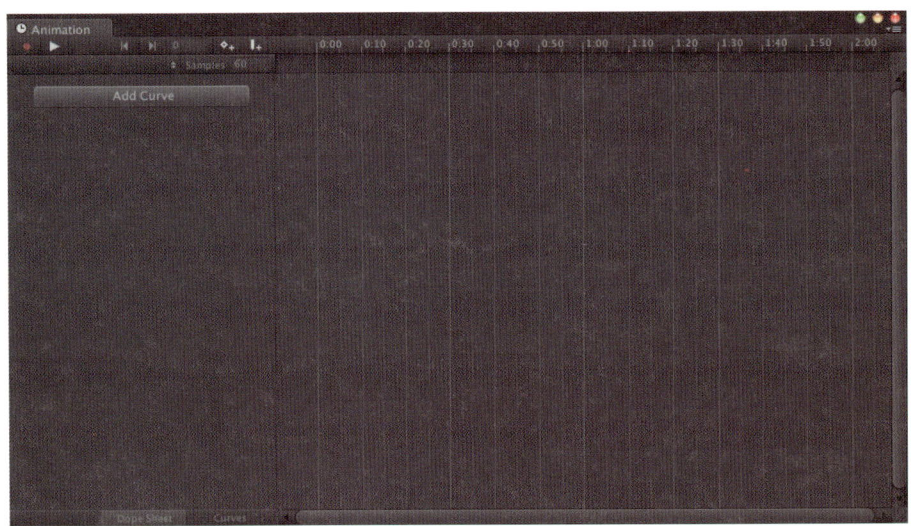

그림 3-15: 애니메이션 뷰

새로운 애니메이션을 제작하려면 먼저 애니메이션의 대상이 될 게임 오브젝트를 선택해야 합니다. 하이어라키에서 Char_Root 게임 오브젝트를 선택한 후 애니메이션 뷰에서 애니메이션 선택을 위한 콤보 박스(❶)를 클릭한 뒤 Create New Clip을 선택(❷)해 새로운 애니메이션 클립을 만듭니다.

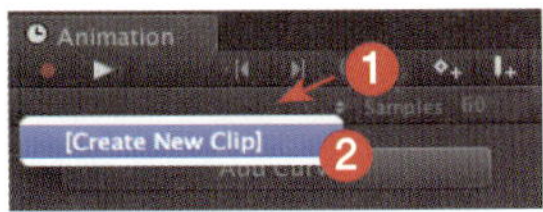

그림 3-16: 새로운 애니메이션 클립 생성

Create New Clip을 선택하면 나타나는 Create New Animation 창에서 Save As에 애니메이션의 이름인 Char_ProtoType_Idle을 입력(❶)하고 Where에는 프로젝트 브라우저에서 생성한 Animation 폴더를 지정(❷)한 뒤 [Save] 버튼(❸)을 클릭합니다.

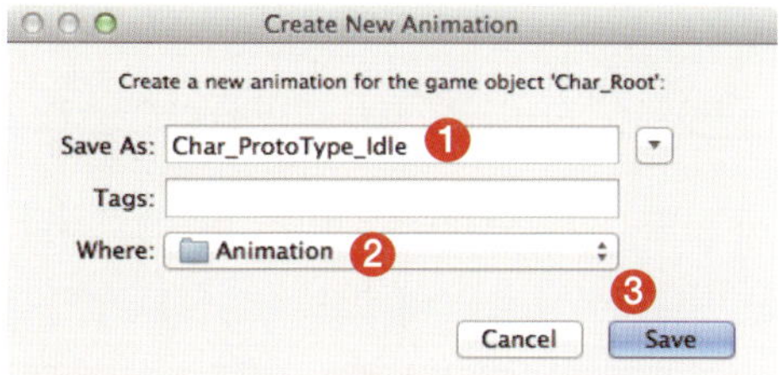

그림 3-17: 새로운 애니메이션 클립 저장

프로젝트 브라우저에서 Animation 폴더를 확인하면 애니메이션 클립 Char_ProtoType_Idle과 애니메이션 컨트롤러(Animation Controller) Char_Root가 생성된 모습을 확인할 수 있습니다. 애니메이션 컨트롤러는 유니티 4.x버전부터 지원하는 메카님(Mecanim) 기능을 다룰 때 자세히 설명하겠습니다. 지금은 애니메이션 컨트롤러가 있어야만 애니메이션 클립을 이용해 애니메이션 할 수 있다고만 기억해둡니다.

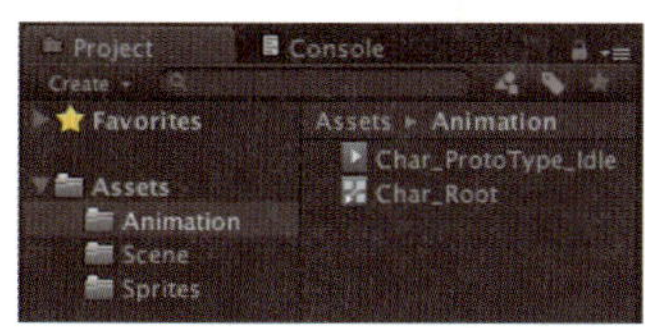

그림 3-18: 애니메이션 클립과 애니메이션 컨트롤러

애니메이션 뷰을 확인해보면 Char_ProtoType_Idle 애니메이션이 선택된 모습을 확인(❶)할 수 있습니다. 만약 Char_ProtoType_Idle이 선택돼 있지 않다면 하이어라키에서 Char_Root 게임 오브젝트를 선택합니다.

애니메이션 뷰에서 애니메이션을 선택했을 때 활성화되는 Samples에서는 1초에 몇 번 애니메이션 할지 설정합니다. 여기에서는 Samples를 15로 설정(❷)했습니다.

그림 3-19: Samples 설정

용어설명

샘플(Samples)

유니티의 애니메이션은 샘플에 지정된 숫자만큼 1초에 표현할 애니메이션 횟수을 결정합니다. 예를 들어 샘플을 60으로 설정했다면 1초에 많은 이미지를 보여주므로 부드럽게 표현됩니다. 하지만 너무 많은 샘플을 지정하면 모바일 환경에서는 처리가 어려울 수 있으므로 적정선을 유지해야합니다. 모바일에서는 15에서 20 정도가 적당합니다.

본격적으로 애니메이션을 제작해보겠습니다. 애니메이션 뷰에서 타임라인을 0:06으로 이동(❶)시킵니다. 타임라인이 올바르게 변경됐다면 프레임(❷)이 6으로 변경되고 애니메이션 뷰의 레코드 버튼(❸)이 빨간색으로 활성화되며 레코드 상태가 됩니다. 또한 플레이 버튼도 빨간색으로 바뀝니다(❹). 레코드 상태에서 Char_Root의 어떤 오브젝트라도 변경하면 키프레임(Keyframe)이 생성되면서 변화값을 기록합니다. 타임라인을 변경하면서 오브젝트를 변경하기만 하면 애니메이션 키가 자동으로 생성되는 것입니다.

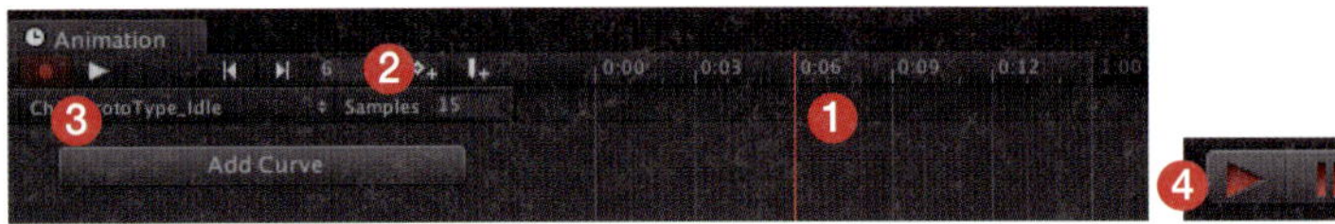

그림 3-20: 애니메이션 레코드

용어설명

프레임(frame)

영화는 1초에 24장면의 연속된 이미지를 표현하여 사람 눈에 움직이는 영상을 전달할 수 있습니다. 이때 24장면 중 한 장면을 프레임이라고 합니다. 유니티의 애니메이션에서도 마찬가지로 6 프레임이라면 1초 중 6번째 장면을 뜻합니다.

키프레임(Keyframe)

애니메이션에서 게임 오브젝트의 시간과 위치를 정의하기 위해서 사용하는 개념입니다. 만약 24 샘플의 모든 애니메이션을 매 프레임 지정한다면 많은 작업이 필요합니다. 이런 단점을 보완하고자 몇 개의 지정된 프레임에 핵심이 되는 값을 키프레임으로 지정하면 나머지 부분은 앞 뒤의 키프레임을 고려하여 보간되어 표현됩니다.

Char_Root 게임 오브젝트의 자식 게임 오브젝트를 하이어라키에서 선택하고 다음 표를 참조해 Transform 컴포넌트의 Position을 설정합니다. 입력한 값은 6 프레임의 키프레임에 기록됩니다.

게임 오브젝트 이름	Transform 컴포넌트 Position
Char_Body	0, −0.02, 0
Char_ArmL	0, 0, 307.4
Char_ArmR	0, 0, 56.18

게임 오브젝트 이름	Transform 컴포넌트 Position
Char_ThightL	0, 0, 16
Char_FootL	0, 0, -32
Char_ThightR	0, 0, 16
Char_FootR	0, 0, -32

표 3-4: 키프레임의 각 오브젝트 입력 값 설정

Char_Root 게임 오브젝트의 자식 게임 오브젝트 별로 키를 모두 생성했으면 작업한 6 프레임에 키프레임이 생성(❶)됩니다. 그리고 0 프레임에 초깃값을 기록하기 위해서 자동으로 키 프레임이 생성된 것을 확인(❷)할 수 있습니다.

초깃값이 기록된 0 프레임의 모든 키프레임을 선택해 복사한 후 15 프레임에 붙여 넣습니다(❸). 생성된 애니메이션을 확인하기 위해서 애니메이션 뷰의 레코드 버튼(❹)을 클릭해 레코드 상태를 해제하고 애니메이션 플레이 버튼을 클릭(❺)합니다.

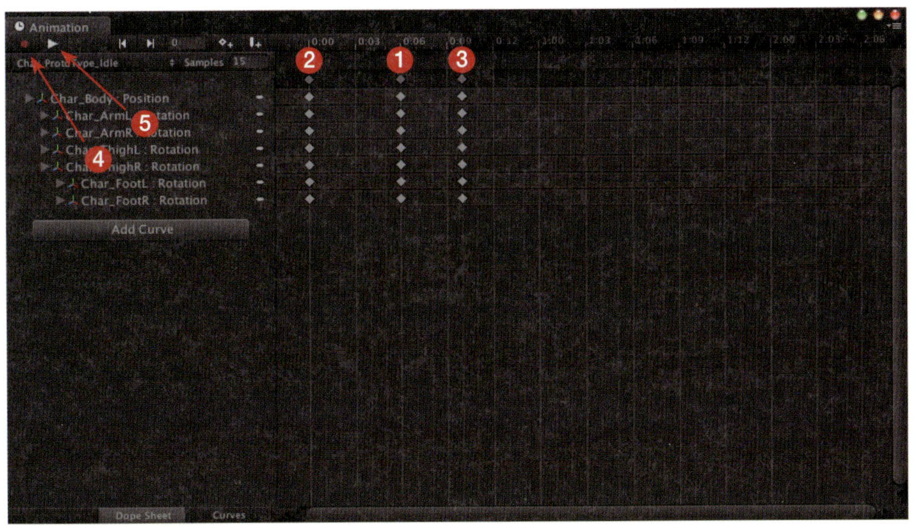

그림 3-21: 애니메이션 레코드 및 확인

메카님 애니메이션 시스템

캐릭터가 상황별로 필요한 애니메이션을 재생하도록 유니티의 메카님(Mecanim) 애니메이션 시스템을 활용해 제어하는 방법을 살펴보겠습니다.

메카님 상태 구성

메카님은 유니티 4.0 버전부터 지원하는 기능으로 작업 방식이 간단하고 한번 제작한 애니메이션을 서로 다른 캐릭터에 적용할 수 있어 애니메이션 작업을 수월하게 진행할 수 있게 도와줍니다. 필요한 애니메이션을 추가하고 메카님을 이용해 제어하겠습니다.

메카님을 사용하려면 먼저 애니메이터 컨트롤러(Animator Controller)를 제작해야 합니다. 애니메이션을 제작할 때 이미 생성된 애니메이션 컨트롤러가 있지만, 이해를 돕기 위해 새로 제작해 보겠습니다. 프로젝트 브라우저의 Animation 폴더로 이동한 다음 주 메뉴의 [Asset] → [Create] → [Animator Controller]를 실행(❶)해 애니메이터 컨트롤러를 생성합니다. 구분을 위해서 이름을 TestCharController로 입력(❷)합니다.

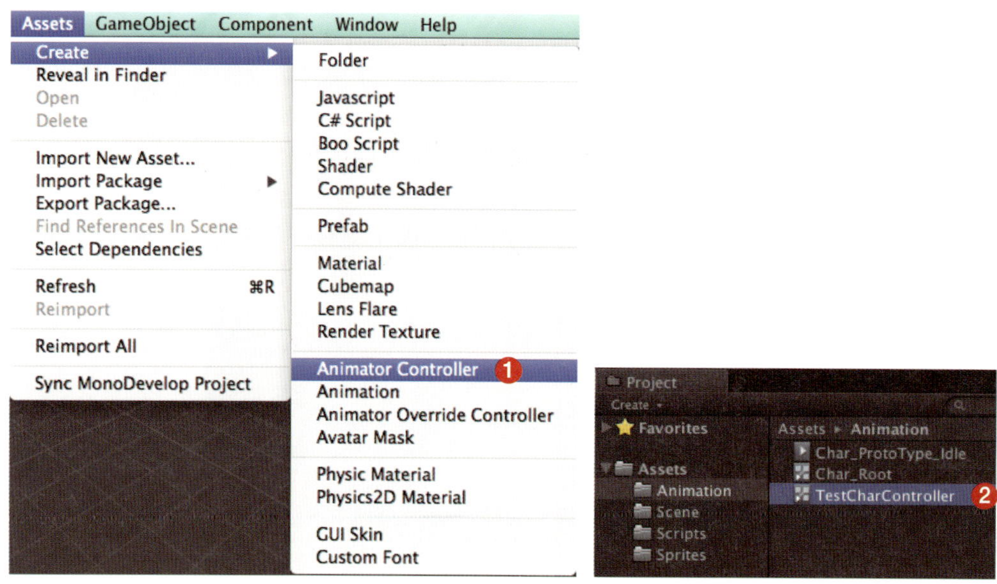

그림 3-22: 애니메이터 컨트롤러 생성

생성한 TestCharController 애니메이터 컨트롤러를 더블클릭하면 애니메이터 뷰가 나타납니다. 메카님은 시각화된 유한 상태 기계(Finite State Machine) 편집기인 애니메이터 뷰를 제공합니다. 애니메이터 뷰에는 상태와 조건을 등록할 수 있고, 특정한 조건에 따라 상태가 전환됩니다.

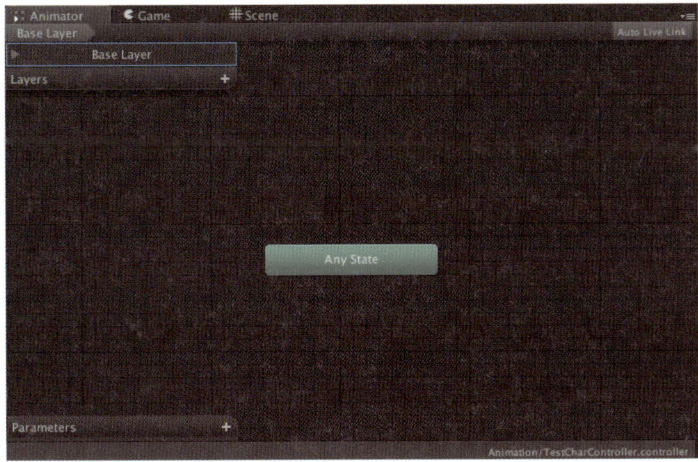

그림 3-23: 애니메이터 뷰

용어설명

유한 상태 기계(Finite State Machine)

조건에 따라 상태가 전이(Transition)되는 유한한 몇 개의 상태(State)로 이뤄진 메커니즘이 유한 상태 기계입니다.

필드에서 사용자를 공격하는 적(Enemy)을 예로 들어보면 그림과 같이 표현할 수 있습니다. 이렇게 표현하면 기획자와 개발자 사이의 소통이 원활해지고 개발자가 필요한 상태만 증가시켜서 프로그래밍하면 되므로 추가 및 삭제가 용이하고 안정성이 증대됩니다.

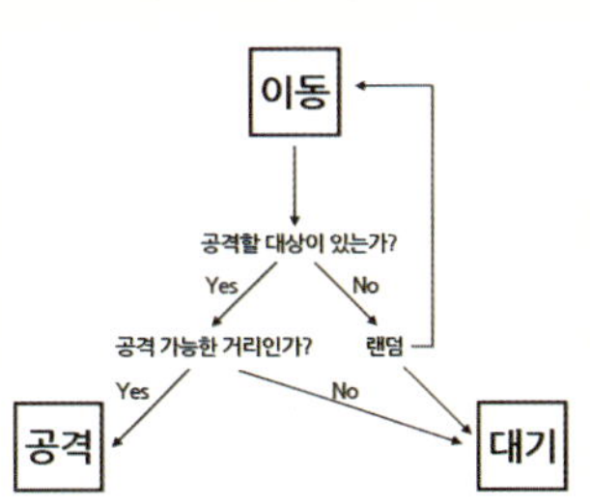

이제 상태를 등록하겠습니다. 프로젝트 브라우저의 Animation 폴더에 있는 Char_ProtoType_Idle 애니메이션 클립을 선택해 애니메이터 뷰에 끌어다 놓으면 Char_ProtoType_Idle 상태가 등록(❶)됩니다. 등록한 Char_ProtoType_Idle 상태가 주황색 상자로 표현되는 이유는 애니메이터 컨트롤러가 기본으로 재생하는 상태(클립)로 설정됐기 때문입니다. 이 상태로 캐릭터에 적용하면 해당 애니메이션을 플레이하게 됩니다.

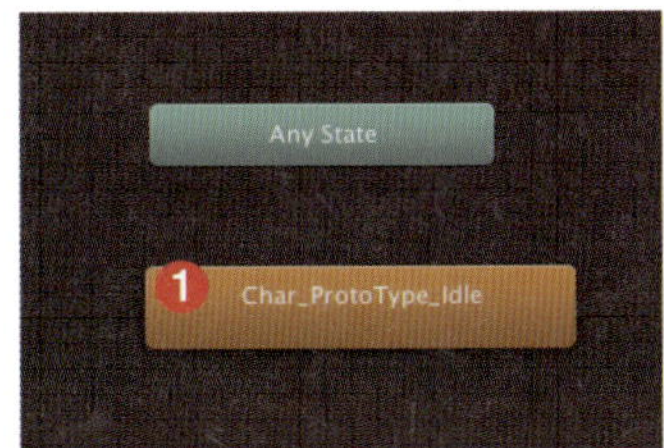

그림 3-24: 애니메이터 뷰에 표현되는 상태 노드

이제 상태를 더 추가하겠습니다. 앞서 내려받은 첨부 파일에서 3-1/Animation/으로 이동해 Char_ProtoType_Jump.anim, Char_ProtoType_Run.anim 애니메이션 클립을 프로젝트 브라우저의 Animation 폴더에 끌어다 놓습니다.

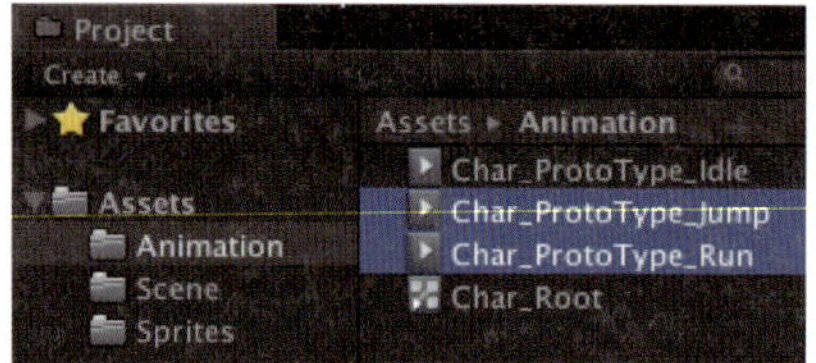

그림 3-25: 애니메이션 클립 추가

Animation 폴더에 추가한 Char_ProtoType_Jump와 Char_ProtoType_Run 애니메이션 클립을 선택한 다음 애니메이터 뷰로 끌어다 놓으면 2개의 상태가 추가로 생성(❶), (❷)됩니다.

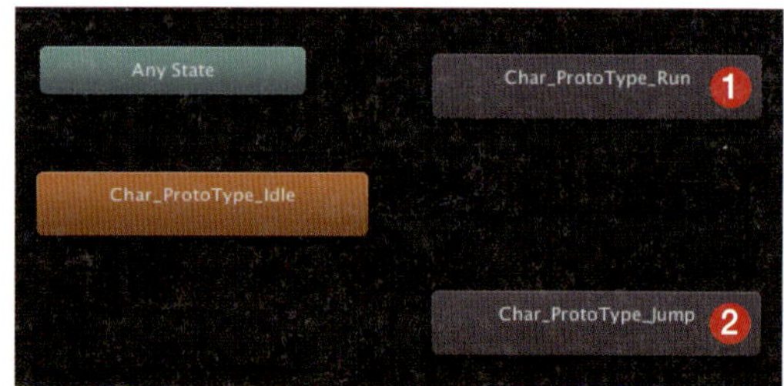

그림 3-26: 상태 추가

상태 전이 구성

상태를 모두 등록했으면 등록한 3개의 상태가 모두 다른 상태로 전이될 수 있게 구성합니다.

Char_ProtoType_Idle 상태를 선택하고 마우스 오른쪽 버튼을 눌러 Make Transition을 선택(❶)합니다. 흰색 화살표 선이 나타나면 전이하고자 하는 상태를 클릭해 전이를 나타내는 선을 연결(❷)하여 상태 전이를 구성합니다.

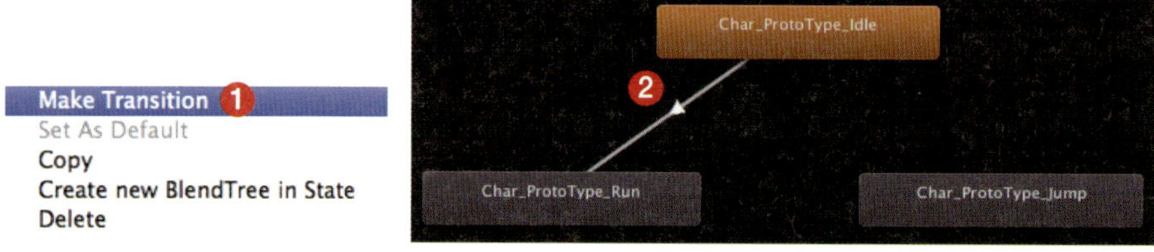

그림 3-27: 전이 연결

각 상태에서 다른 상태로 전이할 수 있게 그림 3-28과 같이 모든 상태를 같은 방법으로 연결합니다.

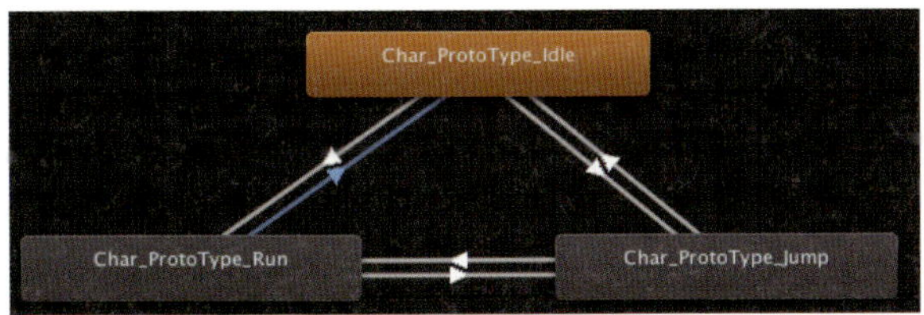

그림 3-28: 전이 구성

상태 전이 조건 추가

등록한 상태 사이의 전이를 구성했으니 이제 조건을 추가해 조건별로 상태를 활용할 수 있게 하겠습니다.

테스트 캐릭터는 2D 캐릭터이므로 화면을 기준으로 왼쪽이나 오른쪽으로만 움직일 수 있습니다. 점프는 캐릭터가 바닥에 있을 때에만 할 수 있고, 공중에서는 다시 점프할 수 없습니다. 이런 조건을 설정하기 위해서 애니메이터 뷰의 아래쪽에 있는 Parameters의 [+] 버튼을 클릭합니다.

그림 3-29: 전이 조건으로 활용할 매개변수 추가

Parameters의 [+] 버튼을 클릭하면 Float, Int, Bool, Trigger를 선택할 수 있습니다. 테스트 캐릭터의 움직임에 사용할 조건으로 활용하기 위해서 float을 선택(❶)하고 매개변수 이름은 moveLR로 입력(❷)합니다.

그림 3-30: moveLR 매개변수 추가

점프에 활용할 매개변수를 추가합니다. Parameters의 [+] 버튼을 클릭해 Trigger를 선택하고 이름은 jump로 입력합니다.

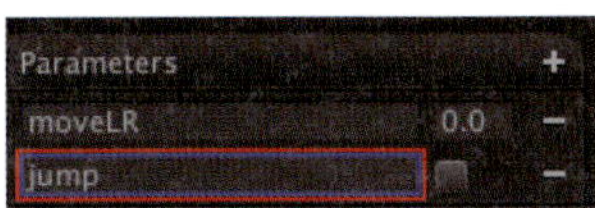

그림 3-31: moveLR 매개변수 추가

추가한 매개변수를 활용해 상태 전이에 조건으로 사용하는 방법을 알아보겠습니다. 먼저 Char_ProtoType_Idle 상태에서 Char_ProtoType_Run 상태로 전이되는 선을 선택(❶)합니다. 선택된 상태 전이 화살표 선은 파란색으로 나타납니다.

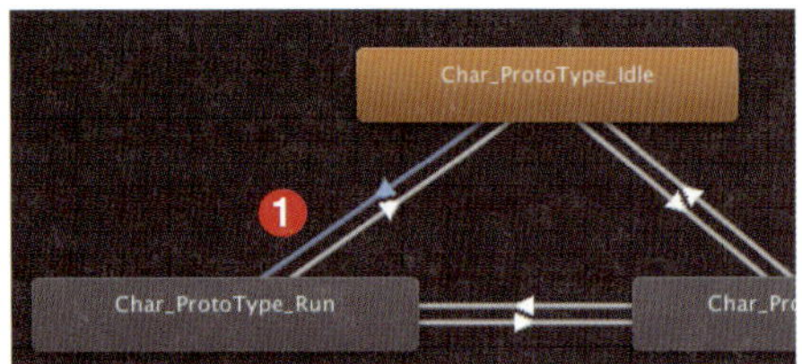

그림 3-32: 화살표 선 선택

화살표 선을 선택하면 인스펙터에 전이와 관련된 내용이 나타납니다. 그중 Conditions가 Exit Time으로 설정된 것을 확인할 수 있습니다.

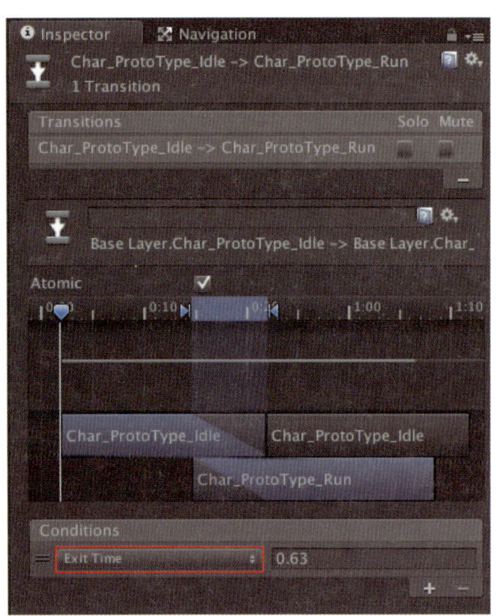

그림 3-33: 전이 조건 확인

테스트 캐릭터를 움직이기 위해서 Exit Time을 moveLR로 변경(❶)하고 조건을 Greater로 선택(❷)합니다. 그리고 값을 0.1로 입력(❸)합니다. 이는 moveLR에 0.1보다 큰 값이 입력될 때 Char_ProtoType_Idle 상태에서 Char_ProtoType_Run 상태로 전이된다는 의미입니다.

그림 3-34: 움직임 전이 조건

전이의 조건을 설정하는 Conditions는 아래에 있는 [+] 버튼을 클릭해 다양한 조건을 추가할 수 있습니다. 이점을 숙지하고 다음 표를 참고해 나머지 Conditions도 모두 설정합니다.

전이	Conditions
Char_ProtoType_Run → Char_ProtoType_Idle	movrLR / Less / 0.1
Char_ProtoType_Run → Char_ProtoType_Jump	jump
Char_ProtoType_Jump → Char_ProtoType_Run	Exit Time / 0.53 moveLR / Greater / 0.1
Char_ProtoType_Idle → Char_ProtoType_Jump	jump
Char_ProtoType_Jump → Char_ProtoType_Idle	Exit Time / 0.53

표 3-5: 전이 조건 입력

애니메이션 컨트롤러 적용

TestCharController 애니메이션 컨트롤러에 상태와 전이를 모두 구성했으므로 테스트 캐릭터에 적용하겠습니다. 하이어라키에서 Char_Root 게임 오브젝트를 선택하면 Char_ProtoType_Idle 애니메이션 클립을 제작할 때 자동으로 추가된 Animator 컴포넌트를 확인할 수 있습니다.

Controller (❶)	게임 오브젝트에 사용할 애니메이션 컨트롤러를 선택합니다.
Avatar (❷)	메카님은 동일하거나 비슷하게 구성된 캐릭터의 뼈대(Bone)를 활용해 만들어놓은 애니메이션을 뼈대만 동일하면 사용할 수 있습니다. 이때 구성된 뼈대의 정보를 담은 것이 아바타입니다. 주로 인간형 캐릭터에 많이 사용합니다.
Apply Root Motion (❸)	애니메이션에 등록된 위치 변경값만큼 씬에서도 움직일 필요가 있을 때 체크합니다. 주로 걷거나 뛰는 등 위치 이동이 있는 애니메이션을 제작할 때 사용합니다. 정확히 값이 반영되므로 사실적인 움직임을 구현할 수 있습니다.
Animate Physics (❹)	물리적인 계산이 필요할 때 사용합니다.
Culling Mode (❺)	카메라에서 보이는 곳에서만 애니메이션을 재생할지 아니면 카메라가 어디에 있든 애니메이션을 재생할지 설정합니다.

표 3-6: Animator 컴포넌트 설명

Char_Root 게임 오브젝트를 선택하고 다음 표를 참조해 Animator 컴포넌트를 설정합니다.

속성	값
Controller	TestCharController 애니메이션 컨트롤러를 끌어다 놓음(❶)
Applay Root Motion	체크 해제(❷)
Animate Physics	체크(❸)
Culling Mode	Always Animate(❹)

표 3-7: Animator 컴포넌트 설정

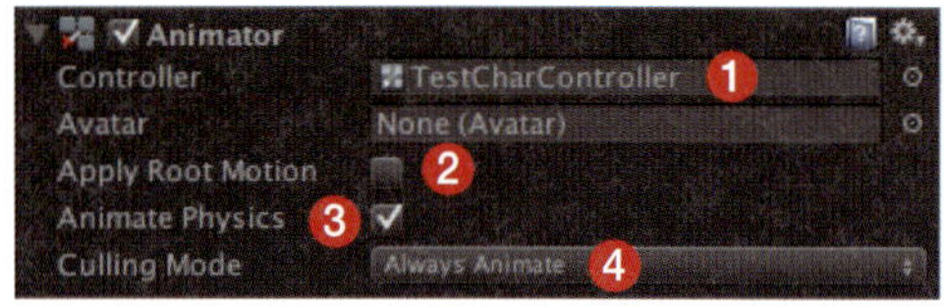

그림 3-35: Animator 컴포넌트 설정

모든 상태와 전이를 구성했으면 플레이 버튼을 클릭해 확인합니다. Char_Root 게임 오브젝트에 추가된 TestCharController 애니메이션 컨트롤러가 Char_ProtoType_Idle 애니메이션을 반복해서 재생하는 모습과 함께 애니메이터 뷰의 Char_ProtoType_Idle 상태에 변화량이 푸른색으로 나타나는 모습을 확인(❶)할 수 있습니다.

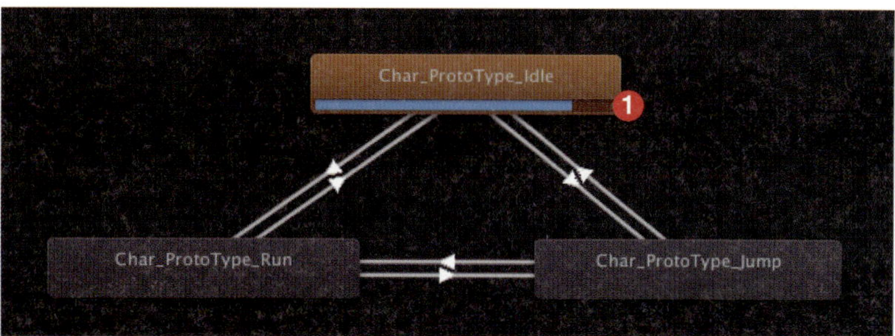

그림 3-36: Animator 컴포넌트 확인

캐릭터 제어 스크립트 작성

메카님을 활용해 테스트 캐릭터를 제어할 수 있는 스크립트를 작성하기 위해서 프로젝트 브라우저에 Scripts 폴더를 생성하고 TestCharMove라는 이름의 C# Script를 생성합니다.

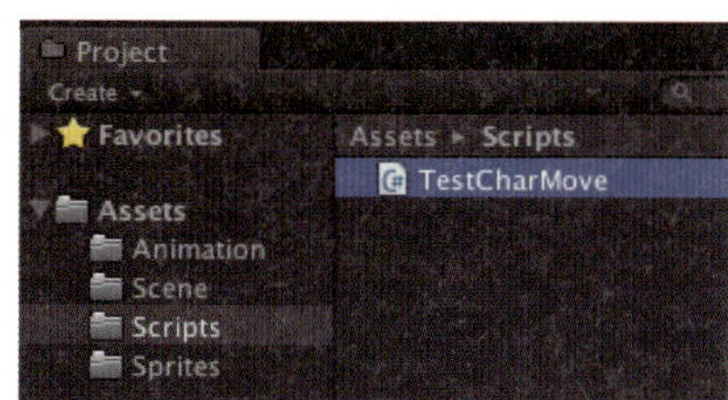

그림 3-37: 새로운 스크립트 생성

테스트 캐릭터는 좌우 방향으로 이동하라는 키보드 명령을 입력받으면 상태 전이가 일어나 Char_ProtoType_Run 애니메이션이 재생되며 캐릭터가 좌우로 이동하게 됩니다. 마찬가지로 점프하라는 키보드 입력을 받으면 상태 전이가 일어나 Char_ProtoType_Jump 애니메이션이 재생되며 위로 움직이게 됩니다. 이러한 움직임을 제어하기 위해서 먼저 멤버 필드를 등록해야 합니다.

예제 3-1: TestCharMove.cs

```
using UnityEngine;
using System.Collections;

public class TestCharMove : MonoBehaviour {
    // Animator 컴포넌트에 명령을 전달할 때 사용.
```

```
    Animator animator;
    // 키보드에 의한 좌우 움직임 크기를 저장.
    float horizontalAmount;
    // 좌우 움직임 속도를 제어할 때 사용.
    Vector2 horizontalSpeed;

    // 캐릭터의 방향이 오른쪽인지 식별.
    [HideInInspector]
    public bool facingRight = true;
    // 캐릭터의 점프 조건.
    [HideInInspector]
    public bool jump = false;

    // 최대 속도와 이동 및 점프에 가해질 힘을 정의하는데 사용.
    public float maxSpeed = 5.0f;
    public float moveForce = 365f;
    public float jumpForce = 300f;

    // 캐릭터가 바닥에 닿았다는 것을 판단하기 위해
    // Linecast를 활용하여 체크할 때
    // Linecast가 도달하는 Position값을 가지는 Transform
    public Transform groundCheck;
    // 캐릭터가 Ground 레이어 오브젝트 위에 있는지 식별.
    private bool grounded = false;
--(후략)--
```

캐릭터 제어 스크립트에서는 움직임을 제어하는 동시에 애니메이션을 제어해야 하므로 OnEnable 메서드를 추가해 animator 멤버 필드에 Animator 컴포넌트를 할당합니다.

예제 3-2: TestCharMove.cs

```
--(전략)--
    void OnEnable ()
    {
        // Animator 컴포넌트 할당.
        animator = GetComponent<Animator>();
    }
--(후략)--
```

MonoBehavior 클래스에서는 gameObject와 transform 멤버 필드를 이용해 게임 오브젝트와 Transform 컴포넌트에 접근할 수 있기 때문에 코드를 간략하게 하고자 animator를 할당할 때 GameObject.GetComponent라고 하지 않고 앞의 코드(Game Object)를 제거하고 GetComponent만 바로 활용했습니다. 의미상으로 GameObject.GetComponent와 동일합니다.

테스트 캐릭터는 한쪽 방향을 바라보며 좌우로 움직일 수 있으므로 캐릭터를 좌우로 반전 시키는 Flip 메서드를 추가합니다.

예제 3-3: TestCharMove.cs

```
--(전략)--
    void Flip ()
    {
        // 캐릭터를 좌우 반전했을 때 캐릭터가 어느쪽 방향을 바라보고 있는지 저장.
        facingRight = !facingRight;

        // 캐릭터를 뒤짚는다.
        Vector3 theScale = transform.localScale;
        theScale.x *= -1;
        transform.localScale = theScale;
    }
--(후략)--
```

테스트 캐릭터가 바라보고 있는 방향을 기억하는 bool 타입의 멤버 필드 facingRight에 ! 연산자를 활용해 좌우 반전을 진행할 때마다 이전 값과 반대되는 값이 저장되게 합니다. 그리고 캐릭터의 방향을 반전시키기 위해 상대 좌표를 이용하는 Transform.localScale을 임시로 저장하고 좌우 방향에 관여하는 x 값에 −1을 곱한 후 다시 Transform.localScale에 저장합니다. 이는 Vector3 타입으로 저장되는 Transform의 Position, Rotation, Scale은 Transform.Position.x 형태로 직접 x, y, z의 값을 편집할 수 없기 때문입니다.

용어설명

! 연산자

bool 타입으로 반환되는 값 앞에 적용하면 적용된 값의 반대되는 결과를 반환합니다. 예를들어 !true는 false가 반환되고 !false는 true가 반환됩니다. if문의 조건에 사용하기도 합니다.

용어설명

상대 좌표

유니티의 좌표계는 크게 2개로 나뉩니다. 첫째는 씬을 중심으로하는 월드 좌표계로 0, 0, 0을 기준으로 하므로 절대 좌표로 인식됩니다. 둘째는 부모 게임 오브젝트를 중심으로하는 로컬 좌표계로 기준이 부모 게임 오브젝트이므로 상대 좌표로 인식됩니다.

상대 좌표를 처리할 때는 Transform 컴포넌트의 Position, Rotation, Scale 앞에 local 접두사를 붙여서 구분합니다.

예) localPosition

일정 시간마다 반복되는 fixedUpdate 메서드를 추가하고 키보드 명령을 입력받아 테스트 캐릭터를 이동시킵니다.

예제 3-4: TestCharMove.cs

```
--(전략)--
    void FixedUpdate ()
    {
        horizontalAmount = Input.GetAxis("Horizontal");
        // 애니메이터 컴포넌트에 매개변수인 moveLR에 키보드 입력값의 크기를 전달해
        // 상태 전이가 발생하게 한다.
        animator.SetFloat("moveLR", Mathf.Abs(horizontalAmount));

        if(horizontalAmount * rigidbody2D.velocity.x < maxSpeed)
        {
            // 좌우로 움직인다.
            rigidbody2D.AddForce(Vector2.right * horizontalAmount * moveForce);
        }

        // 최고 속도보다 빨라지면 최고 속도로 속도를 늦춘다.
        if(Mathf.Abs(rigidbody2D.velocity.x) > maxSpeed)
        {
            rigidbody2D.velocity =
                new Vector2(Mathf.Sign(rigidbody2D.velocity.x) * maxSpeed,
                            rigidbody2D.velocity.y);
        }

        // 오른쪽 방향으로 움직이게 입력했을 때 캐릭터가 왼쪽 방향이면 캐릭터를 뒤집는다.
        if(horizontalAmount > 0 && !facingRight)
        {
```

```
            Flip();
        }
        // 반대의 경우도 뒤집는다.
        else if(horizontalAmount < 0 && facingRight)
        {
            Flip();
        }

        // 점프가 발생하면 캐릭터를 위로 움직인다.
        if(jump)
        {
            // 애니메이터에 트리거 발생.
            animator.SetTrigger("jump");

            rigidbody2D.AddForce(new Vector2(0f, jumpForce));

            jump = false;
        }

        // 키보드 입력이 없다면 캐릭터를 멈추도록 한다.
        if( horizontalAmount == 0 )
        {
            horizontalSpeed = rigidbody2D.velocity;
            horizontalSpeed.x = 0;
            rigidbody2D.velocity = horizontalSpeed;
        }
    }
--(후략)--
```

FixedUpdate 메서드는 일정 시간마다 반복해서 호출되는 특징이 있으며 물리적인 계산이 필요할 때 자주 사용됩니다.

RigidBody2D.AddForce는 힘이 가해지는 방향과 크기가 저장된 Vector2 타입 매개변수를 이용해 해당 방향으로 힘을 가해서 게임 오브젝트가 물리적인 계산을 통해서 움직이게 합니다.

RigidBody2D.velocity는 가해진 힘에 의해서 현재 어느 방향으로 얼마나 빠르게 움직이는지 나타냅니다. 이를 활용해서 우리가 원하는 이동속도 이상으로 테스트 캐릭터가 이동하려고 할 때 최대 속도를 넘지 못하게 했습니다.

용어설명

RigidBody2D

RigidBody2D 컴포넌트는 유니티 4.3버전부터 새롭게 추가돼 2D 전용 물리 계산을 담당합니다. 2D에 해당하는 값을 처리하는 특징을 제외하고 RigidBody 컴포넌트의 멤버 필드와 메서드가 동일해 활용에 큰 차이가 없습니다.

점프할 때 테스트 캐릭터가 지면에 위치하고 있는지 판단하기 위해서 주 메뉴의 [Edit] → [Project Settings] → [Tags and Layer]를 실행해 Ground 레이어를 추가(❶)합니다. Ground 레이어의 인덱스가 8이라는 것을 기억(❷)합니다.

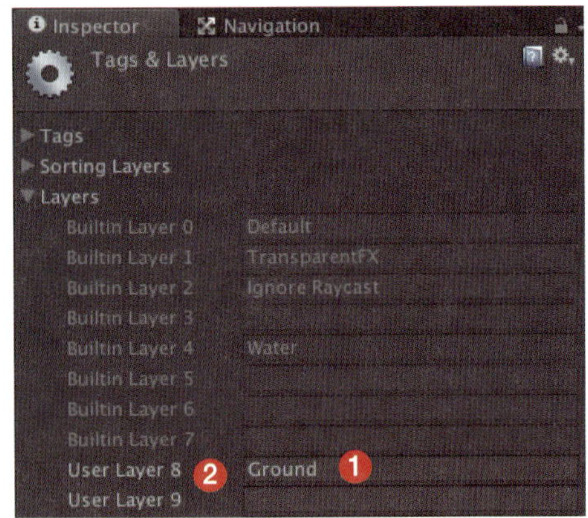

그림 3-38: Ground 레이어 추가

점프는 bool 타입의 jump 멤버 필드가 true일 때 FixedUpdate 메서드에서 위쪽으로 힘을 가해서 뛰어오릅니다. jump 멤버 필드를 true로 변경시켜줄 Update 메서드를 편집합니다.

예제 3-5: TestCharMove.cs

```
--(전략)--
    void Update()
    {
        // Ground 레이어의 어떤 오브젝트라도 Linecast에 hit된다면 true
        grounded =
            Physics2D.Linecast(transform.position,
                               groundCheck.position,
                               1 << LayerMask.NameToLayer("Ground"));

        // Jump버튼을 눌렀을 때 캐릭터가 grounded라면 점프로 식별.
```

```
        if(Input.GetButtonDown("Jump") && grounded)
        {
            jump = true;
        }
    }
--(후략)--
```

Ground 레이어가 지정된 게임 오브젝트와 충돌이 발생했는지 grounded 멤버 필드에 저장합니다. 이때 활용하는 Physics2D.Linecast는 다음 그림과 같이 절대 좌표의 두 점인 PositionA와 PositionB를 잇는 선과 접하는 모든 게임 오브젝트 중 지정한 레이어를 게임 오브젝트에 설정한 게임 오브젝트가 있는지 비교하여 하나라도 있다면 true를 반환합니다. 예를 들어 그림 3-39와 같이 찾고자 하는 레이어 번호가 1이라면 숫자 1을 1자리만큼 왼쪽으로 시프트 연산한 비트 표현인 0010으로 Physics2D.Linecast와 접하는 게임 오브젝트를 비교합니다. Ground 게임 오브젝트가 비트 표현 상 2번째 자리에 1의 값을 가지므로 true를 반환하게 됩니다. 이렇게 비트 표현으로 값을 비교하는 것이 비트마스크(bitmask)입니다.

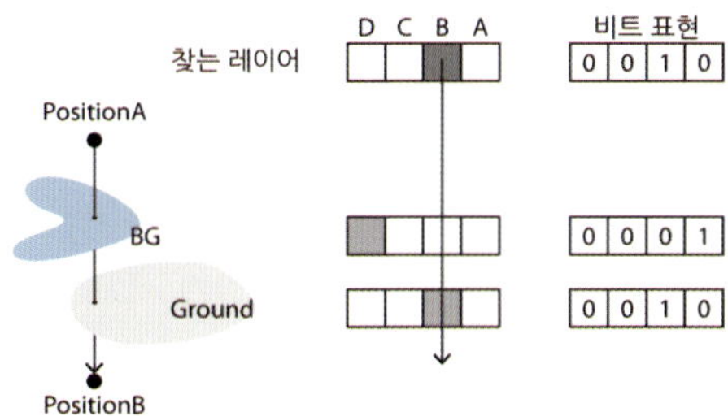

그림 3-39: Linecast 원리 설명

용어설명

비트마스크

모든 숫자를 0과 1로 표현하는 2진수(비트) 표현을 활용해 원하는 위치에 값을 변경하거나 확인하는 연산이 비트마스크입니다. 예를 들어 숫자 3을 4bit로 표현하면 0011이 됩니다. 이때 마지막 자리의 숫자가 0인지 1인지 판단하기 위해서는 3 & 1 연산을 활용합니다.

	0	0	1	1	숫자 3
&(AND)	0	0	0	1	숫자 1
결과	0	0	0	1	

Physics2D.Linecast 결과를 저장한 grouned 멤버 필드가 true인 경우 점프 키보드 입력이 발생하면 jump 멤버 필드를 true로 전환합니다.

용어설명

시프트 연산자

데이터를 비트(bit) 단위로 이동시켜 값을 증감시키는 연산자입니다. 비트는 2진수의 형태를 가지고 있기 때문에 이동 방향에 따라 2배씩 증감됩니다. 시프트 연산은 다음과 같은 형식으로 표현합니다.

왼쪽 시프트 연산 시 : 데이터 〈〈 이동할 비트수

오른쪽 시프트 연산 시 :데이터 〉〉이동할 비트수

예) 1 〈〈 3

1의 4자리 비트 표현 = 0001

3자리만큼 왼쪽으로 비트 이동 = 1000

3자리 비트 이동된 값의 정수 표현 = 8

캐릭터 제어 스크립트 적용

작성을 완료한 캐릭터 제어 스크립트 TestCharMove를 적용하기 위해서 필요한 컴포넌트를 추가하고 게임 오브젝트를 배치해 구성을 마무리 하겠습니다. 우선 하이어라키에서 Char_Root 게임 오브젝트를 선택하고 주 메뉴의 [Component] → [Physics 2D] → [Rigidbody 2D]를 실행해 TestCharMove 스크립트에서 캐릭터 움직임을 제어할 때 사용한 Rigidbody2D 컴포넌트를 추가합니다. 추가된 Rigidbody2D 컴포넌트의 옵션 중에서 힘의 작용으로 회전할 수 없게 하기 위해서 Fixed Angle에 체크합니다.

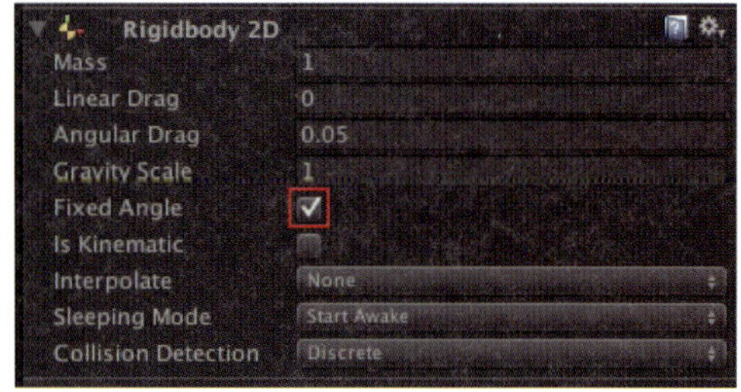

그림 3-40: Rigidbody2D 컴포넌트의 Fixed Angle 체크

테스트 캐릭터가 지면을 검출할 때 사용한 Physics2D.Linecast에 끝 지점을 할당하기 위해서 새로운 게임 오브젝트를 추가합니다. 빈 게임 오브젝트를 생성하고 구분을 위해서 이름을 Ground_Check로 변경(❶)한 후 Char_Root 게임 오브젝트의 자식으로 위치(❷)시킵니다. Ground_Check 게임 오브젝트의 Transfrom 컴포넌트 Position을 0, −0.9, 0으로 설정(❸)합니다.

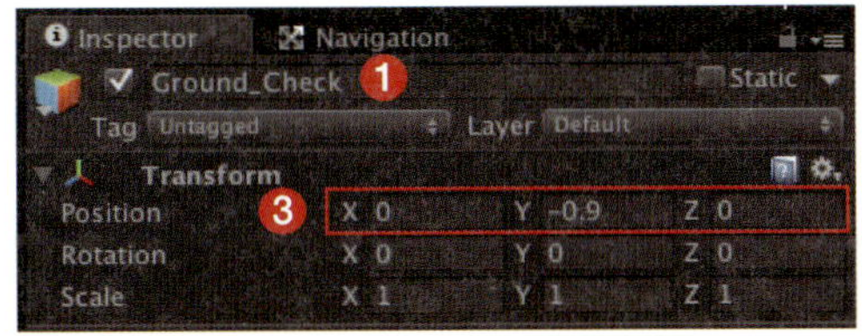

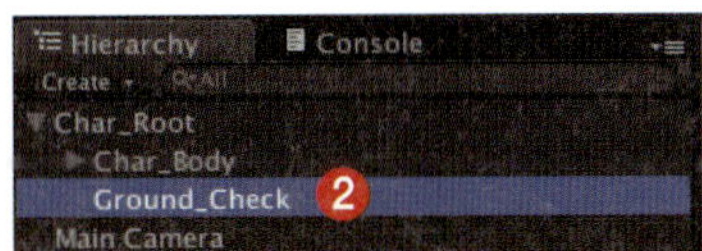

그림 3-41: Ground_Check 게임 오브젝트의 Position 설정

테스트 캐릭터와 Ground 레이어에 소속된 게임 오브젝트 사이의 충돌을 처리하기 위해 하이어라키에서 Char_Root 게임 오브젝트를 선택하고 주 메뉴의 [Component] → [Physics 2D] → [Box Collider 2D]를 실행해 2D 전용으로 충돌을 처리하는 박스 콜리더를 추가한 뒤 다음 표를 참조해 설정합니다.

속성	값
is Trigger	체크 해제
Size	1, 2
Center	0, 0.3

표 3-8: Box Collider 2D 컴포넌트 설정

하이어라키에서 Char_Root 게임 오브젝트를 선택하고 TestCharMove 스크립트를 추가합니다. TestCharMove 스크립트의 Ground Check에 Ground_Check 게임 오브젝트를 할당해 Physics2D.Linecast에서 활용할 수 있도록 합니다.

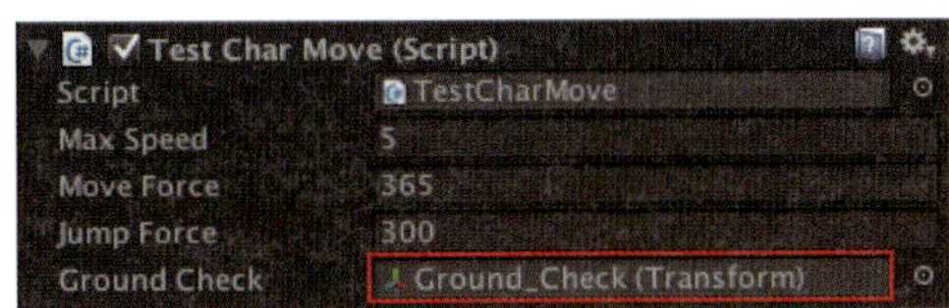

그림 3-42: TestCharMove 스크립트 적용

지면 추가

플레이 버튼을 클릭해 게임을 실행해보면 모두 정상적으로 동작하지만 Ground 레이어에 소속돼 지면으로 인식할 게임 오브젝트가 없기때문에 Char_Root 게임 오브젝트가 아래쪽으로 계속 이동해 화면에서 사라져버릴 것입니다. 이를 막기 위해서 지면을 추가합니다.

그림 3-43: 테스트 캐릭터

앞서 내려받은 첨부 파일에서 3-1/Sprites/로 이동해 지면으로 사용할 이미지(bridge.png)를 프로젝트 브라우저의 Sprites 폴더에 끌어다 놓습니다.

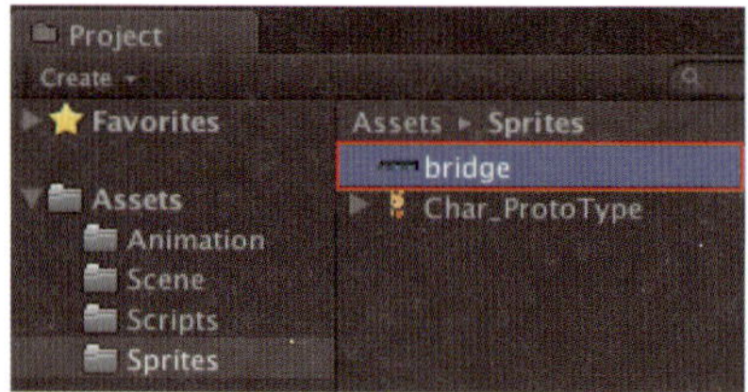

그림 3-44: 지면 이미지 추가

지면으로 사용하기 위해 추가한 bridge 이미지를 프로젝트 브라우저에서 선택하고 인스펙터의 Texture Type을 Sprite로 선택(❶)한 후 [Apply] 버튼을 클릭(❷)해 스프라이트로 변경합니다.

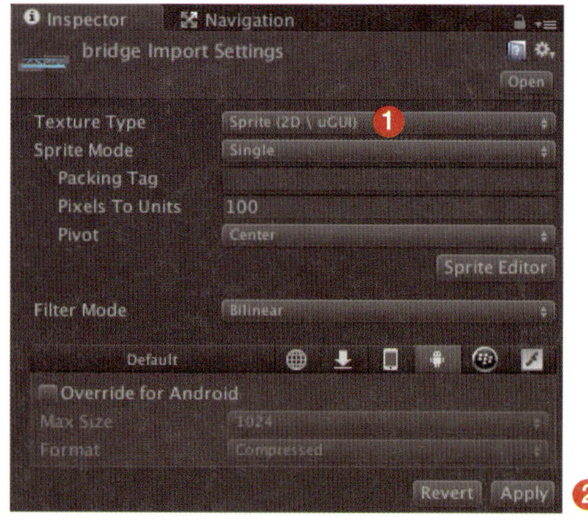

그림 3-45: bridge 스프라이트 Sprite Mode 변경

bridge 스프라이트를 씬에 배치해 지면으로 사용하겠습니다. 하이어라키에 bridge 스프라이트를 추가하고 Layer를 Ground로 변경(❶)합니다. 적당한 위치에 bridge 게임 오브젝트를 위치시키기 위해 Transform 컴포넌트의 Position을 0, −1.5, 0으로 설정(❷)하고 Scale은 3, 2, 1로 설정(❸)합니다.

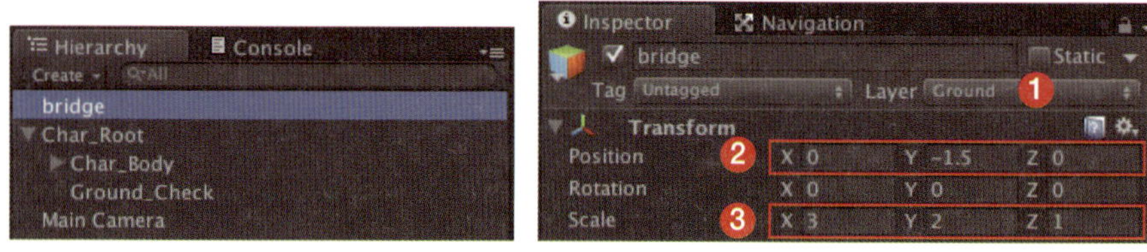

그림 3-46: bridge 게임 오브젝트의 Position 및 Scale 변경

Physics2D.Linecast를 이용해 충돌을 처리하기위해 bridge 게임 오브젝트를 선택하고 주 메뉴의 [Component] → [Physics 2D] → [Box Collider 2D]를 클릭해 박스 콜리더를 추가한 뒤 다음 표를 참조해 설정합니다. bridge 게임 오브젝트를 적당히 커버할 수 있게 합니다.

속성	값
is Trigger	체크 해제
Size	4, 1
Center	0, 0

표 3-9: Box Collider 2D 컴포넌트 설정

지면을 추가했으므로 게임을 실행해 테스트 캐릭터를 조작해봅니다. 키보드의 A, D 키를 이용해 좌우로 움직일 수 있고 스페이스 바를 누르면 테스트 캐릭터가 점프합니다.

그림 3-47: 작동 중인 테스트 캐릭터

디펜스 게임 프로토타입 제작

새총을 발사해서 적으로부터 농장을 지키는 디펜스 게임의 프로토타입을 제작하며 유니티 2D의 기능을 자세히 익혀봅니다.

준비 작업

디펜스 게임을 제작하기에 앞서 게임 구성에 사용할 리소스를 추가하고 화면 비율을 조정하는 준비 작업을 진행합니다.

패키지 추가

유니티에서 새로운 프로젝트를 생성하고 앞서 내려받은 첨부 파일의 3-2/에 있는 유니티 패키지(FarmDefence_begineObjs.unitypackage)를 추가합니다. 유니티 패키지(unitypackage) 파일은 필요한 스프라이트나 프리팹 등을 유니티에서 사용할 수 있게 압축한 파일입니다.

그림 3-48: 유니티 패키지 파일

유니티 패키지 파일을 유니티에 추가하려면 주 메뉴의 [Assets] → [Import Package] → [Custom Package]를 클릭합니다.

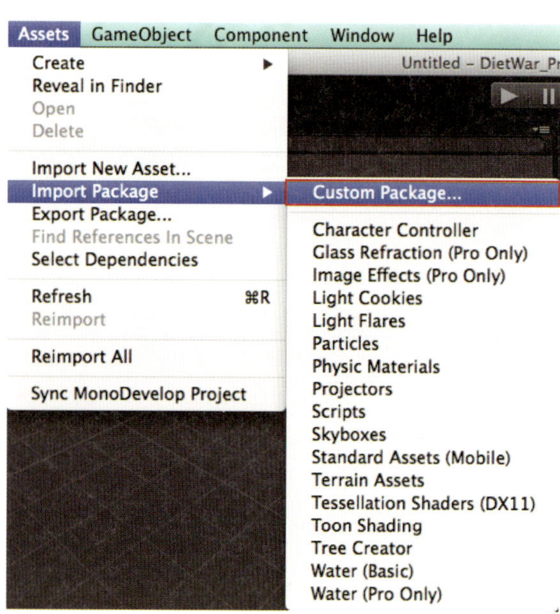

그림 3-49: 유니티 패키지 추가

내려받은 유니티 패키지 파일을 찾아서 [Open] 버튼을 클릭하면 유니티 패키지 파일에 포함된 에셋이 모두 선택된 상태로 나타납니다.

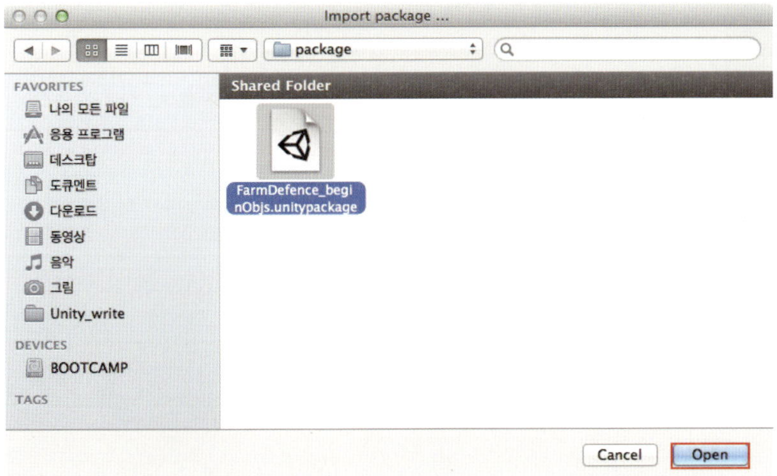

그림 3-50: Import package

[Import] 버튼을 클릭하면 에셋을 추가하는 과정이 진행됩니다.

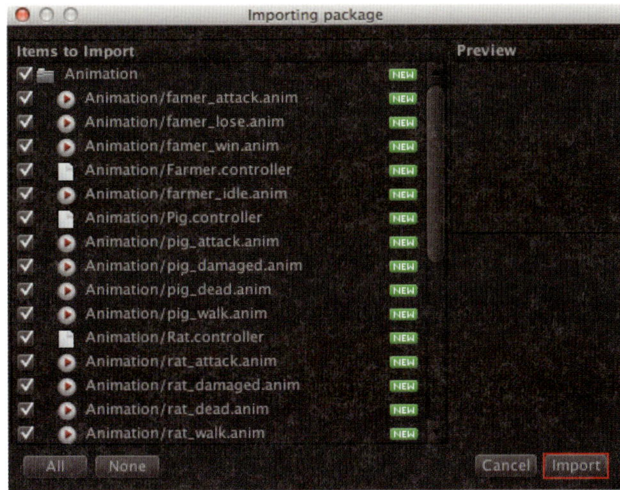

그림 3-51: 패키지에 포함된 에셋

추가가 모두 끝나면 프로젝트 브라우저에서 추가된 에셋을 확인할 수 있습니다.

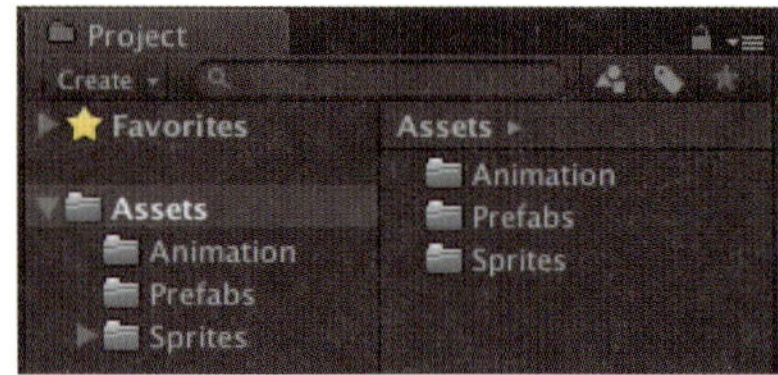

그림 3-52: 추가된 에셋

유니티 패키지 파일을 사용하는 과정은 파일을 선택하는 것을 제외하고는 에셋 스토어에서 NGUI를 추가했던 작업과 동일합니다.

화면 비율 설정

디펜스 게임을 실행할 환경은 스마트폰같은 모바일 환경이므로 화면 비율을 변경하겠습니다. 게임 뷰의 왼쪽 상단에 위치한 화면 비율(Aspect ratio)을 선택할 수 있는 Aspect 드롭다운 메뉴를 클릭합니다.

그림 3-53: Aspect 드롭다운 메뉴 선택

드롭다운 메뉴에서 원하는 화면 비율을 선택합니다. 디펜스 게임에서는 가로로 긴 3:2 비율을 선택했습니다. 화면 비율을 선택하면 게임 뷰의 크기가 변경되어도 유니티가 게임 화면 비율을 동일하게 유지시켜줍니다.

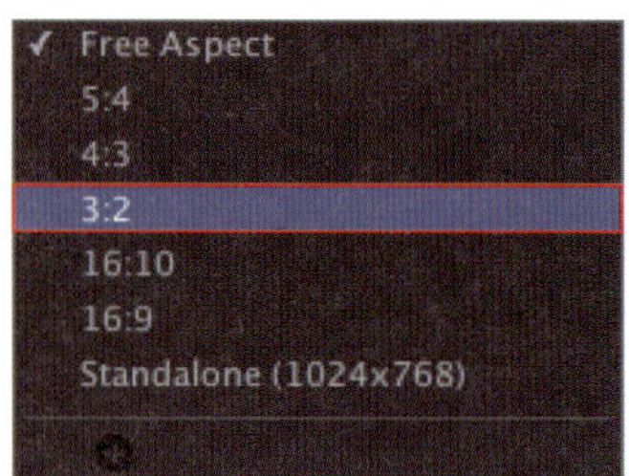

그림 3-54: 화면 비율 선택

게임 구성

디펜스 게임에 사용할 기본적인 배경과 캐릭터를 배치해 게임을 구성합니다.

배경 구성

먼저 새로운 씬을 생성한 후 프로젝트 브라우저의 Assets 폴더 아래에 Scene 폴더를 만들고 PlayScene이라는 이름으로 씬을 저장합니다. 프로젝트 브라우저의 Sprites – BG_objects 폴더에서 Grass 스프라이트를 선택한 뒤 선택한 Grass 스프라이트를 드래그해 하이어라키에 추가합니다. 하이어라키에 추가된 Grass 게임 오브젝트를 선택한 후 Transform 컴포넌트의 Position을 0, 0, 200로 설정(❶)하고 Scale을 1.2, 1.2, 1로 입력(❷)합니다.

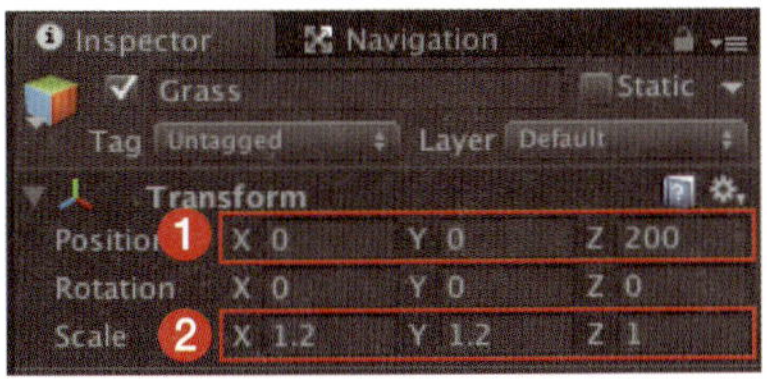

그림 3-55: Grass 게임 오브젝트

Grass 게임 오브젝트 Position을 Z축 방향으로 크게 입력한 이유는 제작중인 게임이 2D이기 때문입니다. 그림 3-56의 오른쪽과 같이 2D게임에서는 앞뒤로 거리가 떨어져도 좌측과 같이 실제 게임 화면에서는 앞뒤 거리가 느껴지지 않습니다. 그래서 게임 제작 시 게임 오브젝트를 배경, 캐릭터 등으로 분류해 Z축 방향으로 넓게 배치하면 게임 오브젝트를 쉽게 선택하고 구분할 수 있습니다.

그림 3-56: 2D 게임 화면과 게임 오브젝트의 Z축 거리 차이

이와 함께 사용하면 더 편리한 기능으로는 서로 다른 스프라이트의 겹쳐지는 순서를 지정해 절대적으로 전후 관계를 나누는 Sorting Layer입니다. 카메라에 스프라이트가 표현될 때 NGUI의 Depth처럼 절대적으로 전후 관계가 형성돼 관리하기가 좋습니다.

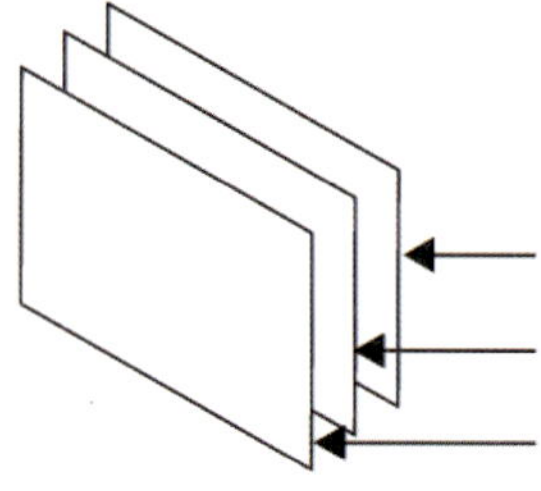

그림 3-57: Sorting Layer 개념

Sorting Layer를 등록하기 위해서 주 메뉴의 [Edit] → [Project Settings] → [Tags and Layers]를 클릭합니다. 인스펙터에서 Sorting Layers에 있는 [+] 버튼(❶)을 클릭하고 BackGround로 레이어 명을 입력(❷)합니다. BackGround 앞에 사용자 캐릭터와 적 캐릭터가 위치할 Characters(❸)와 효과 등이 위치할 ForeGround(❹)도 함께 추가합니다.

그림 3-58: Sorting Layer 추가

Sorting Layer의 정렬 순서를 바꾸고 싶다면 레이어 순서 앞의 [=](❺)를 끌어다 놓으면 됩니다.

추가한 Sorting Layer를 적용하겠습니다. 하이어라키에서 배경으로 사용되는 Grass 게임 오브젝트를 선택하고 Sprite Renderer 컴포넌트의 Sorting Layer를 앞서 추가한 BackGround로 변경합니다.

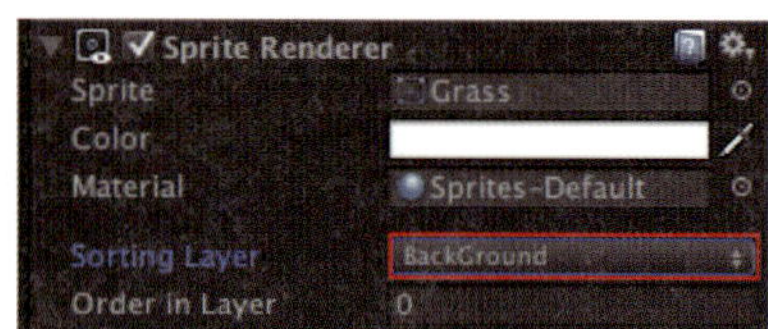

그림 3-59: Sorting Layer 적용

나머지 배경을 구성하기 위해서 다음 표를 참조해 프로젝트 브라우저에서 Sprites – BG_object 폴더의 스프라이트를 하이어라키에 추가하고 편집합니다.

스프라이트 이름	게임 오브젝트 이름	Transform Position	Transform Scale	Sprite Renderer Sorting Layer
Windmill	Windmill	–6.1, 3.5, 199	0.3, 0.3, 1	BackGround
Fence	Fence01	–4.1, 3.63, 198	0.3, 0.3, 1	BackGround
Fence	Fence02	–4.1, 1.2, 198	0.3, 0.3, 1	BackGround
Fence	Fence03	–4.1, –1.2, 198	0.3, 0.3, 1	BackGround
Fence	Fence04	–4.1, –3.63, 198	0.3, 0.3, 1	BackGround

표 3-10: 배경 스프라이트 추가

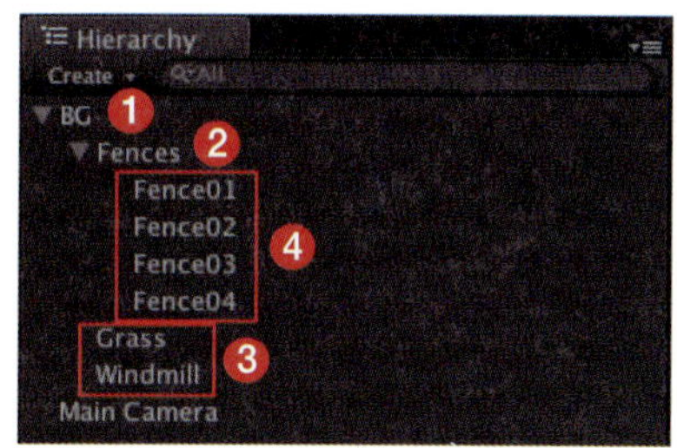

그림 3-60: 배경 게임 오브젝트 정리

배경에 사용할 모든 스프라이트를 하이어라키에 추가했으면 이후 특별히 사용할 일이 없으므로 빈 게임 오브젝트를 만들어서 정리할 필요가 있습니다. 주 메뉴의 [GameObject] → [Create Empty]를 클릭해 빈 게임 오브젝트를 만들고 이름을 BG로 입력(❶)합니다. Fence 스프라이트는 네 개나 사용했으므로 빈 게임 오브젝트를 하나 더 만들고 이름을 Fences로 입력해 BG 게임 오브젝트의 자식으로 등록(❷)합니다. Windmill과 Grass 스프라이트를 BG 게임 오브젝트의 자식으로 등록(❸)하고 Fence01~04를 모두 Fences 게임 오브젝트의 자식으로 등록(❹)해 정리를 마무리합니다.

게임 뷰에서 배경이 구성된 모습을 확인할 수 있습니다

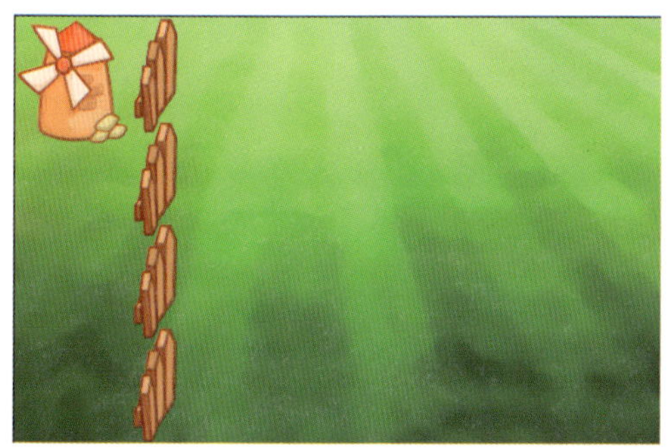

그림 3-61: 완성된 배경 확인

캐릭터 추가

배경으로 사용할 스프라이트의 추가를 완료했으면 농부 캐릭터를 추가하겠습니다. 프로젝트 브라우저의 Prefabs 폴더에 있는 Farmer 게임 오브젝트를 하이어라키에 끌어다 놓습니다. Farmer 게임 오브젝트의 Transform 컴포넌트 Position을 -6, -1, 0으로 설정해 배경으로 사용된 Fence 왼쪽에 위치시킵니다.

그림 3-62: Farmer 게임 오브젝트

Farmer 게임 오브젝트를 추가하고 씬 뷰나 게임 뷰를 확인해보면 앞서 제작한 배경 외에 어떤 이미지도 나타나지 않을 것입니다. 이는 Farmer 게임 오브젝트에 포함된 스프라이트의 Sorting Layer 설정이 BG 뒤에 있는 Default이기 때문에 배경에 사용된 BackGround보다 뒤쪽에 나타나서 생기는 문제입니다. 이러한 문제를 해결하기 위해 Farmer 게임 오브젝트의 자식 오브젝트 중 스프라이트가 사용 중인 Farmer_Body, Farmer_Arm_Left, Farmer_Arm_Right, Farmer_Head, Farmer_Hat, Farmer_Leg_Left, Farmer_Leg_Right, Shadow를 선택한 후 Sorting Layer를 Characters로 변경합니다.

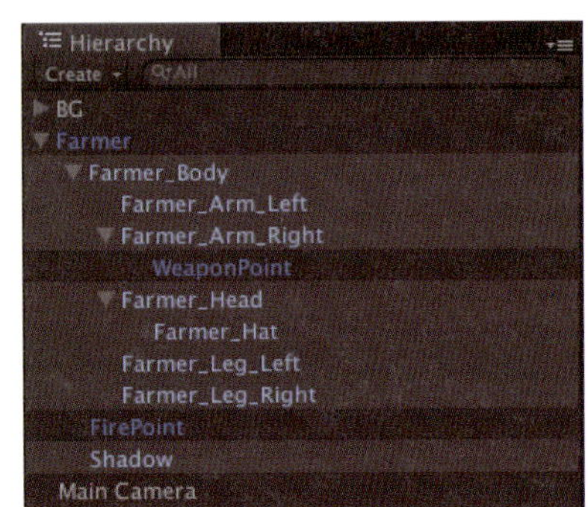

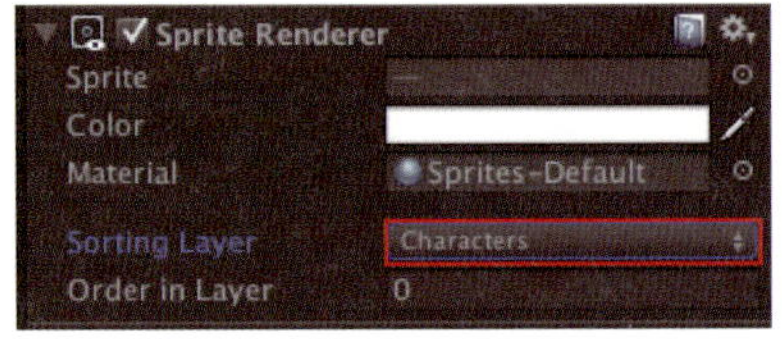

그림 3-63: Sorting Layer 변경

새총 발사

농부 캐릭터가 새총을 발사할 수 있게 사용자 입력을 활용하는 방법을 알아보겠습니다.

스크립트 추가

사용자 입력을 조절하기 위해서 새로운 스크립트를 추가하겠습니다. 프로젝트 브라우저에 새로운 폴더를 만들고 폴더명을 Scripts로 지정합니다. 생성된 Scripts 폴더에 새로운 C# 스크립트를 추가하고 이름을 FarmerTouchControl로 변경합니다.

멤버 필드 추가

농부 캐릭터가 새총을 발사하는 과정에서 가장 필요한 것은 발사 지점과 발사 방향입니다. 무엇을 넣고 발사할지 얼마 만큼의 힘으로 발사할지 여부는 부차적인 부분에 속합니다. 이러한 부분을 처리하기 위해서 멤버 필드를 추가합니다.

예제 3-6: FarmerTouchControl.cs

```
--(전략)--
    // 마우스 클릭으로 입력된 좌표를 공간 좌표로 변환하는데 사용.
    public Camera mainCamera;
    // 발사할 게임 오브젝트.
    public GameObject fireObj;
    // 새총을 발사할 지점.
    public Transform firePoint;
    // 새총을 발사할 방향.
    Vector3 fireDirection;
    // 발사 속도.
    public float fireSpeed = 3;

    // 발사 가능 여부 판단.
    bool enableAttack = true;
    // 마지막 사용자 입력 위치 저장.
    Vector3 lastInputPosition;

    // Vector3 계산에 사용.
    Vector3 tempVector3;
    // Vector2 계산에 사용.
    Vector2 tempVector2 = new Vector2();
```

```
    // 새총 발사에 사용되는 오브젝트 처리.
    GameObject tempObj;
--(후략)--
```

발사 방향 계산

사용자 입력은 여러 가지가 있지만 화면 상의 특정한 점을 나타낼 수 있는 입력으로는 터치 입력과 마우스 입력이 있습니다. 여기에서는 마우스로 입력 받아 발사 방향을 계산하겠습니다.

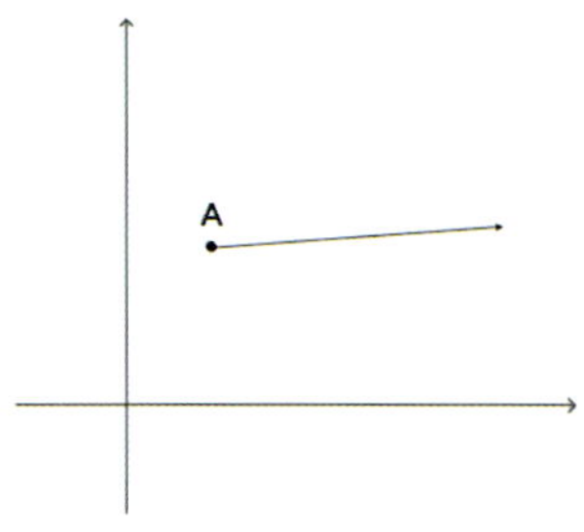

그림 3-64: 발사 위치와 발사 방향

앞에서 새총을 발사할 때 중요한 것이 발사 위치와 발사 방향이라고 했습니다. 그런데 우리가 얻을 수 있는 값은 발사 위치와 마우스로 입력한 위치뿐입니다. 다시 말해 두 개의 Position 값으로 발사 방향을 계산해야 합니다.

발사 방향을 계산하는 데 활용되는 것이 벡터(Vector)의 뺄셈입니다. 벡터의 뺄셈을 이용해 두 벡터 사이의 방향과 크기를 가진 벡터를 계산할 수 있습니다.

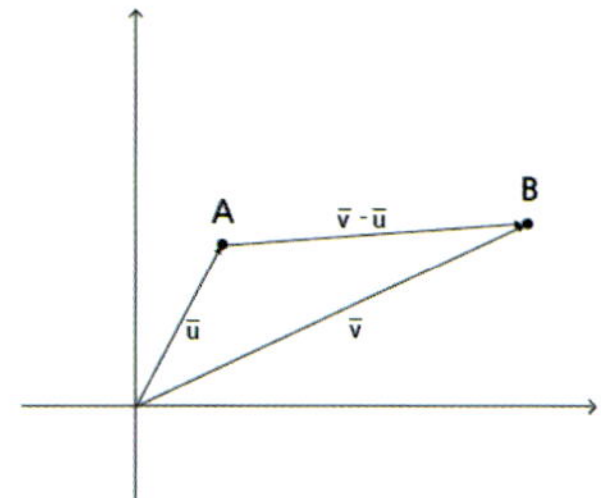

그림 3-65: 벡터의 뺄셈

용어설명

벡터(Vector)

벡터는 방향과 크기를 가진 표현 방법으로 주로 물리적인 개념을 설명할 때 사용합니다. 다시 말해 크기가 1인 벡터의 방향만을 담은 단위 벡터(Unit Vector)와 크기를 나타낼 수 있는 스칼라(Scala)를 곱한 형태로 벡터의 표현을 세분화 할 수 있습니다.

먼저 마우스 입력이 발생했을 때의 발사 위치와 마우스 입력 위치를 확인하겠습니다.

예제 3-7: FarmerTouchControl.cs

```
--(전략)--
    void Update()
    {
        // 마우스 왼쪽 버튼 입력이 발생했을 때.
        if( Input.GetMouseButtonDown(0) )
```

```
        {
            tempVector3 = Input.mousePosition;
        }
    }

    // 발사 위치와 마우스 입력 위치를 잇는 푸른색 선을 그린다.
    void OnDrawGizmos()
    {
        Gizmos.color = Color.blue;
        Gizmos.DrawLine( firePoint.position, tempVector3);
    }
--(후략)--
```

마우스 왼쪽 버튼을 클릭했을 때 tempVector3 멤버 필드에 마우스의 현재 위치를 저장하기 위해 Input.GetMouseButton()과 Input.mousePosition을 사용했습니다.

Input.GetMouseButtonDown()은 마우스 버튼을 나타내는 int 타입 매개변수를 이용해 어떤 마우스 버튼이 눌렸는지 bool 타입으로 반환합니다. 여기서 사용한 0은 마우스 왼쪽 버튼을 의미합니다.

Input.mousePosition을 이용해 반환되는 마우스의 현재 위치와 발사 위치는 게임 뷰에서는 보이지 않고 고 씬 뷰에서만 나타나는 Gizmos.DrawLine을 통해서 파란색 선으로 확인할 수 있습니다.

팁

마우스 클릭은 크게 두 가지 동작으로 구성됩니다. 버튼이 아래로 내려가는 Down과 위로 올라가는 Up입니다. 이런 입력을 제어하기 위해서 Input 클래스에는 GetMouseButtonDown, GetMouseButtonUp 메서드가 존재하며 상태에 상관없이 마우스 입력을 제어하기 위해 GetMouseButton 메서드도 있습니다.

하이어라키의 Farmer 게임 오브젝트에 스크립트를 추가하고 Main Camera에는 카메라 컴포넌트가 포함된 Main Camera 게임 오브젝트를 끌어다 놓습니다(❶). Fire Obj에는 프로젝트 브라우저의 Prefabs 폴더에서 ShotObject를 끌어다 놓고(❷) Fire Point에는 Farmer 게임 오브젝트의 자식인 FirePoint 게임 오브젝트를 끌어다 놓습니다(❸).

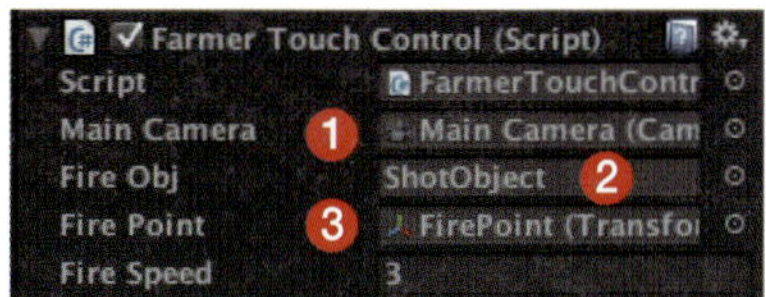

그림 3-66: Farmer Touch Control 스크립트 적용

게임을 실행한 후 씬 뷰를 확인해보면 마우스 입력 위치(❶)와 파란색 선의 위치가 어긋나는 것을 확인할 수 있습니다.

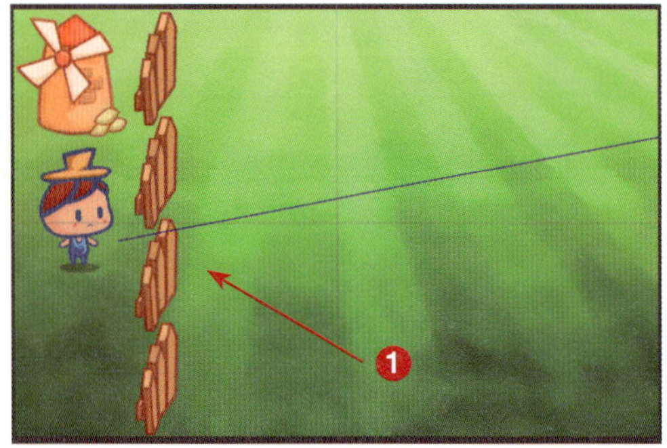

그림 3-67: 마우스 입력 위치 계산 결과

이렇게 큰 차이가 나타나는 이유는 Input.mousePosition은 좌측 하단을 원점(0,0)으로 하는 스크린(Screen) 좌표를 사용하기 때문입니다. 마우스 입력 위치인 스크린 좌표를 Camera.ScreenToWorldPoint를 활용해 월드 좌표(절대 좌표)로 변환해야만 올바른 위치를 얻을 수 있습니다.

예제 3-8: FarmerTouchControl.cs

```
--(전략)--
    void Update()
    {
        // 마우스 왼쪽 버튼 입력이 발생했을 때.
        if( Input.GetMouseButtonDown(0) )
        {
            // 마우스 입력 위치를 카메라가 바라보는 영역 안의 월드 좌표(절대 좌표)로 변환.
            tempVector3 = mainCamera.ScreenToWorldPoint(Input.mousePosition);
            tempVector3.z = 0;
        }
    }
--(후략)--
```

tempVector3.z를 0으로 입력해 월드 좌표 상의 마우스 입력 위치를 발사 위치의 z와 동일하게 했습니다. 이렇게하면 x, y값만 다르므로 정확한 발사 각도를 계산할 수 있게 됩니다. 마우스 입력 위치가 월드 좌표 상으로 터치한 지점과 동일하게 변경되므로 다시 게임을 실행해 씬 뷰를 확인하면 파란색 선이 올바르게 표현(❶)되는 모습을 볼 수 있습니다.

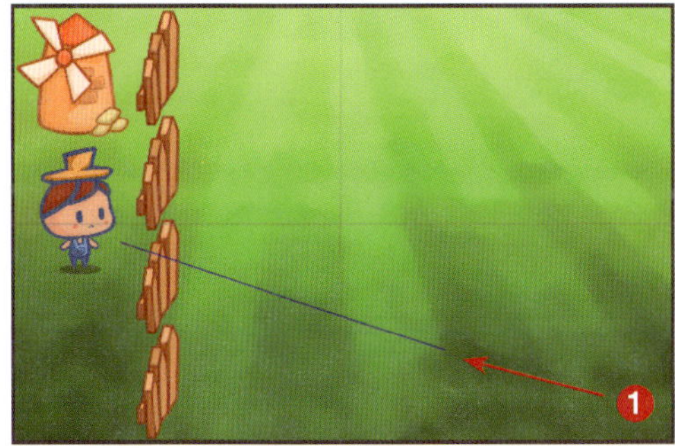

그림 3-68: 마우스의 입력 위치를 수정한 결과

새총 발사 확인

이제 발사 위치와 마우스 입력 위치를 이용해 정확한 발사 방향을 계산한 후 해당 방향으로 새총을 발사하겠습니다.

예제 3-9: FarmerTouchControl.cs

```
--(전략)--
    void Update()
    {
        // 마우스 왼쪽 버튼 입력이 발생했을 때.
        if( Input.GetMouseButtonDown(0) )
        {
            // 마우스 입력 위치를 카메라가 바라보는 영역 안의 월드 좌표(절대 좌표)로 변환.
            tempVector3 = mainCamera.ScreenToWorldPoint(Input.mousePosition);
            tempVector3.z = 0;
            // 벡터의 뺄셈 후 방향만 지닌 단위 벡터로 변경.
            fireDirection = tempVector3 - firePoint.position;
            fireDirection = fireDirection.normalized;
            // 발사.
            tempObj = Instantiate(fireObj, firePoint.position,
                            Quaternion.LookRotation(fireDirection)) as GameObject;
            // 발사한 오브젝트 속도 계산.
            tempVector2.Set(fireDirection.x, fireDirection.y);
            tempVector2 = tempVector2 * fireSpeed;
            // 속도 적용.
            tempObj.rigidbody2D.velocity = tempVector2;
        }
    }
--(후략)--
```

벡터의 뺄셈으로 방향과 크기를 계산해 fireDirection 멤버 필드에 할당합니다. 그리고 Vector3.normalized를 이용해 방향만 지닌 단위 벡터로 fireDirection을 변경합니다.

발사할 게임 오브젝트 생성에 사용한 Instantiate 메서드는 3개의 매개변수(생성될 게임 오브젝트, 생생될 위치, 지향 방향(쿼터니언))를 가집니다. 발사할 게임 오브젝트를 생성한 후 RigidBody2D.velocity에 계산된 속도(tempVector2 멤버 필드)를 적용해서 이동시킵니다.

팁

RigidBody2D 컴포넌트는 2D 게임에 필요없는 z 방향 연산을 제거한 물리 계산에 사용됩니다.

용어설명

쿼터니언(Quaternion)

복소수를 확장해 만든 새로운 수 체계로 실수부(스칼라부)와 허수부(벡터부)로 이뤄집니다. 이해가 어렵고 표기가 친숙치 않아 벡터에 밀려 비주류로 취급되다가 회전 표현이 간결하고 속도도 빨라 주목받으면서 컴퓨터 그래픽, 신호 처리, 자세 제어, 궤도 역학 등에 사용되고 있습니다.

게임을 실행한 후 화면을 클릭하면 새총이 발사되는 모습을 확인할 수 있습니다.

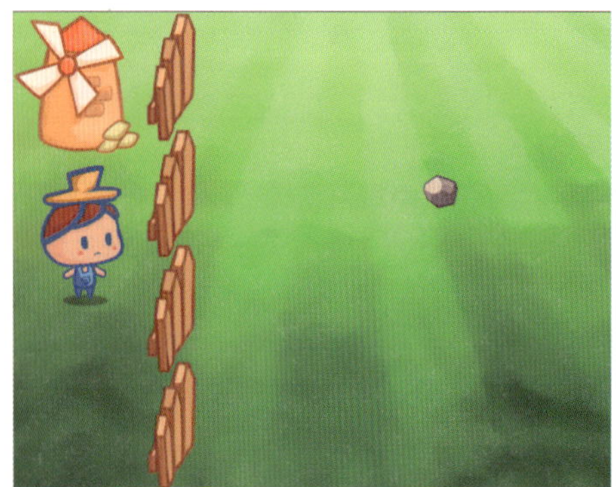

그림 3-69: 새총 발사

새총 발사 애니메이션 연결

마우스 클릭으로 새총이 발사되는 것까지 확인했으나 애니메이션의 변화 없이 무조건적으로 발사됩니다. 그리고 새총을 발사할 때마다 사용자 입력이 필요하므로 불편합니다. 애니메이션과 발사되는 과정을 연동해 마우스 버튼을 누르고 있거나 터치를 지속하면 애니메이션 재생과 함께 자동으로 새총이 발사되게 변경하겠습니다.

Fire 메서드를 추가해 새총 발사를 위해서 Update 메서드에 추가한 내용을 옮기고 매개변수를 이용해 마우스나 터치 입력 모두에서 사용할 수 있게 수정하겠습니다.

예제 3-10: FarmerTouchControl.cs

```
--(전략)—
    void Fire(Vector3 inputPosition)
    {
        // 입력 위치(inputPosition)를 카메라가 바라보는 영역 안의 월드 좌표(절대 좌표)로 변환.
        tempVector3 = mainCamera.ScreenToWorldPoint(inputPosition);
        tempVector3.z = 0;
        // 벡터의 뺄셈 후 방향만 지닌 단위 벡터로 변경.
        fireDirection = tempVector3 - firePoint.position;
        fireDirection = fireDirection.normalized;

        // 발사.
        tempObj = Instantiate(fireObj, firePoint.position,
                              Quaternion.LookRotation(fireDirection)) as GameObject;
        // 발사한 오브젝트 속도 계산.
        tempVector2.Set(fireDirection.x, fireDirection.y);
        tempVector2 = tempVector2 * fireSpeed;
        // 속도 적용.
        tempObj.rigidbody2D.velocity = tempVector2;
    }
--(후략)--
```

Fire 메서드의 매개변수 inputPosition을 Camera.ScreenToWorldPoint로 변환하도록 변경합니다. 이렇게 변경하면 이후에 터치 입력이 발생해도 매개변수로 터치된 위치만 전달하면 이후의 과정을 동일하게 사용할 수 있어서 편리합니다.

코드를 옮기게된 Update 메서드를 수정하고 농부 캐릭터가 애니메이션을 통해서 호출할 메서드를 추가합니다.

예제 3-11: FarmerTouchControl.cs

```
--(전략)--
    void Update()
    {
        // 마우스 왼쪽 버튼 입력이 발생했을 때.
        if( Input.GetMouseButton(0) )
        {
            // 마우스 입력 위치를 저장.
            lastInputPosition = Input.mousePosition;

            // 공격 가능 여부를 판단.
            if( enableAttack )
            {
                // 공격 애니메이션으로 전환.
                animator.SetTrigger("fire");
            }
        }
    }

    void FireTrigger()
    {
        // 발사 애니메이션이 진행되어 새총 발사를 하게 될 때 발사를 처리한다.
        Fire(lastInputPosition);
    }

    void FireEnd()
    {
        // 발사 애니메이션이 종료될 때, 공격 가능하도록 변경.
        enableAttack = true;
    }
--(후략)--
```

Down이나 Up 상태와 상관없이 마우스 입력이 발생하면 연결하는 Input.GetMouseButton을 활용해 마우스를 드래그 할 때에도 계속해서 마우스의 입력 위치를 lastInputPosition 멤버 필드에 저장합니다. 그리고 농부 캐릭터가 idle 애니메이션에서 attack 애니메이션으로 전환될 때의 조건이 Trigger이므로 Animator.SetTrigger를 통해서 새총을 발사하는 애니메이션을 재생합니다.

FireTrigger와 FireEnd 메서드는 애니메이션 이벤트를 통해 호출하려고 제작한 메서드로 발사를 처리하거나 애니메이션이 종료됐을 때 공격 상태를 초기화하는 목적으로 이용됩니다.

애니메이션 이벤트

FarmerTouchControl 스크립트에 추가한 FireTrigger와 FireEnd 메서드를 애니메이션 이벤트를 통해서 호출되게 하겠습니다. 먼저 하이어라키에서 Farmer 게임 오브젝트를 선택한 후 주 메뉴의 [Window] → [Animation]을 실행해 애니메이션 뷰를 켭니다.

애니메이션을 farmer_attack으로 선택(❶)한 후 타임라인을 1 프레임으로 이동하고 [Add Event] 버튼을 클릭(❷)해 애니메이션 이벤트를 추가합니다. 애니메이션 이벤트가 추가됐으면 2 프레임에도 애니메이션 이벤트를 추가합니다.

그림 3-70: 애니메이션 이벤트 추가

추가한 애니메이션 이벤트에 마우스를 가져가보면 No Function Selected라는 메시지가 나타납니다. 애니메이션 이벤트는 클래스에 추가된 메서드를 선택할 수 있는데 지금은 아무런 메서드도 선택하지 않았기 때문에 나타나는 메시지입니다.

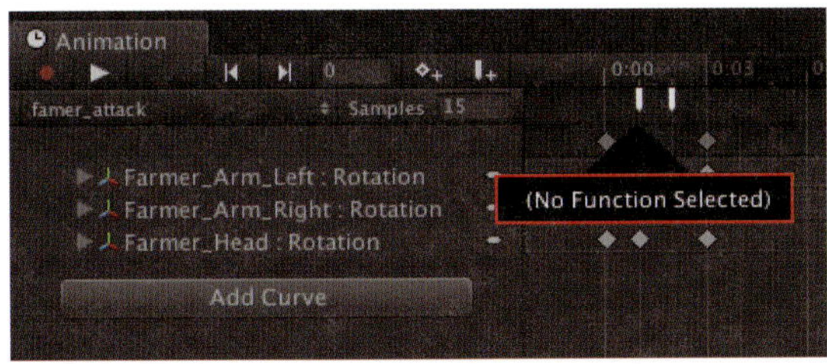

그림 3-71: 애니메이션 이벤트 편집

메서드와 애니메이션 이벤트를 연결해보겠습니다. 애니메이션 뷰에서 애니메이션 이벤트를 더블클릭하면 Edit Animation Event가 나타납니다. 1 프레임에 추가된 애니메이션 이벤트는 Function을 FireTrigger로 선택합니다. 이렇게 하면 애니메이션이 재생되다가 1 프레임에서 FireTrigger 메서드를 실행하게 됩니다. 같은 방법으로 2프레임에 추가된 애니메이션 이벤트의 Function은 FireEnd를 선택합니다.

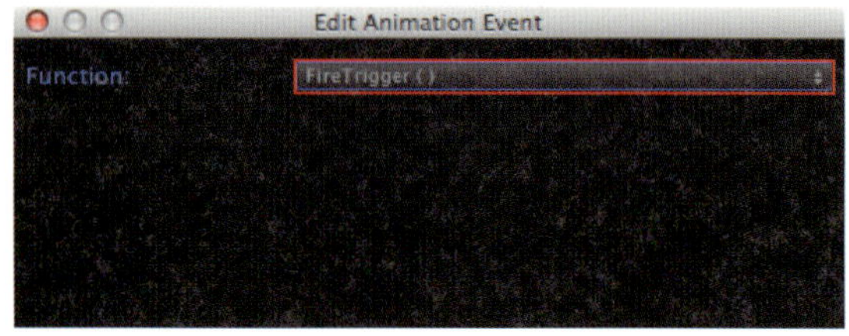

그림 3-72: 애니메이션 이벤트가 실행할 메서드 선택

애니메이션 이벤트에서 선택할 수 있는 메서드는 애니메이션이 추가되어 있는 게임 오브젝트에 포함된 스크립트에 한합니다.

게임을 실행하고 마우스를 누르고 있으면 새총이 마구 발사되는 모습을 확인할 수 있습니다.

그림 3-73: 새총 발사

적 캐릭터 제작

농장을 공격하는 적 캐릭터를 만들겠습니다.

멤버 필드 추가

프로젝트 브라우저의 Scripts 폴더에 이름이 Enemy인 새로운 C# 스크립트를 생성합니다. 생성한 스크립트에 적 캐릭터의 상태 처리와 공격 등을 위한 멤버 필드를 등록합니다.

예제 3-12: Enemy.cs

```
--(전략)--
public enum EnemyState
{
    none,
```

```
        move,
        attack,
        damaged,
        dead
    }

    public class Enemy : MonoBehaviour {
        // 적 상태.
        EnemyState currentState = EnemyState.none;
        // LineCast에 사용될 위치.
        public Transform frontPosition;
        protected RaycastHit2D isObstacle = false;
        // 이동 속도.
        public float moveSpeed = 1.0f;
        // 체력.
        protected float currentHP;
        protected float maxHP;
        // 공격 가능여부 저장.
        protected bool enableAttack = true;
        protected float attackPower = 10;

        protected float damagedPower;

        protected Animator animator;
    --(후략)--
```

적 캐릭터 적용

Enemy 스크립트를 적용할 적 캐릭터를 화면에 배치해 테스트하기 쉽게 설정하겠습니다. 프로젝트 브라우저의 Prefabs 폴더에서 Pig 게임 오브젝트를 선택해 하이어라키에 추가합니다. Farmer 게임 오브젝를 추가했을 때와 마찬가지로 화면에 나타나지 않을 것입니다.

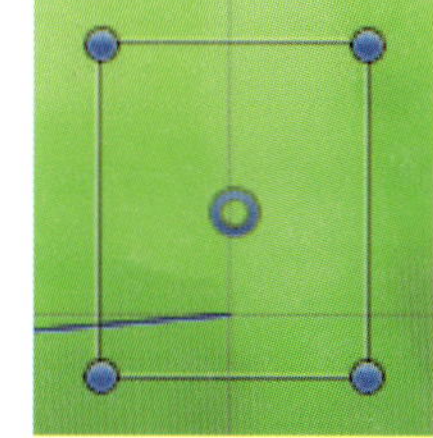

그림 3-74: Pig 게임 오브젝트

Pig 게임 오브젝트의 자식 게임 오브젝트 중 Pig_Body, Pig_Arm_Left, Pig_Arm_Right, Pig_Head, Pig_Leg_Left, Pig_Leg_Right, Shadow를 선택하고 Sprite Renderer 컴포넌트의 Sorting Layer를 Characters로 변경합니다.

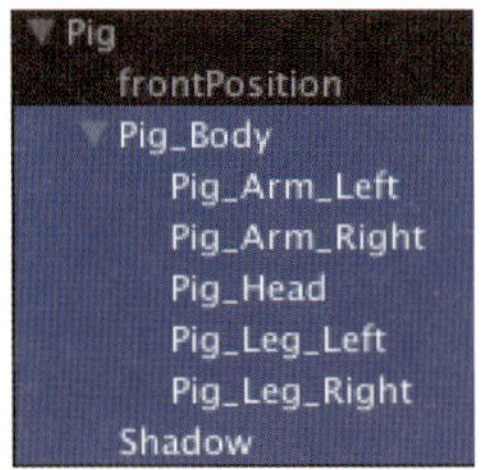

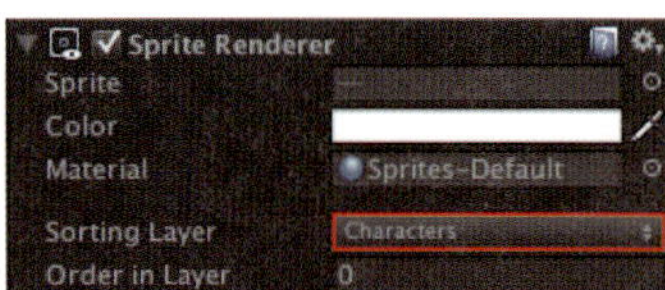

그림 3-75: Sorting Layer 변경

Pig 게임 오브젝트의 스프라이트가 화면에 나타나도록 Sorting Layer를 변경한 후 Pig 게임 오브젝트에 Enemy 스크립트를 추가합니다. Front Position에 자식 게임 오브젝트인 frontPosition을 끌어다 놓습니다.

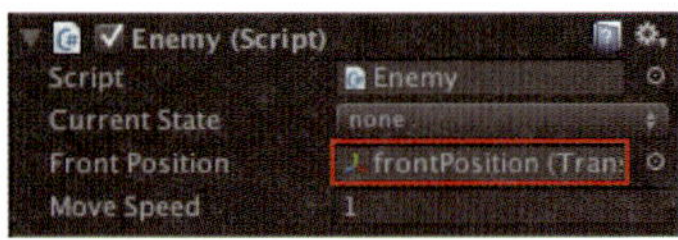

그림 3-76: Enemy 스크립트 추가

이동 처리

적(Enemy) 캐릭터는 화면 오른쪽에서 등장해 왼쪽으로 이동하게 하겠습니다.

예제 3-13: Enemy.cs

```
--(전략)--
    void FixedUpdate ()
    {
        rigidbody2D.velocity = new Vector2(moveSpeed, rigidbody2D.velocity.y);
    }
--(후략)--
```

그러나 적 캐릭터는 이동 중에 장애물(Obstacle)을 만나면 정지하고 공격을 시작해야 합니다. 복합적인 처리를 위해서 currentState 멤버 필드를 이용해 분기하도록 FixedUpdate 메서드를 수정합니다.

예제 3-14: Enemy.cs

```
--(전략)--
    void FixedUpdate ()
    {
```

```
        switch(currentState)
        {
        case EnemyState.none:
            // 이동 중지.
            rigidbody2D.velocity = Vector2.zero;
            break;
        case EnemyState.move:
            // 장애물이 있는지 Linecast로 검출.
            isObstacle = Physics2D.Linecast(
                transform.position, frontPosition.position,
                1 << LayerMask.NameToLayer("Obstacle") );
            if( isObstacle )
            {
                // TODO: 장애물을 만나면 공격 애니메이션으로 전환.
            }
            else
            {
                // 장애물이 없다면 이동.
                rigidbody2D.velocity = new Vector2(-moveSpeed,
                                                   rigidbody2D.velocity.y);
            }
            break;
        case EnemyState.attack:
            rigidbody2D.velocity = Vector2.zero;
            break;
        case EnemyState.damaged:
            rigidbody2D.velocity = Vector2.zero;
            break;
        case EnemyState.dead:
            rigidbody2D.velocity = Vector2.zero;
            break;
        }
    }
--(후략)--
```

currentState 멤버 필드가 EnemyState.move일 때 장애물을 만나면 공격 애니메이션을 시작하고 그렇지 않다면 이동하게 됩니다. 이동을 확인하기 위해서 게임을 실행한 후 Pig 게임 오브젝트의 Current State를 move로 선택합니다. 적 캐릭터인 Pig 게임 오브젝트가 이동하는 모습을 확인할 수 있습니다.

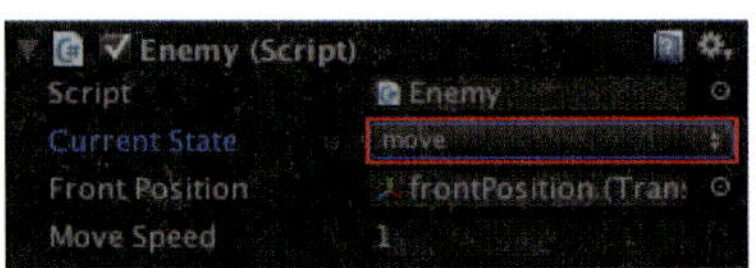

그림 3-77: 적 캐릭터 이동 확인

주석의 앞머리에 TODO 라고 말머리를 붙이면 다시 스크립트를 편집할 때 어떤 일을 해야할 지 파악하는 데 도움이 됩니다. 그리고 모노디벨롭 메뉴의 [View] → [Pads] → [Tasks]를 실행해 현재 어떤 일을 처리해야 할지 전체 목록을 확인한 후 이동해 편집할 수 있습니다.

Tasks

Comments

Line	Description	File	Path
47	TODO : 장애물을 만나면 공격 애니메이션으로 전환.	Enemy.cs	Scripts

그림 3-78: 모노디벨롭 Tasks

공격 애니메이션 처리

앞서 주석에 추가했듯이 적 캐릭터가 장애물을 만나면 공격 애니메이션을 시작하도록 FixedUpdate 메서드를 수정하겠습니다.

예제 3-15: Enemy.cs

```
--(전략)--
            if( isObstacle )
            {
                // 장애물을 만나면 공격 애니메이션으로 전환.
                if( enableAttack )
                {
                    currentState = EnemyState.attack;
                    // Animator에 등록한 attack Trigger를 작동.
                    animator.SetTrigger("attack");
                }
            }
--(후략)--
```

공격이 가능한지 enableAttack 멤버 필드로 확인한 후 공격이 가능하다면 적 캐릭터의 상태를 공격(EnemyState.attack)으로 변경하고 Animator.SetTrigger를 사용해 공격 애니메이션을 시작하도록 합니다. 그리고 공격하는 구문을 추가했으므로 앞서 주석에 넣었던 TODO 말머리는 제거합니다.

Animation Event를 활용해 적 캐릭터가 공격 애니메이션을 모두 취한 후 다시 이동 상태(EnemyState.move)로 변경해서 다시금 이동과 장애물을 검출할 수 있게 합니다. 그러기 위해 먼저 상태를 변경하는 AttackAnimationEnd 메서드를 추가합니다.

예제 3-16: Enemy.cs

```
--(전략)--
    void AttackAnimationEnd()
    {
        if( currentState == EnemyState.attack)
        {
            currentState = EnemyState.move;
        }
    }
--(후략)--
```

애니메이션 뷰로 이동해 pig_attack 애니메이션(❶)의 13 프레임에 [Add Event] 버튼을 클릭(❷)해 Animation Event를 추가하고 AttackAnimationEnd 메서드를 선택(❸)해 적용합니다.

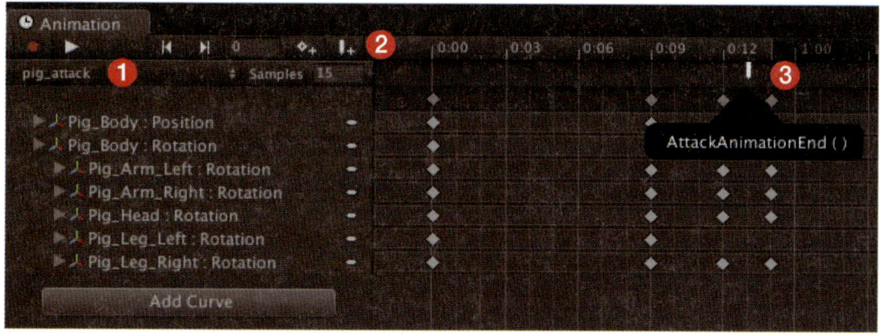

그림 3-79: Animation Event 추가

공격 애니메이션이 진행되는 것을 확인하려면 적 캐릭터가 이동 중에 장애물을 만나야 가능하므로 먼저 장애물 레이어를 추가하겠습니다. 주 메뉴의 [Edit] → [Projest Settings] → [Tags And Layers]를 클릭해 User Layer 8에 Obstacle을 추가합니다.

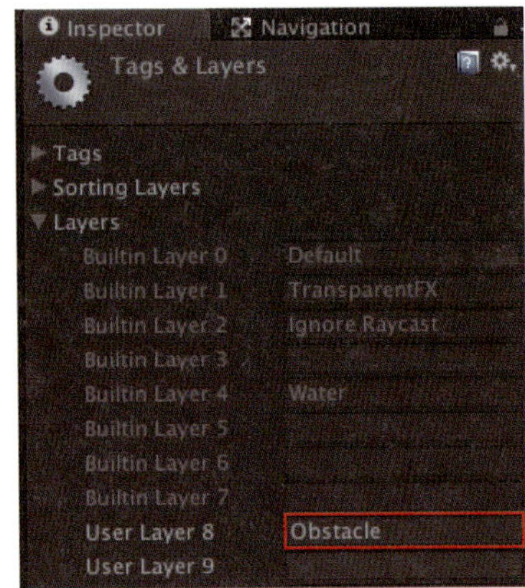

그림 3-80: Obstacle 레이어 추가

레이어를 지정하기 위해 하이어라키 Fences 게임 오브젝트의 자식 게임 오브젝트를 모두 선택(❶)하고 Layer를 Obstacle로 변경(❷)합니다.

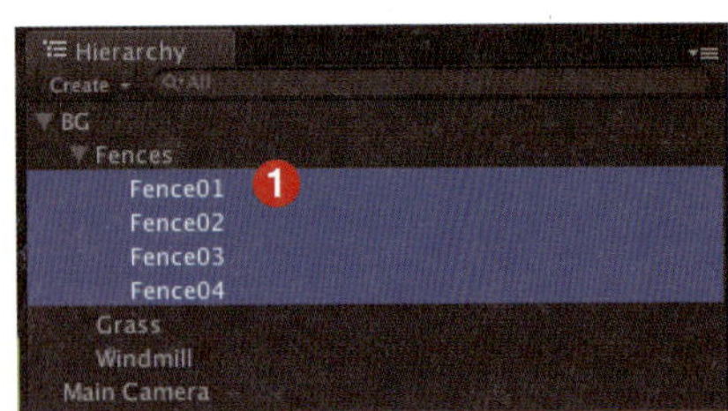

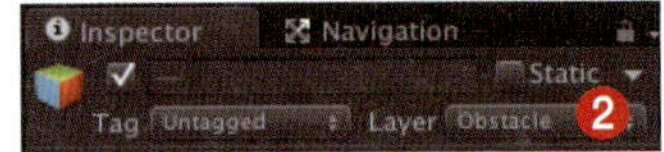

그림 3-81: Obstacle 레이어 적용

적 캐릭터가 장애물을 찾을 때 사용하는 Physics2D.Linecast는 콜리더가 있어야만 충돌이 발생하므로 레이어를 적용한 후 Fence01~04 게임 오브젝트에 주 메뉴의 [Component] → [Physics 2D] → [Box Collider 2D]를 클릭해 박스 콜리더를 추가합니다. 콜리더를 추가한 후 다음 표를 참조해 설정합니다.

속성	값
is Trigger	체크
Size	4, 9
Center	0, 0

표 3-11: Box Collider 2D 컴포넌트 설정

게임을 실행하고 Pig 게임 오브젝트에 추가된 Enemy 스크립트의 Current State를 move로 변경하면 적 캐릭터가 이동하여 fence 앞에서 공격 애니메이션을 취하는 모습을 확인할 수 있습니다.

그림 3-82: 공격 애니메이션

공격 애니메이션이 작동하면 실질적으로 피해를 가하는 Attack 메서드를 추가하겠습니다.

예제 3-17: Enemy.cs

```
--(전략)--
    public void Attack()
    {
        // TODO: 앞에 위치한 장애물 등에 공격을 가한다.
    }
--(후략)--
```

현재로써 공격 처리는 불가능하지만 공격 애니메이션에 Animation Event를 추가해 호출할 수 있게 조치를 취할 수 있습니다. 애니메이션 뷰로 이동해 pig_attack 애니메이션의 12 프레임에 Animation Event를 추가하고 Attack 메서드를 선택합니다.

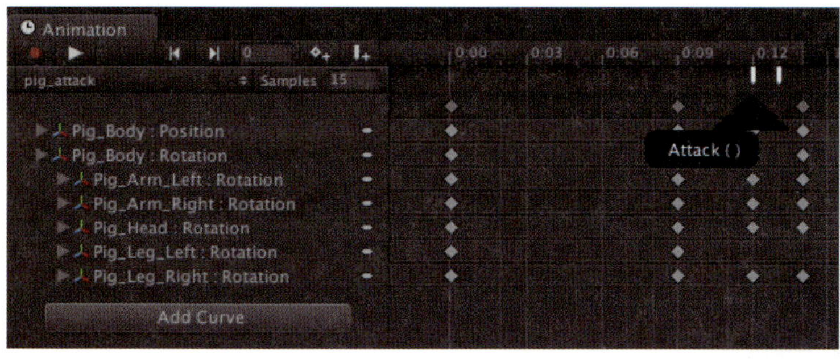

그림 3-83: Animation Event 추가

충돌 처리

적 캐릭터는 농부 캐릭터가 발사한 게임 오브젝트와 충돌하면 체력이 소진됩니다. 체력이 모두 소진되면 적 캐릭터는 사망합니다. 이때 충돌을 처리하기 위해서 Collider 컴포넌트를 사용해야 합니다. 하이어라키에서 Pig 게임 오브젝트를 선택하고 주 메뉴의 [Component] → [Physics 2D] → [Box Collider 2D]를 실행해 박스 콜리더를 추가한 뒤 다음 표를 참조해 설정합니다.

속성	값
is Trigger	체크
Size	1.8, 2
Center	0, 1

표 3-12: Box Collider 2D 컴포넌트 설정

발사된 게임 오브젝트를 식별하는 ShotObj 태그를 추가하고 스크립트를 추가하겠습니다. 먼저 주 메뉴의 [Edit] → [Project Settings] → [Tags And Layers]를 클릭해 Tags의 Element 0에 ShotObj 태그를 추가합니다.

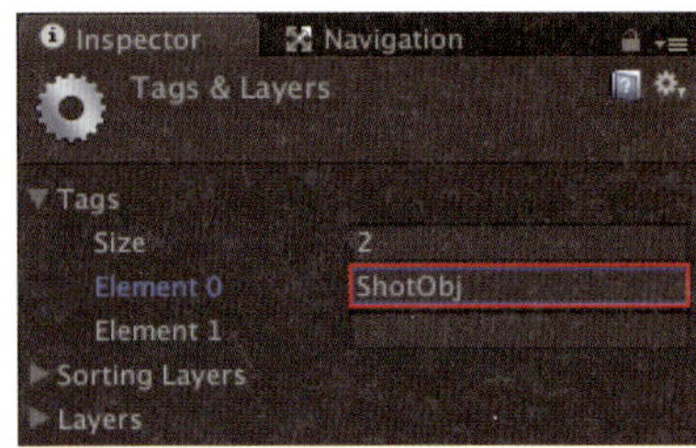

그림 3-84: 발사된 게임 오브젝트에 사용할 태그 추가

추가한 태그를 적용하겠습니다. 프로젝트 브라우저의 Prefabs 폴더에서 ShotObject 게임 오브젝트를 선택(❶)한 후 Tag를 ShotObj로 변경(❷)합니다.

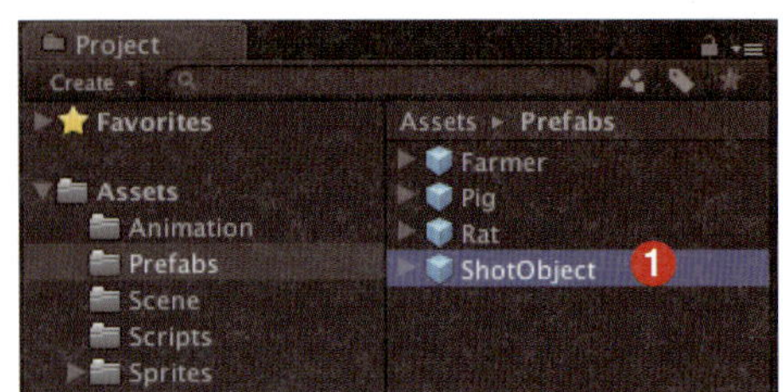

그림 3-85: ShotObject 프리팹 태그 변경

이제 프로젝트 브라우저의 Scripts 폴더에 새로운 C# 스크립트를 추가하고 이름을 ShotObj로 입력합니다. ShotObj 스크립트에는 발사될 때 공격력을 저장할 수 있도록 멤버 필드를 추가합니다.

예제 3-18: ShotObj.cs

```
using UnityEngine;
using System.Collections;

public class ShotObj : MonoBehaviour {

    protected float attackPower = 1;

    public void InitShotObj(float setupAttackPower)
    {
        attackPower = setupAttackPower;
    }
}
```

ShotObj 스크립트를 프로젝트 브라우저 Prefabs 폴더의 ShotObject 게임 오브젝트에 추가합니다. 그리고 FarmerTouchControl 스크립트에 멤버 필드를 추가하고 Fire 메서드에서 ShotObj 스크립트의 InitShotObj 메서드를 통해서 공격력을 입력하도록 수정합니다.

예제 3-19: FarmerTouchControl.cs

```
--(전략)--
// 발사되는 게임 오브젝트의 ShotObj 스크립트 처리.
ShotObj shotObjScript;
--(중략)--
    void Fire(Vector3 inputPosition)
    {
--(중략)—
        // 속도 적용.
        tempObj.rigidbody2D.velocity = tempVector2;
        // 공격력을 전달한다.
        shotObjScript = tempObj.GetComponent<ShotObj>();
        shotObjScript.InitShotObj(1);
    }
--(후략)--
```

그런데 적 캐릭터도 농장이나 장애물도 공격을 받아서 피해를 입는 것은 같습니다. 같은 일이 농장과 장애물, 적 캐릭터 모두에서 일어나는데 스크립트가 모두 달라서 호출할 때 각 스크립트를 별도로 인식해야 하는 불편함이 있습니다.

유니티에는 이를 처리하는 두 가지 방법이 있습니다. 첫째는 메서드 이름을 이용해 메서드를 실행시킬 수 있는 GameObject.SendMessage 메서드를 사용하는 것입니다. 스크립트가 달라도 메서드 이름을 string 타입으로 전달해 호출하므로 편리합니다. 둘째는 C#의 인터페이스를 활용하는 것입니다. GameObject.SendMessage가 에러가 발생했을 때 스크립트를 상호적으로 추적하는 과정에서 단절을 불러와 어려움이 있다는 점과 성능이 떨어진다는 단점 때문에 많은 개발자가 스크립트를 직접 호출하는 방식을 사용중입니다.

용어설명

인터페이스(interface)

구현부 없이 선언의 집합으로 이뤄진 클래스라고 이해하면 됩니다. 그렇기때문에 어떤 멤버 필드도 가지지 못하고, 액세스 접근 제한자는 public으로 고정돼 있어서 별도로 지정하지 않습니다.

C#은 클래스를 이용한 상속은 단일 상속을 원칙으로 하되 인터페이스를 이용한 다중 상속을 지원합니다. 핸들과 페달의 사용법(인터페이스)만 알고 있으면 차종에 관계없이 기본적으로 차(같은 인터페이스를 상속받은 클래스)를 운전할 수 있는 것(메서드를 활용할 수 있게 되는 것)과 같은 이치입니다.

인터페이스를 사용해 피해를 입을 수 있게 하겠습니다. 프로젝트 브라우저의 Scripts 폴더에 이름이 IDamageable인 C# 스크립트를 생성하고 다음과 같이 입력합니다.

예제 3-20: IDamageable.cs

```
using System;

public interface IDamageable
{
    void Damage(float damageTaken);
}
```

추가한 IDamageable 인터페이스를 활용해 ShotObj 스크립트에서 적 캐릭터와 충돌했을 때 피해를 입게 합니다.

예제 3-21: ShotObj.cs

```
--(전략)--
    void OnTriggerEnter2D(Collider2D other)
    {
        // 적 캐릭터 인 경우, 공격하여 피해를 가한다.
        if(other.CompareTag("enemy") || other.CompareTag("boss") )
        {
            IDamageable damageTarget = (IDamageable)other.GetComponent(typeof(IDamageable));
            damageTarget.Damage(attackPower);
            // 공격 후 제거.
            Destroy(gameObject);
        }
    }
--(후략)--
```

예제 3-21과 같이 GameObject.GetComponent를 통해 게임 오브젝트에 추가된 컴포넌트 중에서 IDamageable 인터페이스를 상속받은 스크립트를 찾아 필요한 명령을 수행하도록 되어 있습니다.

팁

인터페이스는 게임의 구조가 복잡해 많은 스크립트를 생성한다면 더 큰 힘을 발휘할 수 있으므로 규모가 큰 게임을 제작할 때 꼭 구현해보기 바랍니다.

프로젝트 브라우저에서 Prefabs 폴더의 ShotObject 게임 오브젝트에 ShotObj 스크립트를 추가합니다. 그리고 IDamageable 인터페이스를 상속받아 피해를 입을 수 있도록 Enemy 스크립트의 선언부를 수정하고 IDamageable 인터페이스의 Damage 메서드를 구현합니다.

예제 3-22: Enemy.cs

```
--(전략)--
public class Enemy : MonoBehaviour, IDamageable {
--(중략)--
    public void Damage(float damageTaken)
    {
        // dead나 none 상태일 때 진행되지 않도록 한다.
        if (currentState == EnemyState.dead || currentState == EnemyState.none)
        {
```

```
            if( IsInvoking("ChangeStateToMove") )
            {
                CancelInvoke("ChangeStateToMove");
            }
            return;
        }

        // 충돌 후 일정 시간 동안 이동 정지.
        currentState = EnemyState.damaged;
        if( IsInvoking("ChangeStateToMove") )
        {
            CancelInvoke("ChangeStateToMove");
        }
        Invoke("ChangeStateToMove", 0.3f);

        // currentHP를 소진한다.
        currentHP -= damageTaken;

        // 현재 체력이 0과 같거나 작다면
        if(currentHP <= 0)
        {
            currentHP = 0;
            enableAttack = false;
            currentState = EnemyState.dead;
            // dead 애니메이션 재생
            animator.SetTrigger("isDead");

            if( IsInvoking("ChangeStateToMove") )
            {
                CancelInvoke("ChangeStateToMove");
            }

            // TODO: 점수 증가.
        }
        else
        {
            animator.SetTrigger("damaged");
        }
    }

    void ChangeStateToMove()
    {
```

```
        // 충돌에 의한 경직 상태에서 이동 상태로 변경.
        currentState = EnemyState.move;
    }
--(후략)--
```

이렇게 처리하면 기본적인 충돌 처리는 완성됐습니다. 추가로 Enemy 스크립트의 Attack 메서드도 실제적인 공격을 가할 수 있게 수정합니다.

충돌 처리를 확인하기 위해 게임을 실행하기 전 OnEnable 메서드를 추가해 임시로 currentHP 멤버 필드를 초기화합니다.

예제 3-23: Enemy.cs

```
--(전략)--
    void OnEnable()
    {
        #if UNITY_EDITOR
        currentHP = 2;
        #endif
    }
--(후략)--
```

currentHP 멤버 필드에 임시로 초깃값 2를 할당합니다. 이때 #if ~ #endif를 활용해 주로 테스트 작업을 하는 유니티 에디터 환경에서만 currentHP를 2로 입력하도록 했습니다. 이렇게 해두면 모바일 기기 등 별도의 환경으로 export할 때 일일이 테스트 코드를 제거할 필요가 없어서 편리합니다.

용어설명

Platform Dependent Compliation(이하 PDC)

PDC는 플랫폼별로 코드 실행을 제한하는 기능입니다. 유니티는 안드로이드, 아이폰, 블랙베리, 윈도우8폰 같은 모바일 기기와 WII, XBOX, PS3 같은 콘솔 게임기 외에도 다양한 환경에서 export되어 활용됩니다. 그러다보니 기기별로 다르게 적용해야 하는 코드가 있을 때 이를 활용해 각각 대응할 수 있습니다.

#if ~ #endif가 짝으로 사용되며 #if 뒤에 플랫폼을 정의해 사용합니다.

예) 안드로이드 기기 #if UNITY_ANDROID

아이폰 및 아이패드 #if UNITY_IPHONE

게임을 실행해 보면 충돌에 의해 애니메이션이 변경되는 모습을 확인할 수 있습니다. 충돌이 일어나면 적 캐릭터는 이동을 멈추고 일정 시간을 대기한 후 다시 이동합니다.

그림 3-86: 적 캐릭터 충돌 처리 확인

> **팁**
>
> 만약 게임을 실행해 확인했는데 적 캐릭터와 충돌 처리가 일어나지 않는다면 ShotObj 게임 오브젝트의 RidigBody 2D 컴포넌트 Is Kinematic 옵션이 체크돼 있는지 확인해봅니다. 유니티 2D의 버그로 Is Kinematic 옵션이 체크돼 있으면 충돌 처리가 올바르게 일어나지 않아서 반드시 체크를 해제해야만 합니다.

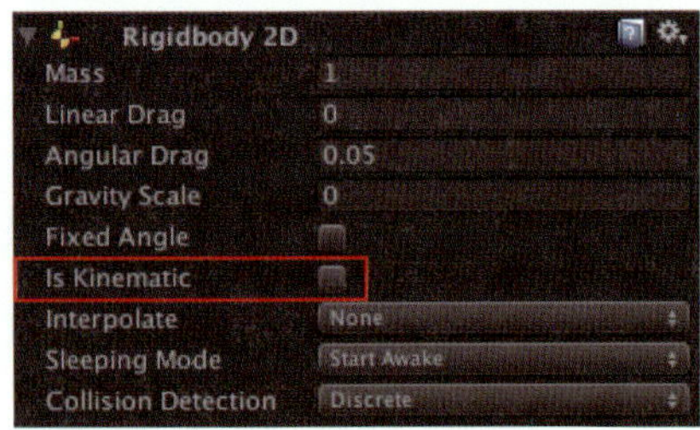

그림 3-87: Rigidbody 2D 컴포넌트 확인

게임 플레이 매니저

게임 플레이을 관리하는 매니저 스크립트를 생성해 게임을 진행하면서 필요한 점수 처리와 적 생성 등을 처리합니다.

게임 데이터 스크립트 생성

이전 장에서 두더지 게임을 만들 때 게임 매니저 스크립트를 편하게 호출하기 위해서 static 한정자를 활용했습니다. 이는 아주 간단한 형태로 싱글톤 패턴을 적용한 것인데 그렇게 사용하면 MonoBehaviour를 상속받았기 때문에 2개 이상의 싱글톤 인스턴스가 생성돼 원하는 대로 제어가 불가능하거나 싱글톤 인스턴스가 사라져버리는 등 많은 문제가 발생할 수 있습니다. 문제 발생을 막고 게임 플레이 매니저에 접근할 수 있도록 보수적인 형태로 싱글톤 패턴을 적용한 게임 데이터 스크립트를 제작하겠습니다.

용어설명

싱글톤 패턴(Singleton Pattern)

어떤 클래스의 인스턴스(객체)를 오직 하나로 보장하며, 해당 인스턴스에 접근할 수 있는 전역적인 접촉점을 제공하는 프로그래밍 디자인 패턴입니다. 쉽게 말해서 게임의 시작과 끝까지 오직 하나만 생성되며 어디서나 쉽게 호출할 수 있는 형태입니다.

프로젝트 브라우저의 Scripts 폴더에 이름이 GameData인 C# 스크립트를 생성합니다. 새로 생성한 스크립트에 다음과 같이 입력합니다.

예제 3-24: GameData.cs

```
using UnityEngine;
using System;
using System.Collections.Generic;

// sealed 한정자를 통해서 해당 클래스가 상속이 불가능하도록 조치.
public sealed class GameData
{
    // 싱글톤 인스턴스를 저장.
    private static volatile GameData uniqueInstance;
    private static object _lock = new System.Object();

    // 생성자.
    private GameData() {}

    // 외부에서 접근할 수 있도록 함.
    public static GameData Instance
    {
        get
        {
            if (uniqueInstance == null)
            {
                // lock으로 지정된 블록안의 코드를 하나의 쓰레드만 접근하도록 한다.
                lock (_lock)
                {
                    if (uniqueInstance == null)
                        uniqueInstance = new GameData();
                }
            }
```

```
                return uniqueInstance;
            }
        }
    }
```

짧은 코드이지만 지난 번에 보지 못했던 키워드가 여러 개 등장합니다. 원칙적으로 사용된 모든 키워드는 싱글톤의 비정상적인 작동을 막고 오직 하나만 존재하도록 하는 데 있습니다. 먼저 클래스 이름 앞에 추가한 sealed 한정자는 싱글톤 클래스를 상속받은 자식 클래스가 생성되는 것을 막기 위해 사용했습니다. 그리고 volatile 한정자와 lock문은 여러 스레드가 접근할 때 원자성을 유지하며 올바르게 초기화되게 합니다.

용어설명

sealed 한정자

클래스 앞에 추가한 sealed 한정자는 다른 클래스가 상속하지 못하게 합니다. 클래스뿐 아니라 메서드 앞에 추가하면 오버라이딩이 불가능하게 할 수도 있습니다.

volatile 한정자

동시에 실행되는 여러 스레드에 의해 필드가 수정될 수 있음을 나타냅니다.

lock 문

지정된 객체를 잠그고 프로그래밍된 문을 실행합니다.

게임 플레이 매니저 스크립트 생성

게임 플레이 매니저 스크립트는 적 캐릭터를 생성하고, 적이 공격했을 때 농장의 HP를 변화시키며, 적 캐릭터를 잡았을 때의 점수 등을 처리합니다. 이러한 처리에 필요한 멤버를 추가하기 위해서 프로젝트 브라우저의 Scripts 폴더에 이름이 GamePlayManager인 새로운 C# 스크립트를 만들고 아래 멤버 필드를 추가합니다.

예제 3-25: GamePlayManager.cs

```
using UnityEngine;
using System.Collections;
using System.Collections.Generic;

public enum GameState {ready, idle, gameOver, wait}
```

```
public class GamePlayManager : MonoBehaviour, IDamageable {
    // 게임 상황 판단.
    public GameState nowGameState = GameState.ready;

    // 생성할 Enemy 게임 오브젝트 리스트
    public List<GameObject> spawnEnemyObjs = new List<GameObject>();
    // 적 생성할 위치 저장.
    List<Vector3> spawnPositions = new List<Vector3>{
        new Vector3(12, 2.7f, 0), new Vector3(12, 0.26f, 0),
        new Vector3(12, -2.2f, 0), new Vector3(12, -4.7f, 0)};
    // 농장 HP
    float farmCurrentHP = 300;
    float farmLimitHP = 300;
    // 게임 시작 후 경과 시간
    float timeElapsed = 0;
    // 획득한 점수 저장.
    int score = 0;
}
--(후략)--
```

적 캐릭터를 관리할 때 List 클래스를 활용하기 위해서 System.Collections.Generic 네임스페이스를 추가한 것만 주의하여 입력하면 됩니다.

농장 HP 및 점수 처리

게임 플레이 매니저 스크립트가 처리하는 일 중에서 가장 중요한 것은 농장 HP를 관리하는 것입니다. 게임 플레이가 종료되는 시점이 농장 HP가 0이 되는 시점이기 때문입니다. Damaged 메서드를 구현해 이를 처리합니다.

예제 3-26: GamePlayManager.cs

```
--(전략)--
    public void Damaged(float damageTaken)
    {
        if(nowGameState == GameState.gameOver) return;
        farmCurrentHP -= damageTaken;

        #if UNITY_EDITOR
```

```
            Debug.Log(farmCurrentHP);
            #endif

            if(farmCurrentHP <= 0)
            {
                nowGameState = GameState.gameOver;
                // TODO: 결과창 표시.
            }
        }
--(후략)--
```

결과를 출력하는 유저 인터페이스를 구성하기 전이므로 해야 할 일을 적어 놓았습니다. 하지만 농장 HP가 제대로 입력돼 처리되고 있는지 확인할 필요가 있습니다. 이럴때 자주 사용하는 방법은 Debug.Log를 이용하는 것입니다. Debug.Log는 int, float, string, Vector3 등을 매개변수로 입력 받아 텍스트 형태로 유니티의 콘솔 뷰에 출력합니다.

하는 일은 다르지만 점수를 처리하는 AddScore 메서드도 비슷한 구조입니다.

예제 3-27: GamePlayManager.cs

```
--(전략)--
    public void AddScore(int addScore)
    {
        if(nowGameState == GameState.ready
            || nowGameState == GameState.gameOver) return;
        score += addScore;

        #if UNITY_EDITOR
        Debug.Log(score);
        #endif

        // TODO: 획득한 점수를 화면에 표시.
    }
--(후략)--
```

게임 데이터 스크립트와 연결

Damaged 메서드와 AddScore 메서드 모두 상황에 따라 게임 플레이 매니저 스크립트 외부에서 호출돼 사용되므로 게임 데이터 스크립트에 게임 플레이 매니저 스크립트를 등록해 호출할 수 있게 처리합니다. 먼저 게임 데이터 스크립트에 게임 플레이 매니저 스크립트를 멤버 필드로 등록합니다.

예제 3-28: GamePlayManager.cs

```
--(전략)--
    public GamePlayManager gamePlayManager;
--(후략)--
```

게임 데이터 스크립트에 등록된 gamePlayerManager 멤버 필드에 게임 플레이 매니저 스크립트를 연결합니다. 스크립트를 초기화할 때 가장 먼저 실행되는 Awake 메서드와 게임 오브젝트를 제거할 때 사용하는 OnDestroy 메서드를 추가합니다.

예제 3-29: GamePlayManager.cs

```
--(전략)--
    void Awake()
    {
        // 스크립트 연결.
        GameData.Instance.gamePlayManager = this;
    }

    void OnDestroy()
    {
        // 스크립트 연결 해제.
        GameData.Instance.gamePlayManager = null;
    }
--(후략)--
```

게임 플레이 매니저 스크립트를 초기화할 때 Awake 메서드에서 스크립트를 연결하고 게임 오브젝트가 파괴될 때 호출되는 OnDestroy 메서드에서 스크립트 연결을 해제합니다. 연결된 게임 플레이 매니저 스크립트의 AddScore 메서드를 Enemy 스크립트에 적용합니다.

예제 3-30: Enemy.cs

```
--(전략)--
    public  void Damage(float damageTaken)
    {
--(중략)--
            // 점수 증가.
            GameData.Instance.gamePlayManager.AddScore(10);
--(후략)--
```

울타리 게임 오브젝트를 공격하면 농장의 HP를 감소시키기 위해서 프로젝트 브라우저의 Scripts 폴더에 이름이 Fence인 C# 스크립트를 추가하고 다음과 같이 입력합니다.

예제 3-31: Fence.cs

```
using UnityEngine;
using System.Collections;

public class Fence : MonoBehaviour, IDamageable {

    public void Damage(float damageTaken)
    {
        // 공격 받으면 농장의 HP를 감소하도록 한다.
        GameData.Instance.gamePlayManager.Damage(damageTaken);
    }
}
```

하이어라키의 BG 게임 오브젝트의 자식 게임 오브젝트 중에서 Fence01부터 Fence04까지 선택하고 Fence 스크립트를 추가합니다.

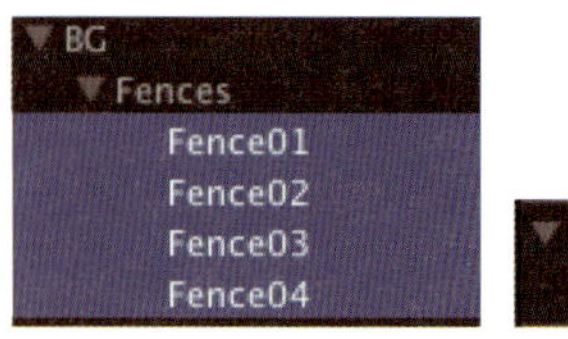

그림 3-88: Fence 스크립트 추가

작동 여부를 확인하기 위해 하이어라키에 빈 게임 오브젝트를 생성하고 이름을 @GM으로 입력합니다. 그리고 게임 플레이 매니저 스크립트를 추가합니다. Damaged 메서드와 AddScore 메서드에 GameState.idle 상태가 아니면 처리되지 못하게 했으므로 테스트할 때는 게임을 실행한 후 Now Game State를 idle로 선택합니다.

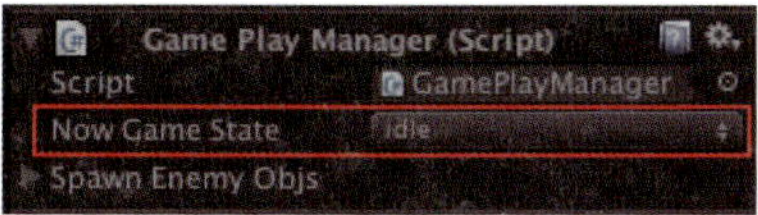

그림 3-89: 상태 변경

Pig 게임 오브젝트에서 Enemy 스크립트의 Current State를 move로 변경하면 적 캐릭터가 울타리로 다가와서 공격할 때마다 농장의 HP가 줄어듭니다. 결과가 모두 콘솔 뷰에 나타나게 되어있으므로 주 메뉴의 [Windows] → [Console]을 실행해 확인합니다. 점점 낮아지는 농장 HP(❶)와 획득한 점수(❷)가 콘솔에 출력됩니다.

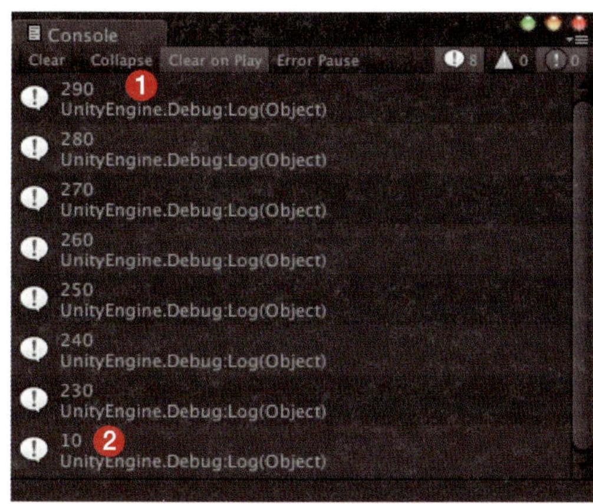

그림 3-90: 콘솔 뷰

콘솔 뷰에 출력되는 값과 에러가 어느 지점에서 발생했는지 확인할 때 콘솔에 나타난 내용을 더블클릭하면 모노 디벨롭이 실행돼 해당 스크립트의 발생 지점으로 연결됩니다.

Pig 게임 오브젝트가 작동하는 것을 확인했으면 하이어라키의 Pig 게임 오브젝트를 선택한 다음 [Apply] 버튼을 클릭해 프리팹에 해당 내용이 반영될 수 있게 적용합니다.

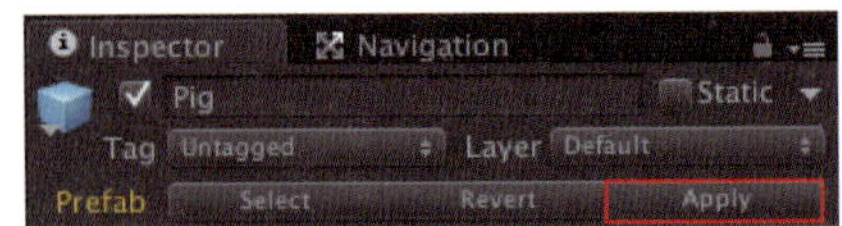

그림 3-91: 프리팹 적용

게임 오브젝트 풀(Pool)

디펜스 게임은 적 캐릭터가 일정 시간마다 나타나서 공격을 시도합니다. 매번 필요한 적 캐릭터를 생성할 수도 있지만 게임 화면에 나타나는 적 캐릭터는 제한적이므로 몇 개의 적 캐릭터를 생성해놓고 순차적으로 등장시켜 처리할 수도 있습니다. 후자의 방법을 사용하면 유니티에서 많은 하드웨어 자원을 사용하는 Intantiate와 Destory 메서드의 사용이 줄게 됩니다.

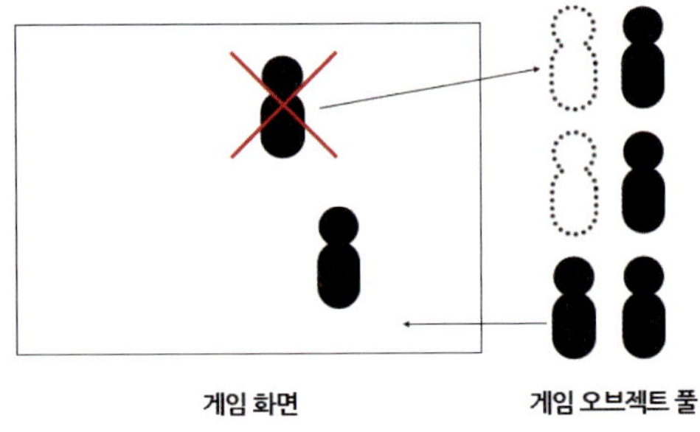

그림 3-92: 게임 오브젝트 풀 예시

게임 화면에 등장할 적 게임 오브젝트 종류별로 게임 오브젝트 풀을 만들어 사용할 때 각각 List를 만들어서 사용하면 불편하므로 이를 한번에 관리할 GameObjectPool 클래스를 게임 플레이 매니저 스크립트 아래에 추가하겠습니다.

예제 3-32: GamePlayManager.cs

```
--(전략)--
public class GameObjectPool {

    int poolNowIndex = 0;
    int count = 0;
    float spawnPositionX = 0;
    public GameObject spawnObj;
```

```
List<GameObject> pool = new List<GameObject>();
// 생성자.
public GameObjectPool(float positionX, GameObject initSpawnObj)
{
    spawnPositionX = positionX;
    spawnObj = initSpawnObj;
}

// 게임 오브젝트를 풀에 추가한다.
public void AddGameObject(GameObject addGameObject)
{
    pool.Add(addGameObject);
    count++;
}

// 사용중이지 않은 게임 오브젝트를 선택한다.
public bool NextGameObject(out GameObject returnObject)
{
    int startIndexNo = poolNowIndex;
    if( lastIndex == 0 )
    {
        returnObject = default(GameObject);
        return false;
    }
    while( pool[poolNowIndex].transform.position.x < spawnPositionX )
    {
        poolNowIndex++;
        poolNowIndex = (poolNowIndex >= count) ? 0 : poolNowIndex;
        // 사용가능한 게임 오브젝트가 없을 때.
        if( startIndexNo == poolNowIndex )
        {
            returnObject = default(GameObject);
            return false;
        }
    }
    returnObject = pool[poolNowIndex];
    return true;
}

public int lastIndex
{
```

```
        get
        {
            return pool.Count;
        }
    }

    // 해당 인덱스의 게임 오브젝트가 존재하는 경우 반환.
    public bool GetObject(int index, out GameObject obj)
    {
        if( lastIndex < index || pool[index] == null)
        {
            obj = default(GameObject);
            return false;
        }
        obj = pool[index];
        return true;
    }
}
```

NextGameObject 메서드에서 while 문의 조건은 처음 만들어지는 위치보다 왼쪽에 위치하면 이미 사용 중인 것으로 파악하도록 했습니다. 그리고 poolNowIndex를 startIndexNo에 저장해서 모든 게임 오브젝트를 다 점검해도 사용 가능한 게임 오브젝트가 없을 때 false를 반환합니다. 만약 사용 가능한 게임 오브젝트가 있다면 out 매개변수 한정자를 통해서 전달됩니다.

용어설명

out 매개변수 한정자(out parameter modifier)

out 매개변수 한정자는 아규먼트를 참조로 전달하는데 사용됩니다. 메서드에서 반환하는 결과 타입과 별도로 처리할 수 있어서 사용이 편리합니다. 아래 예를 보면 OutParameterModifier 메서드의 반환 타입이 void이지만 참조로 전달된 testValue는 44로 입력됩니다.

```
void OutParameterModifier(out int i)
{
    i = 44;
}

void TestOutParameterModifier()
{
    int testValue = 0;
    OutParameterModifier(out testValue);
    // testValue is now 44
}
```

추가한 GameObjectPool 클래스를 활용해 게임이 시작되면 등록된 모든 적 캐릭터를 게임 오브젝트 풀로 관리하기 위해 멤버 필드를 추가합니다.

예제 3-33: GamePlayManager.cs

```
--(전략)--
    // 게임 오브젝트 풀에 들어가는 게임 오브젝트의 최초로 생성되는 위치.
    public Transform gameObjectPoolPosition;
    // 게임 오브젝트 풀 딕셔너리.
    Dictionary<string, GameObjectPool> gameObjectPools =
        new Dictionary<string, GameObjectPool>();
--(후략)--
```

gameObjectPools 멤버 필드에서 사용한 Dictionary는 List와 같이 System.Collections.Generic 네임스페이스에 포함돼 있습니다. List와 달리 2개의 형식 매개변수를 통해 키(Key)와 값(Value)을 한 쌍으로 저장합니다. 이렇게 저장되는 특징때문에 특정 값을 얻고자할 때 키를 이용해 접근할 수 있습니다. gameObjectPools 멤버 필드로 예를 들면 gameObjectPools["Pig"]와 같이 처리할 수 있습니다. 키는 int, string 등에 상관없이 사용할 수 있습니다.

게임 진행 중 Instantiate와 Destroy 메서드의 사용을 줄이기 위해 게임이 시작될 때 게임 오브젝트를 생성하는 메서드를 추가합니다.

예제 3-34: GamePlayManager.cs

```
--(전략)--
    void OnEnable()
    {
        InitGameObjectPools();
    }
    // 적 캐릭터 별로 20개씩 게임 오브젝트를 생성하여 게임 오브젝트 풀에 등록한다.
    void InitGameObjectPools()
    {
        for(int i=0;i<spawnEnemyObjs.Count;i++)
        {
            // 게임 오브젝트 풀 생성.
            GameObjectPool tempGameObjectPool =
                new GameObjectPool(gameObjectPoolPosition.transform.position.x);
            for(int j=0;j<20;j++)
            {
```

```
                    // 게임 오브젝트 생성.
                    GameObject tempEnemyObj =
                        Instantiate(
                                    spawnEnemyObjs[i],
                                    gameObjectPoolPosition.position,
                                    Quaternion.identity
                                    ) as GameObject;
                    tempEnemyObj.name = spawnEnemyObjs[i].name + j;
                    tempEnemyObj.transform.parent = gameObjectPoolPosition;
                    // 게임 오브젝트를 게임 오브젝트 풀에 등록.
                    tempGameObjectPool.AddGameObject(tempEnemyObj);
                }
                gameObjectPools.Add(spawnEnemyObjs[i].name, tempGameObjectPool);
            }
        }
    --(후략)--
```

InitGameObjectPools 메서드는 for 문을 이중으로 실행합니다. 이는 등록된 적 캐릭터마다 20개씩 게임 오브젝트를 만들어 게임 오브젝트 풀에 추가되게 한 것입니다. 생성된 게임 오브젝트가 하이어라키에 그대로 추가되면 상당히 많은 게임 오브젝트가 늘어나서 관리하기가 불편하므로 gameObjectPoolPosition의 자식 게임 오브젝트로 등록되도록 Transform.parent를 활용합니다.

적 캐릭터 생성 데이터 로드

디펜스 게임은 시간 제한 없이 오래도록 플레이할 수 있으므로 적 캐릭터 생성에도 많은 데이터가 필요합니다. 그래서 두더지 게임을 제작할 때처럼 적 캐릭터 생성을 List 타입으로 선언해 값을 지정하면 인스펙터에서 관리하기도 어렵고, 너무 길어지면 어떤 뜻인지 파악하기도 어렵습니다.

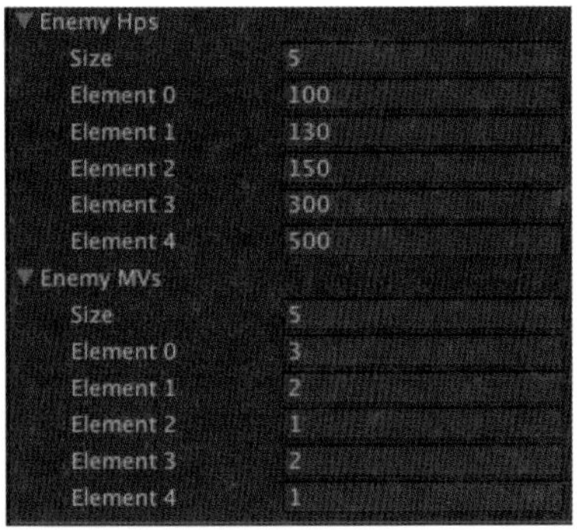

▼ Enemy Hps	
Size	5
Element 0	100
Element 1	130
Element 2	150
Element 3	300
Element 4	500
▼ Enemy MVs	
Size	5
Element 0	3
Element 1	2
Element 2	1
Element 3	2
Element 4	1

그림 3-93: 인스펙터에 표현된 리스트 예시

이러한 문제를 피하고 데이터를 손쉽게 관리하고 적용하기 위해서 XML을 사용하겠습니다. 먼저 XML을 사용하기 위해서 using 지시문으로 두 개의 네임스페이스를 추가합니다.

용어설명

XML(eXtensible Markup Language)

XML은 사람과 컴퓨터가 모두 읽기 쉽게 정의된 일종의 문서 형식입니다. C#에서는 XML 처리를 위한 System.Xml 네임스페이스를 제공하므로 손쉽게 사용할 수 있습니다.

구조체(struct)

구조체는 C언어에서 정의된 개념으로 클래스처럼 변수를 가지고 있으나 초깃값(int i = 0;) 선언이나 메서드는 가지지 않는 단순 변수 리스트입니다.

예제 3-35: GamePlayManager.cs

```
using UnityEngine;
using System.Collections;
using System.Collections.Generic;
// XML 사용을 위해서 추가.
using System.Xml;
using System.Xml.Serialization;
--(후략)--
```

그리고 EnemyWaveData 구조체를 게임 플레이 매니저 스크립트 아래에 추가하겠습니다. 유의해야 할 점은 GamePlayManager 클래스에 구조체가 포함되지 않게 GamePlayManager 클래스의 {} 괄호 외부에 구조체를 넣어야 하는 것입니다.

예제 3-36: GamePlayManager.cs

```
--(전략)--
[XmlRoot]
public struct EnemyWaveData
{
    [XmlAttribute("waveNo")]
    public int waveNo;
    [XmlElement]
    public string type;
    [XmlElement]
    public int amount;
```

```
    [XmlElement]
    public int spawnPosition;

    [XmlElement]
    public string tagName;

    [XmlElement]
    public float MS;
    [XmlElement]
    public float AD;
    [XmlElement]
    public float HP;
}
```

구조체의 기본 구조는 변수를 나열하는 것인데 대괄호 []와 함께 특성(Attribute)을 사용한 것을 볼 수 있습니다. 이는 직렬화(Serialization)를 활용하기 위한 것입니다. 쉽게 설명하면 XML 형식의 파일을 읽어서 사용가능한 데이터 형태로 손쉽게 변환하기 위해 사용한 기술입니다. 이렇게 선언하면 다음 표와 같이 구성된 XML 데이터가 역직렬화를 통해서 EnemyWaveData 구조체로 바로 변경됩니다.

<table>
<tr><th>XML</th><th>구조체</th></tr>
<tr><td><pre><EnemyWaveData waveNo = "1">
    <type>Pig</type>
    <amount>1</amount>
    <spawnPosition>4</spawnPosition>
    <tagName>enemy</tagName>
    <MS>3</MS>
    <AD>1</AD>
    <HP>1</HP>
</EnemyWaveData></pre></td><td><pre>[XmlRoot]
public struct EnemyWaveData
{
    [XmlAttribute("waveNo")]
    public int waveNo;
    [XmlElement]
    public string type;
    [XmlElement]
    public int amount;

    [XmlElement]
    public int spawnPosition;

    [XmlElement]
    public string tagName;

    [XmlElement]
    public float MS;
    [XmlElement]
    public float AD;
    [XmlElement]
    public float HP;
}</pre></td></tr>
</table>

표 3-13: XML과 구조체

용어설명

특성(Attribute)

멤버 앞에 [특성값] 형태로 사용되는 특성은 System.Attribute 네임스페이스를 통해 구현된 일종의 설명문입니다. 해당 멤버가 어떤 일에 활용되는지 설명하는 것입니다. 여기서는 해당 멤버가 System.Xml 네임스페이스에 구현된 어떤 클래스와 대응하는지 설명합니다.

직렬화(Serialization)

프로그래밍에서 사용되는 string이나 int 형식 변수는 프로그램이 종료되면 메모리에서 지워지면서 사라집니다. 하지만 파일로 보존하거나 네트워크로 전달할 필요가 있는 데이터가 존재합니다. 이때 데이터를 한 줄로 늘어놓은 바이트(byte) 형태로 만들어서 파일로 저장하거나 네트워크로 전송이 가능하게 됩니다. 데이터를 한 줄로 늘어놓는 것이 직렬화, 이와 반대로 한 줄로 늘어놓은 바이트 데이터를 프로그램에서 사용할 수 있는 객체로 변경하는 것을 역직렬화라고 합니다.

역직렬화를 이용해 적을 생성하는데 사용하는 데이터를 읽었을 때 저장할 멤버 필드와 이후에 enemyWaveDatas를 어디까지 사용했는지 기억할 int 멤버 필드를 추가합니다.

예제 3-37: GamePlayManager.cs

```
--(전략)--
    // 적 생성 데이터 저장.
    List<EnemyWaveData> enemyWaveDatas = new List<EnemyWaveData>();
    int currentEnemyWaveDataIndexNo = 0;
--(후략)--
```

이제 XML에서 적 생성 데이터를 읽어서 enemyWaveDatas 멤버 필드에 저장하는 메서드를 게임 플레이 매니저에 추가합니다.

예제 3-38: GamePlayManager.cs

```
--(전략)--
    // XML을 읽어서 enemyWaveDatas에 저장한다.
    void LoadEnemyWaveDataFromXML()
    {
        // 이미 데이터를 로딩했다면 다시 로딩하지 못하도록 예외처리.
        if( enemyWaveDatas != null && enemyWaveDatas.Count > 0) return;

        // XML파일을 읽는다.
```

```
        TextAsset xmlText = Resources.Load("EnemyWaveData") as TextAsset;
        // XML 파일을 문서 객체 모델(DOM)로 전환한다.
        XmlDocument xDoc = new XmlDocument();
        xDoc.LoadXml(xmlText.text);
        // XML 파일 안에 EnemyWaveData란 XmlNode를 모두 읽어들인다.
        XmlNodeList nodeList = xDoc.DocumentElement.SelectNodes("EnemyWaveData");

        XmlSerializer serializer = new XmlSerializer(typeof(EnemyWaveData));
        // 역질렬화를 통해 EnemyWaveData 구조체로 변경하여 enemyWaveDatas 멤버 필드에 저장한다.
        for(int i=0;i<nodeList.Count;i++)
        {
            EnemyWaveData enemyWaveData =
                (EnemyWaveData)serializer.Deserialize(new XmlNodeReader(nodeList[i]));
            enemyWaveDatas.Add(enemyWaveData);
        }
    }
--(후략)--
```

LoadEnemyWaveDataFromXML을 정리하면 다음 표와 같습니다.

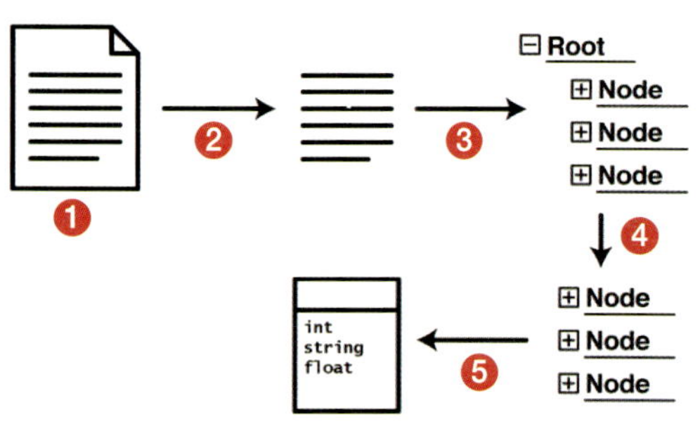

(❶), (❷) XML파일 읽기 및 string 전환 - 사용한 메서드 Resources.Load
유니티는 추가한 이미지나 텍스트 파일 등 다양한 에셋을 사용할 수 있도록 프로젝트 브라우저에 Resources라고 명명된 폴더를 만들고 그 안에 파일을 넣으면 Resources 클래스를 사용해 활용할 수 있게 지원합니다. 이를 활용해서 XML 데이터를 저장하고 있는 파일에서 XML 데이터 전체를 string으로 읽어들입니다.

(❸) 문서 객체 모델 전환 및 최상위 XmlNode 접근 - 사용한 메서드 XmlDocument.LoadXml, XmlDocument.DocumentElement
읽어들인 XML 형태의 string을 손쉽게 사용하기 위해서 XmlDocument.LoadXml을 이용해 문서 객체 모델로 전환합니다. XmlDocument.DocumentElement는 문서 객체 모델로 전환된 XML 데이터에서 최상위 XmlNode에 접근하기 위한 명령입니다.

(❹) 특정 XmlNode 접근 - 사용한 메서드 XmlNode.SelectNodes
접근한 최상위 XmlNode에서 다시 EnemyWaveData란 XmlNode를 모두 찾아 선택하기 위해서 XmlNode.SelectNodes를 사용했습니다. XmlNode.SelectNodes 메서드는 선택된 모든 XmlNode를 포함하는 XmlNodeList를 반환합니다.

(❺) 객체로 전환 - 사용한 메서드 XmlSerializer.Deserialize
XmlNodeList에 포함된 각 XmlNode를 for 문으로 처음부터 끝까지 XmlSerializer.Deserialize를 사용해 역직렬화합니다.

표 3-14: LoadEnemyWaveDataFromXML 메서드 설명

용어설명

문서 객체 모델(DOM;Document Object Model)

문서 객체 모델은 객체 지향 모델로써 구조화된 문서를 표현하는 방식입니다. 중립적으로 구조화된 문서를 표현하는 W3C의 공식 표준이기도 합니다. HTML 문서의 요소를 제어하기 위해서 웹브라우저에서 처음 지원됐습니다.

문서 객체의 시작점과 끝점을 〈이름〉 〈/이름〉과 같이 표현하면 해당 문서 객체와 그 아래에 포함된 문서 객체를 프로그램이 동작하는 중에 접근해 문서의 내용 및 구조, 스타일 등을 변경하거나 사용할 수 있습니다.

적 캐릭터 생성

XML 데이터로부터 읽어들인 적 생성 요청에 맞춰서 체력과 공격력, 이동 속도를 정의해 적을 생성하는 메서드를 추가합니다.

예제 3-39: GamePlayManager.cs

```
--(전략)--
    // 생성할 위치값을 생성할 유닛 수로 치환.
    Dictionary<int, int> positionToAmount = new Dictionary<int, int> {
        { 1, 1}, { 2, 1}, { 4, 1}, { 8, 1},
        { 3, 2}, { 5, 2}, { 6, 2}, { 9, 2}, {10, 2}, {12, 2},
        { 7, 3}, {11, 3}, {13, 3}, {14, 3},
        {15, 4}
    };
--(중략)--
    void SpawnEnemy(EnemyWaveData enemyData)
    {
        int positionPointer = 1;
        int shiftPosition = 0;
        // 생성할 위치 값으로 생성할 유닛 수 판단.
        enemyData.amount = positionToAmount[enemyData.spawnPosition];
        // 생성해야하는 숫자만큼 loop
        for(int i=0; i< enemyData.amount; i++)
        {
            // 생성할 위치 선택.
            while( (positionPointer & enemyData.spawnPosition) < 1 )
            {
                shiftPosition++;
                positionPointer = 1 << shiftPosition;
            }
            // 오브젝트 풀에 사용가능한 게임 오브젝트가 있는지 점검.
```

```
            GameObject currentSpawnGameObject;
            if( !gameObjectPools[enemyData.type]
                .NextGameObject(out currentSpawnGameObject) )
            {
                // 사용가능한 게임 오브젝트가 없다면 생성하여 추가한다.
                currentSpawnGameObject =
                    Instantiate(
                        gameObjectPools[enemyData.type].spawnObj,
                        gameObjectPoolPosition.transform.position,
                        Quaternion.identity) as GameObject;

                currentSpawnGameObject.transform.parent = gameObjectPoolPosition;
                currentSpawnGameObject.name =
                    enemyData.type + gameObjectPools[enemyData.type].lastIndex;
                gameObjectPools[enemyData.type].AddGameObject(currentSpawnGameObject);
            }
            currentSpawnGameObject.transform.position =
                spawnPositions[shiftPosition];
            // TODO: 선택된 적 캐릭터를 초기화하여 작동시킨다.
            shiftPosition++;
        }
    }
--(후략)--
```

적 캐릭터를 생성할 때 한번에 최대 4개까지 생성할 수 있습니다. 이때 생성된 적 캐릭터가 어느 위치에서 출발할지 정해야 합니다. 그림 3-94의 왼쪽과 같이 게임 화면에 적 생성 위치가 있을 때 각 자리를 비트 표현으로 변환하면 자리마다 2의 배수로 값을 가지게 됩니다. 그래서 2, 3에서 적을 생성하려면 6을 입력해야 하는 것입니다.

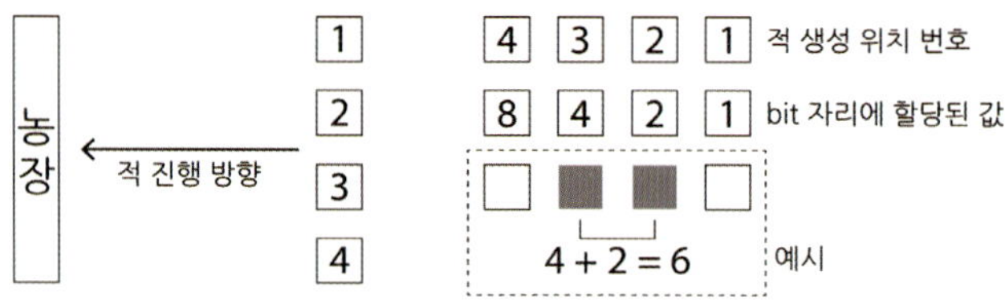

그림 3-94: 적 생성 위치 지정 방식

4개의 위치는 비트(bit) 표현으로 0000 중에서 필요한 숫자만큼 지정되어 EnemyWaveData.spawnPosition을 통해서 입력되므로 첫 자리부터 하나씩 위치를 파악할 수 있도록 1값을 1자리씩 늘리며 왼쪽 시프트 연산해 비교하도록 했습니다. spawnPosition 값의 해석은 다음 표를 참조하도록 합니다.

spawnPosition	비트 표현	생성되는 적 숫자
1	0001	1
2	0010	1
3	0011	2
4	0100	1
5	0101	2
6	0110	2
7	0111	3
8	1000	1
9	1001	2
10	1010	2
11	1011	3
12	1100	2
13	1101	3
14	1110	3
15	1111	4

표 3-15: spawnPosition에 따른 적 생성 위치 비트 표현과 적 생성 숫자

생성할 위치와 개수가 파악되면 사용가능한 적 캐릭터가 있는지 게임 오브젝트 풀에서 찾아 선택한 후 적 캐릭터를 초기화하여 사용합니다. 적 캐릭터를 초기화하는 InitEnemy 메서드를 Enemy 스크립트에 추가합니다.

예제 3-40: Enemy.cs

```
--(전략)--
    public void InitEnemy(float setupMaxHP,
                          float setupAttackPower,
                          float setupMoveSpeed)
    {
        // walk 애니메이션을 재생하도록 한다.
        animator.SetTrigger("isAlive");
        // HP와 공격력, 이동속도를 설정한다.
        maxHP = setupMaxHP;
        currentHP = setupMaxHP;
        attackPower = setupAttackPower;
        moveSpeed = setupMoveSpeed;
```

```
            // 캐릭터 상태를 변경하여 이동을 시작하도록 한다.
            currentState = EnemyState.move;
            // isAlive 트리거를 초기화해서 dead 애니메이션 종료 후
            // walk 애니메이션 바로 전환되는 것을 방지.
            animator.ResetTrigger("isAlive");
        }
--(후략)--
```

적 캐릭터의 애니메이션을 초기화하고 체력과 공격력, 이동속도를 입력한 후 이동 가능한 상태로 변경합니다. Enemy.InitEnemy 메서드를 이용하도록 게임 플레이 매니저 스크립트의 SpawnEnemy 메서드 TODO 주석 부분을 수정합니다.

예제 3-41: GamePlayManager.cs

```
--(전략)--
    void SpawnEnemy(EnemyWaveData enemyData)
    {
--(중략)--
            // 선택된 적 캐릭터를 초기화하여 작동시킨다.
            currentSpawnGameObject.tag = enemyData.tagName;
            Enemy currentEnemy = currentSpawnGameObject.GetComponent<Enemy>();
            currentEnemy.InitEnemy(enemyData.HP, enemyData.AD, enemyData.MS);
            shiftPosition++;

            if(enemyData.tagName == "boss")
            {
                // TODO: 적 보스 캐릭터가 등장했다는 표시를 띄운다.
            }
--(후략)--
```

완성된 메서드를 사용해 게임이 시작되면 적을 생성하도록 게임 플레이 매니저 스크립트에 Update 메서드를 구성하겠습니다. Update 메서드는 nowGameState 멤버 필드를 기준으로 분기해 작동합니다.

예제 3-42: GamePlayManager.cs

```
--(전략)--
    void Update()
    {
```

```
    switch(nowGameState)
    {
    case GameState.ready:
        // 게임이 시작되면 3초간 사용자가에게 준비시간을 제공.
        timeElapsed += Time.deltaTime;
        if(timeElapsed >= 3.0f)
        {
            timeElapsed = 0;
            SetupGameStateToIdle();
        }
        break;
    case GameState.wait:
    case GameState.idle:
        // 두 상태 모두 게임이 진행중이므로 경과 시간을 증가시킨다.
        timeElapsed += Time.deltaTime;
        break;
    }
}

public void SetupGameStateToIdle()
{
    // 게임 스테이트를 idle로 변경.
    nowGameState = GameState.idle;
    // 해제되지 못한 Invoke를 해제하고 새롭게 설정.
    if( IsInvoking("CheckSpawnEnemy") )
    {
        CancelInvoke("CheckSpawnEnemy");
    }
    InvokeRepeating("CheckSpawnEnemy", 0.5f, 2.0f);
}

void CheckSpawnEnemy()
{
    // idle 상태가 아니라면 더이상 진행되지 못하도록 에러처리.
    if(nowGameState != GameState.idle) return;

    // 적 생성 데이터 전체가 소모되었다면 게임을 종료하도록 한다.
    if( currentEnemyWaveDataIndexNo >= enemyWaveDatas.Count)
    {
        nowGameState = GameState.gameOver;
        CancelInvoke("CheckSpawnEnemy");
```

```
            // TODO: 결과창 표시.
            return;
        }
        // 적을 생성한다.
        SpawnEnemy( enemyWaveDatas[currentEnemyWaveDataIndexNo] );
        // 생성된 적이 boss인 경우 적 생성을 멈춘다.
        if( enemyWaveDatas[currentEnemyWaveDataIndexNo].tagName == "boss")
        {
            nowGameState = GameState.wait;
            CancelInvoke("CheckSpawnEnemy");
        }
        currentEnemyWaveDataIndexNo++;
    }
--(후략)--
```

Update 메서드는 게임 스테이트가 Ready일 때 3초 간 사용자가 준비할 수 있는 시간을 제공한 후 idle로 전환해 적을 생성할 수 있게 SetupGameStateToIdle 메서드를 실행합니다. wait, idle 게임 스테이트에는 경과 시간을 저장합니다.

SetupGameStateToIdle 메서드는 게임 스테이트를 idle로 전환하고 InvokeRepeating으로 CheckSpawnEnemy 메서드를 반복해서 실행합니다. CheckSpawnEnemy 메서드는 실제로 적을 생성하는 역할을 합니다.

적을 생성하다가 boss 태그의 적을 생성하는 경우 nowGameState가 GameState.wait로 변하면서 더이상의 생성이 중단됩니다. 그렇다면 적 캐릭터 중 boss 태그의 적이 Damage 메서드를 통해서 죽는다면 다시 적을 생성할 수 있게 처리해야 합니다. 다음과 같이 Enemy 스크립트의 Damage 메서드를 수정합니다.

예제 3-43: Enemy.cs

```
--(전략)--
    public void Damage(float damageTaken)
    {
        // dead나 none 상태일 때 진행되지 않도록 한다.
        if (currentState == EnemyState.dead || currentState == EnemyState.none)
        {
            if( IsInvoking("ChangeStateToMove") )
            {
                CancelInvoke("ChangeStateToMove");
```

```
    }
    return;
}

// 충돌 후 일정 시간 동안 이동 정지.
currentState = EnemyState.damaged;
if( IsInvoking("ChangeStateToMove") )
{
    CancelInvoke("ChangeStateToMove");
}
Invoke("ChangeStateToMove", 0.3f);

// currentHP를 소진한다.
currentHP -= damageTaken;

// 현재 체력이 0과 같거나 작다면
if(currentHP <= 0)
{
    currentHP = 0;
    enableAttack = false;
    currentState = EnemyState.dead;
    // dead 애니메이션 재생
    animator.SetTrigger("isDead");

    if( IsInvoking("ChangeStateToMove") )
    {
        CancelInvoke("ChangeStateToMove");
    }

    // 점수 증가.
    GameData.Instance.gamePlayManager.AddScore(10);

    // 적 보스가 사망하면 다시 적을 생성할 수 있도록 처리한다.
    if(gameObject.tag == "boss")
    {
        GameData.Instance.gamePlayManager.SetupGameStateToIdle();
    }
}
else
{
    animator.SetTrigger("damaged");
```

```
            }
        }
    --(후략)--
```

이제 적 생성 부분을 확인하겠습니다. 먼저 하이어라키에서 새로운 빈 게임 오브젝트를 만들고 이름을 @SpawnPosition으로 변경(❶)합니다. @SpawnPosition 게임 오브젝트의 Transform 컴포넌트 Position은 30, 0, 0으로 설정(❷)합니다. X를 30으로 설정한 이유는 게임 화면에서 완전히 보이지 않는 지점에서 적 캐릭터를 생성하기 위해서입니다.

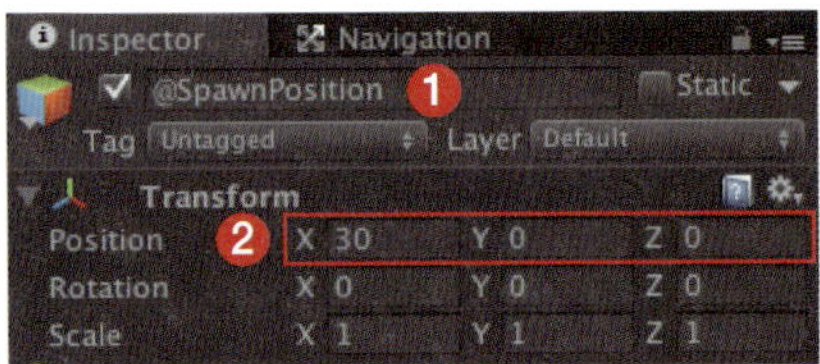

그림 3-95: @SpawnPosition 게임 오브젝트 설정

하이어라키에서 @GM 게임 오브젝트를 선택하고 게임 플레이 매니저의 Game Object Pool Position에 방금 추가한 @Spawn Position을 연결(❶)합니다. 그리고 Spawn Enemy Objs의 Size를 1로 설정(❷)하고 Element 0에 프로젝트 브라우저 Prefabs 폴더의 Pig 게임 오브젝트를 연결(❸)합니다.

그림 3-96: 게임 플레이 매니저 설정

게임을 실행하기 전에 주 메뉴의 [Edit] → [Project Settings] → [Tags and Layers]를 클릭해 적 캐릭터에 사용하는 enemy, boss 태그와 장애물 탐색에 사용할 obstacle 태그를 새로 추가합니다.

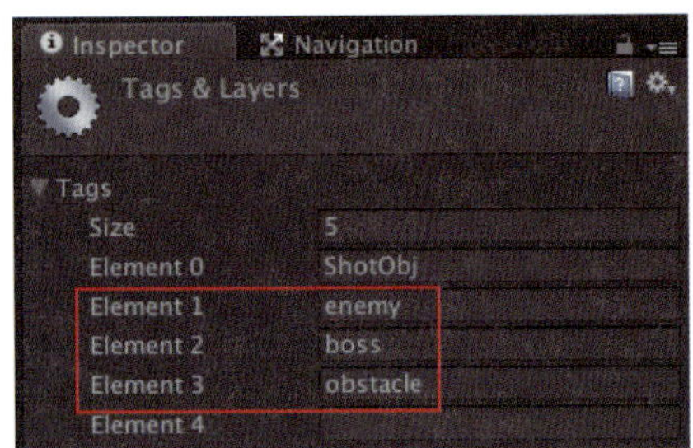

그림 3-97: 적 캐릭터, 적 보스, 장애물에 사용될 태그 추가

이제 게임을 실행하면 3초 후부터 많은 에러가 콘솔 뷰에 나타납니다. 콘솔 뷰에서 에러를 더블클릭해서 확인해보면 게임 플레이 매니저의 Spawn Enemy Objs에 등록된 Pig 게임 오브젝트에 Enemy 스크립트가 적용돼 있지 않아 Enemy.InitEnemy 메서드를 사용할 수 없어 발생한 오류라는 것을 알 수 있습니다.

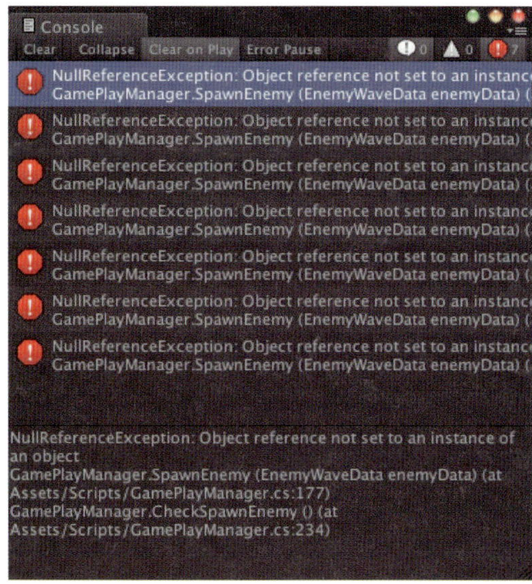

그림 3-98: Enemy 스크립트를 찾지 못해 발생하는 에러

프로젝트 브라우저에서 Prefabs 폴더의 Pig 게임 오브젝트를 최신화하기 위해서 하이어라키의 Pig 게임 오브젝트를 선택하고 Transform 컴포넌트 Position을 0, 0, 0으로 입력(❶)한 후 Prefab의 [Apply] 버튼을 클릭(❷)합니다. Prefab을 최신화했으므로 하이어라키의 Pig 게임 오브젝트는 제거합니다.

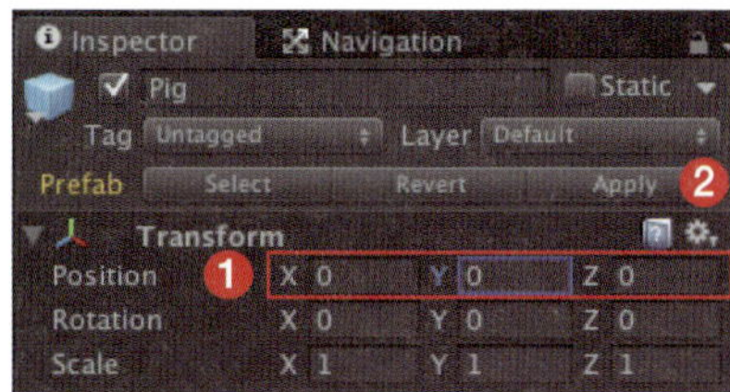

그림 3-99: Pig 게임 오브젝트 설정

게임을 실행해 다시 확인해보면 적 캐릭터가 생성되는 모습을 확인할 수 있습니다.

그림 3-100: 적 캐릭터 생성 확인

새로운 적 캐릭터 추가

울타리와 일정거리 이상 떨어진 지점에서 공격하는 적 캐릭터를 제작하겠습니다.

새로운 적 캐릭터 설정

프로젝트 브라우저의 Prefabs 폴더에서 Rat 게임 오브젝트를 하이어라키에 추가합니다. Pig 게임 오브젝트와 마찬가지로 Sorting Layer 문제로 화면에 나타나지 않을 것입니다. Rat 게임 오브젝트의 자식 게임 오브젝트인 Rat_Body, Rat_Arm_Left, Rat_Arm_Right, Rat_Head, Rat_Leg_Left, Rat_Leg_Right, Shadow 게임 오브젝트를 모두 선택한 후 Spriter Renderer 컴포넌트의 Sorting Layer를 Characters로 변경합니다.

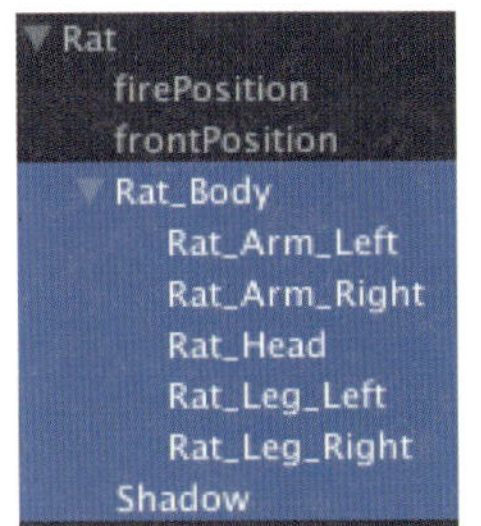

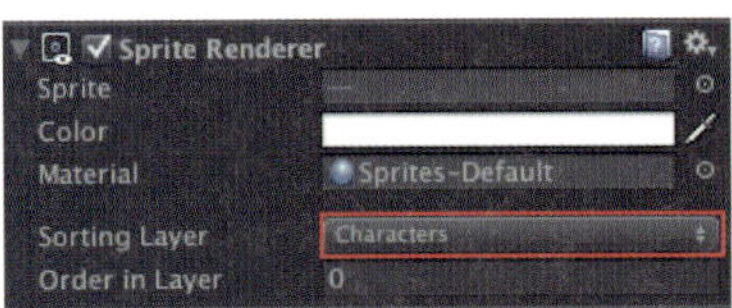

그림 3-101: Sorting Layer 변경

Sorting Layer를 변경한 후 Rat 게임 오브젝트를 선택하고 주 메뉴의 [Component] → [Physics 2D] → [Box Collider 2D]를 클릭해 박스 콜리더를 추가한 뒤 다음 표를 참조해 설정합니다.

속성	값
is Trigger	체크
Size	1.8, 2
Center	0, 1

표 3-16: Box Collider 2D 컴포넌트 설정

새로운 적 스크립트 생성

Enemy 스크립트를 단순화하면 이동, 장애물 탐색(울타리), 공격을 순환하는 구조입니다.

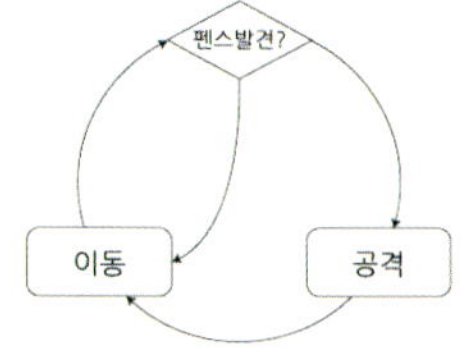

그림 3-102: Enemy 스크립트 단순화 순서도

Rat 게임 오브젝트는 모든 것이 Enemy 스크립트와 동일하지만 공격에서만 차이가 있습니다. 따라서 새로운 적 스크립트는 상속으로 모든 것이 부모 스크립트와 동일하게 작동하지만 필요한 부분만 자신의 것(❶)이 적용되는 형태로 제작하고자 합니다.

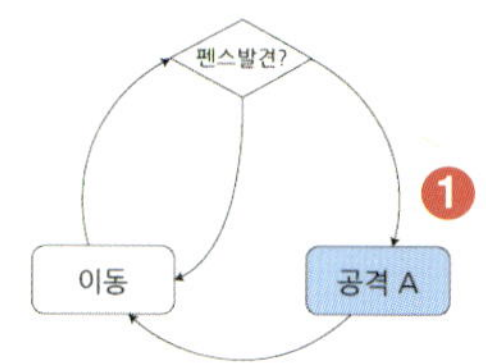

그림 3-103: 새로운 적 스크립트 단순화 순서도

이러한 상속의 특징을 알아보기 위해 두 개의 테스트 스크립트를 제작해 테스트해보면 결과가 다음과 같습니다.

부모 클래스	자식 클래스

`public class testParent : MonoBehaviour {`
`    protected string printStr = "";`
`    void OnEnable()`
`    {`
`        InitString();`
`        PrintString();`
`    }`
`    // 상속을 통해서 변경하고자하는 메서드.`
`    public void InitString()`
`    {`
`        printStr = "parent class";`
`    }`
`    void PrintString()`
`    {`
`        Debug.Log(printStr);`
`    }`
`}`
`// 결과`
`// parent class`
	`public class testChild : testParent {`
	`    public void InitString()`
	`    {`
	`        printStr = "child class";`
	`    }`
	`}`
	`// 결과`
	`// parent class`

표 3-17: 상속 테스트 결과

InitString 메서드를 자식 클래스에서 새로 정의했으므로 "child class"가 출력될 것을 기대했으나 부모 클래스에서 정의한 값이 그대로 출력됩니다. 다시 말해서 위와 같이 새롭게 정의하는 것은 공격 메서드를 공격 A 메서드로 교체하고자 하는 목적에 맞지 않는 방법입니다.

C#에서는 virtual 키워드와 override 한정자를 이용해 이런 문제를 해결하도록 하고 있습니다. 테스트 스크립트를 수정해 적용해 보겠습니다.

부모 클래스	자식 클래스

<pre>---(전략)---
    // 상속을 통해서 변경하고자하는 메서드.
    public virtual void InitString()
    {
        printStr = "parent class";
    }
---(후략)---
// 결과
// parent class</pre>
	<pre>---(전략)---
	    public override void InitString()
	    {
	        printStr = "child class";
	    }
	---(후략)---
	// 결과
	// child class</pre>

표 3-18: 상속 테스트 결과

부모 클래스와 자식 클래스에서 출력된 결과가 원했던 대로 출력되는 모습을 확인할 수 있습니다. 이처럼 virtual 키워드와 override 한정자를 사용하면 부모, 자식 클래스 간에 큰 틀을 유지한 상태에서 부분적인 기능을 변경해 사용할 수 있습니다. 이렇게되면 코드를 수정할 때 부모 클래스만 변경하면 자식 클래스는 그대로 사용할 수 있어서 편리합니다.

용어설명

virtual 키워드

메서드, 속성, 이벤트 등을 한정하는 데 사용하며 자식 클래스에서 재정의 될 수 있습니다.

override 한정자

가상(virtual)이나 추상(abstract)으로 구현된 메서드, 속성, 이벤트 등을 확장하거나 수정하는 데 사용합니다.

virtual 키워드와 override 한정자를 사용해 Enemy 스크립트를 상속받아 Attack 메서드를 구현하는 스크립트를 제작하겠습니다. Enemy 스크립트의 Attack 메서드를 자식 클래스에서 확장 및 수정할 수 있도록 virtual 키워드를 추가합니다.

예제 3-44: Enemy.cs

```
---(전략)---
    public virtual void Attack()
---(후략)---
```

프로젝트 브라우저의 Scripts 폴더에 이름이 EnemyRanged인 새로운 C# 스크립트를 추가합니다. 그리고 EnemyRanged 스크립트는 Enemy 스크립트를 상속받도록 하고 override 한정자를 활용해 Attack 메서드를 수정할 수 있도록 합니다.

예제 3-45: EnemyRanged.cs

```
using UnityEngine;
using System.Collections;
// Enemy 스크립트를 상속 받는다.
public class EnemyRanged : Enemy {

    // 발사할 게임 오브젝트.
    public GameObject shotObj;
    // 발사 위치.
    public Transform firePosition;
    // 발사 속도.
    public float fireSpeed = 3;

    // 발사할 게임 오브젝트 생성에 사용.
    GameObject tempObj;
    Vector2 tempVector2 = new Vector2();

    public override void Attack()
    {
        // TODO: 원거리에서 공격할 수 있도록 구현.
    }
}
```

EnemyRanged 스크립트는 Enemy 스크립트를 상속받음으로써 public, protected 액세스 한정자로 지정한 모든 멤버 필드와 메서드를 사용할 수 있게 됐고 Attack 메서드도 수정할 수 있게 됐습니다.

EnemyRanged 스크립트는 울타리와 일정거리 이상 떨어진 지점에서 공격하는 적 캐릭터를 위한 것이므로 직접적인 공격이 아니라 게임 오브젝트를 발사해 공격하도록 수정합니다.

예제 3-46: EnemyRanged.cs

```
---(전략)---
    public override void Attack()
    {
        // 원거리에서 공격할 수 있도록 구현.
        if(objPool == null)
        {
            objPool = new GameObjectPool(
                GameData.Instance.gamePlayManager
                    .gameObjectPoolPosition.transform.position.x,
                shotObj);
        }

        if( !objPool.NextGameObject(out tempObj) )
        {
            tempObj = Instantiate(
                shotObj,
                GameData.Instance.gamePlayManager
                    .gameObjectPoolPosition.transform.position,
                Quaternion.identity
                ) as GameObject;
            tempObj.name = shotObj.name + objPool.lastIndex;
            objPool.AddGameObject(tempObj);
        }
        // position move
        tempObj.transform.position = firePosition.position;
        // 속도 지정.
        tempVector2 = Vector2.right* -1 * fireSpeed;
        tempObj.rigidbody2D.velocity = tempVector2;
        // TODO: 게임 오브젝트에 공격력을 담아 장애물 등과 충돌했을 때
        // 데미지를 끼칠 수 있도록 한다.
    }
---(후략)---
```

EnemyRanged 스크립트를 통해 발사된 게임 오브젝트가 공격할 수 있게 처리합니다. 기본적인 처리는 공격력을 기억하고 충돌 시 적에게 공격한다는 점에서 ShotObj와 동일하므로 이를 상속해 만들겠습니다.

프로젝트 브라우저의 Scripts 폴더에 이름이 EnemyShotObj인 새로운 C# 스크립트를 생성하고 다음과 같이 입력합니다.

예제 3-47: EnemyShotObj.cs

```
using UnityEngine;
using System.Collections;

public class EnemyShotObj : ShotObj
{
    void OnTriggerEnter2D(Collider2D other)
    {
        // 장애물과 충돌 시, 공격하여 피해를 가한다.
        if( other.CompareTag("obstacle"))
        {
            IDamageable damegeTarget = (IDamageable)other.GetComponent(typeof(IDamageable));
            damegeTarget.Damage(attackPower);
            // 공격 후 제거.
            Destroy(gameObject);
        }
    }
}
```

ShotObj와 EnemyShotObj 스크립트의 OnTriggerEnter2D 스크립트는 GameObject.CompareTag 메서드를 사용해 충돌한 게임 오브젝트가 어떤 것인지 판단하는 것을 제외하고 나머지 실행 부분은 공격을 가하는 방법이 같습니다. 이렇게 공통적인 부분이 발견될 때는 코드의 유지 보수가 편리하도록 해당 내용을 메서드로 묶어서 처리하는 것이 좋습니다. 먼저 EnemyShotObj 스크립트의 부모 클래스인 ShotObj 스크립트에 AttackAndDestroy 메서드를 추가하고 다음과 같이 수정합니다.

예제 3-48: ShotObj.cs

```
---(전략)---
    void OnTriggerEnter2D(Collider2D other)
    {
        // 적 캐릭터 인 경우, 공격하여 피해를 가한다.
        if(other.CompareTag("enemy") || other.CompareTag("boss") )
        {
            // 공격 후 게임 오브젝트 제거.
            AttackAndDestroy(other);
        }
    }
```

```
    protected void AttackAndDestroy(Collider2D other)
    {
        IDamageable damageTarget =
            (IDamageable)other.GetComponent(typeof(IDamageable));
        damageTarget.Damage(attackPower);
        // 공격 후 제거.
        Destroy(gameObject);
    }
---(후략)---
```

새로 추가한 AttackAndDestroy 메서드는 ShotObj 스크립트와 EnemyShotObj 스크립트에서 동일하게 실행되던 OnTriggerEnter2D 메서드의 실행 부분 내용을 옮긴 것입니다. 이를 EnemyShotObj 스크립트에서도 사용하도록 수정합니다.

예제 3-49: EnemyShotObj.cs

```
---(전략)---
    void OnTriggerEnter2D(Collider2D other)
    {
        // 장애물과 충돌 시, 공격하여 피해를 가한다.
        if( other.CompareTag("obstacle"))
        {
            // 공격 후 게임 오브젝트 제거
            AttackAndDestroy(other);
        }
    }
---(후략)---
```

프로젝트 브라우저 Prefabs 폴더의 EnemyShotObj 게임 오브젝트에 EnemyShotObj 스크립트를 추가해 실제로 적용되게 합니다.

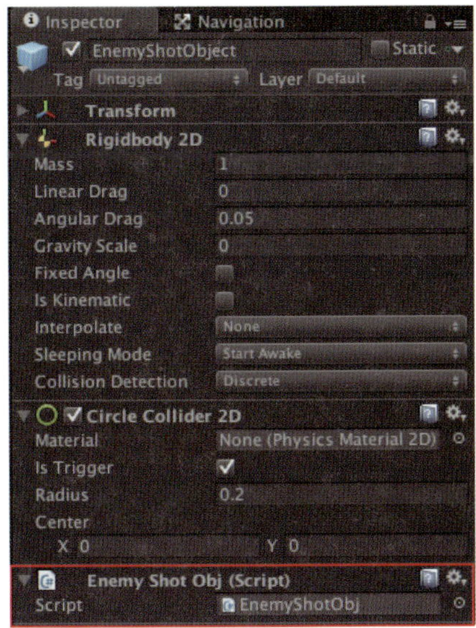

그림 3-104: EnemyShotObj 스크립트 적용

ShotObj 스크립트와 EnemyShotObj 스크립트의 차이는 찾는 GameObject.tag만 다르다는 것을 알 수 있습니다. 그럼 공격을 가하는 부분만 따로 메서드로 빼서 코드의 중복을 막고 유지 보수를 용이하게 할 수 있습니다.

제작된 EnemyShotObj 스크립트를 통해서 실제로 공격력을 담아 발사할 수 있게 EnemyRanged 스크립트의 Attack 메서드를 다음과 같이 추가합니다.

예제 3-50: EnemyRanged.cs

```
---(전략)---
    public override void Attack()
    {
---(중략)---
        // 게임 오브젝트에 공격력을 담아 장애물 등과 충돌했을 때 데미지를 끼칠 수 있도록 한다.
        EnemyShotObj tempEnemyShot = tempObj.GetComponent<EnemyShotObj>();
        tempEnemyShot.InitShotObj( attackPower );
    }
---(후략)---
```

하이어라키의 Rat 게임 오브젝트에 제작한 EnemyRanged 스크립트를 적용하고 Front Position과 Fire Position에 각각 Rat 게임 오브젝트의 자식 게임 오브젝트 중에서 frontPosition 게임 오브젝트와 firePosition 게임 오브젝트를 찾아서 적용(❶), (❷)합니다. 그리고 Shot Obj에 프로젝트 브라우저 Prefabs 폴더의 EnemyShotObj 게임 오브젝트를 적용(❸)합니다. 마지막으로 [Apply] 버튼을 클릭해 프로젝트 브라우저의 Rat 게임 오브젝트에도 반영될 수 있게 합니다.

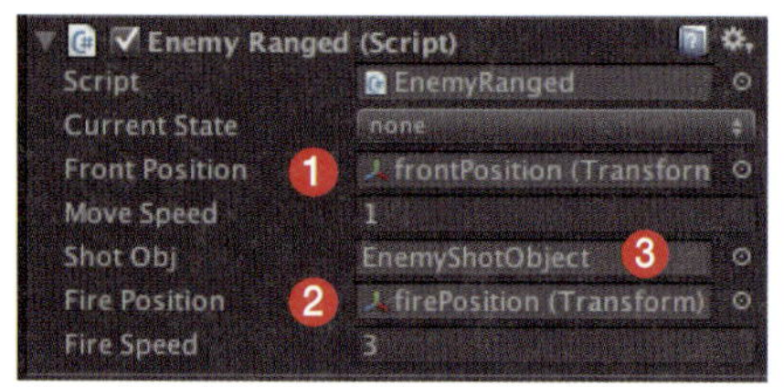

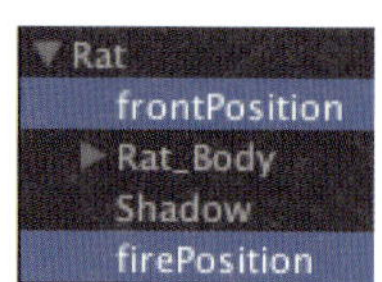

그림 3-105: EnemyRanged 스크립트 적용

애니메이션 수정

Pig 게임 오브젝트와 마찬가지로 Rat 게임 오브젝트도 Animation 뷰를 열어서 애니메이션 이벤트를 추가해야 합니다. rat_attack 애니메이션을 선택한 후 12, 13 프레임에 각각 키를 추가해 Attack, AttackAnimationEnd 메서드를 선택합니다. 그런데 function 콤보박스 리스트에 Attack 메서드가 나타나지 않습니다.

OnEnable ( )
FixedUpdate ( )
AttackAnimationEnd ( )
Damage (float)
✓ (No Function Selected)

그림 3-106: function 리스트

Enemy 스크립트를 적용한 Pig 게임 오브젝트에는 나타났는데 EnemyRanged 스크립트를 적용한 Rat 게임 오브젝트에서는 보이지 않습니다. 이는 유니티에서 오버라이드한 메서드가 Animation Event에 표현되지 않기 때문입니다. 별도의 메서드를 제작해 Animation Event로 호출할 수 있게 하겠습니다. EnemyRanged 스크립트에 메서드를 하나 추가합니다.

예제 3-51: EnemyRanged.cs

```
---(전략)---
    public void CallAttack()
    {
        Attack();
    }
---(후략)---
```

팁

지속적으로 이렇게 프로그래밍하기는 여러울 수 있으므로 구조를 생각할 때 오버라이드를 구현하게 된다면 미리 공통적으로 호출하는 메서드를 제작해 부모 클래스에 등록해놓는 방법이 더 좋습니다.

이제 rat_attack 애니메이션의 Animation Event로 12 프레임에 CallAttack 메서드를 등록하고 13 프레임에 AttackAnimationEnd 메서드를 등록합니다.

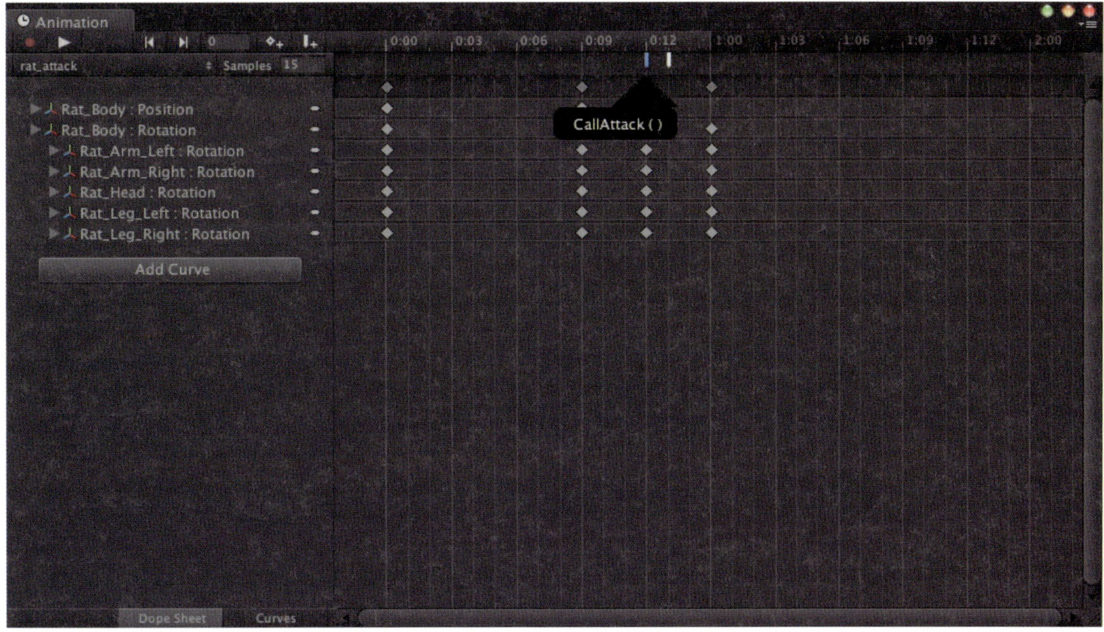

그림 3-107: function 리스트

설정을 완료했으면 하이어라키에서 Rat 게임 오브젝트를 선택하고 [Apply] 버튼을 클릭해 프리팹에 반영될 수 있게 합니다.

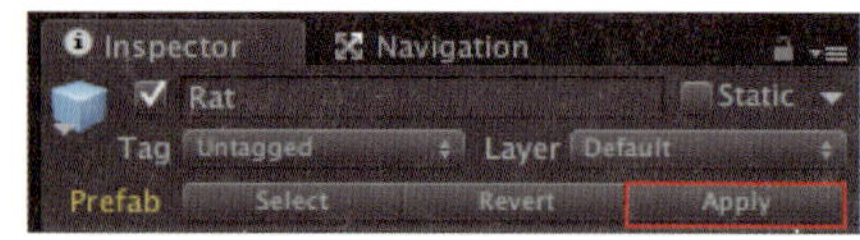

그림 3-108: 프리팹 업데이트

하이어라키에서 게임 플레이 매니저 스크립트가 추가된 @GM 게임 오브젝트를 선택하고 Spawn Enemy Objs의 Size를 2로 설정(❶)합니다. 그리고 Element 1에 프로젝트 브라우저의 Prefabs 폴더에 있는 Rat 게임 오브젝트를 끌어다 놓습니다.

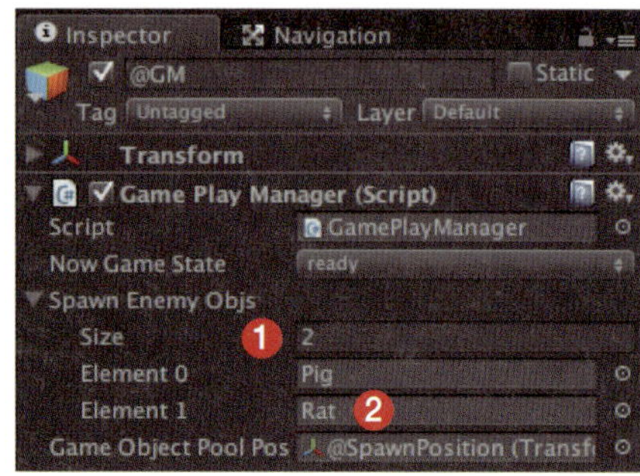

그림 3-109: 게임 플레이 매니저 설정

설정이 끝났으면 하이어라키에서 Fence01~04 게임 오브젝트의 Tag를 obstacle로 변경해 EnemyRanged 스크립트를 통해 발사된 게임 오브젝트가 충돌했을 때 작동되게 합니다.

그림 3-110: Tag 변경

그림 3-111: 새로운 적 캐릭터 생성 확인

디펜스 게임 유저 인터페이스 구성

지금까지 제작한 디펜스 게임에 유저 인터페이스를 구성하면서 나머지 기능을 추가합니다.

게임 플레이 UI 구성

게임을 진행하면서 획득한 점수와 적이 나타나는 웨이브 숫자, 농장 체력 표시 등에 필요한 유저 인터페이스를 구성합니다.

농장 체력 표시

디펜스 게임 종료 조건은 농장이 파괴되는 것입니다. 다른 말로하면 게임을 진행하면서 가장 주시해야 하는 정보가 농장의 체력이라는 의미입니다. 사용자는 왼쪽 위쪽부터 중요한 정보를 찾는 습관이 있으므로 디펜스 게임에서 가장 중요한 정보인 농장 체력도 왼쪽 위에 배치합니다.

먼저 프로젝트에 NGUI를 추가하고 프로젝트 브라우저에 UI 폴더를 생성합니다. 앞서 내려받은 첨부 파일에서 3-3/inGameUI/로 이동해 모든 파일을 새로 생성한 UI 폴더에 추가합니다. UIResource 폴더 아래에 있는 이미지 파일을 아틀라스 메이커를 이용해 아틀라스로 생성합니다. 여기서는 InGameAtlas라는 이름으로 아틀라스를 사용하도록 했습니다.

주 메뉴의 [NGUI] → [Create] → [2D UI]를 클릭해 UI Root 게임 오브젝트를 생성합니다. Culling Mask 나 Event Mask 등에 사용하기 위해서 주 메뉴의 [Edit] → [Project Settings] → [Tags And Layers]를 클릭해 User Layer 9에 UI을 추가합니다.

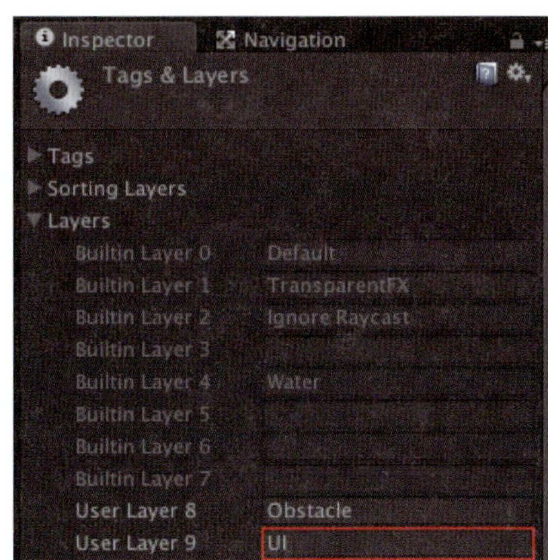

그림 3-112: Layer 추가

하이어라키에서 UI Root 게임 오브젝트를 선택한 뒤 Transform 컴포넌트의 Position을 28, 0, 0으로 설정(❶)해 위치를 이동시키고 Layer를 UI로 변경(❷)합니다. Layer를 변경할 때 자식 게임 오브젝트도 변경할지 묻는 팝업창이 나오면 [Yes, change children] 버튼을 클릭해 UIRoot 게임 오브젝트 아래의 모든 자식 게임 오브젝트도 변경합니다. 유저 인터페이스 비율을 유지하기 위해 Scaling Style을 Constrained로 변경(❸)하고 Content Height를 640으로 설정(❹)한 후 Fit에 체크(❺)해 해상도가 변경되더라도 세로 크기를 640으로 해석해 화면에 맞게 맞춰지게 합니다.

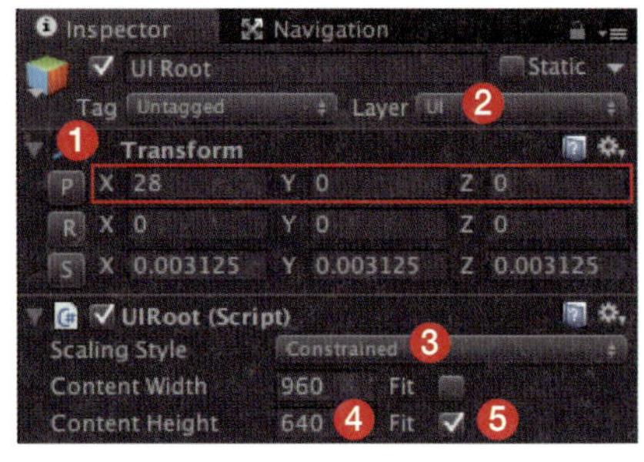

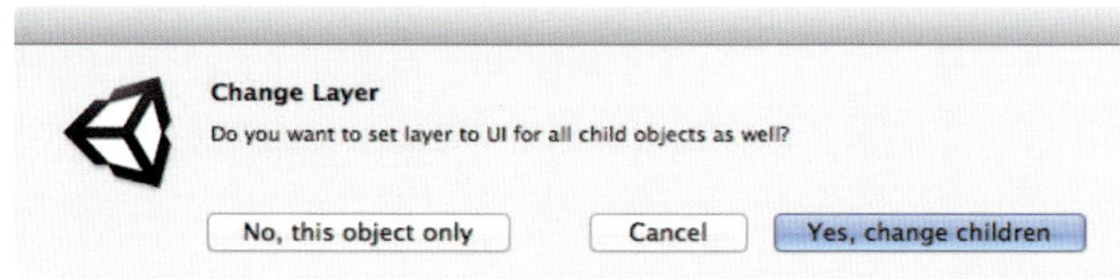

그림 3-113: UI Root 설정

UI Root 게임 오브젝트 설정이 끝났으면 UI Root 게임 오브젝트의 자식 게임 오브젝트인 Camera 게임 오브젝트를 선택합니다. UI 레이어로 설정된 것만 유저 인터페이스로 나타나도록 설정하기 위해서 Camera 컴포넌트의 Culling Mask를 UI로 변경(❶)합니다. 마우스나 터치 이벤트가 UI 레이어서만 탐색될 수 있게 UICamera 컴포넌트의 Event Mask도 UI로 변경(❷)합니다.

Camera 게임 오브젝트 설정이 끝났으면 주 메뉴의 [NGUI] → [Create] → [Panel]을 클릭해 패널이 Camera 게임 오브젝트의 자식 게임 오브젝트로 추가될 수 있게 합니다. 농장 체력을 표시할 유저 인터페이스에서 외각선을 그리기 위해서 주 메뉴의 [NGUI] → [Create] → [Sprite]를 클릭해 Sprite 게임 오브젝트를 생성(❶)하고 이름을 HPBar로 변경합니다.

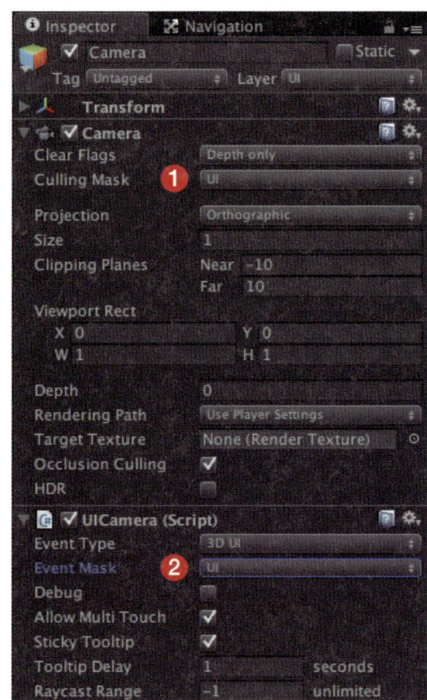

그림 3-114: Camera 설정

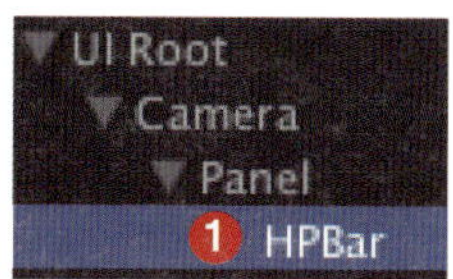

그림 3-115: Sprite 게임 오브젝트

하이어라키에서 HPBar 게임 오브젝트를 선택한 뒤 다음 표를 참조해 UISprite 컴포넌트를 설정합니다.

속성	값
Atlas	InGameAtlas
Sprite	BarBorder
Type	Sliced
Fill Center	체크
Depth	2
Size	150x38
Color Tint	73, 44, 0, 255

표 3-19: UISprite 컴포넌트 설정

UISprite 컴포넌트의 [Edit] 버튼(❶)을 클릭하면 스프라이트 편집이 가능하도록 UIAtlas 컴포넌트가 포함된 InGameAtlas 게임 오브젝트가 자동으로 선택됩니다. UISprite 컴포넌트에서 Sliced 옵션을 사용할 것이므로 Border의 Left, Right, Bottom, Top을 모두 10으로 설정(❷)합니다. 입력이 다 됐으면 [<< Return to HPBar] 버튼을 클릭(❸)합니다. 이 버튼은 어떤 게임 오브젝트에서 [Edit] 버튼을 클릭했는지에 따라 이름이 변경됩니다.

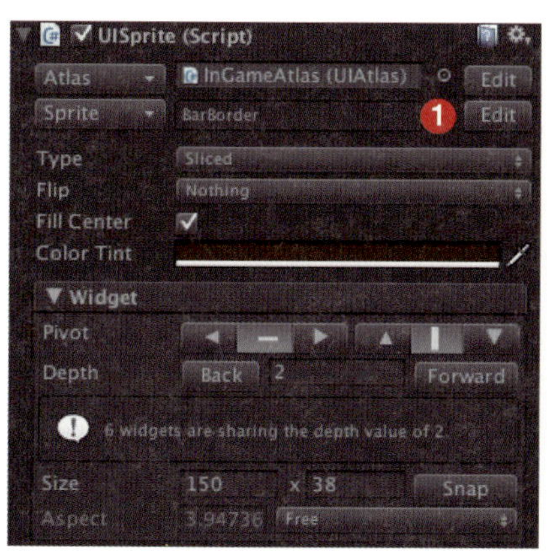

그림 3-116: UIAtlas 컴포넌트 편집

외각선을 만들었으니 안을 채우는 부분을 생성하겠습니다. 하이어라키에서 HPBar 게임 오브젝트를 선택한 상태에서 주 메뉴의 [NGUI] → [Create] → [Sprite]를 실행해 새로운 스프라이트를 생성합니다. 생성된 Sprite 게임 오브젝트의 이름을 BarFill로 변경하고 다음 표를 참조해 UISprite 컴포넌트를 설정합니다.

속성	값
Atlas	InGameAtlas
Sprite	BarPattern
Type	Filled
Depth	1
Size	140x24
Color Tint	255, 216, 0, 255

표 3-20: UISprite 컴포넌트 설정

안을 채우는 부분이 있으면 채워진 것이 줄어들었을 때 비어있다는 것을 알려줄 배경이 필요합니다. HPBar 게임 오브젝트를 선택하고 주 메뉴의 [NGUI] → [Create] → [Sprite]를 클릭해 새로운 스프라이트를 생성합니다. 생성된 Sprite 게임 오브젝트의 이름을 BarBG로 변경하고 다음 표를 참조해 UISprite 컴포넌트를 설정합니다.

속성	값
Atlas	InGameAtlas
Sprite	FillRect
Type	Sliced
Fill Center	체크
Depth	0
Size	140x32
Color Tint	174, 0, 0, 255

표 3-21: UISprite 컴포넌트 설정

FillRect 스프라이트를 편집하기 위해 UISprite 컴포넌트의 [Edit] 버튼을 클릭한 뒤 Border의 Left, Right, Bottom, Top을 모두 10으로 설정(❶)합니다. 입력을 완료했으면 [<< Return to BarBG] 버튼을 클릭(❷)합니다.

그림 3-117: UIAtlas 컴포넌트 편집

이제 타이틀 부분을 제작하겠습니다. 먼저 HPBar 게임 오브젝트를 선택하고 주 메뉴의 [NGUI] → [Create] → [Sprite]를 클릭해 새로운 스프라이트를 생성합니다. 생성된 Sprite 게임 오브젝트의 이름을 titleBG로 변경하고 다음 표를 참조해 UISprite 컴포넌트를 설정합니다.

다음 표에서 Anchors Type은 UISprite 컴포넌트 하단에 Anchors 영역에 위치한 Type을 뜻합니다. Target은 하이어라키에서 해당 게임 오브젝트를 끌어다 놓으면 됩니다.

속성	값	
Atlas	InGameAtlas	
Sprite	ShadowRect	
Type	Sliced	
Fill Center	체크	
Depth	3	
Color Tint	128, 82, 0, 255	
Anchors Type	Unified	
Execute	OnEnable	
Target	HPBar 게임 오브젝트	
Left	Target's Left	–55
Right	Target's Right	15
Bottom	Target's Bottom	–5
Top	Target's Top	5

표 3-22: UISprite 컴포넌트 설정

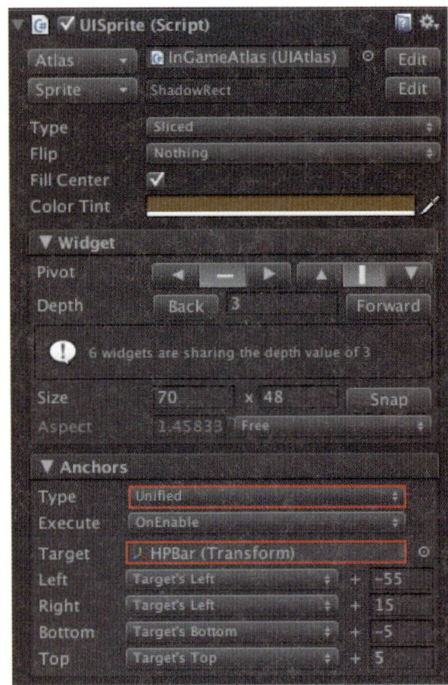

그림 3-118: UISprite 컴포넌트의 Anchors Type

ShadowRect 스프라이트를 편집하기 위해 UISprite 컴포넌트의 [Edit] 버튼을 클릭한 뒤 Border의 Left, Right, Bottom, Top을 모두 10으로 입력(❶)합니다. 입력을 완료했으면 [<< Return to titleBG] 버튼을 클릭(❷)합니다.

그림 3-119: UIAtlas 컴포넌트 편집

titleBG 게임 오브젝트로 돌아왔으면 주 메뉴의 [NGUI] → [Create] → [Label]을 클릭해 새로운 라벨을 생성합니다. 생성된 Label 게임 오브젝트의 이름을 titleLabel로 변경하고 다음 표를 참조해 UILabel 컴포넌트를 설정합니다.

속성	값
Font	NanumBarunGothicBold 끌어다 놓기
Font Size	30
Text	HP
Overflow	ResizedFreely
Depth	4
Color Tint	255, 255, 255, 255

표 3-23: UILabel 컴포넌트 설정

titleBG 게임 오브젝트로 Transform 컴포넌트의 Position을 0, -3, 0으로 설정해 위치를 살짝 아래로 내립니다.

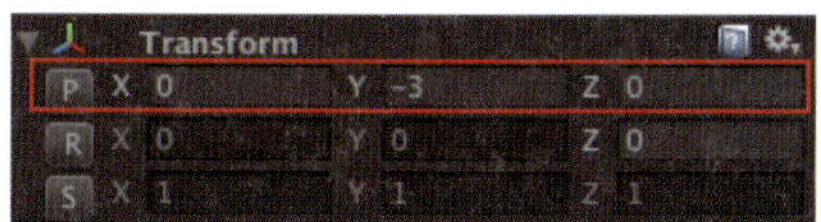

그림 3-120: titleBG 게임 오브젝트 Transform 컴포넌트 편집

하이어라키에서는 다음과 같이 구성된 모습을 확인할 수 있습니다. 구성된 UI 요소가 화면 좌측 상단에 표시되게 HPBar 게임 오브젝트를 편집하겠습니다.

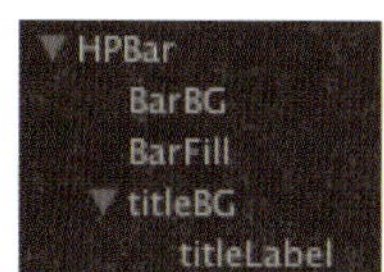

그림 3-121: 농장 체력 표시 UI 하이어라키

하이어라키에서 HPBar 게임 오브젝트를 선택한 후 화면을 기준으로 좌측 상단에 위치시키기 위해 다음 표를 참조해 UISprite 컴포넌트를 설정합니다.

속성	값
Anchors Type	Unified
Execute	OnEnable

속성	값	
Target	Panel 게임 오브젝트	
Left	Target's Left	60
Right	Target's Left	210
Bottom	Target's Top	-48
Top	Target's Top	-10

표 3-24: UISprite 컴포넌트 설정

Panel 게임 오브젝트는 UIPanel 컴포넌트를 통해서 일정한 영역(현재는 기기에 설정된 출력 화면 전체)이 설정돼있습니다. 그 영역의 외각선을 기준으로 Anchors를 이용해 입력된 값만큼 이격하여 위치시키게 됩니다. 예를 들면 HPBar 게임 오브젝트는 Panel 게임 오브젝트의 왼쪽(Target's Left)과 위쪽(Target's Top)을 기준으로 60, 10만큼 떨어져서 위치한 것입니다. 그리고 HPBar 게임 오브젝트의 넓이는 Bottom과 Right에 이격을 위해 입력한 값에 따라 Size가 변경됩니다. 그러므로 Anchors를 사용할 때는 나타내고자 하는 유저 인터페이스의 넓이를 고려해 값을 입력합니다.

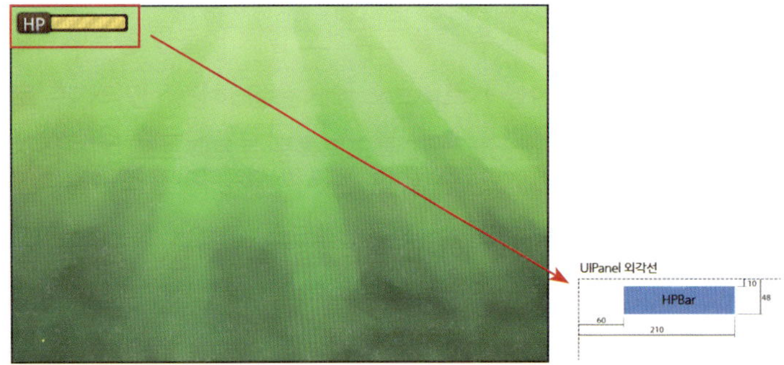

그림 3-122: Anchors의 이해

팁

유저 인터페이스를 화면의 왼쪽 위에 배치하기 위해서 Anchors의 기준값을 Left와 Top으로 했지만 절대적인 것은 아닙니다. 자신이 사용하고자 하는 상황을 고려해 선택하면 됩니다.

위치와 크기가 제대로 반영됐다면 농장 체력이 우리가 입력하는 값에 따라 변경되게 처리해야 합니다. NGUI의 Attach 메뉴를 활용해 처리하겠습니다. 하이어라키에서 HPBar 게임 오브젝트를 선택한 후 주 메뉴의 [NGUI] → [Attach] → [Slider Script]를 클릭해 UISlider 컴포넌트를 추가합니다. 추가된 UISlider 컴포넌트 Appearance의 Foreground에 BarFill 게임 오브젝트를 끌어다 놓습니다(❶). 농장의 체력이 모두 빠졌다가 점점 회복된다고 했을 때 유저 인터페이스의 왼쪽부터 BarFill 게임 오브젝트가 나타나야 하므로 Direction을 LeftToRight으로 선택(❷)합니다.

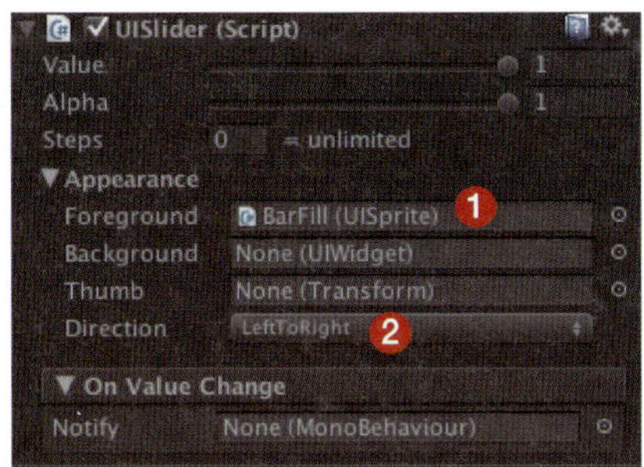

그림 3-123: UISlider 컴포넌트 편집

UISlider 컴포넌트 편집이 모두 끝났으면 Value 슬라이더를 조절해봅니다. 농장의 체력이 달라지는 모습을 확인할 수 있습니다.

그림 3-124: 농장 체력 변경 확인

팁

BarFill 게임 오브젝트처럼 Sprite Type을 Tiled로 설정했을 때 이미지의 경계선 부분에 1픽셀 정도의 얇은 경계선이 보일 때가 있습니다. 이럴 때는 UISprite 컴포넌트의 Sprite 옆에 있는 [Edit] 버튼을 클릭해 Border의 Left, Right, Bottom, Top을 각각 1로 설정하면 됩니다.

점수 표시

게임을 진행하면서 획득한 점수를 표현하기 위한 유저 인터페이스를 앞서 제작한 HPBar를 복사해서 구성하겠습니다. HPBar 게임 오브젝트를 선택한 후 주 메뉴의 [Edit] → [Duplicate]를 클릭해 복사하고 게임 오브젝트의 이름을 ScoreBar로 변경합니다.

필요없는 UISlider 컴포넌트는 제거하겠습니다. UISlider 컴포넌트를 포함해 모든 컴포넌트의 오른쪽 위에 있는 기어 아이콘을 클릭(❶)하거나 컴포넌트 이름에 마우스를 올리고 마우스 오른쪽 버튼을 클릭하면 컨텍스트 메뉴가 활성화됩니다. 이때 Remove Component를 선택(❷)하면 컴포넌트가 제거됩니다.

그림 3-125: UISlider 컴포넌트 제거

그리고 ScoreBar에서 필요 없는 BarFill과 BarBG 게임 오브젝트를 제거하고, ScoreBar 게임 오브젝트 UISprite 컴포넌트의 Sprite를 FillRect로 변경해 점수를 나타낼 배경이 꽉 채워지게 합니다.

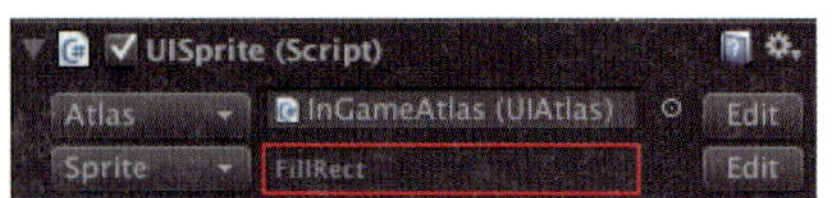

그림 3-126: UISprite 컴포넌트 변경

그리고 다음 표를 참조해 ScoreBar 게임 오브젝트의 자식 게임 오브젝트인 titleLabel의 UILabel 컴포넌트를 설정합니다.

속성	값
Text	점수

표 3-25: UILabel 컴포넌트 설정

이제 라벨을 추가해 실제 점수를 표현하겠습니다. ScoreBar 게임 오브젝트를 선택한 후 주 메뉴의 [NGUI] → [Create] → [Label]을 클릭해 새로운 라벨을 생성합니다. 생성된 Label 게임 오브젝트의 이름을 ScoreLabel로 변경하고 다음 표를 참조해 UILabel 컴포넌트를 설정합니다.

속성	값
Font	NanumBarunGothicBold 끌어다 놓기
Font Size	28
Text	0
Overflow	ResizedFreely
Depth	5
Color Tint	255, 255, 255, 255

표 3-26: UILabel 컴포넌트 설정

ScoreLabel 게임 오브젝트의 Transform 컴포넌트 Position을 0, −4, 0으로 입력해 위치를 아래로 내립니다.

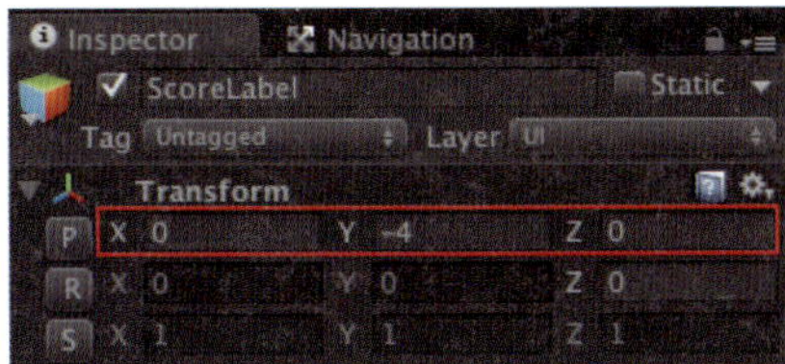

그림 3-127: UILabel 컴포넌트 편집

점수는 화면 상단 중앙에 배치하도록 조절해야 합니다. 다음 표를 참조해 ScoreBar 게임 오브젝트의 UISprite 컴포넌트를 설정합니다.

속성	값	
Anchors Type	Unified	
Execute	OnEnable	
Target	Panel 게임 오브젝트	
Left	Target's Center	−75
Right	Target's Center	75
Bottom	Target's Top	−48
Top	Target's Top	−10

표 3-27: UISprite 컴포넌트 설정

편집이 완료된 ScoreBar 게임 오브젝트의 구성과 결과는 다음과 같습니다.

그림 3-128: ScoreBar확인

적 웨이브 표시

게임을 얼마나 진행했는지 사용자가 알 수 있게 적 웨이브 숫자를 표시할 수 있는 유저 인터페이스를 구성합니다. ScoreBar 게임 오브젝트를 선택한 후 주 메뉴의 [Edit] → [Duplicate]를 클릭해 게임 오브젝트를 복사합니다. 구분을 위해서 게임 오브젝트의 이름을 WaveBar로 변경하고 다음 표를 참조해 titleLabel 게임 오브젝트의 UILabel 컴포넌트를 설정합니다.

속성	값
Text	Wave

표 3-28: UILabel 컴포넌트 설정

"점수"나 "HP"에 비해서 "Wave"가 상대적으로 글자수가 많아서 titleBG가 더 넓게 표현돼야 합니다. 다음 표를 참조해 titleBG 게임 오브젝트의 UISprite 컴포넌트를 수정합니다.

속성	값	
Anchors Type	Unified	
Execute	OnEnable	
Target	WaveBar 게임 오브젝트	
Left	Target's Left	–85
Right	Target's Left	15
Bottom	Target's Bottom	–5
Top	Target's Top	5

표 3-29: UISprite 컴포넌트 설정

적 웨이브는 화면 오른쪽 위에 위치하도록 조절이 필요합니다. 다음 표를 참조해 WaveBar 게임 오브젝트의 UISprite 컴포넌트를 수정합니다.

속성	값	
Anchors Type	Unified	
Execute	OnEnable	
Target	Panel 게임 오브젝트	
Left	Target's Right	–300
Right	Target's Right	–200
Bottom	Target's Top	–48
Top	Target's Top	–10

표 3-30: UISprite 컴포넌트 설정

그리고 구분을 위해서 ScoreLabel 게임 오브젝트 이름을 WaveLabel로 변경합니다. 이렇게 하여 편집이 완료된 WaveBar 게임 오브젝트의 구성과 결과는 다음과 같습니다.

그림 3-129: WaveBar확인

일시 정지, 배속 변경 버튼 추가

사용자가 게임을 계속 진행해 더 강해졌다고 하면 게임 시작 후 얼마간 너무 약한 적 때문에 지루합니다. 이때 배속을 증가시켜 빠르게 진행하도록 편의를 제공하기 위해 배속 변경 버튼을 추가하겠습니다. 그리고 잠시 게임을 중단할 수 있도록 일시 정지 버튼도 추가합니다.

먼저 일시 정지 버튼을 만들기 위해서 하이어라키에서 Panel 게임 오브젝트를 선택하고 주 메뉴의 [NGUI] → [Create] → [Sprite]를 클릭해 새로운 스프라이트를 생성합니다. 생성된 스프라이트 이름을 PauseButton으로 변경하고 다음 표를 참조해 UISprite 컴포넌트를 설정합니다.

속성	값	
Atlas	InGameAtlas	
Sprite	ShadowRect	
Type	Sliced	
Fill Center	체크	
Depth	2	
Color Tint	255, 195, 0 , 255	
Anchors Type	Unified	
Execute	OnEnable	
Target	Panel 게임 오브젝트	
Left	Target's Right	-80
Right	Target's Right	-10
Bottom	Target's Top	-80
Top	Target's Top	-10

표 3-31: UISprite 컴포넌트 설정

일시 정지 버튼의 아이콘을 추가하기 위해서 하이어라키에서 PauseButton 게임 오브젝트를 선택하고 주 메뉴의 [NGUI] → [Create] → [Sprite]를 클릭해 새로운 스프라이트를 생성합니다. 생성된 스프라이트의 이름을 PauseIcon으로 변경하고 다음 표를 참조해 UISprite 컴포넌트를 설정합니다.

속성	값
Atlas	InGameAtlas
Sprite	pause
Type	Sliced
Fill Center	체크
Depth	3
Size	35x40
Color Tint	0, 0, 0 , 255

표 3-32: UISprite 컴포넌트 설정

pause 스프라이트는 UISprite 컴포넌트에서 Sliced 옵션을 사용해 세로 방향으로 크기가 변경될 것이므로 UISprite 컴포넌트의 Sprite 옆에 위치한 [Edit] 버튼을 클릭해 Border의 Bottom과 Top을 5로 설정(❶)합니다. 입력이 다 됐으면 [〈〈 Return to PauseIcon] 버튼을 클릭(❷)합니다.

그림3-130: UIAtlas 컴포넌트 편집

편집이 완료된 PauseButton게임 오브젝트의 구성과 결과는 다음과 같습니다.

그림 3-131: PauseButton 확인

일시 정지 버튼을 만들었으니 이제 일시 정지 버튼을 활용해 배속 변경 버튼을 제작하겠습니다. 하이어라키에서 PauseButton 게임 오브젝트를 선택하고 주 메뉴의 [Edit] → [Duplicate]를 실행해 게임 오브젝트를 복사합니다. 구분을 위해서 게임 오브젝트의 이름을 SpeedButton으로 변경합니다. 배속 변경 버튼은 일시 정지 버튼 왼쪽에 위치하도록 다음 표를 참조해 UISprite 컴포넌트를 수정합니다.

속성	값	
Color Tint	255, 111, 0, 255	
Anchors Type	Unified	
Execute	OnEnable	
Target	PauseButton 게임 오브젝트	
Left	Target's Left	–80
Right	Target's Left	–10
Bottom	Target's Bottom	0
Top	Target's Top	0

표 3-33: UISprite 컴포넌트 설정

배속 변경 버튼에는 아이콘을 나타내는 스프라이트가 필요 없으므로 SpeedButton 게임 오브젝트의 자식 게임 오브젝트인 PauseIcon 게임 오브젝트를 제거합니다. 그리고 하이어라키에서 SpeedButton 게임 오브젝트를 선택한 뒤 주 메뉴의 [NGUI] → [Create] → [Label]을 클릭해 새로운 라벨을 생성합니다. 생성된 라벨의 이름을 SpeedLabel로 변경하고 다음 표를 참조해 UILabel 컴포넌트를 설정합니다.

속성	값
Font	NanumBarunGothicBold 끌어다 놓기
Font Size	30
Text	x1
Overflow	ResizedFreely
Gradient	체크 해제
Depth	3
Color Tint	0, 0, 0, 255

표 3-34: UILabel 컴포넌트 설정

편집이 완료된 SpeedButton 게임 오브젝트의 구성과 결과는 다음과 같습니다.

그림 3-132: SpeedButton 확인

일시 정지 화면 구성

일시 정지 버튼을 클릭했을 때 현재 게임이 일시 정지돼 있다는 정보를 전달하기 위한 유저 인터페이스를 구성하겠습니다. 하이어라키에서 Panel 게임 오브젝트를 선택하고 주 메뉴의 [NGUI] → [Create] → [Sprite]를 클릭해 새로운 스프라이트를 생성합니다. 생성된 스프라이트의 이름을 PauseWindow로 변경하고 다음 표를 참조해 UISprite 컴포넌트를 설정합니다.

속성	값
Atlas	InGameAtlas
Sprite	ShadowRect
Type	Sliced
Fill Center	체크
Depth	8
Size	360x200
Color Tint	255, 195, 0 , 255

표 3-35: UISprite 컴포넌트 설정

일시 정지 화면이 활성화 됐을 때 전체적으로 화면을 어둡게 해 주목도를 높이기 위한 스프라이트를 추가합니다. 하이어라키에서 PauseWindow 게임 오브젝트를 선택하고 주 메뉴의 [NGUI] → [Create] → [Sprite]를 클릭해 새로운 스프라이트를 생성합니다. 생성된 스프라이트의 이름을 blackBG로 변경하고 다음 표를 참조해 생성한 스프라이트의 UISprite 컴포넌트를 설정합니다.

속성	값	
Atlas	InGameAtlas	
Sprite	FillRect	
Type	Sliced	
Fill Center	체크	
Depth	7	
Color Tint	0, 0, 0 , 138	
Anchors Type	Unified	
Execute	OnEnable	
Target	Panel 게임 오브젝트	
Left	Target's Left	0
Right	Target's Right	0

속성	값	
Bottom	Target's Bottom	0
Top	Target's Top	0

표 3-36: UISprite 컴포넌트 설정

현재 게임이 일시 정지됐음을 알리기 위해서 화면에 일시 정지 글자를 추가하겠습니다. 하이어라키에서 PauseWindow 게임 오브젝트를 선택하고 주 메뉴의 [NGUI] → [Create] → [Label]을 클릭해 새로운 라벨을 생성합니다. 생성된 라벨의 이름을 titleLabel로 변경하고 다음 표를 참조해 UILabel 컴포넌트를 설정합니다.

속성	값
Font	NanumBarunGothicBold 끌어다 놓기
Font Size	40
Text	Pause
Overflow	ResizedFreely
Gradient	체크
Effect	Outline
Effect Color	0, 0, 0, 255
Effect X, Y	1, 1
Depth	9
Color Tint	255, 255, 255, 255

표 3-37: UILabel 컴포넌트 설정

Effect를 Outline으로 변경하면 새로운 옵션이 나타납니다.

titleLabel 게임 오브젝트의 Transform 컴포넌트 Position을 0, 50, 0으로 설정해 글자가 위쪽에 놓이게 조절합니다.

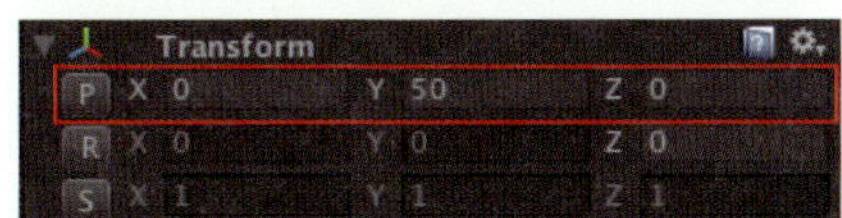

그림 3-133: Transform 컴포넌트 편집

이제 일시 정지 후 다시 게임을 시작할 때 누를 플레이 버튼을 추가합니다. 하이어라키에서 PanelWindow 게임 오브젝트를 선택하고 주 메뉴의 [NGUI] → [Create] → [Sprite]를 클릭해 새로운 스프라이트를 생성합니다. 생성된 스프라이트의 이름을 PlayButton으로 변경하고 다음 표를 참조해 UISprite 컴포넌트를 설정합니다.

속성	값
Atlas	InGameAtlas
Sprite	ShadowRect
Type	Sliced
Fill Center	체크
Depth	9
Size	70x70
Color Tint	255, 255, 255, 255

표 3-38: UISprite 컴포넌트 설정

Transform 컴포넌트의 Position을 0, −15, 0으로 설정해 titleLabel 게임 오브젝트와 위치를 벌립니다.

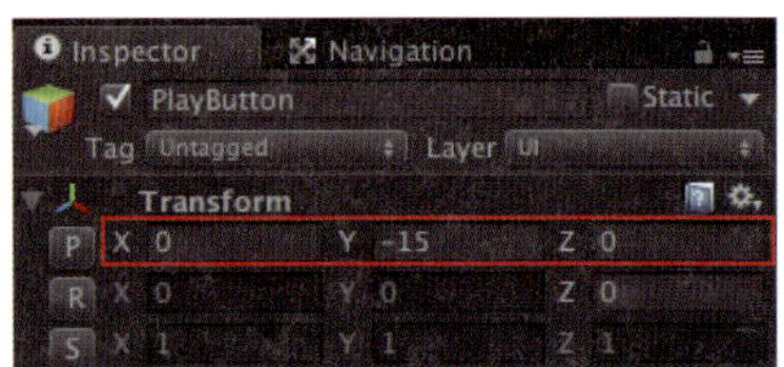

그림 3-134: Transform 컴포넌트 편집

PlayButton 게임 오브젝트에 플레이 아이콘을 추가하겠습니다. PlayButton 게임 오브젝트를 선택하고 주 메뉴의 [NGUI] → [Create] → [Sprite]를 클릭해 새로운 스프라이트를 생성합니다. 구분을 위해서 이름을PlayIcon으로 변경하고 다음 표를 참조해 UISprite 컴포넌트를 설정합니다.

속성	값
Atlas	InGameAtlas
Sprite	play
Type	Simple
Depth	10
Size	35x40
Color Tint	0, 0, 0, 255

표 3-39: UISprite 컴포넌트 설정

PlayButton 게임 오브젝트에 라벨을 추가해 해당 버튼이 어떤 역할을 하는지 설명하는 타이틀을 넣겠습니다. PlayButton 게임 오브젝트를 선택하고 주 메뉴의 [NGUI] → [Create] → [Label]을 클릭해 새로운 라벨을 생성합니다. 생성된 라벨의 이름을 buttonTitle로 변경하고 다음 표를 참조해 UILabel 컴포넌트를 설정합니다.

속성	값
Font	NanumBarunGothicBold 끌어다 놓기
Font Size	25
Text	돌아가기
Overflow	ResizedFreely
Gradient	체크 해제
Depth	10
Color Tint	0, 0, 0, 255

표 3-40: UILabel 컴포넌트 설정

지금까지 완성된 모습은 다음과 같습니다.

그림 3-135: PauseWindow 확인

PlayButton 게임 오브젝트를 복사해 PlayButton 좌우에 버튼을 추가하겠습니다. 먼저 게임을 처음부터 다시 시작할 수 있는 다시 시작 버튼을 추가하겠습니다. 하이어라키에서 PlayButton 게임 오브젝트를 선택한 후 주 메뉴의 [Edit] → [Duplicate]를 클릭해 게임 오브젝트를 복사합니다. 구분을 위해 게임 오브젝트의 이름을 ReloadButton으로 변경한 뒤 PlayButton 게임 오브젝트의 왼쪽에 배치하기 위해 ReloadButton 게임 오브젝트의 Transform 컴포넌트 Position을 −100, −15, 0으로 설정(❶)하고 Scale을 1, 1, 1로 설정(❷)합니다.

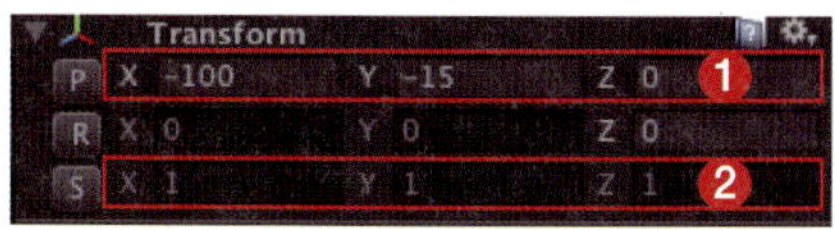

그림 3-136: Transform 컴포넌트 편집

ReloadButton 게임 오브젝트의 자식 게임 오브젝트인 PlayIcon의 이름을 ReloadIcon으로 변경하고 Transform 컴포넌트 Position을 -2, 0, 0으로 설정해 왼쪽으로 조금 이동시킵니다.

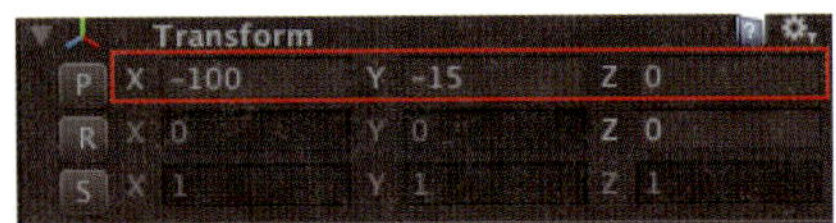

그림 3-137: Transform 및 UISprite 컴포넌트 편집

ReloadIcon 게임 오브젝트의 UISprite 컴포넌트는 다음 표를 참조해 설정합니다.

속성	값
Atlas	InGameAtlas
Sprite	reload
Type	Simple
Depth	10
Size	40x40
Color Tint	0, 0, 0, 255

표 3-41: UISprite 컴포넌트 설정

ReloadButton 게임 오브젝트의 자식 게임 오브젝트인 buttonTitle 게임 오브젝트를 선택한 뒤 다음 표를 참조해 UILabel 컴포넌트를 수정합니다.

속성	값
Font	NanumBarunGothicBold 끌어다 놓기
Font Size	25
Text	다시시작

표 3-42: UILabel 컴포넌트 설정

이제 버튼을 복사해 처음으로 이동하는 버튼을 만들겠습니다. 하이어라키에서 PauseButton 게임 오브젝트를 복사해 이름을 HomeButton으로 변경합니다. PlayButton 게임 오브젝트의 오른쪽에 배치하기 위해 HomeButton 게임 오브젝트의 Transform 컴포넌트 Position을 100, -15, 0으로 설정(❶)하고 Scale은 1, 1, 1로 설정(❷)합니다.

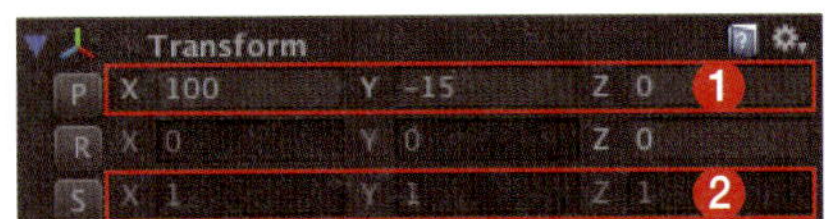

그림 3-138: Transform 컴포넌트 편집

HomeButton 게임 오브젝트의 자식 게임 오브젝트인 PlayIcon의 이름을 HomeIcon으로 변경하고 다음 표를 참조해 UISprite 컴포넌트를 수정합니다.

속성	값
Atlas	InGameAtlas
Sprite	house
Type	Simple
Depth	10
Size	40x40
Color Tint	0, 0, 0, 255

표 3-43: UISprite 컴포넌트 설정

HomeButton 게임 오브젝트의 자식 게임 오브젝트인 buttonTitle 게임 오브젝트를 선택한 뒤 다음 표를 참조해 UILabel 컴포넌트를 수정합니다.

속성	값
Font	NanumBarunGothicBold 끌어다 놓기
Font Size	25
Text	처음으로

표 3-44: UILabel 컴포넌트 설정

PauseWindow 게임 오브젝트 구성 결과는 다음과 같습니다.

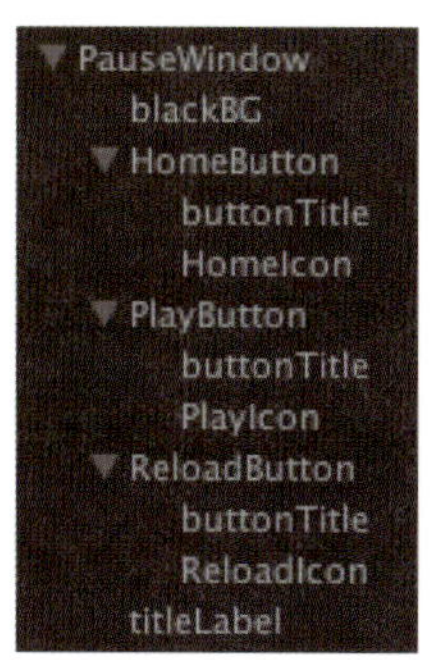

그림 3-139: PauseWindow 확인

적 캐릭터 체력 표시

적 캐릭터를 공격했을 때 얼마나 많은 공격이 반영되고 있는지 혹은 얼마나 더 공격해야 적 캐릭터가 죽을지 알려주기 위해서 적 캐릭터의 체력을 표시해야 합니다. NGUI를 활용해 적 캐릭터의 체력을 표시할 HPBar를 제작하겠습니다.

하이어라키에서 Panel 게임 오브젝트를 선택하고 주 메뉴의 [NGUI] → [Create] → [Sprite]를 클릭해 새로운 스프라이트를 생성합니다. 생성된 스프라이트의 이름을 EnemyHPBar로 변경하고 다음 표를 참조해 UISprite 컴포넌트를 설정합니다.

속성	값
Atlas	InGameAtlas
Sprite	BarBG
Type	Sliced
Fill Center	체크
Depth	6
Size	60x14
Color Tint	0, 0, 0, 255

표 3-45: UISprite 컴포넌트 설정

UISprite 컴포넌트 설정 후 Sprite 옆 쪽의 [Edit] 버튼을 클릭해 BarBG 스프라이트를 편집합니다. BarBG 스프라이트는 UISprite 컴포넌트에서 Sliced 옵션을 사용하므로 Border의 Left, Right, Bottom, Top을 5로 설정(❶)합니다. 설정이 다 됐으면 [<< Return to EnemyHPBar] 버튼을 클릭(❷)합니다.

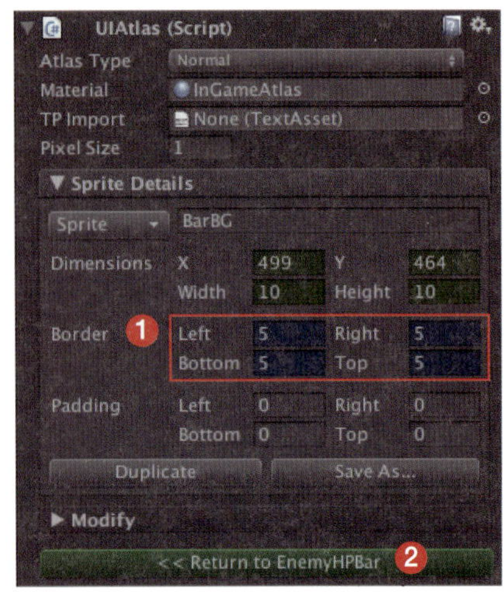

그림 3-140: UIAtlas 컴포넌트 편집

적 캐릭터 체력을 표시하기 위한 배경 스프라이트 위에 체력 변화량을 나타낼 스프라이트를 생성해야 합니다. 하이어라키에서 EnemyHPBar 게임 오브젝트를 선택하고 주 메뉴의 [NGUI] → [Create] → [Sprite]를 클릭해 새로운 스프라이트를 생성합니다. 생성된 스프라이트의 이름을 BarFill로 변경하고 다음 표를 참조해 UISprite 컴포넌트를 설정합니다.

속성	값
Atlas	InGameAtlas
Sprite	enemyHP
Type	Sliced
Fill Center	체크
Depth	7
Size	56x10
Color Tint	255, 255, 255, 255

표 3-46: UISprite 컴포넌트 설정

UISprite 컴포넌트를 설정한 후 Sprite 옆 쪽의 [Edit] 버튼을 클릭해 enemyHP 스프라이트를 편집합니다. enemyHP 스프라이트는 UISprite 컴포넌트에서 Sliced 옵션을 사용하므로 Border의 Left, Right, Bottom, Top을 5로 설정(❶)합니다. 입력을 다 했으면 [《 Return to BarFill] 버튼을 클릭(❷)합니다.

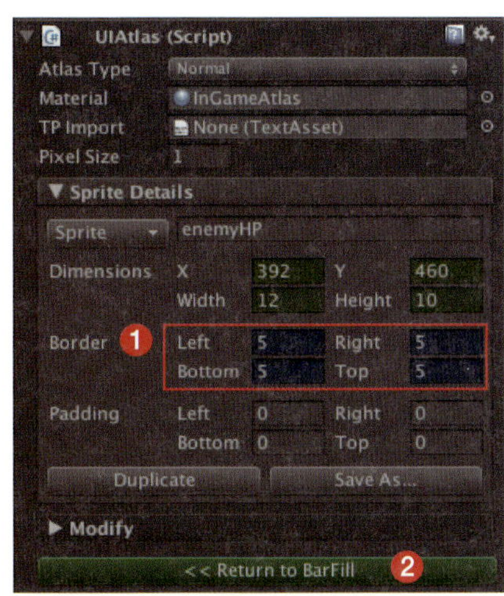

그림 3-141: UIAtlas 컴포넌트 편집

적 체력이 변경됨에 따라 변경돼야 하므로 하이어라키에서 HPBar 게임 오브젝트를 선택한 후 주 메뉴의 [NGUI] → [Attach] → [Slider Script]를 클릭해 UISlider 컴포넌트를 추가합니다. 추가된 UISlider 컴포넌트의 Appearance에서 Foreground에 BarFill 게임 오브젝트를 끌어다 놓습니다(❶). 적 체력이 가득 찬 상태에서 점점 줄었을 때 오른쪽부터 줄어들도록 Direction을 LeftToRight으로 선택(❷)합니다.

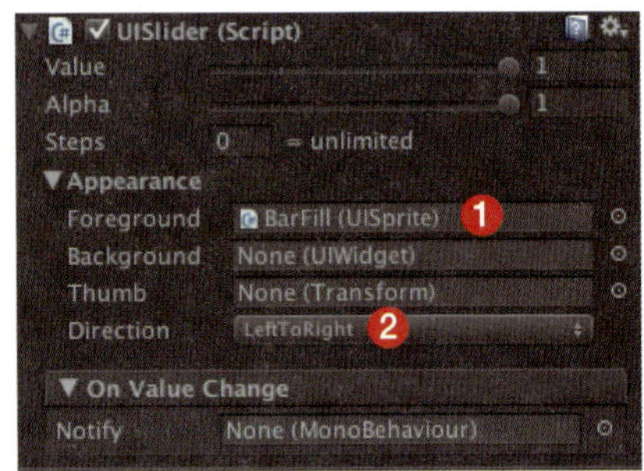

그림 3-142: UISlider 컴포넌트 편집

편집이 완료된 EnemyHPBar 게임 오브젝트의 구성과 결과는 다음과 같습니다.

그림 3-143: EnemyHPBar 확인

게임 플레이 UI 연결

게임 플레이를 위해서 구성한 유저 인터페이스가 실제로 작동하도록 연결하고 스크립트를 편집합니다.

농장 체력, 점수, 적 웨이브 표시 연결

게임 진행의 척도 및 위기 상황을 알 수 있게 해주는 농장의 체력, 점수, 적 웨이브 표시가 작동하도록 게임 플레이 매니저 스크립트를 편집하겠습니다. 먼저 각 유저 인터페이스를 인식할 수 있게 멤버 필드를 추가합니다.

예제 3-52: GamePlayManager.cs

```
---(전략)---
    public UISlider farmHPSlier;
    public UILabel scoreLb;
```

```
    public UILabel waveLb;
---(후략)---
```

점수를 획득할 때 호출되는 AddScore 메서드를 이용해 점수가 반영되도록 스크립트를 변경합니다.

예제 3-53: GamePlayManager.cs

```
---(전략)---
    public void AddScore(int addScore)
    {
---(중략)---
        // 획득한 점수를 화면에 표시.
        scoreLb.text = score.ToString();
    }
---(후략)---
```

적 캐릭터의 공격으로 호출되는 Damage 메서드에 농장 체력을 표시할 수 있게 합니다. UISlider.value는 0~1의 실수로 표현되므로 처음에 설정한 농장의 전체 체력으로 현재의 농장 체력을 나누어서 0~1 사이의 실수로 표현해 전달합니다.

예제 3-54: GamePlayManager.cs

```
---(전략)---
    public void Damage(float damageTaken)
    {
---(중략)---
        // 농장 체력 표시.
        farmHPSlier.value = farmCurrentHP / farmLimitHP;
    }
---(후략)---
```

적 캐릭터를 생성할 때 사용하는 SpawnEnemy 메서드에 몇 번째 웨이브인지 나타나게 합니다.

예제 3-55: GamePlayManager.cs

```
---(전략)---
    void SpawnEnemy(EnemyWaveData enemyData)
    {
```

```
        int positionPointer = 1;
        int shiftPosition = 0;
        // 생성할 위치 값으로 생성할 유닛 수 판단.
        enemyData.amount = positionToAmount[enemyData.spawnPosition];
        // 웨이브 표시.
        waveLb.text = enemyData.waveNo.ToString();
---(후략)---
```

스크립트가 처리됐으므로 하이어라키에서 @GM 게임 오브젝트를 선택하고 앞서 추가한 멤버 필드인 게임 플레이 매니저 스크립트의 Farm HPSlider, Score Lb, Wave Lb에 HPBar(❶), ScoreLabel(❷), WaveLabel(❸) 게임 오브젝트를 각각 끌어다 놓아 스크립트에서 활용할 수 있게 합니다.

그림 3-144: 게임 플레이 매니저 편집

일시 정지 버튼과 배속 버튼 처리

일시 정지 버튼을 처리하기에 앞서 게임 플레이 매니저 스크립트를 분할해 사용할 수 있도록 게임 플레이 매니저 스크립트의 클래스 선언부에 partial 한정자를 추가합니다.

예제 3-56: GamePlayManager.cs

```
---(전략)---
public partial class GamePlayManager : MonoBehaviour, IDamageable {
---(후략)---
```

용어설명

partial 한정자

클래스나 구조체, 인터페이스 또는 메서드의 정의를 둘 이상의 소스 파일로 분할할 수 있도록 합니다. 기술적 뛰어난 것도 아니며 성능적으로 저해나 상승 효과는 없지만 소스 코드 가독성 및 단체가 작업할 때 편의를 위해서 사용합니다.

유저 인터페이스에서 사용할 메서드를 모아서 볼 수 있게 게임 플레이 매니저 스크립트의 partial 클래스를 추가합니다. 프로젝트 브라우저의 Scripts 폴더에 새로운 스크립트를 만들고 이름을 GamePlayManager.Button으로 입력합니다. 그리고 다음과 같이 편집합니다.

예제 3-57: GamePlayManager.Button.cs

```
using UnityEngine;
using System.Collections;

// 유저 인터페이스를 통해서 호출되는 메서드를 관리.
public partial class GamePlayManager {

}
```

팁

GamePlayManager.Button처럼 클래스 이름에 마침표가 들어가면 스크립트 생성 시 오류가 발생합니다. partial 클래스로 사용하는 것이 아니라면 절대로 클래스 이름에 마침표를 사용해서는 안됩니다.

이제 일시 정지 버튼을 클릭했을 때 게임을 일시 정지한 후 일시 정지 화면을 띄워야 하므로 게임 플레이 매니저 스크립트에 일시 정지 화면를 제어할 수 있도록 멤버 필드를 추가합니다.

예제 3-58: GamePlayManager.Button.cs

```
---(전략)---
    // 일시 정지 화면.
    public GameObject pauseWindow;
---(후략)---
```

일시 정지 버튼을 클릭했을 때 호출할 메서드를 추가합니다.

예제 3-59: GamePlayManager.Button.cs

```
---(전략)---
    public void ClickPauseButton()
    {
        // 게임을 일시 정지 시킨다.
        Time.timeScale = 0;
```

```
        // 일시 정지 화면을 화면에 나타나도록 한다.
        pauseWindow.SetActive(true);
    }
---(후략)---
```

배속 버튼 클릭했을 때 게임의 진행 속도를 증감할 수 있도록 멤버 필드와 메서드를 추가하겠습니다.

예제 3-60: GamePlayManager.Button.cs

```
---(전략)---
    public UILabel speedButtonTextLb;
---(중략)---
    public void ClickSpeedButton()
    {
        // 게임이 정지된 상태라면 더이상 처리하지 못하도록 예외처리.
        if( Time.timeScale == 0.0f) return;

        // 현재 배속을 참조하여 배속 변경.
        if(Time.timeScale == 1.0f)
        {
            Time.timeScale = 2.0f;
            speedButtonTextLb.text = "2x";
        }
        else
        {
            Time.timeScale = 1.0f;
            speedButtonTextLb.text = "1x";
        }
    }
---(후략)---
```

일시 정지 버튼이 작동할 수 있도록 하이어라키에서 PauseButton 게임 오브젝트를 선택하고 주 메뉴의 [NGUI] → [Attach] → [Collider]를 클릭해 Box Collider 컴포넌트를 추가(❶)한 후 다시 주 메뉴의 [NGUI] → [Attach] → [Button Scirpt]를 클릭해 UIButton 컴포넌트를 추가(❷)합니다. UIButton 컴포넌트 Notify에 @GM 게임 오브젝트를 끌어다 놓고(❸) Method는 GamePlayManager.ClickPauseButton을 선택(❹)합니다.

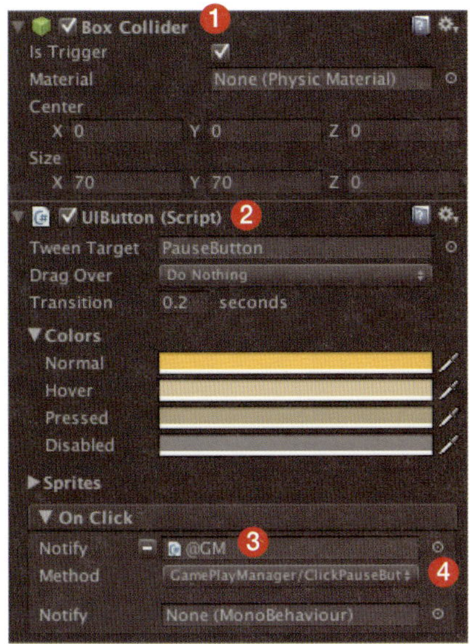

그림 3-145: PauseButton 편집

배속 버튼도 일시 정지 버튼과 마찬가지의 처리가 필요합니다. 하이어라키에서 SpeedButton 게임 오브젝트를 선택하고 주 메뉴의 [NGUI] → [Attach] → [Collider]와 주 메뉴의 [NGUI] → [Attach] → [Button Script]를 클릭한 후 UIButton 컴포넌트의 Notify에 @GM 게임 오브젝트를 끌어다 놓고(❶) Method를 GamePlayManager.ClickSpeedButton으로 선택(❷)합니다.

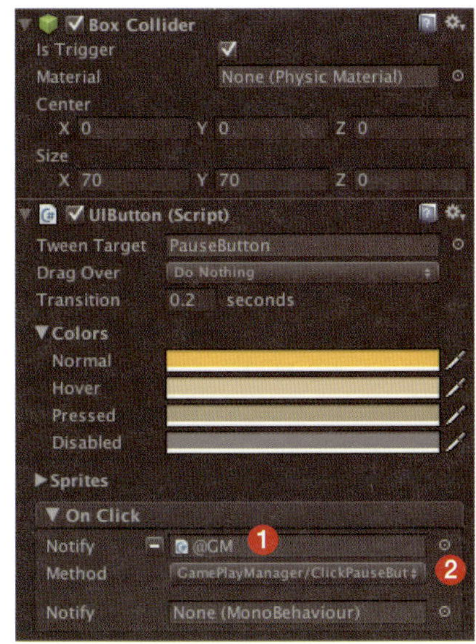

그림 3-146: SpeedButton 편집

이제 일시 정지 버튼을 클릭했을 때 나타나는 일시 정지 화면의 버튼도 작동하도록 스크립트를 수정하겠습니다. 먼저 GamePlayManager.Button 스크립트에 필요한 메서드를 정의합니다.

예제 3-61: GamePlayManager.Button.cs

```
---(전략)---
    public void ClickPauseReloadButton()
    {
        Time.timeScale = 1;
        // 씬을 다시 로딩하여 새로 게임이 시작되도록 한다.
        Application.LoadLevel("PlayScene");
    }

    public void ClickPausePlayButton()
    {
        // 게임 재개.
        if( speedButtonTextLb.text == "2x" )
        {
            Time.timeScale = 2.0f;
        }
        else
        {
            Time.timeScale = 1.0f;
        }

        // 일시 정지 화면을 화면에서 사라지도록 한다.
        pauseWindow.SetActive(false);
    }

    public void ClickPauseHomeButton()
    {
        // TODO: 다른 씬으로 전환한다.
    }
---(후략)---
```

ClickPausePlayButton 메서드는 일시 정지 버튼으로 게임을 멈출 때 설정된 시간을 참조해 정지된 게임을 다시 재개하도록 하는 명령을 내립니다. 홈 화면으로 이동해야 하는 ClickPauseHomeButton 메서드는 구현에 필요한 새로운 씬이 제작되지 않았으므로 주석만 처리합니다. 다시 게임을 시작하도록 하는

ClickPauseReloadButton 메서드는 유니티에서 씬을 전환하도록 도와주는 Application.LoadLevel을 통해서 현재의 PlayScene을 다시 로딩해 게임이 다시 시작하게 합니다. 하지만 이렇게 처리하면 문제의 소지가 있습니다.

만약 사용자가 다시하기 버튼을 실행할 때 한번이 아니라 여러 번 클릭했다면 어떻게 될까요? 씬이 여러번 로딩되도록 호출돼 게임에 큰 부하를 끼치게 됩니다. 중요한 초기화 과정이 작동되는 게임이라면 이 때문에 많은 에러가 발생하기도 합니다. 게임을 제작하는 입장에서는 어떻게 처리되는지 알기 때문에 오류를 일으키는 조작을 최소화하여 게임을 플레이하지만 사용자의 경우 자신이 편한 방식으로 조작하기 마련입니다. 모든 경우를 예상해 막을 수는 없지만 적어도 지금처럼 명확히 발생할 수 있는 문제는 막을 수 있습니다.

게임 플레이 매니저 스크립트에 선언한 GameState에 loading이라는 스테이트를 새로 추가합니다.

예제 3-62: GamePlayManager.cs

```
---(전략)---
public enum GameState {ready, idle, gameOver, wait, loading}
---(후략)---
```

ClickPauseReloadButton 메서드가 실행되면 현재 게임 상태를 분석해 로딩 중인 경우 더이상의 처리가 되지 못하게 합니다.

예제 3-63: GamePlayManager.Button.cs

```
---(전략)---
    public void ClickPauseReloadButton()
    {
        // 중복으로 로딩되지 못하도록 한다.
        if( nowGameState == GameState.loading ) return;
        nowGameState = GameState.loading;

        Time.timeScale = 1;
        // 씬을 다시 로딩하여 새로 게임이 시작되도록 한다.
        Application.LoadLevel("PlayScene");
    }
---(후략)---
```

하이어라키의 PauseWindow 게임 오브젝트의 자식 게임 오브젝트인 ReloadButton, PlayButton, HomeButton 게임 오브젝트에 Box Collider와 UIButton 컴포넌트를 추가한 후 On Click의 Notify(❶)와 Method(❷)로 ClickPauseReloadButton, ClickPausePlayButton, ClickPauseHomeButton 메서드를 연결합니다. 다음 그림은 ReloadButton 게임 오브젝트로 예를 들었습니다.

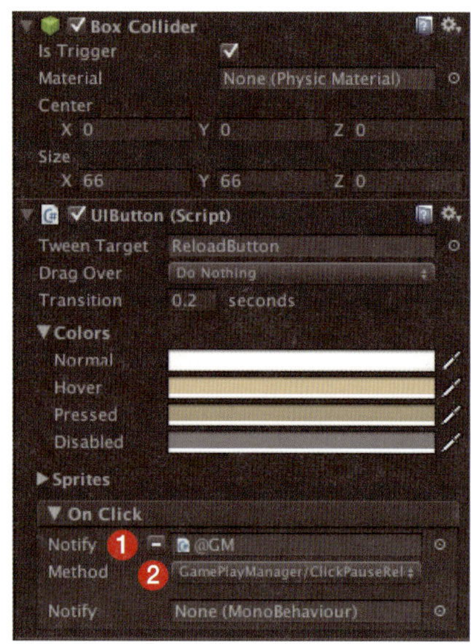

그림 3-147: ReloadButton 편집

게임을 실행한 후 작동을 확인해보면 정상적으로 작동하는 모습을 확인할 수 있습니다. 다만 여기에도 한 가지 문제가 있습니다. 일시 정지 버튼을 눌러 게임을 정지한 후 일시 정지 화면에 나타난 중에도 일시 정지 버튼과 배속 버튼이 마우스 클릭이나 터치 입력으로 조작할 수 있는 상태라는 점입니다.

그림 3-148: 일시 정지 중에도 작동 가능한 버튼

이와 같이 작동하는 이유는 우리가 만들어둔 PauseWindow 게임 오브젝트에 별도의 콜라이더를 처리하지 않았기때문에 마우스 및 터치 입력의 도달 범위가 여전히 해당 버튼(일시 정지, 배속)에 미치기 때문입니다(❷). 그림 3-149처럼 일시 정지 화면이 작동했을 때 마우스 및 터치 입력이 일시 정지 화면에만 미치도록(❶) 일시 정지 화면의 blackBG 게임 오브젝트에 콜라이더를 새로 추가할 필요가 있습니다.

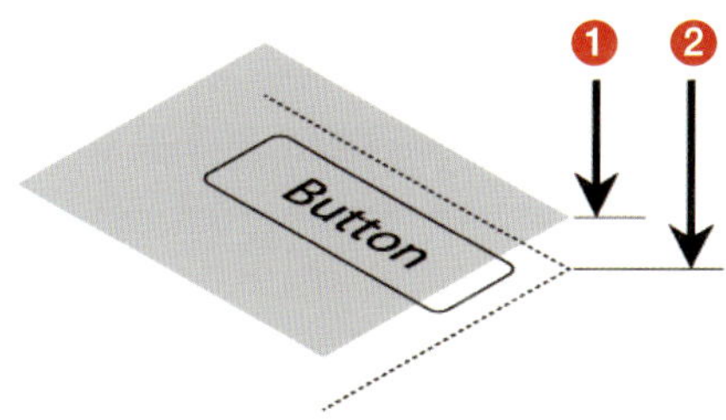

그림 3-149: 입력의 도달 범위 제한

PauseWindow 게임 오브젝트의 자식 게임 오브젝트인 blackBG 게임 오브젝트를 선택하고 주 메뉴의 [NGUI] → [Attach] → [Collider]를 클릭해 콜라이더를 생성한 후 Is Trigger 옵션의 체크를 해제(❶)합니다. blackBG 게임 오브젝트에 추가된 콜라이더가 PauseWindow 게임 오브젝트와 PauseButton이나 SpeedButton 게임 오브젝트 사이에 장애물처럼 작용해 마우스나 터치 입력이 더이상 진행하지 못하게 되어 일시 정지 화면이 나타났을 때 PauseButton이나 SpeedButton을 더는 조작할 수 없게 합니다.

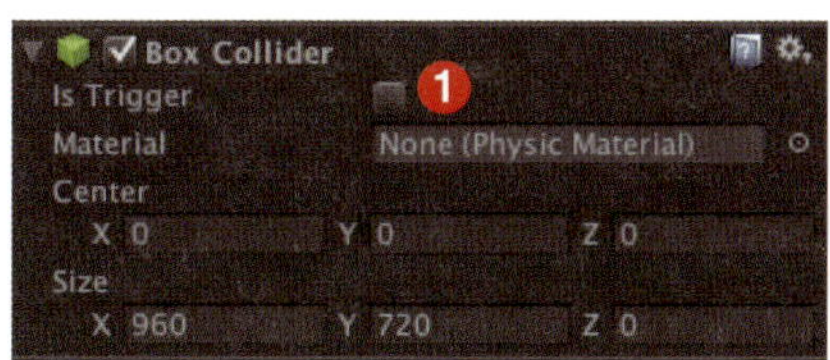

그림 3-150: Box Collider 컴포넌트 편집

게임 플레이 매니저 스크립트에서 사용할 수 있도록 하이어라키에서 @GM 게임 오브젝트를 선택해 게임 플레이 매니저 스크립트의 Pause Window와 Speed Button Text Lb에 PauseWindow(❶)와 SpeedLabel(❷) 게임 오브젝트를 각각 끌어다 놓습니다.

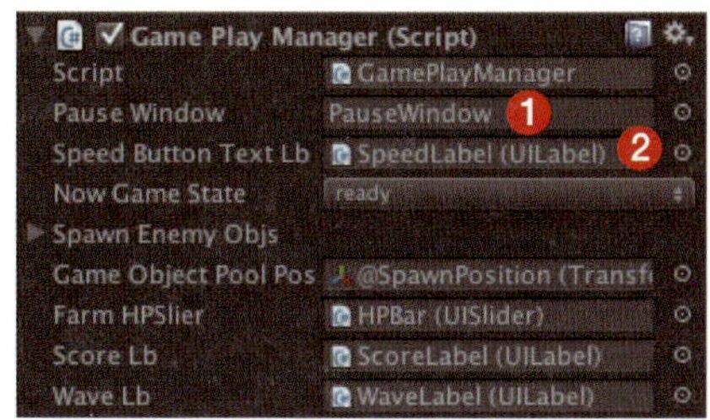

그림 3-151: 게임 플레이 매니저 편집

적 캐릭터 체력 표시 연동

적 캐릭터가 생성되면 자신의 체력을 표시할 수 있어야 합니다. 그러려면 적 캐릭터별로 체력을 표시할 유저 인터페이스를 가져야 하고 항상 적 캐릭터와 같은 위치로 유지돼야 합니다. 이를 처리하기 위해서 Enemy 스크립트에 멤버 필드를 추가합니다.

예제 3-64: Enemy.cs

```
---(전략)---
    UISlider hpBarSlider;
    GameObject hpBarObj;
    Camera uiCam;
    UIPanel hpBarPanel;
    Vector3 hpBarCalVec3;
---(후략)---
```

추가한 멤버 필드를 바탕으로 적 캐릭터에 각 멤버 필드를 할당하고 위치를 조정하는 메서드를 추가합니다.

예제 3-65: Enemy.cs

```
---(전략)---
    public void InitHPBar(UISlider targetHPBar,
                          UIPanel targetPanel,
                          Camera targetCam)
    {
        // 멤버 필드 할당.
        hpBarSlider = targetHPBar;
        hpBarObj = hpBarSlider.gameObject;
        hpBarPanel = targetPanel;
        uiCam = targetCam;
        // 오브젝트 풀에서 제외되도록 초깃값 임시 수정.
        hpBarObj.transform.localPosition = Vector3.left * 1000;
        // hpbar를 켠다.
        TurnOnOffHPBar(true);
    }

    protected void RepositionHPBar()
    {
        // 적 위치가 카메라 상에서 어느 위치인지 계산.
```

```
        hpBarCalVec3 = uiCam.WorldToScreenPoint(transform.position);
        hpBarCalVec3.z = 0;
        // 위치 조정.
        hpBarObj.transform.localPosition = hpBarCalVec3;
    }

    public void TurnOnOffHPBar(bool isTurnOn = false)
    {
        // hpbar를 끄고 켠다.
        hpBarObj.SetActive(isTurnOn);
    }
---(후략)---
```

RepositionHPBar 메서드는 적 캐릭터가 위치한 절대 좌표를 기준으로 화면상의 상대 좌표를 계산해 hpBarObj가 마치 적 캐릭터와 동일하게 이동하는 것처럼 위치를 조정합니다. 그런데 RepositionHPBar 메서드의 계산값은 화면상의 왼쪽 아래를 원점(0,0) 으로 하는 스크린(Screen) 좌표를 사용해 위치를 조정합니다. 곧 좌표계를 맞추지 않으면 위치가 어긋나게 됩니다. 이를 방지하기 위해서 Widget을 추가하겠습니다.

하이어라키에서 Panel 게임 오브젝트를 선택한 후 주 메뉴의 [NGUI] → [Create] → [Widget]을 클릭해 새로운 위젯을 생성합니다. 생성된 Widget 게임 오브젝트의 이름을 EnemyHPBarRoot로 변경하고 다음 표를 참조해 UIWidget 컴포넌트를 설정합니다.

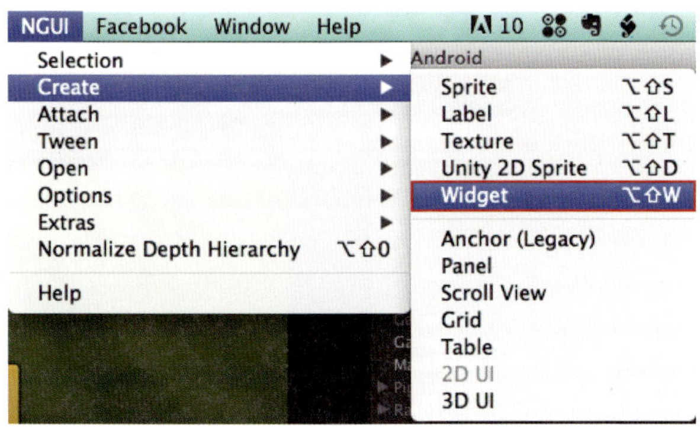

그림 3-152: Widget 생성

속성	값	
Pivot	왼쪽, 아래 선택	
Anchors Type	Unified	
Type	Sliced	
Fill Center	체크	
Depth	3	
Color Tint	128, 82, 0, 255	
Execute	OnEnable	
Target	Panel 게임 오브젝트	
Left	Target's Left	0
Right	Target's Right	0
Bottom	Target's Bottom	0
Top	Target's Top	0

표 3-47: UIWidget 컴포넌트 설정

EnemyHPBar 게임 오브젝트를 EnemyHPBarRoot 게임 오브젝트의 자식 오브젝트로 등록합니다.

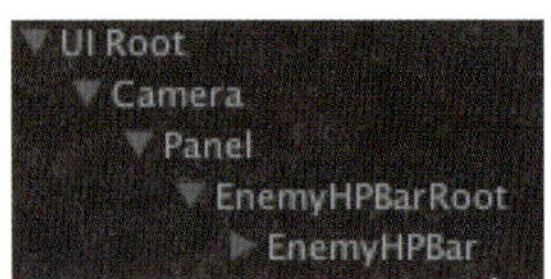

그림 3-153: 하이어라키 확인

이제 FixedUpdate 메서드를 수정해 작동하도록 하겠습니다.

예제 3-66: Enemy.cs

```
---(전략)---
    void FixedUpdate()
    {
        switch (currentState)
        {
---(중략)---
        case EnemyState.move:
---(중략)---
            if (uiCam != null)
            {
```

```
                ReponsitionHPBar();
            }
            break;
---(후략)---
```

그런데 간단한 설정을 변경해 테스트해보면 다음 그림과 같이 위치가 많이 어긋나 있는 모습을 확인할 수 있습니다.

그림 3-154: 적 체력 표시 확인

이런 차이가 발생하는 이유는 UIRoot 게임 오브젝트의 UIRoot 컴포넌트에서 Scaling Style을 통해서 모바일 기기마다 다른 해상도를 세로 방향을 기준으로 640으로 고정해 환산하고 있기 때문입니다.

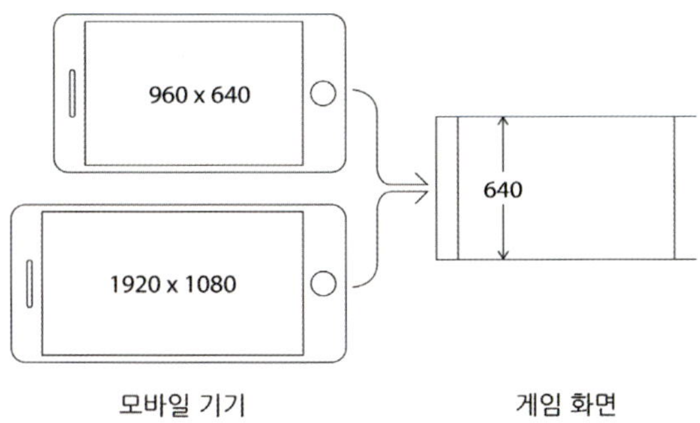

그림 3-155: 기기 해상도와 게임 화면

기기의 가로 세로 길이를 기준으로 상대적인 위치를 구해서 실제 화면에 표현되는 위치로 변경해야만 올바른 위치에 나타나게 됩니다.

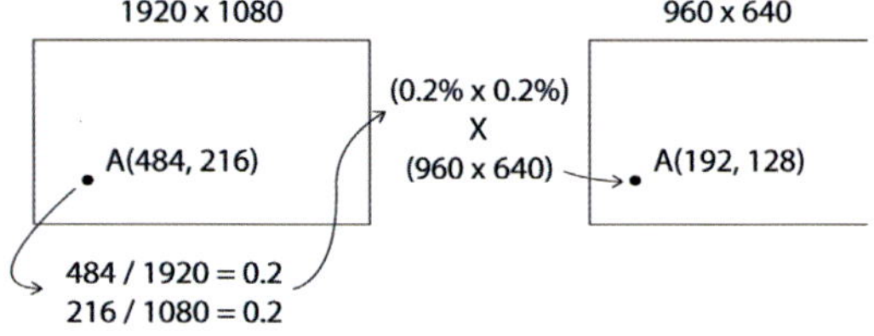

그림 3-156: 위치 변환 예

원리를 적용해 위치를 표현하기 위해서 GameData 스크립트에 멤버 필드를 추가하고 Enemy 스크립트의 RepositionHPBar 메서드를 수정합니다.

예제 3-67: GameData.cs

```
---(전략)---
    public float targetWidth = 0, targetHeight = 640f;
---(후략)---
```

예제 3-68: Enemy.cs

```
---(전략)---
    protected void RepositionHPBar()
    {
        hpBarCalVec3 = uiCam.WorldToScreenPoint(transform.position);
        hpBarCalVec3.z = 0;

        if(GameData.Instance.targetWidth == 0)
        {
            GameData.Instance.targetWidth = hpBarPanel.width*
                (GameData.Instance.targetHeight/hpBarPanel.height);
            Debug.Log(GameData.Instance.targetWidth);
        }

        // UIPanel의 크기를 고려하여 상대적인 위치를 적용.
        hpBarCalVec3.x =
            (hpBarCalVec3.x / Screen.width) * GameData.Instance.targetWidth;
        hpBarCalVec3.y =
           (hpBarCalVec3.y / Screen.height) * GameData.Instance.targetHeight;
        hpBarObj.transform.localPosition = hpBarCalVec3;
    }
---(후략)---
```

다시 테스트해보면 다음 그림과 같이 올바른 위치에 표현되는 모습을 확인할 수 있습니다. 만약 적 체력 표시를 캐릭터의 머리쪽에 하고 싶다면 구해진 hpBarVec3.y에 일정 값만큼 더해서 위쪽으로 올리거나 계산에 사용되는 초깃값을 캐릭터 머리쪽에 위치한 위치로 직접 입력해도 됩니다.

그림 3-157: 적 체력 표시 확인

적 체력 표시가 원하는 위치에 나오니 이제 적 캐릭터가 생성될 때 적 체력 표시를 할당하도록 게임 플레이 매니저 스크립트를 수정하겠습니다.

게임 오브젝트 풀을 사용해 미리 적 체력 표시용 유저 인터페이스를 여러 개 만들어 사용하면 편리하지만 기존의 게임 오브젝트 풀 생성 구문을 바로 적용할 수 없습니다. 적용할 수 없는 이유는 적 체력 표시는 반드시 UIPanel 컴포넌트를 포함한 게임 오브젝트를 부모 게임 오브젝트로 가져야하는데 게임 오브젝트 풀이 적 캐릭터에 초점이 되어있어 이를 충족할 수 없기 때문입니다.

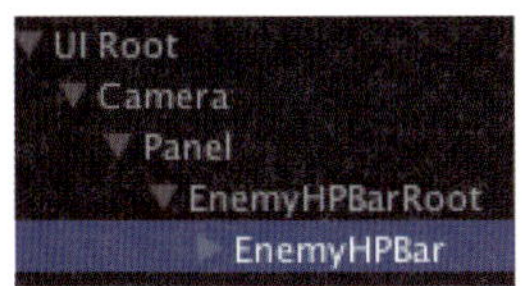

그림 3-158: UIPanel 컴포넌트가 반드시 필요한 적 체력 표시

범용적으로 사용할 수 있도록 GamePlayManager.InitGameObjectPools 메서드에서 게임 오브젝트를 생성하는 부분을 발췌해 생성할 게임 오브젝트, 생성할 숫자, 부모 게임 오브젝트를 파라미터로 가지는 CreateGameObject로 변경합니다.

```
---(전략)---
    void CreateGameObject(GameObject targetObj,
                          int amount,
                          Transform parent,
                          Vector3 localScale=default(Vector3))
    {
        // 게임 오브젝트 풀 생성.
        GameObjectPool tempGameObjectPool =
            new GameObjectPool(gameObjectPoolPosition.transform.position.x,
                               targetObj);
        for(int j=0;j<amount;j++)
        {
            // 게임 오브젝트 생성.
            GameObject tempObj =
                Instantiate(
                            targetObj,
                            gameObjectPoolPosition.position,
                            Quaternion.identity
                            ) as GameObject;
            tempObj.name = targetObj.name + j;
            tempObj.transform.parent = parent;
            if (localScale != Vector3.zero)
            {
                tempObj.transform.localScale = localScale;
            }
            // 게임 오브젝트를 게임 오브젝트 풀에 등록.
            tempGameObjectPool.AddGameObject(tempObj);
        }
        gameObjectPools.Add(targetObj.name, tempGameObjectPool);
    }
---(후략)---
```

CreateGameObject 메서드는 메서드 선언부에 localScale 파라미터가 선택적 매개변수(Optinal Parameters)를 사용했다는 것을 제외하면 이미 InitGameObjectPools 메서드에서 정의한 내용을 거의 그대로 사용했기 때문에 크게 변한 점은 없습니다.

용어설명

선택적 매개변수(Optional Parameters)

선택적 매개변수는 메서드, 생성자, 인덱서 등의 정의에서 해당 매개변수를 필수인지 선택인지 지정할 때 사용합니다. 선택적 매개변수는 모든 필수 매개변수 뒤에 정의되며 기본값을 함께 정의해 넣습니다.

예를 들어 아래 메서드에서 햄버거빵과 패티는 필수로 들어가야 하지만 치즈는 선택적으로 넣을 수도 있고 넣지 않을 수도 있습니다.

```
void 햄버거만들기(meat 패티, bread 햄버거빵, cheese 치즈추가=null)
{
    …. 햄버거를 만든다.
}
```

CreateGameObject 메서드에서 게임 오브젝트 풀 생성 및 게임 오브젝트 생성과 등록을 모두 처리하므로 InitGameObjectPools 메서드도 다음과 같이 정리합니다.

예제 3-70: GamePlayManager.cs

```
---(전략)---
    void InitGameObjectPools()
    {
        for(int i=0;i<spawnEnemyObjs.Count;i++)
        {
            CreateGameObject(enemyHPBar, 20, enemyHPBarRoot, Vector3.one);
        }
    }
---(후략)---
```

CreateGameObject 메서드를 활용해 적 체력 표시 유저 인터페이스를 생성하고 등록할 수 있도록 멤버 필드를 추가합니다.

예제 3-71: GamePlayManager.cs

```
---(전략)---
    // 적 체력 표시 유저 인터페이스 생성에 사용한다.
    public GameObject enemyHPBar;
    public Transform enemyHPBarRoot;
---(후략)---
```

InitGameObjectPools 메서드에서 추가한 멤버 필드를 이용해 적 체력 표시 유저 인터페이스를 게임 오브젝트 풀로 제작할 수 있도록 수정합니다.

예제 3-72: GamePlayManager.cs

```
---(전략)---
    void InitGameObjectPools()
    {
        for(int i=0;i<spawnEnemyObjs.Count;i++)
        {
            CreateGameObject( spawnEnemyObjs[i], 20, gameObjectPoolPosition );
        }

        // 적 체력 표시 유저 인터페이스 생성 및 등록.
        CreateGameObject(enemyHPBar, 20, enemyHPBarRoot, Vector3.one);
    }
---(후략)---
```

팁

CreateGameObject 메서드의 선택적 매개변수가 활용돼 for 문 안의 메서드와 아래 메서드에서 각각 사용된 매개변수의 숫자가 다른 것을 확인할 수 있습니다.

적을 생성하는 SpawnEnemy 메서드를 수정해 적 생성과 동시에 적 체력 표시를 할당하면 됩니다. 할당 시 사용할 패널과 카메라를 등록할 수 있도록 멤버 필드를 추가합니다.

예제 3-73: GamePlayManager.cs

```
---(전략)---
    // 적 체력 표시 유저 인터페이스 할당에 사용한다.
    public UIPanel enemyHPBarPanel;
    public Camera enemyHPBarCam;
---(후략)---
```

추가한 멤버 필드와 게임 오브젝트 풀을 활용해 SpawnEnemy 메서드에서 적 캐릭터에 적 체력 표시를 바로 할당할 수 있게 수정합니다.

```
--(전략)--
    void SpawnEnemy(EnemyWaveData enemyData)
    {
--(중략)--
            // 선택된 적 캐릭터를 초기화하여 작동시킨다.
            currentSpawnGameObject.tag = enemyData.tagName;
            Enemy currentEnemy = currentSpawnGameObject.GetComponent<Enemy>();
            currentEnemy.InitEnemy(enemyData.HP, enemyData.AD, enemyData.MS);
            shiftPosition++;

            // 게임오브젝트 풀에서 사용가능한 적 체력 표시 인터페이스가 있는지 체크.
            GameObject currentEnemyHPBar;
            if (!gameObjectPools [enemyHPBar.name]
                .NextGameObject(out currentEnemyHPBar))
            {
                // 사용가능한 게임 오브젝트가 없다면 생성하여 추가한다.
                currentEnemyHPBar =
                    Instantiate(
                        enemyHPBar,
                        gameObjectPoolPosition.transform.position,
                        Quaternion.identity) as GameObject;

                currentEnemyHPBar.transform.parent = enemyHPBarRoot;
                currentEnemyHPBar.transform.localScale = Vector3.one;
                currentEnemyHPBar.name =
                    enemyHPBar.name + gameObjectPools [enemyHPBar.name].lastIndex;
                gameObjectPools [enemyHPBar.name].AddGameObject(currentEnemyHPBar);
            }
            // 적 체력 표시 인터페이스 할당.
            UISlider tempEnemyHPBarSlider =
                currentEnemyHPBar.GetComponent<UISlider>();
            currentEnemy.InitHPBar(
                tempEnemyHPBarSlider,
                enemyHPBarPanel,
                enemyHPBarCam);

            if(enemyData.tagName == "boss")
            {
                // TODO: 적 보스 캐릭터가 등장했다는 표시를 띄운다.
```

```
            }
--(후략)--
```

게임 플레이 매니저 스크립트에서 활용할 수 있도록 하이어라키에서 @GM 게임 오브젝트를 선택하고 게임 플레이 매니저 스크립트의 Enemy HPBar, Enemy HPBar Root, Enemy HPBar Paenl, Enemy HPBar Cam에 EnemyHPBar(❶), EnemyHPBarRoot(❷), Panel(❸), Main Camera(❹) 게임 오브젝트를 선택해 각각 끌어다 놓습니다.

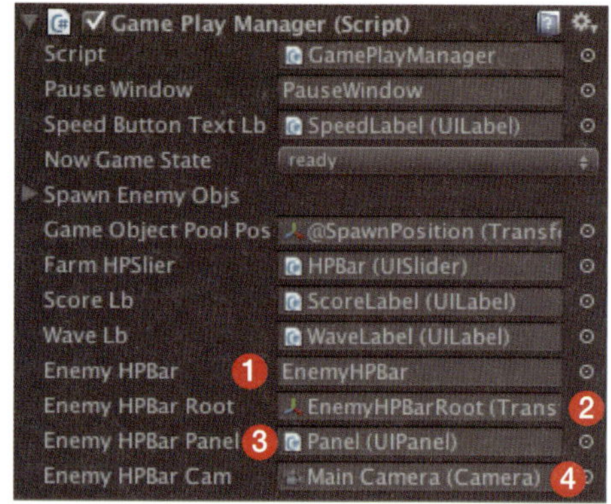

그림 3-159: 게임 플레이 매니저 편집

적 캐릭터가 피해를 입었을 때 적 체력이 변경되면 되므로 Enemy 스크립트의 Damage 메서드에 hpBarSlider 멤버 필드를 활용해 처리합니다.

예제 3-75: Enemy.cs

```
--(전략)--
    public void Damage(float damageTaken)
    {
--(중략)--
        // currentHP를 소진한다.
        currentHP -= damageTaken;
        // 체력 표시를 감소시킨다.
        hpBarSlider.value = (float)currentHP/(float)maxHP;

        // 현재 체력이 0과 같거나 작다면
        if (currentHP <= 0)
        {
```

```
            currentHP = 0;
            // 체력 표시를 모두 제거한다.
            hpBarSlider.value = 0;
            enableAttack = false;
    --(후략)--
```

UISlider.value가 0~1 사이의 실수값으로 표현되므로 적의 전체 체력(maxHP)으로 현재 체력(currentHP)을 나누어 적용합니다.

게임을 실행해 확인해보면 다음 그림과 같이 적 캐릭터 아래에 싱크돼 이동하는 모습을 볼 수 있습니다.

그림 3-160: 적 체력 표시 확인

게임 플레이 추가 작업

지금까지 게임이 작동되기 위한 필수적인 부분을 제작했습니다. 게임 내 재화가 되는 코인을 표시하거나 적 보스 캐릭터가 등장할 때 경고를 표시하는 등의 기능을 추가해 사용자가 추가적인 정보를 얻을 수 있게 합니다.

코인 표시

사용자에게 게임을 실행하는 중에 얻은 코인가 얼마나 되는지 표시하는 유저 인터페이스를 제작하겠습니다.

하이어라키에서 ScoreBar 게임 오브젝트를 선택하고 주 메뉴의 [Edit] → [Duplicate]를 클릭해 게임 오브젝트를 복사합니다. 구분을 위해서 이름을 CoinBar로 변경하고 다음 표를 참조해 CoinBar 게임 오브젝트의 UISprite 컴포넌트를 수정합니다.

속성	값	
Anchors Type	Unified	
Execute	OnEnable	
Target	Panel 게임 오브젝트	
Left	Target's Left	90
Right	Target's Left	200
Bottom	Target's Bottom	10
Top	Target's Bottom	48

표 3-48: UISprite 컴포넌트 설정

CoinBar 게임 오브젝트의 자식 오브젝트인 ScoreLabel 게임 오브젝트의 이름을 구분하기 위해서 이름을 CoinLabel로 변경합니다. CoinBar 게임 오브젝트의 자식 게임 오브젝트인 titleBG를 선택하고 다음 표를 참조해 UISprite 컴포넌트를 수정합니다.

속성	값	
Anchors Type	Unified	
Execute	OnEnable	
Target	Panel 게임 오브젝트	
Left	Target's Left	–85
Right	Target's Left	15
Bottom	Target's Bottom	–5
Top	Target's Top	5

표 3-49: UISprite 컴포넌트 설정

titleLabel 게임 오브젝트의 UILabel 컴포넌트 Text를 Coin으로 변경합니다.

그림 3-161: CoinBar 게임 오브젝트 구성 확인 및 결과 확인

적 보스 캐릭터 등장 표시

적 보스 캐릭터가 등장할 때 경고를 표시해 긴장감을 높이고 하나의 웨이브가 종료된다는 점을 사용자가 학습하도록 합니다.

하이어라키에서 Panel 게임 오브젝트를 선택하고 주 메뉴의 [NGUI] → [Create] → [Sprite]를 클릭해 새로운 스프라이트를 생성합니다. 생성된 스프라이트의 이름을 bossText로 변경하고 다음 표를 참조해 UISprite 컴포넌트를 설정합니다.

속성	값
Atlas	InGameAtlas
Sprite	bossText
Type	Simple
Depth	9
Size	294x144
Color Tint	255, 255, 255 , 255

표 3-50: UISprite 컴포넌트 설정

bossText가 화면 중앙보다 약간 위쪽에 오도록 Transform 컴포넌트의 Position을 0, 128, 0으로 설정합니다.

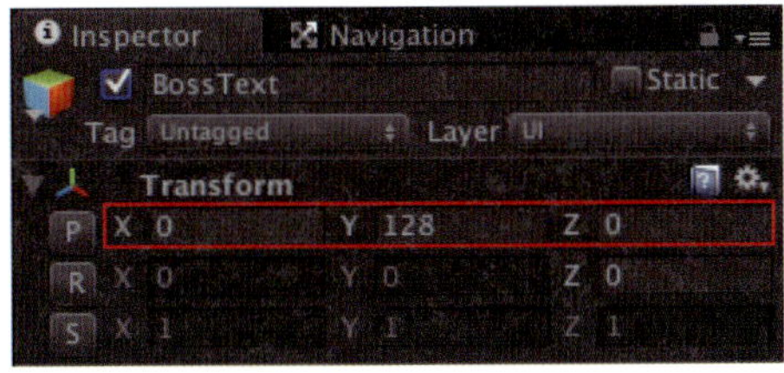

그림 3-162: bossText 게임 오브젝트의 Transform 컴포넌트 설정

bossText 게임 오브젝트의 크기가 커지면서 등장했다가 색이 옅어지면서 서서히 사라지도록 Tween Alpha와 Tween Scale 컴포넌트를 활용해 편집하겠습니다.

먼저 Tween Scale 컴포넌트를 이용해 크기가 0에서 1까지 커지면서 등장하도록 설정합니다. Tween으로 변화가 일어날 때 오른쪽 그림처럼 원래 설정한 1크기보다 더 커졌다가 작아지도록 Curve를 조절할 것입니다.

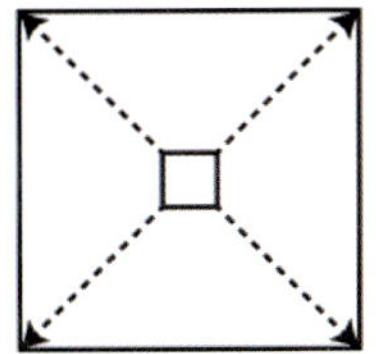
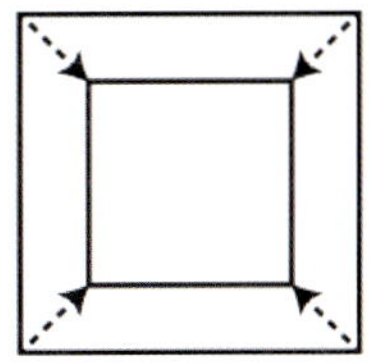

그림 3-163: bossText 크기 변화 순서

bossText 게임 오브젝트를 선택하고 주 메뉴의 [NGUI] → [Tween] → [Scale]을 클릭해 Tween Scale 컴포넌트를 추가합니다. 크기가 커지면서 등장하도록 초기 값인 From을 0, 0, 1로 설정(❶)하고 짧은 시간안에 애니메이션이 종료되도록 Duration은 0.3으로 설정(❷)합니다. 앞서 말한 대로 Tween 변화가 반영되도록 Animation Curve를 클릭(❸)해 편집하겠습니다.

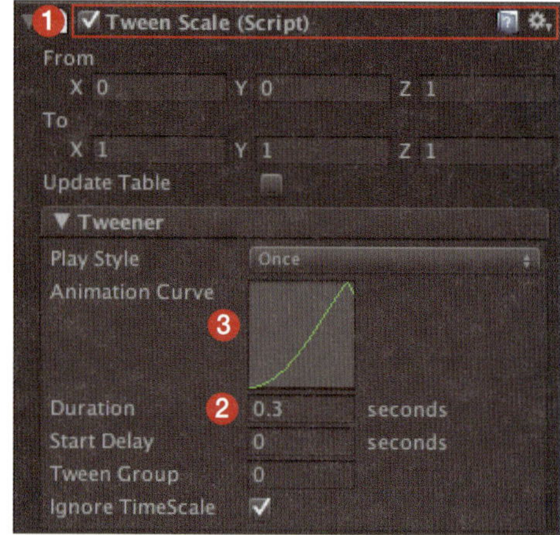

그림 3-164: bossText 크기 변화 순서

Animation Curve를 클릭하면 Curve 창이 나타납니다. Curve 창이 나타나면 프리셋 중에 서서히 변화가 일어나다가 점점 급격한 변화가 나타나도록 하는 커브를 선택(❶)합니다. 화면의 녹색 커브 선이 그림과 같이 나타나면 올바르게 선택한 것입니다.

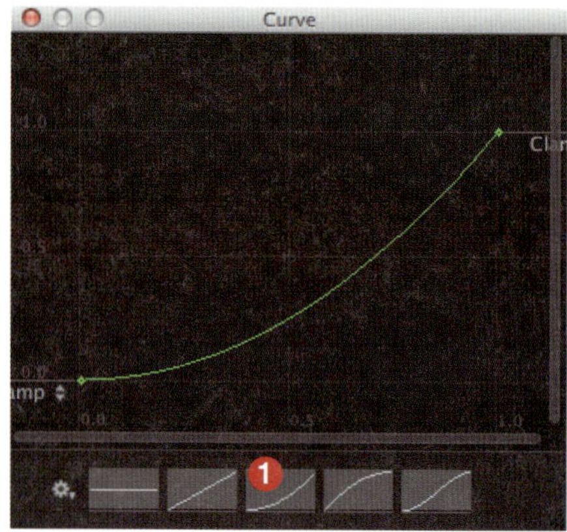

그림 3-165: Animation Curve 편집

x축의 1.0 왼쪽에 얇은 실선으로 그리드를 대략 맞추어 녹색 커브 선을 더블클릭하면 녹색 커브 선에 새로운 포인트와 이를 조절하는 핸들(❶)이 함께 나타납니다. 키보드의 Shift 키를 누른 상태에서 새로 생긴 포인트를 선택하고 위쪽으로 드래그해 y축의 1.0보다 더 높은 지점까지 이동(❷)하도록 합니다. 녹색 선의 제일 오른쪽의 포인트를 선택(❸)한 후 핸들을 위쪽으로 올려서(❹) 마지막에 급격히 나타나도록 조절합니다.

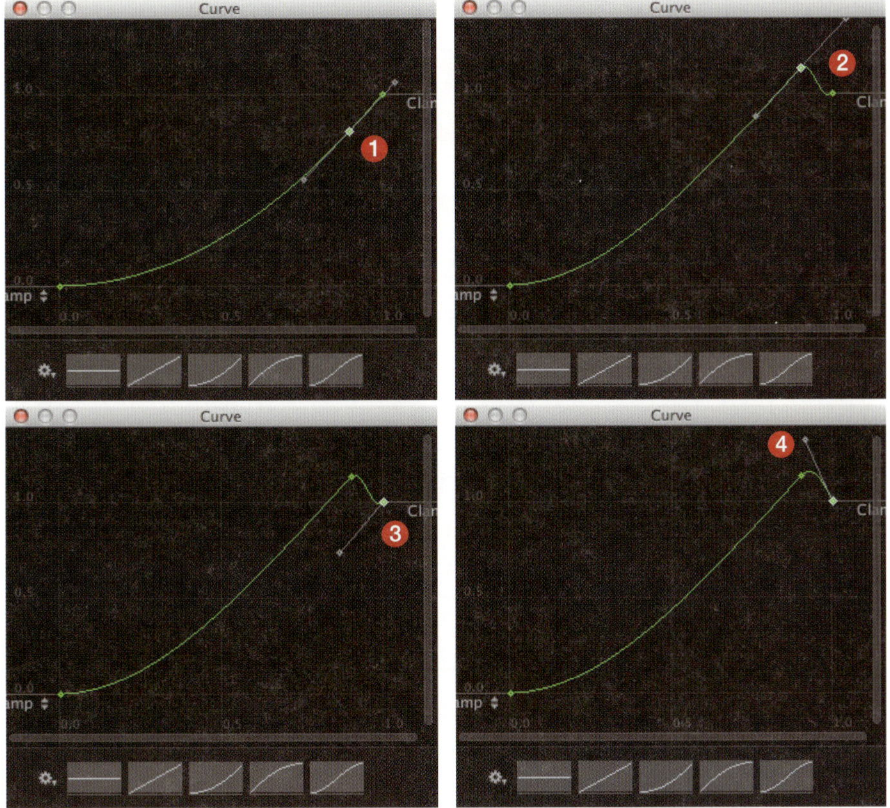

그림 3-166: Animation Curve 편집

bossText 게임 오브젝트의 크기가 변화하면서 등장한 다음 일정 시간이 지나면 서서히 옅어지면서 사라지도록 하기 위해서 bossText 게임 오브젝트를 선택하고 주 메뉴의 [NGUI] → [Tween] → [Alpha]를 클릭해 Tween Alpha 컴포넌트를 추가합니다. From과 To를 1과 0으로 설정(❶)하고 Duration을 0.5로 설정(❷)한 뒤 등장 후 사용자가 인지할 수 있도록 일정 시간동안 머무를 수 있게 Start Delay를 2로 설정(❸)합니다. Animation Curve를 클릭해 Curve 창에서 그림과 같은 프리셋을 선택(❹)합니다.

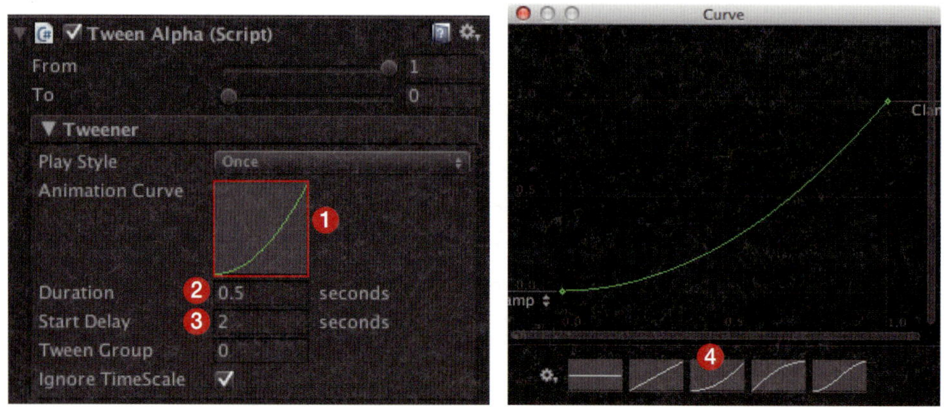

그림 3-167: Tween Alpha 컴포넌트 및 Animation Curve 편집

결과창 제작

게임이 종료되면 획득한 점수와 코인 등 필요한 정보를 사용자에게 제공하기 위해서 결과창을 제작합니다.

결과창 전체의 배경부터 제작하겠습니다. 하이어라키에서 Panel 게임 오브젝트를 선택하고 주 메뉴의 [NGUI] → [Create] → [Sprite]를 클릭해 스프라이트를 생성합니다. 생성된 스프라이트의 이름을 ResultWindow로 변경하고 다음 표를 참조해 UISprite 컴포넌트를 설정합니다.

속성	값
Atlas	InGameAtlas
Sprite	WhiteBoard
Type	Sliced
Fill Center	체크
Depth	10
Size	440x480
Color Tint	255, 227, 167, 25

표 3-51: UISprite 컴포넌트 설정

UISptire 컴포넌트의 Sprite옆에 있는 [Edit] 버튼을 클릭한 뒤 다음 표를 참조해 WhiteBoard 스프라이트의 Border를 설정합니다.

속성	값
Sprite	WhiteBoard
Border	
Left	20
Right	20
Bottom	23
Top	20

표 3-52: UIAtlas 컴포넌트의 Border 설정

정보를 표시하기 위한 영역의 배경을 제작합니다. 하이어라키에서 ResultWindow 게임 오브젝트를 선택하고 주 메뉴의 [NGUI] → [Create] → [Sprite]를 클릭해 새로운 스프라이트를 생성합니다. 생성된 스프라이트의 이름을 InfoBG로 변경하고 다음 표를 참조해 UISprite 컴포넌트와 Transform 컴포넌트를 설정합니다.

속성	값
Atlas	InGameAtlas
Sprite	FillRect
Type	Sliced
Fill Center	체크
Depth	11
Size	400x315
Color Tint	54, 37, 0, 255

표 3-53: UISprite 컴포넌트 설정

Position		
X	Y	Z
0	25	0

표 3-54: Transform 컴포넌트 설정

게임 결과를 보여주는 창이라는 것을 알리기 위해서 상단에 이름을 적어 놓겠습니다. 하이어라키에서 ResultWindow 게임 오브젝트를 선택하고 주 메뉴의 [NGUI] → [Create] → [Label]을 실행해 새로운 라벨을 생성합니다. 생성된 라벨의 이름을 ResultTitle로 변경하고 다음 표를 참조해 UILabel 컴포넌트와 Transform 컴포넌트를 설정합니다.

속성	값
Font	NanumBarunGothicBold 끌어다 놓기
Font Size	40
Text	게임 결과
Overflow	ResizedFreely
Gradient	체크
Gradient Top	255, 255, 255, 255
Gradient Bottom	178, 178, 178, 255
Effect	Outline
Effect Color	0, 0, 0, 255
Effect X, Y	1, 1
Depth	12
Color Tint	255, 255, 255, 255

표 3-55: UILabel 컴포넌트 설정

팁

Gradient를 체크하면 새로운 옵션이 나타납니다.

Position		
X	Y	Z
-124	206	0

표 3-56: Transform 컴포넌트 설정

최고 점수와 현재 얻은 점수를 표현할 부분을 제작하겠습니다. 하이어라키에서 InfoBG 게임 오브젝트를 선택하고 주 메뉴의 [NGUI] → [Create] → [Sprite]를 클릭해 새로운 스프라이트를 생성합니다. 생성된 스프라이트의 이름을 1_ScoreSectionBG로 변경하고 다음 표를 참조해 UISprite 컴포넌트와 Transform 컴포넌트를 설정합니다.

속성	값
Atlas	InGameAtlas
Sprite	FillRect
Type	Sliced
Fill Center	체크
Depth	12
Size	380x146
Color Tint	34, 24, 0, 255

표 3-57: UISprite 컴포넌트 설정

Position		
X	Y	Z
0	72	0

표 3-58: Transform 컴포넌트 설정

하이어라키에서1_ScoreSectionBG 게임 오브젝트를 선택하고 주 메뉴의 [NGUI] → [Create] → [Label]을 클릭해 새로운 라벨을 생성합니다. 생성된 라벨의 이름을 CurrentScoreLabel로 변경하고 다음 표를 참조해 UILabel 컴포넌트와 Transform 컴포넌트를 설정합니다.

속성	값
Font	NanumBarunGothicBold 끌어다 놓기
Font Size	60
Text	99
Overflow	ResizedFreely
Gradient	체크 해제
Depth	15
Color Tint	255, 185, 0, 255

표 3-59: UILabel 컴포넌트 설정

Position		
X	Y	Z
0	-30	0

표 3-60: Transform 컴포넌트 설정

기록한 최고 점수를 보여주기 위한 영역을 별도로 제작하겠습니다. 하이어라키에서 1_ScoreSectionBG 게임 오브젝트를 선택하고 주 메뉴의 [NGUI] → [Create] → [Sprite]를 클릭해 새로운 스프라이트를 생성합니다. 생성된 스프라이트의 이름을 HighScoreBG로 변경하고 다음 표를 참조해 UISprite 컴포넌트와 Transform 컴포넌트를 설정합니다.

속성	값
Atlas	InGameAtlas
Sprite	FillRect
Type	Sliced
Fill Center	체크

속성	값
Depth	12
Size	380x50
Color Tint	141, 122, 81, 255

표 3-61: UISprite 컴포넌트 설정

Position		
X	Y	Z
0	48	0

표 3-62: Transform 컴포넌트 설정

최고 점수라는 제목을 표시할 라벨을 추가하겠습니다. 하이어라키에서 방금 생성한 HighScoreBG 게임 오브젝트를 선택하고 주 메뉴의 [NGUI] → [Create] → [Label]을 클릭해 새로운 라벨을 생성합니다. 생성된 라벨의 이름을 HighScoreTitle로 변경하고 다음 표를 참조해 UILabel 컴포넌트와 Transform 컴포넌트를 설정합니다.

속성	값
Font	NanumBarunGothicBold 끌어다 놓기
Font Size	30
Text	최고점수
Overflow	ResizedFreely
Gradient	체크 해제
Depth	14
Color Tint	38, 21, 0, 255

표 3-63: UILabel 컴포넌트 설정

Position		
X	Y	Z
-125	0	0

표 3-64: Transform 컴포넌트 설정

하이어라키에서 다시 HighScoreBG 게임 오브젝트를 선택하고 주 메뉴의 [NGUI] → [Create] → [Label]을 클릭해 새로운 라벨을 생성합니다. 생성된 라벨의 이름을 HighScoreLabel로 변경하고 다음 표를 참조해 UILabel 컴포넌트와 Transform 컴포넌트를 설정합니다.

속성	값
Font	NanumBarunGothicBold 끌어다 놓기
Font Size	35
Text	99
Overflow	ResizedFreely
Gradient	체크 해제
Effect	Outline
Effect Color	0, 0, 0, 255
Effect X, Y	1, 1
Pivot	우측 정렬
Depth	14
Color Tint	255, 255, 255, 255

표 3-65: UILabel 컴포넌트 설정

Position		
X	Y	Z
180	0	0

표 3-66: Transform 컴포넌트 설정

지금까지 제작한 결과창을 확인하면 다음 그림과 같습니다. 이제 아랫부분에 웨이브, 퇴치한 적, 얻은 코인을 표시하고 홈과 게임 준비 버튼을 추가하겠습니다.

그림 3-168: ResultWindow 중간 확인

게임이 끝날때까지 진행한 웨이브를 표시할 수 있는 창을 제작하겠습니다. 하이어라키에서 InfoBG 게임 오브젝트를 선택하고 주 메뉴의 [NGUI] → [Create] → [Sprite]를 클릭해 새로운 스프라이트를 생성합니

다. 생성된 스프라이트의 이름을 2_WaveSectionBG로 변경하고 다음 표를 참조해 UISprite 컴포넌트와 Transform 컴포넌트를 설정합니다.

속성	값
Atlas	InGameAtlas
Sprite	FillRect
Type	Sliced
Fill Center	체크
Depth	16
Size	380x40
Color Tint	34, 23, 0, 255

표 3-67: UISprite 컴포넌트 설정

Position		
X	Y	Z
0	-30	0

표 3-68: Transform 컴포넌트 설정

하이어라키에서 2_WaveSectionBG 게임 오브젝트를 선택하고 주 메뉴의 [NGUI] → [Create] → [Label]을 클릭해 새로운 라벨을 생성합니다. 생성된 라벨의 이름을 WaveResultTitle로 변경하고 다음 표를 참조해 UILabel 컴포넌트와 Transform 컴포넌트를 설정합니다.

속성	값
Font	NanumBarunGothicBold 끌어다 놓기
Font Size	24
Text	Wave
Overflow	ResizedFreely
Gradient	체크 해제
Depth	17
Color Tint	255, 255, 255, 255

표 3-69: UILabel 컴포넌트 설정

Position		
X	Y	Z
-149	0	0

표 3-70: Transform 컴포넌트 설정

하이어라키에서 2_WaveSectionBG 게임 오브젝트를 선택하고 주 메뉴의 [NGUI] → [Create] → [Label]을 클릭해 새로운 라벨을 생성합니다. 생성된 라벨의 이름을 WaveResultLabel로 변경하고 다음 표를 참조해 UILabel 컴포넌트와 Transform 컴포넌트를 설정합니다.

속성	값
Font	NanumBarunGothicBold 끌어다 놓기
Font Size	24
Text	99
Overflow	ResizedFreely
Gradient	체크 해제
Pivot	우측 정렬
Depth	17
Color Tint	255, 255, 255, 255

표 3-71: UILabel 컴포넌트 설정

Position		
X	Y	Z
180	0	0

표 3-72: Transform 컴포넌트 설정

제작한 2_WaveSectionBG 게임 오브젝트를 복제해 퇴치한 적과 코인을 표시하는 배경을 만들겠습니다. 하이어라키에서 2_WaveSectionBG 게임 오브젝트를 선택하고 주 메뉴의 [Edit] → [Duplicate]를 실행해 복제한 후 이름을 3_EnemySectionBG로 변경합니다. 자식 게임 오브젝트 이름을 WaveResultLabel, WaveResultTitle에서 EnemyLabel, EnemyTitle로 변경하고 다음 표를 참조해 EnemyTitle 게임 오브젝트의 UILabe 컴포넌트와Transform 컴포넌트를 수정합니다.

속성	값
Font	NanumBarunGothicBold 끌어다 놓기
Font Size	24
Text	퇴치한 적

표 3-73: UILabel 컴포넌트 설정

Position		
X	Y	Z
−135	0	0

표 3-74: Transform 컴포넌트 설정

편집된 3_EnemySectionBG 게임 오브젝트를 선택하고 다음 표를 참조해 Transform 컴포넌트를 수정합니다.

Position		
X	Y	Z
0	−80	0
Scale		
X	Y	Z
1	1	1

표 3-75: Transform 컴포넌트 설정

획득한 코인을 표시하기 위해 하이어라키에서 3_EnemySectionBG 게임 오브젝트를 선택하고 주 메뉴의 [Edit] → [Duplicate]를 클릭해 복제한 후 이름을 4_CoinSectionBG 로 변경합니다. 자식 게임 오브젝트 이름을 EnemyLabel, EnemyTitle에서 CoinLabel, CoinTitle로 변경하고 다음 표를 참조해 CoinTitle 게임 오브젝트의 UILabe 컴포넌트와Transform 컴포넌트를 수정합니다.

속성	값
Font	NanumBarunGothicBold 끌어다 놓기
Font Size	24
Text	Coin

표 3-76: UILabel 컴포넌트 설정

Position		
X	Y	Z
−156	0	0

표 3-77: Transform 컴포넌트 설정

편집된 4_CoinSectionBG 게임 오브젝트를 선택하고 다음 표를 참조해 Transform 컴포넌트를 수정합니다.

Position		
X	Y	Z
0	−130	0
Scale		
X	Y	Z
1	1	1

표 3-78: Transform 컴포넌트 설정

이번에는 버튼을 만들겠습니다. 주 메뉴의 [GameObject] → [Create Empty] 를 클릭해 빈 게임 오브젝트 생성한 후 이름을 Buttons로 변경하고 ResultWindow 게임 오브젝트의 자식 게임 오브젝트로 끌어다 놓습니다. Layer를 UI로 변경(❶)하고 Transform 컴포넌트 Position을 0, 0, 0으로 설정(❷)한 뒤 Scale을 1, 1, 1로 설정(❸)해 초기화합니다.

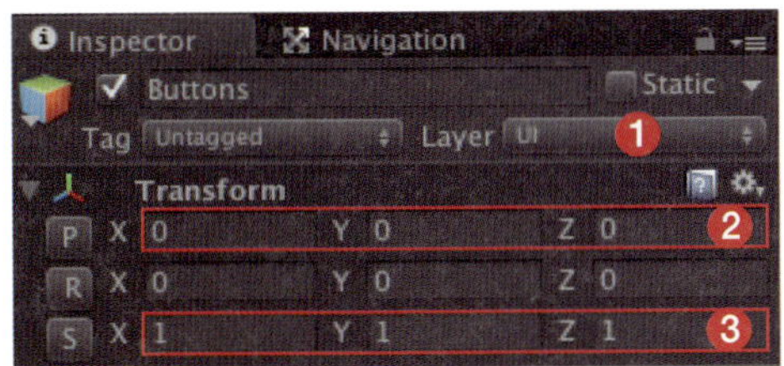

그림 3-169: Transform 컴포넌트 편집

하이어라키에서 Buttons 게임 오브젝트를 선택하고 주 메뉴의 [NGUI] → [Create] → [Sprite]를 클릭해 새로운 스프라이트를 생성합니다. 생성된 스프라이트의 이름을 ResultHomeButton로 변경하고 다음 표를 참조해 UISprite 컴포넌트와 Transform 컴포넌트를 설정합니다.

속성	값
Atlas	InGameAtlas
Sprite	WhiteBoard
Type	Sliced
Fill Center	체크
Depth	18
Size	120x80
Color Tint	186, 104, 0, 255

표 3-79: UISprite 컴포넌트 설정

Position		
X	Y	Z
–140	–183	0

표 3-80: Transform 컴포넌트 설정

ResultHomeButton 게임 오브젝트를 선택하고 주 메뉴의 [NGUI] → [Create] → [Sprite]를 클릭해 새로운 스프라이트를 생성합니다. 생성된 스프라이트의 이름을 ResultHomeIcon으로 변경하고 다음 표를 참조해 UISprite를 설정합니다.

속성	값
Atlas	InGameAtlas
Sprite	house
Type	Simple
Depth	19
Size	60x60
Color Tint	34, 23, 0, 255

표 3-81: UISprite 컴포넌트 설정

하이어라키에서 Buttons 게임 오브젝트를 선택하고 주 메뉴의 [NGUI] → [Create] → [Sprite]를 클릭해 새로운 스프라이트를 생성합니다. 생성된 스프라이트의 이름을 ReGameButton로 변경하고 다음 표를 참조해 UISprite 컴포넌트와 Transform 컴포넌트를 설정합니다.

속성	값
Atlas	InGameAtlas
Sprite	WhiteBoard
Type	Sliced
Fill Center	체크
Depth	18
Size	200x80
Color Tint	186, 104, 0, 255

표 3-82: UISprite 컴포넌트 설정

Position		
X	Y	Z
100	–183	0

표 3-83: Transform 컴포넌트 설정

ReGameButton 게임 오브젝트를 선택하고 주 메뉴의 [NGUI] → [Create] → [Label]을 클릭해 새로운 라벨을 생성합니다. 생성된 라벨의 이름을 ReGameTitle로 변경하고 다음 표를 참조해 UILabe 컴포넌트와 Transform 컴포넌트를 설정합니다.

속성	값
Font	NanumBarunGothicBold 끌어다 놓기
Font Size	40
Text	게임준비
Gradient	체크 해제
Depth	19
Color Tint	34, 23, 0, 255

표 3-84: UILabel 컴포넌트 설정

Position		
X	Y	Z
0	-1.5	0

표 3-85: Transform 컴포넌트 설정

이제 결과창에 정보를 표시하는 부분은 완료됐으니 마지막으로 결과창이 표시됐을 때 주목도를 높이고 별도의 조작을 하지 못하도록 검은색 배경을 추가하겠습니다. 하이어라키에서 ResultWindow 게임 오브젝트를 선택하고 주 메뉴의 [NGUI] → [Create] → [Sprite]를 클릭해 새로운 스프라이트를 생성합니다. 생성된 스프라이트의 이름을 BlackBG로 변경하고 다음 표를 참조해 UISprite 컴포넌트를 설정합니다.

속성	값	
Atlas	InGameAtlas	
Sprite	FillRect	
Type	Sliced	
Fill Center	체크	
Depth	9	
Color Tint	0, 0, 0 , 147	
Anchors Type	Unified	
Execute	OnEnable	
Target	Panel 게임 오브젝트	
Left	Target's Left	0

속성	값	
Right	Target's Right	0
Bottom	Target's Bottom	0
Top	Target's Top	0

표 3-86: UISprite 컴포넌트 설정

별도의 조작을 막기 위해서 콜라이더를 추가하겠습니다. BlackBG 게임 오브젝트를 선택하고 주 메뉴의 [NGUI] → [Attach] → [Collider]를 클릭해 Box Collider를 추가합니다. 추가된 Box Collider의 IsTrigger를 체크 해제합니다.

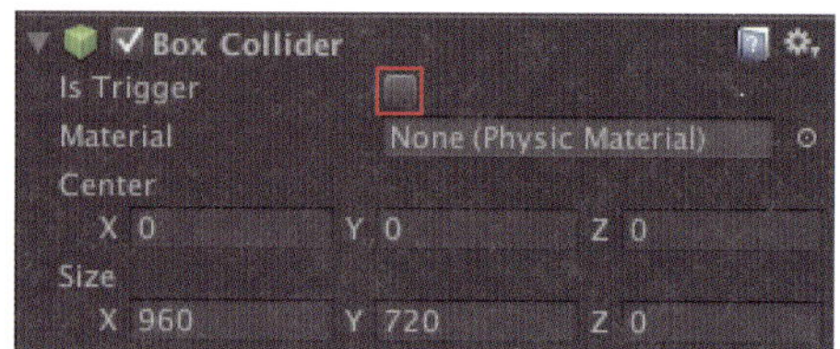

그림 3-170: UISprite 편집

편집이 완료된 결과창은 다음 그림과 같습니다.

그림 3-171 : ResultWindow 확인

코인 제작

적 캐릭터가 죽으면서 일정 확율로 코인을 생성 할 것입니다. 먼저 생성할 코인을 제작하겠습니다. 프로젝트 브라우저의 Sprites – Etc 폴더에서 coins를 선택하고 Texture Type을 Sprite로 변경(❶)한 뒤 Sprite Mode를 Multiple로 선택(❷)합니다. Packing Tag는 etc로 입력(❸)하고 [Sprite Editor] 버튼을 클릭(❹)합니다.

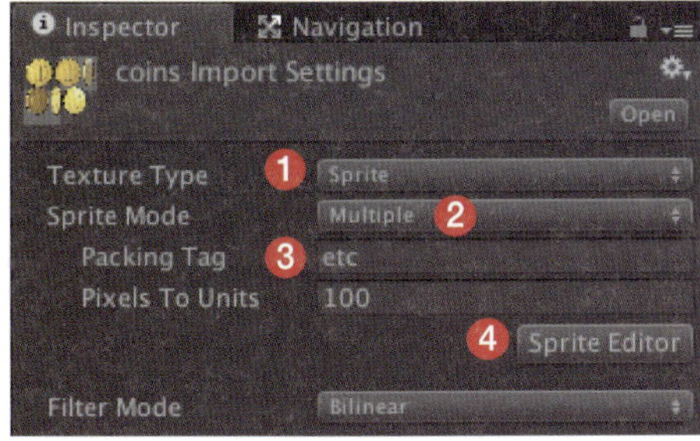

그림 3-172: ResultWindow 확인

Sprite Editor의 왼쪽 위에 있는 [Slice]를 클릭(❶)해 나타난 창에서 Type을 Automactic으로 선택(❷)한 후 [Slice] 버튼을 클릭(❸)합니다. 편집이 완료되면 오른쪽 위에 있는 [Apply] 버튼을 클릭(❹)합니다.

그림 3-173: 스프라이트 편집

coins의 스프라이트를 이용해서 회전하는 애니메이션을 구현하겠습니다. 먼저 오브젝트를 생성하기 위해 프로젝트 브라우저에서 coin 스프라이트를 선택하고 하이어라키에 끌어다 놓습니다. 구분을 위해서 이름을 coin으로 변경(❶)하고 어떤 게임 오브젝트보다 앞쪽에 위치하도록 Sprite Renderer 컴포넌트의 Sorting Layer를 ForeGround로 변경(❷)합니다.

그림 3-174: Sprite Renderer 컴포넌트 편집

애니메이션을 제작하기 위해 주 메뉴의 [Window] → [Animation]을 클릭해 애니메이션 뷰를 활성화하고 하이어라키에서 coin 게임 오브젝트 선택합니다. 애니메이션 뷰에서 콤보 박스(❶)를 클릭해 Create New Clip을 선택(❷)하고 새로운 애니메이션 클립을 생성합니다.

그림 3-175: 새로운 애니메이션 클립 생성 선택

Create New Clip을 선택해 나타나는 Create New Animation 창에서 Save As에 coin를 입력(❶)합니다. Where에는 프로젝트 브라우저에서 생성한 Animation폴더를 지정(❷)하고 [Save] 버튼을 클릭(❸)합니다.

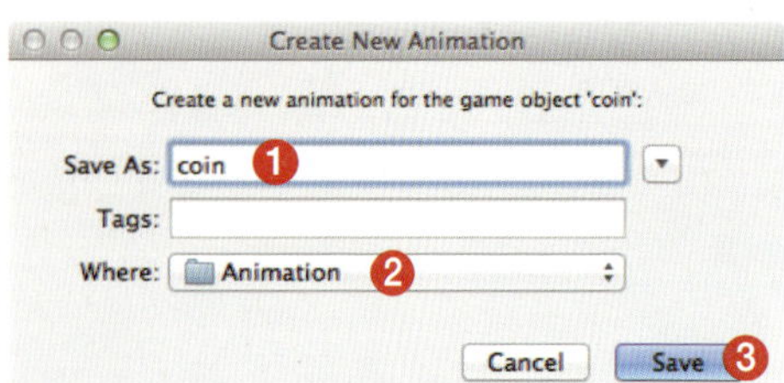

그림 3-176: 새로운 애니메이션 클립 저장

Samples를 15로 설정(❶)하고 프로젝트 브라우저의 Sprites – etc 폴더에서 coins 스프라이트에 나눠진 스프라이트를 각 프레임별로 다음 표를 참조해 끌어다 놓습니다(❷).

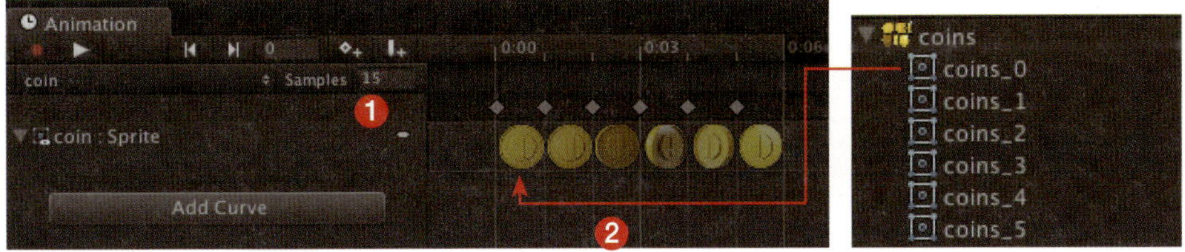

그림 3-177: 애니메이션 레코드

프레임	스프라이트	프레임	스프라이트	프레임	스프라이트
0	coins_0	6	coins_0	12	coins_0
1	coins_1	7	coins_1		
2	coins_3	8	coins_3		
3	coins_2	9	coins_2		
4	coins_4	10	coins_4		
5	coins_5	11	coins_5		

표 3-87: 프레임별 스프라이트

팁

coins_2와 coins_3의 순서를 바꿔서 적용한 이유는 스프라이트 공간을 절약하기 위해서 이미지를 배치하다보니 둘의 위치가 바뀐 것일 뿐입니다.

Transform 컴포넌트를 이용해 코인이 살짝 튕기듯이 등장하도록 하겠습니다. 다음 표를 참조해 프레임별로 Position 값을 입력합니다.

프레임	Transform 컴포넌트 Position
0	0, 0, 0
2	0, 0.5, 0
4	0, 0, 0
9	0, 0, 0
12	0, 2, 0

표 3-88: 프레임별 Transform 컴포넌트 Position 입력 값

부드럽게 움직이되 맺고 끊는 부분을 명확히 하기 위해서 애니메이션 뷰의 좌측 하단에 있는 [Curves] 버튼을 클릭(❶)해 커브 편집 상태로 변경한 뒤 Position.y를 선택(❷)해 y축 움직임에 관한 커브가 나타나게 합니다.

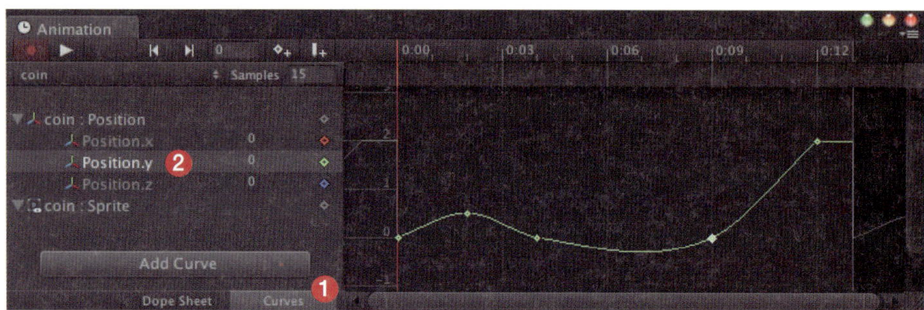

그림 3-178: 애니메이션 커브 편집

애니메이션 뷰의 4 프레임과 9 프레임에 있는 key를 선택한 후 마우스 오른쪽 버튼을 클릭하고 Both Tangents - Linear를 선택해 적용합니다.

그림 3-179: 커브 변화

커브가 다음과 같이 변경된 모습을 확인할 수 있습니다.

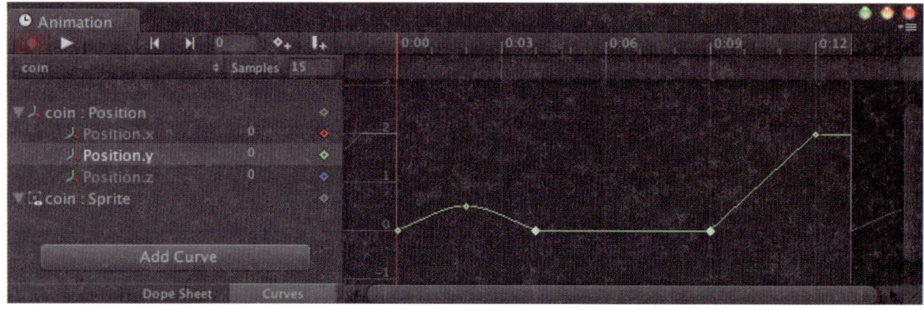

그림 3-180: 애니메이션 커브 편집

이제 신호에 따라 애니메이션이 발생하도록 애니메이션 컨트롤러를 편집해야 합니다. 하이어라키에서 coin 게임 오브젝트를 선택하고 Animator 컴포넌트의 Controller에 할당된 coin 애니메이션 컨트롤러를 더블 클릭해 Animator 뷰를 활성화합니다.

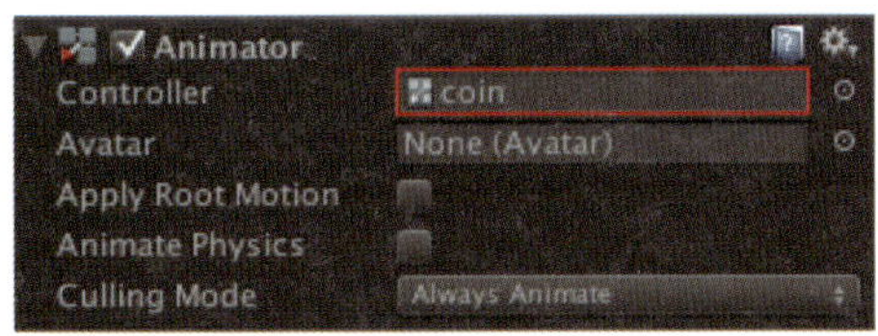

그림 3-181: Animator 컴포넌트

Animator 뷰의 왼쪽 아래에 있는 Parameters의 [+] 버튼을 클릭(❶)해 Trigger를 선택(❷)한 후 이름을 startAnimation으로 입력(❸)합니다.

그림 3-182: 전이 조건으로 활용할 매개변수 추가

Animator 뷰의 Any State 상태를 선택하고 마우스 오른쪽 버튼을 눌러 Make Transition을 선택한 후 coin 상태에 연결해 전이가 가능하도록 합니다.

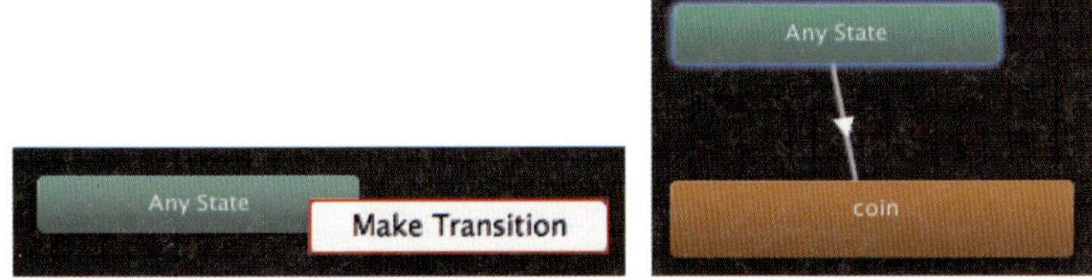

그림 3-183: 상태 전이 연결

Any State 상태에서 coin 상태로 전이되는 화살표를 선택하고 condition을 startAnimation으로 변경합니다.

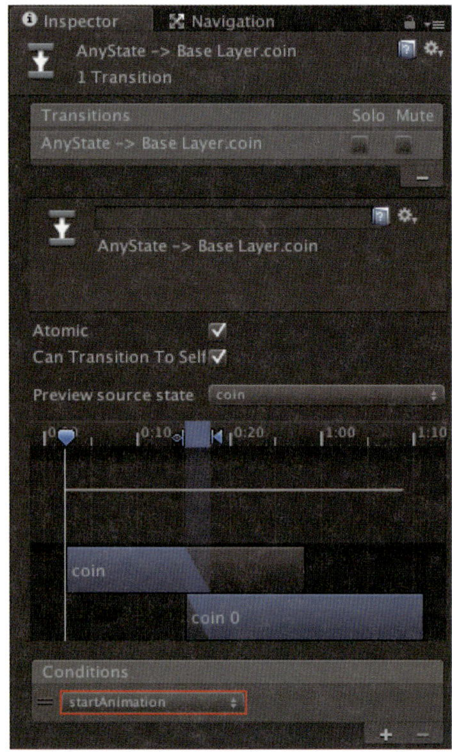

그림 3-184: 상태 전이 조건 변경

상태 전이 조건의 발생이 없어도 지속해서 애니메이션이 반복되는 현상을 방지하기 위해서 프로젝트 브라우저의 Animation 폴더에서 coin 애니메이션을 선택(❶)하고 인스펙터에서 Loop Time의 체크를 해제(❷)합니다.

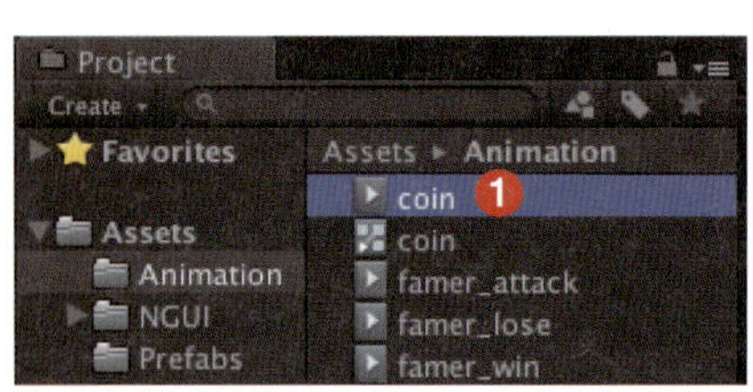

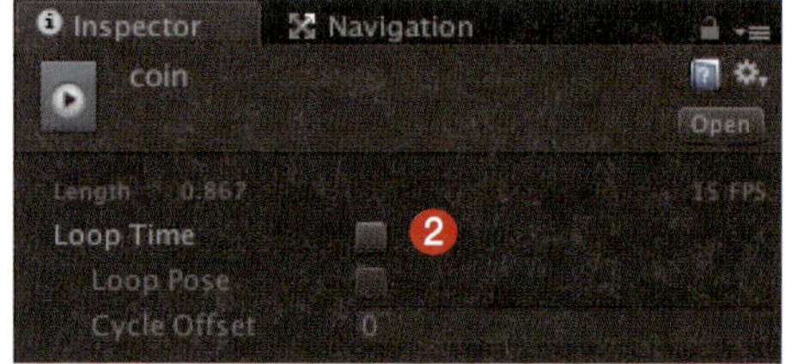

그림 3-185: 애니메이션 반복 해제

코인 스크립트 제작 및 적용

애니메이션을 종료하고 화면에서 코인이 사라지도록 스크립트를 작성하겠습니다. 프로젝트 브라우저에서 Scripts 폴더에 새로운 스크립트를 생성한 후 이름을 Coin으로 변경하고 애니메이션을 시작시키는 StartCoinAnimation 메서드와 종료될 때 호출될 EndCoinAnimation 메서드를 추가합니다.

예제 3-76: Coin.cs

```
using UnityEngine;
using System.Collections;

public class Coin : MonoBehaviour {

    Animator animator;
    Vector3 removePosition = Vector3.right*30;

    void Awake()
    {
        animator = GetComponent<Animator>();
    }

    // 애니메이션을 작동하도록 한다.
    public void StartCoinAnimation(Vector3 setRemovePosition = default(Vector3))
    {
        if( setRemovePosition != Vector3.zero)
        {
            removePosition = setRemovePosition;
        }
        animator.SetTrigger("startAnimation");
    }

    // 애니메이션이 종료되면 호출된다.
    void EndCoinAnimation()
    {
        transform.parent.position = removePosition;
    }
}
```

StartCoinAnimation 메서드는 animator에 등록된 trigger를 이용해 애니메이션을 작동하고 setRemovePosition 매개변수가 null이 아닌 경우 removePosition 멤버 필드의 초깃값을 할당하는 데 사용됩니다. EndCoinAnimation은 애니메이션이 종료되면 호출돼 게임 오브젝트를 removePosition으로 이동시킵니다.

Coin 스크립트의 EndCoinAnimation이 애니메이션 종료 후 호출될 수 있게 하이어라키에서 coin 게임 오브젝트를 선택한 뒤 Animation 뷰에서 12 프레임에 애니메이션 이벤트를 추가해 Function을 EndCoinAnimation으로 선택 적용(❶)합니다.

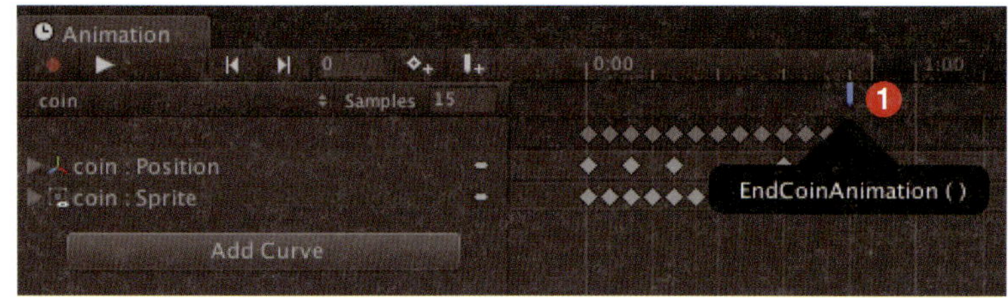

그림 3-186: coin 애니메이션 이벤트 추가

EndCoinAnimation 메서드를 호출할 수 있도록 제작됐으므로 하이어라키를 변경합니다. 하이어라키에 빈 게임 오브젝트를 생성한 뒤 Transform의 Position을 0, 0, 0으로 설정하고 이름을 coinRoot로 변경합니다. 기존의 coin 게임 오브젝트를 coinRoot 게임 오브젝트의 자식 게임 오브젝트가 되도록 끌어다 놓고 이름을 coinChild로 변경합니다.

그림 3-187: 하이어라키 변경

이제 coinRoot 게임 오브젝트를 프리팹으로 등록해 사용할 수 있도록 처리합니다. 프로젝트 브라우저의 Prefabs 폴더를 선택하고 마우스 오른쪽 버튼을 클릭해 [Create] → [Prefab]을 선택해 새로운 프리팹을 추가하고 이름을 coin으로 변경(❶)합니다. 하이어라키에서 coinRoot 게임 오브젝트를 끌어다 놓으면 프리팹으로 변경(❷)된 것을 확인할 수 있습니다.

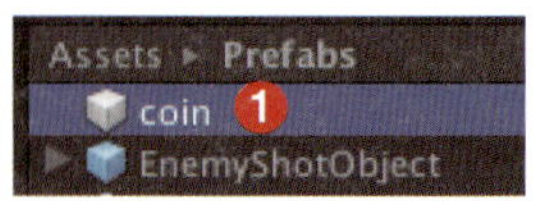

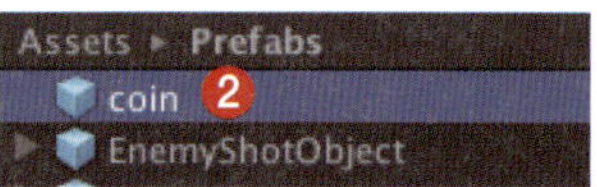

그림 3-188: coin 프리팹 등록

coinRoot 게임 오브젝트가 프리팹으로 등록됐으면 하이어라키에서 coin 게임 오브젝트는 삭제합니다.

코인은 적 캐릭터의 dead 애니메이션이 모두 재생되면 일정 확율로 나타나게 할 것입니다. 그러기 위해서는 먼저 게임 플레이 매니저의 게임 오브젝트 풀에 코인을 등록해야 합니다. 다음과 같이 멤버 필드를 추가합니다.

예제 3-77: GamePlayManager.cs

```
---(전략)---
    // 코인 프리팹을 등록하는데 사용.
    public GameObject coinObj;
    public UILabel coinLb;
---(후략)---
```

InitGameObjectPools 메서드를 수정해 등록된 coinObj 멤버 필드를 게임 오브젝트 풀로 생성하도록 합니다.

예제 3-78: GamePlayManager.cs

```
---(전략)---
    void InitGameObjectPools()
    {
---(중략)---
        // 적 캐릭터의 dead 애니메이션이 종료된 후 일정 확율로 나타나게될 코인.
        CreateGameObject(coinObj, 20, gameObjectPoolPosition);
    }
---(후략)---
```

게임 오브젝트 풀에 코인을 넣었으니 이제 가져다 쓸 수 있도록 해야합니다. SpawnEnemy 메서드처럼 생성할 코인이 부족하다면 새로 생성할 수 있는 구문을 넣은 SpawnCoin 메서드를 추가합니다.

예제 3-79: GamePlayManager.cs

```
    // 코인을 생성할 포지션을 spawnPosition 매개변수로 전달하여 사용.
    public void SpawnCoin(Vector3 spawnPosition)
    {
        GameObject currentCoin;
        if (!gameObjectPools [coinObj.name]
```

```
            .NextGameObject(out currentCoin))
        {
            // 사용가능한 게임 오브젝트가 없다면 생성하여 추가한다.
            currentCoin =
                Instantiate(
                    coinObj,
                    gameObjectPoolPosition.transform.position,
                    Quaternion.identity) as GameObject;

            currentCoin.transform.parent = enemyHPBarRoot;
            currentCoin.name =
                coinObj.name + gameObjectPools [coinObj.name].lastIndex;
            gameObjectPools [enemyHPBar.name].AddGameObject(currentCoin);
        }
        // 코인 애니메이션을 시작하도록 한다.
        Coin coinScript = currentCoin.transform.GetChild(0).GetComponent<Coin>();
        coinScript.StartCoinAnimation(gameObjectPoolPosition.position);
        // 코인 생성될 위치를 정한다.
        currentCoin.transform.position = spawnPosition;
    }
---(후략)---
```

이제 Enemy 스크립트에 DeadEnd 메서드를 추가해 dead 애니메이션이 종료되면 호출되게 합니다.

예제 3-80: Enemy.cs

```
---(전략)---
    public void DeadEnd()
    {
        // 임의의 확율로 코인을 생성한다.
        int makePossibleCoin = UnityEngine.Random.Range(0, 10);
        if(makePossibleCoin >= 7)
        {
            GameData.Instance.gamePlayManager.SpawnCoin(transform.position);
        }

        // 적 캐릭터를 초기 위치로 이동시킨다.
        currentState = EnemyState.none;
        transform.position =
            GameData.Instance.gamePlayManager.gameObjectPoolPosition.position;
```

```
            // hpbar를 반환한다.
            hpBarObj.transform.position =
                GameData.Instance.gamePlayManager.enemyHPBarRoot.position;
            hpBarObj = null;
        }
    ---(후략)---
```

DeadEnd 메서드는 임의의 확율로 코인을 생성한 후 게임 오브젝트 풀이 다시 적 캐릭터를 사용할 수 있도록 초기 위치로 이동시킵니다.

Pig와 Rat 프리팹의 dead 애니메이션 11 프레임에 애니메이션 이벤트를 추가해 DeadEnd 메서드가 호출될 수 있게 합니다.

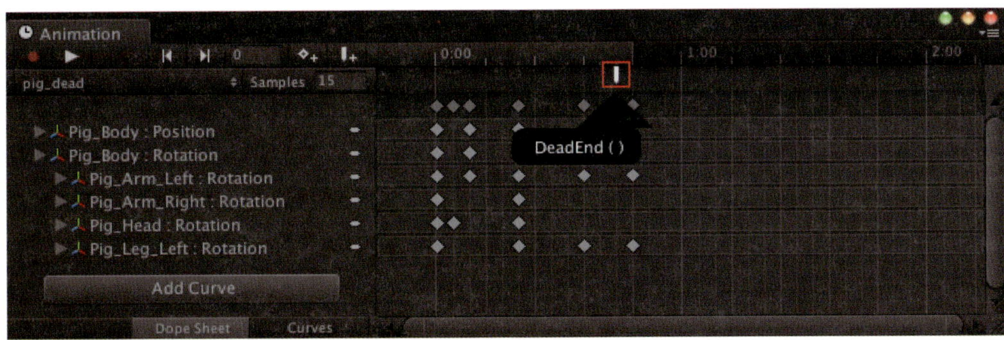

그림 3-189: 애니메이션 이벤트 추가

프리팹의 애니메이션을 편집하려면 먼저 하이어라키에 프리팹을 끌어다 놓아 생성한 후 게임 오브젝트를 선택하고 편집해야 합니다.

완성된 coin 프리팹을 게임 플레이 매니저에 등록한 후 작동하는지 확인해야 합니다. 게임 플레이 매너저의 Coin Obj에 coin 프리팹을 끌어다 놓고(❶) Coin Lb에 CoinBar의 자식 게임 오브젝트인 CoinLabel을 끌어다 놓은 후(❷) 게임을 실행합니다.

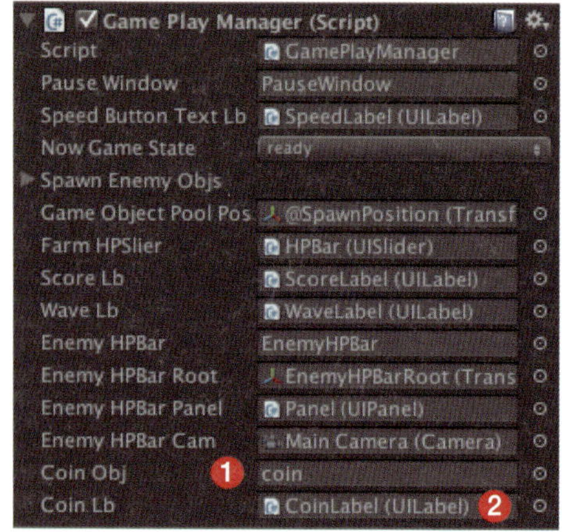

그림 3-190: 게임 플레이 매니저 편집

적 캐릭터의 체력이 0이되면 코인이 생성되는 모습을 확인할 수 있습니다.

그림 3-191: 코인 생성 확인

결과창 연결

게임이 종료되면 게임 결과가 결과창에 나타나도록 해야합니다. 필요한 정보는 획득한 점수, 진행한 Wave 숫자, 처치한 적 숫자, 획득한 코인 숫자입니다. 이 중 저장되지 않은 처치한 적 숫자와 획득한 코인 숫자에 관한 deadEnemy와 getCoins 멤버 필드를 게임 플레이 매니저에 추가해 해당 정보를 기록하도록 수정하겠습니다.

예제 3-81: GamePlayManager.cs

```
---(전략)---
    // 획득한 점수 저장.
    int score = 0;
    // 처치한 적 숫자 기록.
    int deadEnemys = 0;
```

```
    // 획득한 코인 숫자 저장.
    int getCoins = 0;
---(후략)---
```

처치한 적과 획득한 코인 숫자를 증가시키는 AddDeadEnemyAndCoin 메서드를 추가합니다.

예제 3-82: GamePlayManager.cs

```
    // 처치한 적과 획득한 코인 저장.
    public void AddDeadEnemyAndCoin(int getCoin = 0)
    {
        // 처치한 적 숫자 증가.
        deadEnemys++;
        // 획득한 코인 숫자 증가.
        getCoins += getCoin;
        if(getCoin > 0)
        {
            // 유저 인터페이스에 반영.
            coinLb.text = getCoins.ToString();
        }
    }
---(후략)---
```

Enemy 스크립트의 DeadEnd 메서드에서 AddDeadEnemyAndCoin 메서드를 호출하도록 수정합니다.

예제 3-83: Enemy.cs

```
---(전략)---
    public void DeadEnd()
    {
        // 임의의 확율로 코인을 생성한다.
        int makePossibleCoin = UnityEngine.Random.Range(0, 10);
        if(makePossibleCoin >= 7)
        {
            GameData.Instance.gamePlayManager.SpawnCoin(transform.position);
            // 처치한 적 숫자 및 획득한 코인 숫자 전달.
            GameData.Instance.gamePlayManager.AddDeadEnemyAndCoin(10);
        }
```

```
        else
        {
            // 처치한 적 숫자 전달.
            GameData.Instance.gamePlayManager.AddDeadEnemyAndCoin();
        }
---(후략)---
```

필요한 정보를 저장했으므로 이제 게임이 종료됐을 때 결과창을 불러올 수 있도록 해야합니다. 게임 플레이 매니저 스크립트에 정보 표현에 사용할 멤버 필드를 추가하고 OpenResult 메서드를 활용해 불러올 수 있게 처리합니다.

예제 3-84: GamePlayManager.cs

```
---(전략)---
    // 결과창 게임 오브젝트.
    public GameObject resultWindow;
    // 결과창에 사용되는 UILabel
    public UILabel resultHighScoreLb, resultNowScoreLb,
        resultWaveLb, resultDeadEnemysLb, resultGetCoinsLb;
---(중략)---
    // 결과창을 나타나게 한다.
    public void OpenResult()
    {
        // 재 생성 방지.
        if(resultWindow.activeInHierarchy) return;

        // 적 생성 구문 해제.
        if (IsInvoking("CheckSpawnEnemy"))
        {
            CancelInvoke("CheckSpawnEnemy");
        }

        // TODO: 최고 점수를 나타낼 수 있도록 해야한다.
        resultHighScoreLb.text = "0";

        resultNowScoreLb.text = score.ToString();
        resultWaveLb.text = waveLb.text;
        resultDeadEnemysLb.text = deadEnemys.ToString();
        resultGetCoinsLb.text = getCoins.ToString();
```

```
        // 결과창을 나타나게 한다.
        resultWindow.SetActive(true);
    }
---(후략)---
```

농장의 체력이 0이하가 되면 게임이 종료됩니다. 게임이 종료되는 시점은 게임 플레이 메니저 스크립트의 Damage 메서드와 CheckSpawnEnemy 메서드를 편집할 때 이미 고려해뒀으므로 해당 메서드를 수정합니다.

예제 3-85: GamePlayManager.cs

```
---(전략)---
    public void Damage(float damageTaken)
    {
---(중략)---
        if (farmCurrentHP <= 0)
        {
            nowGameState = GameState.gameOver;
            // 결과창 표시.
            OpenResult();
        }
---(중략)---
    void CheckSpawnEnemy()
    {
---(중략)---
        // 적 생성 데이터 전체가 소모되었다면 게임을 종료하도록 한다.
        if (currentEnemyWaveDataIndexNo >= enemyWaveDatas.Count)
        {
            nowGameState = GameState.gameOver;
            CancelInvoke("CheckSpawnEnemy");
            //  결과창 표시.
            OpenResult();
            return;
        }
---(후략)---
```

팁

모노디벨롭 주 메뉴의 [View] → [Pads] → [Tasks]를 실행한 뒤 "TODO: 결과창 표시."로 되어 있는 항목을 더블클릭해 이동하여 편집하면 편리합니다.

Tasks

Comments

Line	Description	File	Path
107	TODO : 충돌 후 일정 시간이 지나면 EnemyState.move로 전환한다.	Enemy.cs	Scripts
177	TODO : 피격 이펙트 생성.	Enemy.cs	Scripts
163	TODO : 결과창 표시.	GamePlayManager.cs	Scripts
264	TODO : 적 보스 캐릭터가 등장했다는 표시를 띄운다.	GamePlayManager.cs	Scripts

그림 3-192: 모노디벨롭 Tasks

조건에 충족해 게임이 종료되면 결과창이 나타나는데, 적 캐릭터가 계속 공격 애니메이션을 취하고 있어서 시선이 분산됩니다. 이를 방지하기 위해서 적 캐릭터가 idle 애니메이션을 재생하도록 상태를 모두 변경합니다. 먼저 Enemy 스크립트에 FreezeEnemy 메서드를 추가합니다.

예제 3-86: Enemy.cs

```
---(전략)---
    // idle 애니메이션만 재생하는 상태로 변경.
    public void FreezeEnemy()
    {
        currentState = EnemyState.none;
        if( IsInvoking("ChangeStateToMove") )
        {
            CancelInvoke("ChangeStateToMove");
        }
    }
---(후략)---
```

FreezeEnemy 메서드는 적 상태를 none으로 전환하고 움직임을 이어주는 ChangeStateToMove 메서드가 다시 실행되는 것을 방지해 지속적으로 idle 애니메이션만 재생하도록 합니다. 다시말해 결과창이 나타날 때 모든 적 캐릭터의 FreezeEnemy 메서드를 실행하면 됩니다. 여기서는 델리게이트의 한 종류인 액션을 활용해 실행하겠습니다. 게임 플레이 매니저 스크립트에 OnFreeze 멤버 필드와 SetupAllEnemyFreeze 메서드를 추가합니다.

```
---(전략)---
    // 결과창이 나타날 때 적 캐릭터를 정지하는 목적으로 사용된다.
    public event System.Action OnFreeze;
---(중략)---
    // 모든 적 캐릭터의 FreezeEnemy 메서드를 OnFreeze에 등록.
    void SetupAllEnemyFreeze()
    {
        int j=0;
        GameObject tempObj;
        Enemy tempEnemyScript;
        for(int i=0; i<spawnEnemyObjs.Count; ++i)
        {
            j=0;
            while(j< gameObjectPools[ spawnEnemyObjs[i].name].lastIndex)
            {
                if(gameObjectPools[ spawnEnemyObjs[i].name].GetObject(j, out tempObj))
                {
                    tempEnemyScript = tempObj.GetComponent<Enemy>();
                    // enemy 스크립트의 FreezeEnemy 메서드를 등록.
                    OnFreeze += tempEnemyScript.FreezeEnemy;
                }
                ++j;
            }
        }
    }
---(후략)---
```

선언된 OnFreeze 이벤트는 해당 이벤트가 발생했을 때 액션으로 대리되는 메서드를 실행할 것이라는 뜻을 선언 시 명시하고 있습니다. 여기에서는 결과적으로 게임에서 OnFreeze 이벤트가 발생하면 SetupAllEnemyFreeze 메서드에서 OnFreeze 이벤트에 등록한 Enemy.FreezeEnemy 메서드가 동시에 실행되는 것입니다.

용어설명

액션(Action)

프로그램에서 어떤 기능을 대신 수행하는 델리게이트(delegate)의 한 종류입니다. 내부 처리 후 반환값이 없는 것이 큰 특징입니다.

용어설명

이벤트(event)

컴퓨터를 조작할 때 어떤 프로그램에서 마우스를 움직이거나 클릭하거나 키보드 입력 등을 모두 이벤트라고 볼 수 있습니다. 프로그램은 발생된 이벤트를 어떻게 처리할지 정의합니다. 보통 다음과 같은 형태로 선언됩니다.

```
event [선언된 델리게이트] [이벤트명];
```

이제 OpenResult 메서드에 코드를 추가해 결과창이 나타날 때 적 캐릭터가 idle 상태로 변경되게 합니다.

예제 3-88: Enemy.cs

```
---(전략)---
    public void OpenResult()
    {
---(중략)---
        // 결과창을 나타나게 한다.
        resultWindow.SetActive(true);

        // 이벤트에 등록된 메서드가 있는지 체크.
        if(OnFreeze !=null)
        {
            OnFreeze();
        }
---(후략)---
```

OpenResult 메서드에 활용한 OnFreeze 이벤트는 이벤트에 정의된 메서드가 하나라도 있는지 null을 이용해 체크합니다. 그 뒤 이벤트를 발생시켜 등록된 모든 메서드가 실행되게 하는 것입니다.

발사 게임 오브젝트 수정

게임 오브젝트 풀을 제작하기 전에 제작한 ShotObj와 적이 사용하는 EnemyShotObj 프리팹은 매번 새롭게 생성(Instanciate)하도록 하고 있습니다. 게임 오브젝트 풀을 제작할 때도 설명했지만 생성은 많은 하드웨어 자원을 소모합니다. 두 프리팹을 사용할 때 해당 문제가 나타나지 않게 수정해야 합니다. 먼저 ShotObj 스크립트에 두 개의 멤버 필드를 추가합니다.

예제 3-89: ShotObj.cs

```
---(전략)---
    protected Vector3 initPos;
    protected bool isWork = false;
---(후략)---
```

iniPos 멤버 필드를 활용해 사용 중이지 않을 때 돌아가야 할 위치를 저장할 것이고, isWork 멤버 필드는 사용 중이지 않을 때 발생하는 OnTriggerEnter2D 메서드의 예외 처리에 사용할 것입니다.

초기 위치를 전달할 때 사용할 InitReturnPosition 메서드와 충돌 처리를 가능하도록 하는 TurnOnTrigger 메서드, 발사 게임 오브젝트를 초기화하는 ResetShotObj 메서드를 추가합니다.

예제 3-90: ShotObj.cs

```
---(전략)---
    // 사용중이지 않을 때 돌아갈 위치 저장.
    public void InitReturnPosition(Vector3 setupInitPos)
    {
        initPos = setupInitPos;
    }

    // 충돌 처리를 허가할 때 사용.
    public void TurnOnTrigger()
    {
        isWork = true;
    }

    // 발사 게임 오브젝트를 초기화한다.
    public void ResetShotObj()
    {
        transform.position = initPos;
        isWork = false;
        rigidbody2D.velocity = Vector3.zero;
    }
---(후략)---
```

그리고 충돌 처리를 담당하는 OnTriggerEnter2D 메서드와 공격 후 제거를 담당했던 AttackAnd Remove 메서드를 수정합니다.

예제 3-91: ShotObj.cs

```
---(전략)---
    void OnTriggerEnter2D(Collider2D other)
    {
        // 사용중이지 않을 때 충돌 처리를 막는다.
        if(!isWork) return;

        // 적 캐릭터 인 경우, 공격하여 피해를 가한다.
        if (other.CompareTag("enemy") || other.CompareTag("boss"))
        {
            // 공격 후 게임 오브젝트 제거.
            AttackAndRemove(other);
        }
        // 게임 플레이 화면 외부로 진입했을 때 초기 위치로 돌아가도록 한다.
        else if (other.CompareTag("invisibleArea"))
        {
            ResetShotObj();
        }
    }

    protected void AttackAndRemove(Collider2D other)
    {
        IDamageable damageTarget =
            (IDamageable)other.GetComponent(typeof(IDamageable));
        damageTarget.Damage(attackPower);
        // 공격 후 초기화.
        ResetShotObj();
    }
---(후략)---
```

OnTriggerEnter2D 메서드는 isWork를 사용해 사용 중이지 않을 때 충돌 처리가 불가능하게 했습니다. 그리고 else if로 게임 플레이 화면 외부로 진입했을 때 발사 게임 오브젝트를 초기화하는 ResetShotObj 메서드를 호출합니다.

AttackAndRemove 메서드는 공격 후 제거하던 부분을 공격 후 초기화하도록 변경했습니다.

ShotObj 스크립트를 상속받은 자식 클래스인 EnemyShotObj 스크립트의 OnTriggerEnter2D 메서드도 수정합니다.

예제 3-92: EnemyShotObj.cs

```
---(전략)---
    void OnTriggerEnter2D(Collider2D other)
    {
        // 장애물과 충돌 시, 공격하여 피해를 가한다.
        if( other.CompareTag("obstacle"))
        {
            // 공격 후 게임 오브젝트 제거.
            AttackAndRemove(other);
        }
        // 게임 플레이 화면 외부로 진입했을 때 초기 위치로 돌아가도록 한다.
        else if (other.CompareTag("invisibleArea"))
        {
            ResetShotObj();
        }
    }
---(후략)---
```

이제 두 발사 게임 오브젝트를 사용하는 스크립트를 수정해야 합니다. 먼저 농부 캐릭터의 발사 게임 오브젝트를 처리하는 FamerTouchControl 스크립트에 아래 멤버 필드를 추가합니다.

예제 3-93: FamerTouchControl.cs

```
---(전략)---
    // shot gameobject pool
    GameObjectPool objPool;
    Vector3 spawnPos = new Vector3(0, 50, 0);
---(후략)---
```

게임 오브젝트를 만들어서 게임 오브젝트 풀에 등록하는 InitGameObjectPool 메서드와 초기에 이를 실행하는 OnEnable 메서드를 추가합니다.

예제 3-94: FarmerTouchControl.cs

```
---(전략)---
    void OnEnable()
    {
        InitGameObjectPool();
```

```
    }
---(중략)---
    // 게임 오브젝트 풀 초기화.
    void InitGameObjectPool()
    {
        spawnPos += GameData.Instance.gamePlayManager
            .gameObjectPoolPosition.transform.position;
        // 원거리에서 공격할 수 있도록 구현.
        objPool = new GameObjectPool(
            spawnPos.x,
            tempObj);

        // 발사 오브젝트 생성.
        for(int i=0;i<20;++i)
        {
            shotObjScript = null;
            GameObject makeObj =
                Instantiate(
                fireObj,
                spawnPos,
                Quaternion.Euler(Vector3.up * 90)
                ) as GameObject;
            makeObj.name = makeObj.name + i;
            objPool.AddGameObject(makeObj);

            shotObjScript = makeObj.GetComponent<ShotObj>();
            shotObjScript.InitReturnPosition(spawnPos);
        }
    }
---(후략)---
```

발사에 사용하는 Fire 메서드도 다음과 같이 수정합니다.

예제 3-95: FarmerTouchControl.cs

```
---(전략)---
    void Fire(Vector3 inputPosition)
    {
        // 입력 위치(inputPosition)를 카메라가 바라보는 영역 안의 월드 좌표(절대 좌표)로 변환.
        tempVector3 = mainCamera.ScreenToWorldPoint(inputPosition);
        tempVector3.z = 0;
```

```
        // 벡터의 뺄셈 후 방향만 지닌 단위 벡터로 변경.
        fireDirection = tempVector3 - firePoint.position;
        fireDirection = fireDirection.normalized;

        // 발사할 오브젝트.
        shotObjScript = null;
        if( !objPool.NextGameObject(out tempObj) )
        {
            tempObj = Instantiate(
                fireObj,
                spawnPos,
                Quaternion.Euler(Vector3.up * 90)
                ) as GameObject;
            tempObj.name = tempObj.name + objPool.lastIndex;
            objPool.AddGameObject(tempObj);

            shotObjScript = tempObj.GetComponent<ShotObj>();
            shotObjScript.InitReturnPosition(spawnPos);
        }

        if(shotObjScript == null)
        {
            shotObjScript = tempObj.GetComponent<ShotObj>();
        }

        tempObj.transform.position = firePoint.position;
        // 발사한 오브젝트 속도 계산.
        tempVector2.Set(fireDirection.x, fireDirection.y);
        tempVector2 = tempVector2 * fireSpeed;
        // 속도 적용.
        tempObj.rigidbody2D.velocity = tempVector2;

        // 공격력을 전달한다.
        shotObjScript.InitShotObj(1);
        shotObjScript.TurnOnTrigger();
    }
---(후략)---
```

게임 오브젝트 풀에 등록된 모든 게임 오브젝트가 동시에 사용 중일 때 게임 오브젝트 풀에 새로운 게임 오브젝트를 추가해 사용할 수 있도록 수정했습니다.

이제 EnemyRanged 스크립트를 수정해 게임 오브젝트 풀로 사용할 멤버 필드를 추가합니다.

예제 3-96: EnemyRanged.cs

```
---(전략)---
    // shot gameobject pool
    GameObjectPool objPool;
    Vector3 spawnPos = new Vector3(0, 50, 0);
---(후략)---
```

공격에 사용하는 Attack 메서드에서 게임 오브젝트 풀을 초기화해 사용할 수 있도록 수정합니다.

예제 3-97: EnemyRanged.cs

```
---(전략)---
    public override void Attack()
    {
        if( spawnPos.x == 0)
        {
            spawnPos += GameData.Instance.gamePlayManager
                .gameObjectPoolPosition.transform.position;
        }
        // 원거리에서 공격할 수 있도록 구현.
        if(objPool == null)
        {
            objPool = new GameObjectPool(
                spawnPos.x,
                shotObj);
        }

        EnemyShotObj tempEnemyShot = null;
        if( !objPool.NextGameObject(out tempObj) )
        {
            tempObj = Instantiate(
                shotObj,
                spawnPos,
                Quaternion.identity
                ) as GameObject;
            tempObj.name = shotObj.name + objPool.lastIndex;
            objPool.AddGameObject(tempObj);
```

```
            tempEnemyShot = tempObj.GetComponent<EnemyShotObj>();
            tempEnemyShot.InitReturnPosition(spawnPos);
        }
        // position move
        tempObj.transform.position = firePosition.position;

        // 속도 지정.
        tempVector2 = Vector2.right* -1 * fireSpeed;
        tempObj.rigidbody2D.velocity = tempVector2;
        // 게임 오브젝트에 공격력을 담아 장애물 등과 충돌했을 때 데미지를 끼칠 수 있도록 한다.
        if(tempEnemyShot == null)
        {
            tempEnemyShot = tempObj.GetComponent<EnemyShotObj>();
        }
        tempEnemyShot.InitShotObj( attackPower );
        tempEnemyShot.TurnOnTrigger();
    }
---(후략)---
```

EnemyRanged 스크립트는 여러 개의 공격 게임 오브젝트를 사용하지 않아도 되므로 매 공격 시 이를 판단하도록 했습니다.

게임 준비와 홈 이동 버튼 연동

결과창에 있는 두 가지 버튼인 홈 버튼과 다시하기 버튼은 아직 제작되지 않은 게임 준비 씬으로 전환하는 공통점이 있습니다. 다른 점이라면 다시하기 버튼의 경우 게임 시작에 필요한 준비를 하는 단계로 바로 진입한다는 점뿐입니다. 그러므로 게임 플레이 매니저 스크립트에 공통으로 사용할 메서드인 LoadReadyScene 메서드를 제작한 후 ClickResultHomeButton 메서드와 ClickReGameButton 메서드를 추가해 버튼을 클릭했을 때 사용할 수 있게 처리하겠습니다.

예제 3-98: GamePlayManager.Button.cs

```
---(전략)---
    // 로비씬으로 전환할 때 사용한다.
    void LoadReadyScene(bool isPrepareGame)
    {
        // TODO: isPrepareGame를 활용하여 로비씬의 준비상태를 분기할 수 있도록 한다.
```

```
        // LobbyScene으로 전환한다.
        Application.LoadLevelAsync("LobbyScene");
    }

    public void ClickResultHomeButton()
    {
        LoadReadyScene(false);
    }

    public void ClickReGameButton ()
    {
        LoadReadyScene(true);
    }
---(후략)---
```

팁

GamePlayManager.Button.cs 파일에 위 세 개의 메서드 추가합니다.

씬을 다시 로드할 때 Application.LoadLevel 메서드를 사용했는데 LoadReadyScene 메서드에서는 Application.LoadLevelAsync를 사용했습니다. 두 메서드는 모두 씬을 로드할 때 사용하는 데 차이점은 LoadLevelAsync 메서드는 AsyncOperation 클래스를 활용해 값을 반환하여 로딩 완료 등을 확인할 수 있어서 로드 진행 상황 등을 표현할 수 있게 해주며 적절히 활용하면 씬 전환 전에 처리해야 할 일을 모두 처리한 후 씬을 전환할 수 있습니다.

LobbyScene이 로드됐을 때 바로 게임 시작 준비를 할 것인지 판단하려면 LoadReadyScene 메서드의 isPrepareGame 매개변수로 할당된 값을 확인할 수 있어야 합니다. 이를 위해서 게임 데이터 스크립트에 이를 식별할 수 있는 멤버 필드를 추가해 처리합니다.

예제 3-99: GameData.cs

```
---(전략)---
    public bool isPrepareGame = false;
---(후략)---
```

예제 3-100: GamePlayManager.Button.cs

```
---(전략)---
    // 로비씬으로 전환할 때 사용한다.
    void LoadReadyScene(bool isPrepareGame)
    {
        // isPrepareGame를 활용하여 로비씬의 준비상태를 분기할 수 있도록 한다.
        GameData.Instance.isPrepareGame = isPrepareGame;
---(후략)---
```

결과창의 ReGameButton, ResultHomeButton 게임 오브젝트에 주 메뉴의 [NGUI] → [Attach] → [Collider]를 실행해 콜라이더를 추가하고 다시 주 메뉴의 [NGUI] → [Attach] → [Button Script]를 실행해 UIButton 컴포넌트를 추가한 후 다음 표를 참고해 Target, Notify, Method를 설정합니다.

게임 오브젝트	Target	Notify	Method
ReGameButton	ReGameButton	@GM	GamePlayManager.ClickResGameButton
ResultHomeButton	ResultHomeButton	@GM	GamePlayManager.ClickResultHomeButton

표 3-89: UIButton 컴포넌트 설정

그림 3-193: 콜라이더와 버튼 연결

지금까지 제작된 내용으로 게임 플레이가 끝나면 결과를 보여주고 다시 로비씬으로 이동해서 게임을 진행할 수 있게 됐습니다. 다음 장에서는 게임 플레이 후 로딩되는 로비씬을 제작하도록 하겠습니다.

네트워크 작업

최근에는 아무리 간단한 게임이라도 서버와 연동해 데이터를 사용하는 것이 추세입니다. 과거에 비해서 게임을 소비하는 속도가 빨라 사용자가 원하는 것을 판단하고 대응하기 위해서 입니다. 이번 장에서는 이러한 추세를 간접적으로나마 경험할 수 있게 웹 서버인 엔진엑스, 오픈 소스 스크립트 언어인 PHP, 관계형 데이터베이스인 마리아DB를 활용해 서버를 구성하고 게임 타이틀과 로비 씬에서 이를 연동해 게임에 활용하겠습니다.

서버 구성

윈도우 환경에서 PHP를 활용해 개발할 수 있도록 오픈 소스로 제공되는 WPN–XM을 설치해 서버를 구성합니다.

WPN–XM 설치

WPN–XM은 윈도우, PHP, 엔진엑스, XDebug, 마리아DB의 앞 글자를 조합한 것으로 말그대로 윈도우 환경에 해당 컴포넌트를 설치하도록 도와줍니다.

웹 브라우저를 실행해 사이트 주소(http://wpn–xm.org/)를 입력하면 다음과 같은 화면이 나타납니다.

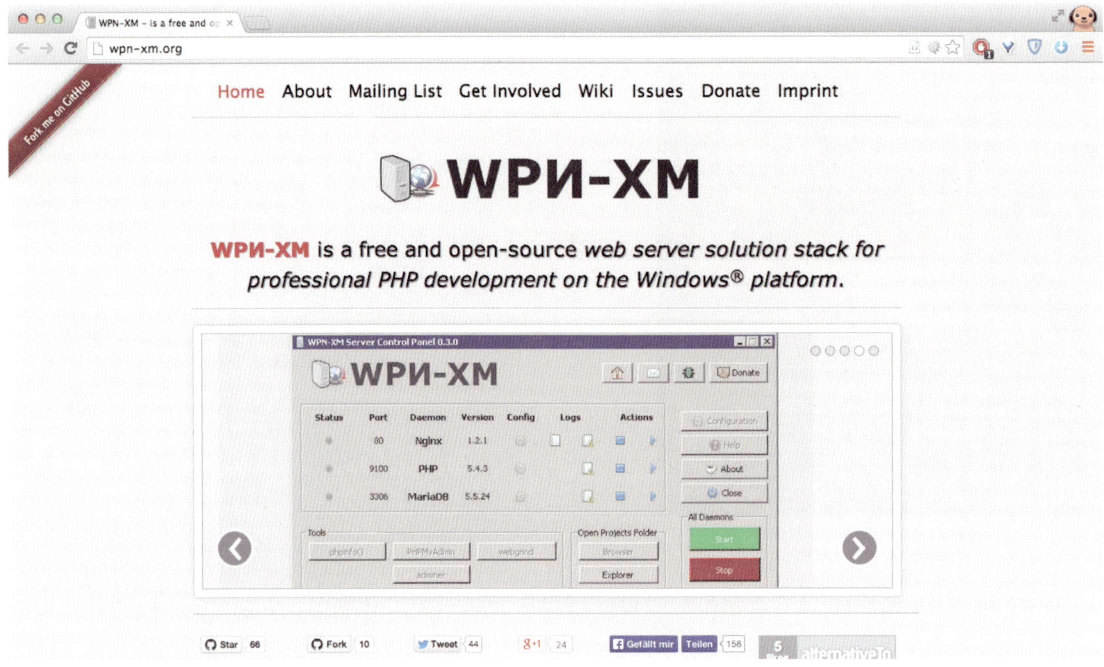

그림 3–194: WPN–XM 공식 홈페이지

화면을 아래로 내려 [Download now] 버튼을 클릭해 프로그램을 내려받아 실행합니다.

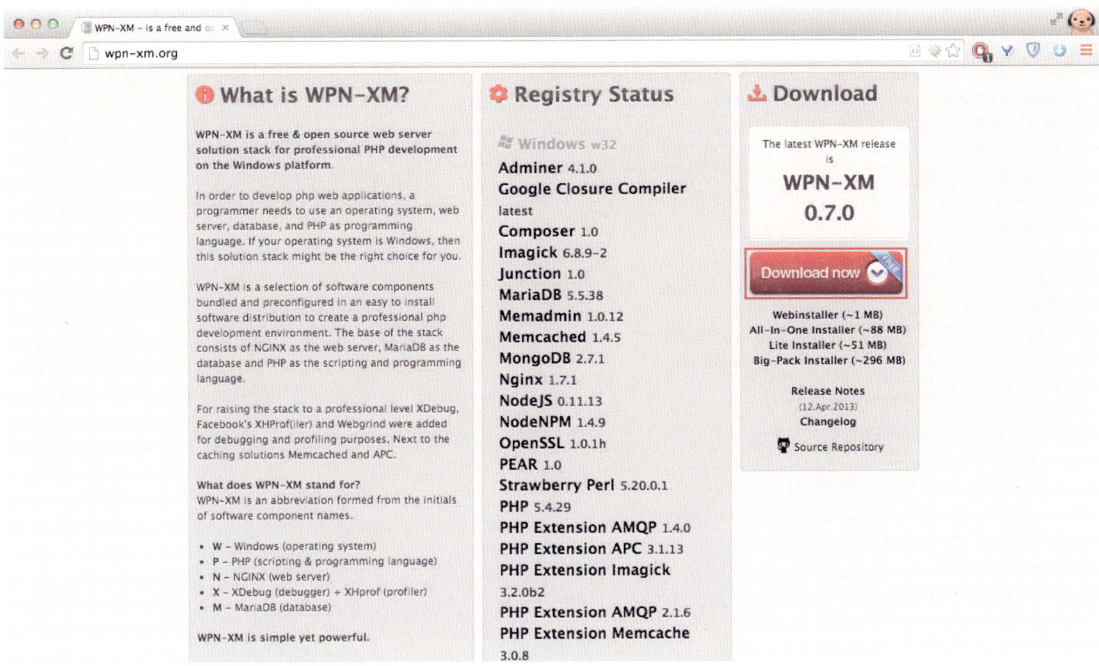

그림 3-195: WPN-XM 내려받기

프로그램이 실행되면 설치 마법사가 나타납니다. [Next] 버튼을 클릭(❶)해 설치를 진행합니다. 설치 경로를 묻는 화면이 나타나면 원하는 경로를 지정(❷)합니다. 이때 설치 경로는 반드시 전체를 영문으로 구성해야합니다. 경로를 선택했으면 다시 [Next] 버튼을 클릭(❸)해 다음 단계로 진행합니다.

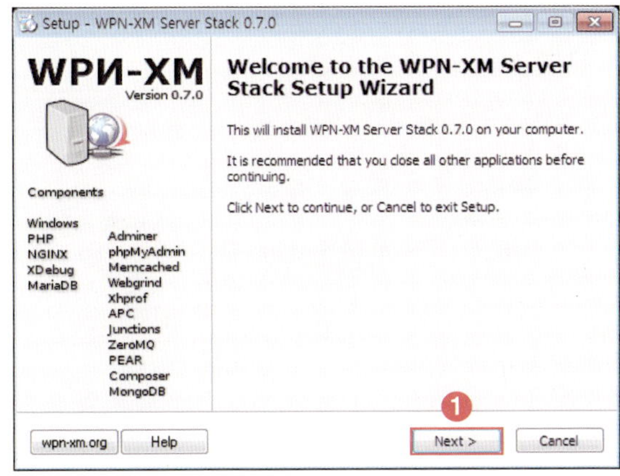

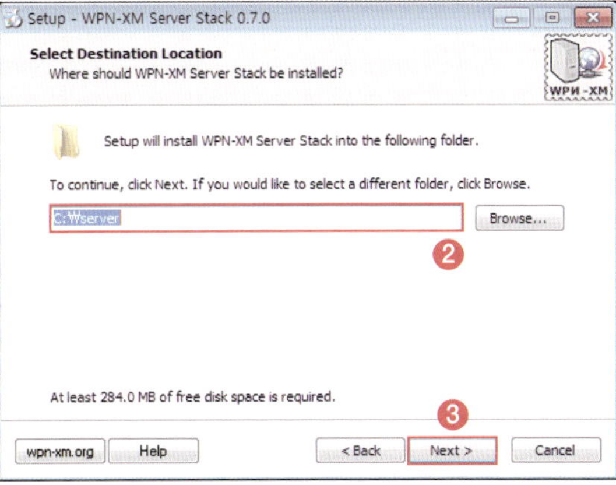

그림 3-196: WPN-XM 설치

어떠한 컴포넌트를 설치할지 묻는 화면이 나타나면 모두 설치해도 약 300MB정도로 용량이 적은 편이므로 Full Installation을 선택하고 다음으로 진행합니다.

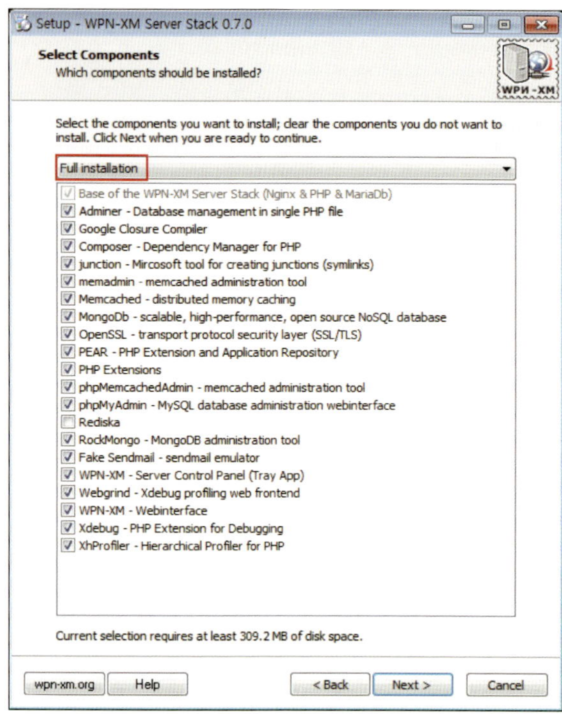

그림 3-197: WPN-XM 설치

이후 과정에서는 [Next] 버튼을 계속 클릭해 설치를 진행합니다.

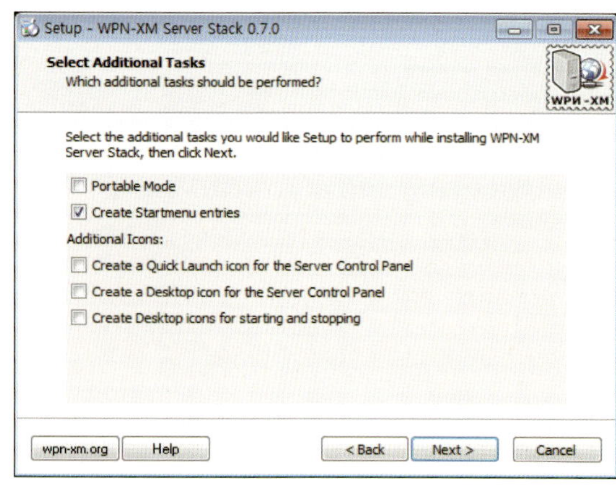

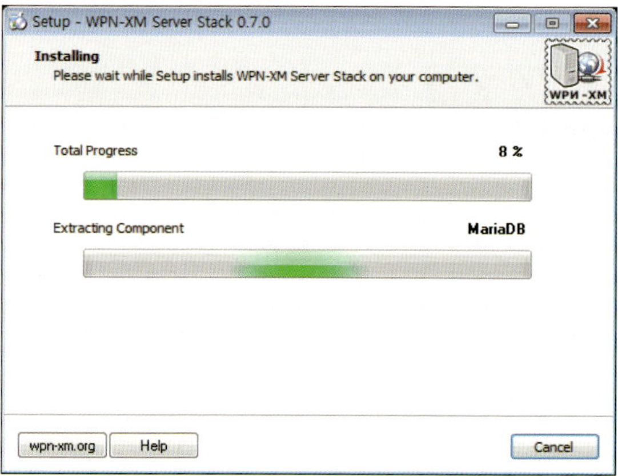

그림 3-198: WPN-XM 설치

설치가 완료되면 [Finish] 버튼을 클릭해 설치를 마칩니다.

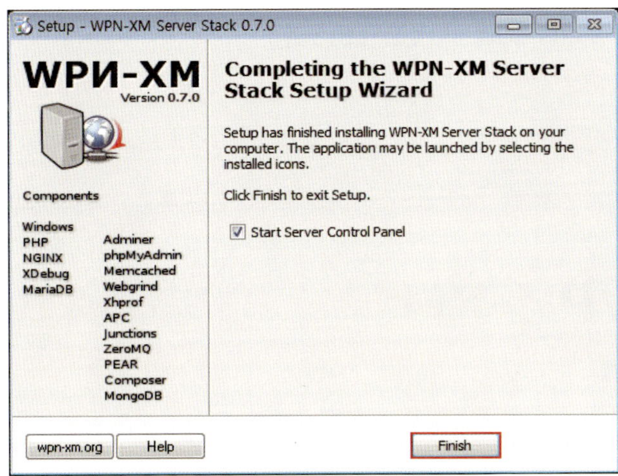

그림 3-199: WPN-XM 설치 완료

설치 완료 후 Server Control Panel에서 엔진엑스, PHP, 마리아DB의 시작 버튼을 클릭해 서버를 동작시킵니다.

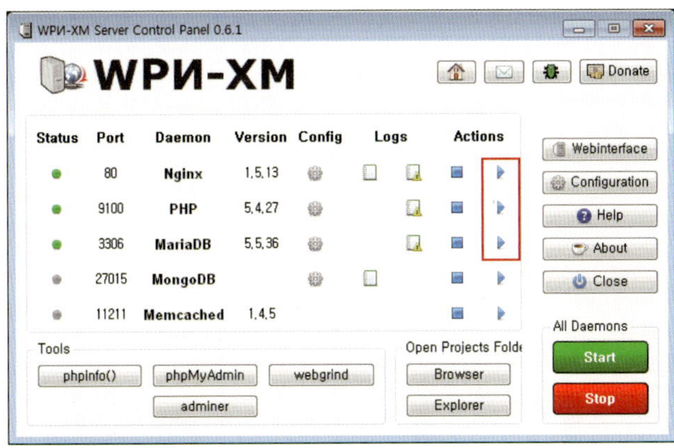

그림 3-200: WPN-XM Server Control Panel

서버가 정상적으로 작동하는지 확인하기 위해서 웹 브라우저를 실행하고 다음 주소 (http://localhost/)로 이동합니다. 그럼 5초 간 환영 메시지가 나타나고 localhost/webinterface로 연결됩니다.

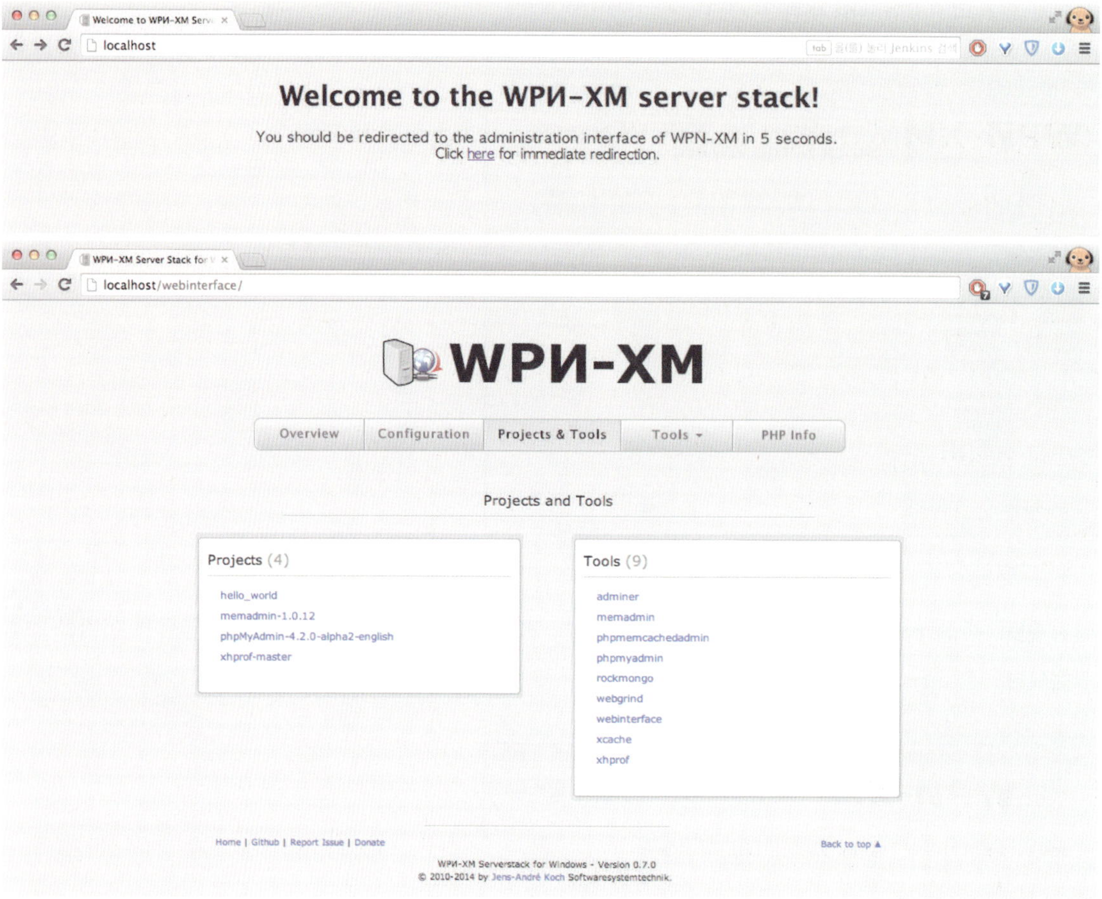

Welcome to WPN-XM Serv... ×

localhost

Welcome to the WPИ-XM server stack!

You should be redirected to the administration interface of WPN-XM in 5 seconds.
Click here for immediate redirection.

WPN-XM Server Stack for ... ×

localhost/webinterface/

WPИ-XM

Overview | Configuration | Projects & Tools | Tools ▾ | PHP Info

Projects and Tools

Projects (4)

- hello_world
- memadmin-1.0.12
- phpMyAdmin-4.2.0-alpha2-english
- xhprof-master

Tools (9)

- adminer
- memadmin
- phpmemcachedadmin
- phpmyadmin
- rockmongo
- webgrind
- webinterface
- xcache
- xhprof

Home | Github | Report Issue | Donate   Back to top ▲

WPИ-XM Serverstack for Windows - Version 0.7.0
© 2010-2014 by Jens-André Koch Softwaresystemtechnik.

그림 3-201: 로컬호스트

용어설명

로컬호스트(localhost)

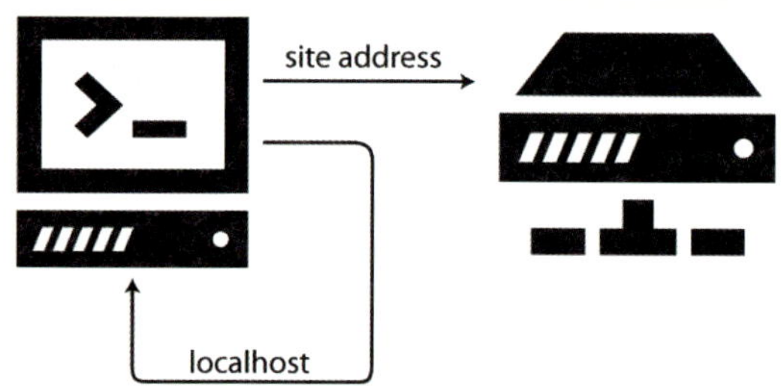

지금까지 WPN-XM을 이용해 구성한 서버는 통신사에서 구매한 전화기에 불과합니다. 내부적으로 동작할 수 있는 모든 구성품이 들어있지만 전화번호를 부여받기 전과 같아서 외부에서는 연결할 수 없는 상태입니다. 하지만 검증을 위해서는 외부에 연결없이도 테스트를 할 수 있어야 합니다. 서버 구성에서도 검증을 위해 웹 브라우저를 통해 현재 작동 중인 컴퓨터 내부의 서버에 접속하기 위한 예약어로 localhost를 마련했다고 이해하면 됩니다.

WPN-XM으로 물리적으로 한 컴퓨터에 모든 컴포넌트가 설치됐지만 개념적으로는 크게 웹 서버와 데이터베이스로 나눌 수 있습니다. 데이터베이스는 데이터를 저장하고 웹 서버는 사용자의 요청에 따라 데이터베이스를 가공해 필요한 정보를 모아주거나 저장하거나 단순한 계산 등을 담당합니다. 앞으로 유니티와 함께 PHP 프로그래밍을 이용한 데이터베이스 사용을 주로 보게 될 겁니다.

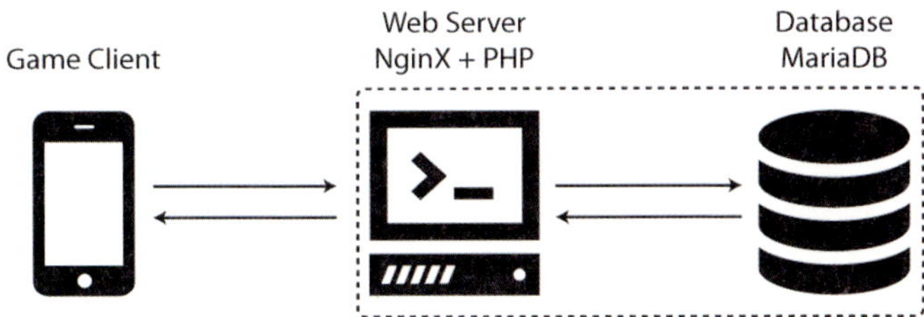

그림 3-202: WPN-XM의 구성 개요

관계형 데이터베이스와 SQL

데이터베이스를 필요한 형태로 설치하기 전에 간단히 개념을 알아보겠습니다. 앞으로 사용할 마리아DB는 관계형 데이터베이스입니다. 관계형 데이터베이스는 행과 열로 이뤄진 테이블의 집합이라고 생각할 수 있습니다. 관계형 데이터베이스를 엑셀 프로그램과 비교하면 엑셀 파일이 데이터베이스에 해당하고 각 스프레드시트가 테이블에 해당합니다.

상품코드	상품명	단가
1	김밥	2500
2	라면	1300
3	어묵꼬치	800
4	튀김	1000

열 이름 (머리행) / 행 (1행) / 열 (단가 열)

그림 3-203: 데이터베이스 테이블

이렇게 구성한 데이터베이스를 손쉽게 관리하기 위해서 SQL(Structured Query Language)을 활용합니다. 말그대로 구조화된 질의(Query)를 데이터베이스에 보내서 새로운 행을 삽입하거나 기존 행을 갱신하거나 삭제하는 등의 일을 처리하는 것입니다. 사용법은 게임과 연계하면서 익히겠습니다.

사용자 정보 파악

서버를 구성해 기본적으로 작동할 수 있게 만들었지만 이 상태로는 어떤 일도 제대로 처리할 수 없습니다. 원하는 형태로 서버가 반응할 수 있도록 구성하려면 먼저 사용자가 게임을 통해서 어떤 일을 할 수 있는지 정의해야 합니다.

범위	가능한 일
사용자(단독)	게임 플레이를 통한 코인 획득 및 점수 기록 코인를 사용해 공격력, 방어력 업그레이드 코인를 사용해 아이템 구매 보석을 사용해 게임 플레이를 할 수 있도록 하는 하트 구매 결제하여 보석 구매(외부 서버에 요청하고 내부 서버에 기록을 남긴다)
사용자 간(소셜)	친구 찾기 및 친구 등록 친구 간 순위 확인 하트 선물(일정 시간의 주기가 존재)

표 3-90: 사용자의 역할 정의

대략적으로 간추린 내용을 이용해 앞서 다룬 테이블을 나눠보면 다음 표와 같습니다.

테이블 이름	역할	필요한 정보
UserCore	사용자의 기초 정보 기록	ID, 보석, 코인, 하트, 점수
UserUpgrade	캐릭터의 업그레이드 정보 기록	공격력 레벨, 방어력 레벨
UserItem	사용자가 보유한 아이템 정보 기록	아이템 종류, 아이템 개수
UserMessage	사용자 간 주고 받은 메시지 기록	메시지 종류, 수신여부
FriendList	사용자의 친구 정보 기록	상대ID, 상태, 하트 전송 시간
PurchaseResult	사용자의 결제 정보 기록	ID, 성공 여부, 상품 정보, 완료 시간

표 3-91: 테이블 기획

phpMyAdmin 접속 및 패스워드 변경

데이터베이스 관리에는 phpMyAdmin을 활용하겠습니다. 웹 브라우저를 실행한 뒤 다음 주소(http://localhost/phpmyadmin/)로 이동하면 다음과 같은 화면이 나타납니다. 흔히 볼 수 있는 로그인 폼이지만 해당 페이지 및 앞으로 사용할 phpMyAdmin의 모든 페이지는 PHP로 작성된 것으로 손쉽게 데이터베이스를 관리할 수 있게 제작돼 있습니다. 기본적으로 WPN-XM의 모든 아이디는 root이며 패스워드는 설정돼있지 않습니다. 로그인 폼에 root(❶)라고 입력하고 [Go] 버튼을 클릭(❷)해 로그인합니다.

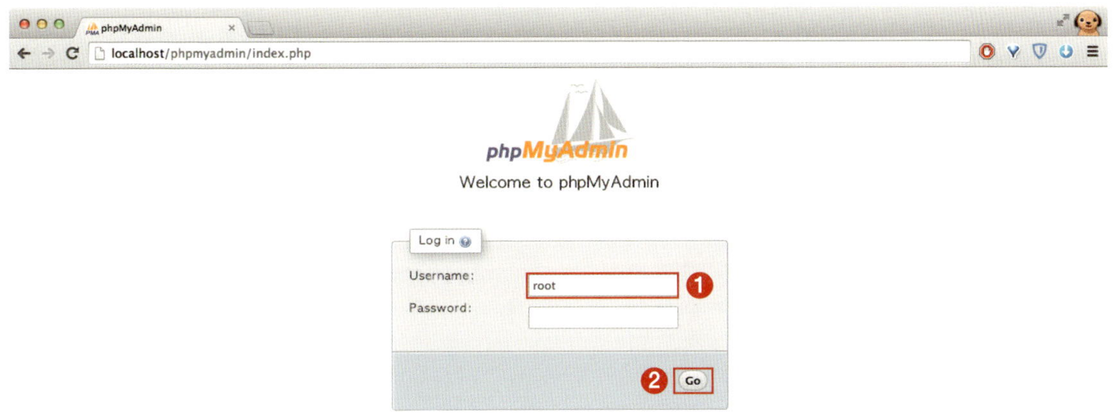

그림 3-204: phpMyAdmin 로그인

접속이 완료되면 생성된 데이터베이스와 함께 데이터베이스의 설정 정보가 함께 표시됩니다. 이때 주로 사용하는 것은 왼쪽에 있는 트리 메뉴(❶)입니다. 해당 메뉴를 이용해 데이터베이스와 테이블을 이동하면서 작업하면 됩니다. 그리고 데이터베이스와 테이블에 따라서 오른쪽의 주화면(❷)이 변경됩니다. 우선 패스워드를 설정하기 위해서 주화면의 Change password를 클릭(❸)합니다.

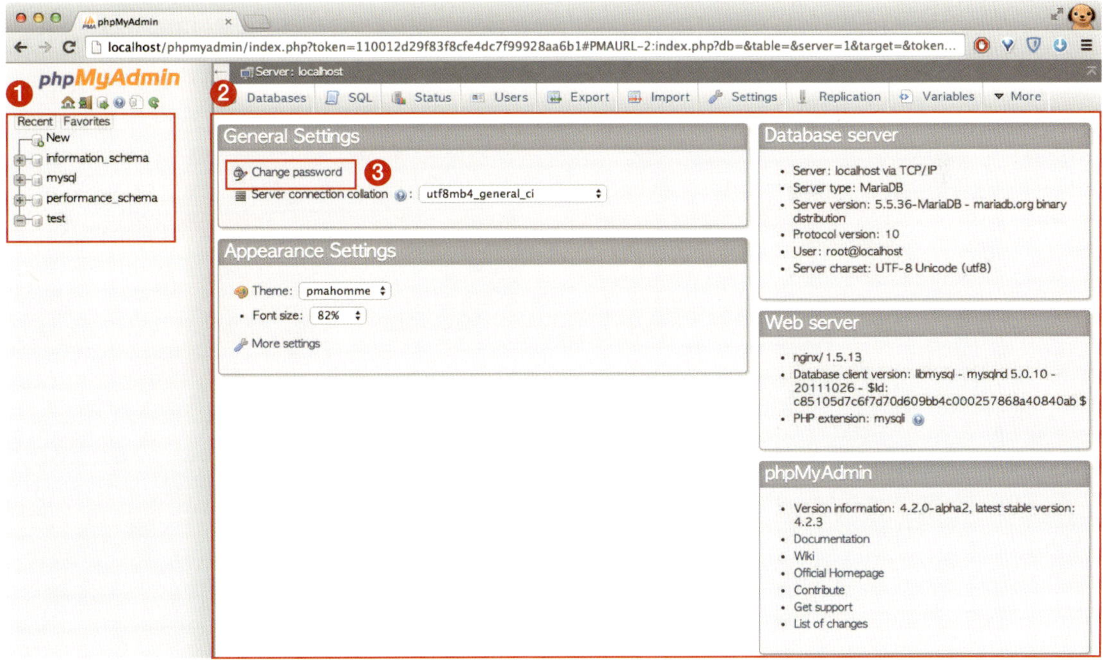

그림 3-205: phpMyAdmin 첫 페이지

패스워드를 변경할 수 있는 대화상자가 나타납니다. 원하는 패스워드를 입력(❶)하고 [Go] 버튼을 클릭(❷)해 반영합니다. 다음부터 phpMyAdmin에 로그인할 때나 데이터베이스에 접속할 때 아이디 root와 함께 패스워드를 입력해야 합니다.

그림 3-206: 패스워드 변경 대화상자

테이블 생성

아주 간단한 형태지만 기획된 테이블을 기준으로 phpMyAdmin을 활용해 데이터베이스에 실제 테이블을 생성하겠습니다. 테이블을 만들기에 앞서 테이블이 속하게 될 데이터베이스를 생성해야 합니다. phpMyAdmin의 트리메뉴에서 [New]를 클릭하면 데이터베이스를 생성할 수 있는 페이지로 전환됩니다.

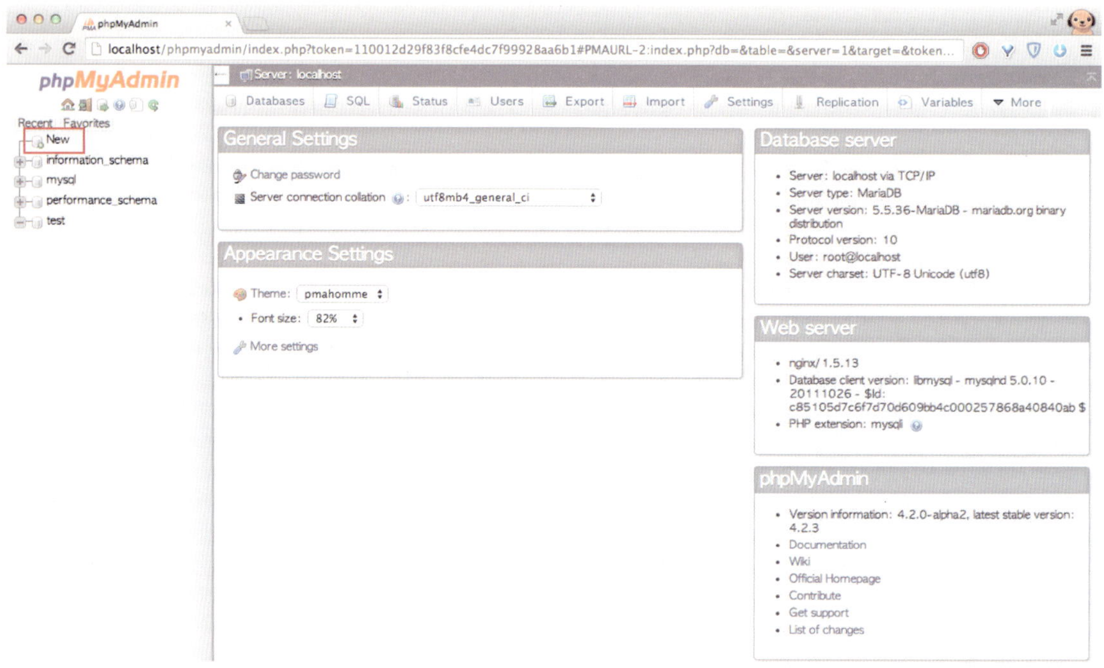

그림 3-207: phpMyAdmin 첫 페이지

전환된 페이지에서 Create database 아래에 있는 입력필드(❶)에 farmdefence라는 데이터베이스 명을 입력하고 [Create] 버튼을 클릭(❷)해 데이터베이스를 생성합니다.

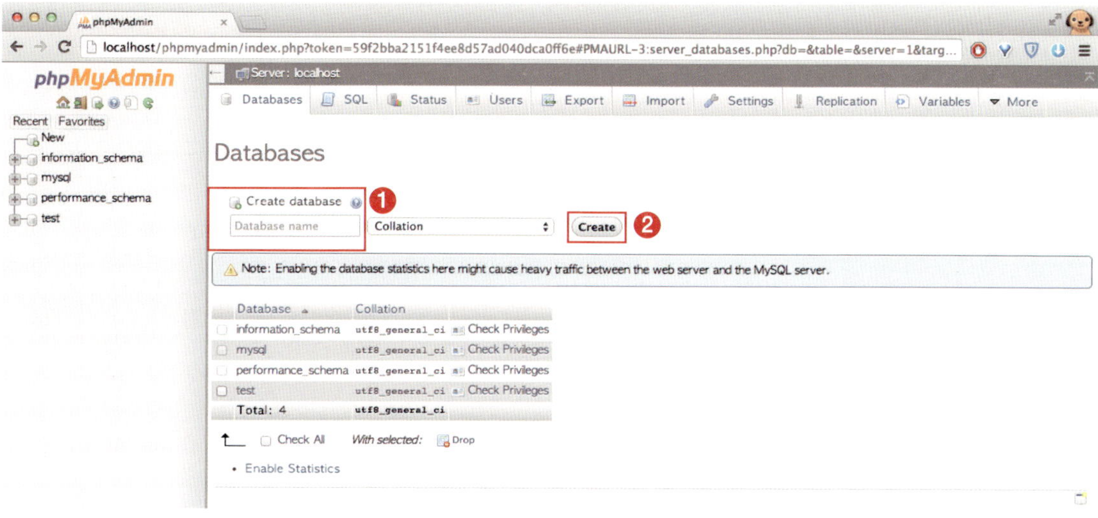

그림 3-208: 데이터베이스 생성

farmdefence 데이터베이스가 생성돼 왼쪽 트리 메뉴에 추가됐습니다. 이제 테이블을 생성하면 됩니다. 왼쪽 트리 메뉴에서 farmdefence 데이터베이스를 클릭합니다.

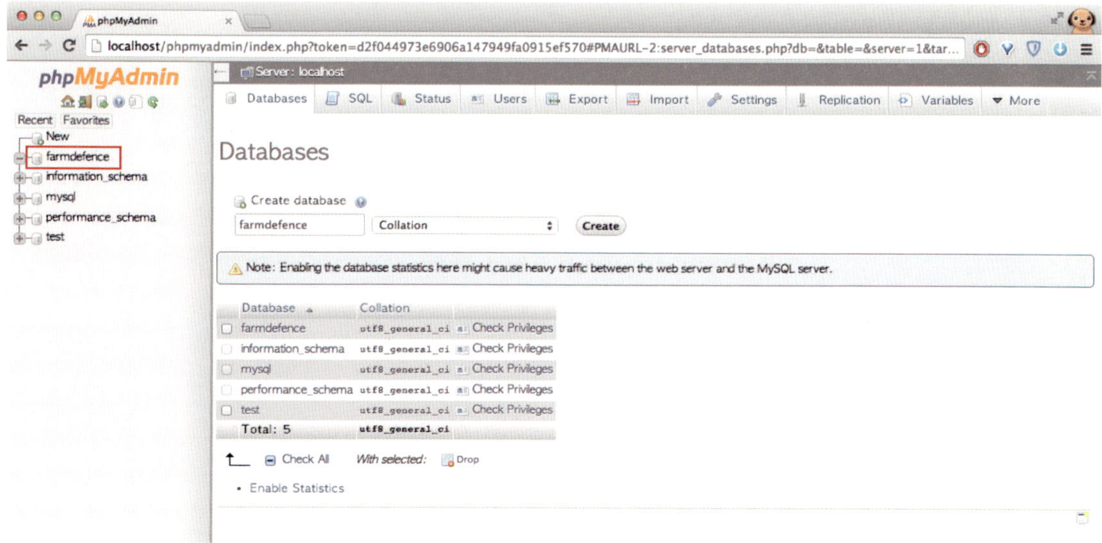

그림 3-209: 데이터베이스 선택

farmdefence 데이터베이스에 테이블이 하나도 생성되지 않아 바로 테이블 생성 화면으로 이동되는 것을 확인할 수 있습니다. 테이블의 이름을 결정하는 Name에 usercore를 입력(❶)하고 생성되는 테이블의 열 숫자를 정하는 Number of columns에 7을 입력(❷)합니다. 입력이 완료되면 [Go] 버튼을 클릭(❸)해 테이블을 생성합니다.

테이블의 열(column)은 테이블 생성 후에도 필요에 따라 추가하거나 제거할 수 있습니다.

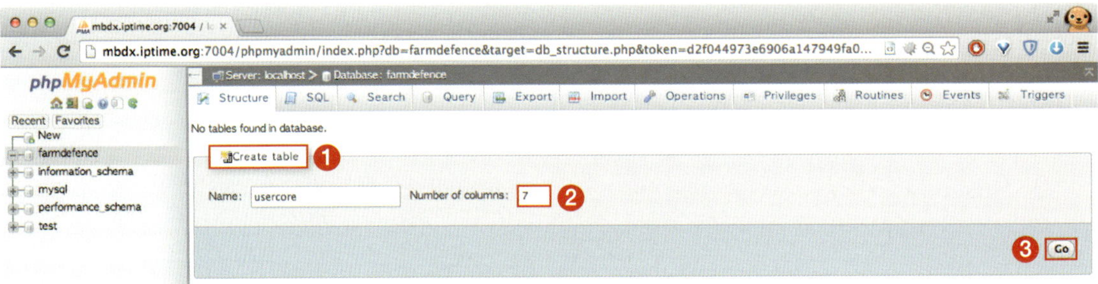

그림 3-210: 테이블 생성

열의 특성을 지정할 수 있도록 입력폼이 생성됩니다. 자세한 입력을 하기 전에 먼저 각 특성을 알아보겠습니다.

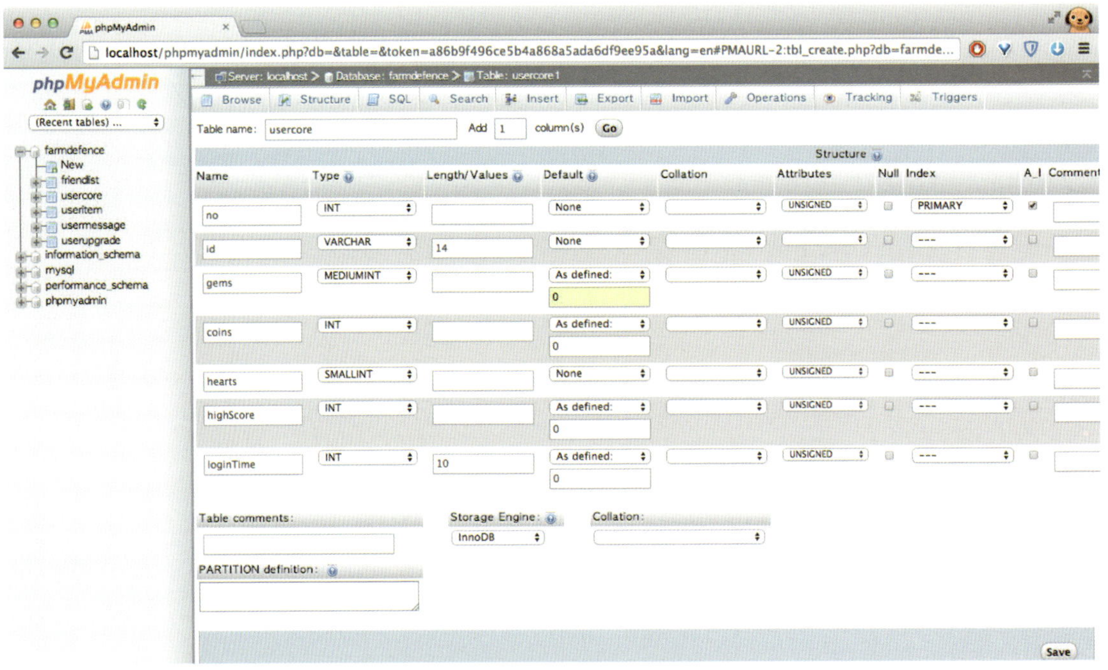

그림 3-211: 테이블 구조

특성 이름	선택 및 입력	설명
Name	글자	열의 이름을 정합니다.
Type	INT, CHAR, TIMESTAMP 외 다수	어떤 정보를 넣을지 결정합니다. 문자, 숫자, 시간 등 필요에 따라 선택합니다.
Length/ Values	정수	Type에서 결정한 값의 최대 크기를 결정합니다. 너무 큰 수를 입력하면 데이터베이스가 적은 정보로도 엄청나게 커질 수 있습니다.
Default	Type에 해당하는 초깃값	필요한 경우 Type에서 결정한 값의 초깃값을 설정할 수 있습니다. 문자의 경우 null이 가능하지만 숫자는 0 등으로 초깃값이 필요합니다.
Collation	UTF-8, euc-kr 외 다수	Type 중 문자열을 어떻게 다룰지 선택합니다. 필요한 경우 다국어 표기를 위해서 UTF-8을 주로 사용합니다.
Attributes	SIGNED, UNSIGNED, CURRENT_TIMESTAMP외 다수	Type의 특징을 선택할 수 있습니다. 예를들어 -128~127까지 표현되는 TINYINT일 때 UNSIGNED를 선택하면 0~256까지 표현되어 음수 표현이 필요 없을 때 유용하게 사용할 수 있습니다.
Null	체크박스	체크하면 해당 값에 Null을 넣을 수 있습니다.
Auto Increase	체크박스	체크하면 해당 값이 별도의 명령 없이 행이 늘어날 때마다 자동으로 값이 증가합니다.
Comments	설명	열을 식별할 때 필요한 정보를 기입할 수 있습니다.

표 3-92: 테이블 구조 특성 설명

위에 설명한 모든 특성은 한번에 모두 사용되는 것은 아닙니다. 필요에 따라 필요한 것을 사용하면 됩니다. 이제 usercore 테이블의 구조를 입력하겠습니다. 다음 표를 참조해 위에서부터 순서대로 테이블 구조 화면에 입력하면 됩니다. 표에 없는 항목은 사용하지 않는 것이므로 기본값을 그대로 유지하면 됩니다.

Name	Type	Length	Default	Attributes	Index	Auto Increase
no	INT	-	None	UNSIGNED	PRIMARY	체크
id	VARCHAR	14	None	-	-	-
gems	MEDIUMINT	-	As defined: 0	UNSIGNED	-	-
coins	INT	-	As defined: 0	UNSIGNED	-	-
hearts	SMALLINT	-	As defined: 0	UNSIGNED	-	-
highScore	INT	-	As defined: 0	UNSIGNED	-	-
loginTime	INT	10	As defined: 0	UNSIGNED	-	-

표 3-93: usercore 테이블 구조

모두 입력했으면 페이지 오른쪽 아래에 있는 [Save] 버튼(❶)을 클릭해 테이블을 생성합니다. 생성이 완료되면 다음 그림과 같이 테이블을 확인(❷)할 수 있습니다.

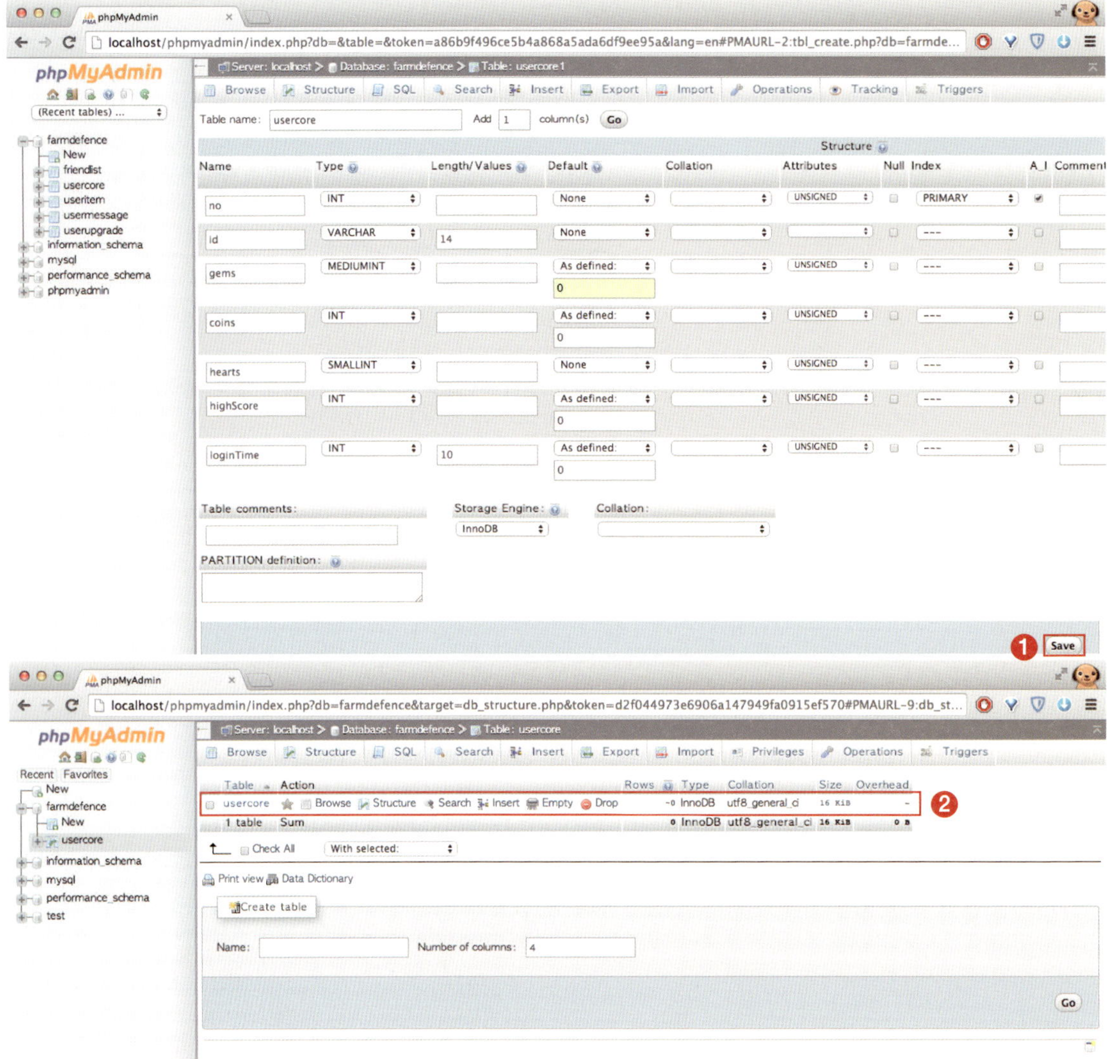

그림 3-212: 테이블 확인

지금과 같은 방법으로 다음 표를 참조해 네 개의 테이블을 추가로 생성합니다.

- **테이블 명: userupgrade**

Name	Type	Length	Default	Attributes	Index	Auto Increase
no	INT	–	None	UNSIGNED	PRIMARY	체크
user	INT	–	As defined: 0	UNSIGNED	–	–

Name	Type	Length	Default	Attributes	Index	Auto Increase
attLv	TINYINT	–	As defined: 1	UNSIGNED	–	–
defLv	TINYINT	–	As defined: 1	UNSIGNED	–	–
moneyLv	TINYINT	–	As defined: 1	UNSIGNED	–	–

- **테이블 명: useritem**

Name	Type	Length	Default	Attributes	Index	Auto Increase
no	INT	–	None	UNSIGNED	PRIMARY	체크
user	INT	–	As defined: 0	UNSIGNED	–	–
itemNo	SMALLINT	–	As defined: 0	UNSIGNED	–	–
amount	SMALLINT	–	As defined: 0	UNSIGNED	–	–
use	BOOLEAN	–	As defined: 0	–	–	–

- **테이블 명: friendlist**

Name	Type	Length	Default	Attributes	Index	Auto Increase
no	INT	–	None	UNSIGNED	PRIMARY	체크
user	INT	–	As defined: 0	UNSIGNED	–	–
friend	INT	–	As defined: 0	UNSIGNED	–	–
state	TINYINT	–	As defined: 0	UNSIGNED	–	–
sendTime	INT	10	As defined: 0	UNSIGNED	–	–

- **테이블 명: usermessage**

Name	Type	Length	Default	Attributes	Index	Auto Increase
no	INT	–	None	UNSIGNED	PRIMARY	체크
user	INT	–	As defined: 0	UNSIGNED	–	–
sender	VARCHAR	14	–	–	–	–
senderNo	INT	–	As defined: 0	UNSIGNED	–	–
msgType	TINYINT	–	As defined: 0	UNSIGNED	–	–
amount	SMALLINT	–	As defined: 0	UNSIGNED	–	–
time	INT	10	As defined: 0	UNSIGNED	–	–

표 3-94: 각종 테이블 구조

테이블을 모두 생성한 뒤 트리메뉴의 farmdefence 데이터베이스를 선택하면 다음과 같이 생성된 테이블을 확인할 수 있습니다.

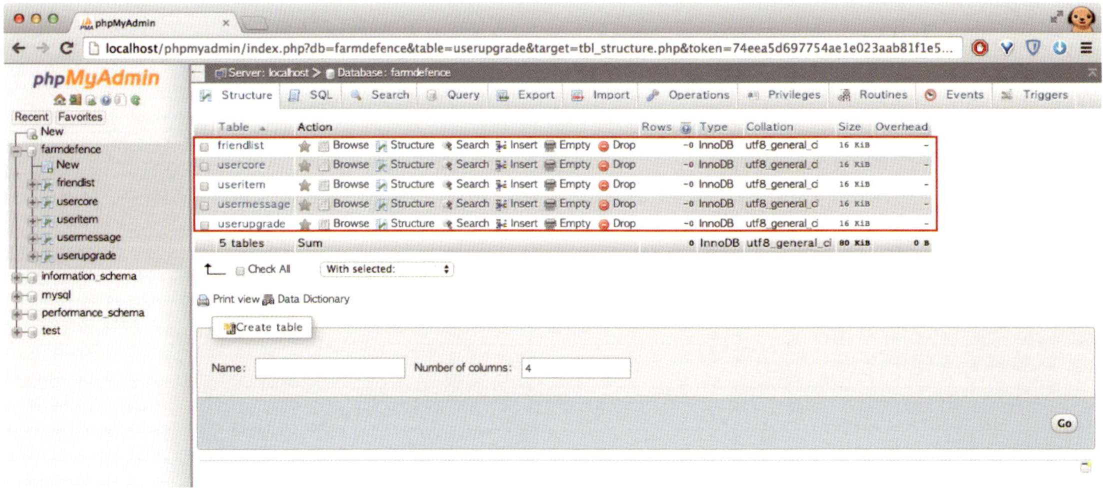

그림 3-213: 생성된 테이블 확인

사용자 기본 데이터 연동

가입과 로그인 등을 구현하면서 서버로부터 필요한 정보를 얻고 입력하는 방법을 익히겠습니다.

씬 추가

반복된 유저 인터페이스 구성으로 NGUI 사용해 익숙해졌을 것입니다. 그 점을 고려해 패키지를 추가하는 것으로 게임 로비 씬의 유저 인터페이스 구성을 대신하겠습니다. 주 메뉴의 [Assets] → [Import Package] → [Custom Package]를 클릭해 앞서 내려받은 첨부 파일의 3-4/에서 FarmDefence_lobbyUI.unitypackage 파일을 프로젝트에 추가합니다. 크게 나누어 프로젝트 브라우저의 Scene 폴더에 LobbyScene과 TitleScene이 추가됩니다.

가입 요청 처리

프로젝트 브라우저에서 TitleScene을 열어보면 가입 버튼과 페이스북 로그인 버튼을 확인할 수 있습니다. 이중 가입 버튼에 관한 내용을 먼저 살펴봅니다.

팁

페이스북 로그인은 별도의 과정이 필요하여 3-6장에서 다루겠습니다.

그림 3-214: TitleScene 확인

게임을 실행했을 때 사용자 아이디의 유무를 확인해서 아이디가 없는 경우 가입을 권유해야 하고 아이디가 있다면 바로 필요한 데이터의 로딩을 시작하면 됩니다. 이러한 처리를 담당하는 스크립트를 작성해 적용하겠습니다. 먼저 프로젝트 브라우저의 Scripts 폴더에 새로운 스크립트 파일을 생성하고 이름을 TitleGM으로 변경한 후 다음과 같이 입력합니다.

예제 3-101: TitleGM.cs

```
using UnityEngine;
using System.Collections;

public partial class TitleGM : MonoBehaviour {

    public GameObject progressBarObj, signupBtnObj, makeIDObj, messageBoxObj;

    public UIProgressBar progressBar;
    public UILabel inputLabel, messageTextLabel;

    void OnEnable()
    {
        int userKeyNo = PlayerPrefs.GetInt("UserKeyNo");

        if( userKeyNo > 0 )
        {
            TurnOnObj(0);
            // TODO: 사용자 정보 로딩 시작.
        }
        else
        {
```

```
            // 가입 버튼 활성화.
            TurnOnObj(1);
        }
    }

    void TurnOnObj(int objNo = 0)
    }
        progressBarObj.SetActive(objNo == 0);
        signupBtnObj.SetActive(objNo == 1);
        makeIDObj.SetActive(objNo == 2);
        messageBoxObj.SetActive(objNo == 3);
}
```

OnEnable 메서드에서 사용자가 아이디를 등록했는지 확인하는데 PlayerPrefs 클래스를 활용했습니다. PlayerPrefs 클래스는 int, float, string 타입을 string 타입의 key 값에 연결해 저장합니다. 간편하게 사용할 수 있으나 기기 내부에 저장되므로 사용자가 손쉽게 조작할 수 있다는 단점이 있으므로 유의해야 합니다.

사용자 아이디가 생성되지 못한 경우 가입 버튼을 클릭해 아이디를 생성할 수 있도록 하는 메서드를 추가합니다.

예제 3-102: TitleGM.cs

```
--(전략)--
    #region messageBox method
    // / <summary>
    // / 메시지 박스를 닫을 때 실행되는 액션..
    // / </summary>
    event System.Action SubmitMessageBox;

    // / <summary>
    // / 메시지 박스를 띄운다.
    // / </summary>
    // / <param name="msgText">표시해야할 내용.</param>
    // / <param name="submitAction">메시지 박스 닫을 때 실행될 메서드.</param>
    public void PopupWarningMessage(string msgText, System.Action submitAction=null)
    {
        messageTextLabel.text = msgText;
        messageBoxObj.SetActive(true);
```

```
    messageBoxObj.transform.GetChild(2).gameObject.SetActive(true);

    if(submitAction != null)
    {
        SubmitMessageBox = submitAction;
    }
    else
    {
        SubmitMessageBox = null;
    }
}

/// <summary>
/// 버튼없는 메시지 박스를 띄운다.
/// </summary>
public void PopupOnlyWarningMessage(string msgText)
{
    messageTextLabel.text = msgText;
    messageBoxObj.SetActive(true);
    messageBoxObj.transform.GetChild(2).gameObject.SetActive(false);

    SubmitMessageBox = null;
}

public void ClickCloseMessageBox()
{
    messageBoxObj.SetActive(false);

    // 실행할 메서드가 있으면 실행한다.
    if(SubmitMessageBox != null)
    {
        SubmitMessageBox();
    }
}
#endregion

public void ClickOpenInputID()
{
    TurnOnObj(2);
}
```

```
    public void ClickInputID()
    {
        // 아이디 길이를 체크한다.
        string inputID = inputLabel.text;
        if( !(inputID.Length >= 3 && inputID.Length <= 14) )
        {
            PopupWarningMessage("아이디는3~14글자로 입력해야합니다");
            return;
        }

        // TODO: 서버에 아이디를 전달한다.
    }
--(후략)--
```

PopupWarningMessage와 ClickCloseMessageBox 메서드는 경고창을 띄우거나 닫을 때 사용해야 하므로 함께 제작한 것이고 눈여겨 봐야할 메서드는 ClickInputID입니다. 우선 입력된 아이디의 길이가 3~14 사이인지 판단해서 조건에 부합할 때 서버를 통해서 아이디를 등록합니다. 조건에 부합하는 경우 서버에 값을 전달하고 무사히 아이디가 생성됐는지 체크하기 위한 코루틴을 추가합니다.

예제 3-103: TitleGM.cs

```
--(전략)--
    IEnumerator InputIDToServer(string idText)
    {
        WWWForm form = new WWWForm();
        form.AddField("userID", idText);

        string url = "http:// localhost/farmdefence/postUserID.php";
        WWW www = new WWW(url, form);

        yield return www;

        if( www.isDone && www.error == null)
        {
            Debug.Log(www.text);
            // 전달받은 데이터의 앞 5글자를 분리하여 결과 코드로 분석.
            string responseCode = www.text.Substring(0, 5);
```

```
            switch(responseCode)
            {
            case "query":
                // 서버에서 SQL 쿼리 에러가 발생한 경우.
                #if UNITY_EDITOR
                Debug.Log(www.text);
                #endif
                break;
            case "exist":
                // 아이디가 중복되는 경우.
                PopupWarningMessage("같은 아이디가 존재하여 사용할 수 없습니다");
                break;
            case "done0":
                // 아이디가 정상적으로 생성된 경우.
                messageBoxObj.SetActive(false);
                // 생성된 아이디의 key를 저장.
                string splitUserKeyNo = www.text.Substring(5);
                int userKeyNo = System.Convert.ToInt32(splitUserKeyNo);
                PlayerPrefs.SetInt("UserKeyNo", userKeyNo);
                // TODO: 서버로부터 필요한 정보를 읽는 다음 단계 진행.
                break;
            }
        }
    }
--(후략)--
```

코루틴은 원하는 결과를 얻을 때까지 일정 시간이 소요되는 일에 사용한다고 이해하면 됩니다. 예를 들어 인터넷에서 음원을 내려받거나 하드 디스크에서 이미지를 로딩해야 하는 경우입니다. 코루틴은 값을 전달하고나서 원하는 결과가 처리될 때까지 대기하는데 대기 지점을 나타내는 것이 yield return 입니다. yield return은 다양한 타입을 처리할 수 있지만 InputIDToServer 메서드에서는 WWW 클래스를 통해서 값을 전달 받을 때까지 대기하도록 되어 있습니다.

앞서 설명한 것처럼 InputIDToServer 메서드는 WWW 클래스를 활용해 우리가 구축한 서버에 아이디를 전달하고 가입이 정상적으로 처리됐는지 판단합니다. WWW 클래스는 반드시 string 타입의 접속 경로를 입력해야 하며 WWWForm 클래스를 활용해 string 타입의 키와 연결해 값을 전달할 수 있습니다.

서버에서 전달받은 결과인 www.text는 string 타입입니다. 따라서 Substring 메서드를 활용해 원하는 길이만큼 잘라내서 활용할 수 있습니다. Substring은 한 개나 두 개의 매개변수를 가지며 공통적으로 첫 번째 매개변수는 시작 위치를 지정하는 것이고 두 번째 매개변수는 시작 지점으로부터 잘라내고자 하는 문자열의 길이를 지정합니다.

이제 InputIDToServer 메서드를 활용하도록 ClickInputID 메서드를 수정하겠습니다.

예제 3-104: TitleGM.cs

```
--(전략)--
    public void ClickInputID()
    {
--(중략)--
        PopupOnlyWarningMessage("아이디 중복 검사중…");
        // 서버에 아이디를 전달한다
        StartCoroutine(InputIDToServer( inputID ) );
    }
--(후략)--
```

코루틴은 StartCoroutine 메서드를 활용해 구동하도록 되어 있어 ClickInputID 메서드에서도 우리가 입력한 아이디 값을 전달해 구동하였습니다.

가입 처리 서버 프로그래밍

지금까지 서버에 아이디를 전달하는 부분을 완성했습니다. 이제 서버에서 이를 처리하는 PHP 프로그래밍을 진행하겠습니다. 먼저 프로그래밍을 진행할 에디터가 필요하므로 에디터를 설치하겠습니다. 기존에 사용하던 에디터가 있다면 사용하던 에디터를 사용해도 좋습니다. 여기에서는 서브라임 텍스트를 설치하겠습니다.

다음 주소(http://www.sublimetext.com/)로 이동한 후 Download 버튼을 클릭합니다.

그림 3-215: 서브라임 텍스트 홈페이지

Download 페이지에서 자신의 운영체제에 적합한 버전을 내려받아 설치합니다.

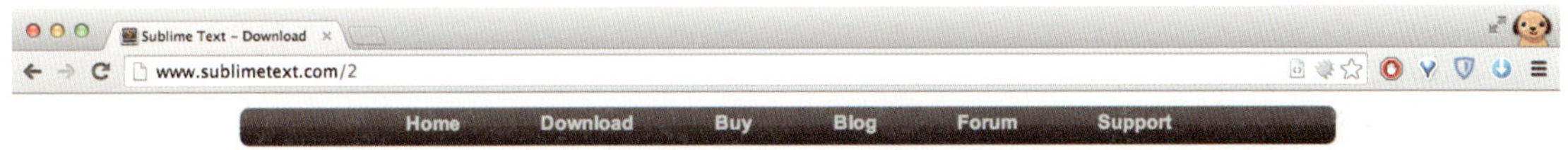

그림 3-216: 서브라임 텍스트 내려받기

설치를 완료한 후 서브라임 텍스트를 실행합니다. 주 메뉴의 [View] → [Syntax] → [PHP]를 선택해 PHP로 문법을 표현하도록 변경합니다. 그리고 다음과 같이 입력한 후 dbHelper.php로 저장합니다.

예제 3-105: dbHelper.php

```
<?php

$host = "localhost";
$user = "root";
$password = "1234";
$dbname = "farmdefence";

// 서버에 쿼리를 전달하여 결과를 리턴받는 함수
function SendSqlQuery($sqlQuery, $workName, $mysqli)
{
    if (!$resultQuery = $mysqli->query($sqlQuery))
    {
        echo "query error ".$workName." : ".mysqli_error($mysqli).$sqlQuery;
        exit();
    }
    return $resultQuery;
}

// XML 텍스트 노드를 만드는 함수
function nodeMaker($dom, $nodeName, $nodeString)
{
    $node = $dom->createElement($nodeName);
    $node_Text = $dom->createTextNode($nodeString);
    $node->appendChild($node_Text);

    return $node;
}
?>
```

PHP를 활용한 대부분의 서버 측 처리는 데이터베이스를 다루는 일이므로 별도의 파일에 데이터베이스 접속에 관한 정보와 필요한 함수를 정의해 놓으면 편리하게 사용할 수 있으므로 먼저 dbHelper.php 파일을 작성합니다. C#에서 int, string 등의 타입을 정의한 후 변수를 선언했던 것과 달리 PHP에서는 변수명 앞에 $를 붙이면 변수로 인식되고 별도의 타입 선언 없이 필요한 값을 할당해 사용할 수 있습니다. 이제 아이디를 전달 받아서 중복을 체크하고 아이디를 생성하는 postUserId.php 파일을 작성합니다.

```
<?php
// 기본 데이터를 로딩
include "dbHelper.php";

// 아이디를 전달받아 저장
$userID = $_REQUEST["userID"];
// 예외처리 : 아이디가 입력되지 않은 경우
if($userID == null)
{
    echo "error : input your ID";
    exit();
}

// 데이터베이스에 접속
$mysqli = new mysqli($host, $user, $password, $dbname);
if (mysqli_connect_errno())
{
    echo 'Connect faild : '.mysqli_connect_error().'';
    $mysqli->close();
    exit();
}
// utf8로 charset 변경
$mysqli->set_charset("utf8");

// 중복 아이디가 있는지 찾아보는 쿼리문
$findUserID = "SELECT * FROM `usercore` WHERE `id` = '".$userID."'";
// 쿼리 실행
$resultFindUserID = SendSqlQuery($findUserID, "findUserID", $mysqli);

// 예외처리 : 중복 아이디가 발견된 경우
if($resultFindUserID->num_rows > 0)
{
    echo "exist";
    $mysqli->close();
    exit();
}

// 새로운 아이디를 넣은 행을  usercore 테이블 생성하는 쿼리문
$insertUserID =
```

```
    "INSERT INTO `usercore`
    (`no`, `id`, `gems`, `coins`, `hearts`, `highScore`, `loginTime`)
    VALUES
    (null, '".$userID."', 20, 1000, 5, 0, ".time().")";
$resultInsertUserID = SendSqlQuery($insertUserID, "insertUserID", $mysqli);

$saveInsertId = $mysqli->insert_id;

// 사용자 업그레이드 할당하는 쿼리문
$insertUpgrade =
    "INSERT INTO `userupgrade`
    (`no`, `user`)
    VALUES
    (null, '".$saveInsertId."')";
$resultInsertUpgrade = SendSqlQuery($insertUpgrade, "insertUpgrade", $mysqli);

// 행 번호를 결과로 리턴.
echo "done0".$saveInsertId;
// 데이터베이스 접속을 종료.
$mysqli->close();
exit();
?>
```

서버를 통해서 생성한 PHP 파일을 해석하려면 PHP 파일이 C: 폴더 아래에 있어야 합니다. 하지만 해당 폴더 아래에 다양한 폴더가 있으면 관리하기가 어려우므로 dbHelper.php, postUserId.php 파일은 C: 폴더 아래에 farmdefence 폴더를 생성한 후 복사해 붙여 넣습니다.

팁

WPN-XM을 설치했을 때 기본 경로가 C:이므로 다른 경로로 선택하여 설치한 경우 해당 경로의 www 폴더 아래에 파일을 복사해야 합니다.

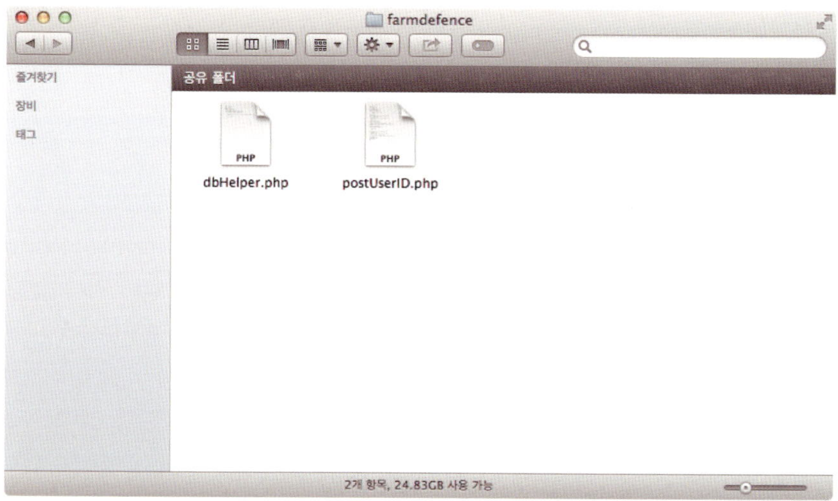

그림 3-217: php 파일 복사

웹 브라우저를 실행하고 다음 주소(http://localhost/farmdefence/postUserID.php)로 이동하면 다음과 같이 아이디를 전달받지 못해서 발생하는 에러가 표시됩니다. 서버를 통해서 정상적으로 작동해 에러가 표시된 것임을 확인할 수 있습니다.

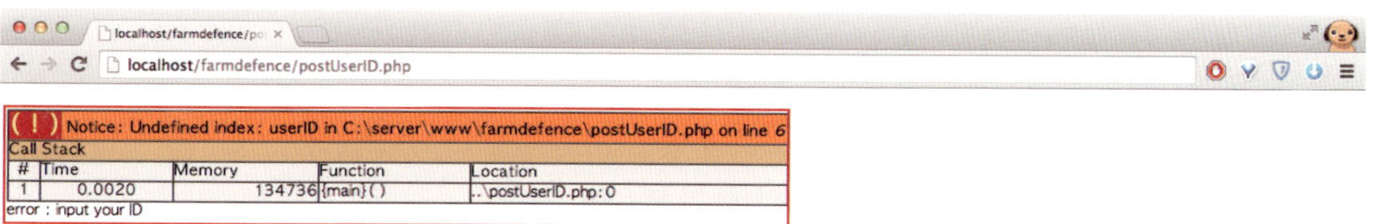

그림 3-218: postUserID.php 에러

웹 브라우저에서 다음 주소(http://localhost/farmdefence/postUserID.php?userID=test01)로 이동해 아이디 생성을 테스트 해보겠습니다. 입력한 주소는 앞서 입력한 postUserID.php 주소 뒤에 ?userID=test01을 붙인 구조입니다. 이는 서버에 데이터를 전달하는 방식 중 하나로 손쉽게 테스트할 수 있어서 편리합니다.

주소를 올바르게 입력하면 다음과 같은 결과가 나타납니다. 해당 결과는 farmdefence 데이터베이스의 usercore 테이블에 첫 번째 행으로 입력됐음을 의미합니다.

그림 3-219: postUserID.php 테스트 결과

phpMyAdmin에 접속해 테이블을 직접 조회해보면 결과를 확실히 알 수 있습니다. 웹 브라우저를 실행해 다음 주소(http://localhost/phpmyadmin/)로 이동한 후 로그인하고 farmdefence 데이터베이스의 usercore 테이블을 클릭(❶)합니다. 다음과 같이 행이 추가된 것을 확인(❷)할 수 있습니다.

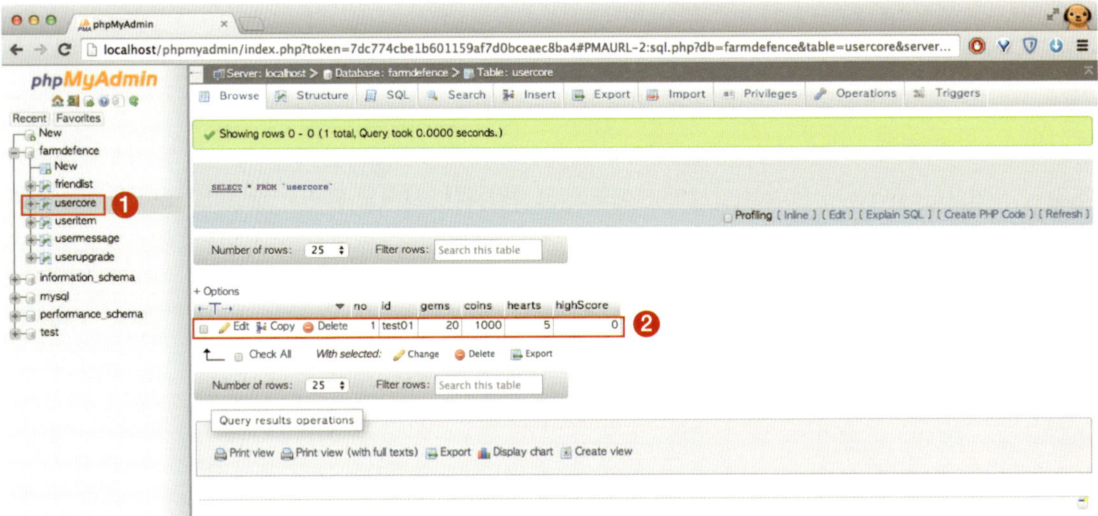

그림 3-220: postUserID.php 테스트 결과 데이터베이스 확인

유니티에서도 아이디 생성 과정을 테스트하겠습니다. LobbyScene에 빈 게임 오브젝트를 생성하고 이름을 @GM으로 변경한 후 TitleGM 스크립트를 추가합니다. 다음 표를 참조해 하이어라키에서 필요한 게임 오브젝트를 선택해 TitleGM 스크립트에 연결합니다.

Title GM 연결 항목	게임 오브젝트
Progress Bar Obj	1progressBar
Signup Btn Obj	2signUpBtn
Make IDObj	3makeID
Message Box Obj	4messageBox
Progress Bar	1progressBar

Title GM 연결 항목	게임 오브젝트
Input Label	inputLabel
Message Text Label	2Text

표 3-95: TitleGM 연결 게임 오브젝트 목록

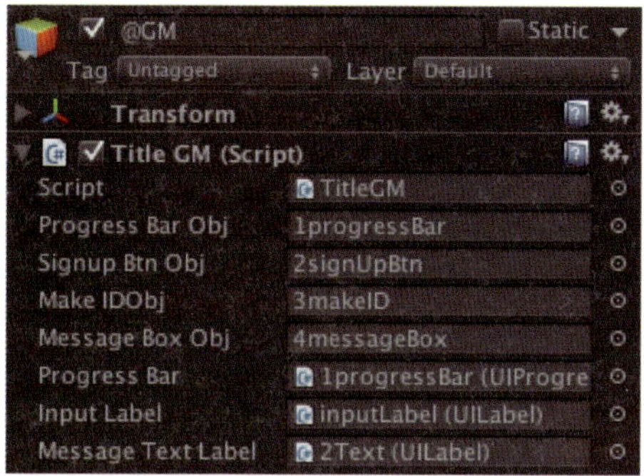

그림 3-221: TitleGM 연결 확인

TitleGM 스크립트 연결을 마쳤으면 하이어라키에서 다음 표에 표시된 게임 오브젝트를 선택해 UIButton 컴포넌트의 Target, Notify, Method를 설정합니다.

게임 오브젝트	Target	Notify	Method
signup_BG	signup_BG	@GM	TitleGM.ClickOpenInputID
inputEnterBtn	inputEnterBtn	@GM	TitleGM.ClickInputID
4acceptBtn	4acceptBtn	@GM	TitleGM.ClickCloseMessageBox

표 3-96: UIButton 컴포넌트 설정

게임을 실행해 Sign Up 버튼을 클릭하고 아이디를 test01로 입력(❶)한 후 실행 버튼을 클릭하면 앞서 테스트한 아이디와 비교하여 중복됐다는 경고 메시지(❷)가 나타납니다.

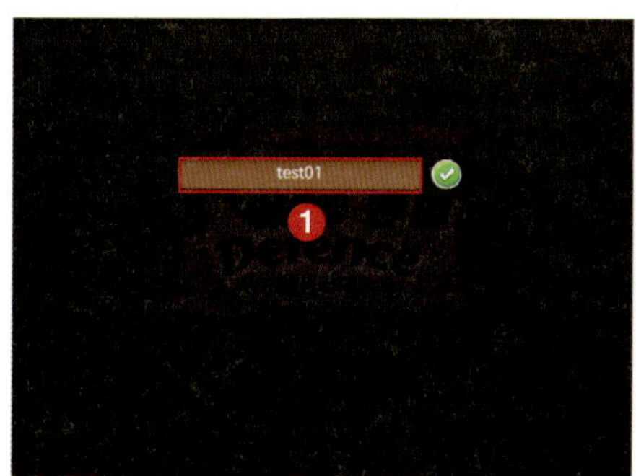

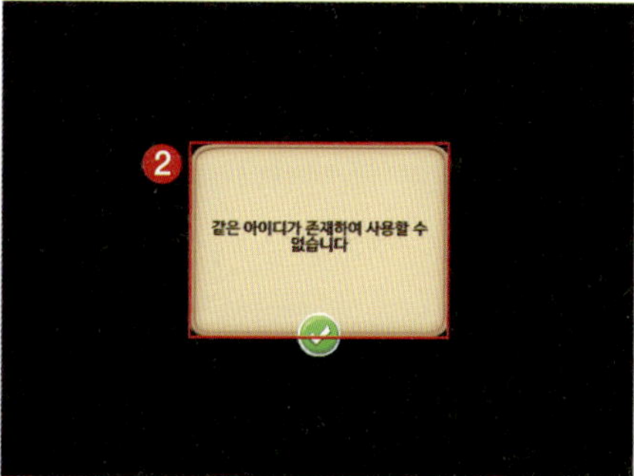

그림 3-222: 아이디 생성 테스트

경고창을 닫고 아이디를 test02로 입력하고 실행 버튼을 클릭합니다. 그리고 주 메뉴의 [Window] → [Console]을 클릭해 확인해보면 done02라는 아이디 생성이 완료됐다는 로그 메시지를 확인할 수 있습니다.

팁

exist 로그 메시지는 앞서 test01을 입력했을 때 출력된 것입니다.

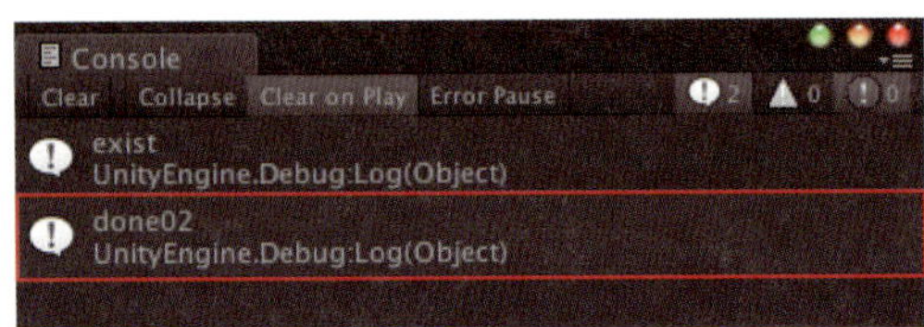

그림 3-223: 아이디 생성 확인

TitleGM 스크립트와 postUserID.php 파일을 이용해 새롭게 아이디를 생성하는 과정을 다이어그램으로 표현하면 다음과 같습니다.

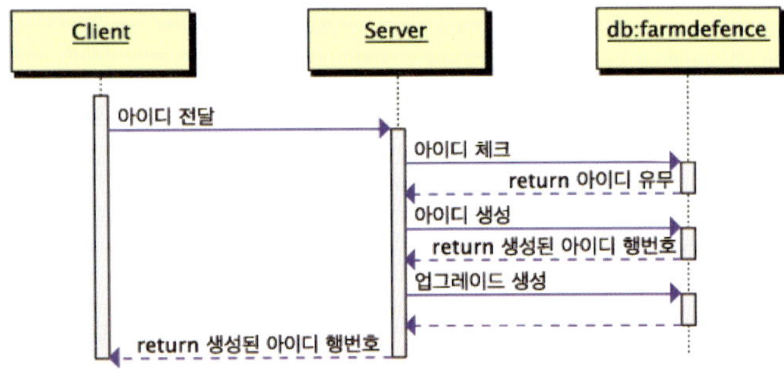

그림 3-224: 아이디 생성 과정 다이어그램

데이터 구조 만들기

사용자가 서버로부터 전달받은 데이터를 게임 내부에서도 처리할 수 있게 구조체나 클래스를 활용해 데이터 구조를 만들어야 합니다. 처리해야 할 데이터는 보석, 코인, 하트 보유 숫자, 업그레이드 여부 같은 기본 정보와 보유한 아이템 숫자, 친구 리스트, 받은 메시지입니다. 프로젝트 브라우저의 Scripts 폴더에 새로운 스크립트를 생성하고 이름을 UserData로 입력한 후 다음과 같이 편집합니다.

```
using System.Xml;
using System.Xml.Serialization;

/// <summary>
/// 사용자 기본 데이터.
/// </summary>
public struct UserData {
    public string name;
    public int gems;
    public int coins;
    public int hearts;
    public int highScore;
    public double loginTime;

    public int upgradeNo;
    public int attLv;
    public int defLv;
    public int moneyLv;
}

/// <summary>
/// 아이템 정보.
/// </summary>
[XmlRoot]
public struct ItemData
{
    [XmlElement]
    public int no;
    [XmlElement]
    public int itemNo;
    [XmlElement]
    public int amount;
    [XmlElement]
    public bool use;
}

/// <summary>
/// 친구 정보.
/// </summary>
```

```
[XmlRoot]
public struct FriendData
{
    [XmlElement]
    public int no;
    [XmlElement]
    public int friend;
    [XmlElement]
    public string name;
    [XmlElement]
    public int score;
    [XmlElement]
    public int state;
    [XmlElement]
    public double sendTime;
}

/// <summary>
/// 메시지 정보.
/// </summary>
[XmlRoot]
public struct MessageData
{
    [XmlElement]
    public int no;
    [XmlElement]
    public string senderName;
    [XmlElement]
    public int msgType;
    [XmlElement]
    public int amount;
}
```

이렇게 만든 데이터를 사용할 수 있도록 GameData 스크립트에 등록합니다. UserData 구조체를 제외하고는 List 클래스로 처리합니다.

예제 3-108: GameData.cs

```
--(전략)--
using System.Xml;
using System.Xml.Serialization;
```

```
// sealed 한정자를 통해서 해당 클래스가 상속이 불가능하도록 조치.
public sealed class GameData
{
--(중략)--
    // 데이터 요청 경로 등록.
    public string urlPrefix = "http:// localhost/{0}.php";

    //  각 데이터 처리에 사용.
    public UserData userdata = new UserData();
    public List<ItemData> itemList = new List<ItemData>();
    public List<FriendData> friendList = new List<FriendData>();
    public List<MessageData> messageList = new List<MessageData>();
}
```

데이터를 처리하기 위해서 등록한 멤버 필드를 제외하고 urlPrefix라는 string 타입을 추가한 것을 확인할 수 있습니다. 이는 테스트 서버가 변경됐을 때 손쉽게 접속 경로를 변경하기 위해 등록했습니다. 이를 활용해서 우선 TitleGM 스크립트에 있는 InputIDToServer 메서드의 url을 변경합니다.

예제 3-109: TitleGM.cs

```
--(전략)--
    IEnumerator InputIDToServer(string idText)

        WWWForm form = new WWWForm();
        form.AddField("userID", idText);

        string url = string.Format(GameData.Instance.urlPrefix, "postUserID");
--(후략)--
```

이제부터 필요한 정보를 서버로부터 요청받도록 하겠습니다. 프로젝트 브라우저의 Scripts 폴더에 새로운 스크립트를 만들고 이름을 TitleGM.LoadUserData로 입력한 후 다음과 같이 편집합니다.

예제 3-110: TitleGM.LoadUserData.cs

```
using UnityEngine;
using System.Collections;
using System.Collections.Generic;

public partial class TitleGM : MonoBehaviour {
```

```
    int loadRetryCounter = 0;
}
    // 사용자 데이터를 로딩.
    public void LoadUserData()
    {
        StartCoroutine(RequestUserData());
    }

    // 보유한 아이템 로딩.
    void LoadItemData()
    {
        StartCoroutine(
            RequestDataToServer<ItemData>(
            "getUserItem", 0.3f, "useritem", "ItemData",
            GameData.Instance.itemList,
            LoadFriendData)
            );
    }

    // 친구 데이터 로딩.
    void LoadFriendData()
    {
        StartCoroutine(
            RequestDataToServer<FriendData>(
            "getFriendList", 0.6f, "friendlist", "FriendData",
            GameData.Instance.friendList,
            LoadMessageData)
            );
    }

    // 메시지 데이터 로딩.
    void LoadMessageData()
    {
        StartCoroutine(
            RequestDataToServer<MessageData>(
            "getUserMessage", 0.9f, "usermessage", "MessageData",
            GameData.Instance.messageList,
            GoToLobbyScene)
            );
    }
```

```
// 로비씬으로 전환.
void GoToLobbyScene ()
{
    progressBar.value = 1.0f;
    Application.LoadLevelAsync("LobbyScene");
}

// 문제가 발생했을 때 고객서비스를 제공하는 페이지로 연결한다.
void OpenCustomerServicePage()
{
    Application
        .OpenURL(
            string.Format(
            GameData.Instance.urlPrefix,
            "postCustomerService") );
}

// 데이터를 읽을 때 사용할  www 생성.
WWW LoadDataFromServer(string targetPage)
{
    int userKeyNo = PlayerPrefs.GetInt("UserKeyNo");

    WWWForm form = new WWWForm();
    form.AddField("userKeyNo", userKeyNo);

    string url = string.Format(GameData.Instance.urlPrefix, targetPage);
    WWW www = new WWW(url, form);
    return www;
}

// 사용자 데이터를 서버로부터  로딩.
IEnumerator RequestUserData()
{
    WWW www = LoadDataFromServer("getUserCoreData");

    yield return www;

    if( www.isDone && www.error == null)
    {
        string responseCode = www.text.Substring(0, 5);
        switch(responseCode)
        {
```

```
        case "query":
            // 서버에서 SQL 쿼리 에러가 발생한 경우.
            #if UNITY_EDITOR
            Debug.Log(www.text);
            #endif
            break;
        case "none0":
            if( loadRetryCounter > 2 )
            {
                // error : 사용자 데이터가 없는 경우.
                PopupWarningMessage(
                    "사용자 데이터가 없습니다.운영자에게 문의하세요.",
                    OpenCustomerServicePage);
            {
            else
            {
                // error : 데이터를 다시 로딩하는 경우.
                PopupWarningMessage(
                    "데이터를 다시 로딩합니다",
                    LoadUserData);
                ++loadRetryCounter;
            }
            break;
        default:
            // 프로그래스 바 업데이트.
            progressBar.value = 0.15f;
            // xml 형태의 string을 데이터로 전환.
            GameData.Instance.ConvertUserCore(www.text);
            // 다음 데이터를 로딩한다.
            LoadItemData();
            break;
        }
    }
}

// / <summary>
// / 아이템, 친구, 메시지 데이터를 서버로부터 로딩할 때 사용.
// / </summary>
// / <param name="targetPage">페이지 이름.</param>
// / <param name="progressPercent">로딩 진행 퍼센트. 0~1사이의 실수.</param>
// / <param name="rootNode">xml 루트 노드 이름.</param>
// / <param name="dataNode">각 데이터를 단위별로 저장하는 노드 이름.</param>
// / <param name="targetList">데이터를 저장할 리스트.</param>
// / <param name="nextStep">작업 종료 후 다음 단계로 처리할 메서드명.</param>
// / <typeparam name="T">ItemData, FriendData 등 데이터를 저장할 구조체.</typeparam>
```

```
    IEnumerator RequestDataToServer<T>(
        string targetPage,
        float progressPercent,
        string rootNode,
        string dataNode,
        List<T> targetList,
        System.Action nextStep = null)
    {
        WWW www = LoadDataFromServer("getUserCoreData");

        yield return www;

        if( www.isDone && www.error == null)
        {
            string responseCode = www.text.Substring(0, 5);
            switch(responseCode)
            {
            case "query":
                // 서버에서 SQL 쿼리 에러가 발생한 경우.
                #if UNITY_EDITOR
                Debug.Log(www.text);
                #endif
                break;
            default:
                // xml 형태의 string 데이터를 변환.
                GameData.Instance.ConvertData(
                    www.text, rootNode, dataNode, targetList);

                // 프로그래스 바 업데이트.
                progressBar.value = progressPercent;

                //  작업 종료 후 이후 작업을 진행한다.
                if( nextStep != null) nextStep();
                break;
            }
        }
    }
}
```

TitleGM.LoadUserData 스크립트는 크게 데이터를 요청하는 Load 메서드와 서버에 접근해 데이터를 요청하는 Request 메서드로 나눌 수 있습니다. 그 중 눈여겨 봐야 할 메서드는 RequestDataToServer입니다. 형식 매개 변수를 사용하는 RequestDataToServer 메서드는 WWW 클래스를 활용해 원하는 인터넷

주소에 접근하여 필요한 데이터를 받고 converData 매개 변수로 입력된 메서드를 통해서 사용 가능하도록 변환합니다. 그러고 나서 nextStep 매개 변수로 입력된 메서드를 활용해 다음 단계 작업을 진행합니다. 이제 GameData 스크립트에 XML을 사용할 수 있는 데이터로 변경할 때 사용할 ConvertUserCore 메서드와 ConvertData 메서드를 추가합니다.

팁

추가되는 두 개의 메서드 외에 serverLoadedTime과 guessSeverNowTime 프로퍼티는 서버와 클라이언트 간 시간을 동기화하는 목적으로 사용됩니다.

예제 3-111: GameData.cs

```
--(전략)—
    double nowTime;
    System.DateTime origin
        = new System.DateTime(1970, 1, 1, 0, 0, 0, 0, System.DateTimeKind.Local);
    System.TimeSpan diff;

    // / <summary>
    // / 서버에서 반환된 기준 시간.
    // / </summary>
    public double serverLoadedTime
    {
        get
        {
            return guessServerNowTime - nowTime;
        }
        set
        {
            nowTime = guessServerNowTime - value;
        }
    }
    public double guessServerNowTime
    {
        get
        {
            diff = System.DateTime.Now - origin;
            return System.Math.Floor(diff.TotalSeconds);
        }
    }
```

```
#region Convert Xml to Data
XmlDocument xDoc = new XmlDocument();

public void ConvertUserCore(string xmlString)
{
    xDoc.LoadXml(xmlString);
    XmlNode mainNode = xDoc.DocumentElement.SelectSingleNode("usercore");

    userdata.name = mainNode["ID"].InnerText;
    userdata.gems
        = System.Convert.ToInt32(mainNode["gems"].InnerText);
    userdata.coins
        = System.Convert.ToInt32(mainNode["coins"].InnerText);
    userdata.hearts
        = System.Convert.ToInt32(mainNode["hearts"].InnerText);
    userdata.highScore
        = System.Convert.ToInt32(mainNode["highScore"].InnerText);
    userdata.upgradeNo
        = System.Convert.ToInt32(mainNode["upgradeNo"].InnerText);
    userdata.attLv
        = System.Convert.ToInt32(mainNode["attLv"].InnerText);
    userdata.defLv
        = System.Convert.ToInt32(mainNode["defLv"].InnerText);
    userdata.moneyLv
        = System.Convert.ToInt32(mainNode["moneyLv"].InnerText);
    userdata.loginTime
        = System.Convert.ToDouble(mainNode["loginTime"].InnerText);
    serverLoadedTime
        = System.Convert.ToDouble(mainNode["serverTime"].InnerText);;
}

// xml 데이터를 형식매개변수 T 클래스로 변환하여 targetList에 넣는다.
public void ConvertData<T>(string xmlString,
                           string rootNode,
                           string dataNode,
                           List<T> targetList)
{
    xDoc.LoadXml(xmlString);

    XmlNodeList nodeList
        = xDoc.DocumentElement.SelectSingleNode(rootNode).SelectNodes(dataNode);
```

```
        // 리스트 초기화.
        targetList.Clear();
        // 항목이 존재할때만 처리.
        if( nodeList.Count > 0 )
        {
            XmlSerializer serializer = new XmlSerializer(typeof(T));
            for(int i=0; i<nodeList.Count;++i)
            {
                T cData
                    = (T)serializer.Deserialize(new XmlNodeReader(nodeList[i]));
                targetList.Add(cData);
            }
        }
    }
    #endregion
}
```

ConvertUserCore, ConvertData 메서드를 GameData에 등록해 처리하면 데이터를 처리할 때 메서드를 다시 사용할 수 있으므로 효과적입니다. 두 메서드는 매개변수 xmlString을 XML 데이터로 변경한 후 필요한 데이터로 변경하게 되어 있습니다. 다만 ConverData 메서드는 여러 가지 데이터 타입을 처리하게 되므로 형식 매개변수를 활용해 각 데이터 형을 하나의 메서드로 처리할 수 있게 한 것뿐입니다.

등록은 메서드를 이용해 데이터를 로딩하기 위해서 TitleGM 스크립트의 OnEnable 메서드를 다음과 같이 수정합니다.

예제 3-112: TitleGM.cs

```
--(전략)--
    void OnEnable()
    {
        int userKeyNo = PlayerPrefs.GetInt("UserKeyNo");

        if( userKeyNo > 0 )
        {
            TurnOnObj(0);
            // 사용자 정보 로딩 시작.
            LoadUserData();
        }
        else
        {
```

```
            // 가입 버튼 활성화.
            TurnOnObj(1);
        }
    }
--(후략)--
```

TitleGM 스크립트의 OnEnable 메서드를 수정했다면 요청을 처리할 PHP 파일을 작성해야 합니다. 총 네 개의 PHP 파일을 작성해야 하지만 큰 원리는 같으므로 기본이되는 getUserCoreData.php 파일만 살펴보겠습니다. 서브라임 텍스트를 실행해 새로운 파일을 생성한 후 다음과 같이 입력합니다.

예제 3-113: getUserCoreData.php

```
<?php

// 기본 데이터를 로딩
include "dbHelper.php";

// 사용자의 usercore 테이블 키 값을 전달받아 저장한다.
$userKeyNo = $_REQUEST["userKeyNo"];


// 데이터베이스에 접속
$mysqli = new mysqli($host, $user, $password, $dbname);
if (mysqli_connect_errno())
{
    echo 'Connect faild : '.mysqli_connect_error().'';
    $mysqli->close();
    exit();
}
// utf8로 charset 변경
$mysqli->set_charset("utf8");


// 사용자 데이터를 요청
$sqlFindUserData = "SELECT * FROM `usercore` WHERE `no` = ".$userKeyNo;
$resultFindUserData = SendSqlQuery($sqlFindUserData, "FindUserData", $mysqli);

if($resultFindUserData->num_rows < 1)
{
```

```
        // 사용자 데이터가 존재하지 않는 경우. 에러 "none0" 반환 후 종료
        echo "none0";
        $mysqli->close();
        exit();
    }

    // 사용자 데이터를 PHP에서 사용하도록 로딩
    $datarow = mysqli_fetch_array($resultFindUserData);

    // 필요한 데이터 저장
    $nowTime = time();
    $lastTime = $datarow["loginTime"];
    $nowHearts = $datarow["hearts"];

    // 하트가 5보다 작은 경우
    // 10분(600초)마다 1개의 하트가 지급되므로
    // 로그인 시간차이를 계산하여 하트를 추가 지급한다.
    if($nowHearts < 5)
    {
        $spendTime = $nowTime - $lastTime;
        $totalHearts = $nowHearts + floor($spendTime / 600);

        if($totalHearts > 5)
        {
            $totalHearts = 5;
        }

        if($totalHearts != $nowHearts)
        {
            $sqlUpdateHearts = "UPDATE `usercore`
                SET `hearts` = '".$totalHearts."', `loginTime` = '".$nowTime."'
                WHERE `no` = ".$userKeyNo;
            $resultUpdateHearts = SendSqlQuery($sqlUpdateHearts, "UpdateHearts", $mysqli);
            $lastTime = $nowTime;
            $nowHearts = $totalHearts;
        }
    }
    else
    {
        $sqlUpdateTime = "UPDATE `usercore`
                SET `loginTime` = '".$nowTime."'
```

```
            WHERE `no` = ".$userKeyNo;
        $resultUpdateTime = SendSqlQuery($sqlUpdateTime, "UpdateHearts", $mysqli);
        $lastTime = $nowTime;
    }


    // 사용자 데이터가 존재하므로 리턴할 XML 데이터 구조 생성
    $dom = new DOMDocument('1.0', 'UTF-8');
    // root 노드 생성
    $rootNode = $dom->createElement('farmdefence');
    $dom->appendChild($rootNode);
    $response = $dom->createElement("usercore");
    $rootNode->appendChild($response);


    // 사용자 데이터를 각각 노드로 생성 후 등록
    $id = nodeMaker($dom, "ID", $datarow["id"]);
    $gems = nodeMaker($dom, "gems", $datarow["gems"]);
    $coins = nodeMaker($dom, "coins", $datarow["coins"]);
    $hearts = nodeMaker($dom, "hearts", $nowHearts);
    $highScore = nodeMaker($dom, "highScore", $datarow["highScore"]);
    $loginTime = nodeMaker($dom, "loginTime", $lastTime);

    $response->appendChild($id);
    $response->appendChild($gems);
    $response->appendChild($coins);
    $response->appendChild($hearts);
    $response->appendChild($highScore);
    $response->appendChild($loginTime);

    // userupgrade 테이블 데이터 요청
    $sqlFindUserUpgrade = "SELECT * FROM `userupgrade` WHERE `user` = ".$userKeyNo;
    $resultFindUserUpgrade = SendSqlQuery($sqlFindUserUpgrade, "FindUserUpgrade", $mysqli);

    if($resultFindUserUpgrade->num_rows < 1)
    {
        // userupgrade 테이블에 데이터가 없는 경우 신규 데이터를 작성
        $insertUpgrade =
            "INSERT INTO `userupgrade`
            (`no`, `user`)
            VALUES
```

```
        (null, '".$userKeyNo."')";
    $resultInsertUpgrade = SendSqlQuery($insertUpgrade, "insertUpgrade", $mysqli);

    $saveInsertId = $mysqli->insert_id;

    // 신규 데이터에 맞춰서 userupgrade 테이블 데이터를 노드로 작성한 후 등록
    $upgradeNo = nodeMaker($dom, "upgradeNo", $saveInsertId);
    $attLv = nodeMaker($dom, "attLv", "1");
    $defLv = nodeMaker($dom, "defLv", "1");
    $moneyLv = nodeMaker($dom, "moneyLv", "1");

    $response->appendChild($upgradeNo);
    $response->appendChild($attLv);
    $response->appendChild($defLv);
    $response->appendChild($moneyLv);
}
else
{
    // userupgrade 테이블에 데이터가 존재하므로 PHP에서 사용하도록 로딩
    $dataUpgradeRow = mysqli_fetch_array($resultFindUserUpgrade);

    $upgradeNo = nodeMaker($dom, "upgradeNo", $dataUpgradeRow["no"]);
    $attLv = nodeMaker($dom, "attLv", $dataUpgradeRow["attLv"]);
    $defLv = nodeMaker($dom, "defLv", $dataUpgradeRow["defLv"]);
    $moneyLv = nodeMaker($dom, "moneyLv", $dataUpgradeRow["moneyLv"]);

    $response->appendChild($upgradeNo);
    $response->appendChild($attLv);
    $response->appendChild($defLv);
    $response->appendChild($moneyLv);
}

// 반환되는 데이터의 헤더에 결과값이 XML 형태라는 것을 명시
header("Content-type: text/xml; charset=UTF-8");header("Cache-Control: no-cache");header("Pragma:
no-cache");
// 결과 XML 반환
$xmlString = $dom->saveXML();
echo $xmlString;

$mysqli->close();
exit();
?>
```

다소 많은 내용이지만 나눠서 살펴보면 의외로 간단한 구조입니다. 데이터베이스에 접속한 후 SQL 쿼리를 이용해 필요한 데이터를 요청합니다. 서버에서 받은 데이터를 XML 로 만들기 위해 PHP의 DOMDocument 클래스를 활용한 후 모든 과정을 마치면 결과를 반환합니다. 이런 과정을 바탕에 두고 시간 경과에 따라 추가로 하트를 지급하는 것을 중간에 넣은 것뿐입니다.

getUserCoreData.php 파일과 앞서 내려받은 첨부 파일의 3-4/php로 이동해 파일을 선택한 뒤 모두 C:\server\www\farmdefence\ 폴더로 복사해 추가합니다.

사용자 정보를 서버로부터 읽어들일 준비가 됐으므로 InputIDToServer 메서드를 수정해 아이디를 생성한 후에 이를 수행할 수 있게 합니다.

예제 3-114: TitleGM.cs

```
--(전략)--
    IEnumerator InputIDToServer(string idText)
    {
--(중략)--
            case "done0":
                // 아이디가 정상적으로 생성된 경우.
                messageBoxObj.SetActive(false);
                // 생성된 아이디의 key를 저장.
                string splitUserKeyNo = www.text.Substring(5);
                int userKeyNo = System.Convert.ToInt32(splitUserKeyNo);
                PlayerPrefs.SetInt("UserKeyNo", userKeyNo);
                // 서버로부터 필요한 정보를 읽는 다음 단계 진행.
                TurnOnObj(0);
                LoadUserData();
                break;
            }
        }
    }
```

이제 모든 준비가 됐으므로 실행해보겠습니다. 유니티로 돌아가서 TitleScene을 실행하면 다음과 같이 프로그래스 바가 진행 상황에 따라서 점차 올라가는 모습을 확인할 수 있습니다.

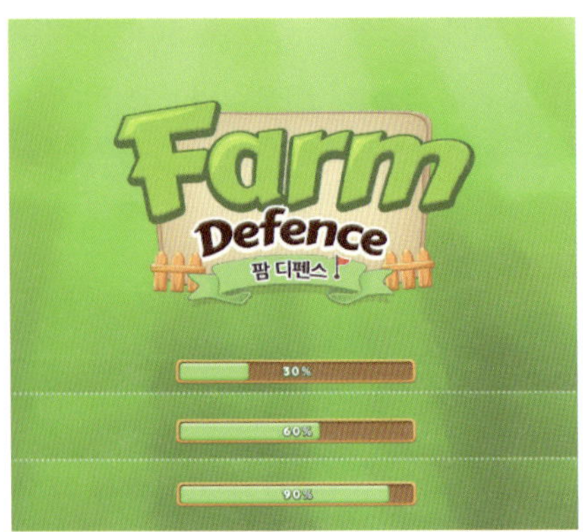

그림 3-225: 기본 데이터 로딩 진행 확인

성공적으로 데이터 로딩을 마쳤다면 다음과 같은 단계로 서버와 클라이언트가 데이터를 처리한 것입니다. 과정을 살펴보면 앞서 설명한 것처럼 요청과 변환이 반복적으로 사용되는 것을 확인할 수 있습니다.

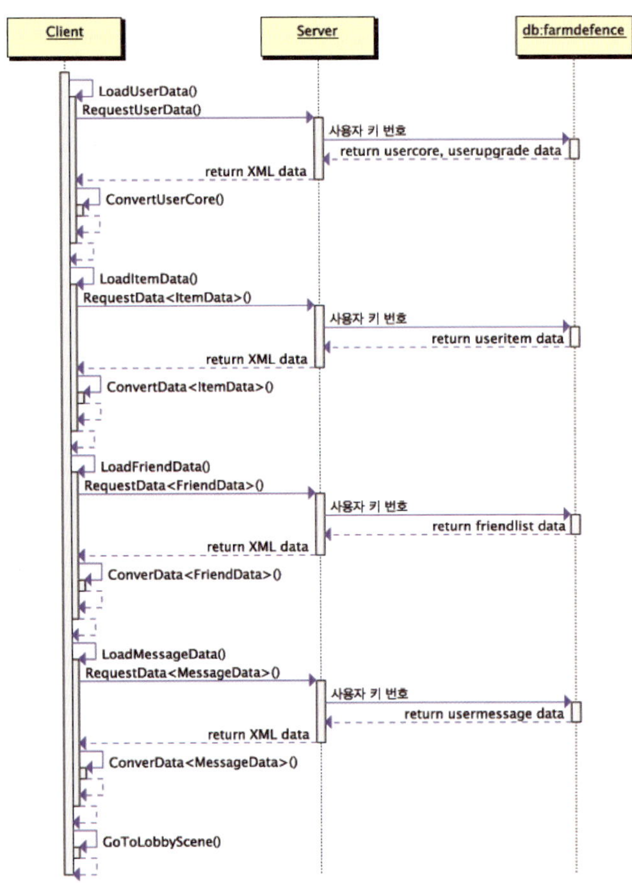

그림 3-226: 기본 데이터 로딩 과정 다이어그램

정상적으로 모든 과정을 마치고 콘솔을 확인해보면 에러가 발생했을 것입니다. 이는 아직 빌드 셋팅(build setting)을 하지 않아서 나타난 에러입니다. 에러를 해결하기 위해 주 메뉴의 [File] → [Build Setting...]을 클릭합니다.

그림 3-227: 빌드 셋팅 씬 추가

빌드 셋팅 창의 Scene In Build에 필요로하는 씬을 등록합니다. 프로젝트 브라우저의 Scene 폴더에서 TitleScene, LobbyScene, PlayScene을 Scene In Build에 끌어다 놓습니다. 유니티로 만든 애플리케이션이 구동되면 처음 로딩하는 씬이 첫 번째 씬이므로 서버로부터 데이터를 받아오는 TitleScene이 첫 번째 씬에 위치해야 합니다.

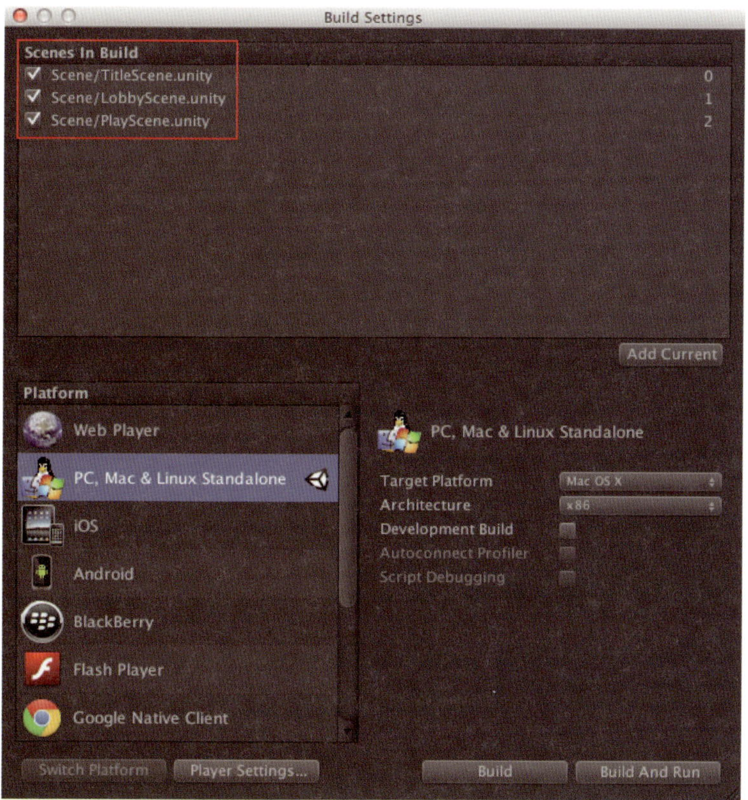

그림 3-228: 빌드 셋팅 씬 추가

팁

프로젝트 브라우저에 아무리 많은 씬이 있더라도 빌드 셋팅의 Scene In Build에 포함되지 않으면 최종 애플리케이션에 포함되지 않습니다.

로비 씬 작업

가입과 기본 데이터를 연동해 사용자가 필요한 데이터를 GameData 스크립트에 저장했습니다. 저장된 데이터를 바탕으로 로비 씬의 각 부분이 사용자의 입력에 따라 반응할 수 있게 처리하겠습니다.

기본 데이터 표시

사용자에게 가장 기본이 되는 정보는 보석, 코인, 하트 보유 숫자와 업그레이드 레벨입니다. 해당 데이터를 로비 씬에 표현하겠습니다. 먼저 프로젝트 브라우저의 Scripts 폴더에 새로운 스크립트를 생성하고 이름을 LobbyGM으로 입력한 후 다음과 같이 필요한 멤버 필드를 등록하고 데이터를 반영합니다.

예제 3-115: LobbyGM.cs

```
using UnityEngine;
using System.Collections;
using System.Collections.Generic;

public partial class LobbyGM : MonoBehaviour {

    // 사용자 기본 데이터용 라벨.
    public UILabel gems_mainLabel, gems_subLabel,
        coin_mainLabel, coin_subLabel, heartsLabel,
        attLvLabel, defLvLabel;
    // 하트 표현용 게임 오브젝트.
    public List<GameObject> heartObjs = new List<GameObject>();

    // 데이터 로딩 시 나타나게 할 게임 오브젝트.
    public GameObject loadScreenObj;

    void OnEnable()
    {
        UpdateCoreData();
    }
```

```
#region UpdateCoreData
// 사용자 기본 데이터를 인터페이스에 반영.
public void UpdateCoreData()
{
    gems_mainLabel.text = GameData.Instance.userdata.gems.ToString();
    gems_subLabel.text = gems_mainLabel.text;

    coin_mainLabel.text = GameData.Instance.userdata.coins.ToString();
    coin_subLabel.text = coin_mainLabel.text;

    // 하트 표시.
    UpdateHearts();

    attLvLabel.text = GameData.Instance.userdata.attLv.ToString();
    defLvLabel.text = GameData.Instance.userdata.defLv.ToString();
}

// 하트 표시에 사용.
public void UpdateHearts()
{
    // 하트가 5개보다 많은 경우.
    if(GameData.Instance.userdata.hearts >= 5)
    {
        if(IsInvoking("RefreshRemainHeartFillTime"))
            CancelInvoke("RefreshRemainHeartFillTime");

        for(int i=0; i<5;++i)
        {
            heartObjs[i].SetActive(true);
        }
        int remainHearts = GameData.Instance.userdata.hearts - 5;
        heartsLabel.text = string.Format("+{0}", remainHearts);
    }
    // 하트가 5개보다 적은 경우.
    else
    {
        for(int i=0; i<GameData.Instance.userdata.hearts;++i)
        {
            heartObjs[i].SetActive(true);
        }
        int startPos = (GameData.Instance.userdata.hearts<0)
```

```
                ? 0 : GameData.Instance.userdata.hearts;

            for(int i=startPos; i<5; ++i)
            {
                heartObjs[i].SetActive(false);
            }

            if(IsInvoking("RefreshRemainHeartFillTime"))
                CancelInvoke("RefreshRemainHeartFillTime");
            RefreshRemainHeartFillTime();
            InvokeRepeating("RefreshRemainHeartFillTime", 1.0f, 1.0f);
        }
    }

    double remainFillTime = 0;
    int remainSec, remainMin;
    // 다음 하트가 충전될때까지의 시간 표현.
    void RefreshRemainHeartFillTime()
    {
        remainFillTime = 600
            - (GameData.Instance.serverLoadedTime
               - GameData.Instance.userdata.loginTime);
        if(remainFillTime <= 0)
        {
            if(IsInvoking("RefreshRemainHeartFillTime"))
                CancelInvoke("RefreshRemainHeartFillTime");

            // 하트가 충전될 시간이 되었으므로 서버와 통신하여 최신화.
            heartsLabel.text = "00:00";
            StartCoroutine(RequestFillHeart());
            return;
        }

        remainSec = System.Convert.ToInt32(remainFillTime % 60);
        remainMin = System.Convert.ToInt32((remainFillTime - remainSec)/60);
        heartsLabel.text = string.Format("{0:00}:{1:00}", remainMin, remainSec);
    }

    // 서버를 통해서 하트가 새로 충전된 것을 확인.
    IEnumerator RequestFillHeart()
    {
```

```
        int userKeyNo = PlayerPrefs.GetInt("UserKeyNo");

        WWWForm form = new WWWForm();
        form.AddField("userKeyNo", userKeyNo);

        string url = string.Format(GameData.Instance.urlPrefix, "getFillHeart");
        WWW www = new WWW(url, form);
        yield return www;

        if( www.isDone && www.error == null)
        {
            string responseCode = www.text.Substring(0, 5);
            switch(responseCode)
            {
            case "query":
                // 서버에서 SQL 쿼리 에러가 발생한 경우.
                #if UNITY_EDITOR
                Debug.Log(www.text);
                #endif
                break;
            default :
                System.Xml.XmlDocument xDoc = new System.Xml.XmlDocument();
                xDoc.LoadXml(www.text);

                System.Xml.XmlNode xNode
                    = xDoc.DocumentElement.SelectSingleNode("result");

                GameData.Instance.userdata.hearts
                    = System.Convert.ToInt32(xNode["hearts"].InnerText);
                GameData.Instance.userdata.loginTime
                    = System.Convert.ToDouble(xNode["loginTime"].InnerText);
                GameData.Instance.serverLoadedTime
                    = System.Convert.ToDouble(xNode["serverTime"].InnerText);

                UpdateHearts();
                break;
            }
        }
    }
    #endregion
}
```

UpdateCoreData 메서드에서 정보를 반영합니다. 다만 하트는 10분에 1개씩 충전되는 특성이 있으므로 하트가 5개 이하일 때 InvokeRepearting을 이용해 1초마다 남은 시간을 갱신합니다. 10분이 지나면 서버에 이를 확인해 업데이트하고 게임에도 반영합니다.

LobbyScene에 빈 게임 오브젝트를 생성하고 이름을 @GM으로 변경한 후 LobbyGM 스크립트를 추가합니다. 그리고 다음 그림과 같이 게임 오브젝트를 연결합니다. 쉽게 연결하려면 하이어라키의 검색 창에 gems, coin, heart, attLv, defLv, heartFill 를 각각 검색해 선택하면 됩니다.

그림 3-229: LobbyGM 연결

순위 표시 프리팹 생성

사용자에게 자신의 순위를 알려주고 더 강해지려는 욕구를 자극하기 위해서 로비 씬 화면 왼쪽에 순위를 표시하겠습니다. 그리고 친구에게 한시간 단위로 하트를 전송하는 기능도 추가하겠습니다.

LobbyScene으로 이동한 뒤 하이어라키에 RankUnit을 검색해 선택(❶)합니다. 그리고 하이어라키 검색 영역의 오른쪽에 있는 [X] 버튼(❷)을 눌러 RankUnit 게임 오브젝트의 하위 게임 오브젝트(❸)를 살펴봅니다.

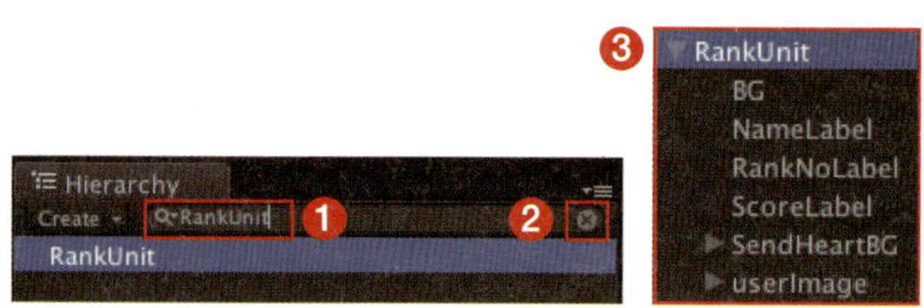

그림 3-230: RankUnit 게임 오브젝트 검색

순위에 표현할 이름, 점수, 하트 선물하기 등을 처리할 수 있도록 구성된 것을 확인할 수 있습니다. 이 RankUnit 게임 오브젝트를 제어할 수 있는 스크립트를 생성하고 프리팹으로 등록해 LobbyScene이 초기화될 때 자동으로 생성되게 하겠습니다. 프로젝트 브라우저의 Scripts 폴더에 새로운 스크립트를 생성하고 이름을 RankUnit으로 입력한 후 다음과 같이 멤버 필드를 추가합니다.

예제 3-116: RankUnit.cs

```
using UnityEngine;
using System.Collections;

public class RankUnit : MonoBehaviour {

    // 순위, 이름, 점수, 하트 선물 남은 시간 표시.
    public UILabel rankLabel, nameLabel, scoreLabel, heartTimeLabel;
    // 사용자 이미지.
    public UITexture userImg;
    // 하트 선물 가능을 나타낸다.
    public UISprite fillHeart;

    // 친구의 데이터를 저장.
    FriendData fData;

    // 하트 선물 가능 여부 및 시간 계산용.
    bool isPossibleSendHeart = false;
    double remainSendTime;
    int remainSec, remainMin;
}
```

생성한 RankUnit 스크립트를 하이어라키의 RankUnit 게임 오브젝트에 추가한 후 각 부분을 다음 표를 참조해 하이어라키에서 필요한 게임 오브젝트를 선택해 RankUnit 스크립트에 연결합니다.

RankUnit 연결 항목	게임 오브젝트
Rank Label	RankNoLabel
Name Label	NameLabel
Score Label	ScoreLabel
Heart Time Label	remainTime
User Img	userImage
Fill Heart	fillHeart

표 3-97: RankUnit 연결 게임 오브젝트 목록

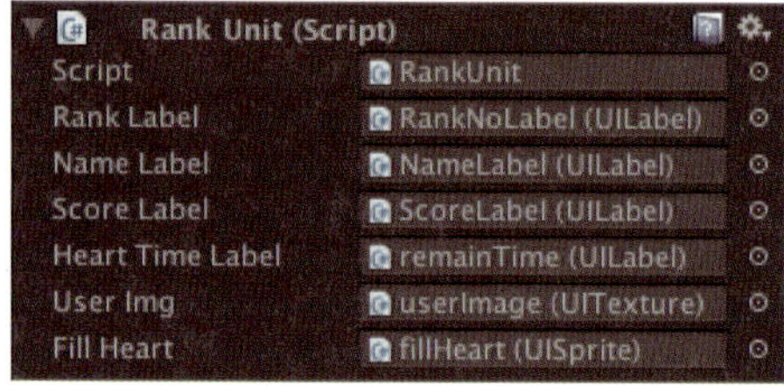

그림 3-231: RankUnit 스크립트

이제 연결된 멤버 필드를 활용해 RankUnit 스크립트를 초기화하는 데 사용할 Init 메서드를 추가합니다.

예제 3-117: RankUnit.cs

```
--(전략)--
    // RankUnit 초기화.
    public virtual void Init(FriendData friendData, int rankNo, bool isMyData)
    {
        // 이미 작동중인 경우 예외처리.
        if(IsInvoking("RefreshRemainHeartSendTime"))
            CancelInvoke("RefreshRemainHeartSendTime");

        // 친구정보 저장.
        fData = friendData;

        rankLabel.text = rankNo.ToString();
        nameLabel.text = fData.name;
        scoreLabel.text = fData.score.ToString();

        if(!isMyData)
        {
            fillHeart.transform.parent.gameObject.SetActive(true);
            // 하트 선물 가능여부 체크.
            remainSendTime = GameData.Instance.serverLoadedTime - fData.sendTime;
            if(remainSendTime >= 3600)
            {
                isPossibleSendHeart = true;
                fillHeart.enabled = true;
                heartTimeLabel.enabled = false;
            }
            else
            {
```

```
                isPossibleSendHeart = false;
                fillHeart.enabled = false;
                heartTimeLabel.enabled = true;
                // TODO: 하트 선물이 가능할 때까지 남은 시간을 계산하여 처리한다.
            }
        }
        else
        {
            fillHeart.transform.parent.gameObject.SetActive(false);
        }
    }
--(후략)--
```

Init 메서드는 서버로부터 전송받은 친구 데이터를 전달 받아 순위, 이름, 점수를 표시하고 가장 마지막에 하트 선물한 시간을 기준으로 1시간이 지났는지 판단해 하트를 선물할 수 있는지 확인합니다. 이때 하트 선물이 불가능할 경우 남은 시간을 계산하는 RefreshRemainHeartSendTime 메서드와 시간이 됐을 때 서버에서 가능 여부를 확인하는 CheckPossibleSendHeart 메서드를 추가합니다.

예제 3-118: RankUnit.cs

```
--(전략)--

    // 하트 선물이 가능한 시간까지 남은 시간을 계산하여 표시.
    void RefreshRemainHeartSendTime()
    {
        remainSendTime = 3600
            - (GameData.Instance.serverLoadedTime
               - fData.sendTime);
        if(remainSendTime <= 0)
        {
            if(IsInvoking("RefreshRemainHeartSendTime"))
                CancelInvoke("RefreshRemainHeartSendTime");

            // 시간이 다 된경우 서버에 이를 점검.
            heartTimeLabel.text = "00:00";
            StartCoroutine(CheckPossibleSendHeart());
            return;
        }
```

```
        remainSec = System.Convert.ToInt32(remainSendTime % 60);
        remainMin = System.Convert.ToInt32((remainSendTime - remainSec)/60);
        heartTimeLabel.text = string.Format("{0:00}:{1:00}", remainMin, remainSec);
    }

    IEnumerator CheckPossibleSendHeart()
    {
        int userKeyNo = PlayerPrefs.GetInt("UserKeyNo");

        WWWForm form = new WWWForm();
        form.AddField("userKeyNo", userKeyNo);
        form.AddField("userID", GameData.Instance.userdata.name);
        form.AddField("friendUserKeyNo", fData.friend);
        form.AddField("friendTableNo", fData.no);

        string url = string.Format(
            GameData.Instance.urlPrefix,
            "checkPossibleSendHeart");
        WWW www = new WWW(url, form);
        yield return www;

        if( www.isDone && www.error == null)
        {
            string responseCode = www.text.Substring(0, 5);
            switch(responseCode)
            {
            case "query":
                // 서버에서 SQL 쿼리 에러가 발생한 경우.
                #if UNITY_EDITOR
                Debug.Log(www.text);
                #endif
                break;
            case "reCal":
                // 서버와 계산이 틀려서 다시 계산을 시작해야 하는 경우.
                responseCode = www.text.Substring(5, 10);
                GameData.Instance.serverLoadedTime
                    = System.Convert.ToDouble(responseCode);
                responseCode = www.text.Substring(15);
                fData.sendTime
                    = System.Convert.ToDouble(responseCode);
```

```
                isPossibleSendHeart = false;
                InvokeRepeating("RefreshRemainHeartSendTime", 1.0f, 1.0f);
                break;
            case "done0":
                // 하트 전달이 가능한 경우.
                isPossibleSendHeart = true;
                fillHeart.enabled = true;
                heartTimeLabel.enabled = false;
                break;
            }
        }
    }
--(후략)--
```

하트를 전달할 수 있는 시간이되어 서버와 통신하는 CheckPossibleSendHeart 메서드에는 수신하는 결과 중 클라이언트에서 계산한 시간과 서버에서 계산한 시간이 달라서 서버를 기준으로 다시 계산을 시작해야 하는 reCal이 있습니다. 이 데이터는 XML 형태가 아니라 다음 그림과 같이 서버의 현재 시간과 마지막 하트 전송 시간이 연속으로 이어져 있는 문자열입니다.

```
reCal14043534711404353471
     └─────────┘└─────────┘
       서버 시간   마지막 하트 전송 시간
```

그림 3-232: 전송 결과 예시

RankUnit 스크립트의 Init 메서드를 다음과 같이 수정합니다.

예제 3-119: RankUnit.cs

```
--(전략)--
    // RankUnit 초기화.
    public void Init(FriendData friendData, int rankNo, bool isMyData=false)
    {
--(중략)--
            // 하트 선물이 가능할 때까지 남은 시간을 계산하여 처리한다.
            if(IsInvoking("RefreshRemainHeartSendTime"))
                CancelInvoke("RefreshRemainHeartSendTime");
            RefreshRemainHeartSendTime();
            InvokeRepeating("RefreshRemainHeartSendTime", 1.0f, 1.0f);
        }
```

```
        }
        else
        {
            fillHeart.transform.parent.gameObject.SetActive(false);
        }
    }
--(후략)--
```

RankUnit 스크립트를 통해서 순위에 나타날 기본적인 정보는 처리할 수 있게 됐습니다. 이제 하트 선물 기능이 작동할 수 있도록 버튼을 클릭했을 때 서버에 하트 선물을 요청하는 메서드를 만들겠습니다.

예제 3-120: RankUnit.cs

```
--(전략)--
    // 하트 선물 버튼 클릭 시 작동.
    public void ClickSendHeart()
    {
        // 여러번 클릭되는 것을 방지.
        if(!isPossibleSendHeart) return;
        isPossibleSendHeart = false;
        // 하트 선물 요청.
        StartCoroutine(RequestSendHeart());
    }

    IEnumerator RequestSendHeart()
    {
        int userKeyNo = PlayerPrefs.GetInt("UserKeyNo");

        WWWForm form = new WWWForm();
        form.AddField("userKeyNo", userKeyNo);
        form.AddField("friendUserKeyNo", fData.friend);
        form.AddField("friendTableNo", fData.no);

        string url = string.Format(
            GameData.Instance.urlPrefix,
            "postSendHeart");
        WWW www = new WWW(url, form);

        yield return www;
```

```
        if( www.isDone && www.error == null)
        {
            string responseCode = www.text.Substring(0, 5);
            switch(responseCode)
            {
            case "query":
                // 서버에서 SQL 쿼리 에러가 발생한 경우.
                #if UNITY_EDITOR
                Debug.Log(www.text);
                #endif
                break;
            case "done0":
                responseCode = www.text.Substring(5, 10);
                fData.sendTime
                    = System.Convert.ToDouble(responseCode);

                remainSendTime = 3600;
                fillHeart.enabled = false;
                heartTimeLabel.enabled = true;
                // 하트 선물이 가능할 때까지 남은 시간을 계산하여 처리한다.
                if(IsInvoking("RefreshRemainHeartSendTime"))
                    CancelInvoke("RefreshRemainHeartSendTime");
                RefreshRemainHeartSendTime();
                InvokeRepeating("RefreshRemainHeartSendTime", 1.0f, 1.0f);
                break;
            }
        }
    }
--(후략)--
```

ClickSendHeart 메서드는 하트 선물을 서버에 요청하는 것이므로 연속해서 클릭되면 부당한 이득이 생길 수 있습니다. 이를 막기위해 isPossibleSendHeart 멤버 필드에 false를 할당해 예외처리를 합니다. ClickSendHeart 메서드를 하트 선물 버튼을 클릭했을 때 처리할 수 있도록 하이어라키에서 SendHeartBG 게임 오브젝트를 선택한 후 [Add Component] 버튼을 클릭(❶)해 Button을 검색(❷)하고 UIButton 컴포넌트를 추가(❸)합니다.

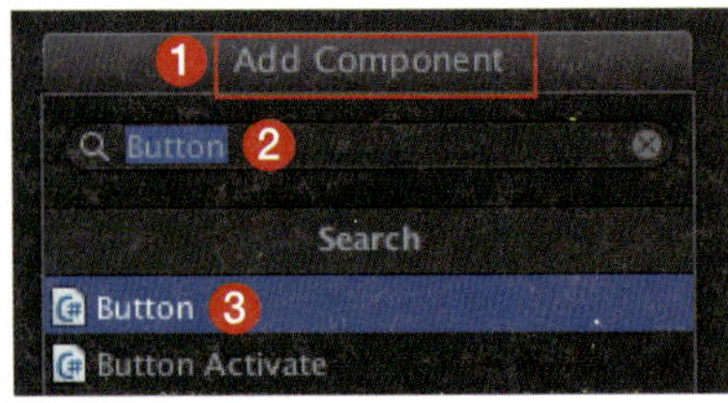

그림 3-233: UIButton 컴포넌트 추가

UIButton 컴포넌트의 Notify에 RankUnit 게임 오브젝트를 끌어다 놓고(❶) Method는 RankUnit.ClickSendHeart을 선택(❷)합니다.

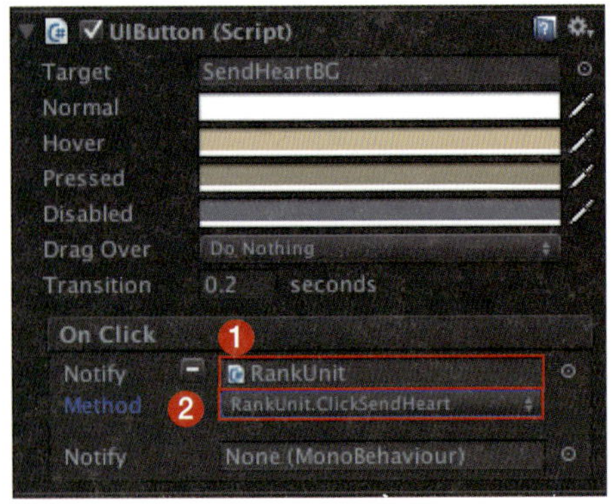

그림 3-234: SendHeartBG 편집

준비가 완료됐으므로 이제 프리팹으로 등록하겠습니다. 프로젝트 브라우저의 Prefabs 폴더를 마우스 오른쪽 버튼으로 클릭하고 [Create] → [Prefabs]를 선택해 새로운 프리팹을 생성한 뒤 이름을 RankUnitObject로 입력(❶)합니다. 하이어라키에서 RankUnit 게임 오브젝트를 선택해 RankUnitObject 프리팹에 끌어다 놓으면 파란색으로 변합니다(❷). 그리고 하이어라키에서 RankUnit 게임 오브젝트를 삭제합니다.

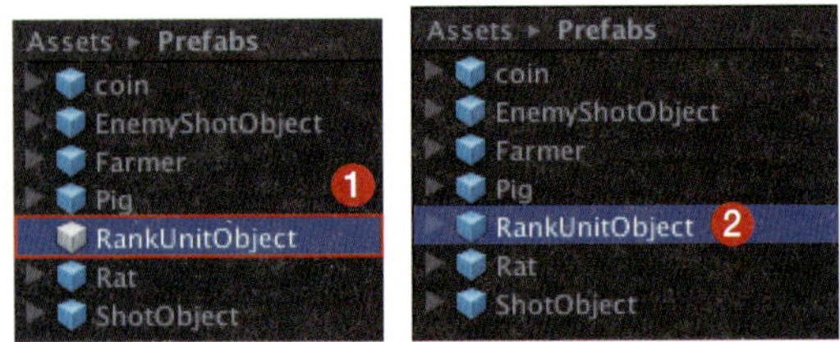

그림 3-235: RankUnitObject 프리팹 생성

순위 처리 작동

순위를 처리하기 위해서 생성한 RankUnitObject 프리팹을 활용해 순위를 처리하도록 하겠습니다. LobbyGM 스크립트에 멤버 필드와 메서드를 추가합니다.

예제 3-121: LobbyGM.cs

```
--(전략)--
    #region Rank
    List<RankUnit> rankList = new List<RankUnit>();
    List<FriendData> tempFriendList = new List<FriendData>();
    // 순위 표현에 사용되는 RankUnit을 추가할 곳.
    public Transform rankAddRoot;
    // RankUnit 프리팹.
    public GameObject rankUnitObj;

    int preScore = 0;

    // RankUnit 처리하여 순위 생성.
    void MakeFriendRank()
    {
        // 점수에 따라서 정렬하기 전에 리스트 초기화.
        tempFriendList.Clear();
        // 친구 목록만 선택.
        tempFriendList = GameData.Instance.friendList.FindAll(x => x.state==2);
        // 사용자 데이터도 친구로 등록.
        FriendData myData = new FriendData();
        myData.score = GameData.Instance.userdata.highScore;
        myData.state = -1;
        myData.name = GameData.Instance.userdata.name;
        tempFriendList.Add(myData);

        // 점수에 따라 정렬.
        tempFriendList.Sort(
            (FriendData x, FriendData y) => y.score.CompareTo(x.score));
        // 새로운 RankUnit 추가.
        AddNewRankUnit(rankList.Count, tempFriendList.Count);
    }

    // 새로운 RankUnit 생성하여 추가.
    void AddNewRankUnit(int startIndex, int endIndex)
```

```
    {
        int rank = startIndex+1;
        int continueRankNo = rank;
        for(int i=startIndex;i<endIndex;++i)
        {
            // 프리팹 생성.
            GameObject makeRankUnit
                = Instantiate(rankUnitObj,
                              rankAddRoot.position,
                              Quaternion.identity) as GameObject;
            makeRankUnit.gameObject.name
                = (tempFriendList[i].state == 2) ?
                string.Format("Rank{0:000}", i+1) : "Rank000";
            makeRankUnit.transform.parent = rankAddRoot;
            makeRankUnit.transform.localScale = Vector3.one;
            makeRankUnit.transform.localPosition = Vector3.zero;

            // 점수가 같다면 순위 유지.
            rank = (preScore!=tempFriendList[i].score) ? continueRankNo : rank;
            preScore = tempFriendList[i].score;
            ++continueRankNo;

            // RankUnit 초기화.
            RankUnit rankUnit = makeRankUnit.GetComponent<RankUnit>();
            rankUnit.Init(tempFriendList[i], rank, (tempFriendList[i].state == -1));
            rankList.Add(rankUnit);
        }
    }
    #endregion
--(후략)--
```

MakeFriendRank 메서드는 GameData 스크립트의 friendList 리스트에서 필요한 내용만 검색해 tempFriendList 리스트로 저장한 후 점수를 기준으로 정렬하여 순위를 표시합니다. 이 때 검색이나 정렬에는 람다 표현식(Lambda Expression)을 활용했습니다. 예를 들어 검색에 (x => x.state == 2)라고 하면 GameData 스크립트의 friendList 리스트를 한 개씩 모두 체크해 state가 2인 것을 찾는 것입니다. 그리고 사용자 자신의 데이터도 state를 −1로 입력하여 tempFriendList 리스트에 추가합니다.

AddNewRankUnit 메서드에서 rankUnitObj 멤버 필드에 할당된 프리팹으로 순위에 새로 추가될 RankUnit 게임 오브젝트를 만듭니다. 이때 tempFriendList 리스트에 포함된 사용자 자신의 데이터를 만나면 makeRankUnit 게임 오브젝트의 이름을 Rank000으로 입력한 것을 확인할 수 있습니다. 이것은 서버 데이터베이스 friendList 테이블에 정의된 state 칼럼이 음수를 처리할 수 없는 특징을 이용해서 state가 음수면 곧 사용자 자신의 데이터로 판단합니다. 이 예외처리를 이용해 생성된 Rank000 게임 오브젝트는 UIGrid 컴포넌트를 이용해 알파벳 순으로 정렬될 때 제일 위에 사용자 순위를 표시하게 되어 사용자 자신의 데이터가 최상단에 노출됩니다.

용어설명

람다 표현식(Lambda Expression)

for나 foreach 문을 활용해 가능한 일을 더 간결한 표현으로 처리할 수 있게 도와줍니다. 리스트나 딕셔너리에 활용하면 유용합니다.

MakeFriendRank 메서드를 OnEnable 메서드에 추가해 씬이 로딩된 후 작동되게 합니다.

예제 3-122: LobbyGM.cs

```
--(전략)--
    void OnEnable()
    {
        UpdateCoreData();
        MakeFriendRank();
    }
--(후략)--
```

하이어라키에서 @GM 게임 오브젝트를 선택하고 LobbyGM 스크립트의 Rank Add Root에 하이어라키의 rankRoot 게임 오브젝트를 끌어다 놓고(❶) Rank Unit Obj에는 프로젝트 브라우저에서 RankUnitObj 프리팹을 끌어다 놓습니다(❷).

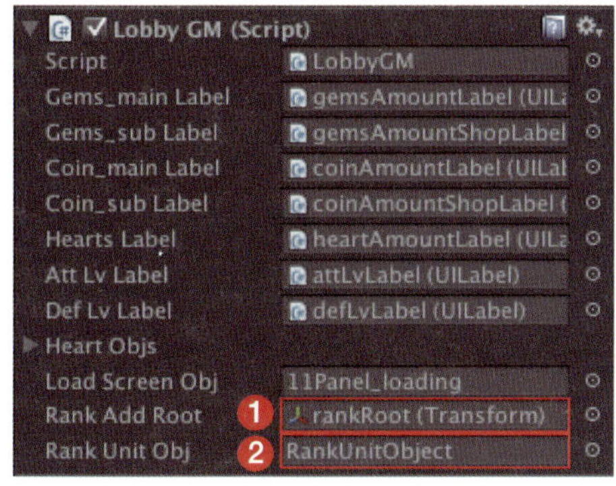

그림 3-236: LobbyGM 연결

이제 테스트를 해야하는데 아직 추가된 친구가 없으므로 데이터베이스에 필요한 내용을 추가하겠습니다. 웹 브라우저에 다음 주소(localhost/farmdefence/postUserID.php?userID=test01)를 입력했던 기억이 날 것입니다. 같은 방식으로 세 명의 사용자를 추가합니다. userID를 각각 test03, test04, test05로 입력해 실행합니다. 그리고 test02의 친구로 모두 등록합니다. 그러기 위해서는 웹 브라우저에 다음 주소(localhost/phpmyadmin/)를 입력해 로그인합니다. SQL을 클릭(❶)한 후 다음 SQL을 입력(❷)하고 [Go] 버튼을 클릭(❸)해 실행합니다.

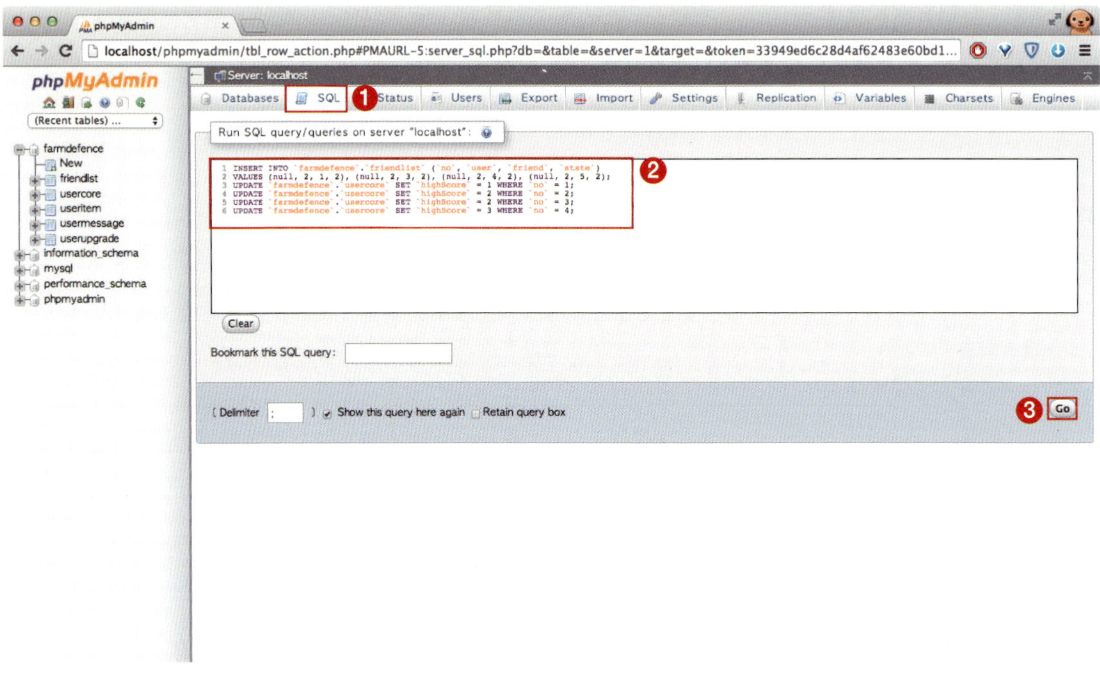

그림 3-237: SQL 실행

예제 3-123: 친구추가 SQL

```
INSERT INTO `farmdefence`.`friendlist` (`no`, `user`, `friend`, `state`)
VALUES (null, 2, 1, 2), (null, 2, 3, 2), (null, 2, 4, 2), (null, 2, 5, 2);
UPDATE `farmdefence`.`usercore` SET `highScore` = 1 WHERE `no` = 1;
UPDATE `farmdefence`.`usercore` SET `highScore` = 2 WHERE `no` = 2;
UPDATE `farmdefence`.`usercore` SET `highScore` = 2 WHERE `no` = 3;
UPDATE `farmdefence`.`usercore` SET `highScore` = 3 WHERE `no` = 4;
```

LobbyScene을 저장하고 TitleScene으로 전환해 게임을 실행하면 다음과 같은 결과를 확인할 수 있습니다.

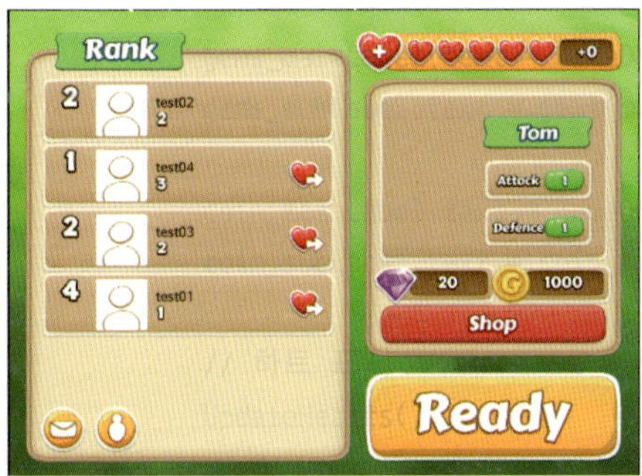

그림 3-238: 로비씬 작동 확인 결과

경고창 처리

각종 상황에서 경고 및 메시지를 전달하기 위해서 다른 부분을 작성하기 전에 경고창을 처리하겠습니다. 프로젝트 브라우저의 Scripts 폴더에 새로운 스크립트를 생성하고 이름을 LobbyGM.Dialog로 입력한 뒤 다음과 같이 입력합니다.

예제 3-124: LobbyGM.Dialog.cs

```
using UnityEngine;
using System.Collections;

public partial class LobbyGM : MonoBehaviour {

    public enum DialogType { none, one, two };

    event System.Action Submit;

    // 경고창 관련 게임 오브젝트.
    public GameObject dialogRootObj,
        closeButtonObj, submitButtonObj, submitButtonObj1;
    public UILabel messageTextLabel;

    // / <summary>
    // / 경고창을 띄운다.
    // / </summary>
```

```
// / <param name="msgText"> 표시해야할 내용. </param>
// / <param name="dialogType"> 버튼 숫자 결정 </param>
// / <param name="submitAction"> 경고창 실행 버튼 클릭 시 실행될 메서드. </param>
public void PopupDialog(
    string msgText,
    DialogType dialogType=DialogType.two,
    System.Action submitAction=null)
{
    messageTextLabel.text = msgText;
    dialogRootObj.SetActive(true);

    switch(dialogType)
    {
    case DialogType.none:
        closeButtonObj.transform.parent.gameObject.SetActive(false);
        break;
    case DialogType.one:
        closeButtonObj.transform.parent.gameObject.SetActive(true);
        closeButtonObj.SetActive(false);
        submitButtonObj.SetActive(false);
        submitButtonObj1.SetActive(true);
        break;
    case DialogType.two:
        closeButtonObj.transform.parent.gameObject.SetActive(true);
        closeButtonObj.SetActive(true);
        submitButtonObj.SetActive(true);
        submitButtonObj1.SetActive(false);
        break;
    }

    if(submitAction != null)
    {
        Submit = submitAction;
    }
    else
    {
        Submit = null;
    }
}

// 경고창 실행 버튼 클릭 시 작동.
```

```
        public void ClickSubmitDialog()
        {
            dialogRootObj.SetActive(false);

            if(Submit != null)
            {
                Submit();
            }
        }

        // 경고창 닫기 버튼 클릭 시 작동.
        public void ClickCloseDialog()
        {
            dialogRootObj.SetActive(false);

            if(Submit != null)
            {
                Submit = null;
            }
        }
    }
```

PopupDialog 메서드는 TitleGM 스크립트의 PopupWarningMessage 메서드와 구조가 비슷합니다. 다만 상황에 따라 버튼의 숫자가 달라져서 이를 처리하는 구문이 들어간 것뿐입니다.

유니티로 돌아가서 다음 표를 참조해 LobbyGM 스크립트에 하이어라키에서 필요한 게임 오브젝트를 선택해 연결합니다.

LobbyGM 연결 항목	게임 오브젝트
Dialog Root Obj	10Panel_dialog
Close Button Obj	3closeBtn
Submit Button Obj	4submitBtn
Submit Button Obj 1	5submitBtn1
Message Text Label	2Text

표 3-98: LobbyGM 연결 게임 오브젝트 목록

하이어라키에서 다음 표를 참조해 각 오브젝트의 UIButton 컴포넌트 Notify와 Method를 연결합니다.

게임 오브젝트 이름	Notify	Method
3closeBtn	@GM	LobbyGM.ClickCloseDialog
4submitBtn	@GM	LobbyGM.ClickSubmitDialog
5submitBtn1	@GM	LobbyGM.ClickSubmitDialog

표 3-99: UIButton 컴포넌트 연결

경고창은 LobbyScene에서 일어나는 일의 예외 및 메시지 표현에 많이 사용되므로 GameData 스크립트에 멤버 필드로 추가해 연결합니다. 우선 GameData 스크립트의 gamePlayManager 아래쪽에 멤버 필드로 등록합니다.

예제 3-125: GameData.cs

```
--(전략)--
    public GamePlayManager gamePlayManager;
    public bool isPrepareGame = false;

    public LobbyGM lobbyGM;
--(후략)--
```

GamePlayManager스크립트를 GameData 스크립트의 멤버 필드로 연결했던 것과 같은 방식으로 LobbyGM 스크립트에 Awake 메서드와 OnDestory 메서드를 추가합니다.

예제 3-126: LobbyGM.cs

```
--(전략)--
    void Awake()
    {
        GameData.Instance.lobbyGM = this;
    }

    void OnDestory()
    {
        GameData.Instance.lobbyGM = null;
    }
--(후략)--
```

게임 친구 추가

사용자 아이디를 이용해 데이터베이스에서 검색하고 같은 아이디가 있는 경우 게임 친구로 등록합니다. 그리고 데이터베이스에서 임의로 세 명의 사용자를 골라서 추천해 손쉽게 게임 친구를 추가할 수 있게 유도하겠습니다. 프로젝트 브라우저의 Scripts 폴더에 새로운 스크립트를 생성하고 이름을 FindFriend로 입력합니다.

예제 3-127: FindFriend.cs

```
using UnityEngine;
using System.Collections;
using System.Collections.Generic;

public class FindFriend : MonoBehaviour {

    public GameObject subMenuRootObj, friendRootObj, messageRootObj;
    public UILabel inputLabel;

    public void OpenFindFriend()
    {
        subMenuRootObj.SetActive(true);
        friendRootObj.SetActive(true);
        messageRootObj.SetActive(false);
    }

    public void CloseFindFriend()
    {
        subMenuRootObj.SetActive(false);
    }

    // 아이디를 통해서 친구를 찾는다.
    public void ClickInputID()
    {
        // 아이디 길이를 체크한다.
        string inputID = inputLabel.text;
        if( !(inputID.Length >= 3 && inputID.Length <= 14) )
        {
            GameData.Instance.lobbyGM.PopupDialog(
                "아이디는 3~14글자로 입력해야합니다",
                LobbyGM.DialogType.one);
```

```
            return;
        }

        if(inputID == GameData.Instance.userdata.name)
        {
            GameData.Instance.lobbyGM.PopupDialog(
                "자신의 아이디입니다. \n다른 아이디를 입력하세요.",
                LobbyGM.DialogType.one);
            return;
        }

        GameData.Instance.lobbyGM.PopupDialog(
            "친구 아이디 찾는 중… ",
            LobbyGM.DialogType.none);

        // 서버에 아이디를 전달한다.
        StartCoroutine( RequestFindFriend() );
    }

    IEnumerator RequestFindFriend()
    {
        WWWForm form = new WWWForm();
        int userKeyNo = PlayerPrefs.GetInt("UserKeyNo");
        form.AddField("userKeyNo", userKeyNo);
        form.AddField("userID", GameData.Instance.userdata.name);
        form.AddField("friendID", inputLabel.text);

        string url = string.Format(GameData.Instance.urlPrefix, "postFriend");
        WWW www = new WWW(url, form);

        yield return www;

        if( www.isDone && www.error == null)
        {
            // 전달받은 데이터의 앞 5글자를 분리하여 결과 코드로 분석.
            string responseCode = www.text.Substring(0, 5);
            switch(responseCode)
            {
            case "query":
                // 서버에서 SQL 쿼리 에러가 발생한 경우.
                #if UNITY_EDITOR
```

```
                Debug.Log(www.text);
                #endif
                break;
            case "none0":
                // 해당 아이디가 없는 경우.
                GameData.Instance.lobbyGM.PopupDialog(
                    "존재하지 않는 아이디입니다.",
                    LobbyGM.DialogType.one);
                break;
            case "have0":
                // 이미 친구 요청을 보낸 경우.
                GameData.Instance.lobbyGM.PopupDialog(
                    "이미 친구 요청을 하셨습니다.",
                    LobbyGM.DialogType.one);
                break;
            case "have1":
                // 이미 친구 요청을 받은 경우.
                // TODO: 메시지를 바로 확인할 수 있는 메서드 등록.
                GameData.Instance.lobbyGM.PopupDialog(
                    "친구 요청을 이미 받은 상태입니다. 메시지를 확인하시겠습니까? ",
                    LobbyGM.DialogType.two);
                break;
            case "have2":
                // 이미 친구 인 경우.
                GameData.Instance.lobbyGM.PopupDialog(
                    "친구로 등록된 아이디입니다.\n 다른 아이디를 입력해주세요.",
                    LobbyGM.DialogType.one);
                break;
            case "done0":
                string msg = string.Format("{0}님께 요청을 보냈습니다", inputLabel.text);
                GameData.Instance.lobbyGM.PopupDialog(
                    msg, LobbyGM.DialogType.one);
                break;
            }
        }
    }
}
```

RequestFindFriend 메서드는 서버로부터 다섯 개의 결과를 전달받는데 그 중 네 개는 예외처리에 사용합니다. 존재하지 않는 아이디 등을 예외처리하는 none0과 이미 친구 요청을 했거나 받은 것을 처리하는 have1~2입니다.

LobbyScene의 @GM 게임 오브젝트에 FindFriend 스크립트를 추가한 후 다음 표를 참조해 하이어라키에서 필요한 게임 오브젝트를 선택해 연결합니다.

FindFriend 연결 항목	게임 오브젝트
Sub Menu Root Obj	4Panel_message&findFriend
Friend Root Obj	findFriend
Message Root Obj	Message
Input Label	inputLabel

표 3-100: FindFriend 연결 게임 오브젝트 목록

다른 부분이 작동할 수 있게 메서드를 연결하겠습니다. 하이어라키에서 다음 표를 참조해 각 오브젝트에서 UIButton 컴포넌트의 Notify와 Method를 연결합니다.

게임 오브젝트 이름	Notify	Method
inputEnterBtn	@GM	FindFriend.ClickInputID
4closeBtn_findFriend	@GM	FindFriend.CloseFindFriend
6addFriendsBtn	@GM	FindFriend.OpenFindFriend

표 3-101: UIButton 컴포넌트 연결

이제 테스트 해보겠습니다. TitleScene을 로딩해 게임을 시작한 후 로비씬 왼쪽 아래에 있는 친구 추가 버튼(❶)을 클릭합니다. 아이디에 test01을 입력(❷)하고 [v] 버튼(❸)을 클릭합니다. 이미 친구로 등록된 아이디라는 결과(❹)가 나타날 것입니다.

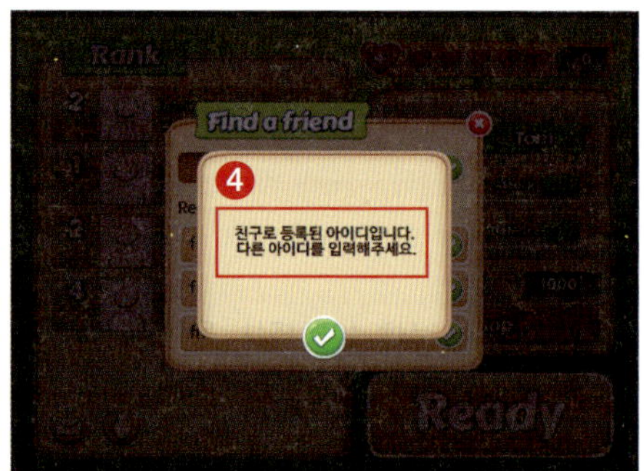

그림 3-239: FindFriend 결과

직접 입력해서 친구를 추가할 수 있게 됐습니다. 이제 친구 추가를 시작할 때 서버로부터 데이터를 받아서 추천하도록 합니다. FindFriend 스크립트에 다음과 같이 멤버 필드와 메서드를 추가합니다.

```
--(전략)--
    #region Recommended Friend
    public List<UILabel> recommendedLabels = new List<UILabel>();

    List<string> recommendedDatas = new List<string>();
    XmlDocument xDoc = new XmlDocument();

    public void ClickRecommended01()
    {
        SendFriend(0);
    }

    public void ClickRecommended02()
    {
        SendFriend(1);
    }

    public void ClickRecommended03()
    {
        SendFriend(2);
    }

    void SendFriend(int index)
    {
        inputLabel.text = recommendedDatas[index];

        StartCoroutine(RequestFindFriend());
    }

    // 추천 친구를 서버에 요청.
    IEnumerator RequestRecommendedFriend()
    {
        WWWForm form = new WWWForm();
        int userKeyNo = PlayerPrefs.GetInt("UserKeyNo");
        form.AddField("userKeyNo", userKeyNo);

        string url
            = string.Format(GameData.Instance.urlPrefix,
                            "getRecommendedFriend");
        WWW www = new WWW(url, form);
```

```
yield return www;

if( www.isDone && www.error == null)
{

    // 전달받은 데이터의 앞 5글자를 분리하여 결과 코드로 분석.
    string responseCode = www.text.Substring(0, 5);
    switch(responseCode)
    {
    case "query":
        // 서버에서 SQL 쿼리 에러가 발생한 경우.
        #if UNITY_EDITOR
        Debug.Log(www.text);
        #endif
        break;
    default:
        recommendedDatas.Clear();
        xDoc.LoadXml(www.text);
        XmlNodeList nodeList
            = xDoc.DocumentElement.SelectSingleNode("recommendFriend")
                .SelectNodes("RecommendedData");

        // 항목이 존재할때만 처리.
        if( nodeList.Count > 0 )
        {
            for(int i=0; i<nodeList.Count;++i)
            {
                recommendedDatas.Add(nodeList[i].InnerText);
            }

            for(int i=0; i<recommendedDatas.Count; ++i)
            {
                recommendedLabels[i].transform.parent
                    .gameObject.SetActive(true);
                recommendedLabels[i].text = recommendedDatas[i];
            }

            if( recommendedDatas.Count < 3 )
            {
                for(int i= recommendedDatas.Count;i<3;++i)
                {
```

```
                        recommendedLabels[i].transform.parent
                            .gameObject.SetActive(false);
                    }
                }
            }
            else
            {
                for(int i=0; i<3; ++i)
                {
                        recommendedLabels[i].transform.parent
                            .gameObject.SetActive(false);
                }
            }
            GameData.Instance.lobbyGM.ClickCloseDialog();
            break;
        }
    }
}
#endregion
--(후략)--
```

추천 받을 친구를 서버에 요청해 처리하는 RequestRecommendedFriend 메서드는 친구 추가를 시작할 때 바로 작동해야 합니다. 이를 위해서 OpenFindFriend 메서드를 다음과 같이 수정합니다.

예제 3-129: FindFriend.cs

```
--(전략)--
    public void OpenFindFriend()
    {
        // 추천 친구 요청.
        GameData.Instance.lobbyGM.PopupDialog(
            "추천 친구 찾는 중…",
            LobbyGM.DialogType.none);

        StartCoroutine(RequestRecommendedFriend());

        subMenuRootObj.SetActive(true);
        friendRootObj.SetActive(true);
        messageRootObj.SetActive(false);
    }
--(후략)--
```

FindFriend 스크립트에 recommendedLabel1부터 3까지 게임 오브젝트를 추가합니다. 그리고 하이어라키에서 다음 표를 참조해 각 오브젝트에서 UIButton 컴포넌트의 Notify와 Method를 연결합니다.

게임 오브젝트 이름	Notify	Method
Btn01	@GM	FindFriend.ClickRecommended01
Btn02	@GM	FindFriend.ClickRecommended02
Btn03	@GM	FindFriend.ClickRecommended03

표 3-102: UIButton 컴포넌트 연결

테스트해보면 test05가 추천된 것을 확인할 수 있습니다. 더 많은 결과를 원한다면 웹 브라우저에 다음 주소(http://localhost/farmdefence/postUserID.php?userID=_아이디_)를 활용해 더 많은 사용자를 등록하고 처리하면 됩니다.

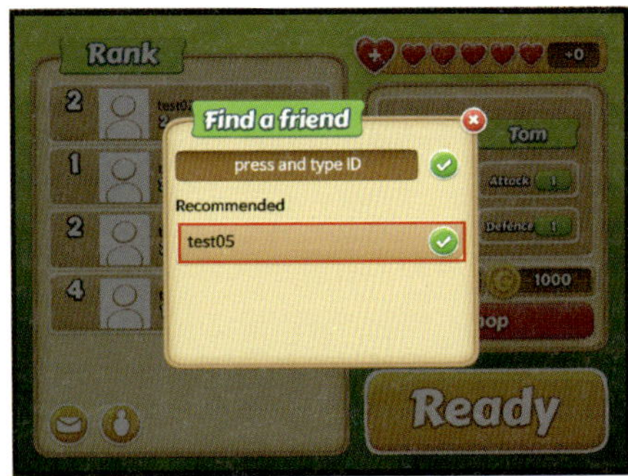

그림 3-240: 친구 추천 확인

메시지 창 처리

사용자는 이미 두 개의 상황에서 메시지를 받습니다. 하트를 선물 받았을 때와 친구 추가를 요청 받았을 때입니다. 이외에도 다양한 메시지를 받게 되므로 이를 확인하고 수락할 수 있도록 하겠습니다. 프로젝트 브라우저의 Scripts 폴더에 새로운 스크립트를 생성하고 이름을 MessageBox로 입력한 후 다음과 같이 멤버 필드와 메서드를 추가합니다.

예제 3-130: MessageBox.cs

```
using UnityEngine;
using System.Collections;
using System.Collections.Generic;
```

```
public class MessageBox : MonoBehaviour {

    public GameObject subMenuRootObj, friendRootObj, messageRootObj;
    public UILabel pageLabel;

    Dictionary<int, string> msgType
    = new Dictionary<int, string>{
        {10, "{0}님이 친구 요청을 했습니다"},
        {1, "{0}님이 코인 {1}개를 보냈습니다"},
        {2, "{0}님이 보석 {1}개를 보냈습니다"},
        {3, "{0}님이 하트 {1}개를 보냈습니다"}
    };

    int startIndex, endIndex, tempIndex, prePage, totalPage, nowPageNo = 0;
    string msgContents = "";

    public void OpenMessageBox()
    {
        subMenuRootObj.SetActive(true);
        friendRootObj.SetActive(false);
        messageRootObj.SetActive(true);
        // TODO: 페이지 셋업.
    }

    public void CloseMessageBox()
    {
        subMenuRootObj.SetActive(false);
    }

    // 메시지 데이터 삭제.
    public void DeleteMessage(int tableKeyNo)
    {
        if( GameData.Instance.messageList
           .Exists(x=>x.no == tableKeyNo) )
        {
            int msgIndex
                = GameData.Instance.messageList
                    .FindIndex(x=>x.no == tableKeyNo);
            GameData.Instance.messageList.RemoveAt(msgIndex);
        }
    }
```

```
        // 메시지 타입에 따른 코인, 보석, 하트 업데이트.
        public void UpdateData(int messageTypeNo, string amount)
        {
            int nowAmount = System.Convert.ToInt32(amount);
            switch(messageTypeNo)
            {
            case 1:
                GameData.Instance.userdata.coins = nowAmount;
                break;
            case 2:
                GameData.Instance.userdata.gems = nowAmount;
                break;
            case 3:
                GameData.Instance.userdata.hearts = nowAmount;
                break;
            }
        }
    }
```

MessageBox 스크립트는 메시지 창을 여닫는 일을 처리합니다. 하지만 개별 메시지는 LobbyGM 스크립트에서 RankUnit 스크립트를 이용해 순위를 표시하듯 MessageUnit 스크립트를 이용해 처리하겠습니다. DeleteMessage 메서드와 UpdateData 메서드를 MessageUnit 스크립트에서 사용해야 하므로 GameData 스크립트에 MessageBox 스크립트를 멤버 필드로 등록해 손쉽게 호출할 수 있도록 합니다.

예제 3-131: GameData.cs

```
    --(전략)--
        public GamePlayManager gamePlayManager;
        public bool isPrepareGame = false;

        public LobbyGM lobbyGM;
        public MessageBox msgBox;
    --(후략)--
```

GameData 스크립트에 등록된 msgBox 멤버 필드와 연결합니다.

예제 3-132: MessageBox.cs

```
--(전략)--
    void Awake()
    {
        GameData.Instance.msgBox = this;
    }

    void OnDestroy()
    {
        GameData.Instance.msgBox = null;
    }
--(후략)--
```

MessageUnit 스크립트를 등록하겠습니다. 프로젝트 브라우저의 Scripts 폴더에 새로운 스크립트를 생성하고 이름을 MessageUnit으로 입력한 후 다음과 같이 멤버 필드와 메서드를 추가합니다.

예제 3-133: MessageUnit.cs

```
using UnityEngine;
using System.Collections;

public class MessageUnit : MonoBehaviour {

    int messageTableKeyNo = 0, messageTypeNo = 0;
    public UILabel messageLabel;
    public GameObject submitBtnObj, cancelBtnObj;

    // / <summary>
    // / 메시지를 초기화.
    // / </summary>
    // / <param name="keyNo">usermessage테이블 키 번호.</param>
    // / <param name="typeNo">메시지 타입.</param>
    // / <param name="msg">메시지 내용.</param>
    public void Init(int keyNo, int typeNo, string msg)
    {
        messageTableKeyNo = keyNo;
        messageTypeNo = typeNo;

        messageLabel.text = msg;
```

```
        submitBtnObj.SetActive(true);
        switch(messageTypeNo)
        {
        case 10 :
            cancelBtnObj.SetActive(true);
            break;
        default:
            cancelBtnObj.SetActive(false);
            break;
        }
    }

    // 수락 버튼 클릭.
    public void ClickSubmit()
    {
        GameData.Instance.lobbyGM.loadScreenObj.SetActive(true);
        // 서버에 요청.
        StartCoroutine(RequestSubmit());
    }

    // 취소 버튼 클릭. (친구 추가 거부 시 사용)
    public void ClickCancel()
    {
        submitBtnObj.SetActive(false);
        cancelBtnObj.SetActive(false);

        GameData.Instance.lobbyGM.loadScreenObj.SetActive(true);
        StartCoroutine(RequestCancel());
    }

    IEnumerator RequestSubmit()
    {
        int userKeyNo = PlayerPrefs.GetInt("UserKeyNo");

        WWWForm form = new WWWForm();
        form.AddField("userKeyNo", userKeyNo);
        form.AddField("msgTableKeyNo", messageTableKeyNo);
        form.AddField("msgTypeNo", messageTypeNo);

        string url = string.Format(
            GameData.Instance.urlPrefix,
```

```
    "deleteMessage");
WWW www = new WWW(url, form);

yield return www;

if( www.isDone && www.error == null)
{
    string responseCode = www.text.Substring(0, 5);
    switch(responseCode)
    {
    case "query":
        // 서버에서 SQL 쿼리 에러가 발생한 경우.
        #if UNITY_EDITOR
        Debug.Log(www.text);
        #endif
        break;
    case "none0":
        // 메시지 데이터가 존재하지는 않는 경우.
        // 메시지 삭제, 메시지 창 재설정.
        GameData.Instance.msgBox.DeleteMessage(messageTableKeyNo);
        GameData.Instance.msgBox.RefreshMessageBox(true);
        break;
    case "done0":
        // 메시지 처리 완료.
        if(messageTypeNo < 10)
        {
            responseCode = www.text.Substring(5);
            GameData.Instance.msgBox.UpdateData(messageTypeNo, responseCode);
            GameData.Instance.lobbyGM.UpdateCoreData();
        }
        else
        {
            responseCode = www.text.Substring(5);
            int friendNo = System.Convert.ToInt32(responseCode);
            // 친구 데이터 업데이트.
            int friendIndex
                = GameData.Instance
                    .friendList.FindIndex(x=>x.friend == friendNo);
            FriendData tempFriendData
                = GameData.Instance.friendList[friendIndex];
            tempFriendData.state = 2;
```

```
                GameData.Instance.friendList[friendIndex] = tempFriendData;
            }

            GameData.Instance.msgBox.DeleteMessage(messageTableKeyNo);
            GameData.Instance.msgBox.RefreshMessageBox(true);
            break;
        }
    }
}

IEnumerator RequestCancel()
{
    int userKeyNo = PlayerPrefs.GetInt("UserKeyNo");

    WWWForm form = new WWWForm();
    form.AddField("userKeyNo", userKeyNo);
    form.AddField("msgTableKeyNo", messageTableKeyNo);
    form.AddField("msgTypeNo", messageTypeNo);

    string url = string.Format(
        GameData.Instance.urlPrefix,
        "deleteMessageWithOutAction");
    WWW www = new WWW(url, form);

    yield return www;

    if( www.isDone && www.error == null)
    {
        string responseCode = www.text.Substring(0, 5);
        switch(responseCode)
        {
        case "query":
            // 서버에서 SQL 쿼리 에러가 발생한 경우.
            #if UNITY_EDITOR
            Debug.Log(www.text);
            #endif
            break;
        case "none0":
            // 메시지 데이터가 존재하지는 않는 경우.
            // 메시지 삭제, 메시지 창 재설정.
            GameData.Instance.msgBox.DeleteMessage(messageTableKeyNo);
```

```
                GameData.Instance.msgBox.RefreshMessageBox(true);
                break;
            case "done0":
                responseCode = www.text.Substring(5);
                int friendNo = System.Convert.ToInt32(responseCode);
                // 친구 데이터 삭제.
                int friendIndex
                    = GameData.Instance.friendList.FindIndex(x=>x.friend == friendNo);
                GameData.Instance.friendList.RemoveAt(friendIndex);

                GameData.Instance.msgBox.DeleteMessage(messageTableKeyNo);
                GameData.Instance.msgBox.RefreshMessageBox(true);
                break;
            }
        }
    }
}
```

MessageUnit 스크립트는 초기화하는 Init 메서드와 수락 버튼을 클릭했을 때 호출할 ClickSubmit 메서드, 취소 버튼을 클릭했을 때 호출할 ClickCancel 메서드를 포함하고 있습니다. 그리고 ClickSubmit 메서드와 ClickCancel 메서드에 서버와 연결할 때 사용할 RequestSubmit 메서드와 RequestCancel 메서드가 추가돼 있습니다.

이렇게 제작한 MessageUnit 스크립트를 MessageBox 스크립트에 등록해 메시지 창을 셋업하는 PrepareMessageBox 메서드와 필요한 멤버 필드를 추가합니다.

예제 3-134: MessageBox.cs

```
--(전략)--
    // 메시지 유닛을 등록.
    public List<MessageUnit> messageUnits
        = new List<MessageUnit>();
--(중략)--
    // 메시지 창을 다시 셋팅.
    public void RefreshMessageBox(bool turnOffLoading = false)
    {
        PrepareMessageBox(nowPageNo);
        if(turnOffLoading)
```

```
        GameData.Instance.lobbyGM.loadScreenObj.SetActive(false);
    }

    // 전체 메시지 페이지를 알아낸다.
    int GetTotalPage()
    {
        int remain = GameData.Instance.messageList.Count%4;

        totalPage = (GameData.Instance.messageList.Count-remain)/4
            + ((remain > 0) ? 1 : 0);
        totalPage = totalPage == 0 ? 1 : totalPage;
        return totalPage;
    }

    // 메시지 창 셋팅.
    void PrepareMessageBox(int targetPageNo)
    {
        nowPageNo = targetPageNo;
        tempIndex = nowPageNo * 4 + 1;
        if( tempIndex > GameData.Instance.messageList.Count )
        {
            --nowPageNo;
            if(nowPageNo < 0 ) nowPageNo = 0;
        }

        string pageText = string.Format("({0}/{1})", nowPageNo+1, GetTotalPage() );
        pageLabel.text = pageText;

        // 시작과 끝 인덱스 계산.
        startIndex = nowPageNo * 4;
        tempIndex = startIndex + 4;
        endIndex
            = (tempIndex) <= GameData.Instance.messageList.Count
                ? tempIndex
                : GameData.Instance.messageList.Count;

        // 메시지 유닛을 초기화.
        int messageIndex = 0;
        for(int i=startIndex; i<endIndex; ++i)
        {
            msgContents
```

```
                = (GameData.Instance.messageList[i].msgType == 10) ?
                    string.Format(msgType[GameData.Instance.messageList[i].msgType],
                                  GameData.Instance.messageList[i].sender)
                    : string.Format(msgType[GameData.Instance.messageList[i].msgType],
                                    GameData.Instance.messageList[i].sender,
                                    GameData.Instance.messageList[i].amount);
            messageUnits[messageIndex].Init(
                GameData.Instance.messageList[i].no,
                GameData.Instance.messageList[i].msgType,
                msgContents);
            messageUnits[messageIndex].gameObject.SetActive(true);
            ++messageIndex;
        }

        // 필요없는 메시지 유닛은 화면에 나타나지 않도록 처리.
        if(endIndex < tempIndex)
        {
            for(int i=endIndex;i<tempIndex;++i)
            {
                messageUnits[messageIndex].gameObject.SetActive(false);
                ++messageIndex;
            }
        }
    }
--(후략)--
```

메시지 창은 총 네 개의 MessageUnit 스크립트로 구성되므로 전체 메시지를 4개 단위로 나눠서 페이지로 처리합니다. 다음과 같이 총 11개의 메시지 데이터를 서버로부터 전송 받았다면 전체 페이지는 3이 됩니다.

PrepareMessageBox 메서드는 이렇게 각 페이지를 표시할 수 있도록 매개 변수를 받아서 처리하므로 GameData 스크립트에 등록된 messageList 멤버 필드에 접근할 시작과 끝 인덱스를 계산합니다(이때 리스트의 시작 인덱스는 0입니다). 만약 2 페이지라면 인덱스 8~11까지 messageList에 접근해야 합니다. 그런데 전체 11개의 메시지 데이터만 가지고 있으므로 10번 인덱스가 마지막이 됩니다. 이렇게 되면 마지막 MessageUnit은 화면에 나타나지 않게 처리합니다.

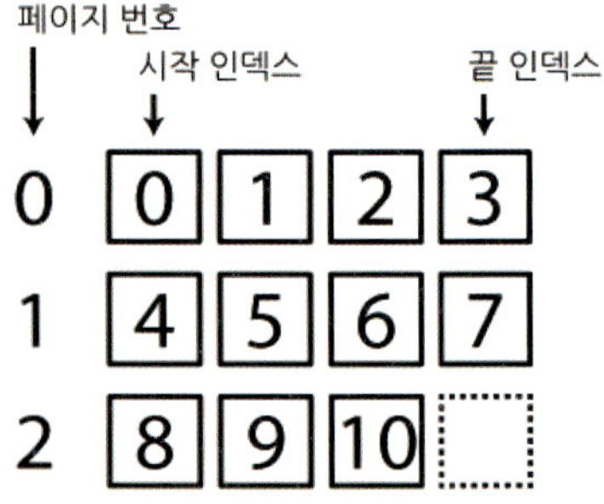

그림 3-241: friendList 메모리 예

OpenMessageBox 메서드에서 PrepareMessageBox 메서드를 활용할 수 있도록 수정합니다.

예제 3-135: MessageBox.cs

```
--(전략)--
    public void OpenMessageBox()
    {
        subMenuRootObj.SetActive(true);
        friendRootObj.SetActive(false);
        messageRootObj.SetActive(true);

        // 페이지 셋업.
        GameData.Instance.lobbyGM.loadScreenObj.SetActive(true);
        PrepareMessageBox(nowPageNo);
        GameData.Instance.lobbyGM.loadScreenObj.SetActive(false);
    }
--(후략)--
```

이제 페이지를 전환할 수 있는 메서드 ClickLeft, ClickRight를 추가합니다.

예제 3-136: MessageBox.cs

```
--(전략)--
    public void ClickLeft()
    {
        prePage = nowPageNo;
        --nowPageNo;
        if( nowPageNo < 0 )
        {
```

```
            nowPageNo = 0;
            return;
        }

        if(prePage == nowPageNo) return;

        GameData.Instance.lobbyGM.loadScreenObj.SetActive(true);
        PrepareMessageBox(nowPageNo);
        GameData.Instance.lobbyGM.loadScreenObj.SetActive(false);
    }

    public void ClickRight()
    {
        prePage = nowPageNo;
        ++nowPageNo;
        tempIndex = nowPageNo * 4 + 1;
        if( tempIndex > GameData.Instance.messageList.Count)
        {
            --nowPageNo;
            return;
        }

        if(prePage == nowPageNo) return;

        GameData.Instance.lobbyGM.loadScreenObj.SetActive(true);
        PrepareMessageBox(nowPageNo);
        GameData.Instance.lobbyGM.loadScreenObj.SetActive(false);
    }
--(후략)--
```

ClickLeft와 ClickRight 메서드는 각각 페이지 번호를 감소시키거나 증가시킨 후 GameData 스크립트의 messageList 멤버 필드에서 해당 페이지를 처리할 수 있는지 판단합니다. 표현 가능한 범위에서 PrepareMessageBox 메서드를 활용해 메시지 창을 다시 그립니다.

완성된 MessageBox 스크립트를 적용하겠습니다. LobbyScene의 하이어라키에서 @GM 게임 오브젝트를 선택하고 MessageBox 스크립트를 추가합니다. 그리고 messageUnit01 ~ messageUnit04 게임 오브젝트에는 MessageUnit 스크립트를 각각 추가합니다. 그리고 MessageBox 스크립트 멤버 필드에 위에서부터 4Panel_message&findFriend, findFriend, message, messagePage 게임 오브젝트를 할당

(❶)합니다. 그리고 Message Units의 Size를 4로 입력(❷)하고 messageUnit01 ~ messageUnit04 게임 오브젝트를 할당(❸)합니다.

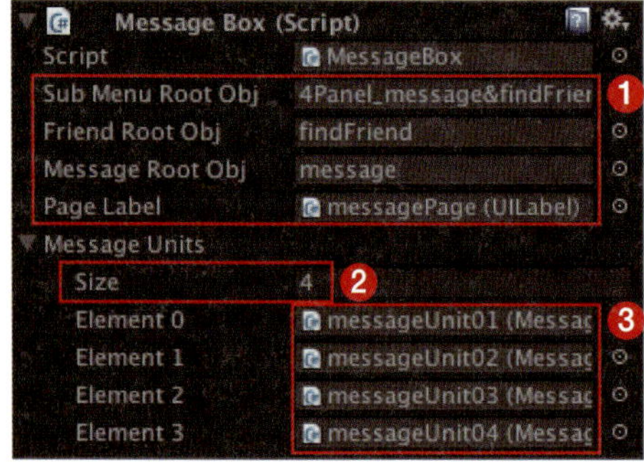

그림 3-242: MessageBox 스크립트 할당

messageUnit01 게임 오브젝트에 할당된 MessageUnit 스크립트는 다음 표를 참조해 연결합니다. messageUnit02 ~ messageUnit04 게임 오브젝트도 다음 표를 참조해 각각 연결합니다.

MessageUnit 연결 항목	게임 오브젝트
Message Label	messageLabel1
Submit Btn Obj	BtnO_messageUnit1
Cancel Btn Obj	BtnX_messageUnit1

표 3-103: RankUnit 연결 게임 오브젝트 목록

하이어라키에서 다음 표에 표시된 게임 오브젝트를 선택하고 UIButton 컴포넌트의 Target, Notify, Method를 설정합니다.

게임 오브젝트	Target	Notify	Method
7messageBtn	7messageBtn	@GM	MessageBox.OpenMessageBox
4closeBtn_message	4closeBtn_message	@GM	MessageBox.CloseMessageBox
arrowLeft	arrowLeft	@GM	MessageBox.ClickLeft
arrowRight	arrowRight	@GM	MessageBox.ClickLeft
BtnO_messageUnit1	BtnO_messageUnit1	messageUnit01	MessageUnit.ClickSubmit
BtnX_messageUnit1	BtnX_messageUnit1	messageUnit01	MessageUnit.ClickCancel
BtnO_messageUnit2	BtnO_messageUnit2	messageUnit02	MessageUnit.ClickSubmit
BtnX_messageUnit2	BtnX_messageUnit2	messageUnit02	MessageUnit.ClickCancel
BtnO_messageUnit3	BtnO_messageUnit3	messageUnit03	MessageUnit.ClickSubmit

게임 오브젝트	Target	Notify	Method
BtnX_messageUnit3	BtnX_messageUnit3	messageUnit03	MessageUnit.ClickCancel
BtnO_messageUnit4	BtnO_messageUnit4	messageUnit04	MessageUnit.ClickSubmit
BtnX_messageUnit4	BtnX_messageUnit4	messageUnit04	MessageUnit.ClickCancel

표 3-104: UIButton 컴포넌트 설정

테스트를 위해 웹 브라우저에 다음 주소(http://localhost/phpmyadmin/)를 입력해 로그인합니다. SQL을 클릭(❶)한 후 다음 SQL을 입력(❷)하고 [Go] 버튼을 클릭(❸)해 실행합니다.

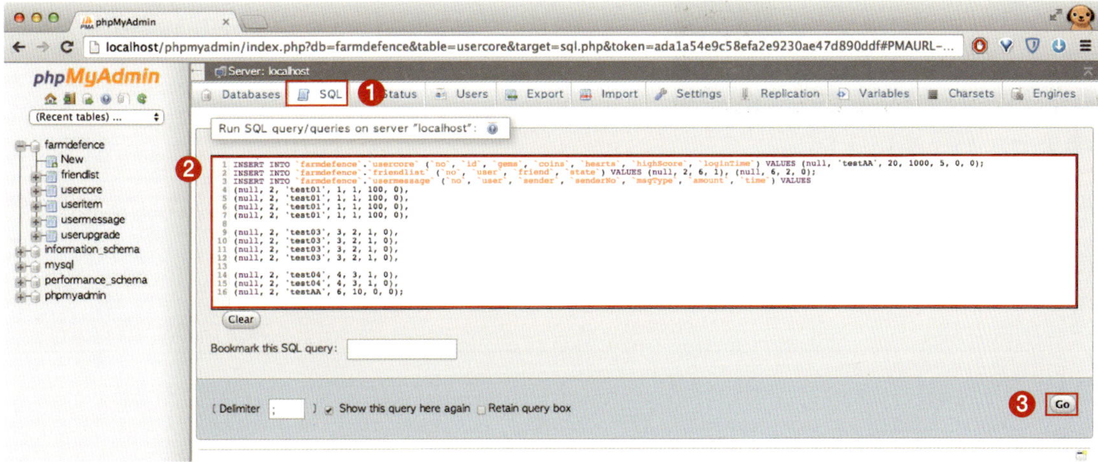

그림 3-243: SQL 실행

예제 3-137: 메시지 추가 SQL

```
INSERT INTO `farmdefence`.`usercore` (`no`, `id`, `gems`, `coins`, `hearts`, `highScore`,
`loginTime`) VALUES (null, 'testAA', 20, 1000, 5, 0, 0);
INSERT INTO `farmdefence`.`friendlist` (`no`, `user`, `friend`, `state`) VALUES
(null, 2, 6, 1), (null, 6, 2, 0);
INSERT INTO `farmdefence`.`usermessage` (`no`, `user`, `sender`, `senderNo`, `msgType`, `amount`,
`time`) VALUES
(null, 2, 'test01', 1, 1, 100, 0), (null, 2, 'test01', 1, 1, 100, 0),
(null, 2, 'test01', 1, 1, 100, 0), (null, 2, 'test01', 1, 1, 100, 0),
(null, 2, 'test03', 3, 2, 1, 0), (null, 2, 'test03', 3, 2, 1, 0),
(null, 2, 'test03', 3, 2, 1, 0), (null, 2, 'test03', 3, 2, 1, 0),
(null, 2, 'test04', 4, 3, 1, 0), (null, 2, 'test04', 4, 3, 1, 0),
(null, 2, 'testAA', 6, 10, 0, 0);
```

LobbyScene을 저장한 후 TitleScene으로 변경해 게임을 실행합니다. 데이터가 로딩된 후 LobbyScene으로 전환되면 메시지 버튼을 클릭(❶)해 메시지 창을 실행합니다. 메시지 창 좌우의 화살표를 클릭(❷), (❸)해 페이지를 전환할 수 있습니다.

그림 3-244: 메시지 창 확인

받은 메시지가 있다면 사용자가 알 수 있게 표시하도록 게임 오브젝트를 추가하고 OnEnable 메서드와 PrepareMessageBox 메서드에서 처리합니다.

예제 3-138: MessageBox.cs

```
--(전략)--
    public GameObject subMenuRootObj, friendRootObj, messageRootObj, newMarkObj;
--(중략)--
    void OnEnable()
    {
        CheckHaveMessage();
    }
--(중략)--
    // 메시지 창 셋팅.
    void PrepareMessageBox(int targetPageNo)
    {
        CheckHaveMessage();
--(후략)--
```

LobbyScene에서 messageNewMark 게임 오브젝트를 검색해 MessageBox 스크립트의 New Mark Obj에 연결합니다.

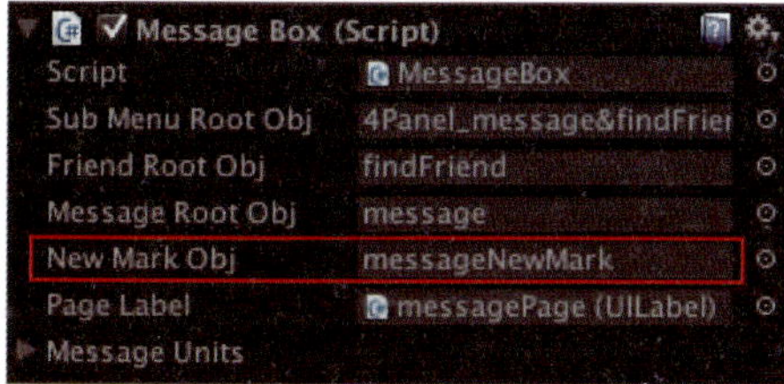

그림 3-245: MessageBox 연결

이제 메시지가 있다면 메시지 버튼에 New 표시가 나타납니다.

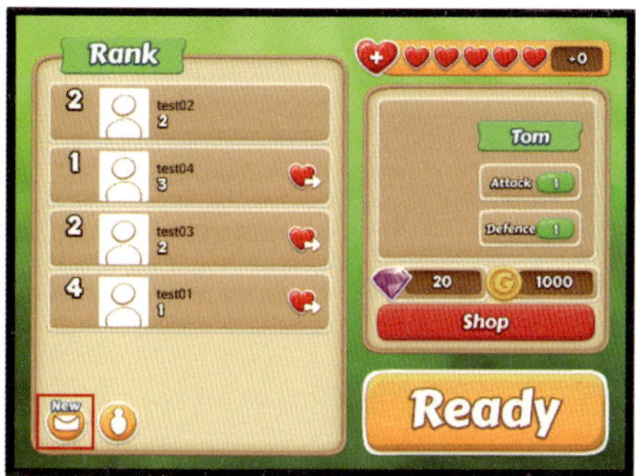

그림 3-246: 메시지 창 확인

FindFriend 스크립트의 RequestFindFriend 메서드에서 이미 친구 추가 요청을 받았을 때 메시지 창으로 전환할 수 있는 GotoFriendMessage 메서드를 추가합니다.

예제 3-139: MessageBox.cs

```
--(전략)--
    public string findFriendName = "";
--(중략)--
    // 친구 추가 요청 메시지로 전환.
    public void GotoFriendMessage()
    {
        if(GameData.Instance.messageList.Exists(
            x=>x.sender == findFriendName && x.msgType == 10))
        {
            tempIndex = GameData.Instance.messageList.FindIndex(
                x=>x.sender == findFriendName && x.msgType == 10);
            int remain = tempIndex%4;
            int pageNo = (tempIndex-remain)/4 + ((remain>0)?1:0);
```

```
            nowPageNo = pageNo;
            OpenMessageBox();
        }
    }
--(후략)--
```

GotoFriendMessage 메서드는 GameData의 messageList에서 친구 추가 요청 메시지를 찾아서 해당 페이지로 전환하도록 합니다. FindFriend 스크립트의 RequestFindFriend 메서드를 수정합니다.

예제 3-140: FindFriend.cs

```
--(전략)--
    IEnumerator RequestFindFriend()
    {
--(중략)--
            case "have1":
                // 이미 친구 요청을 받은 경우.
                // 메시지를 바로 확인할 수 있는 메서드 등록.
                GameData.Instance.msgBox.findFriendName = inputLabel.text;
                GameData.Instance.lobbyGM.PopupDialog(
                    "친구 요청을 이미 받은 상태입니다. 메시지를 확인하시겠습니까? ",
                    LobbyGM.DialogType.two,
                    GameData.Instance.msgBox.GotoFriendMessage);
                break;
--(후략)--
```

상점 처리

게임 내 결제와 구매는 수익에 많은 부분을 차지합니다. 비록 인디 게임을 제작할지라도 이 부분은 간과하지 않는 게 좋습니다. 여기서는 보석과 코인를 구입하고 업그레이드 할 수 있는 기본적인 상점을 처리하겠습니다. 프로젝트 브라우저의 Scripts 폴더에 새로운 스크립트를 생성하고 Store로 이름을 변경한 후 다음과 같이 멤버 필드를 등록합니다.

예제 3-141: Store.cs

```
using UnityEngine;
using System.Collections;
```

```
using System.Collections.Generic;
using System.Xml;

public class Store : MonoBehaviour {

    // 루트 게임 오브젝트.
    public GameObject rootObj, mainStoreRootObj, heartStoreRootObj;
    public UIToggle upgradeToggle, gemsToggle, coinToggle;

    int tempInt, unitPointer=0;
    string url, tempStr;
    XmlDocument xDoc = new XmlDocument();

    void Awake()
    {
        GameData.Instance.store = this;
    }

    void OnDestory()
    {
        GameData.Instance.store = null;
    }

    public void OpenStore()
    {
        if( rootObj.activeInHierarchy == false)
        {
            rootObj.SetActive(true);
            mainStoreRootObj.SetActive(true);
            heartStoreRootObj.SetActive(false);
        }
    }

    public void CloseStore()
    {
        rootObj.SetActive(false);
    }
}
```

GameData 스크립트에 연결할 Awake 메서드와 상점을 여닫을 때 사용할 OpenStore, CloseStore 메서드를 추가합니다.

등록한 멤버 필드는 화면에 각 데이터를 표시하기 위한 UILabel 컴포넌트를 포함합니다. 이제 해당 데이터를 초기화할 때 사용할 가격 정보를 내려받겠습니다. 먼저 가격 정보를 저장할 구조체를 UserData 스크립트에 추가합니다.

예제 3-142: UserData.cs

```
--(전략)--
/// <summary>
/// 업그레이드 및 아이템 가격 정보.
/// </summary>
[XmlRoot]
public struct PriceData
{
    [XmlElement]
    public int codeNo;
    [XmlElement]
    public string price;
    [XmlElement]
    public string bonus;
    [XmlElement]
    public string amount;
}
```

가격 정보를 저장할 수 있는 딕셔너리와 함께 호출 시 사용할 수 있도록 GameData 스크립트에 Store 스크립트를 멤버 필드로 추가합니다. 그리고 서버에서 수신한 가격 정보를 데이터로 전환할 때 사용할 메서드를 추가합니다.

예제 3-143: GameData.cs

```
--(전략)--
    public Store store;
    public Dictionary<int, PriceData> priceDic = new Dictionary<int, PriceData>();
--(중략)--
    public void ConvertData<T>(string xmlString,
```

```
                                string rootNode,
                                string dataNode,
                                string noNode,
                                Dictionary<int, T> targetDic)
    {
        xDoc.LoadXml(xmlString);

        XmlNodeList nodeList
            = xDoc.DocumentElement.SelectSingleNode(rootNode).SelectNodes(dataNode);

        // 초기화.
        targetDic.Clear();
        // 항목이 존재할때만 처리.
        if( nodeList.Count > 0 )
        {
            XmlSerializer serializer = new XmlSerializer(typeof(T));
            for(int i=0; i<nodeList.Count;++i)
            {
                T cData
                    = (T)serializer.Deserialize(new XmlNodeReader(nodeList[i]));
                int key = System.Convert.ToInt32(nodeList[i][noNode]);
                targetDic.Add(key, cData);
            }
        }
    }
--(후략)--
```

PriceData는 주로 상품 번호를 통해서 처리되므로 딕셔너리를 이용해 처리하도록 등록했습니다. 그래서 ConvertData 메서드를 하나 더 추가해 딕셔너리로 변환해야 할 것을 대응하도록 했습니다.

이제 TitleScene을 관리하는 TitleGM.LoadUserData 스크립트를 수정해 가격 정보를 로딩하도록 하겠습니다.

예제 3-144: TitleGM.LoadUserData.cs

```
--(전략)--
    // 가격 정보 로딩.
    void LoadPriceData()
    {
```

```
        StartCoroutine(
            RequestDataToServer<PriceData>(
            "getPrices", 0.2f, "price", "PriceData", "codeNo",
            GameData.Instance.priceDic,
            LoadItemData)
            );
    }
--(중략)—

    // 사용자 데이터를 서버로부터  로딩.
    IEnumerator RequestUserData()
    {
--(중략)--
            default:
                // 프로그래스 바 업데이트.
                progressBar.value = 0.15f;
                // xml 형태의 string을 데이터로 전환.
                GameData.Instance.ConvertUserCore(www.text);
                // 다음 데이터를 로딩한다.
                LoadPriceData();
                break;
            }
        }
    }
--(중략)--

    //  dictionary로 처리되야하는 PriceData 등을 담당.
    IEnumerator RequestDataToServer<T>(
        string targetPage,
        float progressPercent,
        string rootNode,
        string dataNode,
        string noNode,
        Dictionary<int, T> targetDic,
        System.Action nextStep = null)
    {
        WWW www = LoadDataFromServer(targetPage);
        yield return www;

        if( www.isDone && www.error == null)
        {
```

```
                string responseCode = www.text.Substring(0, 5);
                switch(responseCode)
                {
                case "query":
                    // 서버에서 SQL 쿼리 에러가 발생한 경우.
                    #if UNITY_EDITOR
                    Debug.Log(www.text);
                    #endif
                    break;
                default:
                    // xml 형태의 string 데이터를 변환.
                    GameData.Instance.ConvertData(
                        www.text, rootNode, dataNode, noNode, targetDic);

                    // 프로그래스 바 업데이트.
                    progressBar.value = progressPercent;

                    //  작업 종료 후 이후 작업을 진행한다.
                    if( nextStep != null) nextStep();
                    break;
                }
            }
        }
--(후략)--
```

LoadPriceData 메서드는 LoadItemData, LoadFriendData, LoadMessageData 메서드와 달리 딕셔너리를 처리해야 하므로 RequestDataToServer 메서드를 하나 더 추가했습니다. 그리고 RequestUserData 메서드는 사용자 데이터를 로딩한 후 LoadItemData 메서드를 실행하던 것을 LoadPriceData 메서드를 실행해 가격 정보를 먼저 로딩하게 수정했습니다.

다음으로 가격 정보를 저장할 테이블을 새로 생성합니다. 웹 브라우저를 실행해 다음 주소(http://localhost/phpmyadmin/)로 이동한 후 로그인하고 farmdefence 데이터베이스에 다음 표를 참조해 price 테이블을 생성합니다.

Name	Type	Length	Default	Attributes	Index	Auto Increase
no	INT	–	None	UNSIGNED	PRIMARY	체크
codeNo	SMALLINT	–	As defined: 0	UNSIGNED	–	–
price	MEDIUMINT	–	As defined: 0	UNSIGNED	–	–

Name	Type	Length	Default	Attributes	Index	Auto Increase
bonus	SMALLINT	–	As defined: 0	UNSIGNED	–	–
amount	MEDIUMINT	–	As defined: 0	UNSIGNED	–	–

표 3-105: usercore 테이블 구조

price 테이블의 codeNo는 1번부터 원하는 번호를 할당하면 되지만 확장을 고려해 넘버링하는 것이 좋습니다. 여기서는 크게 두 가지 유형이 있습니다.

첫째는 제품 가격이 고정된 상품입니다. 이 경우 101~999까지 할당해 제품을 등록합니다. 세부 규칙으로는 백단위로 상품을 나누고 나머지 단위로 제품을 나누는 것입니다. 예를 들어 현금으로 보석을 구매하는 상품은 codeNo가 100번대 입니다.

둘째는 제품은 1개이나 구매할 때마다 가격이 변동되는 상품입니다. 여기서는 업그레이드가 이 경우에 해당합니다. 레벨마다 가격이 존재하므로 많은 데이터를 요구합니다. codeNo는 1001~9999까지 할당해 제품을 등록합니다. 예를 들어 공격력 업그레이드라면 1000번대를 할당합니다. 그리고 뒤에 자리 숫자를 이용해 레벨을 나타냅니다. 공격력 1레벨 업그레이드는 1001이 되는 겁니다.

위와 같은 규칙으로 만들어지는 가격 데이터를 입력하겠습니다. 웹 브라우저에서 다음 주소(http://localhost/farmdefence/addPrices.php)로 이동하면 complete라는 완료 메시지를 확인할 수 있습니다. 만약 여러번 실행하면 이미 추가했다는 error 메시지가 나타납니다.

서버로부터 데이터를 읽어들였으므로 이제 상점에 표시되게 처리하겠습니다. 상점에서 노출되는 상품의 특징은 가격 정보, 수량을 기본 정보로 하고 경우에 따라서 추가 정보를 표시하는 것입니다. 그리고 가격이 표시된 버튼을 클릭하면 서버에 요청해 구매가 일어나게 됩니다. 다시 말해서 초기화하는 것에는 차이가 없으나 이후 과정에서는 서로 다른 것입니다.

그림 3-247: 메시지 창 요소

이러한 경우 Enemy 클래스처럼 virtual 키워드와 override 한정자를 활용해 처리합니다. 프로젝트 브라우저의 Scripts 폴더에 새로운 스크립트를 생성하고 StoreBaseUnit으로 이름을 변경한 뒤 멤버 필드와 메서드를 등록합니다.

예제 3-145: StoreBaseUnit.cs

```
using UnityEngine;
using System.Collections;
using System.Collections.Generic;

public class StoreBaseUnit : MonoBehaviour {

    // 가격, 수량, 추가 정보 순으로 할당.
    [SerializeField]
    protected List<UILabel> infoLabels = new List<UILabel>();

    // 구매를 처리하는 제품 번호.
    protected int productID = 0;
    protected string url;

    protected enum StoreUnitState { none, ready, wait };
    protected StoreUnitState nowState = StoreUnitState.none;

    // 초기화 여부 체크.
    public bool isReady
    {
        get
        {
            return (nowState != StoreUnitState.none);
        }
    }

    // 초기화.
    public void Init(int pID, string targetUrl,
                    string price,
                    string amount="none",
                    string etc="none")
    {
        if(nowState != StoreUnitState.none) return;
```

```
        productID = pID;
        url = string.Format(GameData.Instance.urlPrefix, targetUrl);

        UpdateLabels(price, amount, etc);

        nowState = StoreUnitState.ready;
    }

    protected void UpdateLabels(string price,
                                string amount="none",
                                string etc="none")
    {
        infoLabels[0].text = price;
        if(amount != "none") infoLabels[1].text = amount;
        if(etc != "none") infoLabels[2].text = etc;
    }

    public virtual void ClickPurchase()
    {
        if(nowState != StoreUnitState.ready) return;
        nowState = StoreUnitState.wait;
        GameData.Instance.lobbyGM.loadScreenObj.SetActive(true);
        StartCoroutine(RequestPurchase());
    }

    protected IEnumerator RequestPurchase()
    {
        WWWForm form = new WWWForm();
        int userKeyNo = PlayerPrefs.GetInt("UserKeyNo");
        form.AddField("userKeyNo", userKeyNo);
        form.AddField("pID", productID);

        WWW www = new WWW(url, form);

        yield return www;

        if( www.isDone && www.error == null)
        {
            // 전달받은 데이터의 앞 5글자를 분리하여 결과 코드로 분석.
            string responseCode = www.text.Substring(0, 5);
            switch(responseCode)
```

```
            {
            case "query":
                // 서버에서 SQL 쿼리 에러가 발생한 경우.
                #if UNITY_EDITOR
                Debug.Log(www.text);
                #endif
                break;
            case "none1":
                // 코인이 부족한 경우.
                break;
            case "none2":
                // 보석이 부족한 경우.
                break;
            default:
                // 처리 완료.
                break;
            }
        }
    }
}
```

infoLables 리스트 위에 추가된 SerializeField는 유니티에서만 지원하는 기능입니다. 스크립트의 멤버 필드를 인스펙터에서 변경하려면 public 접근 제한자를 사용해야 합니다. 하지만 스크립트를 작성하다 보면 다른 클래스에서 사용할 필요가 없는 멤버 필드가 인스펙터 처리를 위해서 드러나는 경우가 발생합니다. 이럴 때 private 접근 제한자를 사용한 후 SerializeField를 붙이면 다른 클래스에서는 참조할 수 없지만 인스펙터에는 변경할 수 있게 됩니다.

StoreBaseUnit 스크립트는 보석 구매나 코인 구매처럼 자체적인 변화 없이 구매하는 상품에 적용할 것입니다. virtual 키워드를 사용한 ClickPurchase 메서드는 구매 버튼을 클릭했을 때 서버에 해당 제품을 구매한다는 사실을 알리고 처리하기 위한 것입니다.

StoreBaseUnit을 초기화할 수 있도록 Store 스크립트에 멤버 필드와 메서드를 추가합니다.

예제 3-146: Store.cs

```
--(전략)--
    // 상점에서 사용할 StoreBaseUnit
    public List<StoreBaseUnit> upgradeUnits = new List<StoreBaseUnit>();
```

```
    public List<StoreBaseUnit> gemUnits = new List<StoreBaseUnit>();
    public List<StoreBaseUnit> coinUnits = new List<StoreBaseUnit>();
--(중략)--
    public void OpenCoinShop()
    {
        OpenStore(2);
    }

    public void OpenGemShop()
    {
        OpenStore(1);
    }

    void OpenStore(int targetPart)
    {
        OpenStore();

        switch(targetPart)
        {
        default:
            upgradeToggle.value = true;
            break;
        case 1:
            coinToggle.value = true;
            break;
        case 2:
            gemsToggle.value = true;
            break;
        }
    }

    public void ChangeToUpgrade()
    {
        if(upgradeToggle.value)
        {
            ChangeShop(0, 1000,
                       GameData.Instance.userdata.attLv,
                       "upgradeAtt");
            ChangeShop(1, 2000,
                       GameData.Instance.userdata.defLv,
                       "upgradeDef");
```

```
            ChangeShop(2, 3000,
                       GameData.Instance.userdata.moneyLv,
                       "upgradeMoney");
        }
    }

    public void ChangeToGems()
    {
        if(gemsToggle.value)
            ChangeShop(gemUnits, 101, "");
    }

    public void ChangeToCoins()
    {
        if(coinToggle.value)
            ChangeShop(coinUnits, 201, "purchaseCoins");
    }

    void ChangeShop(int targetNo, int startNo, int nowLv, string targetUrl)
    {
        unitPointer = startNo + nowLv;
        upgradeUnits[targetNo].Init(unitPointer, targetUrl,
                             GameData.Instance.priceDic[unitPointer].price,
                             nowLv.ToString());
    }

    void ChangeShop(List<StoreBaseUnit> targetList, int startNo, string targetUrl)
    {
        if( !targetList[0].isReady )
        {
            for(int i=0;i<targetList.Count;++i)
            {
                unitPointer = startNo+i;
                tempStr
                    = string.Format("bonus +{0}%",
                             GameData.Instance.priceDic[unitPointer].bonus);
                targetList[i].Init(unitPointer, targetUrl,
                           GameData.Instance.priceDic[unitPointer].price,
                           GameData.Instance.priceDic[unitPointer].amount,
                           tempStr);
            }
```

```
    }
}

// 코인, 보석, 하트 데이터를 usercore에 반영.
public void ConvertXmlToUserCoreData(string xmlData)
{
    xDoc.LoadXml(xmlData);

    XmlElement element = xDoc.DocumentElement;

    if(element.SelectSingleNode("gems") != null)
    {
        GameData.Instance.userdata.gems
            = System.Convert.ToInt32(element.SelectSingleNode("gems").InnerText);
    }
    if(element.SelectSingleNode("coins") != null)
    {
        GameData.Instance.userdata.coins
            = System.Convert.ToInt32(element.SelectSingleNode("coins").InnerText);
    }
    if(element.SelectSingleNode("hearts") != null)
    {
        GameData.Instance.userdata.hearts
            = System.Convert.ToInt32(element.SelectSingleNode("hearts").InnerText);
    }
    GameData.Instance.lobbyGM.UpdateCoreData();
}

// 업그레이드 정보를 usercore에 반영.
public void ConvertXmlToUpgradeData(string xmlData)
{
    xDoc.LoadXml(xmlData);

    XmlElement element = xDoc.DocumentElement;

    if(element.SelectSingleNode("gems") != null)
    {
        GameData.Instance.userdata.gems
            = System.Convert.ToInt32(element.SelectSingleNode("gems").InnerText);
    }
    if(element.SelectSingleNode("coins") != null)
```

```
    {
        GameData.Instance.userdata.coins
            = System.Convert.ToInt32(element.SelectSingleNode("coins").InnerText);
    }

    if(element.SelectSingleNode("attLv") != null)
    {
        GameData.Instance.userdata.attLv
            = System.Convert.ToInt32(element.SelectSingleNode("attLv").InnerText);
    }
    if(element.SelectSingleNode("defLv") != null)
    {
        GameData.Instance.userdata.defLv
            = System.Convert.ToInt32(element.SelectSingleNode("defLv").InnerText);
    }
    if(element.SelectSingleNode("moneyLv") != null)
    {
        GameData.Instance.userdata.moneyLv
            = System.Convert
                .ToInt32(element.SelectSingleNode("moneyLv").InnerText);
    }
    GameData.Instance.lobbyGM.UpdateCoreData();
}

// Item 구매 정보를 통해서 보석과 코인 업데이트.
public int ConvertXmlToItemAmount(string xmlData)
{
    xDoc.LoadXml(xmlData);

    XmlElement element = xDoc.DocumentElement;

    if(element.SelectSingleNode("gems") != null)
    {
        GameData.Instance.userdata.gems
            = System.Convert.ToInt32(element.SelectSingleNode("gems").InnerText);
    }
    if(element.SelectSingleNode("coins") != null)
    {
        GameData.Instance.userdata.coins
            = System.Convert.ToInt32(element.SelectSingleNode("coins").InnerText);
    }
```

```
            GameData.Instance.lobbyGM.UpdateCoreData();

            int resultAmount = System.Convert
                .ToInt32(element.SelectSingleNode("amount").InnerText);

            return resultAmount;
        }
    --(후략)--
```

Store 스크립트에 추가한 메서드는 크게 두 종류입니다. 먼저 앞이 Open으로 시작하는 메서드는 모두 각 상점(업데이트, 보석, 코인)에 데이터를 반영해 해당 상점 페이지를 열때 사용됩니다. Change로 시작되는 ChangeToUpgrade, ChangeToGems, ChangeToCoins, ChangeShop 메서드는 해당 상점으로 변경됐을 때 UIToggle컴포넌트에 의해서 호출되게 사용할 것입니다. 결국 큰 맥락에서는 상점 페이지가 전환될 때 함께 사용된다고 이해하면 됩니다. ConvertXmlToUserCoreData, ConvertXmlToUpgradeData 메서드는 결제를 완료한 후 변경된 값을 서버로부터 받아서 화면상에 나타낼 때 사용됩니다.

Store 스크립트에 생성된 메서드를 활용해 StoreBaseUnit.RequestPurchase 메서드가 결과에 따라 이후 조치를 할 수 있게 변경합니다.

예제 3-147: StoreBaseUnit.cs

```
    --(전략)--
        protected IEnumerator RequestPurchase()
        {
    --(중략)--
            if( www.isDone && www.error == null)
            {
                // 전달받은 데이터의 앞 5글자를 분리하여 결과 코드로 분석.
                string responseCode = www.text.Substring(0, 5);
                switch(responseCode)
                {
                case "query":
                    // 서버에서 SQL 쿼리 에러가 발생한 경우.
                    #if UNITY_EDITOR
                    Debug.Log(www.text);
                    #endif
```

```
                break;
            case "none1":
                // 코인이 부족한 경우.
                nowState = StoreUnitState.ready;
                GameData.Instance.lobbyGM.loadScreenObj.SetActive(false);
                GameData.Instance.lobbyGM.PopupDialog(
                    "코인이 부족합니다.\n코인을 구매하시겠습니까?",
                    LobbyGM.DialogType.two,
                    GameData.Instance.store.OpenCoinShop);
                break;
            case "none2":
                // 보석이 부족한 경우.
                nowState = StoreUnitState.ready;
                GameData.Instance.lobbyGM.loadScreenObj.SetActive(false);
                GameData.Instance.lobbyGM.PopupDialog(
                    "보석이 부족합니다.\n보석을 구매하시겠습니까?",
                    LobbyGM.DialogType.two,
                    GameData.Instance.store.OpenGemShop);
                break;
            default:
                // 처리 완료.
                nowState = StoreUnitState.ready;
                GameData.Instance.lobbyGM.loadScreenObj.SetActive(false);
                GameData.Instance.lobbyGM.PopupDialog(
                    "구매가 완료되었습니다.",
                    LobbyGM.DialogType.one);

                GameData.Instance.store.ConvertXmlToUserCoreData(www.text);
                break;
            }
        }
    }
--(후략)--
```

사용자 편의를 제공하기 위해서 코인이나 보석이 부족하면 경고창을 통해서 부족함을 알리고 즉시 구매할 수 있게 LobbyGM.PopupDialog 메서드를 사용합니다.

이제 StoreBaseUnit 스크립트를 상속해 업그레이드를 처리할 StoreUpgradeUnit 스크립트를 제작하겠습니다. 프로젝트 브라우저의 Scripts 폴더에 새로운 스크립트를 생성하고 StoreUpgradeUnit으로 이름을 변경한 뒤 다음과 같이 편집합니다.

```
using UnityEngine;
using System.Collections;

public class StoreUpgradeUnit : StoreBaseUnit {

    // 최대 레벨 제한.
    bool CheckMaxLv()
    {
        if(productID > 3000)
        {
            if(GameData.Instance.userdata.moneyLv >= 40) return false;
        }
        else if(productID > 2000)
        {
            if(GameData.Instance.userdata.defLv >= 40) return false;
        }
        else
        {
            if(GameData.Instance.userdata.attLv >= 40) return false;
        }

        return true;
    }

    public override void ClickPurchase()
    {
        if( CheckMaxLv() == false)
        {
            GameData.Instance.lobbyGM.PopupDialog(
                "최고 레벨 달성\n더이상 업그레이드 할 수 없습니다",
                LobbyGM.DialogType.one);
            return;
        }
        if(nowState != StoreUnitState.ready) return;
        nowState = StoreUnitState.wait;
        GameData.Instance.lobbyGM.loadScreenObj.SetActive(true);
        StartCoroutine(RequestUpgrade());
    }
```

```
protected IEnumerator RequestUpgrade()
{
    WWWForm form = new WWWForm();
    int userKeyNo = PlayerPrefs.GetInt("UserKeyNo");
    form.AddField("userKeyNo", userKeyNo);
    form.AddField("pID", productID);

    WWW www = new WWW(url, form);

    yield return www;

    if( www.isDone && www.error == null)
    {
        // 전달받은 데이터의 앞 5글자를 분리하여 결과 코드로 분석.
        string responseCode = www.text.Substring(0, 5);
        switch(responseCode)
        {
        case "query":
            // 서버에서 SQL 쿼리 에러가 발생한 경우.
            #if UNITY_EDITOR
            Debug.Log(www.text);
            #endif
            break;
        case "none1":
            // 코인이 부족한 경우.
            nowState = StoreUnitState.ready;
            GameData.Instance.lobbyGM.loadScreenObj.SetActive(false);
            GameData.Instance.lobbyGM.PopupDialog(
                "코인이 부족합니다.\n코인을 구매하시겠습니까?",
                LobbyGM.DialogType.two,
                GameData.Instance.store.OpenCoinShop);
            break;
        case "none2":
            // 보석이 부족한 경우.
            nowState = StoreUnitState.ready;
            GameData.Instance.lobbyGM.loadScreenObj.SetActive(false);
            GameData.Instance.lobbyGM.PopupDialog(
                "보석이 부족합니다.\n보석을 구매하시겠습니까?",
                LobbyGM.DialogType.two,
                GameData.Instance.store.OpenGemShop);
            break;
```

```
            default:
                // 처리 완료.
                nowState = StoreUnitState.ready;
                GameData.Instance.lobbyGM.loadScreenObj.SetActive(false);
                GameData.Instance.lobbyGM.PopupDialog(
                    "업그레이드가 완료되었습니다.",
                    LobbyGM.DialogType.one);

                GameData.Instance.store.ConvertXmlToUpgradeData(www.text);

                // 상향된 업그레이드 반영.
                string nowLv = "1";
                if(productID>3000)
                {
                    productID = 3000 + GameData.Instance.userdata.moneyLv;
                    nowLv = GameData.Instance.userdata.moneyLv.ToString();
                }
                else if(productID>2000)
                {
                    productID = 2000 + GameData.Instance.userdata.defLv;
                    nowLv = GameData.Instance.userdata.defLv.ToString();
                }
                else
                {
                    productID = 1000 + GameData.Instance.userdata.attLv;
                    nowLv = GameData.Instance.userdata.attLv.ToString();
                }
                UpdateLabels(GameData.Instance.priceDic[productID].price, nowLv);
                break;
            }
        }
    }
}
```

StoreUpgradeUnit 스크립트에서는 구매 단계를 처리하는 ClickPurchase 메서드를 override 한정자를 사용해 RequestUpgrade 메서드로 재정의했습니다. RequestUpgrade 메서드는 서버에 요청한 후 돌아온 결과를 처리합니다. 그리고 CheckMaxLv 메서드는 가능한 업그레이드 범위를 지정한 것입니다.

현금 결제로 보석을 구매하는 부분을 제외하면 기본적인 상점은 작동할 수 있게 됐습니다. 제작한 부분을 테스트 해보겠습니다. LobbyScene의 @GM 게임 오브젝트에 Store 스크립트를 추가하고 다음 표를 참조해 연결합니다.

Store 연결 항목	게임 오브젝트
Root Obj	5Panel_shop
Main Store Root Obj	1mainStore
Heart Store Root Obj	2heartStore
Upgrade Toggle	9UpgradeToggle
Gems Toggle	9GemToggle
Coin Toggle	9CoinToggle

표 3-106: Store 연결 게임 오브젝트 목록

다음으로 UIToggle 컴포넌트에서 On Value Change의 Notify와 Method를 연결합니다. 9UpdateToggle 게임 오브젝트를 선택하고 Notify에 @GM 게임 오브젝트를 연결(❶)한 뒤 Method에 Store.ChangeToUpgrade를 선택(❷)합니다.

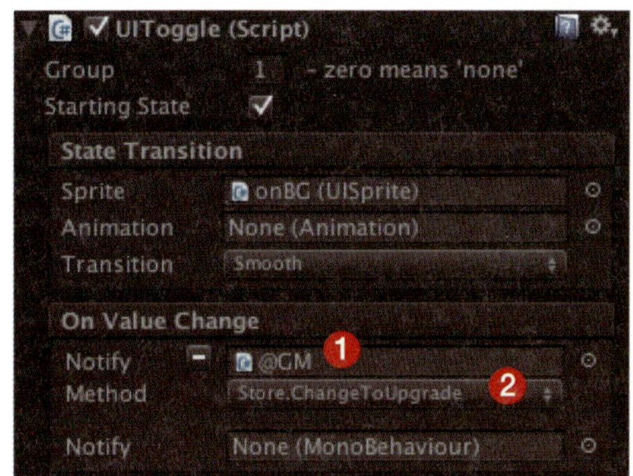

그림 3-248: UIToggle 컴포넌트 연결

9CoinToggle과 9GemToggle 게임 오브젝트의 UIToggle 컴포넌트는 다음 표를 참조해 연결합니다.

게임 오브젝트	Notify	Method
9CoinToggle	@GM	Store.ChangeToCoins
9GemToggle	@GM	Store.ChangeToGems

표 3-107: UIToggle 컴포넌트 설정

StoreBaseUnit 스크립트를 적용해 연결하겠습니다. 하이어라키에서 1_coin6000을 선택하고 StoreBaseUnit 스크립트를 추가한 뒤 다음과 같이 연결합니다.

그림 3-249: StoreBaseUnit 스크립트 연결

위와 같은 방식으로 2_coin33000, 3_coin86400, 4_coin195000 게임 오브젝트도 연결합니다. 1_gem10, 2_gem55, 3_gem120, 4_gem390, 5_gem900 게임 오브젝트도 같은 방식으로 연결합니다.

이제 StoreUpgradeUnit 스크립트를 하이어라키의 1_upgradeAtt 게임 오브젝트에 적용하고 다음과 같이 연결합니다. StoreUpgradeUnit 스크립트는 추가 정보를 나타낼 필요가 없으므로 두 가지만 연결하면 됩니다.

그림 3-250: StoreUpgradeUnit 스크립트 연결

위와 같은 방식으로 2_upgradeDef, 3_upgradeMoney 게임 오브젝트도 연결합니다. 모두 연결했으면 다시 @GM 게임 오브젝트를 선택해 Store 스크립트의 Upgrade Units(❶), Gem Units(❷), Coin Units(❸)에 각 게임 오브젝트를 추가합니다.

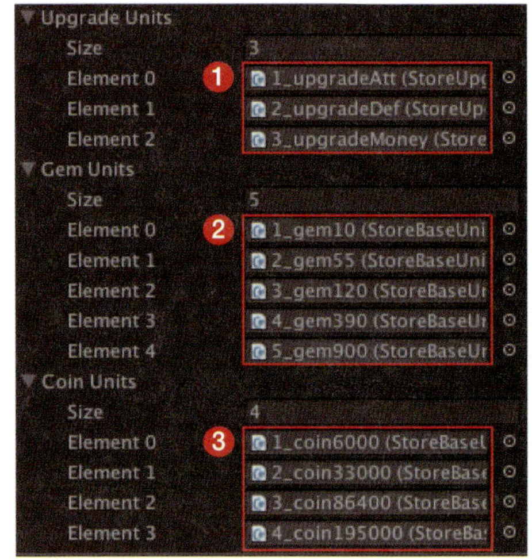

그림 3-251: Store 스크립트 연결

다음 표를 참조해 UIButton 컴포넌트를 연결합니다.

게임 오브젝트	Target	Notify	Method
storeBtn	storeBtn	@GM	Store.OpenStore
4closeBtn_store	4closeBtn_store	@GM	Store.CloseStore
upgradePriceBG1	upgradePriceBG1	1_upgradeAtt	StoreUpgradeUnit.ClickPurchase
upgradePriceBG2	upgradePriceBG2	2_upgradeDef	StoreUpgradeUnit.ClickPurchase
upgradePriceBG3	upgradePriceBG3	3_upgradeMoney	StoreUpgradeUnit.ClickPurchase
coinPriceBG1	coinPriceBG1	1_coin6000	StoreBaseUnit.ClickPurchase
coinPriceBG2	coinPriceBG2	2_coin33000	StoreBaseUnit.ClickPurchase
coinPriceBG3	coinPriceBG3	3_coin86400	StoreBaseUnit.ClickPurchase
coinPriceBG4	coinPriceBG4	4_coin195000	StoreBaseUnit.ClickPurchase

표 3-108: UIButton 컴포넌트 설정

TitleScene으로 전환한 후 게임을 실행하면 업그레이드와 코인 구매를 다음 그림과 같이 정상적으로 진행할 수 있습니다.

그림 3-252: 상점 업그레이드 결과 확인

하트 구매는 StoreBaseUnit 스크립트를 통해서 처리할 수 있습니다. 먼저 Store 스크립트에 OpenHeartShop 메서드와 StoreBaseUnit을 멤버 필드로 등록합니다.

예제 3-149: Store.cs

```
--(전략)--
    public StoreBaseUnit heartUnit;
--(중략)--
    public void OpenHeartShop()
```

```
        {
            rootObj.SetActive(true);
            mainStoreRootObj.SetActive(false);
            heartStoreRootObj.SetActive(true);

            if(heartUnit.isReady == false)
            {
                heartUnit.Init(301, "purchaseHearts",
                               GameData.Instance.priceDic[301].price,
                               GameData.Instance.priceDic[301].amount);
            }
        }
    --(후략)--
```

하트 구매도 초기화 할 수 있게 됐으므로 하이어라키에서 연결 작업을 진행합니다. 하이어라키에서 2heartStore 게임 오브젝트에 StoreBaseUnit 스크립트를 추가하고 다음 그림과 같이 연결합니다.

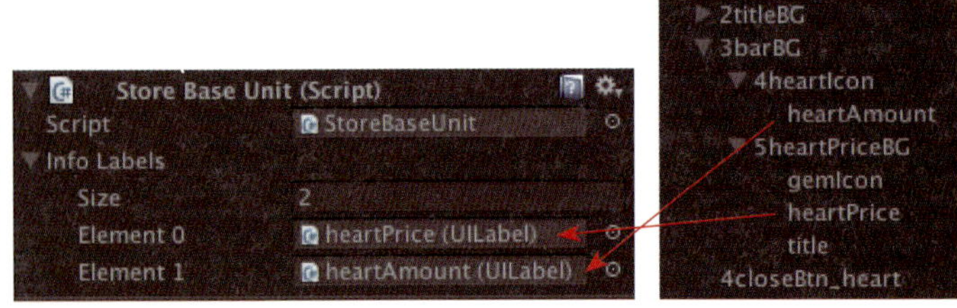

그림 3-253: StoreBaseUnit 스크립트 연결

하이어라키의 @GM 게임 오브젝트를 선택해 Heart Unit에 2heartStore 게임 오브젝트를 연결합니다.

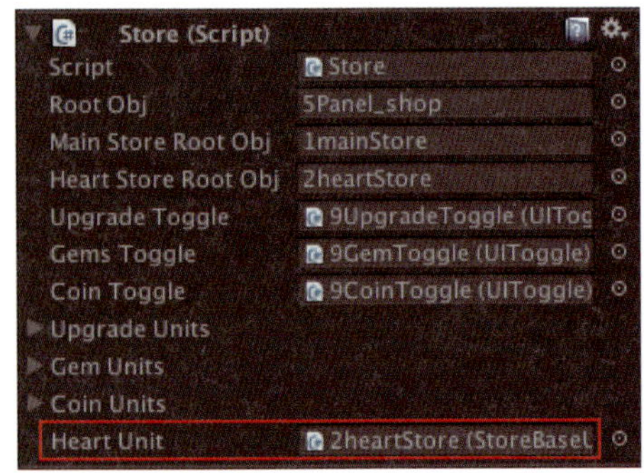

그림 3-254: Store 스크립트 연결

하트 구매를 진행하는 5heartPriceBG 게임 오브젝트와 하트 구매 창을 닫는 4closeBtn_heart 게임 오브젝트의 UIButton 컴포넌트는 다음 표를 참조해 연결합니다.

게임 오브젝트	Target	Notify	Method
5heartPriceBG	5heartPriceBG	2heartStore	StoreBaseUnit.ClickPurchase
4closeBtn_heart	4closeBtn_heart	@GM	Store.CloseStore

표 3-109: UIButton 컴포넌트 설정

연결이 완료되면 하트 구매 창도 작동합니다.

게임 준비 창

게임 준비 창에서는 게임을 시작하기 직전에 구매할 만한 제품을 판매합니다. 여기에서는 적 캐릭터에게 피해를 받아 게임이 종료됐을 때 데이터를 유지한 채 다시 게임을 진행할 수 있게 즉시 부활 아이템을 판매하겠습니다.

프로젝트 브라우저의 Scripts 폴더에 이름이 StoreItemUnit인 새로운 스크립트를 생성하고 StoreBaseUnit 스크립트를 상속받아 다음과 같이 편집합니다.

예제 3-150: StoreItemUnit.cs

```
using UnityEngine;
using System.Collections;

public class StoreItemUnit : StoreBaseUnit {

    [SerializeField]
    private UIToggle useToggle;
    ItemData tempItemData;

    int itemIndex = -1;
    bool saveUse = false;

    #region check use toggle
    // itemList의 index를 찾는다.
    void FindItemIndex()
    {
        if(itemIndex == -1 )
        {
```

```
            for(int i=0;i<GameData.Instance.itemList.Count;++i)
            {
                if(GameData.Instance.itemList[i].itemNo == productID)
                {
                    itemIndex = i;
                    break;
                }
            }
        }
    }

    // 아이템 사용 여부를 변경할 때 사용.
    public void ChangeUseToggle()
    {
        FindItemIndex();
        if(itemIndex != -1)
        {
            tempItemData = GameData.Instance.itemList[itemIndex];
            if( useToggle.value != saveUse)
            {
                saveUse = useToggle.value;
                tempItemData.use = useToggle.value;
                GameData.Instance.itemList[itemIndex] = tempItemData;
            }
        }
        else
        {
            useToggle.value = false;
        }
    }

    // 아이템의 최초 사용 여부를 설정합니다.
    void OnEnable()
    {
        FindItemIndex();
        if(itemIndex != -1)
        {
            tempItemData = GameData.Instance.itemList[itemIndex];
            if(tempItemData.use)
            {
                saveUse = true;
                useToggle.value = true;
```

```
        }
    }
}
#endregion

public override void ClickPurchase()
{
    if(nowState != StoreUnitState.ready) return;
    nowState = StoreUnitState.wait;
    GameData.Instance.lobbyGM.loadScreenObj.SetActive(true);
    StartCoroutine(RequestBuy());
}

protected IEnumerator RequestBuy()
{
    WWWForm form = new WWWForm();
    int userKeyNo = PlayerPrefs.GetInt("UserKeyNo");
    form.AddField("userKeyNo", userKeyNo);
    form.AddField("pID", productID);

    WWW www = new WWW(url, form);

    yield return www;

    if( www.isDone && www.error == null)
    {
        Debug.Log(www.text);
        // 전달받은 데이터의 앞 5글자를 분리하여 결과 코드로 분석.
        string responseCode = www.text.Substring(0, 5);
        switch(responseCode)
        {
        case "query":
            // 서버에서 SQL 쿼리 에러가 발생한 경우.
            #if UNITY_EDITOR
            Debug.Log(www.text);
            #endif
            break;
        case "none1":
            // 코인이 부족한 경우.
            nowState = StoreUnitState.ready;
            GameData.Instance.lobbyGM.loadScreenObj.SetActive(false);
```

```
        GameData.Instance.lobbyGM.PopupDialog(
            "코인이 부족합니다.\n코인을 구매하시겠습니까?",
            LobbyGM.DialogType.two,
            GameData.Instance.store.OpenCoinShop);
        break;
    case "none2":
        // 보석이 부족한 경우.
        nowState = StoreUnitState.ready;
        GameData.Instance.lobbyGM.loadScreenObj.SetActive(false);
        GameData.Instance.lobbyGM.PopupDialog(
            "보석이 부족합니다.\n보석을 구매하시겠습니까?",
            LobbyGM.DialogType.two,
            GameData.Instance.store.OpenGemShop);
        break;
    default:
        // 처리 완료.
        nowState = StoreUnitState.ready;
        GameData.Instance.lobbyGM.loadScreenObj.SetActive(false);
        GameData.Instance.lobbyGM.PopupDialog(
            "구매가 완료되었습니다.",
            LobbyGM.DialogType.one);

        int resultAmount
            = GameData.Instance.store.ConvertXmlToItemAmount(www.text);

        if(GameData.Instance.itemList.Exists(x=>x.itemNo == productID))
        {
            FindItemIndex();
            // 이미 아이템을 보유한 경우.
            ItemData tempItemData = GameData.Instance.itemList[itemIndex];
            tempItemData.amount = resultAmount;
            GameData.Instance.itemList[itemIndex] = tempItemData;
        }
        else
        {
            // 새로 아이템을 구매하게된 경우.
            tempItemData = new ItemData();
            tempItemData.amount = resultAmount;
            tempItemData.itemNo = productID;
            tempItemData.use = false;
            GameData.Instance.itemList.Add(tempItemData);
        }
```

```
                UpdateLabels(GameData.Instance.priceDic[productID].price,
                        resultAmount.ToString());
                break;
            }
        }
    }
}
```

구매를 처리하는 ClickPurchase, RequestBuy 메서드는 StoreBaseUnit 스크립트와 비슷합니다. 차이점은 구매에 성공했을 때 현재 보유한 아이템의 개수를 업데이트하는 점입니다.

이제 게임 준비창을 초기화하는 메서드를 LobbyGM 스크립트에 추가하겠습니다. 손쉽게 구분하기 위해서 프로젝트 브라우저의 Scripts 폴더에 새로운 스크립트를 생성하고 이름을 LobbyGM.Ready로 입력한 뒤 다음과 같이 편집합니다.

예제 3-151: LobbyGM.Ready.cs

```
using UnityEngine;
using System.Collections;

public partial class LobbyGM : MonoBehaviour {

    public StoreBaseUnit itemUnit;
    public GameObject readyRootObj;


    public void OpenReady()
    {
        if(itemUnit.isReady == false)
        {
            string amountText = "0";
            if(GameData.Instance.itemList.Count>0 &&
              GameData.Instance.itemList.Exists(x=> x.itemNo == 302))
            {
                for(int i=0;i<GameData.Instance.itemList.Count;++i)
                {
                    if(GameData.Instance.itemList[i].itemNo == 302)
                    {
                        amountText = GameData.Instance.itemList[i].amount.ToString();
```

```
                        break;
                    }
                }
            }

            itemUnit.Init(302, "purchaseRessuraction",
                          GameData.Instance.priceDic[302].price,
                          amountText);
        }
        readyRootObj.SetActive(true);
    }

    public void CloseReady()
    {
        readyRootObj.SetActive(false);
    }
}
```

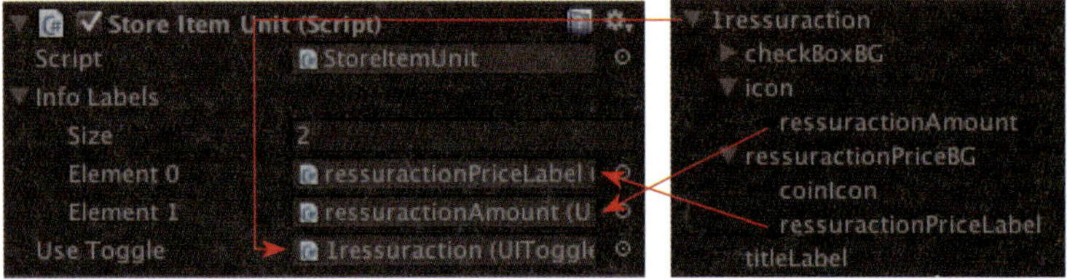

그림 3-255: StoreItemUnit 스크립트 연결

1ressuraction 게임 오브젝트 UIToggle 컴포넌트의 Notify에 연결(❶)하고 Method는 StoreItemUnit.ChangeUseToggle로 선택(❷)합니다.

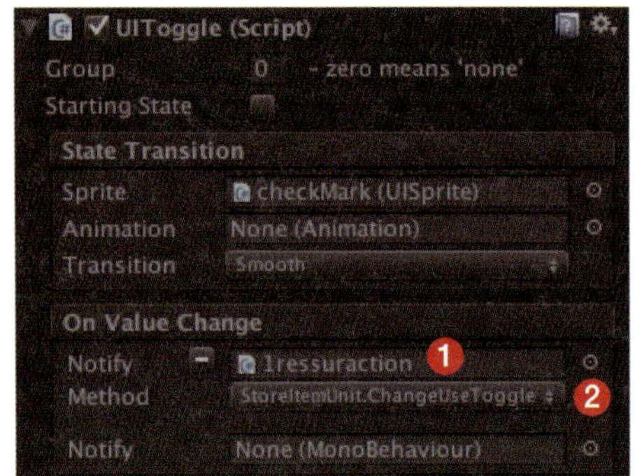

그림 3-256: UIToggle 컴포넌트 연결

오브젝트와 하트 구매 창을 닫는 4closeBtn_heart 게임 오브젝트의 UIButton 컴포넌트는 다음 표를 참조해 연결합니다.

게임 오브젝트	Target	Notify	Method
4closeBtn_ready	4closeBtn_ready	@GM	LobbyGM.CloseReady
ressuractionPriceBG	ressuractionPriceBG	1ressuraction	StoreItemUnit.ClickPurchase

표 3-110: UIButton 컴포넌트 설정

OpenReady는 itemUnit 멤버 필드에 할당된 StoreItemUnit 스크립트를 초기화해 화면에 정보가 나타나게 합니다. 작동을 위한 준비가 됐으므로 적용하도록 하겠습니다. LobbyScene의 하이어라키에서 1ressuraction 게임 오브젝트에 StoreItemUnit 스크립트를 추가한 후 다음 그림과 같이 연결합니다.

TitleScene으로 이동해 게임을 시작하고 LobbyScene에서 Ready 버튼(❶)을 클릭해 게임 준비 창에서 즉시 부활 아이템을 구매합니다. 코인이 부족하다는 메시지(❷)가 나타난 후 확인 버튼(❸)을 클릭하면 상점의 업그레이드 구매 창으로 이동(❹)합니다.

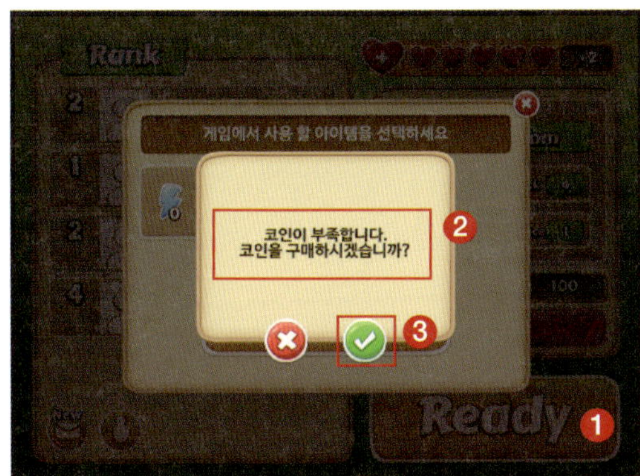

그림 3-257: 즉시 부활 아이템 구매

하이어라키에 UIToggle 컴포넌트가 할당된 게임 오브젝트가 나타나는 최초 시점에 UIToggle 컴포넌트의 Starting State가 체크돼 있으면 먼저 나타납니다. 이러한 특징 때문에 코인 구매 창이 나타나지 못한 것입니다. Store 스크립트를 다음과 같이 수정해 코인 구매 창이 활성화 될 수 있게 처리합니다.

예제 3-152: Store.cs

```
--(전략)--
    int forceOpenShop = -1;
--(중략)--
```

```
public void OpenCoinShop()
{
    forceOpenShop = 2;
    OpenStore(2);
}

public void OpenGemShop()
{
    forceOpenShop = 1;
    OpenStore(1);
}

public void ChangeToUpgrade()
{
    if(upgradeToggle.value)
    {
        ChangeShop(0, 1000,
                   GameData.Instance.userdata.attLv,
                   "upgradeAtt");
        ChangeShop(1, 2000,
                   GameData.Instance.userdata.defLv,
                   "upgradeDef");
        ChangeShop(2, 3000,
                   GameData.Instance.userdata.moneyLv,
                   "upgradeMoney");
        CheckForceOpenShop();
    }
}

public void ChangeToGems()
{
    if(gemsToggle.value)
    {
        ChangeShop(gemUnits, 101, "purchaseGems");
        CheckForceOpenShop();
    }
}

public void ChangeToCoins()
{
    if(coinToggle.value)
```

```
        {
            ChangeShop(coinUnits, 201, "purchaseCoins");
            CheckForceOpenShop();
        }
    }

    void CheckForceOpenShop()
    {
        if(forceOpenShop > -1)
        {
            switch(forceOpenShop)
            {
            default:
                forceOpenShop = -1;
                upgradeToggle.value = true;
                break;
            case 1:
                forceOpenShop = -1;
                gemsToggle.value = true;
                break;
            case 2:
                forceOpenShop = -1;
                coinToggle.value = true;
                break;
            }
        }
    }
--(후략)--
```

forceOpenShop 멤버 필드를 추가해 상점 구매 창으로 바로 연결하는 OpenCoinShop과 OpenGemShop 메서드에서 이동할 상점 구매 창 번호를 입력합니다. 그리고 각 상점 구매 창의 상태가 변경될 때 사용되는 ChangeToUpgrade, ChangeToGems, ChangeToCoins 메서드에서 forceOpenShop 멤버 필드의 값에 따라 이동할 수 있게 CheckForceOpenShop 메서드를 이용해 처리했습니다.

게임이 종료되면 GameData의 isPrepareGame 멤버 필드를 통해서 게임 준비창이 로비씬에서 바로 연결돼야 했습니다. LobbyGM 스크립트를 다음과 같이 수정합니다.

예제 3-153: LobbyGM.cs

```
--(전략)--
    void OnEnable()
    {
        UpdateCoreData();
        MakeFriendRank();

        if(GameData.Instance.isPrepareGame)
        {
            OpenReady();
        }
    }
--(후략)--
```

그리고 로비씬이 제작됐으므로 GamePlayManager.Button 스크립트의 ClickPauseHomeButton 메서드를 다음과 같이 수정해 게임을 중단하고 로비씬으로 전환할 수 있도록 합니다.

예제 3-154: GamePlayManager.Buttun.cs

```
--(전략)--
    public void ClickPauseHomeButton()
    {
        // 다른 씬으로 전환한다.
        Application.LoadLevelAsync("LobbyScene");
    }
--(후략)--
```

이제 게임 준비 창의 게임 시작 버튼을 위한 StartGame 메서드를 작성합니다. 게임을 시작하기 전 서버로부터 보유한 하트 숫자가 0보다 많은지 체크해 하트 구매로 연결하도록 합니다. 더불어 즉시 부활 아이템의 사용 여부도 업데이트합니다.

예제 3-155: GamePlayManager.Button.cs

```
--(전략)--
    public void StartGame()
    {
        loadScreenObj.SetActive(true);
```

```
    StartCoroutine(RequestStartGame());
}

IEnumerator RequestStartGame()
{
    string url = string.Format(GameData.Instance.urlPrefix, "checkStartGame");
    WWWForm form = new WWWForm();
    int userKeyNo = PlayerPrefs.GetInt("UserKeyNo");
    form.AddField("userKeyNo", userKeyNo);

    // 즉시 부활 데이터 처리.
    int ressurrection = -1;
    int ressurrectionIndex = -1;
    if(GameData.Instance.itemList.Count>0)
    {
        if(GameData.Instance.itemList.Exists(x=>x.itemNo == 302))
        {
            ressurrectionIndex
                = GameData.Instance.itemList.FindIndex(x=>x.itemNo == 302);
            ItemData tempItemData
                = GameData.Instance.itemList[ressurrectionIndex];

            ressurrection = tempItemData.use?1:0;
        }
    }
    form.AddField("resurrection", ressurrection);

    WWW www = new WWW(url, form);

    yield return www;

    if( www.isDone && www.error == null)
    {
        // 전달받은 데이터의 앞 5글자를 분리하여 결과 코드로 분석.
        string responseCode = www.text.Substring(0, 5);
        switch(responseCode)
        {
        case "query":
            // 서버에서 SQL 쿼리 에러가 발생한 경우.
            #if UNITY_EDITOR
            Debug.Log(www.text);
```

```
        #endif
        break;
    case "none0":
        // 하트가 부족한 경우.
        loadScreenObj.SetActive(false);
        PopupDialog(
            "하트가 부족합니다.\n하트를 구매하시겠습니까?",
            LobbyGM.DialogType.two,
            GameData.Instance.store.OpenHeartShop);
        break;
    case "done0":
        // 하트 업데이트.
        responseCode = www.text.Substring(5, 3);
        GameData.Instance.userdata.hearts
            = System.Convert.ToInt32(responseCode);

        // 로그인 타임 업데이트.
        responseCode = www.text.Substring(8);
        GameData.Instance.userdata.loginTime
            = System.Convert.ToDouble(responseCode);

        // 즉시 부활 아이템 처리.
        if(ressurrection!=-1)
        {
            responseCode = www.text.Substring(18, 1);
            ItemData tempResurrection
                = GameData.Instance.itemList[ressurrectionIndex];
            tempResurrection.use = (responseCode=="1");
            responseCode = www.text.Substring(19);
            tempResurrection.amount
                = System.Convert.ToInt32(responseCode);

            GameData.Instance.itemList[ressurrectionIndex]
            = tempResurrection;
        }

        // GameData에 즉시 부활 아이템 사용 여부 업데이트.
        GameData.Instance.useResurrection = (ressurrection==1);

        Application.LoadLevelAsync("PlayScene");
        break;
```

```
            }
        }
    }
--(후략)--
```

RequestStartGame 메서드를 확인해보면 GameData.itemList에 아이템이 있는지 확인해 즉시 부활 아이템을 보유한 경우 사용 여부를 확인하여 서버에 전달합니다. 이를 토대로 서버는 1개의 즉시 부활 아이템을 차감하고 보유 수가 0이 되면 서버 데이터를 사용 불가 상태로 업데이트합니다.

게임 플레이 씬으로 전환하기 전에 즉시 부활 아이템이 게임 플레이에 반영되는 여부를 데이터로 전달합니다. 이를 올바르게 전달하기 위해서 GameData 스크립트에 userResurrection 멤버 필드를 추가합니다.

예제 3-156: GameData.cs

```
--(전략)--
    public bool useResurrection = false;
--(후략)--
```

하이어라키에서 2StartBtn 게임 오브젝트를 선택하고 UIButton 컴포넌트의 Notify를 @GM으로 연결(❶)한 뒤 Method는 LobbyGM.StartGame으로 선택(❷)합니다.

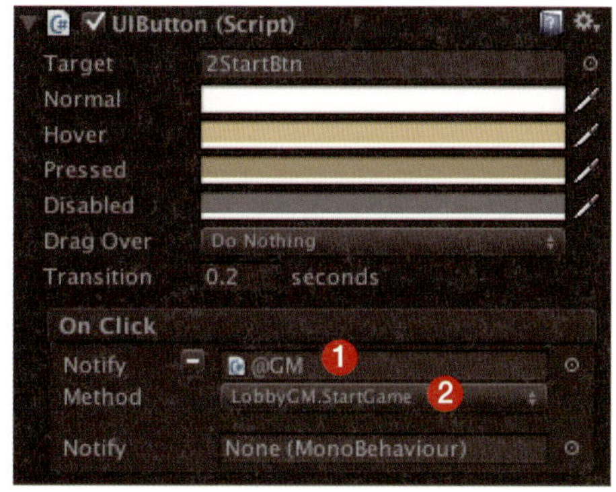

그림 3-258: UIButton 컴포넌트 연결

게임 플레이와 데이터 연결

공격력, 방어력, 코인 획득 등 로비씬에서 작업한 데이터는 게임 플레이에 반영돼야 합니다. 먼저 게임 결과창에 자신의 최고 점수가 나타나게 하겠습니다.

예제 3-157: GamePlayManager.cs

```
--(전략)--
    // 결과창을 나타나게 한다.
    public void OpenResult()
    {

        // 최고 점수를 나타낼 수 있도록 해야한다.
        resultHighScoreLb.text
            = GameData.Instance.userdata.highScore.ToString();
--(후략)--
```

공격력과 방어력은 레벨별로 증가 지점이 다르므로 GameData 스크립트에 이를 변환할 메서드를 추가합니다.

예제 3-158: GameData.cs

```
--(전략)--
    public int ConvertUpgradeLvToAddValue(int nowLv)
    {
        int addValue = 0;
        if(nowLv > 29)
        {
            addValue += 83;
            addValue += (nowLv-29)*5;
        }
        else if(nowLv > 19)
        {
            addValue += 43;
            addValue += (nowLv-19)*4;
        }
        else if(nowLv > 9)
        {
            addValue += 13;
```

```
            addValue += (nowLv-9)*3;
        }
        else if(nowLv > 5)
        {
            addValue += 5;
            addValue += (nowLv-5)*2;
        }
        else
        {
            addValue += nowLv;
        }
        return addValue;
    }
--(후략)--
```

ConvertUpgradeToAddValue 메서드는 변환하고자 하는 레벨을 매개 변수로 전달하면 각 구간별로 증가해야 하는 값을 더해서 반환합니다. 이를 활용해 먼저 공격력을 설정하도록 하겠습니다. FarmerTouchControl 스크립트의 OnEnable 메서드에서 공격력을 계산합니다.

예제 3-159: FarmerTouchControl.cs

```
--(전략)--
    // 레벨에 따른 공격력 저장.
    int attDamage = 0;
--(중략)--
    void OnEnable()
    {
        InitGameObjectPool();

        // 공격력 계산.
        attDamage
            = 1 + GameData.Instance.ConvertUpgradeLvToAddValue(
                GameData.Instance.userdata.attLv);
    }
--(중략)--
    void Fire(Vector3 inputPosition)
    {
--(중략)--
        // 공격력을 전달한다.
```

```
        shotObjScript.InitShotObj(attDamage);
        shotObjScript.TurnOnTrigger();
    }
--(후략)--
```

계산된 공격력을 저장할 수 있도록 attDamage 멤버 필드를 추가한 후 게임을 시작할 때 계산하고 이를 계속 사용하도록 했습니다.

방어력은 GamePlayManager 스크립트의 OnEnable 메서드에서 같은 방법으로 처리합니다.

예제 3-160: GamePlayManager.cs

```
--(전략)--
    void OnEnable()
    {
        InitGameObjectPools();

        LoadEnemyWaveDataFromXML();

        // 방어력 계산.
        farmCurrentHP
            = 300 + GameData.Instance.ConvertUpgradeLvToAddValue(
                GameData.Instance.userdata.defLv);
        farmLimitHP = farmCurrentHP;
    }
--(후략)--
```

게임을 실행하고 결과창을 나타낼 때 코인 획득 업그레이드를 반영해 추가로 코인을 지급하도록 합니다.

예제 3-161: GamePlayManager.cs

```
--(전략)--
    // 결과창을 나타나게 한다.
    public void OpenResult()
    {
--(중략)--
        // 보너스 골드 계산.
        if(GameData.Instance.userdata.moneyLv > 0)
        {
```

```
            int bonusCoins = System.Convert.ToInt32(
                (float)getCoins * ((float)GameData.Instance.userdata.moneyLv/40f));
            resultGetCoinsLb.text
                = string.Format("{0} (bonus +{1})",getCoins, bonusCoins);
            getCoins += bonusCoins;
        }
        else
        {
            resultGetCoinsLb.text = getCoins.ToString();
        }

        // 결과창을 나타나게 한다.
        resultWindow.SetActive(true);
--(후략)--
```

bonusCoins를 계산하는 부분을 살펴보면 코인 획득 레벨을 최종 업그레이드 레벨인 40으로 나눠서 최대 레벨로 업그레이드하면 최대 2배까지 지급하도록 하고 있습니다. 이러한 부분은 실제로 게임을 제작할 때는 기획과 밀접한 부분이므로 적절한 계산식을 반영해 지급되는 보너스 코인을 변경해야 합니다.

게임을 진행하면서 획득한 코인과 점수를 서버로 전달한 후 로비씬으로 진입할 수 있도록 처리하겠습니다. GamePlayManager.Button 스크립트에 SendResultToServer 메서드를 추가하고 LoadReadyScene 메서드를 수정합니다.

예제 3-162: GamePlayManager.Button.cs

```
--(전략)--
    // 로비씬으로 전환할 때 사용한다.
    void LoadReadyScene(bool isPrepareGame)
    {
        // isPrepareGame를 활용하여 로비씬의 준비상태를 분기할 수 있도록 한다.
        GameData.Instance.isPrepareGame = isPrepareGame;

        if(nowGameState == GameState.gameOver)
        {
            nowGameState = GameState.wait;
            StartCoroutine(SendResultToServer());
        }
    }
--(중략)--
```

```
    IEnumerator SendResultToServer()
    {
        string url = string.Format(GameData.Instance.urlPrefix, "putResult");
        WWWForm form = new WWWForm();
        int userKeyNo = PlayerPrefs.GetInt("UserKeyNo");
        form.AddField("userKeyNo", userKeyNo);
        form.AddField("getCoins", getCoins);
        form.AddField("score", score);

        WWW www = new WWW(url, form);

        yield return www;

        if( www.isDone && www.error == null)
        {
            // 전달받은 데이터의 앞 5글자를 분리하여 결과 코드로 분석.
            string responseCode = www.text.Substring(0, 5);
            switch(responseCode)
            {
            case "query":
                // 서버에서 SQL 쿼리 에러가 발생한 경우.
                #if UNITY_EDITOR
                Debug.Log(www.text);
                #endif
                break;
            case "done0":
                // 코인 및 최고 점수 갱신.
                responseCode = www.text.Substring(5, 7);
                GameData.Instance.userdata.coins
                    = System.Convert.ToInt32(responseCode);

                responseCode = www.text.Substring(12);
                GameData.Instance.userdata.highScore
                    = System.Convert.ToInt32(responseCode);

                // LobbyScene으로 전환한다.
                Application.LoadLevelAsync("LobbyScene");
                break;
            }
        }
    }
--(후략)--
```

이제 게임 실행에 즉시 부활 아이템을 사용할 수 있도록 GamePlayManager 스크립트의 Damage 메서드를 수정합니다.

예제 3-163: GamePlayManager.cs

```
--(전략)--
    public void Damage(float damageTaken)
    {
        if (nowGameState == GameState.gameOver)
            return;
        farmCurrentHP -= damageTaken;

        #if UNITY_EDITOR
        Debug.Log(farmCurrentHP);
        #endif

        if (farmCurrentHP <= 0)
        {
            // 즉시 부활 아이템 사용 여부 판단.
            if(GameData.Instance.useResurrection)
            {
                GameData.Instance.useResurrection = false;
                farmCurrentHP = (farmLimitHP/2);
                // TODO: 부활을 알리는 효과 추가.
            }
            else
            {
                nowGameState = GameState.gameOver;
                // 결과창 표시.
                OpenResult();
            }
        }
        // 농장 체력 표시.
        farmHPSlier.value = farmCurrentHP / farmLimitHP;
    }
--(후략)--
```

farmCurrentHP 멤버 필드가 0이하일 때 즉시 부활 아이템을 사용하면 전체 체력의 절반만큼 즉시 회복하고 효과를 통해서 게임을 계속 이어갈 수 있음을 알립니다.

효과 추가

즉시 부활 아이템을 사용하면 시각적인 효과를 추가해 부활했음을 사용자에게 전달합니다. 먼저 주 메뉴의 [Assets] → [Import Package] → [Custom Package]를 실행하고 앞서 내려받은 첨부 파일의 3-4/Effect/에서 ResurrectionEffect.unitypackage 파일을 프로젝트에 추가하면 프로젝트 브라우저의 Effect 폴더에 ResurrectionEffect 프리팹이 추가됩니다.

게임 플레이 씬(PlaySene)으로 이동한 후 Panel 게임 오브젝트의 자식 게임 오브젝트로 Resurrection Effect 프리팹을 등록합니다.

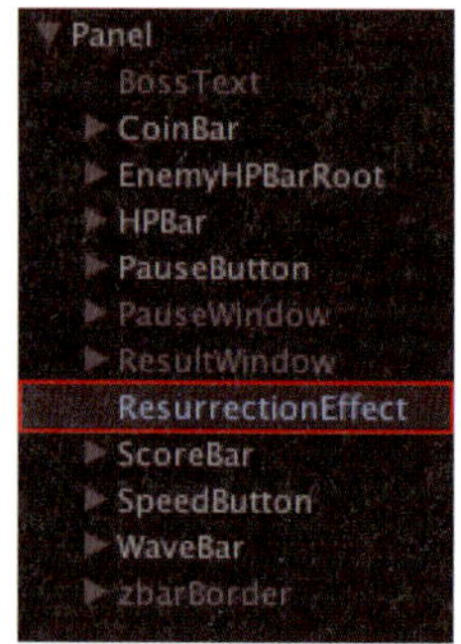

그림 3-259: ResurrectionEffect 추가

등록한 ResurrectionEffect 게임 오브젝트는 게임이 시작된 후 바로 필요한 요소가 아니므로 비활성화(❶)합니다. 그리고 유저 인터페이스 카메라가 UI 레이어만 표시하므로 Layer를 UI로 변경(❷)합니다.

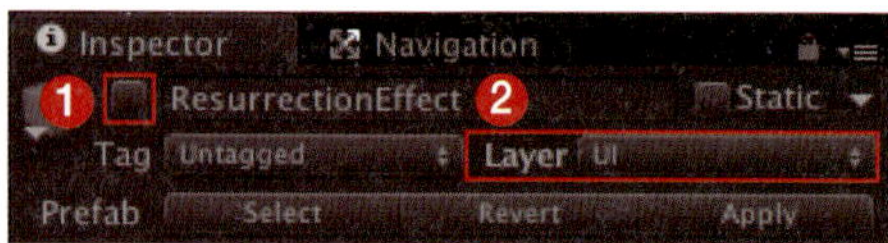

그림 3-260: ResurrectionEffect 게임 오브젝트 설정

효과를 작동시키기 위해서 GamePlayManager 스크립트에 멤버 필드를 추가하고 Damage 메서드를 수정합니다.

예제 3-164: GamePlayManager.cs

```
--(전략)--
    public GameObject resurrectionEffectObj;
--(중략)--
    public void Damage(float damageTaken)
    {
--(중략)--
        if (farmCurrentHP <= 0)
        {
            // 즉시 부활 아이템 사용 여부 판단.
            if(GameData.Instance.useResurrection)
            {
                GameData.Instance.useResurrection = false;
                farmCurrentHP = (farmLimitHP/2);
                // 부활을 알리는 효과 추가.
                resurrectionEffectObj.SetActive(true);
--(후략)--
```

즉시 부활 아이템은 게임 실행 시 최대 한 번만 작동시킬 수 있으므로 resurrectionEffectObj 게임 오브젝트를 비활성화하는 코드는 작성하지 않아도 됩니다.

앞서 제작하고 사용하지 않은 적 보스 캐릭터 등장 표시는 TweenScale과 TweenAlpha 컴포넌트를 활용해 제작됐습니다. 이를 한번에 제어하기 위해 적 보스 캐릭터 등장 표시를 담고 있는 BossText 게임 오브젝트를 선택하고 주 메뉴의 [NGUI] → [Attach] → [Play Tween Script]를 클릭해 UIPlayTween 컴포넌트를 추가합니다.

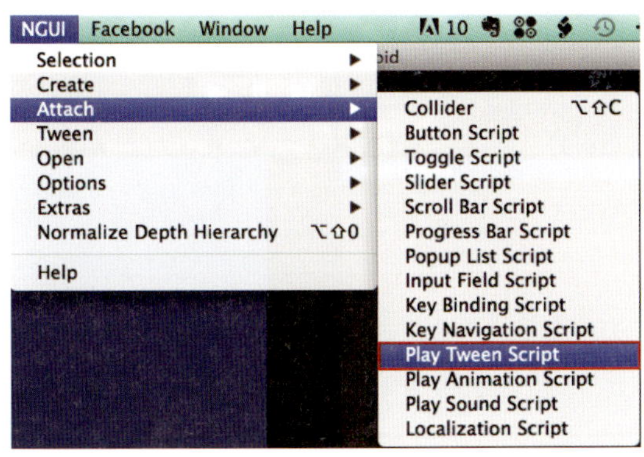

그림 3-261: UIPlayTween 컴포넌트 추가

UIPlayTween 컴포넌트의 Tween Target에 BossText 게임 오브젝트를 연결(❶)하고 Trigger condition을 On Activate로 선택(❷)합니다. On Activate로 선택하면 게임 오브젝트가 활성화되는 즉시 Tween 스크립트를 실행하게 됩니다. If already playing을 Restart로 선택(❸)해 다시 플레이되면 초기화하여 플레이되게 합니다.

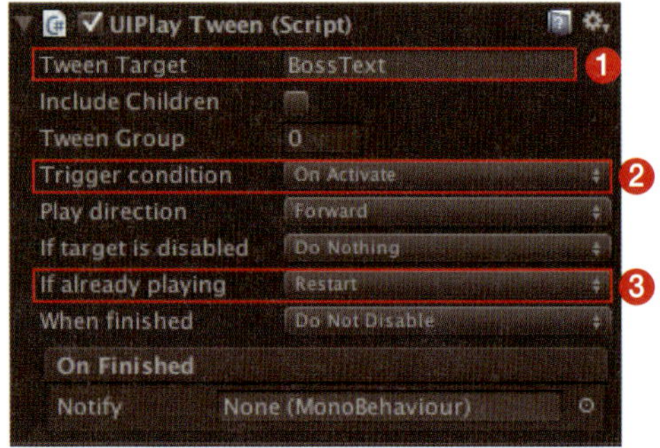

그림 2-262: UIPlayTween 컴포넌트 설정

적 보스 캐릭터 등장 표시를 나타내기 위해서 GamePlayManager 스크립트에 멤버 필드를 추가하고 SpawnEnemy 메서드에서는 게임 오브젝트를 활성화하고 플레이하도록 수정합니다.

예제 3-165: GamePlayManager.cs

```
--(전략)--
    public UIPlayTween bossEffectObj;
--(중략)--
    void SpawnEnemy(EnemyWaveData enemyData)
    {
--(중략)--
            if (enemyData.tagName == "boss")
            {
                // 적 보스 캐릭터가 등장했다는 표시를 띄운다.
                bossEffectObj.gameObject.SetActive(true);
                bossEffectObj.resetOnPlay = true;
                bossEffectObj.Play(true);
            }
        }
--(후략)--
```

즉시 부활 이펙트와 적 보스 캐릭터 등장 표시가 작동할 수 있게 @GM 게임 오브젝트를 선택해 GamePlayManager 스크립트의 Resurrection Effect Obj에 ResurrectionEffect 게임 오브젝트를 연결(❶)하고 Boss Effect Obj에 BossText 게임 오브젝트를 연결(❷)합니다.

그림 3-263: GamePlayManager 스크립트 설정

결제

마켓에서 판매하는 게임의 가격을 유료로 책정하는 것보다 요즘에는 게임을 무료로 제공하고 게임 안에서 결제로 수익을 내는 방법을 사용합니다. 이때 게임이 판매되는 마켓에 따라서 결제 모듈이 다르기 때문에 유니티만으로 해결할 수 없는 경우가 많습니다. 이제 구글 플레이 스토어을 활용해 인 앱 결제(In-app Billing 혹은 In-app Purchase)를 구현하면서 유니티와 안드로이드가 어떻게 데이터를 주고 받으며 처리하는지 익히도록 합니다.

준비 작업

유니티에서 안드로이드 플랫폼을 사용하려면 안드로이드 SDK가 필요합니다. 그리고 안드로이드 SDK는 자바로 제작됐기 때문에 자바 개발 킷(JDK)이 필요합니다. 안드로이드 개발 도구로는 이클립스(Ecllipse)나 IntelliJ IDEA 처럼 이미 사용하는 것이 있다면 사용하셔도 됩니다. 여기에서는 구글에서 제공하는 안드로이드 통합개발환경인 안드로이드 스튜디오를 설치하여 설명하겠습니다.

자바 개발 킷(JDK) 설치

안드로이드 플랫폼은 자바 개발 환경에서 작동하므로 JDK(Java Development Kit)를 설치해야 합니다. 웹 브라우저를 실행해 다음 주소(http://www.oracle.com/technetwork/java/javase/downloads/index.html)로 이동한 후 JDK DOWNLOAD 버튼을 클릭합니다.

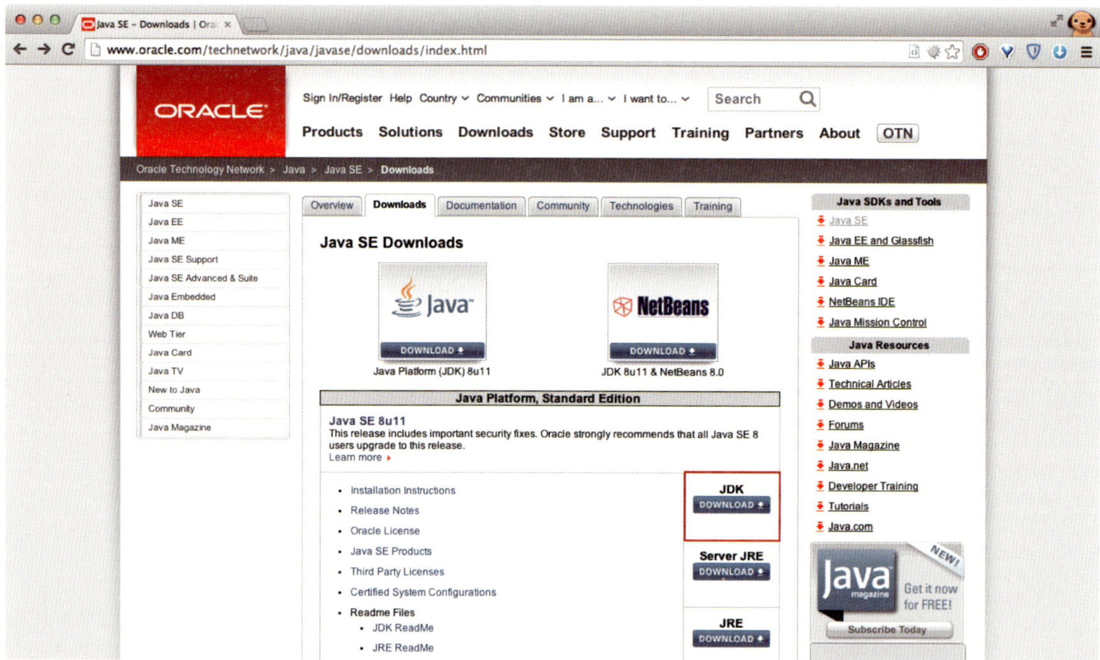

그림 3-264: JDK 내려받기

Accept Lisence Agreement를 선택(❶)하고 운영체제와 맞는 파일을 선택해 내려받습니다(❷).

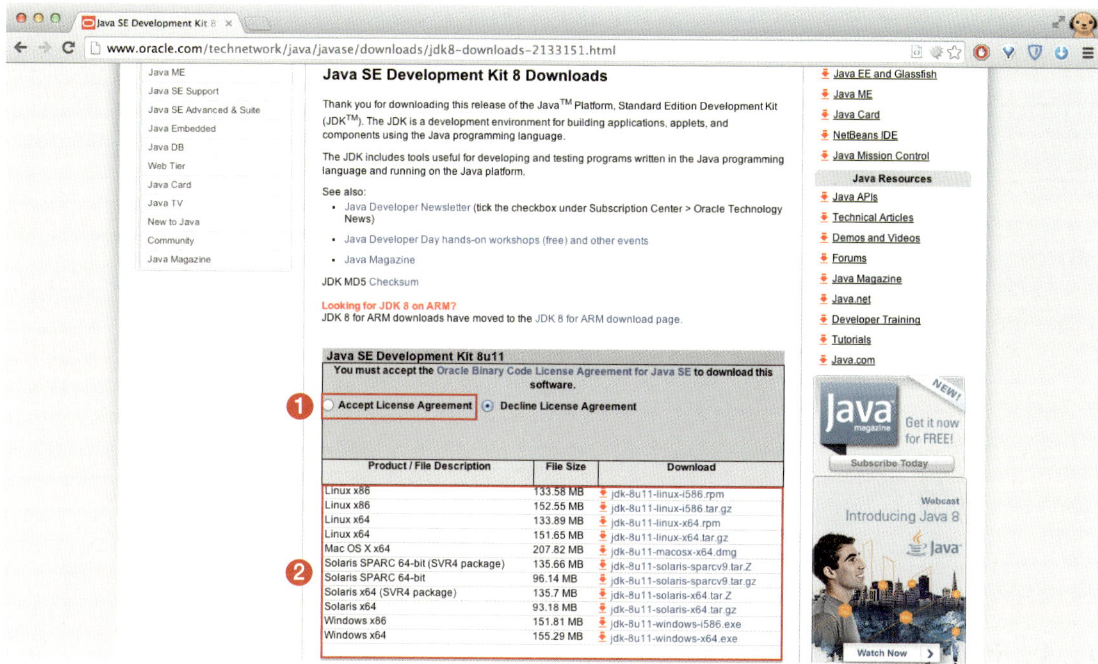

그림 3-265: JDK 내려받기

윈도우 운영체제라면 내려받은 파일을 바로 실행하고 OS X 운영체제라면 압축을 해제한 후 실행합니다. 특별한 선택 과정이 없으므로 계속 버튼을 클릭해 JDK 설치를 완료합니다.

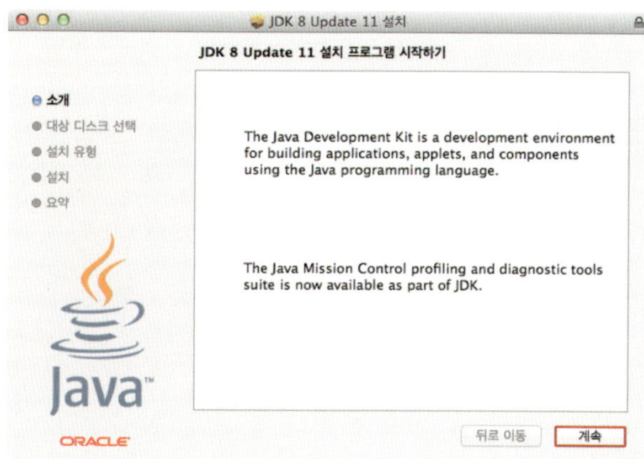

그림 3-266: JDK 설치

안드로이드 SDK 설치

웹 브라우저를 실행해 다음 주소(http://developer.android.com/sdk/index.html)로 이동합니다. 독립된 안드로이드 SDK(Software Development Kit)를 내려받기 위해 페이지를 아래로 내려서 VIEW ALL DOWNLOADS AND SIZE 메뉴를 클릭(❶)합니다. SDK Tools Only 중 자신의 운영체제와 맞는 패키지를 선택(❷)합니다.

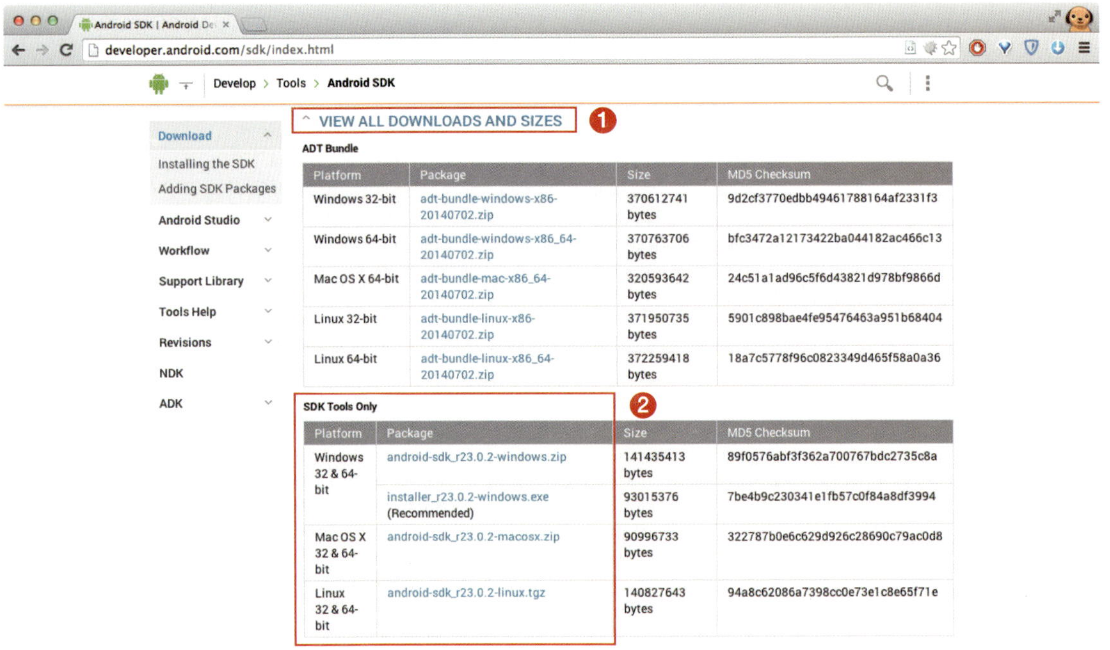

그림 3-267: 안드로이드 SDK 내려받기

조건에 동의하고(❶) 다운로드 버튼을 클릭해 안드로이드 SDK를 내려받습니다(❷).

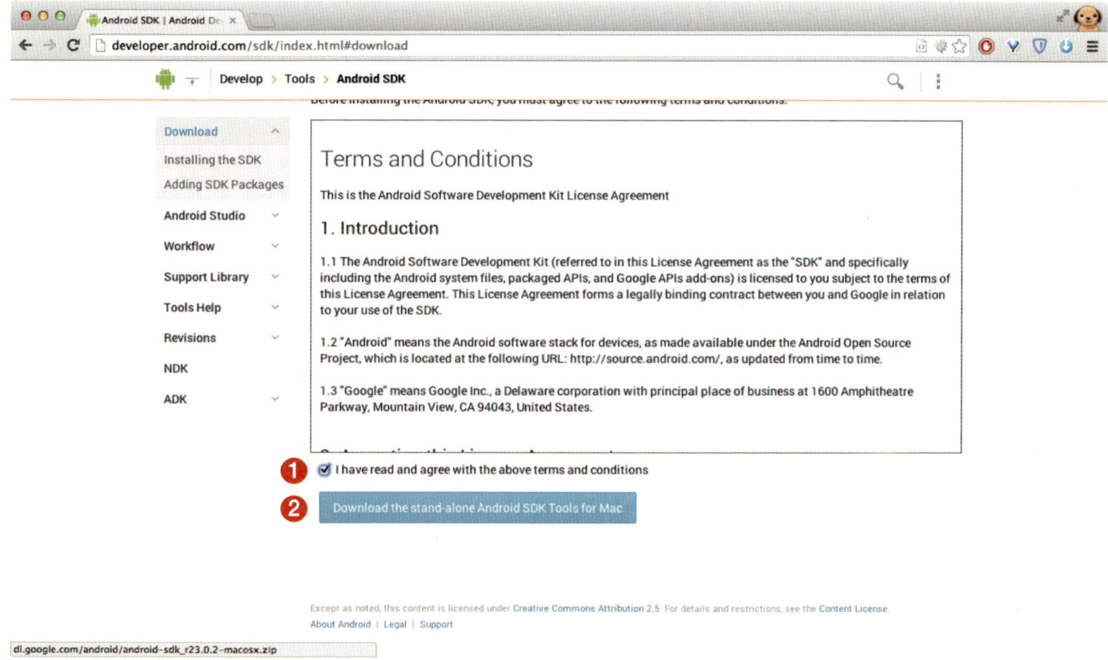

그림 3-268: 안드로이드 SDK 내려받기

내려받은 파일을 원하는 경로로 옮긴 후 실행합니다(OS X 운영체제라면 압축을 해제합니다). 필자는 내 문서 ▷ AndroidProject 폴더에 압축을 해제했습니다. 이제 SDK 매니저를 실행해 필요한 파일을 내려받아야합니다. SDK를 설치한 폴더로 이동해 SDK manager.exe를 실행합니다(OS X 운영체제라면 압축 해제한 폴더 아래의 tools 폴더에서 android 파일을 실행합니다).

SDK 매니저가 실행되면 필요한 요소를 체크하게 됩니다. 반드시 내려받아야 하는 요소는 최신 안드로이드 API(여기에서는 Android 4.4W(❶)), 최소 개발 기준으로 사용할 Android 4.0 API(❷), 결제 개발을 위한 Google Play Billing Library(❸)입니다. 필요한 요소를 모두 체크한 후 Install packages 버튼을 클릭(❹)해 내려받습니다.

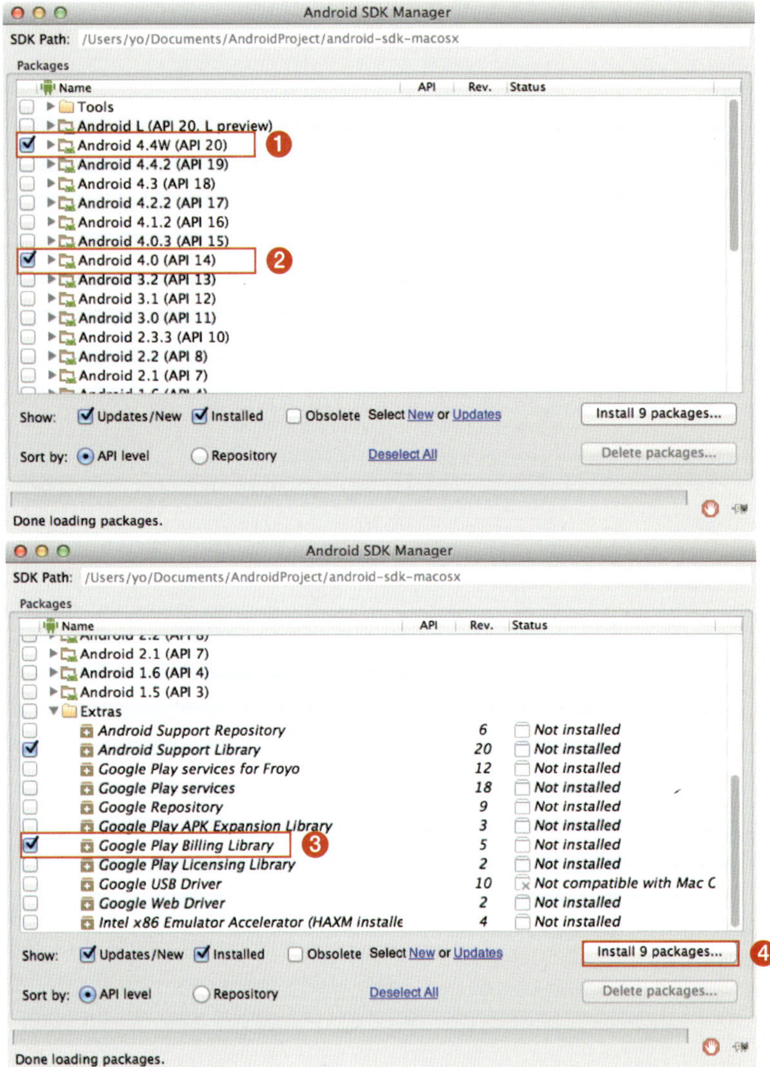

그림 3-269: 패키지 내려받기

패키지를 선택(❶)하고 Accept License를 선택(❷)한 뒤 Install 버튼을 클릭해 내려받기를 시작합니다(❸).

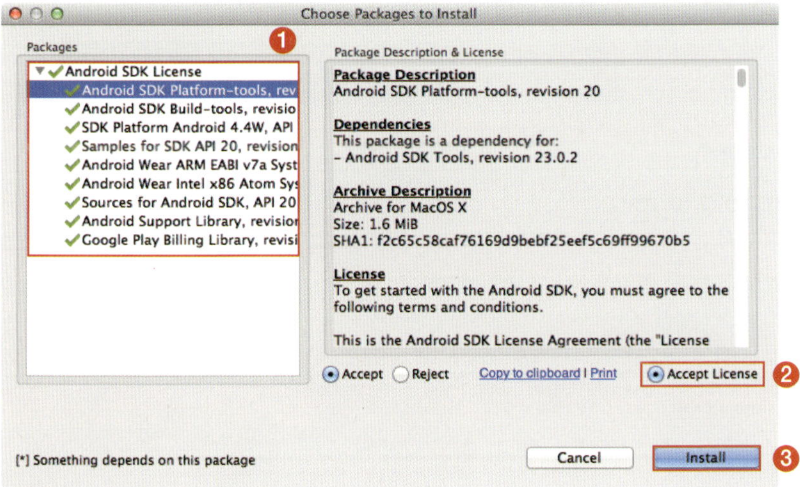

그림 3-270: 패키지 내려받기

내려받기가 완료되면 SDK 매니저를 종료합니다.

IDE 설치

웹 브라우저를 실행해 다음 주소(https://developer.android.com/sdk/installing/studio.html)로 이동한 후 구글에서 제공하는 안드로이드 애플리케이션 개발용 IDE(Integrated Development Environment)인 안드로이드 스튜디오를 내려받습니다.

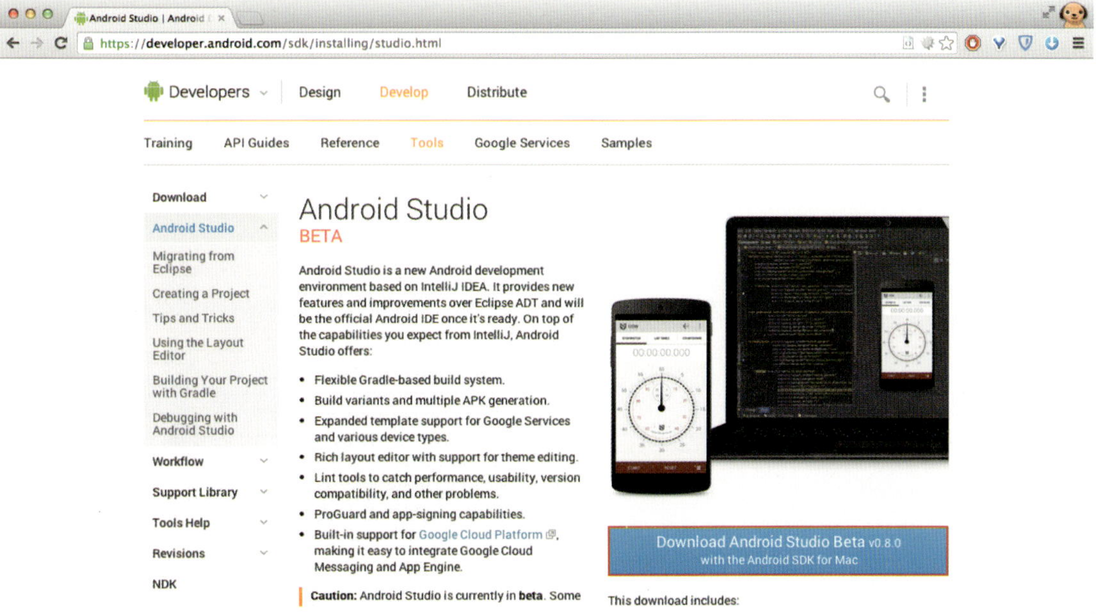

그림 3-271: 안드로이드 스튜디오 내려받기

안드로이드 SDK와 마찬가지로 조건에 동의(❶)한 후 내려받습니다(❷).

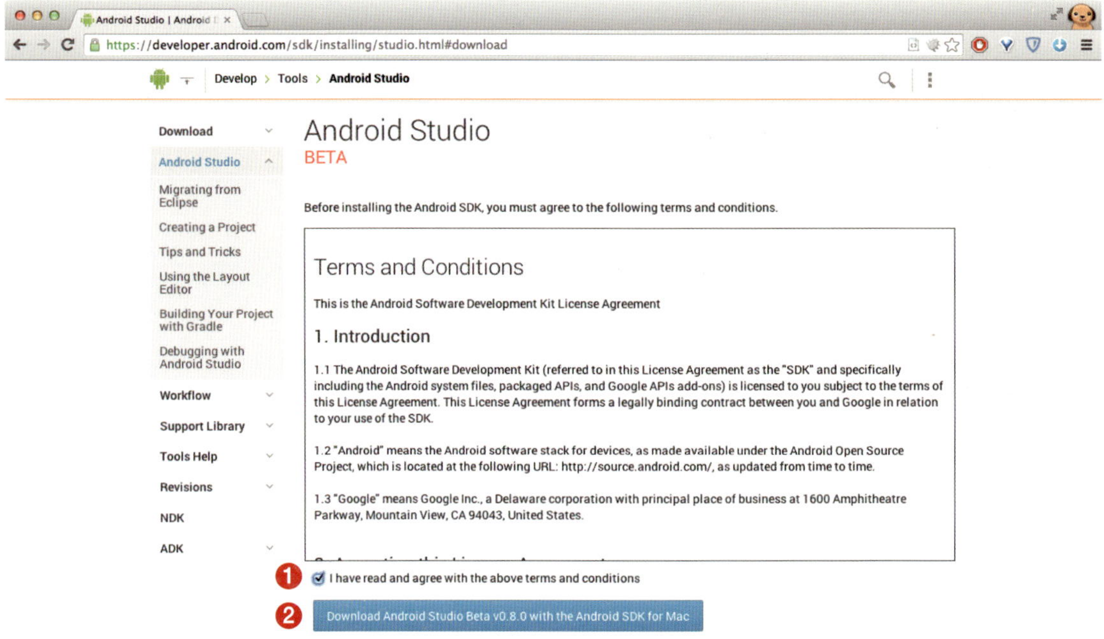

그림 3-272: 안드로이드 스튜디오 내려받기

내려받은 파일을 실행해 설치합니다(OS X 운영체제는 내려받은 dmg 파일을 열어서 Application 폴더에 끌어다 놓습니다). 설치한 안드로이드 스튜디오를 처음 실행하면 설정을 묻습니다. 기본 설정을 유지한 채(❶) OK 버튼을 클릭해 계속 진행합니다(❷).

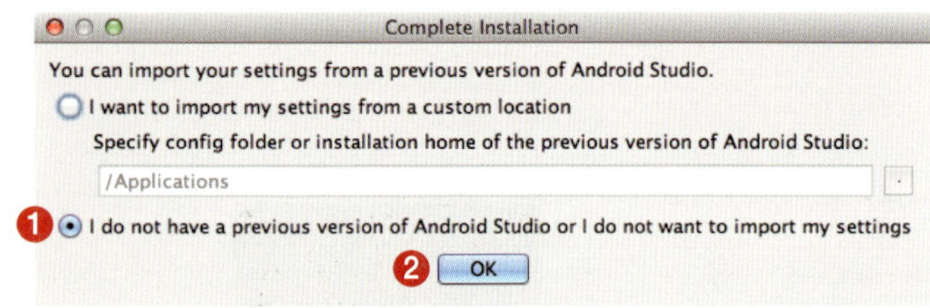

그림 3-273: 안드로이드 스튜디오 실행

안드로이드 스튜디오가 실행되면 먼저 안드로이드 SDK를 앞서 설치한 경로로 변경해야 합니다. Configure → Project Defaults → Project Structure를 클릭해 Project Stureture 창을 활성화합니다.

순서대로 클릭하면 메뉴가 변경됩니다.

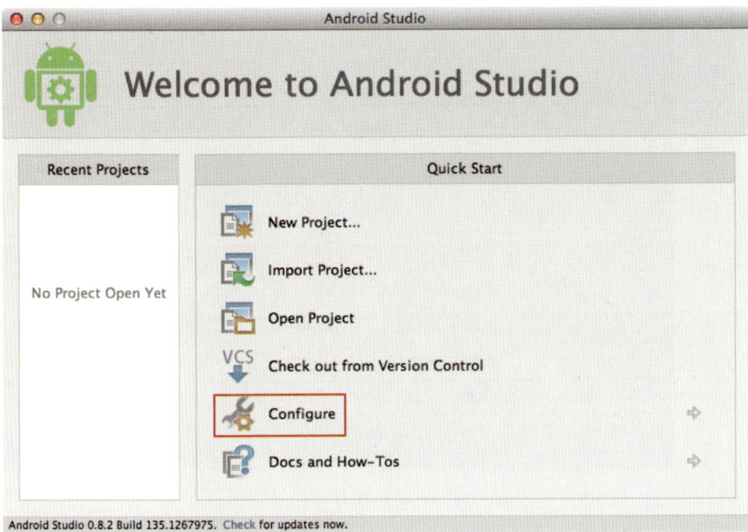

그림 3-274: Configure 실행

Android SDK Location에 안드로이드 SDK를 설치한 경로를 설정(❶)한 후 OK 버튼을 클릭해 완료합니다(❷).

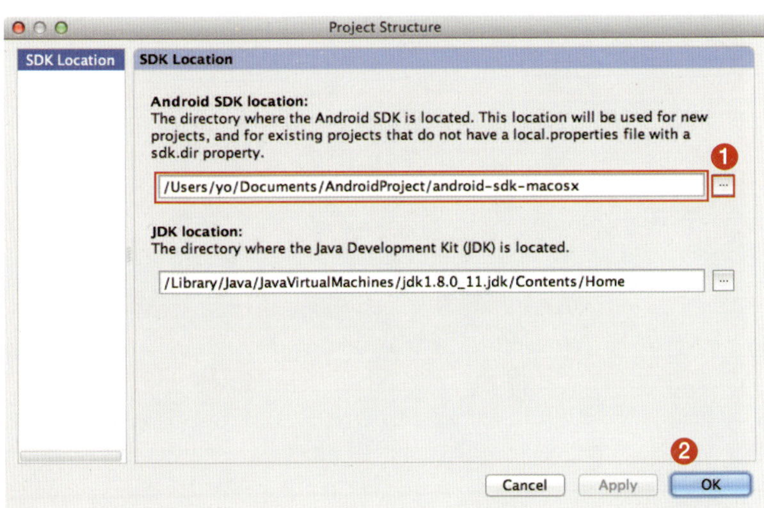

그림 3-275: Project Structure 설정

안드로이드 프로젝트 생성

멀티 플랫폼 퍼블리싱을 지원하는 유니티의 기본 빌드 셋팅은 PC, 맥, 리눅스에서 작동하도록 되어 있습니다. 안드로이드로 플랫폼을 변경하기에 앞서 먼저 주 메뉴의 [File] → [Preferences]를 실행합니다(OS X 운영체제는 주 메뉴의 [Unity] → [Preferences]를 실행합니다). Unity Preferences 창의 External Tools 탭을 클릭(❶)해 Android SDK Location을 안드로이드 SDK를 설치한 경로로 설정(❷)합니다.

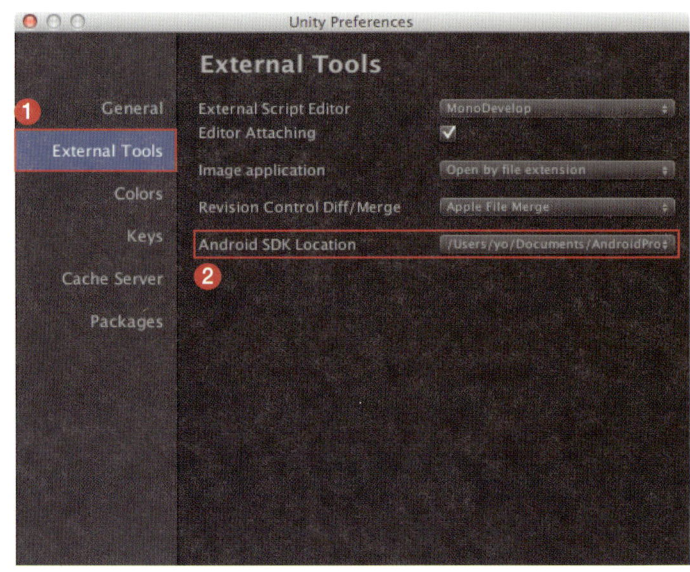

그림 3-276: 안드로이드 SDK 경로 설정

이러한 설정을 안드로이드로 변경하고 필요한 설정을 하겠습니다. 주 메뉴의 [File] → [Build Setting]을 실행합니다. 빌드 셋팅 창의 Platform을 Android로 선택하고(❶) Switch Plaform 버튼을 클릭해(❷) 플랫폼을 변경합니다. 플랫폼 전환이 완료되면 Player Sttings 버튼을 클릭합니다(❸).

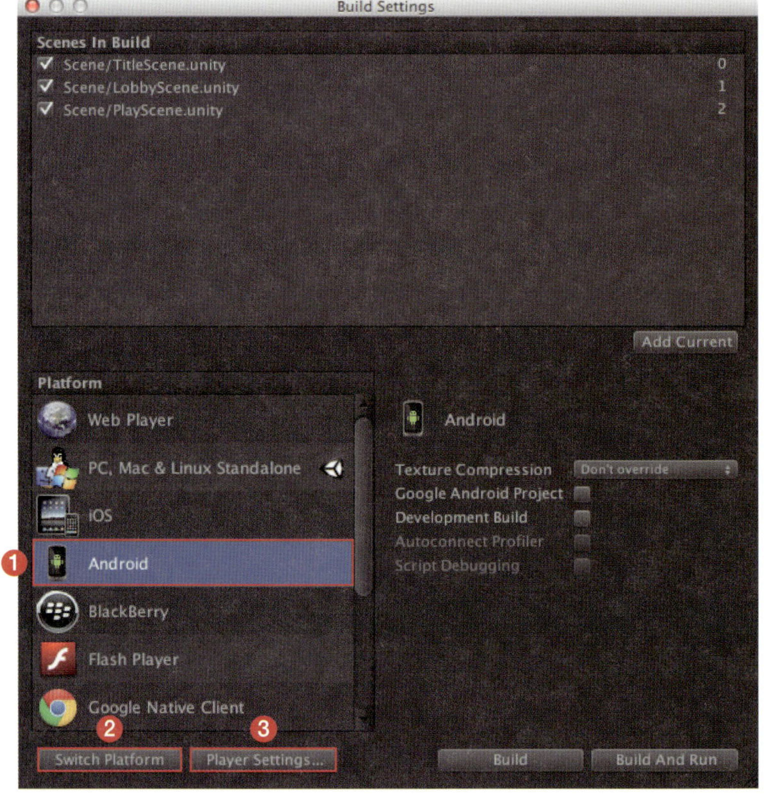

그림 3-277: 플랫폼 변경

인스펙터를 확인하면 Player Settings 옵션이 나타납니다. Company Name과 Product Name에는 회사명과 상품명을 원하는 대로 입력합니다(❶). 입력이 끝났으면 Other Settings를 클릭해(❷) 펼칩니다.

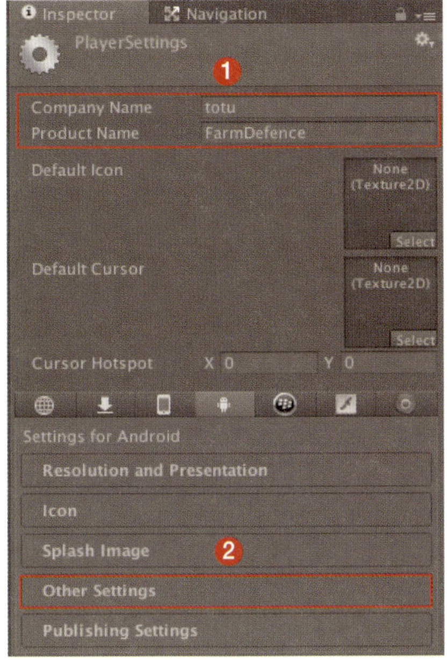

그림 3-278 : Player Settings

Bundle Identifier에 원하는 이름을 입력(❶)합니다. 애플리케이션의 패키지 명으로 사용되는 Bundle Identifier는 고유하고 영구적으로 구글 플레이 스토어에서 사용되므로 신중하게 결정해야 합니다. Minimum API Level은 Android 2.3.1 Gingerbread인데 Android 4.0 Ice Cream Sandwich로 선택(❷)합니다.

팁

- Bundle Identifier는 안드로이드 스튜디오에서도 수정할 수 있지만 원활한 프로그래밍과 체계적인 관리를 위해서 Player Settings에서부터 일관되게 사용합니다.
- Bundle Identifier는 영문 대소문자, 숫자, 밑줄(_)과 점(.)을 사용할 수 있습니다. 다만 첫 문자는 무조건 소문자여야 합니다. 보통 자신이 만든 애플리케이션에 일관성을 가지기 위해서 com.[닉네임 및 회사명].[애플리케이션명]과 같은 형태로 사용합니다. 예로 구글은 com.google로 시작하는 명을 사용합니다.
- Minimum API Level을 Android 4.0으로 설정한 이유는 안드로이드 SDK가 디자인과 사용자 경험을 정리해 일관성을 가지기 시작한 버전이기 때문입니다.

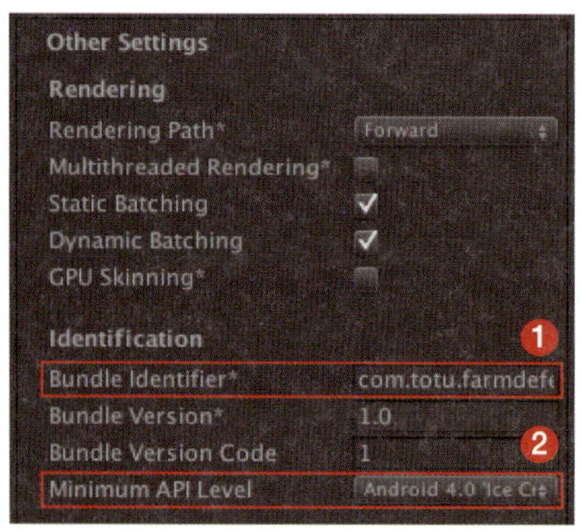

그림 3-279: Player Settings의 Other Settings

Other Settings 설정을 마친 후 빌드 셋팅 창으로 돌아가서 Google Android Project 옵션을 선택(❶)합니다. 해당 옵션을 클릭하면 IDE에서 사용할 수 있는 안드로이드 프로젝트를 생성할 수 있습니다. Export버튼을 클릭(❷)해 원하는 경로로 프로젝트를 저장합니다. 필자는 내문서 ▷ AndroidProject 폴더에 farmdefence_alpha 폴더를 생성해 저장했습니다.

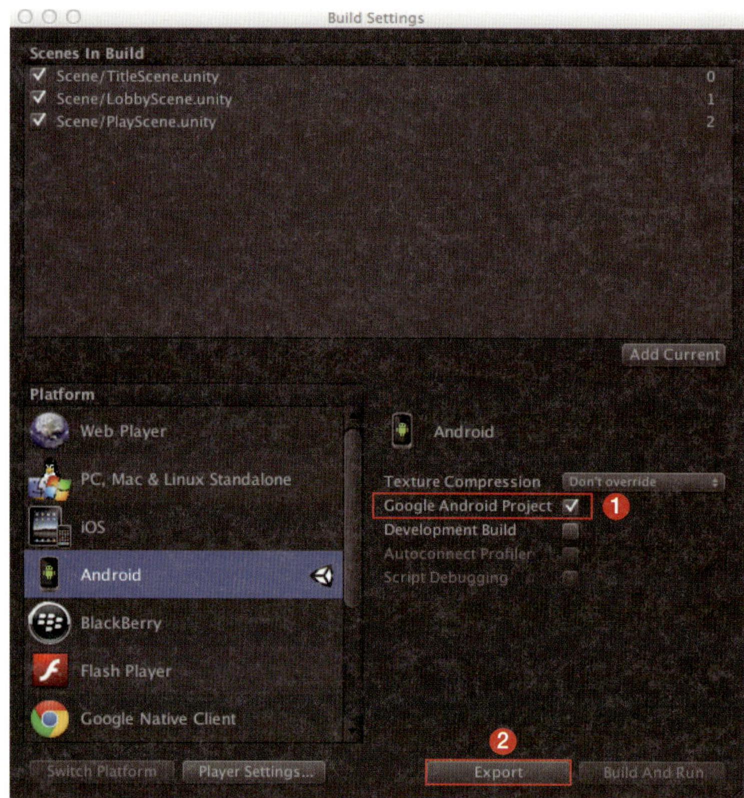

그림 3-280: 안드로이드 프로젝트 생성

안드로이드 애플리케이션 생성

유니티에서 만든 안드로이드 프로젝트를 안드로이드 스튜디오로 작업해 안드로이드 애플리케이션을 만들겠습니다. 안드로이드 스튜디오를 실행한 후 Import Project 버튼을 클릭합니다.

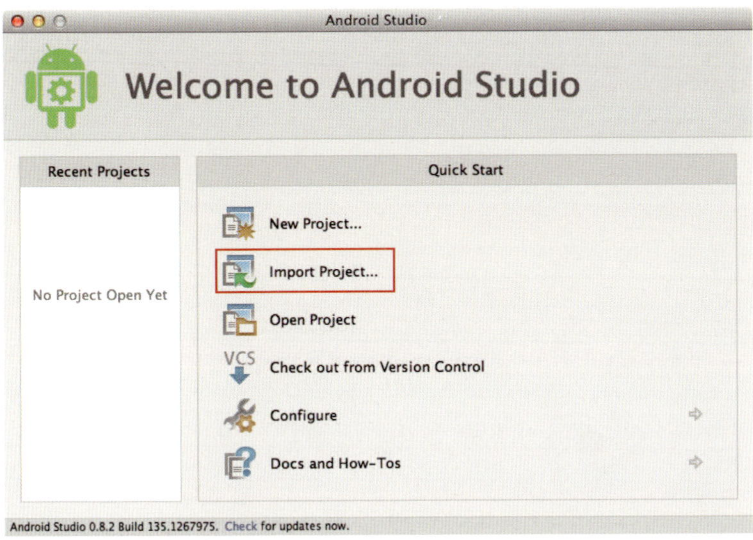

그림 3-281: 안드로이드 프로젝트 가져오기

유니티에서 내보낸 안드로이드 프로젝트를 선택(❶)한 후 OK 버튼을 클릭(❷)합니다.

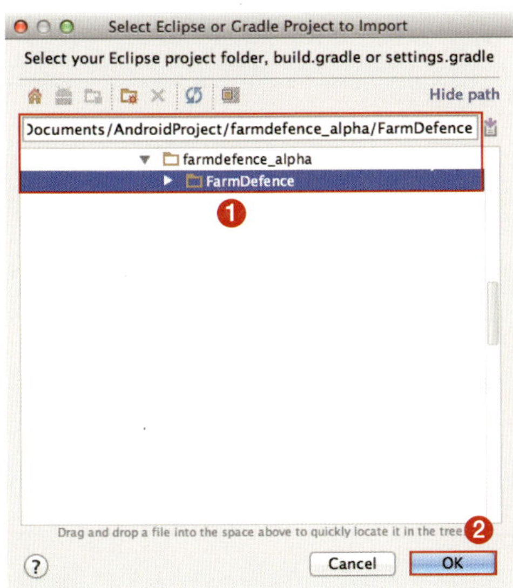

그림 3-282: 안드로이드 프로젝트 가져오기

가져온 프로젝트를 어느 폴더에 새롭게 복사해 생성할지 원하는 경로를 지정(❶)합니다. 구분을 위해서 내 문서 ▷ AndroidProject ▷ farmdefence_alpha 폴더 아래에 farmdefence_alpha01 폴더를 생성해 선택했습니다. 경로 지정을 마치면 [Next] 버튼을 클릭(❷)합니다.

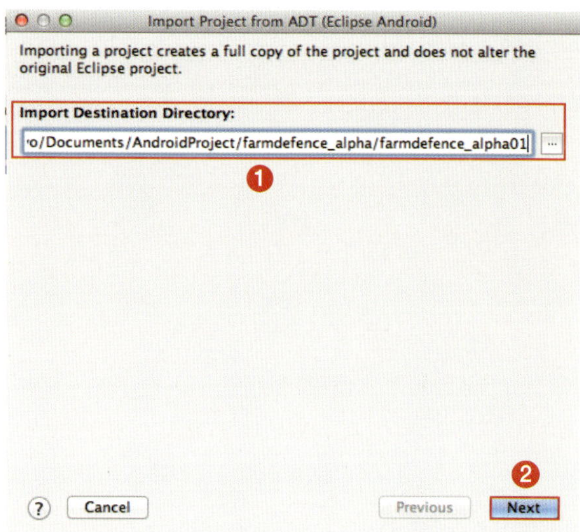

그림 3-283: 가져올 프로젝트 경로 지정

프로젝트 구성을 안드로이드 스튜디오에 맞게 변형하는 옵션은 유지한 채 [Finish] 버튼을 클릭해 진행합니다.

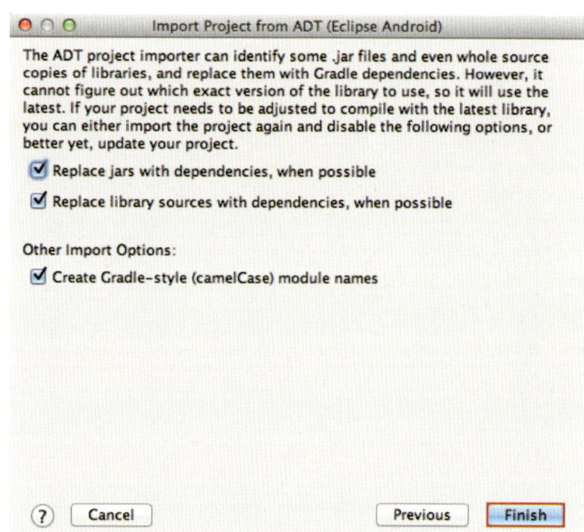

그림 3-284: 안드로이드 프로젝트 가져오기 완료

가져오는 안드로이드 프로젝트를 원하는 옵션대로 안드로이드 스튜디오가 변형을 완료하면 import-summary를 보여줍니다.

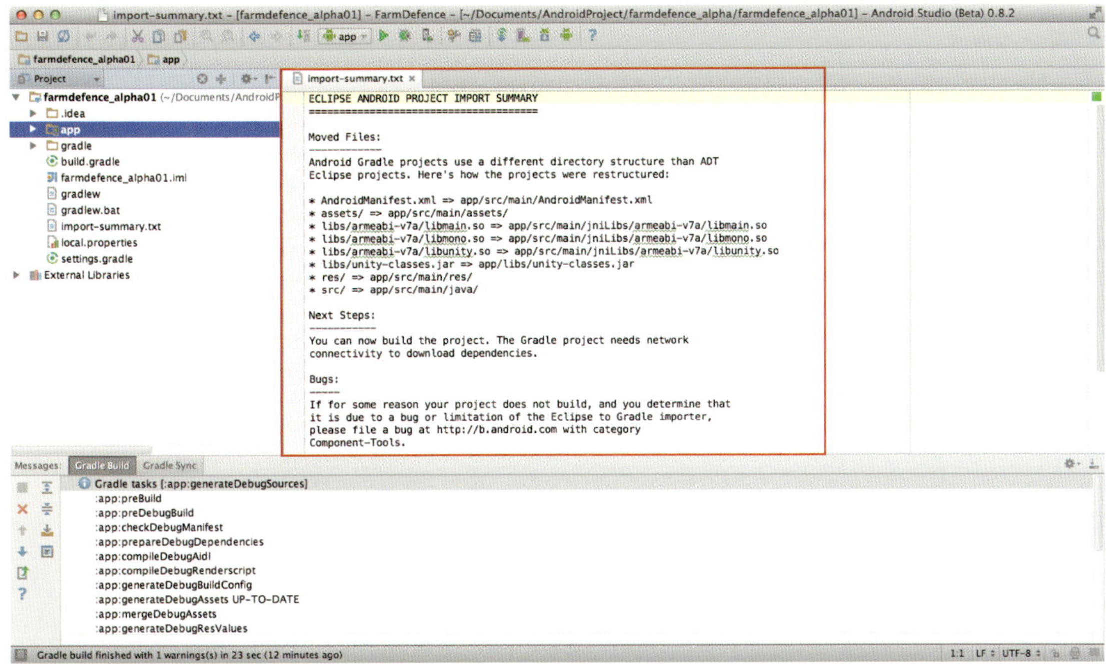

그림 3-285: 안드로이드 프로젝트 가져오기 완료

이제부터 프로젝트에 결제 관련 AIDL 파일과 권한을 부여하겠습니다. 먼저 안드로이드 스튜디오 왼쪽에 있는 프로젝트 툴 창에서 프로젝트 ▷ app ▷ src ▷ main 폴더를 선택(❶)한 후 주 메뉴의 [File] → [New]를 클릭해 Directory를 선택(❷)합니다.

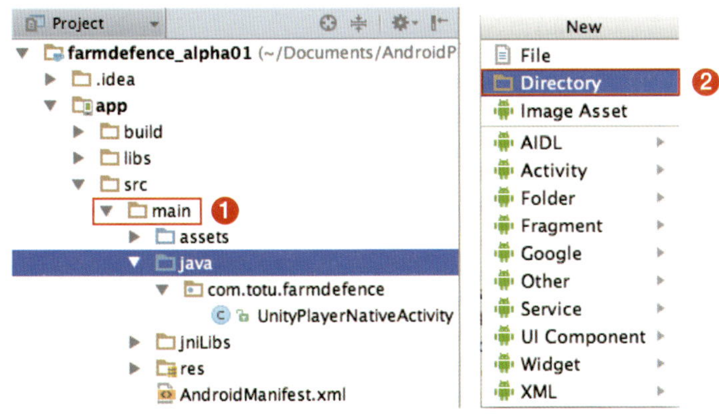

그림 3-286: 디렉토리 생성

디렉토리명을 aidl로 입력(❶)한 후 OK 버튼을 클릭해 생성(❷)합니다.

그림 3-287: 디렉토리명 입력

새로 만든 aidl 디렉토리를 선택(❶)한 후 주 메뉴의 [File] → [New]를 클릭해 Package를 선택(❷)합니다.

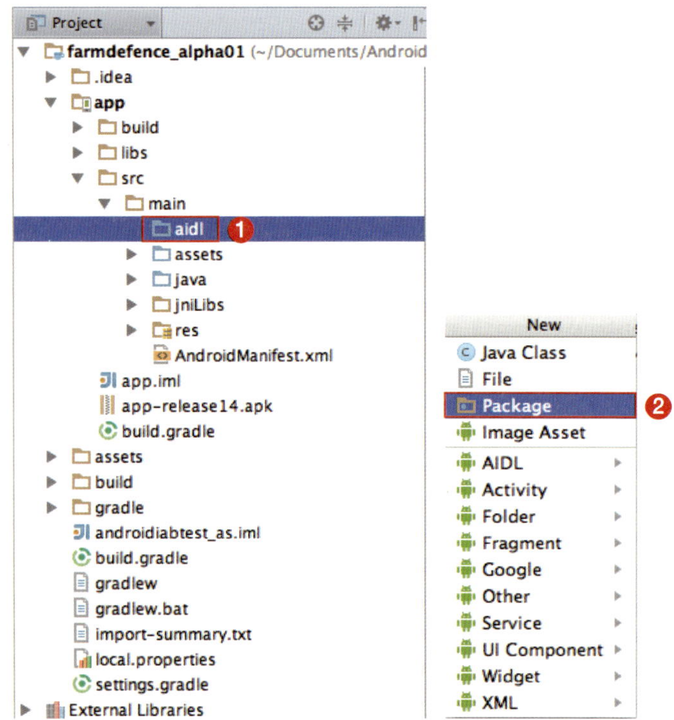

그림 3-288: 패키지 생성

패키지명을 com.android.vending.billing으로 입력(❶)하고 [OK] 버튼을 클릭해 생성(❷)합니다.

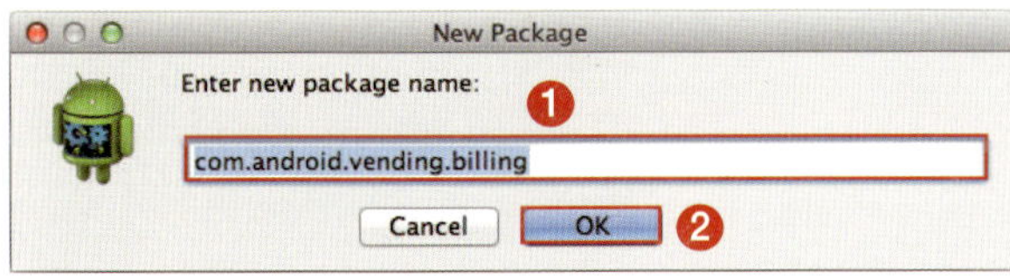

그림 3-289: 패키지 명 입력

프로젝트 툴 창에서 새로 생성된 패키지(❶)에 설치한 안드로이드 SDK 폴더 ▷ extra ▷ google ▷ play_billing 폴더에서 IInAppBillingService.aidl 파일(❷)을 끌어다 놓습니다. 이때 Alt 키를 누른 채로 드래그해 IInAppBillingService.aidl 파일이 복사되게 합니다.

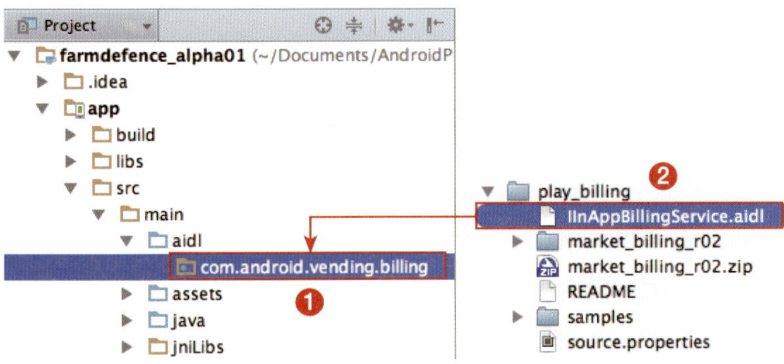

그림 3-290: AIDL 파일 복사

OK 버튼을 클릭(❶)해 복사가 완료되면 프로젝트 툴 창의 패키지 아래에 IInAppBillingService.aidl이 표시(❷)됩니다.

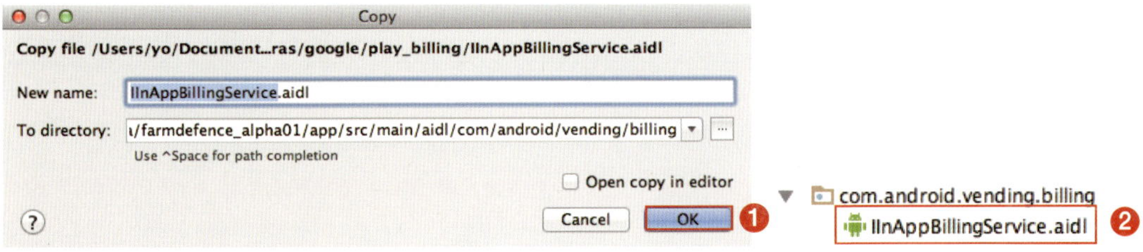

그림 3-291: AIDL 파일 복사 완료

결제 관련 권한을 추가하기 위해서 프로젝트 툴 창에서 프로젝트 ▷ app ▷ src ▷ main 폴더 아래의 AndroidManifest.xml 파일을 더블클릭해 편집합니다.

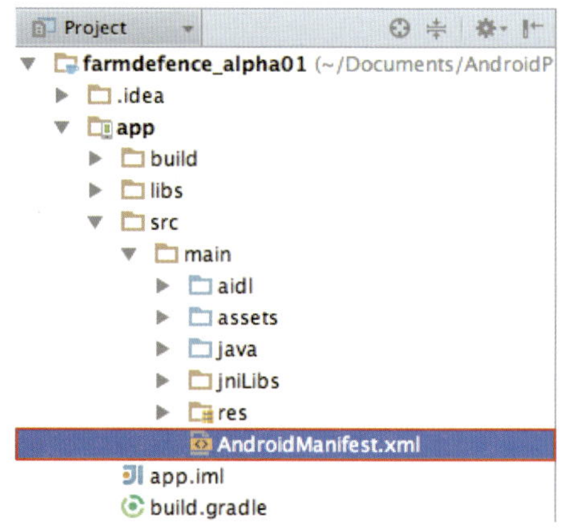

그림 3-292: AndroidManifest 편집

용어설명

안드로이드 매니페스트(AndoridManifest)

애플리케이션이 어떤 기능을 수행할 수 있는지 정보를 제공하는 파일로 안드로이드 애플리케이션에 반드시 필요한 파일입니다.

안드로이드 매니페스트의 application 노드에서 android:debuggable="true"를 제거하고 uses-permission 부분을 찾아서 con.android.vending.BILLING 권한을 추가합니다.

팁

application 노드에 debuggalbe 속성의 값이 기본적으로 true로 설정돼 있습니다. 따라서 apk가 디버그 모드로 생성되는데 이러한 특성이 안드로이드 스튜디오의 정책과 위반되어 에러를 발생시키므로 제거했습니다.

예제 3-166: AndroidManifest.xml

```
--(전략)--
    <application android:icon="@drawable/app_icon" android:label="@string/app_name">
--(중략)--
    <uses-permission android:name="com.android.vending.BILLING" />
--(후략)--
```

필요한 설정을 모두 마무리했으면 APK 파일을 빌드합니다. 주 메뉴의 [Build] → [Generate Signed APK]를 클릭합니다.

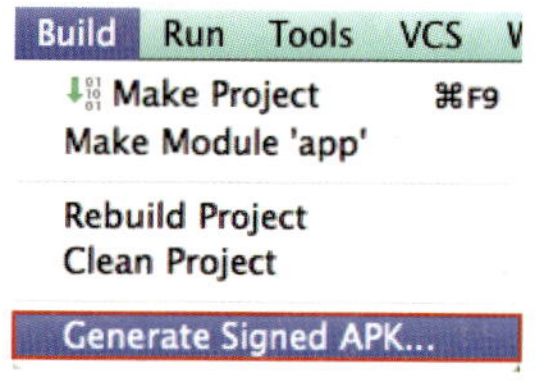

그림 3-293: APK 생성

빌드할 모듈은 프로젝트 안의 1개이므로 [Next] 버튼을 클릭해 다음 단계로 진행합니다.

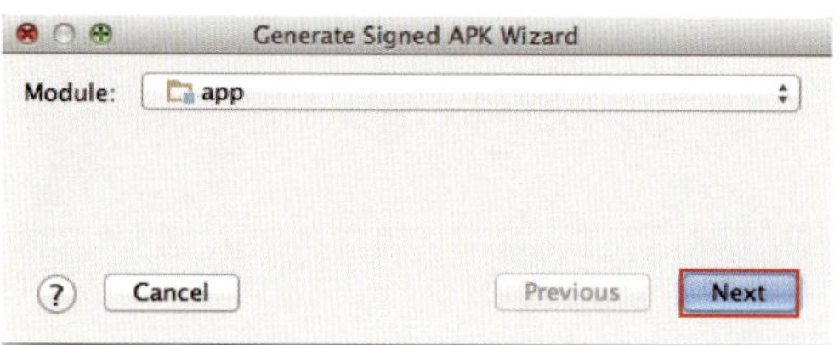

그림 3-294: APK 생성

안드로이드 애플리케이션을 생성해 배포하려면 개발자의 키스토어를 이용해 서명하는 과정을 거쳐야합니다. 키스토어를 제작하기 위해서 [Create New] 버튼을 클릭(❶)해 키스토어를 저장할 폴더를 지정(❷)하고 원하는 키스토어 파일명을 입력(❸)한 뒤 [OK] 버튼을 클릭해 키스토어를 생성(❹)합니다.

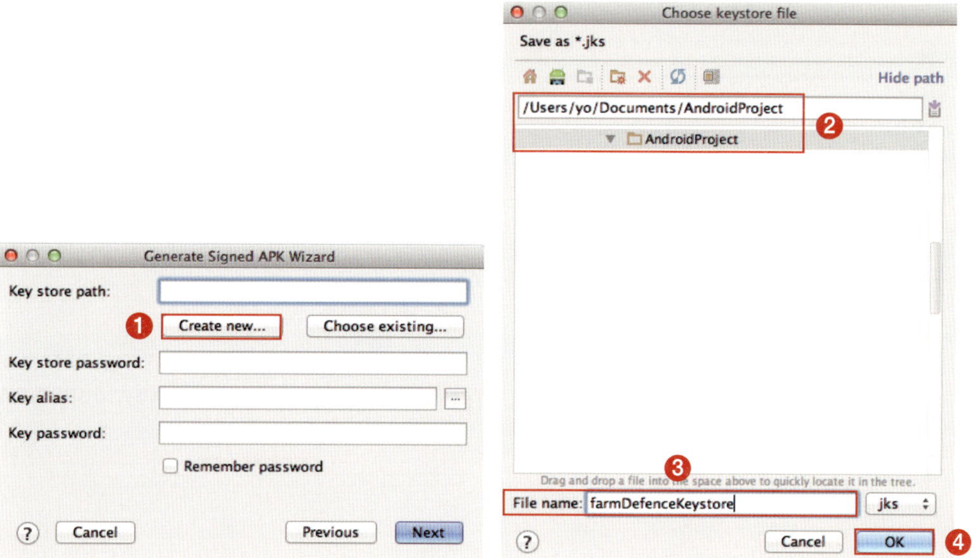

그림 3-295: 키스토어 생성

용어설명

키스토어(KeyStore)

같은 Bundle Identifier를 가졌어도 키스토어를 이용한 서명이 다르면 구글 플레이 스토어에 업데이트가 되지 않으니 반드시 한 번 서명한 키스토어는 잘 보관해야합니다.

구글 플레이 스토어를 이용하지 않는 개인적인 배포는 서명을 사용하지 않아도 무방합니다.

키스토어의 암호를 입력(❶)하고, 키의 Alias(❷)와 암호(❸), 성명(❹)을 입력한 후 [OK] 버튼을 클릭(❺)해 키스토어의 생성을 완료합니다.

팁

키스토어에 여러 개의 키가 존재할 수 있으므로 Alias를 이용해 키를 구별합니다.

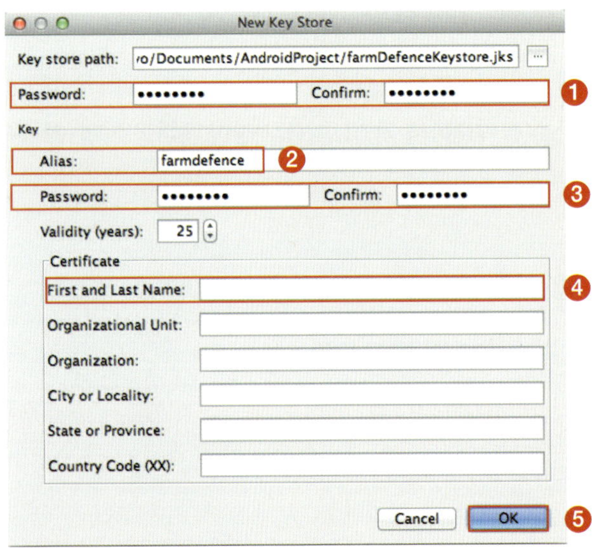

그림 3-296: 키스토어 생성

생성된 키스토어를 사용합니다. 키스토어 암호를 입력한 후(❶) Key alias를 선택하고 암호를 입력(❷)한 뒤 [Next] 버튼을 클릭해 계속 진행합니다(❸).

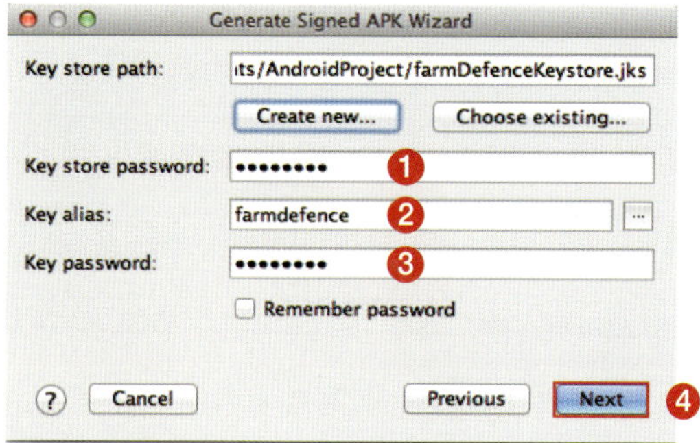

그림 3-297: 키스토어 암호 입력 및 키 암호 입력

빌드한 APK 파일을 저장할 위치를 선택(❶)하고 [Finish] 버튼을 클릭해 APK 파일을 빌드(❷)합니다. 빌드가 완료되면 저장된 폴더에 완성된 apk 파일을 확인할 수 있습니다(❸).

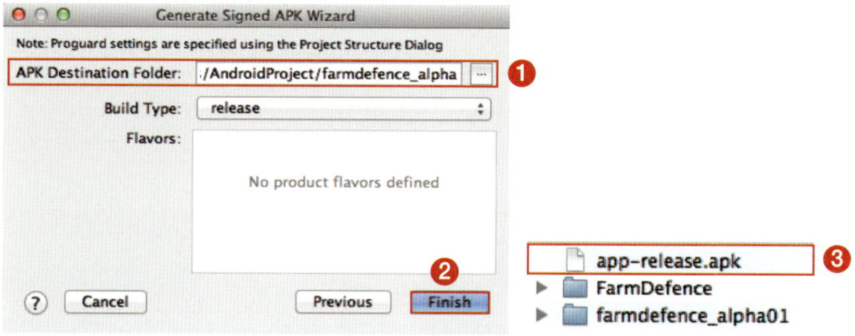

그림 3-298: APK 빌드

구글 플레이 스토어 가입

구글 플레이 스토어에서 애플리케이션을 판매하려면 구글 플레이에 개발자 등록을 해야 합니다. 웹 브라우저를 실행하여 다음 주소(https://play.google.com/apps/publish/signup/)로 이동해 등록을 시작합니다. 이미 구글 계정이 있다면 로그인하고 없다면 새로 가입합니다. 약관에 동의(❶)한 후 등록 수수료 25달러를 결제하기 위해 Continue to payment를 클릭(❷)합니다.

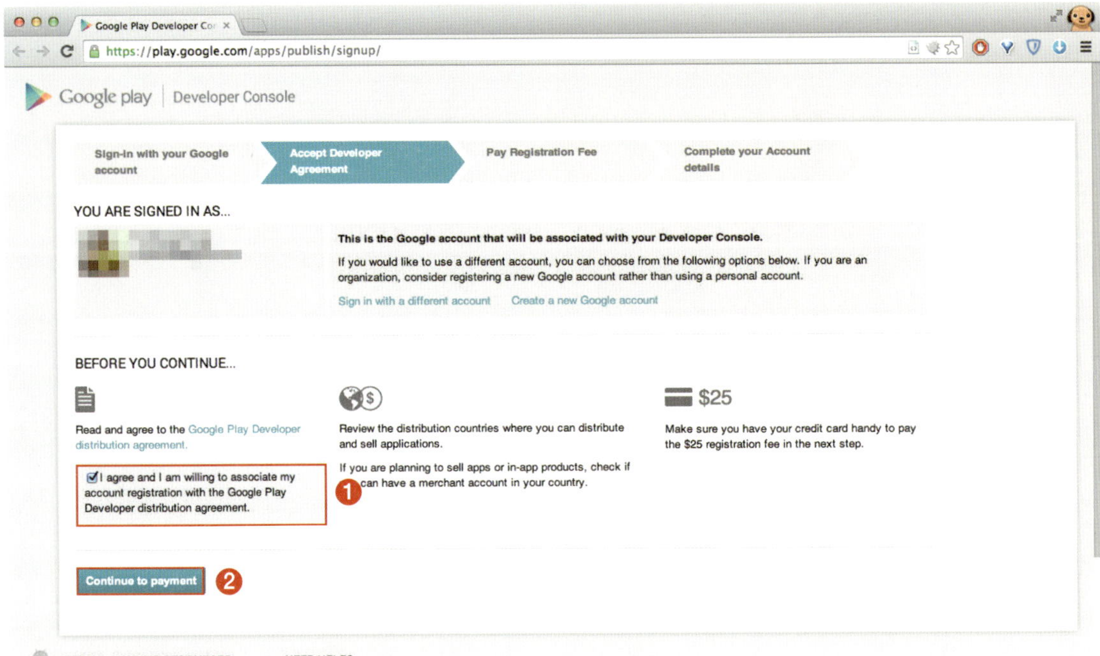

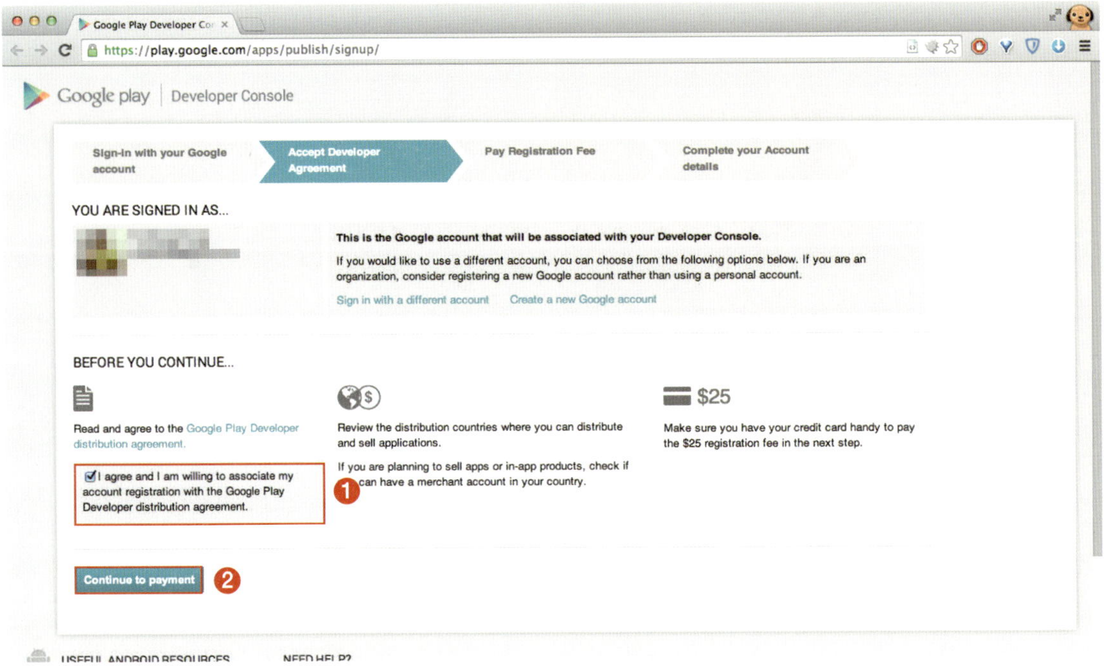

그림 3-299: 구글 개발자 배포 등록 약관 동의

등록 수수료 25달러를 결제할 신용카드 정보를 입력하고 동의 및 계속 버튼을 클릭합니다.

그림 3-300: 구글 개발자 배포 등록 수수료 결제

결제 내역을 확인하고 구매 버튼을 클릭해 수수료를 지불합니다.

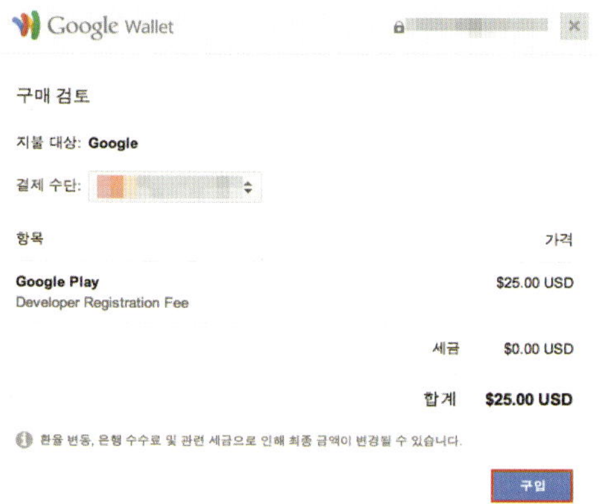

그림 3-301: 구글 개발자 배포 등록 수수료 결제

결제가 완료되면 Continue registration 버튼을 클릭해 등록을 계속 진행합니다.

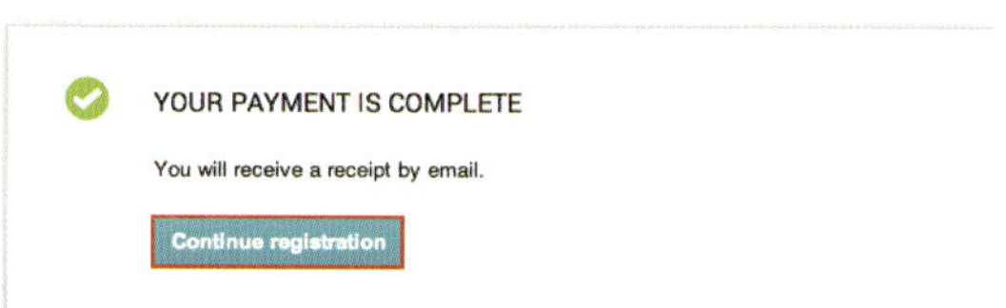

그림 3-302: 구글 개발자 배포 등록 수수료 결제 완료

필수 기재 항목인 Developer name, Email address, Phone Number와 선택 기재 항목을 작성한 후 Complete registration 버튼을 클릭해 등록을 마칩니다.

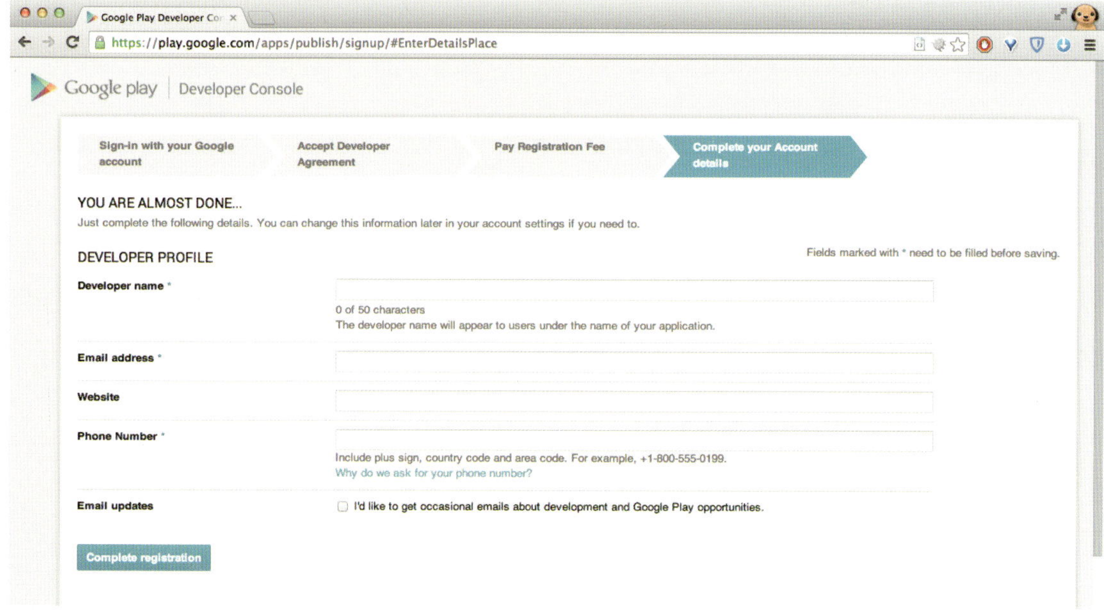

그림 3-303: 구글 개발자 배포 등록 완료

애플리케이션 등록

빌드한 APK 파일을 업로드하기 위한 애플리케이션을 등록합니다. 웹 브라우저에서 다음 주소(https://play.google.com/apps/publish/)로 이동한 뒤 [Add new application] 버튼을 클릭해 새로운 애플리케이션을 등록합니다.

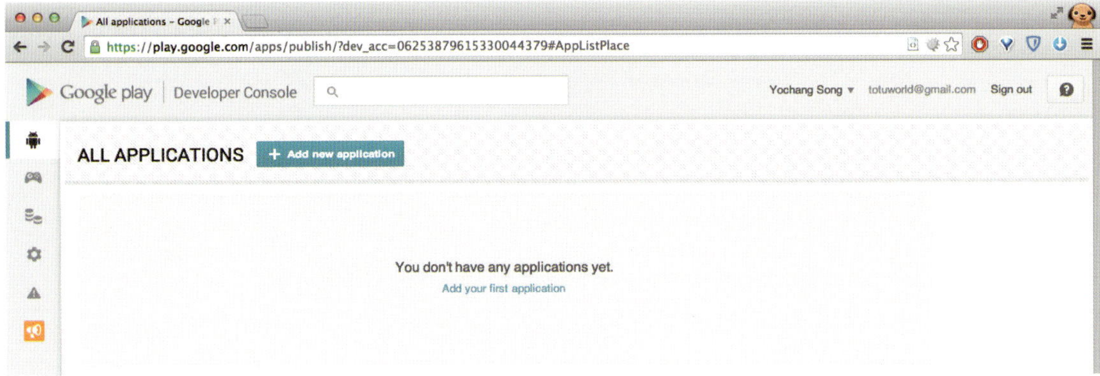

그림 3-304: 애플리케이션 등록

기본 언어를 한글로 선택(❶)하고 마켓에 표시할 이름을 입력(❷)한 뒤 [Upload APK] 버튼을 클릭해 빌드한 APK 파일을 업로드(❸)합니다.

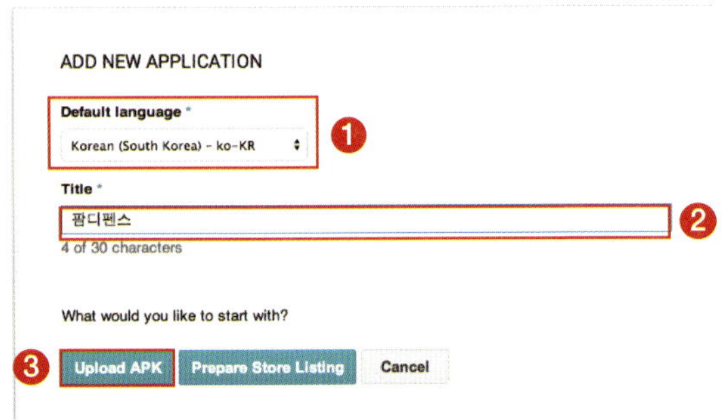

그림 3-305: 애플리케이션 이름 입력

테스트용으로 제작한 APK 파일이므로 ALPHA TESTING 탭으로 이동(❶)해 Upload your first APK to Alpha 버튼을 클릭(❷)합니다.

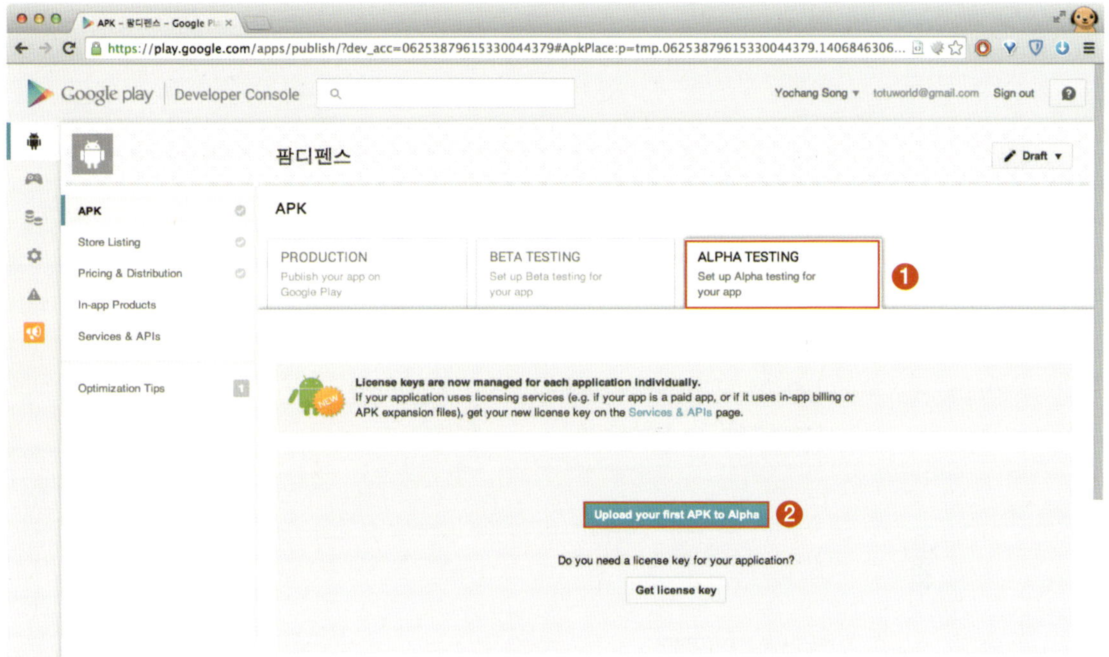

그림 3-306: APK 업로드 준비

APK 파일을 끌어다가 놓거나 [Browse files] 버튼을 클릭한 후 APK 파일을 직접 선택해 넣으면(❶) 업로드가 진행(❷)됩니다.

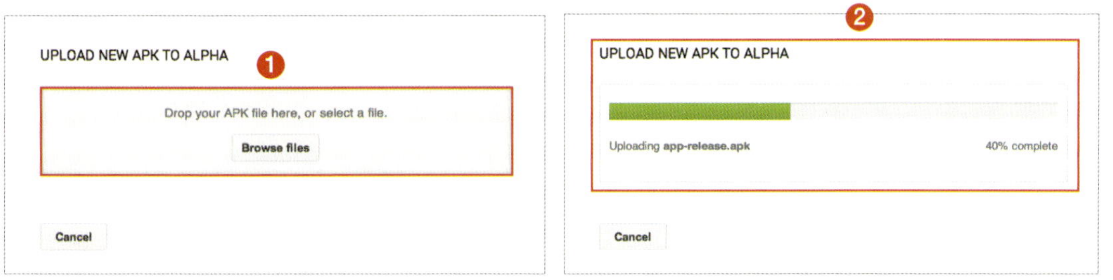

그림 3-307: APK 업로드 진행

APK 업로드가 완료되면 ALPHA TESTING 탭으로 전환돼 결과를 확인할 수 있습니다.

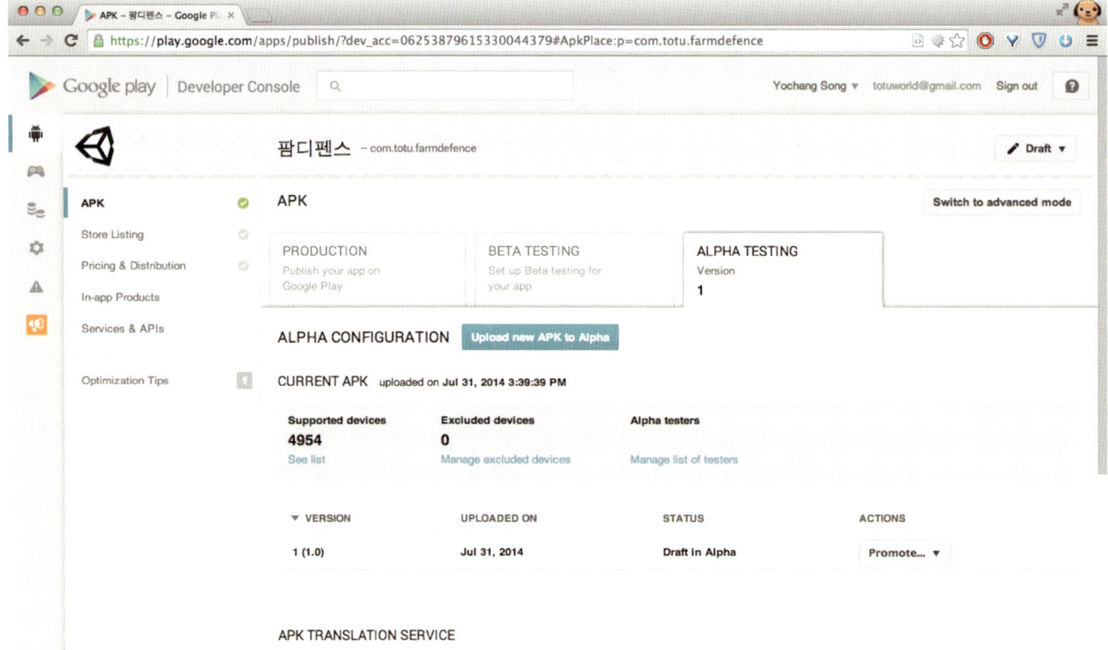

그림 3-308: APK 업로드 완료

추가 정보를 입력하여 배포할 수 있게 처리하겠습니다. 먼저 Store Listing을 클릭(❶)해 애플리케이션에 대한 짧은 설명(Short Description)과 전체 설명(Full Description)을 작성(❷)합니다. 해당 내용은 구글 플레이 스토어에서 애플리케이션이 표시될 때 나타납니다.

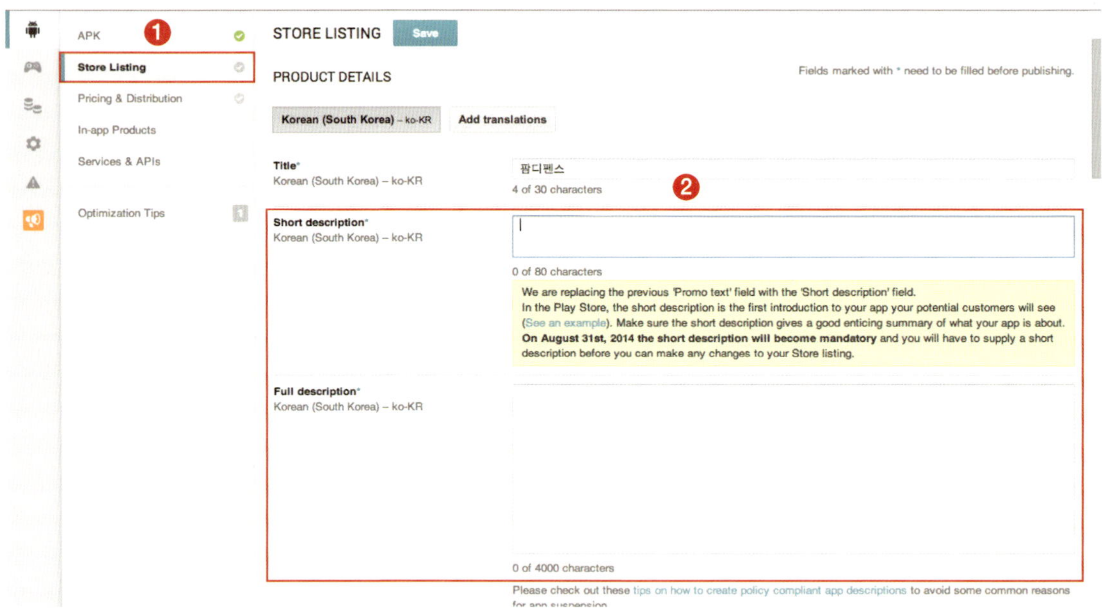

그림 3-309: 애플리케이션 기본 설명 작성

애플리케이션 설명과 함께 표시할 대표 이미지를 등록합니다. 이미지는 최소 2장을 업로드해야 합니다. 변경할 수 있으므로 우선 게임을 캡쳐해 업로드하겠습니다. Store Listing 페이지를 아래로 내려보면 Phone, Tablet으로 나뉘어 있습니다(❶). 준비한 이미지를 끌어다 놓으면(❷) 업로드되고 새로운 업로드 영역이 나타납니다(❸). 같은 방식으로 업로드하면 됩니다.

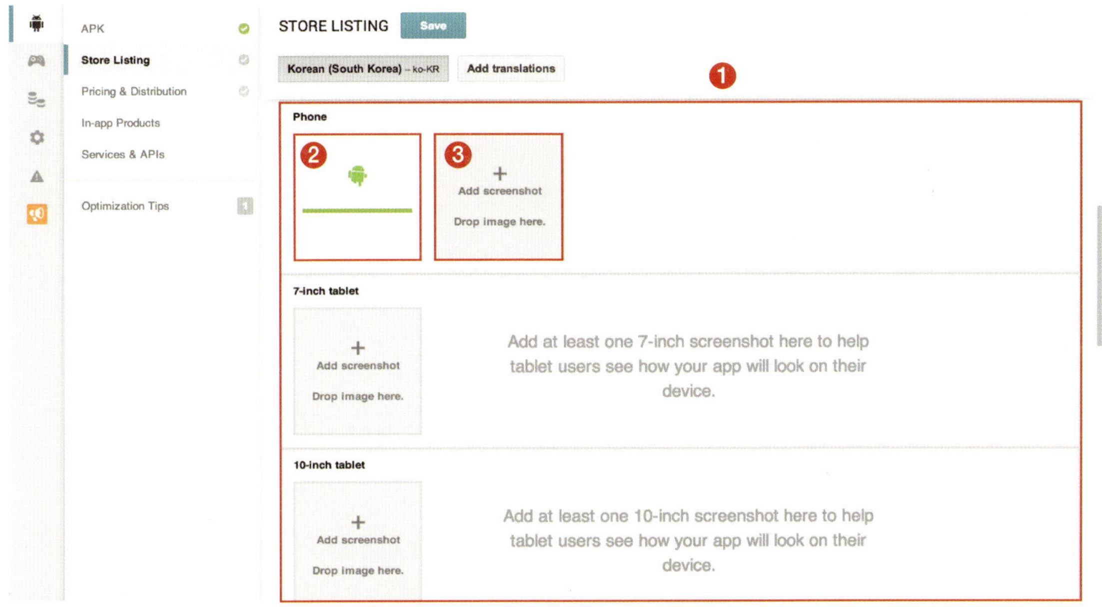

그림 3-310: 애플리케이션 대표 이미지 업로드

팁

폰과 태플릿 이미지를 따로 업로드하는 이유는 사용하는 기기에 따라서 구글 플레이 스토어가 적합한 애플리케이션을 선택해서 보여주기 때문입니다. 그러므로 애플리케이션이 지원하는 기기 종류에 따라서 이미지를 업로드합니다.

애플리케이션 아이콘 이미지를 업로드합니다. 아이콘 이미지는 가로, 세로 512 픽셀이어야 하며 png 파일로 투명도를 적용해도 됩니다. 변경할 수 있으므로 간단히 제작해 업로드합니다.

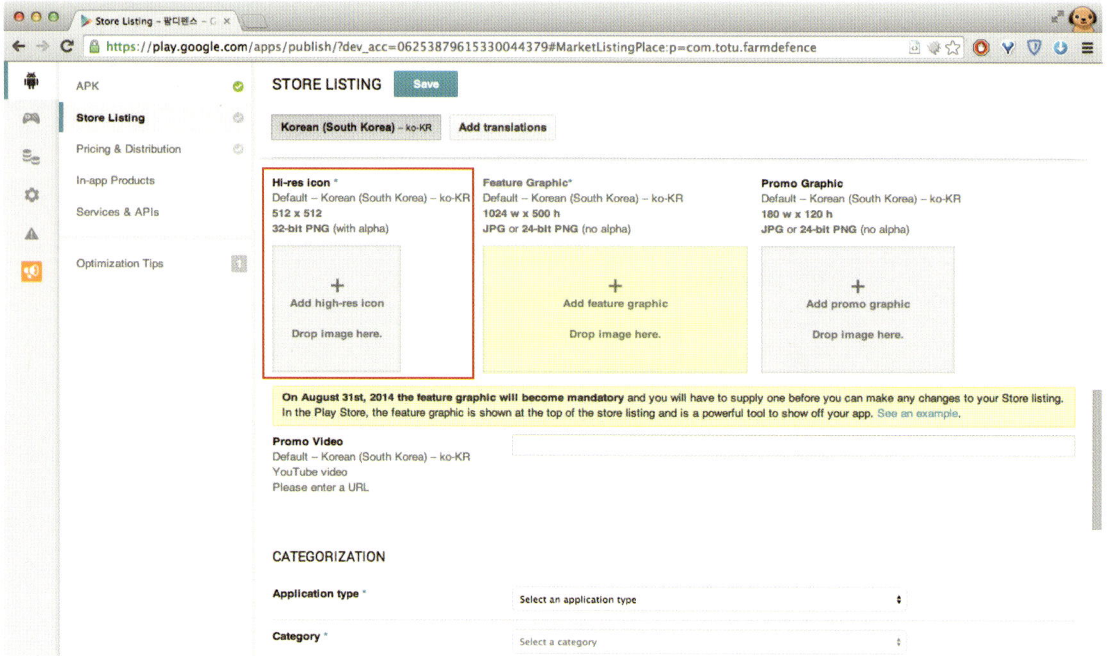

그림 3-311: 애플리케이션 아이콘 업로드

기타 정보를 마저 입력하겠습니다. 먼저 애플리케이션 종류(Application Type)를 Game으로 선택(❶)하고 카테고리(Category)는 게임과 잘 맞는 장르를 선택(❷)합니다. 애플리케이션 등급(Content rating)은 폭력성과 혐오스러운 표현 정도, 노출 여부를 판단해 설정(❸)합니다. 성인 콘텐츠를 전체 이용가 등급으로 업로드하면 구글로부터 나중에 불이익이 발생할 수 있으니 유의합니다.

연락처 웹사이트(Website)와 이메일(Email)은 반드시 제공해야 합니다(❹). 웹사이트가 없다면 우선 웹사이트 규격에 맞게 입력(www.사이트명.co.kr 등)해두고 테스트해도 무방합니다. 하지만 실제 서비스할 때는 누구나 접근할 수 있는 웹사이트 주소를 제공해야 합니다.

개인 정보 보호 정책(Privacy Policy)은 이를 설명하는 웹사이트로 연결해야 하는데 지금은 테스트를 위한 것이므로 Not submitting a privacy policy URL at this time을 선택(❺)한 후 [Save] 버튼을 클릭해 입력한 내용을 저장(❻)합니다.

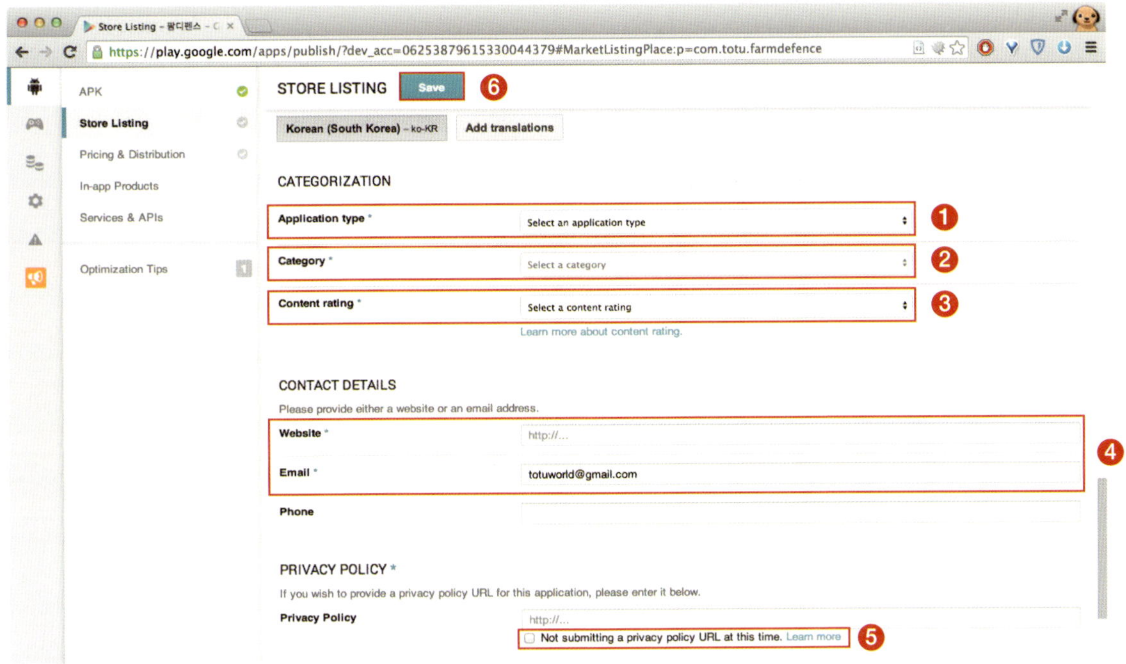

그림 3-312: 애플리케이션 종류 및 연락처, 개인정보 보호 정책 입력

애플리케이션의 가격과 출시 대상국을 선택하기 위해 Pricing & Distribution을 선택(❶)합니다. 무료(Free)를 선택한 경우 유료(Paid)로 변경할 수 없다는 점을 유의해서 애플리케이션의 가격을 선택(❷)한 후 애플리케이션을 출시할 국가를 선택(❸)합니다. 여러 개의 국가를 선택해도 무방합니다.

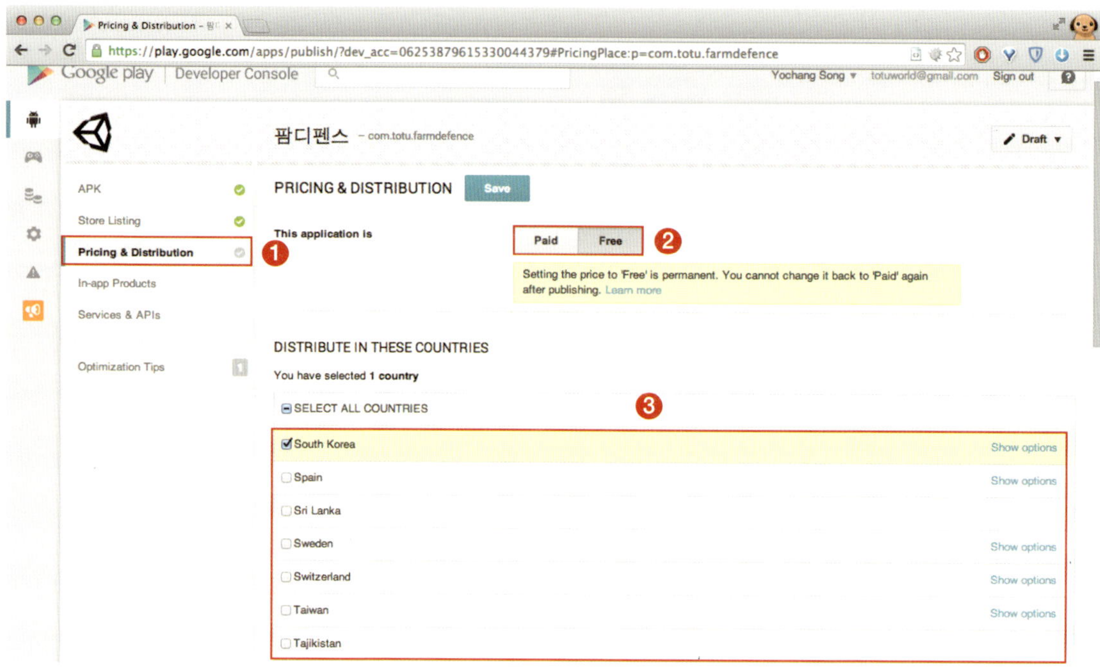

그림 3-313: 애플리케이션 가격과 출시 국가 선택

Pricing & Distribution에서 아래로 내려 콘텐츠 가이드라인(Content guidelines)과 미국 수출 법(US export laws)에 동의(❶)한 후 [Save] 버튼을 클릭해 내용을 저장(❷)합니다.

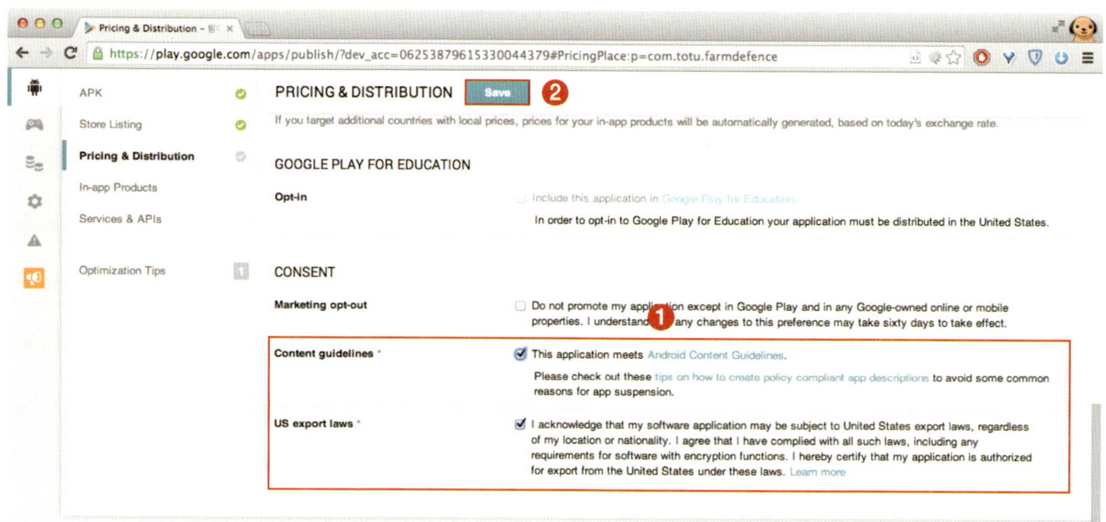

그림 3-314: 애플리케이션 가이드라인 및 수출법 동의

다시 위쪽으로 올라가서 Draft 버튼을 클릭한 후 Publish로 변경해 알파 버전으로 출시합니다. 테스트 상태인데 출시 상태로 변경한 이유는 인 앱 결제를 테스트하려면 애플리케이션을 알파 버전으로라도 출시해야 하기 때문입니다.

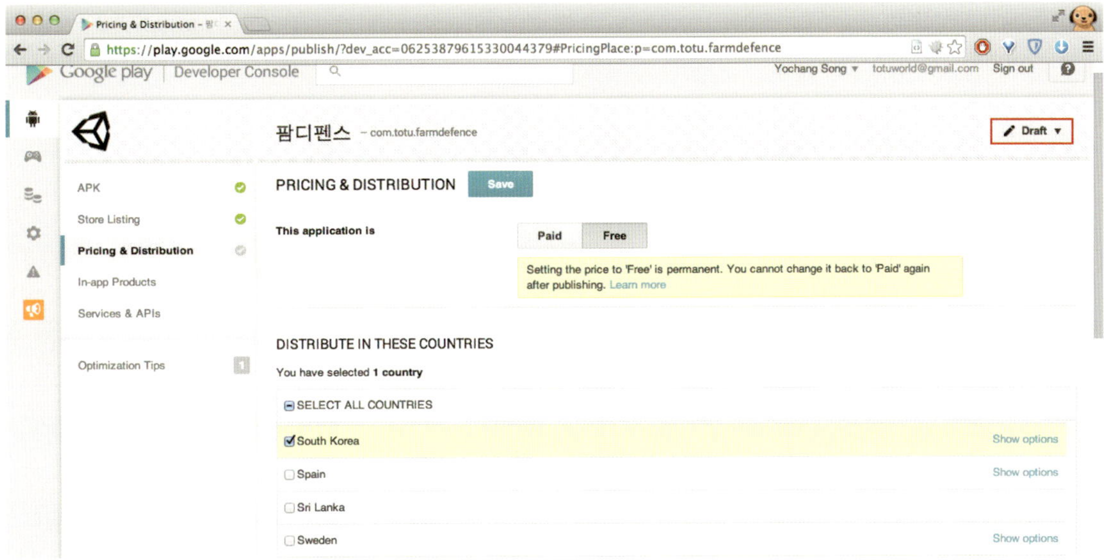

그림 3-315: 알파 버전 애플리케이션 출시

결제 상품 등록

결제 권한이 있는 APK를 업로드하면 인 앱 상품을 등록할 수 있습니다. 인 앱 상품을 등록하기 위해 웹 브라우저에서 다음 주소(http://play.google.com/apps/publish/)로 이동한 후 ALL APPLICATIONS 탭에서 업로드한 애플리케이션(팜디펜스)을 선택합니다.

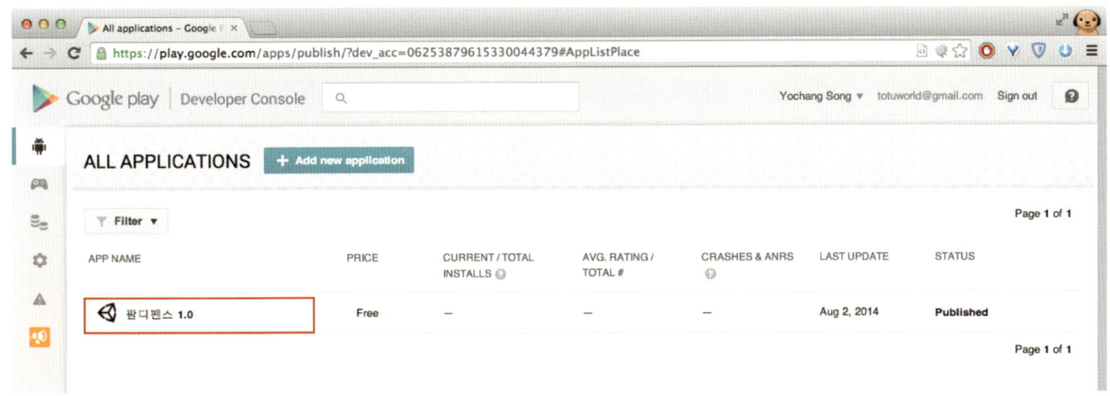

그림 3-316: APK 업로드 완료

인 앱 상품을 등록하려면 In-app Products를 클릭(❶)한 후 [Add new product] 버튼을 클릭(❷)합니다.

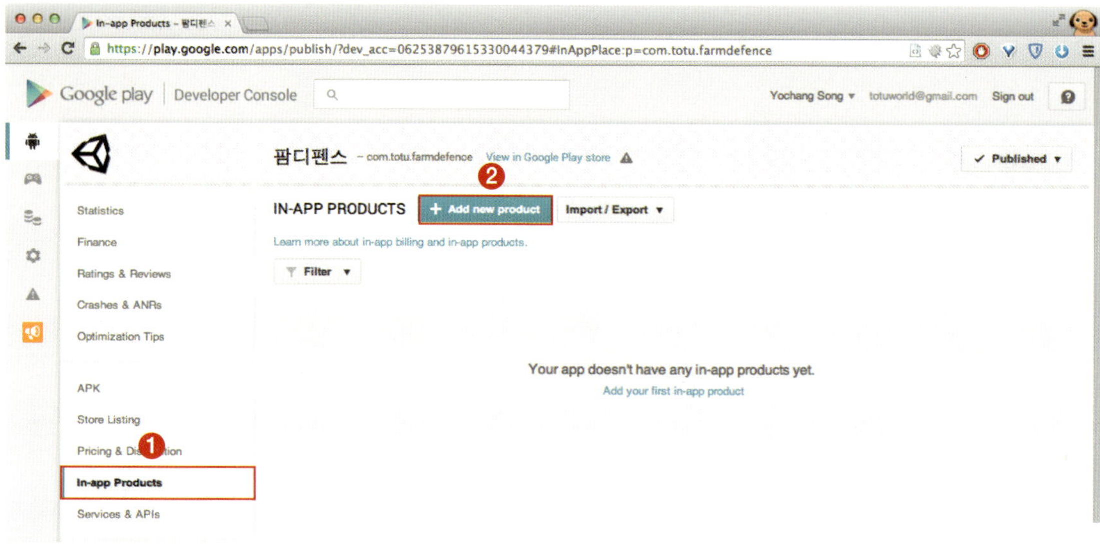

그림 3-317: 인 앱 상품 등록

관리되지 않는 제품(Unmanaged product)을 선택(❶)하고 상품을 구별할 때 사용할 제품 ID(Product ID)를 입력(❷)합니다. 제품 ID는 한번 입력하면 상품을 지우더라도 같은 제품 ID를 사용할 수 없다는 점을 유의해 입력합니다.

팁

- 제품 ID는 애플리케이션에 종속돼 있으므로 다른 애플리케이션에서 같은 제품 ID를 사용할 수 있습니다.
- 구글 플레이 스토어의 인 앱 상품은 총 3가지 종류가 있습니다. 기획한 상품의 특징을 반영해 선택합니다.

인 앱 상품 종류	설명
관리되는 제품 (Managed product)	소진이 불가능하며(Non-Consumable) 한 번 구매하면 사용자에게 영구적으로 귀속됩니다.
관리되지 않는 제품 (Unmanaged product)	소진되는 제품으로 같은 상품을 여러 번 구매할 수 있습니다. 게임의 화폐는 대표적인 관리되지 않는 제품입니다.
구독 (Subscription)	잡지나 음악처럼 정기적으로 구매가 발생하는 제품에 사용합니다.

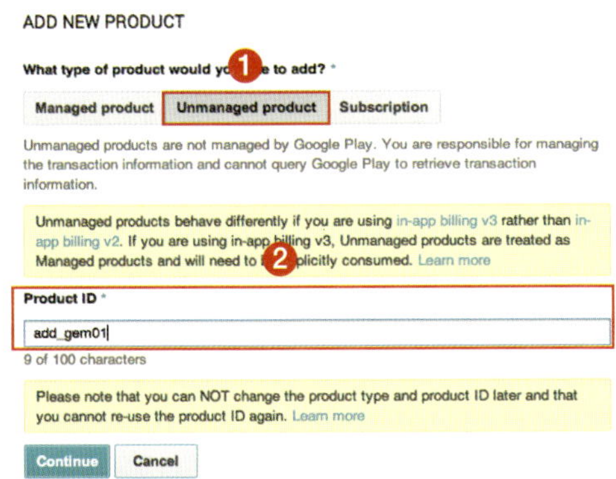

그림 3-318: 인 앱 상품 등록

인 앱 상품에 표시할 제품 이름(Title)과 설명(Description)을 입력(❶)하고 가격을 입력(❷)합니다. 가격은 세금 10%를 포함한 가격으로 입력했습니다. 입력을 마치고 [Save] 버튼을 클릭(❸)해 완료합니다.

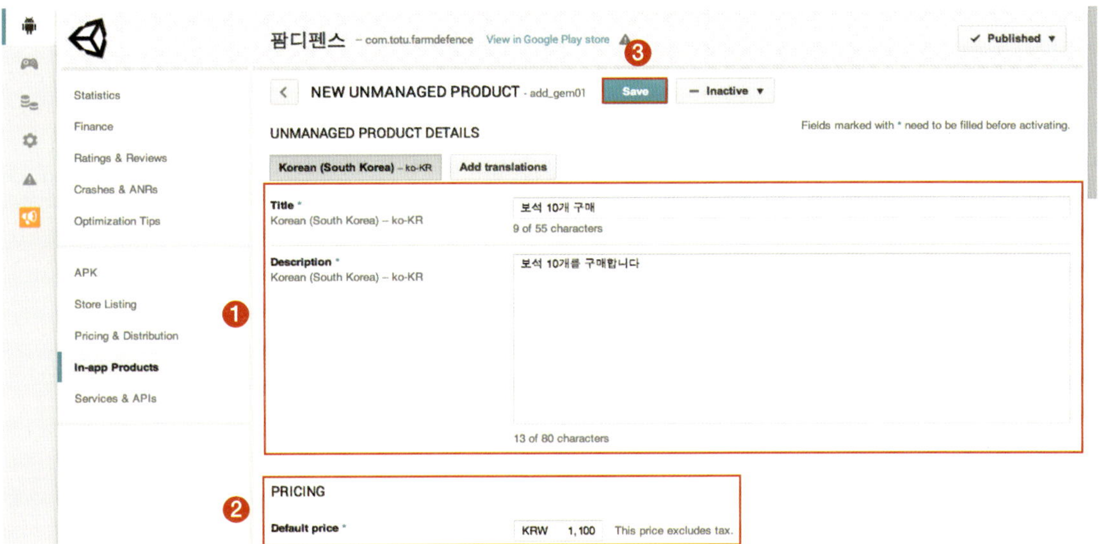

그림 3-319: 인 앱 상품 등록 완료

다음 표를 참조해 같은 방법으로 4개의 제품을 추가로 등록합니다.

제품 ID	제품 종류	가격	제품 이름	설명
add_gem02	관리되지 않는 제품	5,500원	보석 55개 구매	보석 55개를 구매합니다
add_gem03	관리되지 않는 제품	11,000원	보석 120개 구매	보석 120개를 구매합니다

제품 ID	제품 종류	가격	제품 이름	설명
add_gem04	관리되지 않는 제품	33,000원	보석 390개 구매	보석 390개를 구매합니다
add_gem05	관리되지 않는 제품	66,000원	보석 900개 구매	보석 900개를 구매합니다

표 3-111: 등록할 인 앱 상품 목록

인 앱 상품을 모두 등록한 후 반드시 활성화 상태로 변경해야만 상품을 판매하거나 테스트할 수 있습니다. In-app Products에서 각 인 앱 상품을 선택한 뒤 비활성화(Inactive)를 클릭해 활성화(Active)로 변경합니다.

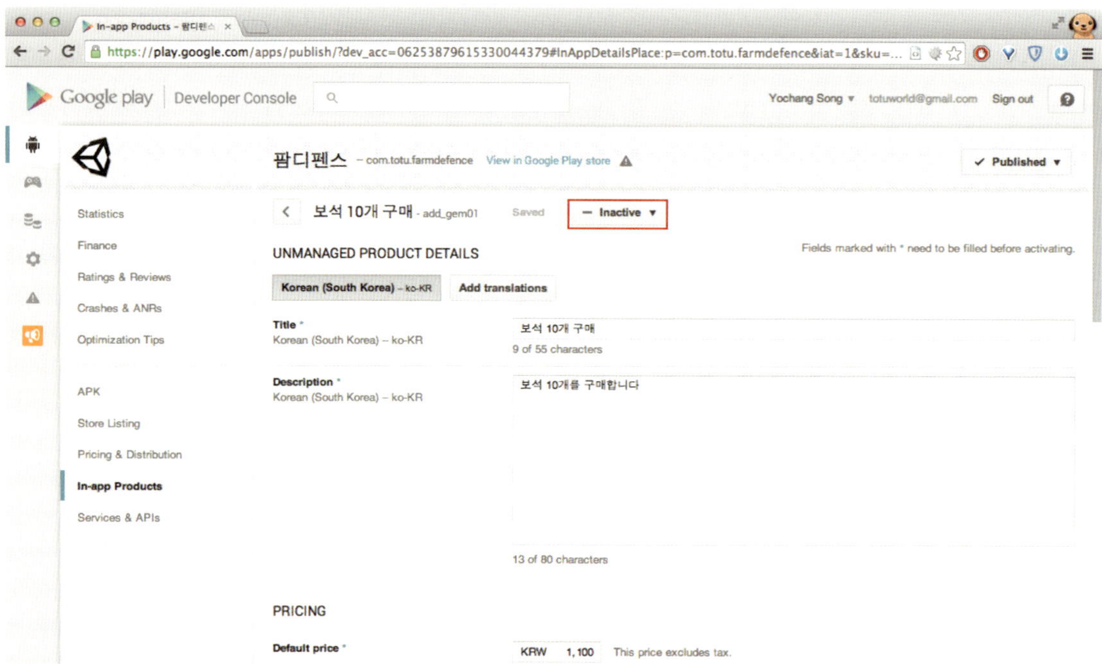

그림 3-320: 인 앱 상품 활성화

결제 진행

결제를 진행하기 위한 준비 과정은 끝났습니다. 이제 유니티를 이용해 결제할 수 있도록 프로그래밍하면서 유니티와 기기가 서로 데이터를 주고 받는 방법을 알아보겠습니다.

결제 진행 과정 이해

유니티만 이용해 결제를 할 수 없기때문에 기기(Device)가 처리해야 할 부분을 프로그래밍해 유니티와 데이터를 주고 받도록 처리합니다. 이 과정을 단순화하면 다음 그림과 같이 표현할 수 있습니다. 서버는 구글뿐 아니라 애플, 아마존 등 사용하고자 하는 마켓으로 대치해 이해해도 무방합니다.

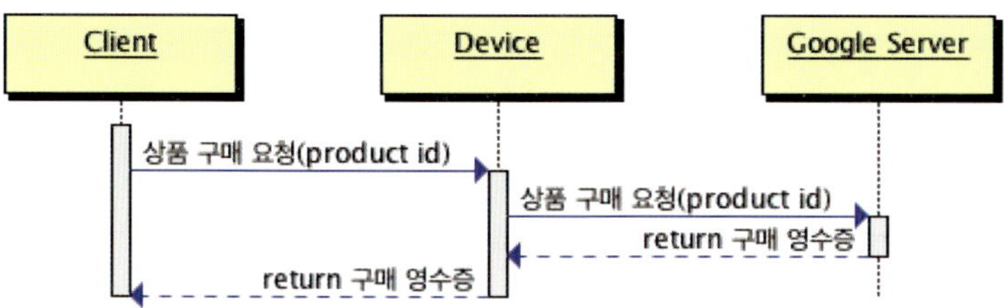

그림 3-321: 인 앱 결제 과정

과정은 단순합니다. 게임에서 상품 구매를 요청하면 기기는 결제 서버에 상품 구매를 요청하고 발급된 영수증을 게임으로 돌려줍니다. 이처럼 단순한 과정임에도 처음 유니티를 접해서 게임을 제작하는 사람은 자바나 오브젝티브-C 같은 새로운 언어로 프로그래밍해야 하므로 어렵게 느낄 수 있습니다. 하지만 여기에서 다루는 인 앱 결제는 새로운 언어가 지닌 고급 기능을 사용하는 것이 아니므로 미리 겁먹을 필요 없습니다.

클라이언트 측 구현

유니티에서 안드로이드에 어떤 명령을 내리려면 안드로이드를 제어할 수 있는 자바 언어를 이용해야 합니다. 유니티와 안드로이드 자바 사이를 이어주는 매개체가 AndroidJavaClass입니다. AndroidJavaClass를 활용해 어떻게 안드로이드에 명령을 내릴 수 있는지 알아보겠습니다.

프로젝트 브라우저의 Scripts 폴더에 이름이 GoogleIAB인 새로운 C# 스크립트를 만들고 멤버 필드를 추가합니다.

예제 3-167: GoogleIAB.cs

```
using UnityEngine;
using System.Collections;
using System.Collections.Generic;

public class GoogleIAB : MonoBehaviour {

    // licenseKey는 반드시 올바로 입력해야한다.
```

```
private const string licenseKey = "이곳에 자신의 라이선스 키를 입력합니다";
private const string AndroidJavaIABClass = "com.totu.unity.GoogleIAB";

// 안드로이드 자바를 제어할 때 사용할 멤버 필드.
private AndroidJavaClass googleIABjava;
private AndroidJavaClass IAB
{
    get
    {
        if(googleIABjava == null)
        {
            googleIABjava = new AndroidJavaClass(AndroidJavaIABClass);

            //  안드로이드에서 해당 클래스를 찾지 못했을 때 에러처리.
            if(googleIABjava == null)
            {
                throw new MissingReferenceException(
                    string.Format("안드로이드 {0} 클래스 로딩 실패",
                            AndroidJavaIABClass));
            }
        }
        return googleIABjava;
    }
}

// 결제 완료 후 실행되는 메서드 연결.
public System.Action<string> PurchaseCompletedManagedAction;
public System.Action<string> PurchaseCompletedUnmanagedAction;
public System.Action<string> PurchaseCompletedSubscriptionAction;

// 인 앱 제품 ID 저장.
[SerializeField]
private List<string> managedProducts = new List<string>();
[SerializeField]
private List<string> unmanagedProducts = new List<string>();
[SerializeField]
private List<string> subscription = new List<string>();

// 에러 메시지.
private Dictionary<int, string> errorMsgs
    = new Dictionary<int, string>{
    {-1005, "결제 요청 취소"},
```

```
        {2, "결제 요청 취소"}, {3, "처리할 수 없는 API 요청"},
        {4, "요청한 상품 처리 불가"}, {5, "개발자 에러"},
        {6, "심각한 에러"}, {7, "이미 보유한 아이템"},
        {8, "보유하지 않은 상품"},
        {-4885, "잘못된 결제 요청"}, {-4886, "DB에 결제 요청 기록 없음"},
        {-4887, "DB에 없는 상품 결제 요청"}, {-4888, "DB에 가격 정보 없음"}
    };
}
```

AndroidJavaIABClass 멤버 필드에는 AndroidJavaClass를 이용해 호출할 자바 클래스 명을 입력해 두었습니다. 다른 이름을 사용해도 무방하지만 반드시 안드로이드에 해당 클래스명으로 작성해야 한다는 점을 유의합니다. IAB 프로퍼티는 googleIABjava 멤버 필드에 새로운 AndroidJavaClass를 생성해 저장하며 GoogleIAB 클래스 내부에서 명령을 내릴 때 사용합니다. IAB 프로퍼티에서 올바르게 초기화되지 않으면 에러가 발생하도록 했습니다. 그리고 윗 부분에 있는 licenseKey 멤버 필드는 그대로 입력하면 절대로 안됩니다. 반드시 자신의 라이선스 키(License Key)를 입력해야합니다. 웹 브라우저에서 다음 주소(http://play.google.com/apps/publish/)로 이동해 등록한 애플리케이션을 선택하고 Services & API를 클릭(❶)하면 긴 문자열로 이뤄진 라이선스 키를 볼 수 있습니다(❷). 이를 복사해서 licenseKey 멤버 필드에 붙여 넣습니다.

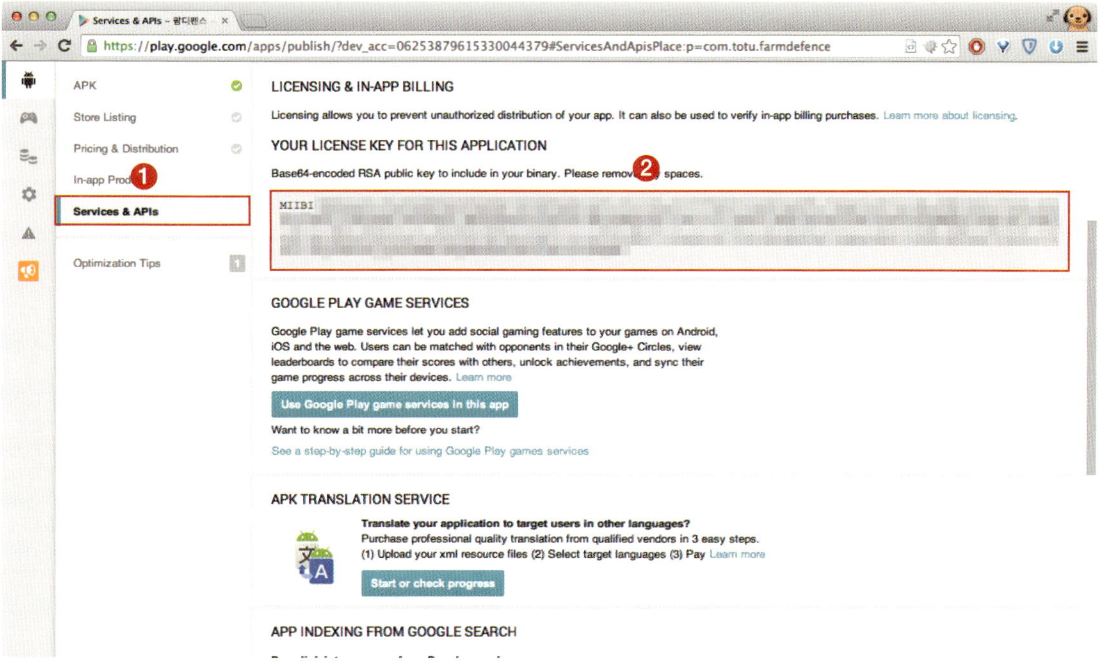

그림 3-322: 라이선스 키 확인

팁

안드로이드에서 결제 모듈을 초기화할 때 구글 플레이 스토어에서 발급한 라이선스 키는 매우 중요한 정보이므로 쉽게 유출되지 않게 잘 처리해야 합니다.

인 앱 아이템 정보를 저장할 수 있도록 UserData 스크립트에 InappItemData 구조체를 만듭니다.

예제 3-168: UserData.cs

```
--(전략)--
/// <summary>
/// 인 앱 아이템 정보를 저장.
/// </summary>
[XmlRoot]
public struct InappItemData
{
    [XmlElement]
    public string sku;
    [XmlElement]
    public int codeNo;
}
```

GoogleIAB 클래스에 쉽게 접근할 수 있도록 GameData 스크립트에도 멤버 필드로 등록한 후 연결합니다.

예제 3-169 : GameData.cs

```
--(전략)--
    public GoogleIAB googleIAB;
--(중략)--
    public List<InappItemData> inappItemList = new List<InappItemData>();
--(후략)--
```

예제 3-170: GoogleIAB.cs

```
--(전략)--
    void Awake()
    {
        GameData.Instance.googleIAB = this;
    }
```

```
    void OnDestroy()
    {
        GameData.Instance.googleIAB = null;
    }
--(후략)--
```

인 앱 결제를 진행할 때 유니티에서 안드로이드로 명령하는 것은 초기화와 구매 요청입니다. GoogleIAB에 이를 담당하는 메서드를 추가합니다.

예제 3-171: GoogleIAB.cs

```
--(전략)--
    // 안드로이드에 전달할 제품ID json을 생성.
    string MakeProductToJsonString()
    {
        string returnStr = "{\"managedProducts\":[";
        for(int i=0;i<managedProducts.Count;++i)
        {
            returnStr += string.Format("\"{0}\",",managedProducts[i]);
        }
        if(managedProducts.Count>0)
        {
            returnStr = returnStr.Substring(0, returnStr.Length-1);
        }
        returnStr+= "],\"unmanagedProducts\":[";
        for(int i=0;i<unmanagedProducts.Count;++i)
        {
            returnStr += string.Format("\"{0}\",",unmanagedProducts[i]);
        }
        if(unmanagedProducts.Count>0)
        {
            returnStr = returnStr.Substring(0, returnStr.Length-1);
        }
        returnStr+= "],\"subscription\":[";
        for(int i=0;i<subscription.Count;++i)
        {
            returnStr += string.Format("\"{0}\",",subscription[i]);
        }
        if(subscription.Count>0)
        {
```

```
            returnStr = returnStr.Substring(0, returnStr.Length-1);
        }
        returnStr+= "]}";
        return returnStr;
    }
    #region called from Unity
    public void Init()
    {
        if(licenseKey.Length < 30)
        {
            Debug.LogError("라이선스 키를 입력하세요.");
            return;
        }
        #if UNITY_ANDROID
        string productIDjson = MakeProductToJsonString();
        IAB.CallStatic("Init", licenseKey, gameObject.name,
                       PlayerPrefs.GetInt("UserKeyNo"),
                       productIDjson);
        #endif
    }

    public void PurchaseInappItem(string sku)
    {
        #if UNITY_ANDROID
        IAB.CallStatic("PurchaseInappItem", sku);
        #endif
    }
    #endregion
--(후략)--
```

추가한 Init 메서드와 PurchaseInappItem 메서드는 안드로이드 자바 클래스의 정적 메서드(Static Method)를 호출할 수 있는 AndroidJavaClass.CallStatic 메서드를 활용해 자바 클래스에 명령을 전달합니다. 첫 번째 매개변수는 호출할 메서드 명이고 두 번째 매개변수는 전달할 값입니다.

Init 메서드에서 게임 오브젝트의 이름을 안드로이드에 전달하는 이유는 안드로이드 자바 클래스에서 유니티로 명령을 전달할 때 게임 오브젝트를 대상으로 삼기 때문입니다. 정해진 게임 오브젝트 명을 양쪽에 지정할 수 있지만 실수를 방지하기 위해 전달했습니다.

결제를 진행하면서 안드로이드로부터 전달 받는 메시지를 처리하는 메서드를 추가합니다.

```
--(전략)--
    #region called from Android
    // 에러 메시지 처리.
    public void Error(string errorCode)
    {
        int convertErrorCode = System.Convert.ToInt32(errorCode);
        if(errorMsgs.ContainsKey(convertErrorCode))
        {
            GameData.Instance.lobbyGM.PopupDialog(
                string.Format("에러 발생\n\n에러 내용 : {0}",
                errorMsgs[convertErrorCode]),
                LobbyGM.DialogType.one);
        }
        else
        {
            GameData.Instance.lobbyGM.PopupDialog(
                "알 수 없는 에러가 발생했습니다",
                LobbyGM.DialogType.one);
        }
    }

    // 결제 완료 처리.
    public void PurchaseCompletedUnmanaged(string result)
    {
        if(PurchaseCompletedUnmanagedAction != null)
        {
            PurchaseCompletedUnmanagedAction(result);
        }
    }

    public void PurchaseCompletedManaged(string result)
    {
        if(PurchaseCompletedManagedAction != null)
        {
            PurchaseCompletedManagedAction(result);
        }
    }

    public void PurchaseCompletedSubscription(string result)
    {
        if(PurchaseCompletedSubscriptionAction != null)
```

```
        {
            PurchaseCompletedSubscriptionAction(result);
        }
    }
    #endregion
--(후략)--
```

Error 메서드는 errorMsgs 멤버 필드에 에러별 메시지를 등록해 나타나게 하며 각종 에러를 전달받아 처리합니다. PurchaseCompletedUnmanaged, PurchaseCompletedManaged, PurchaseCompletedSubscription 메서드는 결제가 완료되면 호출되며 처리는 앞서 추가한 Action 멤버 필드를 통해서 상황에 따라 다르게 처리하도록 했습니다.

구글 인 앱 결제를 초기화하는 InitGoogleIAB 메서드를 추가하고 관리되지 않는 제품의 결제가 완료되면 이후 처리를 담당하는 메서드를 Store 스크립트에 추가하고 GoogleIAB 스크립트의 PurchaseCompletedUnmanagedAction에 연결합니다.

예제 3-173: Store.cs

```
--(전략)--
    void OnEnable()
    {
        Invoke("InitGoogleIAB", 1.0f);
    }

    void InitGoogleIAB()
    {
        GameData.Instance.googleIAB.PurchaseCompletedUnmanagedAction
            = PurchaseCompletedUnmanagedItem;

        GameData.Instance.googleIAB.Init();
    }

    public void PurchaseCompletedUnmanagedItem(string result)
    {
        GameData.Instance.userdata.gems
            = System.Convert.ToInt32(result);

        GameData.Instance.lobbyGM.UpdateCoreData();
```

```
            GameData.Instance.lobbyGM.PopupDialog(
                "보석이 구매되었습니다",
                LobbyGM.DialogType.one);
        }
    --(후략)--
```

InitGoogleIAB 메서드를 Invoke를 활용해 지연 실행한 이유는 혹여 실행 순서가 꼬여서 제대로 처리되지 않는 일을 방지하기 위함입니다. PurchaseCompletedUnmanagedItem 메서드는 result 매개 변수를 통해서 전달되는 전체 보석 숫자를 업데이트하고 경고창을 이용해 사용자에게 알립니다.

결제 아이템 제작 및 초기화

작성한 GoogleIAB 스크립트를 로비씬에 적용하겠습니다. 로비씬의 하이어라키에 새로운 게임 오브젝트를 생성하고 이름을 GoogleIAB로 입력(❶)합니다. 그리고 제작된 GoogleIAB 스크립트를 추가(❷)합니다. 관리되지 않은 제품만 있으므로 Unmanaged Products만 입력(❸)합니다.

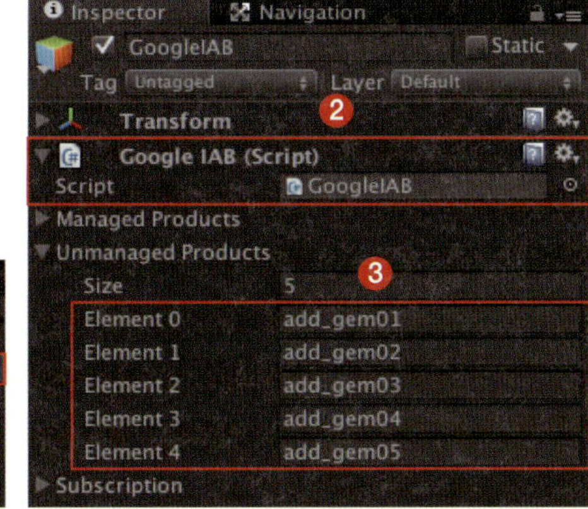

그림 3-323: GoogleIAB 스크립트 적용

GoogleIAB 스크립트를 활용해 결제를 요청할 StoreIABUnit 스크립트를 생성합니다. 프로젝트 브라우저의 Scripts 폴더에 새로운 C# 스크립트를 생성하고 이름을 StoreIABUnit으로 입력합니다. StoreIABUnit 스크립트는 StoreBaseUnit 클래스를 상속해 제작하겠습니다.

```
using UnityEngine;
using System.Collections;

public class StoreIABUnit : StoreBaseUnit {

    // 결제 아이템 sku 저장.
    string sku ="";

    public override void Init(int pID, string targetUrl,
                              string price,
                              string amount="none",
                              string etc="none")
    {
        if(nowState != StoreUnitState.none) return;

        sku = GameData.Instance.inappItemList.Find(x=>x.codeNo == pID).sku;

        UpdateLabels(price, amount, etc);

        nowState = StoreUnitState.ready;
    }

    public override void ClickPurchase()
    {
        if(nowState != StoreUnitState.ready) return;

        GameData.Instance.lobbyGM.PopupDialog(
            "결제 요청 중...", LobbyGM.DialogType.none);

        GameData.Instance.googleIAB.PurchaseInappItem(sku);
    }
}
```

StoreIABUnit 스크립트는 Init 메서드의 pID 매개 변수를 이용해 GameData의 inappItemList 멤버 필드에서 결제 아이템 명을 찾아서 sku에 대입했습니다. 그리고 ClickPurchase 메서드를 이용해 결제를 요청하면 GoogleIAB.PurchaseInappItem 메서드를 통해서 안드로이드 메서드를 호출합니다.

이제 GameData의 inappItemList 멤버 필드에 데이터를 로딩해 할당하겠습니다. PriceData를 로딩할 때처럼 TitleGM.LoadUserData 스크립트에 LoadInappData 메서드를 추가하고 사용자 데이터를 로딩한 후 LoadInappData 메서드를 사용하도록 수정합니다.

예제 3-175: TitleGM.LoadUserData.cs

```
--(전략)--
    // 인 앱 제품 정보 로딩.
    LoadInappData()
    {
        StartCoroutine(
            RequestDataToServer<InappItemData>(
            "getInappItems", 0.15f, "inapp", "InappItemData",
            GameData.Instance.inappItemList,
            LoadPriceData)
            );
    }
--(중략)--

    // 사용자 데이터를 서버로부터  로딩.
    IEnumerator RequestUserData()
    {
--(중략)--
            default:
                // 프로그래스 바 업데이트.
                progressBar.value = 0.15f;
                // xml 형태의 string을 데이터로 전환.
                GameData.Instance.ConvertUserCore(www.text);
                // 다음 데이터를 로딩한다.
                LoadInappData();
                break;
            }
        }
    }
--(중략)--
```

TitleGM.LoadUserData 스크립트가 올바르게 InappItemData를 초기화할 수 있게 getInappItems.php 파일과 addInappItems.php 파일을 c:₩server₩farmdefence 폴더에 복사해 붙여넣고 웹 브라우

저에서 다음 주소(http://localhost/farmdefence/addInappItems.php)로 이동해 필요한 테이블과 데이터를 삽입합니다. 만약 인 앱 상품의 제품 ID를 다르게 입력했다면 phpMyAdmin에서 inappitem 테이블을 찾아 sku 정보를 변경해야 합니다.

1_gem10, 2_gem55, 3_gem120, 4_gem390, 5_gem900 게임 오브젝트에 추가된 StoreBaseUnit 스크립트를 StoreIABUnit 스크립트로 변경하겠습니다. 하이어라키에서 Ctrl 키를 누른 상태로 해당 오브젝트를 모두 선택(❶)하면 인스펙터에 각 게임 오브젝트의 공통된 컴포넌트가 표시됩니다(❷). 그중에서 StoreBaseUnit 스크립트를 교체할 것이므로 프로젝트 브라우저에서 StoreIABUnit 스크립트를 드래그해 StoreBaseUnit의 Script 부분에(❸) 놓으면 교체됩니다(❹).

그림 3-324: StoreIABUnit 스크립트 적용

LobbyScene의 하이어라키에서 다음 표에 표시된 게임 오브젝트를 선택해 UIButton 컴포넌트의 Target, Notify, Method를 설정합니다.

게임 오브젝트	Target	Notify	Method
gemPriceBG1	gemPriceBG1	1_gem10	StoreIABUnit.ClickPurchase
gemPriceBG2	gemPriceBG2	2_gem55	StoreIABUnit.ClickPurchase
gemPriceBG3	gemPriceBG3	3_gem120	StoreIABUnit.ClickPurchase
gemPriceBG4	gemPriceBG4	4_gem390	StoreIABUnit.ClickPurchase
gemPriceBG5	gemPriceBG5	5_gem900	StoreIABUnit.ClickPurchase

표 3-112: UIButton 컴포넌트 설정

인 앱 결제 처리가 포함된 안드로이드 애플리케이션 생성

인 앱 결제를 처리하기 위한 프로젝트를 생성하겠습니다. 유니티의 빌드 설정은 이미 마쳤으므로 주 메뉴의 [File] → [Build Settings]를 클릭한 후 Google Android Project에 체크(❶)한 다음 [Export] 버튼을 클릭해 원하는 경로에 프로젝트를 저장(❷)합니다. 필자는 alpha 프로젝트와 구분하기 위해서 내문서 ▷ AndroidProject 폴더에 farmdefence_inapp 폴더를 생성해 저장했습니다.

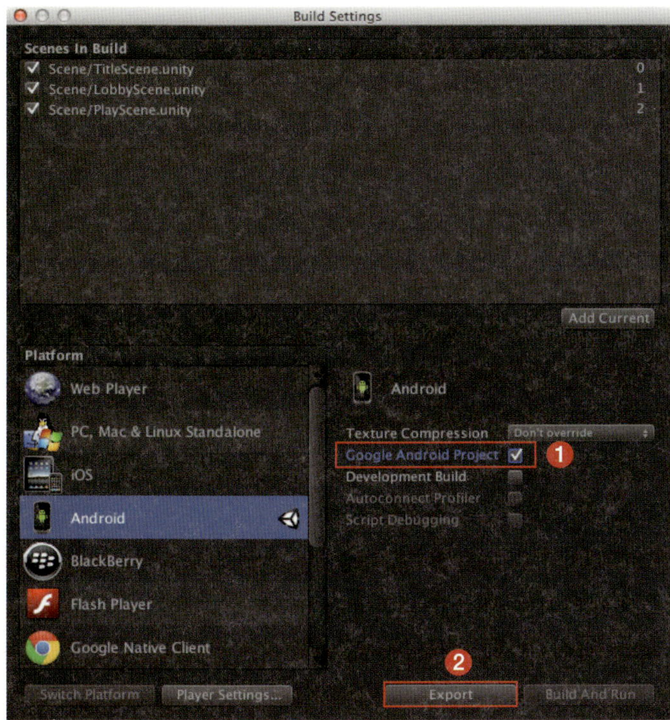

그림 3-325: 안드로이드 프로젝트 생성

안드로이드 스튜디오를 실행한 후 주 메뉴의 [File] → [Import Project]를 선택하고 방금 Export한 프로젝트를 선택(❶)합니다. [OK] 버튼을 클릭해 계속 진행(❷)합니다.

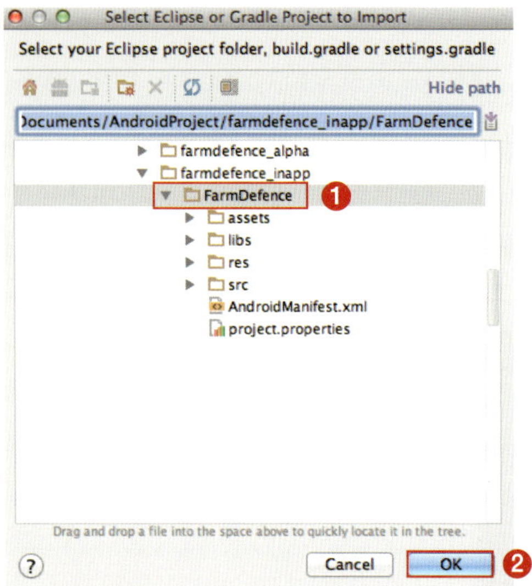

그림 3-326: 안드로이드 프로젝트 가져오기

가져온 프로젝트를 어느 폴더에 새롭게 복사해 생성할지 원하는 경로를 지정(❶)합니다. 구분을 위해서 내 문서 ▷ AndroidProject ▷ farmdefence_inapp 폴더 아래에 farmdefence_iab 폴더를 생성해 선택했습니다. 경로 지정을 마치면 [Next] 버튼을 클릭(❷)합니다.

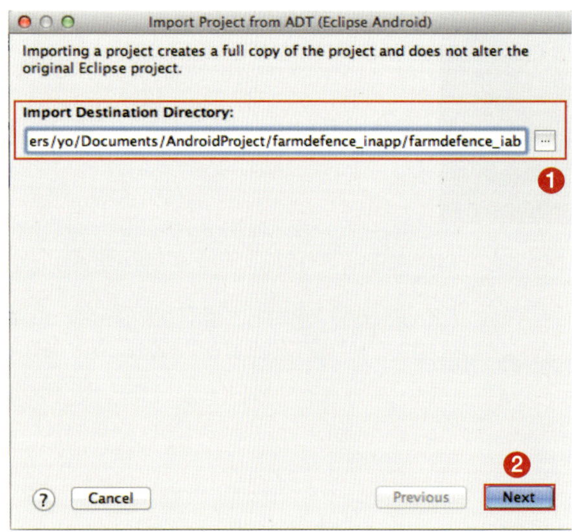

그림 3-327: 가져올 프로젝트 경로 지정

프로젝트 구성을 안드로이드 스튜디오에 맞게 변형하는 옵션을 유지한 채 [Finish] 버튼을 클릭해 진행합니다.

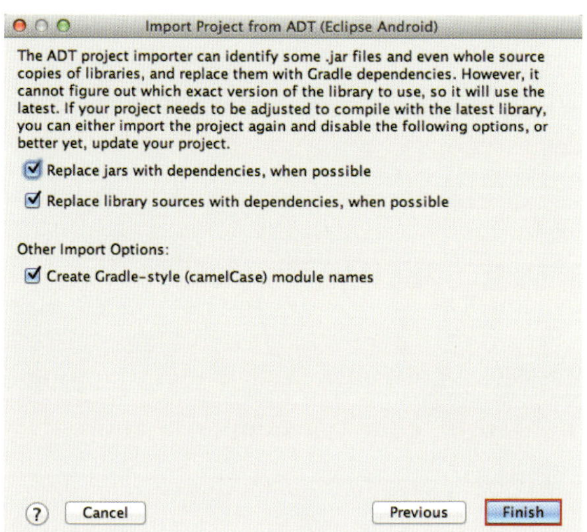

그림 3-328: 안드로이드 프로젝트 가져오기 완료

안드로이드 스튜디오 프로젝트 툴 창에서 프로젝트 ▷ app ▷ src ▷ main 폴더에 aidl 폴더를 생성한 후 IInAppBillingService.aidl 파일을 복사해 추가합니다.

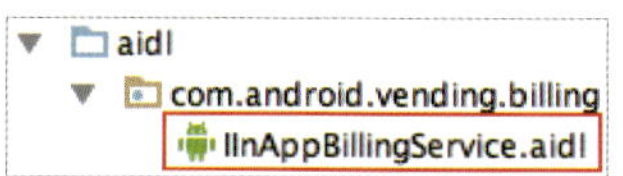

그림 3-329: AIDL 파일 복사

안드로이드 SDK에 포함된 인 앱 결제 프로젝트에서 필요한 파일을 복사해야 합니다. 복사할 패키지를 추가하겠습니다. 스튜디오 프로젝트 툴 창에서 프로젝트 ▷ app ▷ src ▷ main ▷ java 폴더를 선택(❶)하고 주 메뉴의 [File] → [New]를 클릭해 Package를 선택(❷)합니다.

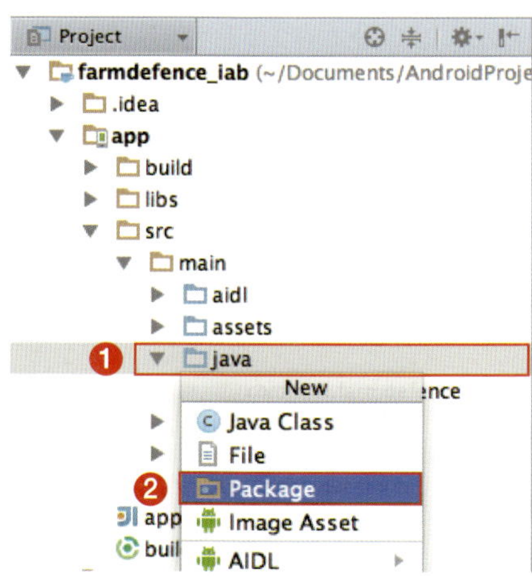

그림 3-330: 패키지 추가

패키지명을 com.android.vending.billing으로 입력(❶)한 후 [OK] 버튼을 클릭해 패키지를 생성(❷)합니다.

그림 3-331: 패키지 명 입력

프로젝트 툴 창에서 새로 생성된 패키지(❶)에 설치한 안드로이드 SDK 폴더 ▷ extra ▷ google ▷ play_billing ▷ samples ▷ TrivialDrive ▷ src ▷ com ▷ example ▷ android ▷ trivialdrivesample ▷ util 폴더의 모든 파일(❷)을 끌어다 놓습니다.

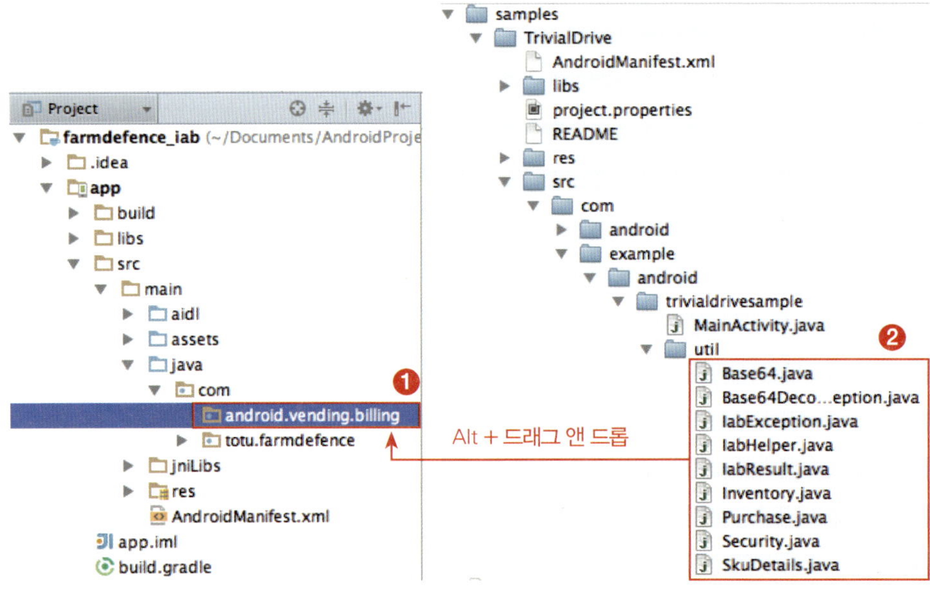

그림 3-332: 샘플 파일 복사

패키지명이 android.vending.billing으로 표시되는 이유는 패키지가 폴더 단위로 구분되기 때문에 공통되는 부분이 있으면 공통된 부분을 제외하고 그 이하 폴더를 간결하게 표시하기 때문입니다.

IabHelper 클래스에 에러 표시가 나타날 것입니다(❶). 이 에러는 앞서 추가한 IInAppBillingService.aidl가 아직 빌드가 되지 않아서 프로젝트가 인식하지 못하기 때문입니다. 이럴 때는 주 메뉴의 [Tools] →

[Android] → [Sync Project with Gradle Files]를 실행(❷)합니다. Gradle의 빌드가 완료되면 에러가 사라집니다.

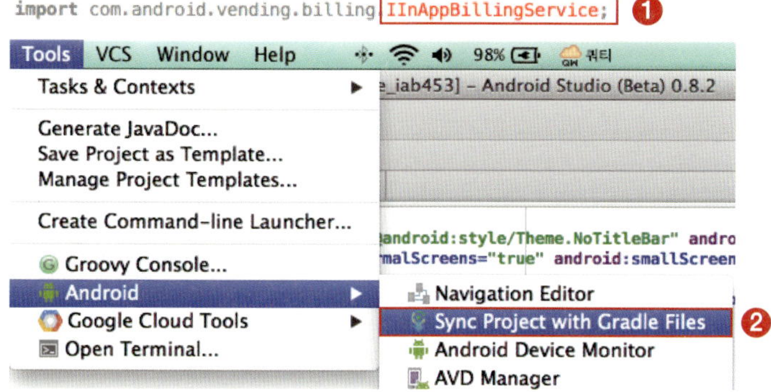

그림 3-333: Gradle 실행

안드로이드 프로그래밍

GoogleIAB.AndroidJavaIABClass 멤버 필드에 입력한 java 파일을 프로그래밍하겠습니다. 자신이 입력한 이름대로 패키지를 생성하고 파일을 생성합니다. 필자는 프로젝트 ▷ app ▷ src ▷ java 폴더에 com.totu.unity 패키지를 만들었습니다(❶). 패키지를 선택하고 주 메뉴의 [File] → [New]를 클릭한 뒤 Java Class를 선택(❷)합니다.

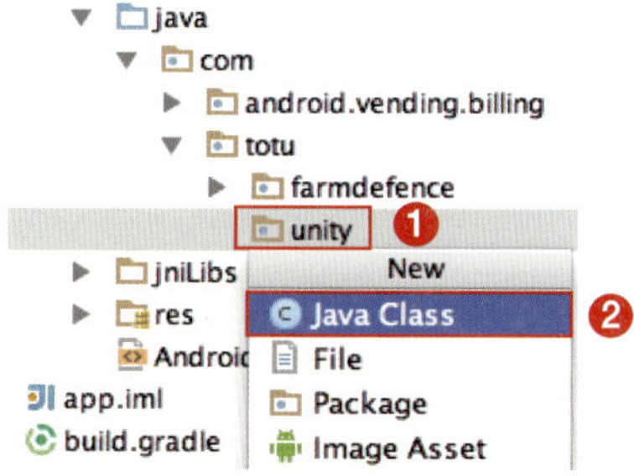

그림 3-334: Java 클래스 생성

클래스 이름을 GoogleIAB로 입력(❶)하고 OK 버튼을 클릭(❷)합니다.

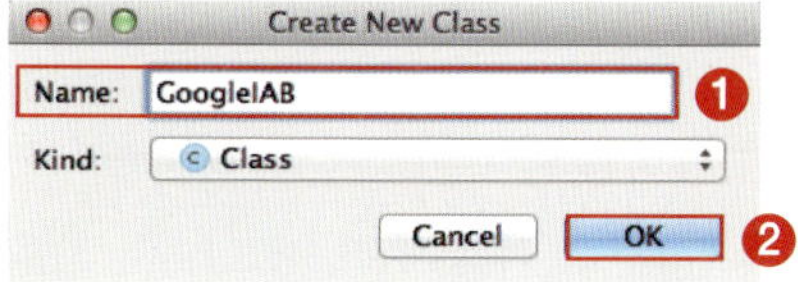

그림 3-335: Java 클래스 생성

GoogleIAB 클래스에 추후에 사용할 클래스를 임포트합니다.

예제 3-176: GoogleIAB.java

```
package com.totu.unity;

import android.app.Activity;
import android.content.Intent;
import android.util.Log;

import com.android.vending.billing.IabHelper;
import com.android.vending.billing.IabResult;
import com.android.vending.billing.Inventory;
import com.android.vending.billing.Purchase;
import com.unity3d.player.UnityPlayer;

import org.apache.http.Header;
import org.apache.http.util.EncodingUtils;
import org.json.JSONArray;
import org.json.JSONException;
import org.json.JSONObject;
import java.util.LinkedList;

import static com.totu.unity.ProductType.managed;
import static com.totu.unity.ProductType.subscription;
import static com.totu.unity.ProductType.unmanaged;

enum ProductType {managed, unmanaged, subscription, none };

public class GoogleIAB {
}
```

가장 위에 있는 package는 GoogleIAB 클래스가 어느 패키지에 속하는지 나타냅니다. 임포트는 특정 패키지에 포함된 클래스를 사용할 수 있게 하며 C# 스크립트에서 사용한 using 문과 역할이 같습니다.

유니티에서 인 앱 결제를 초기화할 때 호출하는 Init 메서드와 멤버 필드를 추가합니다.

```
--(전략)--
public class GoogleIAB {
    static final String TAG = "AndroidBilling";
    static String GoogleIAB_OBJECT = "GoogleIAB";

    private static Activity saveActivity;

    static IabHelper mHelper;

    static String saveLicenseKey;
    static int saveUserKeyNo=0;
    static boolean selfDebugMode = true;

    // 제품ID 저장.
    static LinkedList<String> managedProducts;
    static LinkedList<String> unmanagedProducts;
    static LinkedList<String> subscriptionProducts;

    public static boolean isInit = false;

    // 실행중인 유니티 Activity 반환
    static Activity getUnityActivity() {
        return UnityPlayer.currentActivity;
    }

    // 초기화
    public static void Init(String licenseKey,
                            String targetGameObjectName,
                            int userKeyNo,
                            String productIDjsonStr) {
        if( mHelper != null)
        {
            Log.d(TAG, "이미 IAB helper를 할당했습니다.");
            return;
        }

        // 필요한 매개 변수 저장
        saveLicenseKey = licenseKey;
        GoogleIAB_OBJECT = targetGameObjectName;
        saveUserKeyNo = userKeyNo;
```

```
    saveActivity = getUnityActivity();

    // IabHelper 생성
    mHelper = new IabHelper(saveActivity, saveLicenseKey);
    mHelper.enableDebugLogging(selfDebugMode);

    isInit = true;

    // 제품ID를 JsonArray로 변환
    try {
        JSONObject jObject = new JSONObject(productIDjsonStr);
        SetupSkus(jObject);
    } catch (JSONException e) {
        e.printStackTrace();
    }


    mHelper.startSetup(new IabHelper.OnIabSetupFinishedListener() {
        @Override
        public void onIabSetupFinished(IabResult result) {
            Log.d(TAG, "IabHelper 초기화 완료");

            // 초기화를 실패했는지 체크
            if(!result.isSuccess())
            {
                // 유니티로 초기화실패 상황전달
                UnityPlayer.UnitySendMessage(
                        GoogleIAB_OBJECT,
                        "Error",
                        ""+result.getResponse());
                return;
            }
            Log.d(TAG, "초기화성공 후 소모하지않은 인 앱 상품 체크");
            mHelper.queryInventoryAsync(mGotInventoryListener);
        }
    });
}

// 상품정보를 등록
static void SetupSkus(JSONObject jObject) {
    managedProducts = new LinkedList<String>();
```

```
        unmanagedProducts  = new LinkedList<String>();
        subscriptionProducts  = new LinkedList<String>();

        try {

            JSONArray tempJArray = jObject.getJSONArray("managedProducts");
            for(int i=0;i<tempJArray.length();++i) {
                try {
                    managedProducts.addLast(tempJArray.getString(i));
                } catch (JSONException e1) {
                    e1.printStackTrace();
                }
            }
            tempJArray = jObject.getJSONArray("unmanagedProducts");
            for(int i=0;i<tempJArray.length();++i) {
                try {
                    unmanagedProducts.addLast(tempJArray.getString(i));
                } catch (JSONException e1) {
                    e1.printStackTrace();
                }
            }
            tempJArray = jObject.getJSONArray("subscription");
            for(int i=0;i<tempJArray.length();++i) {
                try {
                    subscriptionProducts.addLast(tempJArray.getString(i));
                } catch (JSONException e1) {
                    e1.printStackTrace();
                }
            }
        } catch (JSONException e) {
            e.printStackTrace();
        }
    }
}
```

Init 메서드는 static 키워드를 추가해 유니티의 AndroidJavaClass.CallStatic 메서드에서 호출할 수 있게 합니다. 그리고 이후에 필요한 내용을 멤버 필드에 나누어 저장합니다. mHelper 멤버 필드의 startSetup 메서드를 활용해 초기화를 마무리하고, 초기화에 실패했을 때 유니티 GoogleIAB.Error 메서드에 에러를 전달하는 메서드는 UnityPlayer.UnitySendMessage입니다. UnitySendMessage 메서드는 전달할 게임 오브젝트 명, 호출할 메서드 이름, 전달할 String 데이터를 매개 변수로 가집니다.

팁

코드를 보면서 입력하다 보면 실수할 수 있습니다. 이때 안드로이드 스튜디오의 인텔리센스(IntelliSense)를 활용하면 좋습니다. 필요한 기능을 어느 정도 입력하면(❶) 안드로이드 스튜디오가 사용할 수 있는 메서드 및 멤버 필드를 자동으로 표시해 줍니다(❷). 이렇게 자동 완성 기능을 이용해 선택하면 실수를 줄일 수 있습니다.

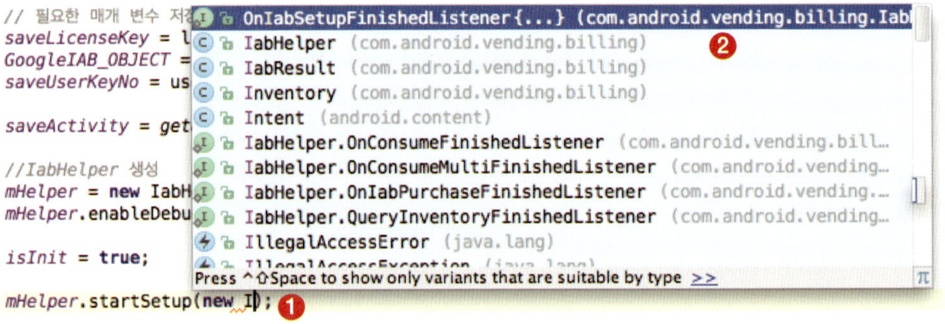

```
// 필요한 매개 변수 저장
saveLicenseKey = l
GoogleIAB_OBJECT =
saveUserKeyNo = us

saveActivity = get

//IabHelper 생성
mHelper = new IabH
mHelper.enableDebu

isInit = true;

mHelper.startSetup(new I);
```

```
OnIabSetupFinishedListener{...} (com.android.vending.billing.Iab
IabHelper (com.android.vending.billing)
IabResult (com.android.vending.billing)
Inventory (com.android.vending.billing)
Intent (android.content)
IabHelper.OnConsumeFinishedListener (com.android.vending.bill...
IabHelper.OnConsumeMultiFinishedListener (com.android.vending...
IabHelper.OnIabPurchaseFinishedListener (com.android.vending....
IabHelper.QueryInventoryFinishedListener (com.android.vending...
IllegalAccessError (java.lang)
Press ^⇧Space to show only variants that are suitable by type >>
```

그림 3-336: 안드로이드 스튜디오 인텔리센스

mHelper 멤버 필드를 성공적으로 초기화한 후 결제됐으나 아직 소모하지 못한 상품을 처리하거나 관리되는 제품과 구독 제품을 체크하는 IabHelper.queryInventoryAsync 메서드를 활용합니다. queryInventoryAsync 메서드는 구매한 상품을 구글 서버로부터 비동기 방식으로 수신해 처리하므로 결과가 돌아왔을 때 이를 처리할 멤버 필드를 추가합니다.

예제 3-178: GoogleIAB.java

```
--(전략)--
    // 결제를 통해서 가지고 있는 제품(관리되는 상품, 구독 상품)과
    // 관리되지 않는 상품 중 아직 소모되지 않은 상품을 정리한다.
    static IabHelper.QueryInventoryFinishedListener mGotInventoryListener
            = new IabHelper.QueryInventoryFinishedListener() {
        public void onQueryInventoryFinished(IabResult result, Inventory inventory) {
            Log.d(TAG, "인벤토리 상품 체크 완료");
            if (result.isFailure()) {
                UnityPlayer.UnitySendMessage(
                        GoogleIAB_OBJECT,
                        "Error",
                        ""+result.getResponse() );
                return;
            }

            Log.d(TAG, "인벤토리 상품 체크 성공");
```

```
            // 관리되는 상품 체크.
            if(managedProducts != null) {
                for(String productID : managedProducts) {
                    if(inventory.hasPurchase(productID)) {
                        Purchase managedProduct
                                = inventory.getPurchase(productID);
                        // TODO: 상품 검증
                    }
                }
            }

            // 구독 상품 체크
            if(subscriptionProducts != null) {
                for(String productID : subscriptionProducts) {
                    if(inventory.hasPurchase(productID)) {
                        Purchase subscriptionProduct
                                = inventory.getPurchase(productID);
                        // TODO: 상품 검증
                    }
                }
            }

            // 관리되지않는 상품 체크.
            if(unmanagedProducts != null) {
                for(String productID : unmanagedProducts) {
                    Purchase unmanagedProduct = inventory.getPurchase(productID);
                    // TODO: 상품 소모
                }
            }

            Log.d(TAG, "인벤토리 상품 처리 종료");
        }
    };
```

mGotInventoryListener 멤버 필드는 IabHelper.QueryInventoryFinishedListener 인터페이스를 구현했습니다. QueryInventoryFinishedListener 인터페이스는 인벤토리 상품을 모두 정리하면 onQueryInventoryFinished 메서드를 통해서 결과를 출력합니다. 정상적으로 처리된 경우에 한해서 가지고 있는 상품 리스트와 비교해 상품을 검증하거나 소모합니다.

상품 결제의 유효성 검증이나 소모는 반드시 데이터베이스에 기록을 남기고 관리해야 합니다. 클라이언트에서만 처리하면 사용자의 악의적인 조작에 속수무책일 뿐더러 사용자가 결제 오류를 신고해도 대응할 자료가 전무하기 때문입니다. 그런데 안드로이드에서 서버와 어떻게 데이터를 주고 받을 수 있을까요? 안드로이드에서는 AsyncTask 클래스를 활용해 비동기 방식으로 서버와 통신할 수 있습니다. 하지만 우리는 사용법이 간단한 외부 라이브러리를 사용하겠습니다.

외부 라이브러리를 안드로이드 스튜디오에 추가하는 방법은 라이브러리의 특성에 따라 다르지만 대개 의존관계(Dependency)를 활용합니다. 먼저 주 메뉴의 [File] → [Project Structure…]를 클릭합니다.

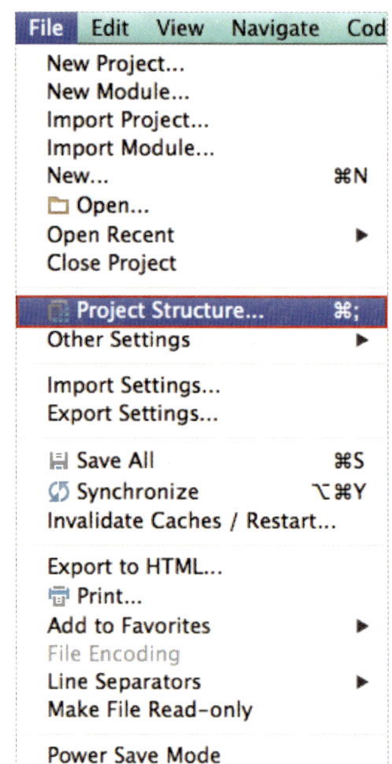

그림 3-337: Project Structure 실행

Project Structure에서 Modules의 app을 선택(❶)한 후 Dependencies 탭을 선택(❷)하고 [Add] 버튼을 클릭(❸)한 후 Library dependency를 선택(❹)합니다.

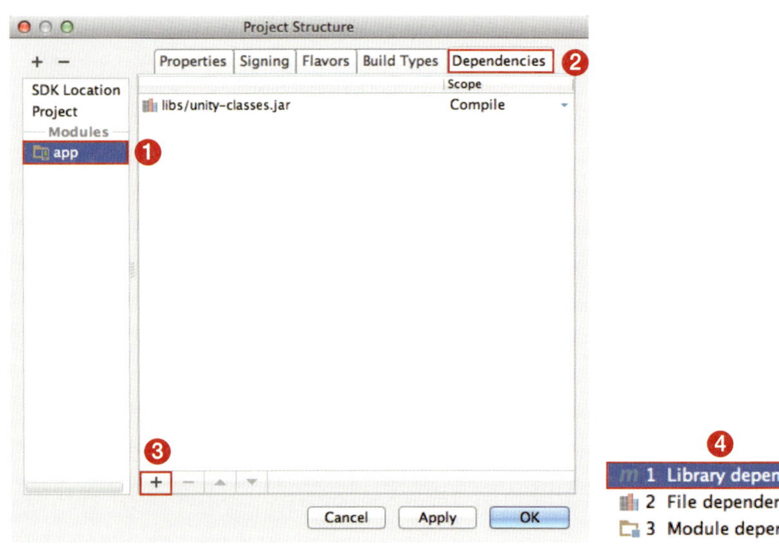

그림 3-338: Library dependency 추가

라이브러리를 com.loopj.android:android-async-http:1.4.5로 입력(❶)하고 [OK] 버튼을 클릭(❷)합니다.

팁

android-async-http 라이브러리는 50명 이상의 참여가 이뤄지는 오픈 소스 라이브러리로 인스타그램(Instagram), 핀터레스트(Pinterest) 외 수천 개의 애플리케이션에서 사용하고 있습니다.

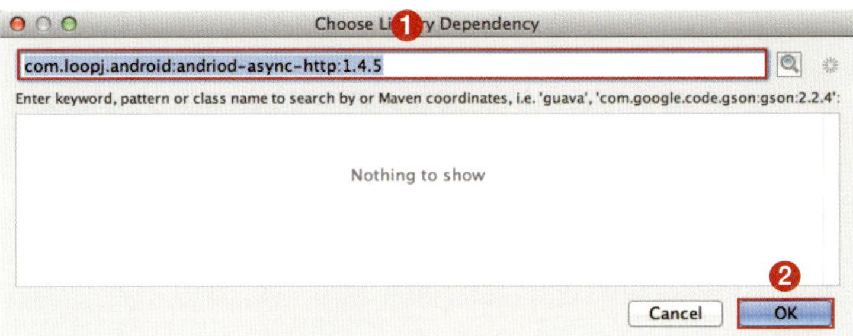

그림 3-339: 라이브러리 이름 입력

Project Structure에 android-async-http 라이브러리가 추가된 것을 확인(❶)하고 [OK] 버튼을 클릭(❷)합니다.

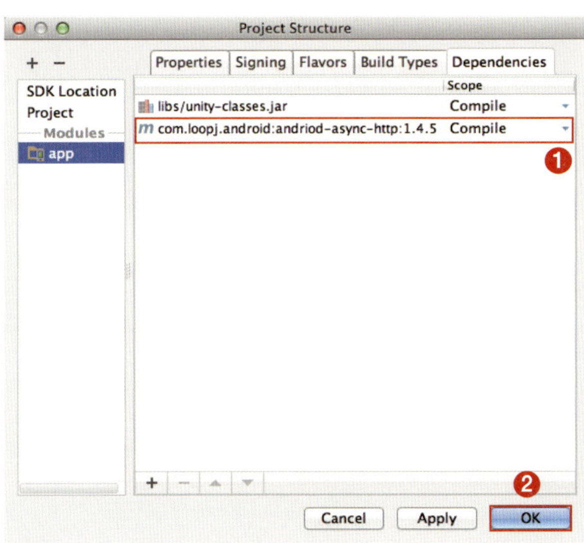

그림 3-340: Library dependency 추가

백그라운드에서 Gradle의 빌드가 완료되면 android-async-http 라이브러리를 사용할 수 있습니다.

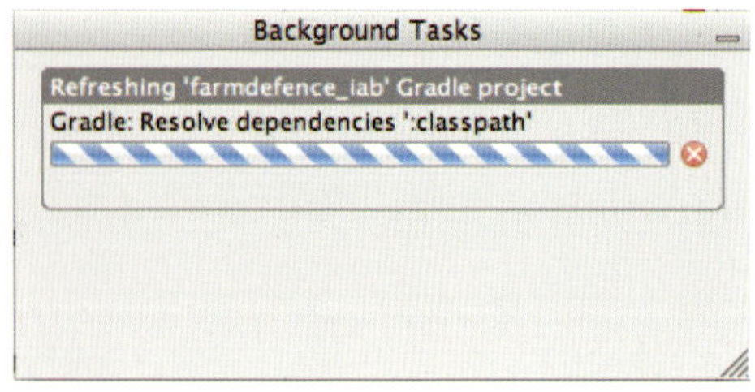

그림 3-341: Gradle 빌드

사용할 클래스를 임포트하고 서버 주소를 멤버 필드로 등록한 후 서버에 검증을 요청하는 CheckVerifyDeveloperPayload 메서드를 추가합니다.

예제 3-179: GoogleIAB.java

```
--(전략)--
import com.loopj.android.http.AsyncHttpClient;
import com.loopj.android.http.AsyncHttpResponseHandler;
import com.loopj.android.http.RequestParams;
--(중략)--
public class GoogleIAB {
--(중략)--
    // 자료를 주고받을 서버주소
    static final String urlPrefix = "http:// [컴퓨터의 ip 주소]/";
--(중략)--
    // 결제된 상품이 어떤 형식의 제품인지 체크.
    static ProductType CheckPurchaseItem(String purchasedSku) {
        // 관리되는상품
        if( managedProducts != null ) {
            for(String nowProduct : managedProducts) {
                if(nowProduct.equals(purchasedSku)) {
                    return managed;
                }
            }
        }

        // 관리되지않는상품
        if( unmanagedProducts != null ) {
            for(String nowProduct : unmanagedProducts) {
                if(nowProduct.equals(purchasedSku)) {
```

```
                return unmanaged;
            }
        }
    }

    // 구독상품
    if( subscriptionProducts != null ) {
        for(String nowProduct : subscriptionProducts) {
            if(nowProduct.equals(purchasedSku)) {
                return subscription;
            }
        }
    }

    return ProductType.none;
}

--(중략)--

// 서버에 올바른 결제인지 검증요청 후 결과 기준으로 이후 과정 처리
static void CheckVerifyDeveloperPayload(final Purchase p) {
    AsyncHttpClient client = new AsyncHttpClient();
    String url = urlPrefix+"farmdefence/verificationGoogleIAB.php";
    // 서버에 전달할 데이터
    RequestParams sendParams = new RequestParams();
    sendParams.put("userKeyNo", saveUserKeyNo);
    sendParams.put("orderId", p.getOrderId());
    sendParams.put("packageName", p.getPackageName());
    sendParams.put("productId", p.getSku());
    sendParams.put("purchaseTime", p.getPurchaseTime());
    sendParams.put("purchaseState", p.getPurchaseState());
    sendParams.put("developerPayload", p.getDeveloperPayload());
    sendParams.put("purchaseToken", p.getToken());
    client.post(url, sendParams, new AsyncHttpResponseHandler() {
        @Override
         public void onSuccess(
                int statusCode, Header[] headers,
                byte[] responseBody) {
            String result = EncodingUtils.getString(
                    responseBody, 0, responseBody.length,
                    "UTF-8");
```

```
        Log.d(TAG, "verify return : " + result);

        // 결제가 실패한 경우.
        if(result.equals("0")) {
            UnityPlayer.UnitySendMessage(
                    GoogleIAB_OBJECT,
                    "Error", "-4885");
            return;
        }


        // 결제된 상품타입 판단.
        String productID = p.getSku();
        ProductType nowPurchaseItemType = CheckPurchaseItem(productID);
        // 상품타입별 처리.
        switch(nowPurchaseItemType) {
            case managed:
                // 전달하는 정보는 자신의 프로젝트에 알맞게 처리합니다.
                UnityPlayer.UnitySendMessage(
                        GoogleIAB_OBJECT,
                        "PurchaseCompletedManaged",
                        productID);
                break;
            case subscription:
                // 전달하는 정보는 자신의 프로젝트에 알맞게 처리합니다.
                UnityPlayer.UnitySendMessage(
                        GoogleIAB_OBJECT,
                        "PurchaseCompletedSubscription",
                        productID);
                break;
            case unmanaged:
                mHelper.consumeAsync(p, mConsumeFinishedListener);
                break;

        }

    }

    @Override
    public void onFailure(
            int statusCode, Header[] headers,
            byte[] responseBody, Throwable error) {
```

```
                Log.d(TAG, "verification error");
            }
        });
    }
--(후략)--
```

코드를 간단히 설명하면 결제된 상품의 영수증(receipt) 정보를 AsyncHttpClient 클래스를 활용해 서버에 전달한 후 올바른 결제인지 확인합니다. 서버에서 확인한 결과를 클라이언트에 전달하면 전달된 내용을 바탕으로 에러 메시지를 띄우거나 이후 제품의 소모를 진행합니다. 이때 관리되지 않는 제품을 소모하기 위해서 IabHelper.consumeAsync 메서드를 활용하는데 이 결과를 처리하는 mConsumeFinishedListener 멤버 필드가 필요합니다.

예제 3-180: GoogleIAB.java

```
--(전략)--
    // 소모가 완료되면 호출된다
    static IabHelper.OnConsumeFinishedListener mConsumeFinishedListener
            = new IabHelper.OnConsumeFinishedListener() {
        public void onConsumeFinished(final Purchase purchase, IabResult result) {
            if( selfDebugMode )
            {
                Log.d(TAG, "소모완료. Purchase: " + purchase + ", result: " + result);
            }
            if (result.isSuccess()) {
                AsyncHttpClient client = new AsyncHttpClient();
                // 서버에 전달할 데이터
                RequestParams sendParams = new RequestParams();
                sendParams.put("userKeyNo", saveUserKeyNo);
                sendParams.put("sku", purchase.getSku());
                sendParams.put("payload", purchase.getDeveloperPayload());

                String url = urlPrefix+"farmdefence/getPurchaseResultGoogleIAB.php";
                client.get(url, sendParams, new AsyncHttpResponseHandler() {
                    @Override
                    public void onSuccess(int statusCode, Header[] headers,
                                          byte[] responseBody) {
                        String result = EncodingUtils.getString(
                                responseBody, 0, responseBody.length,
                                "UTF-8") ;
                        Log.d(TAG, "purchase result : "+result);
```

```
                if(result.equals("noResult")) {
                    // 결제한 정보가 존재하지 않는 경우.
                    Log.d(TAG, "DB에 결제한 정보가 없습니다");
                    UnityPlayer.UnitySendMessage(
                            GoogleIAB_OBJECT,
                            "Error",
                            "-4886");
                } else if(result.equals("noSkuInfo")) {
                    // sku가  database에 등록되지 않은 경우.
                    Log.d(TAG, " DB에 sku가 등록되않았습니다");
                    UnityPlayer.UnitySendMessage(
                            GoogleIAB_OBJECT,
                            "Error",
                            "-4887");
                } else if(result.equals("noPriceInfo")) {
                    // 가격 정보가 등록되지 않은 경우.
                    Log.d(TAG, "가격정보가 DB에 등록되지 않았습니다");
                    UnityPlayer.UnitySendMessage(
                            GoogleIAB_OBJECT,
                            "Error",
                            "-4888");
                } else {
                    // 정상적으로 처리된 경우.
                    UnityPlayer.UnitySendMessage(
                            GoogleIAB_OBJECT,
                            "PurchaseCompletedUnmanaged",
                            result);
                    Log.d(TAG, "소모 성공");
                }
            }

            @Override
            public void onFailure(int statusCode, Header[] headers,
                                  byte[] responseBody, Throwable error) {
                Log.d(TAG, "consume error");
            }
        });
    }
    else {
        // 소모 실패한 경우
        UnityPlayer.UnitySendMessage(
```

```
                    GoogleIAB_OBJECT,
                    "Error",
                    ""+result.getResponse() );
            }
            Log.d(TAG, "소모 과정 완료");
        }
    };
--(후략)--
```

mConsumeFinishedListener 멤버 필드는 IabHelper.OnConsumeFinishedListener 인터페이스를 구현했습니다. OnConsumeFinishedListener 인터페이스는 인벤토리 상품의 소모를 마치면 onConsumeFinished 메서드를 통해서 결과를 출력합니다. 정상적으로 소모된 경우에 한해 서버에 내용을 기록하고 필요한 정보를 받아서 전달합니다.

팁

우리 애플리케이션에서는 관리되지 않는 제품만 인 앱 상품으로 다루고 있으므로 이 코드를 바탕으로 관리되는 제품이나 구독 제품을 처리하고자 한다면 그에 따른 서버 프로그래밍과 안드로이드 프로그래밍이 필요합니다.

CheckVerifyDeveloperPayload 메서드를 mGotInventoryListener 멤버 필드의 상품 검증 부분에 활용하고 mConsumeFinishedListener 멤버 필드는 상품 소모에 사용하도록 수정합니다.

예제 3-181: GoogleIAB.java

```
--(전략)--
    static IabHelper.QueryInventoryFinishedListener mGotInventoryListener
            = new IabHelper.QueryInventoryFinishedListener() {
        public void onQueryInventoryFinished(IabResult result, Inventory inventory) {
--(중략)--
            // 관리되는 상품 체크.
            if(managedProducts != null) {
                for(String productID : managedProducts) {
                    if(inventory.hasPurchase(productID)) {
                        Purchase managedProduct
                                = inventory.getPurchase(productID);

                        // 상품 검증
                        CheckVerifyDeveloperPayload(managedProduct);
```

```
                }
            }
        }

        // 구독 상품 체크
        if(subscriptionProducts != null) {
            for(String productID : subscriptionProducts) {
                if(inventory.hasPurchase(productID)) {
                    Purchase subscriptionProduct
                            = inventory.getPurchase(productID);
                    // 상품 검증
                    CheckVerifyDeveloperPayload(subscriptionProduct);
                }
            }
        }

        // 관리되지않는 상품 체크.
        if(unmanagedProducts != null) {
            for(String productID : unmanagedProducts) {
                Purchase unmanagedProduct
                        = inventory.getPurchase(productID);
                // 상품 소모
                if (unmanagedProduct != null) {
                    mHelper.consumeAsync(
                            unmanagedProduct,
                            mConsumeFinishedListener);
                }
            }
        }

        Log.d(TAG, "인벤토리 상품 처리 종료");
    }
};
--(후략)--
```

IabHelper 클래스를 초기화하고 소모되지 않는 제품을 검증해 결과를 처리하는 부분까지 완료됐습니다. 이제 유니티로부터 결제 요청을 받아 구글 서버에 결제를 요청하고 결제 내용을 서버에 검증 요청하는 부분을 추가하겠습니다.

```
--(전략)--
    // 구매 요청
    public static void PurchaseInappItem(final String sku) {

        if(!isInit) {
            Log.d(TAG, "GoogleIAB가 초기화되지않았습니다");
            return;
        }

        saveActivity.runOnUiThread(new Runnable() {
            public void run() {

                AsyncHttpClient client = new AsyncHttpClient();

                String url = urlPrefix+"farmdefence/getPayloadGoogleIAB.php";
                // 서버에 전달할 데이터
                RequestParams sendParams = new RequestParams();
                sendParams.put("userKeyNo", saveUserKeyNo);
                sendParams.put("sku", sku);

                client.get(url, sendParams, new AsyncHttpResponseHandler() {
                    @Override
                    public void onSuccess(int statusCode, Header[] headers,
                                          byte[] responseBody) {

                        String developerPayload = EncodingUtils.getString(
                                responseBody, 0, responseBody.length, "UTF-8") ;

                        Log.d(TAG, "서버에서 전달받은 developer payload : "
                                + developerPayload);


                        mHelper.launchPurchaseFlow(
                                saveActivity, sku, 4885,
                                mPurchaseFinishedListener,
                                developerPayload);
                    }

                    @Override
```

```
                public void onFailure(int statusCode, Header[] headers,
                                      byte[] responseBody, Throwable error) {
                    Log.d(TAG, "payload error");
                }
            });
        }
    });
}

// 결제가 완료되면 호출된다
static IabHelper.OnIabPurchaseFinishedListener mPurchaseFinishedListener
        = new IabHelper.OnIabPurchaseFinishedListener() {
    public void onIabPurchaseFinished(IabResult result, Purchase purchase) {
        if( selfDebugMode )
        {
            Log.d(TAG, "Purchase finished: " + result
                    + ", purchase: " + purchase);
        }
        if (result.isFailure()) {
            Log.d(TAG, "결제 에러");
            UnityPlayer.UnitySendMessage(
                    GoogleIAB_OBJECT,
                    "Error",
                    ""+result.getResponse() );
            return;
        }
        CheckVerifyDeveloperPayload(purchase);
    }
};
--(후략)--
```

PurchaseInappItem 메서드는 요청받은 제품 ID를 서버로 전달해 개발자 페이로드를 수신합니다. 이를 첨부해 구글 서버에 결제 요청을 보내고 결과를 mPurchaseFinishedListener 멤버 필드로 처리합니다. mPurchaseFinishedListener 멤버 필드는 IabHelper.OnIabPurchaseFinishedListener 인터페이스를 구현해 결제가 완료되면 onIabPurchaseFinished 메서드로 결과를 받아 결제 검증을 요청하게 됩니다.

용어설명

페이로드(Payload)

페이로드란 데이터 전송(Data transmission)을 위한 데이터 중에서 부가적인 데이터(헤더나 메타 데이터 등)를 제외한 순수히 전송을 위한 데이터를 뜻합니다. 구글의 인 앱 결제에서는 전송한 개발자 페이로드가 구글 서버로부터 결제 결과를 수신할 때도 그대로 전송되어 요청이 중간에 변형됐는지 판단하는 기준이 됩니다.

안드로이드 운영체제는 액티비티(Activity)를 활용해 사용자가 무언가 할 수 있게 합니다. 하지만 GoogleIAB 클래스는 액티비티를 상속하지 않아서 Init 메서드에서 getUnityActivity 메서드를 활용해 활성화된 유니티 액티비티를 찾아 IabHelper 클래스를 작동하도록 했습니다. 그러면 getUnityActivity 메서드에서 반환된 액티비티가 결제와 관련된 결과를 수신하면 GoogleIAB 클래스로 결과를 전달해야만 합니다. 먼저 GoogleIAB 클래스에 결과 수신을 위해 onActivityResult 메서드를 추가합니다.

예제 3-183: GoogleIAB.java

```
--(전략)--
    // 결제결과를 전송받는다
    public static void onActivityResult(
            Activity activity,
            int requestCode,
            int resultCode,
            Intent data) {

        if( selfDebugMode )
        {
            Log.d(TAG, "onActivityResult(" + requestCode + ","
                    + resultCode + "," + data);
        }

        if (!mHelper.handleActivityResult(requestCode, resultCode, data)) {

        }
        else {
            Log.d(TAG, "onActivityResult handled by IABUtil.");
        }
    }
--(후략)--
```

그리고 GoogleIAB.onActivityResult 메서드에 결과를 전달하도록 UnityPlayerNativeActivity.onActivityResult 메서드를 수정합니다. 해당 클래스는 프로젝트 ▷ app ▷ src ▷ java ▷ com.totu.farmdefence 패키지에 위치합니다. 패키지명이 다르더라도 java 폴더 아래에 패키지명만 다르므로 쉽게 찾을 수 있습니다.

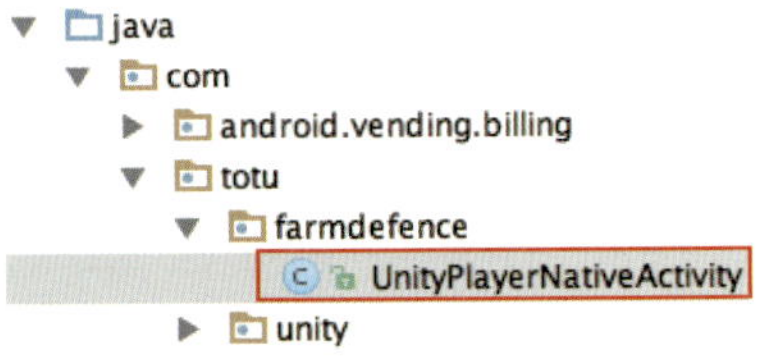

java
com
android.vending.billing
totu
farmdefence
UnityPlayerNativeActivity
unity

그림 3-342: Gradle 빌드

예제 3-184: UnityPlayerNativeActivity.java

```
--(전략)--
public class UnityPlayerNativeActivity extends NativeActivity
{
--(중략)--
    @Override
    public void onActivityResult(int requestCode, int resultCode, Intent data) {
        super.onActivityResult(requestCode, resultCode, data);
        // 결제 결과를 전달한다.
        if(GoogleIAB.isInit)
        {
            GoogleIAB.onActivityResult(this, requestCode, resultCode, data);
        }
    }
}
```

UnityPlayerNativeActivity.onActivityResult 메서드는 결과를 GoogleIAB 클래스로 전달하는 것 외에 특별한 처리는 없습니다.

인 앱 결제를 위한 준비가 끝났으므로 매니페스트를 수정합니다. application 노드에서 android:debuggable="true"를 제거하고 uses-permission 부분을 찾아서 con.android.vending.BILLING 권한을 추가합니다.

예제 3-185: AndroidManifest.xml

```
--(전략)--
    <application android:icon="@drawable/app_icon" android:label="@string/app_name">
--(중략)--
    <uses-permission android:name="com.android.vending.BILLING" />
--(후략)--
```

결제를 진행할 때 앞서 내려받은 첨부 파일의 3-5/php/에서 파일을 선택해서 c:₩server₩www ₩farmdefence 폴더에 끌어다 넣습니다.

인 앱 결제 흐름

프로그래밍을 진행했기 때문에 어떤 메서드가 사용됐는지 알아도 전체 구조는 아직 이해되지 않을 수 있습니다. 유니티 클라이언트, 서버, 안드로이드, 구글 서버 사이의 흐름이 어떤지 시퀀스 다이어그램으로 알아보겠습니다.

먼저 초기화를 진행하는 경우입니다.

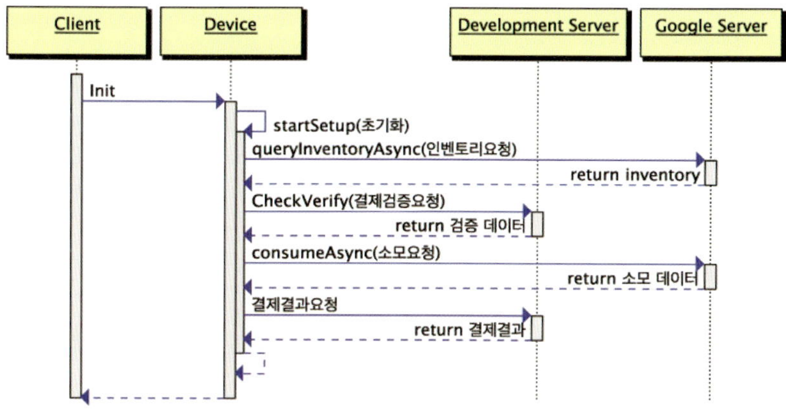

그림 3-343: 인 앱 결제 초기화

초기화 과정을 살펴보면 기기에서 startSetup 메서드를 실행한 후 구글 서버에 인벤토리를 요청합니다. 구매 내역을 살펴보고 혹시 처리되지 않은 것이 있으면 개발 서버에 결제 검증을 요청해 소모하게 됩니다.

관리되지 않는 제품의 결제를 진행하는 과정은 사용자가 결제 버튼을 클릭하는 것으로 시작됩니다. 초기화와는 인벤토리를 받는 부분을 제외하고는 비슷합니다.

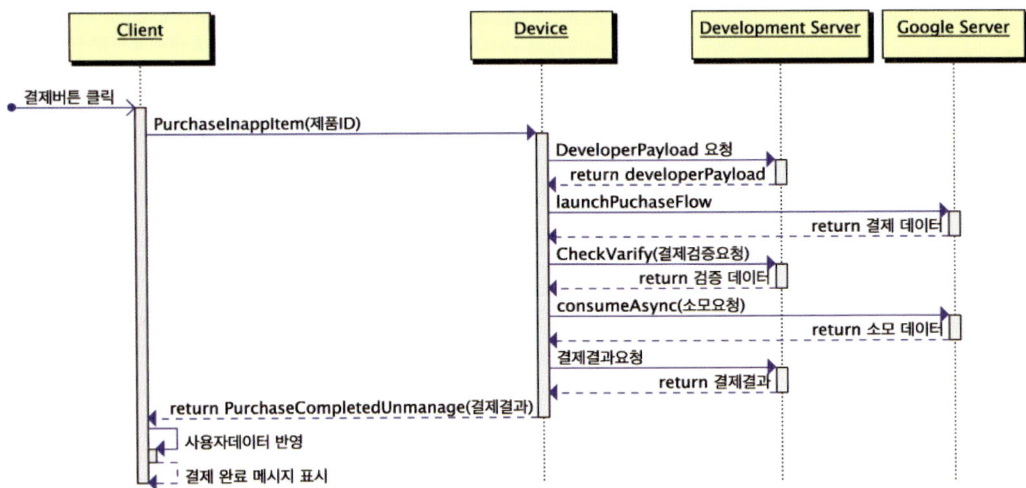

그림 3-344: 인 앱 결제 진행

초기화에서 보지 못한 부분은 서버로부터 개발자 페이로드를 얻어오는 과정입니다. 사실 클라이언트에서만 모든 것을 처리하면 단계를 훨씬 간단하게 표현할 수 있습니다.

결제 테스트

빌드를 진행해 APK를 안드로이드 기기에 설치한 후 결제 테스트를 진행하겠습니다.

네트워크 구성

서버에 데이터를 기록하고 검증하는 부분을 작동시키려면 네트워크의 구성이 올바르게 돼야합니다. 가능한 상황별로 구성해야 하는 사항을 알아보겠습니다.

먼저 공유기를 통해 서버 컴퓨터와 안드로이드 기기가 로컬 영역 네트워크(Local Area Network)로 구성되는 경우입니다. 이 경우에는 공유기가 한 개의 외부 IP 주소를 가지고 있으며 내부 기기들은 공유기가 할당한 별도의 내부 IP로 연결됩니다.

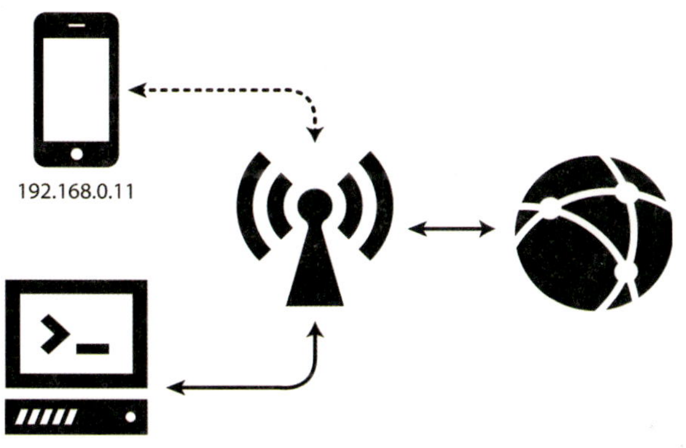

그림 3-345: 로컬 영역 네트워크

공유기를 통해서 로컬 영역 네트워크가 구성된 경우에는 GoogleIAB.java 파일의 urlPrefix에 서버 컴퓨터에 할당된 내부 IP 주소(위의 경우는 192.158.0.81)를 입력합니다. 내부 IP 주소를 확인하는 방법은 윈도우 + R키를 눌러 실행창에 cmd라고 입력(❶)한 후 [확인] 버튼(❷)을 눌러 실행합니다. 명령어 입력창에 ipconfig 명령을 입력하고 엔터키를 누르면 IPv4 주소란에 주소가 나타납니다(❸). 맥은 [프로그램] → [유틸리티] → [터미널]을 실행하여 ifconfig | grep inet 명령을 입력하고 엔터키를 누르면 확인할 수 있습니다(❹).

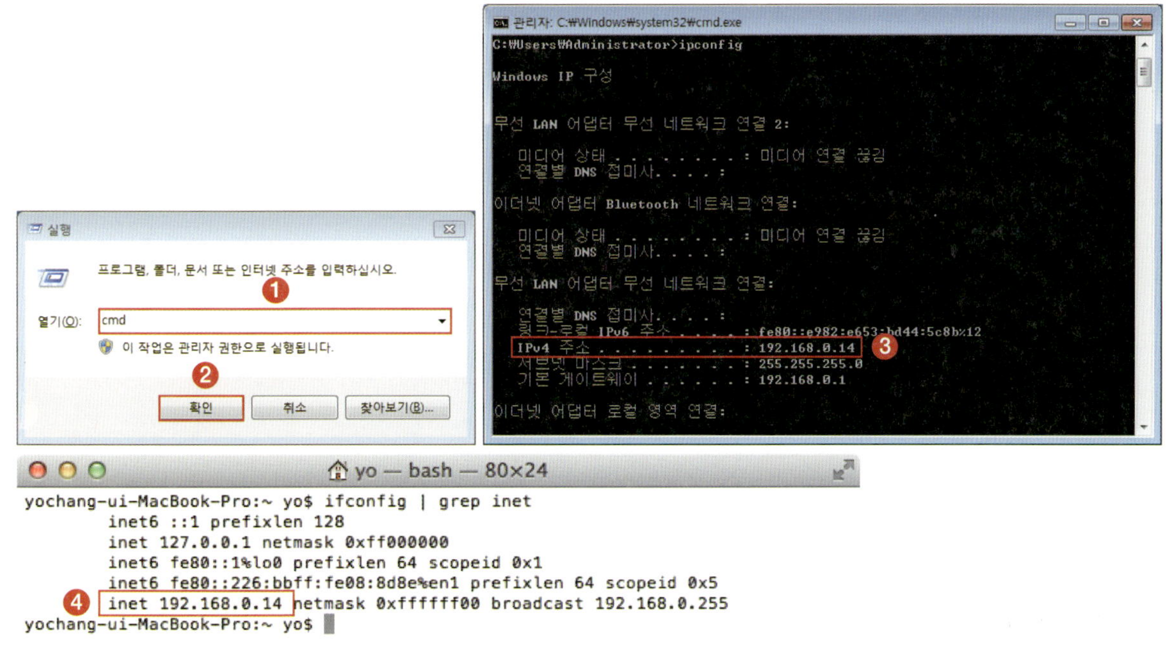

그림 3-346: IP 주소 확인

두 번째는 서버 컴퓨터는 공유기에 연결돼있고 안드로이드 기기는 통신사 망을 통해서 직접 인터넷에 연결된 경우입니다. 이 경우 서버 컴퓨터에 할당된 내부 IP주소로 안드로이드 기기가 접근하면 전혀 검색할 수 없습니다. 공유기에 할당된 외부 IP 주소의 특정 포트(Port)로 접근해 내부 IP로 연결해야 합니다. 이를 포트포워딩(Port Forwarding)이라고 합니다.

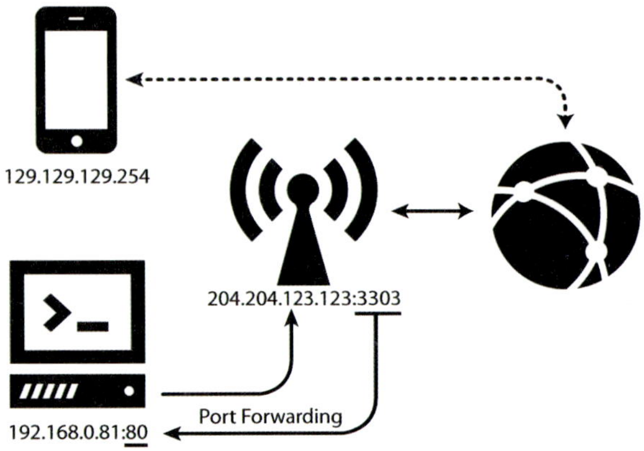

그림 3-347: 포트포워딩

포트포워딩은 공유기별로 설정하는 방법이 다르지만 국내에서 많이 사용하는 EFM-Networks 사의 ipTIME 모델로 설명하겠습니다. 웹 브라우저에 사이트주소(http://192.168.0.1)를 입력합니다. 관리 도구를 클릭하여 관리 페이지로 이동합니다.

그림 3-348: ipTIME 관리 페이지 접속

[고급 설정] → [NAT/라우터 관리] → [포트포워드 설정]을 클릭(❶)해 포트포워드 설정 메뉴로 이동합니다. 서버 컴퓨터의 내부 IP 주소를 입력(❷)하고 외부에서 호출할 포트 번호를 입력(여기서는 3303)합니다(❸). 서버 컴퓨터의 포트 번호를 입력(아무런 설정을 하지 않았으므로 80으로 입력)하고 포트포워딩 규칙의 이름을 입력(❹)한 후 추가 버튼을 클릭(❺)해 저장합니다.

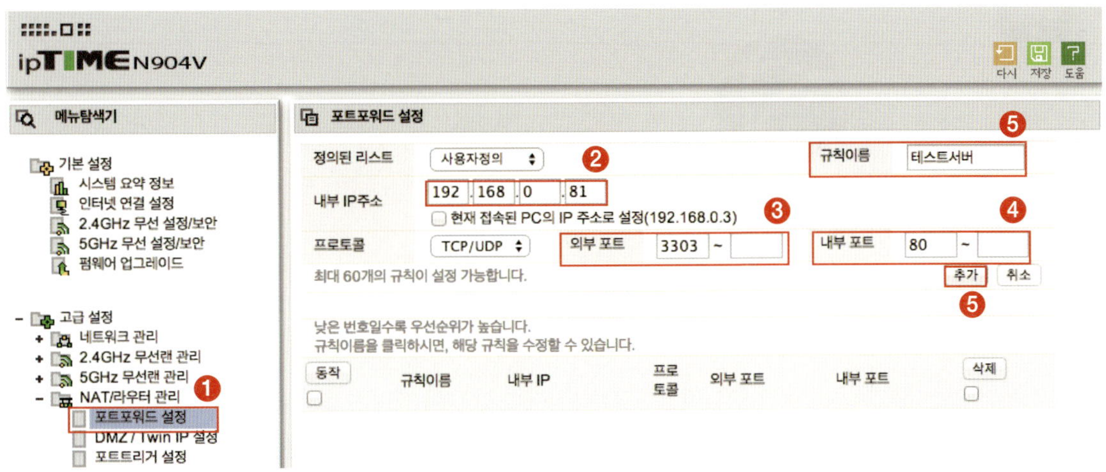

그림 3-349: 포트포워딩 설정

포트포워딩이 설정됐으니 공유기의 외부 IP 주소를 확인하겠습니다. 공유기 관리 페이지에서도 확인할 수 있지만 좀 더 손쉽게 확인할 수 있는 방법으로 웹 브라우저에서 다음 주소(http://www.findip.kr/)로 이동하면 바로 확인할 수 있습니다. GoogleIAB.java 파일의 urlPrefix에 http://확인된IP주소:포트번호/ 규칙으로 입력하면 됩니다(예 – http://204.204.123.123:3303/).

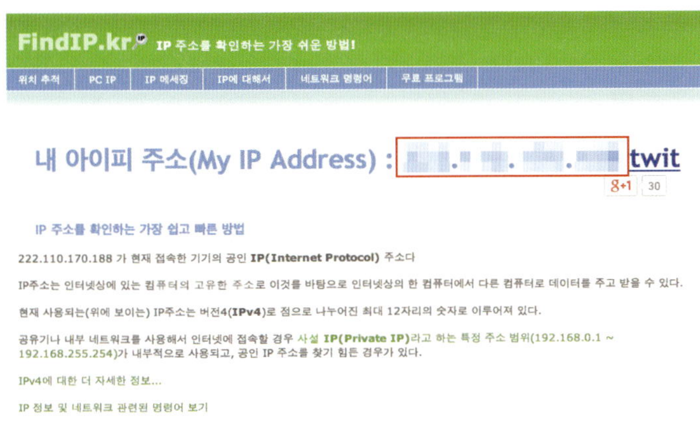

그림 3-350: 외부 IP 주소 확인

마지막으로 안드로이드 기기와 서버 컴퓨터가 별도의 외부 IP를 가진 경우입니다. 이 경우에는 별도의 설정 없이 외부 IP를 GoogleIAB.java 파일의 urlPrefix에 입력하면 됩니다.

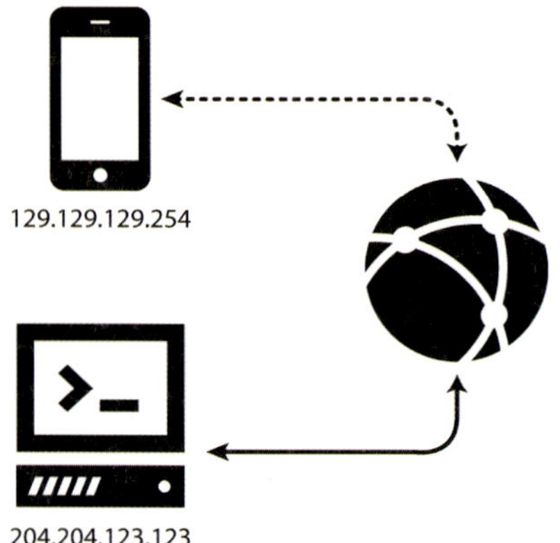

그림 3-351: 개별 연결

공유기를 통해서 내부 네트워크가 구성된 경우가 아니라면 반드시 유니티 GameData 클래스의 urlPrefix 멤버 필드도 함께 수정해야 합니다. 공유기를 통한 설정이 되어있지 않은 경우에는 GameData.urlPrefix를 수정하고 다시 Google Android Project를 익스포트해서 설정하는 일을 반복해야 합니다.

팁

다시 프로젝트를 임포트하고 설정하는 수고를 덜기 위한 팁입니다. 안전한 진행을 위해 안드로이드 스튜디오를 종료합니다. 그리고 유니티에서 새로 Google Android Project를 생성하면 해당 폴더 아래에 assets 폴더가 있습니다(❶). 이 폴더를 안드로이드 스튜디오 프로젝트 ▷ app ▷ src ▷ main ▷ assets 폴더를 삭제한 후 복사하여 붙여넣습니다(❷).

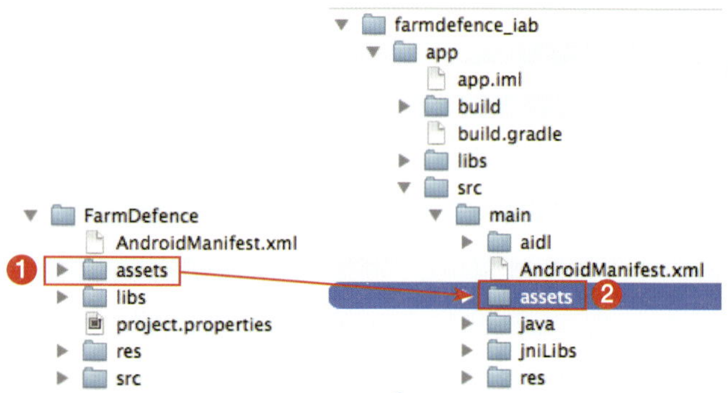

그림 3-352: assets 폴더 대치

안드로이드 애플리케이션 생성

앞서 만들어놓은 키스토어를 사용해 APK 파일을 생성하겠습니다. 안드로이드 스튜디오에서 주 메뉴의 [Build] → [Generate Signed APK]를 클릭한 후 [Next] 버튼을 클릭합니다.

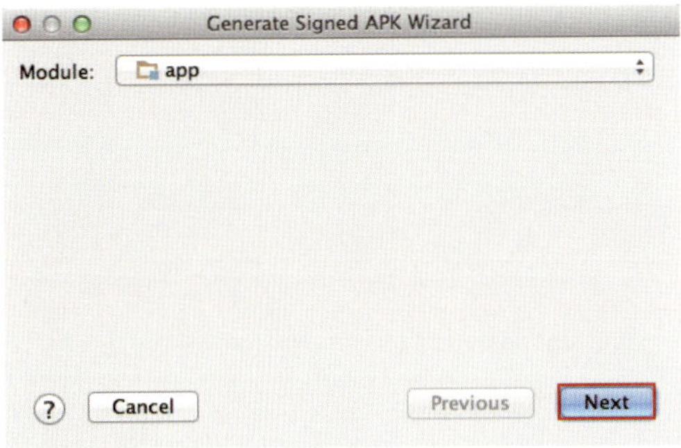

그림 3-353: APK 생성

사용했던 키스토어를 선택하고 패스워드를 입력합니다. Key alias도 사용했던 것을 선택하고 패스워드를 입력합니다. 올바르게 입력한 다음 [Next] 버튼을 클릭합니다.

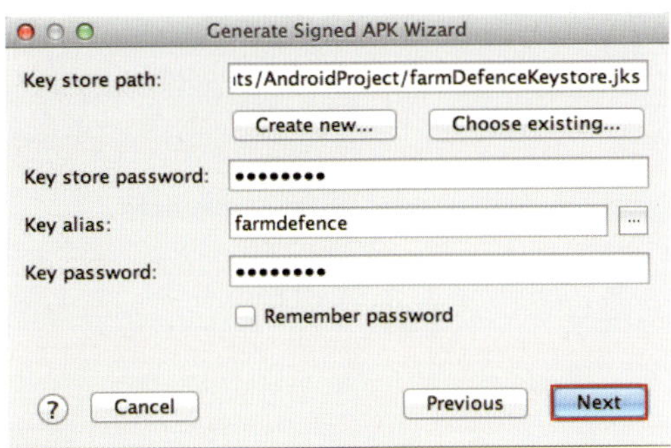

그림 3-354: 키스토어 암호 입력 및 키 암호 입력

빌드된 APK 파일을 저장할 위치를 선택(❶)하고 [Finish] 버튼을 클릭해 APK 파일을 빌드(❷)합니다. 빌드가 완료되면 저장된 폴더에 완성된 apk 파일을 확인할 수 있습니다.

Generate Signed APK Wizard
Note: Proguard settings are specified using the Project Structure Dialog
APK Destination Folder: :efence_inapp/farmdefence_iab/app
Build Type: release
Flavors:
No product flavors defined
Cancel
Previous
Finish

그림 3-355: APK 빌드

테스트 결제 준비

테스트 결제를 진행하기 전에 개발자 구글 아이디 외에 테스트 결제 아이디를 등록해야 합니다. 웹 브라우저에서 다음 주소(http://play.google.com/apps/publish/)로 이동합니다. Setting 을 클릭하고(❶) Gmail accounts with testing access에 구글 아이디를 등록(❷)한 뒤 [Save] 버튼을 클릭해 저장(❸)합니다.

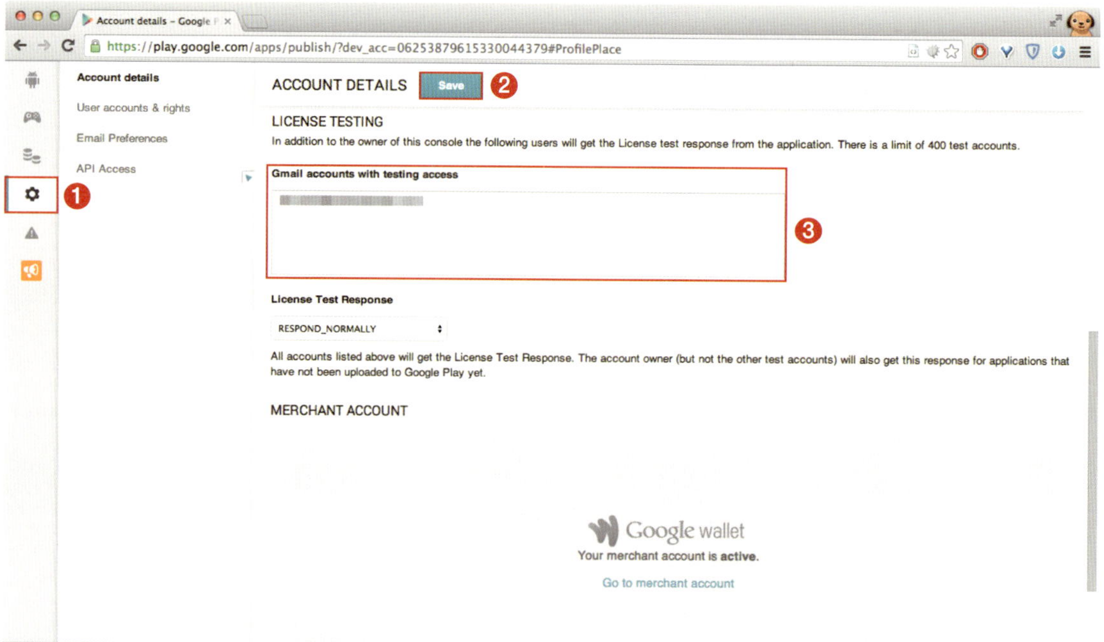

그림 3-356: 테스트 아이디 등록

이제 안드로이드 기기에서도 설정을 실행해 등록한 구글 테스트 계정을 등록하고 주 아이디로 사용하도록 합니다.

테스트 결제 확인

안드로이드 기기 제조사 홈페이지와 메뉴얼을 참고해 APK 파일을 설치하고 애플리케이션을 실행합니다. 아이디를 생성하고 로비에서 Store를 활성화해 보석 구매를 진행합니다.

그림 3-357: 결제 요청

테스트 결제이므로 실제로 결제가 이뤄지지는 않습니다. 구매 버튼을 클릭해 구매를 진행합니다.

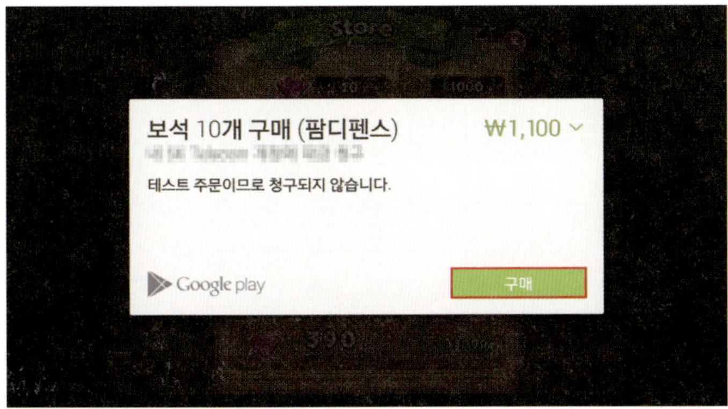

그림 3-358: 결제 진행

서버와 통신이 마무리되면 결제 완료 메시지와 함께 보석이 변화되는 모습을 확인할 수 있습니다.

그림 3-359: 결제 확인

유의 사항

테스트 결제가 성공했다고 해서 모든 서버 개발이 끝난 것은 아닙니다. 실제로 서비스하려면 지금과 같은 포트포워딩 방식이 아닌 서버 호스팅이나 웹 호스팅을 이용해 항상 게임 클라이언트에서 서버에 접근할 수 있게 처리해야 합니다.

이러한 부분은 이 책에서 다루지 않으므로 반드시 전문가나 서비스 업체에 문의해 처리합니다.

페이스북 활용

소셜 네트워크 서비스가 활성화되면서 모바일 게임에도 소셜 네트워크 요소가 필수가 됐습니다. 대표적인 소셜 네트워크 서비스인 페이스북을 활용해 기본적인 소셜 네트워크 기능을 살펴보겠습니다.

준비 사항

페이스북 SDK 내려받기

웹 브라우저에서 다음 주소(http://developers.facebook.com/docs/unity/)로 이동한 후 [Download the SDK] 버튼을 클릭해 페이스북 SDK를 내려받습니다.

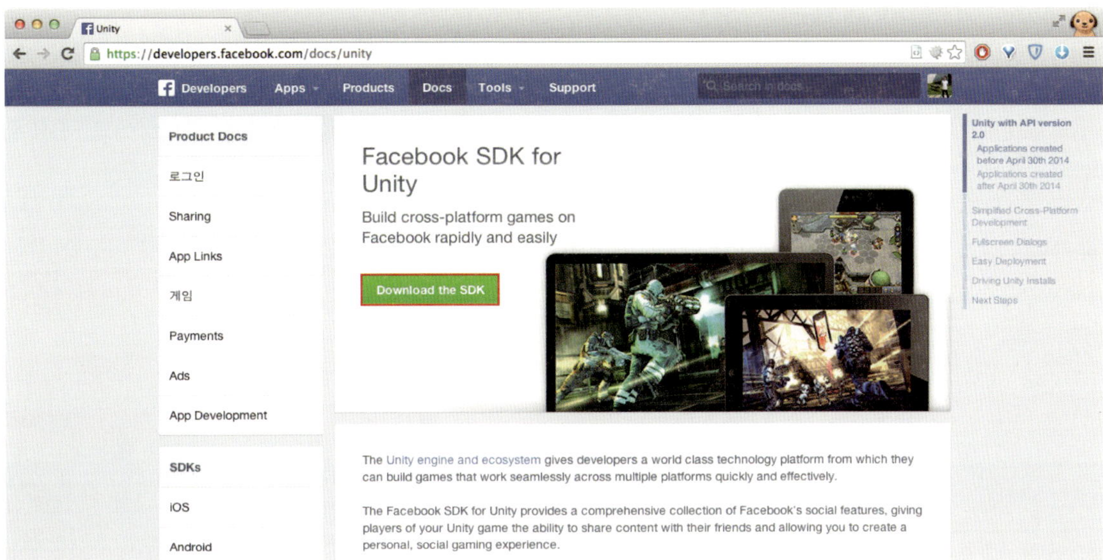

그림 3-360: 페이스북 SDK 내려받기

내려받을 수 있는 페이스북 SDK가 버전별로 나타납니다. 6.0 패키지를 클릭해 내려받습니다.

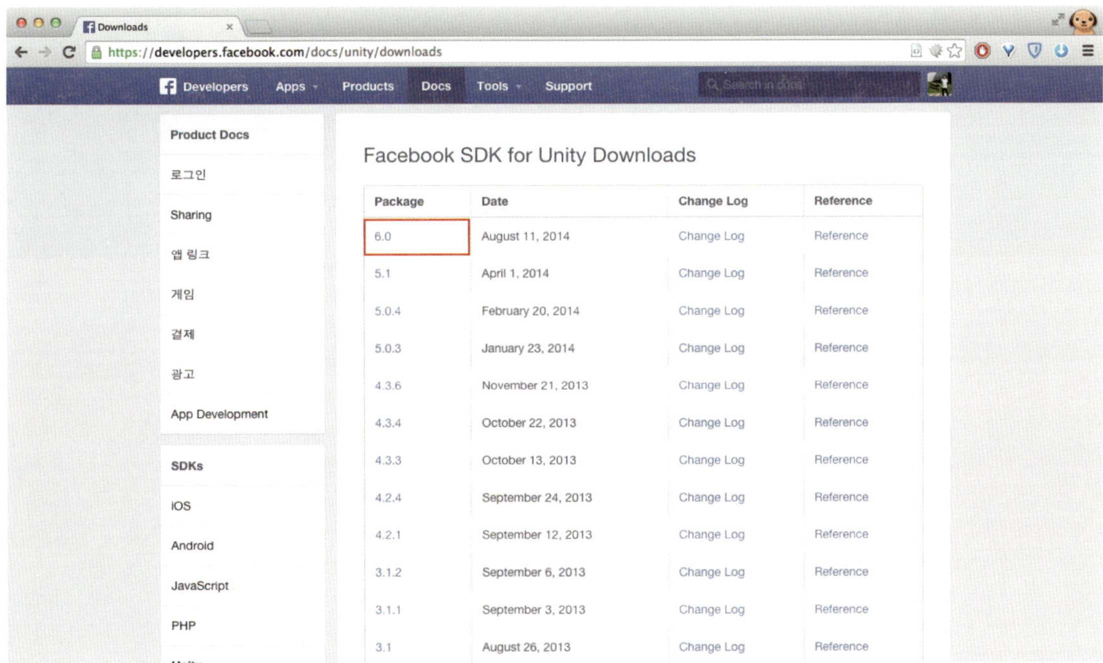

그림 3-361: 내려받을 페이스북 SDK 선택

안드로이드 키 해쉬(Key Hash) 생성

페이스북 SDK를 활용하려면 페이스북 앱으로 등록해야 합니다. 페이스북 앱을 등록하는 과정에서 안드로이드 플랫폼은 APK를 생성할 때 사용한 키스토어에서 추출한 키 해쉬가 필요합니다. 안드로이드 SDK에서 사용하는 커맨드 라인 명령으로 생성할 수 있지만 여기에서는 프로그램을 활용해 처리하겠습니다.

웹 브라우저에서 Dev-Host 사이트(**윈도우** http://d-h.st/sqI , **맥** http://d-h.st/dwp)로 이동합니다. [DOWNLOAD] 버튼을 클릭해 프로그램을 내려받습니다. 이 책에서는 맥 OS를 기준으로 설명하겠습니다.

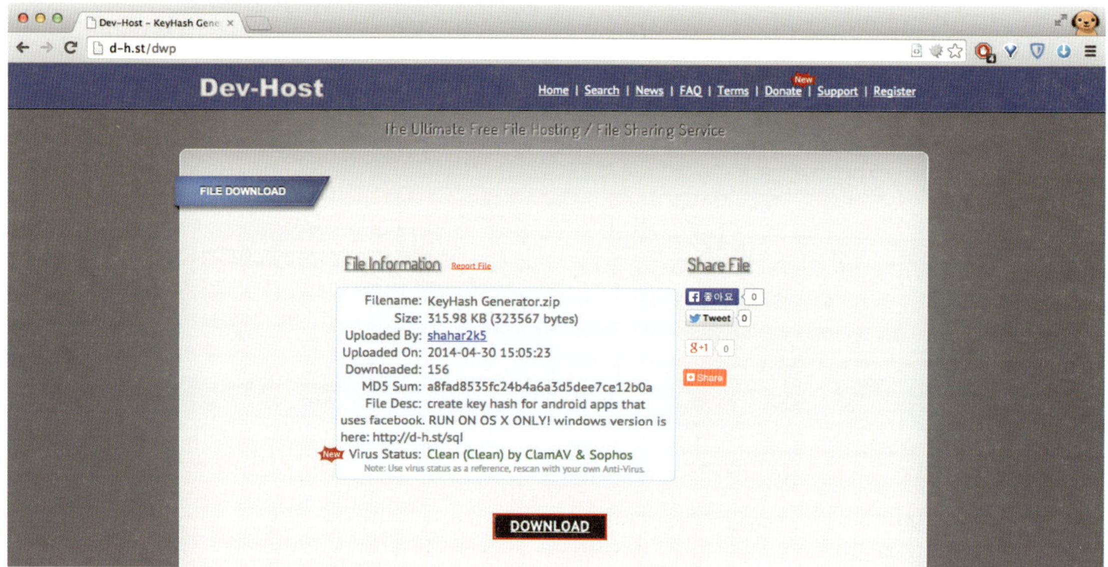

그림 3-362: 키 해쉬 프로그램 내려받기

내려받은 파일의 압축을 해제하고 KeyHash Generator 프로그램을 실행합니다.

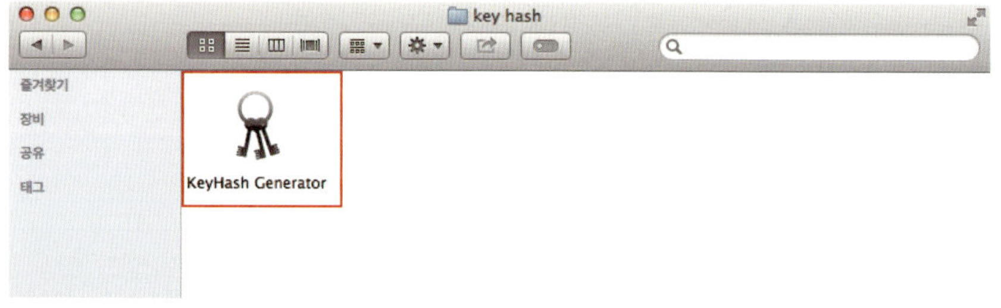

그림 3-363: 키 해쉬 프로그램 실행

Keystore file path에 안드로이드 애플리케이션을 생성할 때 사용한 키스토어를 끌어다 놓고(❶) Alias(❷)와 Password(❸)에는 별칭과 암호를 입력합니다. [GET THE KEY] 버튼을 클릭(❹)하면 KeyHash란에 키 해쉬가 생성됩니다(❺).

그림 3-364: 키 해쉬 생성

페이스북 앱 등록

웹 브라우저에서 페이스북 개발자 사이트(http://developers.facebook.com)로 이동합니다. [Apps] 메뉴를 클릭(❶)한 후 Add a New App을 선택(❷)합니다.

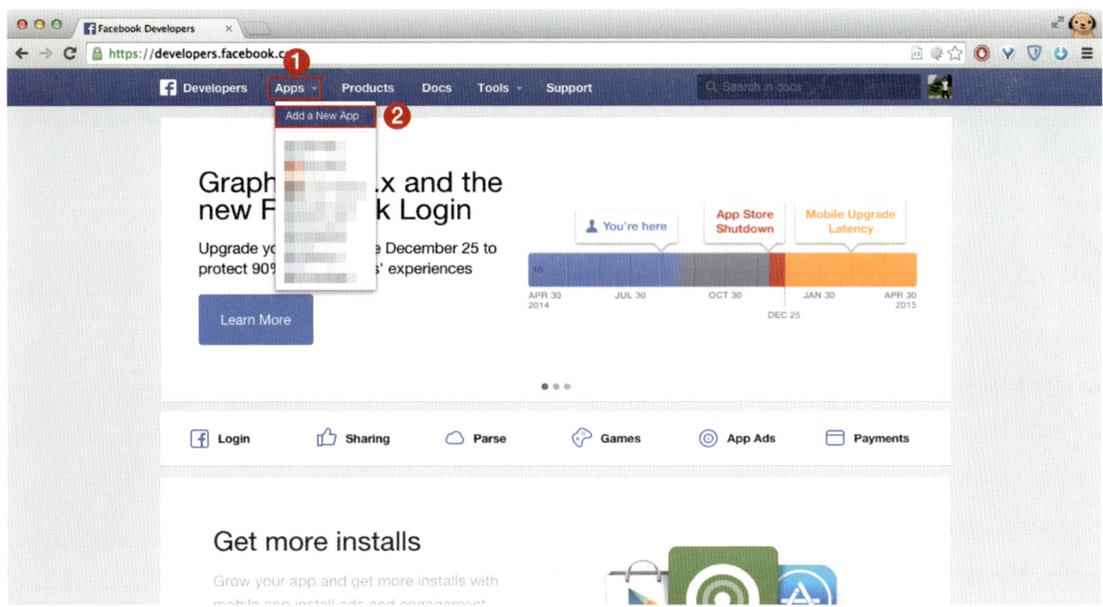

그림 3-365: 페이스북 앱 등록 1

사용자가 앱을 확인할 때 표시할 Display Name(❶)과 구분에 필요한 Namespace(❷)를 입력합니다. 분류를 게임으로 선택하고 게임 장르에 따라서 하위 카테고리를 선택(❸)합니다. 모두 입력했으면 [애플리케이션 만들기] 버튼을 클릭해 앱을 등록합니다(❹).

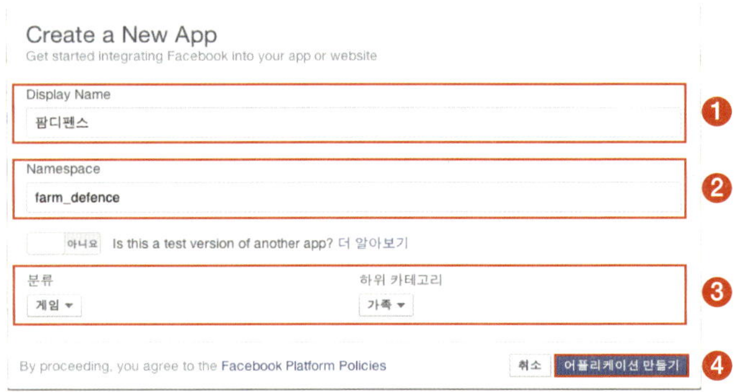

그림 3-366: 페이스북 앱 등록 2

Settings를 클릭(❶)한 후 Add Platform을 클릭(❷)합니다.

팁

페이스북 SDK를 초기화할 때 사용할 App ID 의 위치도 기억해 둡니다(❸).

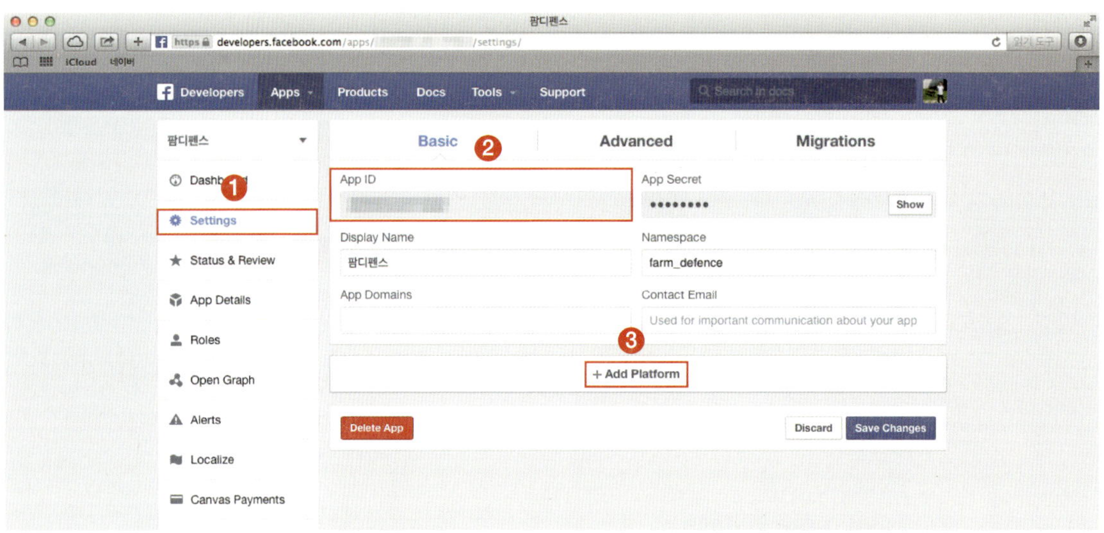

그림 3-367: 페이스북 앱 등록 3

안드로이드를 선택합니다.

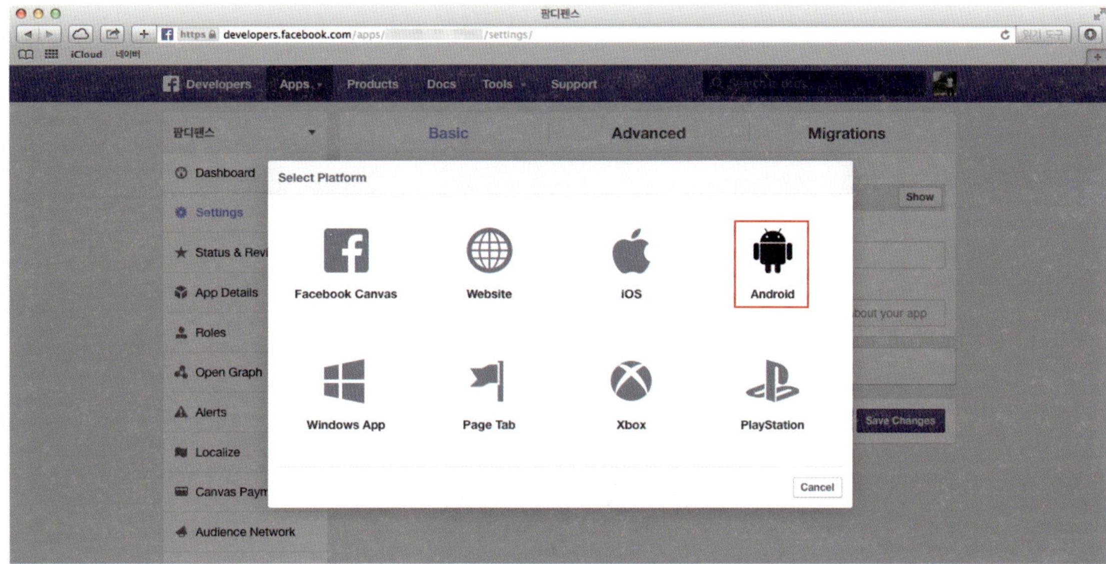

그림 3-368: 페이스북 앱 등록 4

안드로이드 APK를 생성할 때 사용한 패키지 이름(❶)과 앞서 생성한 키 해쉬(❷)를 입력하고 [변경 내용 저장] 버튼을 클릭(❸)합니다.

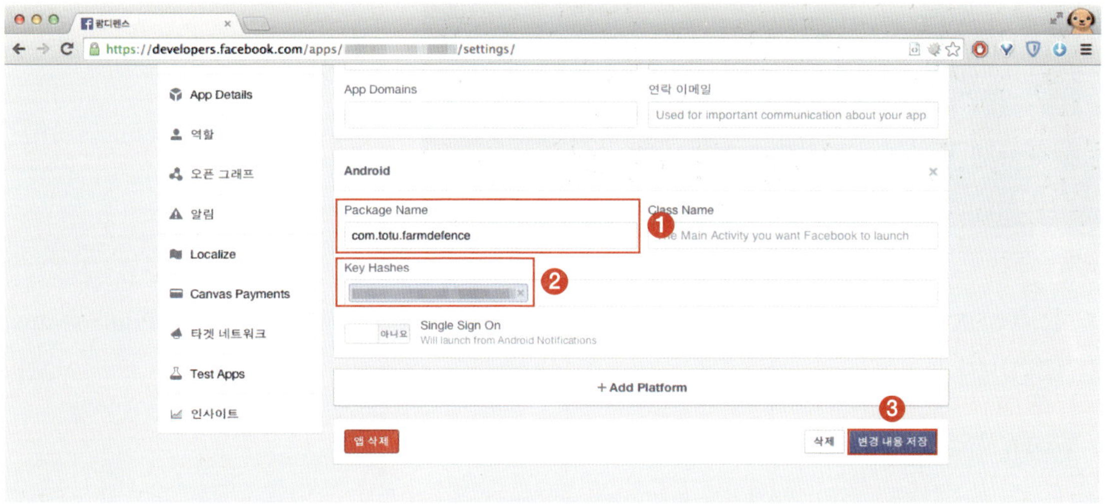

그림 3-369: 페이스북 앱 등록

페이스북 SDK 초기화

유니티 프로젝트에 페이스북 SDK를 추가하겠습니다. 유니티를 실행해 프로젝트를 열고 앞서 내려받은 FacebookSDK 유니티 패키지를 실행합니다.

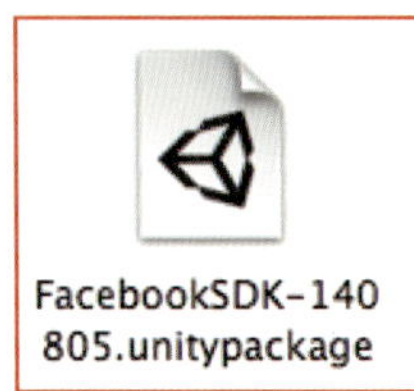

그림 3-370: 페이스북 SDK 추가

[Import] 버튼을 클릭해 페이스북 SDK를 유니티 프로젝트에 추가합니다.

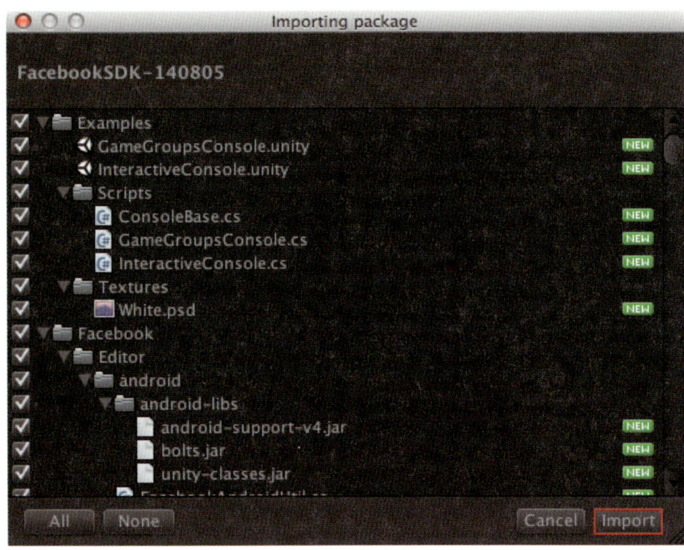

그림 3-371: 페이스북 SDK 추가

페이스북 SDK를 모두 추가하면 Facebook 메뉴가 나타납니다. 주 메뉴의 [Facebook] → [Edit Settings]를 클릭합니다.

만약 Facebook 메뉴가 보이지 않는다면 주 메뉴의 [File] → [Save Scene]를 클릭합니다. 메뉴가 새로고쳐지면서 나타날 것입니다.

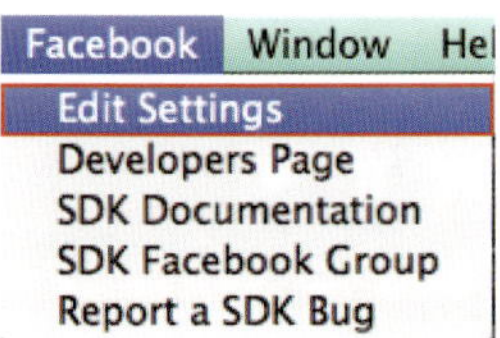

그림 3-372: 페이스북 SDK 에디터 설정

인스펙터에 페이스북 SDK를 설정하는 메뉴가 나타납니다. 페이스북 개발자 페이지에서 등록한 페이스북 앱의 App ID를 App ID란에 추가합니다.

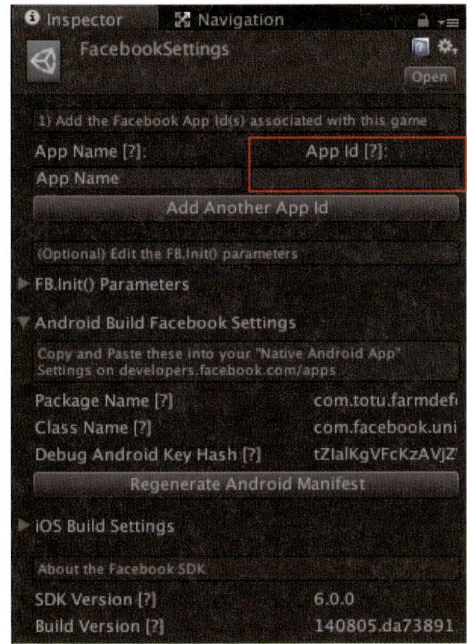

그림 3-373: 페이스북 SDK 앱 아이디 입력

페이스북을 이용한 간편 로그인

로그인 과정

페이스북을 활용해 게임에 로그인하는 과정은 간단합니다. 사용자가 게임을 실행하여 직접 아이디를 입력하는 대신 페이스북 로그인 버튼을 클릭해 페이스북에 로그인을 요청한 후 필요한 정보(이름, 페이스북 식별 번호)를 얻어서 서버에 기록하면 됩니다.

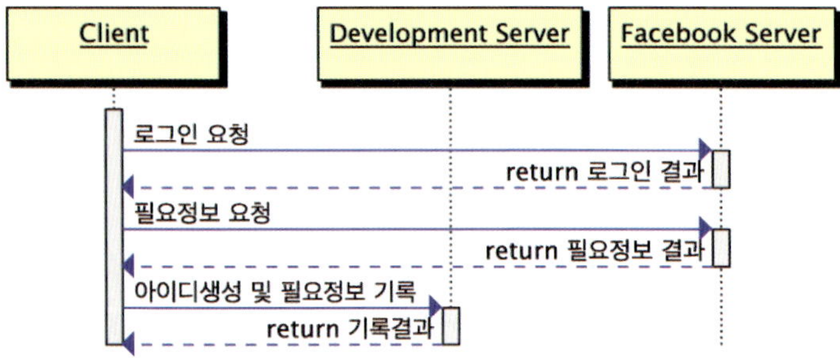

그림 3-374: 페이스북 로그인

페이스북으로 로그인한 이후에는 일정 기간 동안 다시 페이스북에 로그인할 필요가 없습니다.

페이스북 SDK 초기화

페이스북을 사용하려면 먼저 초기화를 해야 합니다. 한번만 실행하면 되므로 TitleScene에서 실행되는 TitleGM 스크립트의 OnEnable 메서드에서 초기화하겠습니다. 페이스북 SDK는 FB 스크립트로 간단히 사용할 수 있습니다.

예제 3-186: TitleGM.cs

```
--(전략)--
    void OnEnable()
    {
        int userKeyNo = PlayerPrefs.GetInt("UserKeyNo");

        if( userKeyNo > 0 )
        {
            TurnOnObj(0);
            // 사용자 정보 로딩 시작.
            LoadUserData();
        }
        else
        {
            // 가입 버튼 활성화.
            TurnOnObj(1);
        }
```

```
        // facebook 초기화.
        FB.Init();
    }
--(후략)--
```

FB.Init 메서드를 이용해 초기화를 완료한 후 무언가 처리해야 한다면 초기화하면서 완료시 실행할 메서드를 전달하면 됩니다. 프로젝트 브라우저의 Scripts 폴더에 이름이 TitleGM.Facebook인 새로운 C# 스크립트를 만들고 다음과 같이 메서드를 추가해 FB.Init 메서드에 사용합니다.

예제 3-187: TitleGM.Facebook.cs

```
using UnityEngine;
using System.Collections;
using System.Collections.Generic;

public partial class TitleGM : MonoBehaviour {

    void InitDone()
    {
        Debug.Log("Facebook SDK 초기화 완료");

        int userKeyNo = PlayerPrefs.GetInt("UserKeyNo");

        if( userKeyNo > 0 )
        {
            TurnOnObj(0);
            // 사용자 정보 로딩 시작.
            LoadUserData();
        }
        else
        {
            // 가입 버튼 활성화.
            TurnOnObj(1);
        }
    }
}
```

예제 3-188: TitleGM.cs

```
--(전략)--
    void OnEnable()
    {
        // facebook 초기화.
        FB.Init(InitDone);
    }
--(후략)--
```

페이스북 초기화를 완료한 뒤 아이디와 관련된 처리를 진행할 수 있도록 OnEnable 메서드의 내용을 InitDone 메서드로 옮기고 OnEnable에서는 페이스북 초기화만 요청하게 합니다.

유니티에서 TitleScene을 실행하면 페이스북 SDK 초기화를 마치고나서 InitDone 메서드가 실행돼 콘솔에 메시지가 출력됩니다.

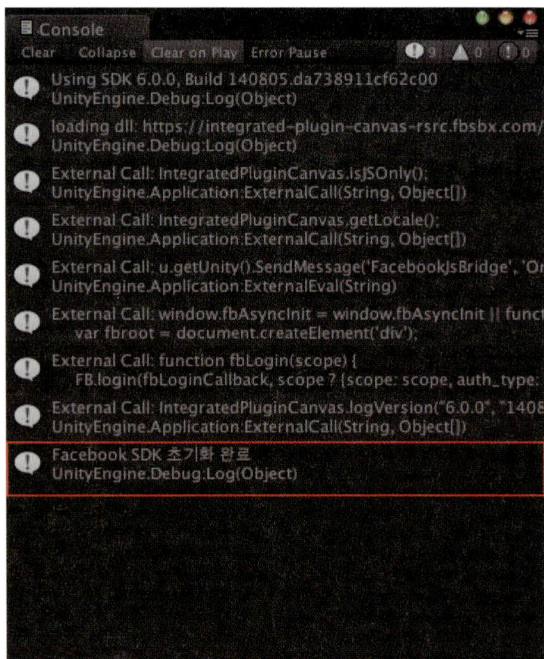

그림 3-375: 초기화 완료 메시지

페이스북 SDK 사용

초기화된 페이스북 SDK를 이용해 로그인하도록 하겠습니다. 먼저 페이스북 서버에 로그인을 요청하는 메서드를 추가합니다.

예제 3-189: TitleGM.Facebook.cs

```
--(전략)—
    // 페이스북 로그인 요청 버튼.
    public void ClickLoginWithFacebook()
    {
        FB.Login(callback:LoginComplete);
    }

    // 로그인 완료 시 실행.
    void LoginComplete(FBResult result)
    {
        if(FB.IsLoggedIn) {
            // 페이스북에 로그인되면 페이스북 ID와 사용자 이름을 요청.
            FB.API("me?fields=id,name", Facebook.HttpMethod.GET, GetIDComplete);
        } else {
            // 로그인 실패 시 에러 출력.
            string errorMsg = string.Format("로그인 실패\nerror : {0}", result);
            PopupWarningMessage(errorMsg);
        }
    }

    // 페이스북 아이디와 사용자 이름 결과 처리.
    void GetIDComplete(FBResult result)
    {
        if(FB.IsLoggedIn
           && PlayerPrefs.GetInt("UserKeyNo") == 0)
        {
            Dictionary<string, object> userInfo =
                Facebook.MiniJSON.Json.Deserialize(result.Text)
                    as Dictionary<string, object>;

            // 테스트로 사용자 이름을 출력해본다.
            Debug.Log(userInfo["name"]);
            // TODO: ID 와 사용자 이름으로 서버에 등록한다.
        }
    }
--(후략)--
```

FB.Login 메서드를 이용하면 로그인 요청이 간단하게 처리됩니다. 로그인에 성공했든 에러가 있든 처리가 완료되면 콜백(Callback)으로 LoginComplete 메서드가 실행됩니다. 이렇게 처리되는 이유는 서버와 통신이 필요하므로 작업이 완료된 시점에 이후 작업을 처리하기 위함입니다.

용어설명

콜백(Callback)

다른 메서드(함수)에 인수(Argument)로 전달하는 실행 가능한 코드를 뜻합니다. 예를 들어 TitleGM 스크립트의 PopupWarnigMessage 메서드에서 두 번째 매개 변수가 액션(Action)으로 실행 가능한 메서드 즉, 콜백입니다.

페이스북 그래프 API(Graph API)

소셜 네트워크 서비스(SNS)는 서로가 서로에게 연결된 형태의 소셜 그래프(Social Graph)로 사용자 관계를 나타낼 수 있습니다. 페이스북 그래프 API는 페이스북의 소셜 그래프에서 정보를 읽거나 쓰기 위해 제작된 인터페이스입니다. 자세한 내용은 다음 링크에서 확인할 수 있습니다.

페이스북 그래프 API: https://developers.facebook.com/docs/graph-api

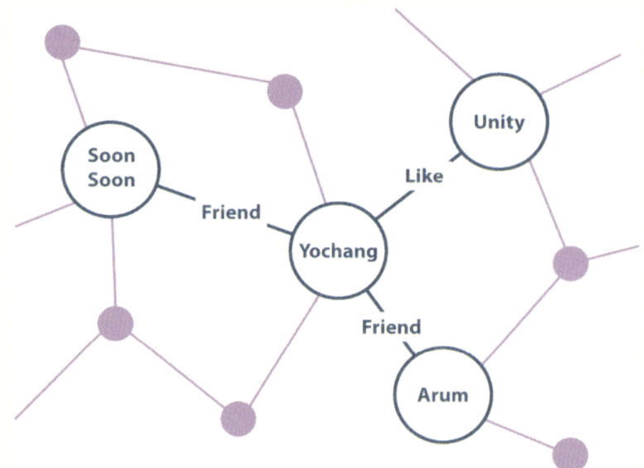

FB.API 메서드는 페이스북 그래프 API(Graph API)를 활용해 데이터를 요청하거나 사용자 액션(User Action)을 등록할 수 있습니다. 여기서는 ID와 사용자 이름을 요청하기 위해서 "me?fields=id, name"으로 요청했습니다. 내용은 로그인한 사용자의 id와 name을 요청하는 것입니다. 요청이 완료되면 GetIDComplete 메서드를 통해서 결과를 확인할 수 있습니다. 페이스북은 결과가 JSON 형태로 전달되므로 페이스북 SDK에 포함된 MiniJSON 클래스를 활용해 데이터를 읽어들입니다.

페이스북 로그인 버튼을 클릭하여 로그인 요청을 실행하기 위해서 TitleScene의 하이어라키에서 loginFacebook_BG 게임 오브젝트를 선택해 UIButton 컴포넌트를 설정합니다. Notify에 @GM 게임 오브젝트를 끌어다 놓고(❶) Method를 ClickLoginWithFacebook으로 선택(❷)합니다.

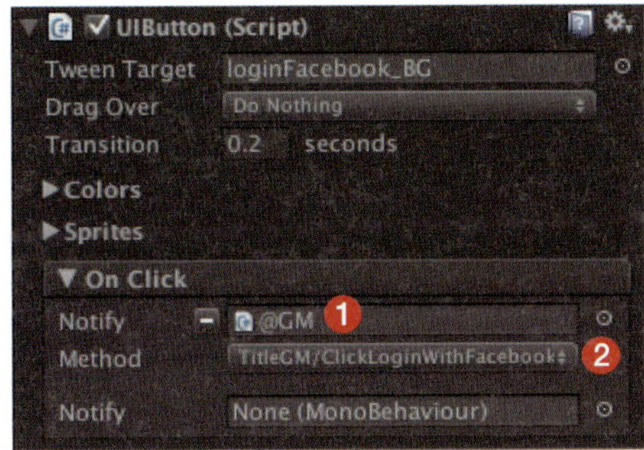

그림 3-376: UIButton 컴포넌트 설정

테스트를 진행하기 위해서 아이디를 생성하기 전 상태로 설정해야 합니다. TitleGM 스크립트의 OnEnable 메서드에 다음과 같은 내용을 추가합니다.

예제 3-190: TitleGM.cs

```
--(전략)--
    void OnEnable()
    {
        // 저장된 사용자 key를 제거한다. // TODO: 반드시 출시전에 지워야한다.
        PlayerPrefs.SetInt("UserKeyNo", 0);

        // facebook 초기화.
        FB.Init(InitDone);
    }
--(후략)--
```

게임을 실행해 게임 뷰에서 Log in with Facebook 버튼을 클릭(❶)하면 유니티 에디터에서 로그인을 진행하는 창이 나타납니다. Find Access Token 버튼을 클릭(❷)합니다.

기기나 웹 버전용으로 출력했을 때 페이스북 아이디와 비밀번호를 넣고 로그인이 가능하며 에디터 상에서는 사용자 토큰을 사용해야 로그인 가능합니다.

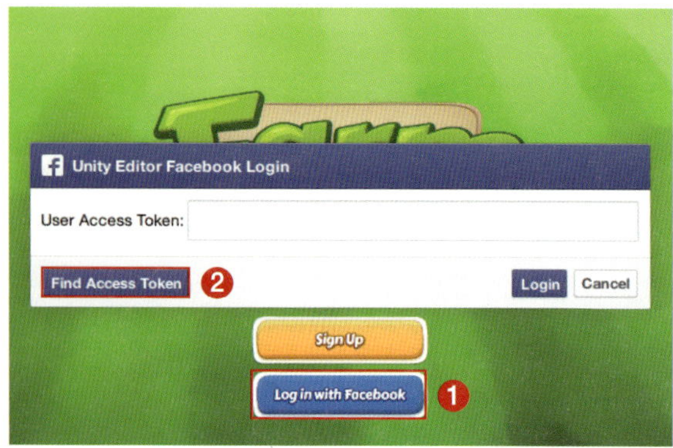

그림 3-377: 페이스북 로그인 진행

[Find Access Token] 버튼을 클릭하면 웹 브라우저가 열립니다. 웹 브라우저에 표시된 사용자 토큰(User Token)을 복사합니다.

아래 주소에서 언제나 사용자 토큰을 확인할 수 있습니다.

https://developers.facebook.com/tools/accesstoken/

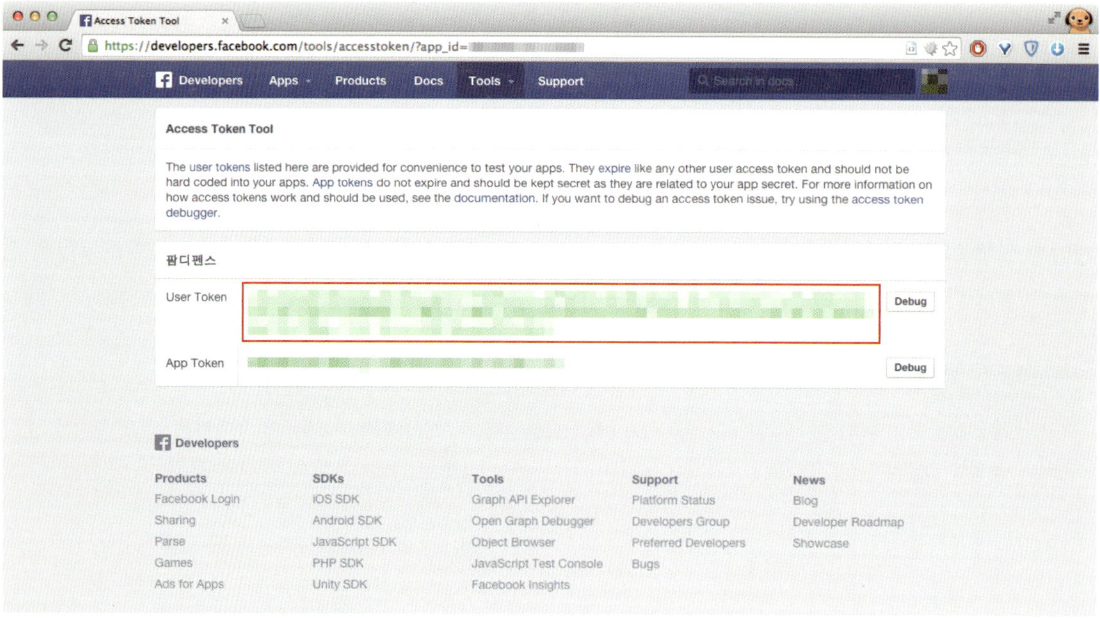

그림 3-378: 페이스북 사용자 토큰 확인

유니티 게임 뷰로 돌아와 User Access Token에 복사한 내용을 붙여넣고(❶) Login 버튼을 클릭(❷)합니다.

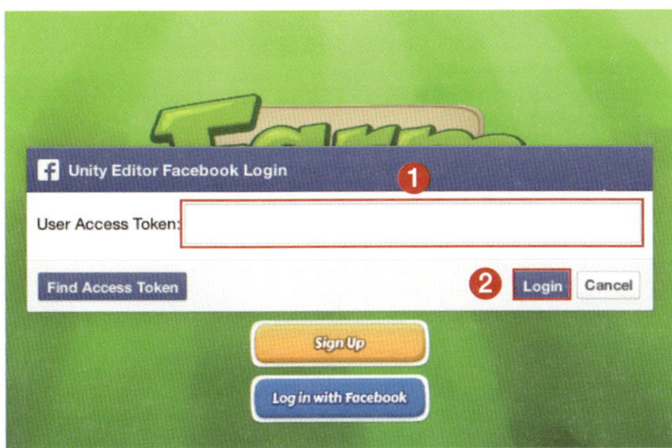

그림 3-789: 페이스북 로그인 진행

콘솔을 확인하면 사용자 이름이 출력되는 모습을 확인할 수 있습니다.

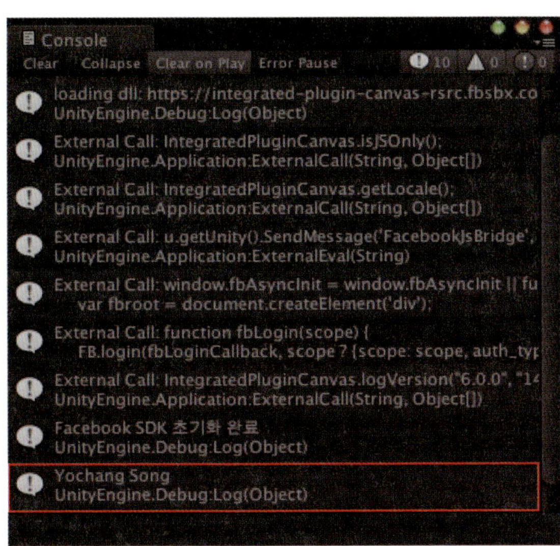

그림 3-380: 페이스북 로그인 결과로 사용자 이름 출력 확인

데이터베이스 작업

기존의 아이디를 입력해 로그인하던 방식과 달리 페이스북 SDK를 사용하면 이름이 입력되므로 데이터베이스의 이름 칸 길이를 더 늘리고 페이스북 아이디를 입력할 수 있는 칼럼을 추가하겠습니다.

웹 브라우저에서 다음 주소(http://localhost/phpmyadmin)로 접속해 farmdefence 데이터베이스의 usercore 테이블을 선택(❶)한 후 구조를 선택(❷)하고 id 칼럼을 변경하기 위해서 id 칼럼의 변경 버튼을 클릭(❸)합니다.

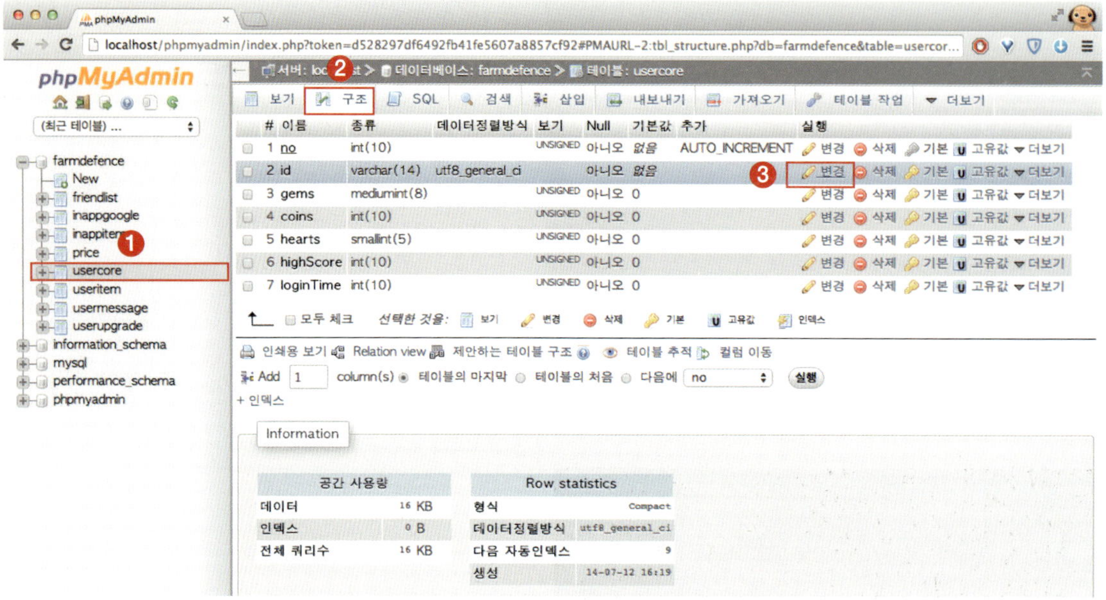

그림 3-381: usercore 테이블 변경

id 칼럼의 길이를 35로 입력(❶)하고 저장 버튼을 클릭해 변경을 완료(❷)합니다.

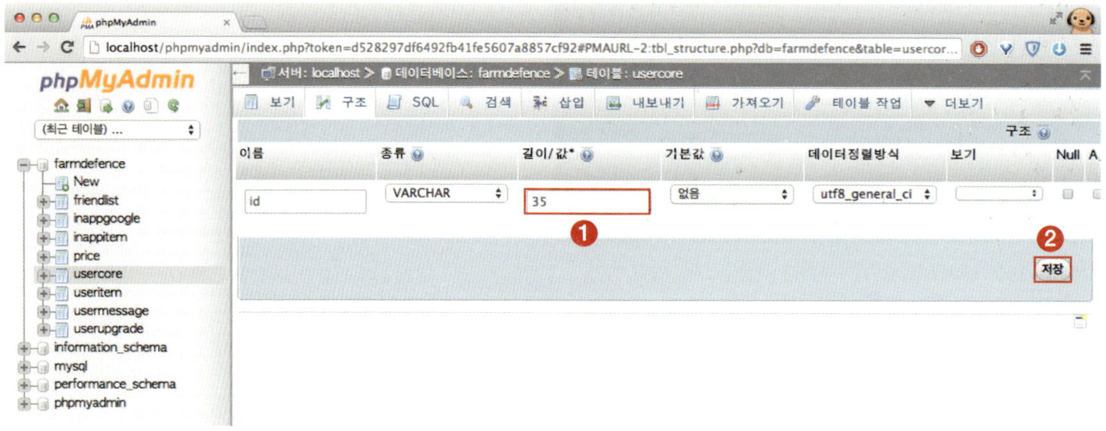

그림 3-382: usercore 테이블 변경

페이스북 ID를 저장하기 위한 칼럼을 추가합니다. usercore 테이블에서 실행 버튼을 클릭해 표시된 조건대로 테이블의 제일 마지막에 새로운 칼럼을 추가합니다.

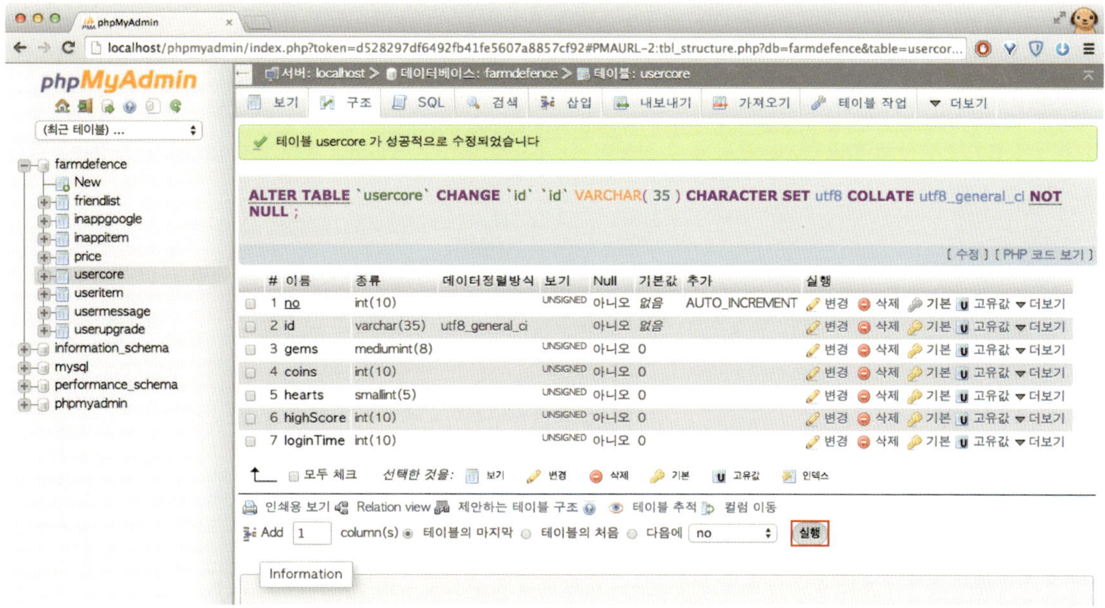

그림 3-383: usercore 테이블 칼럼 추가

이름을 facebook으로 입력(❶)하고 종류를 VARCHAR로 선택(❷)합니다. 길이는 20으로 입력(❸)하고 기본값은 사용자 정의로 변경한 뒤 0을 입력(❹)합니다. 저장 버튼을 클릭(❺)해 새로운 칼럼을 추가합니다.

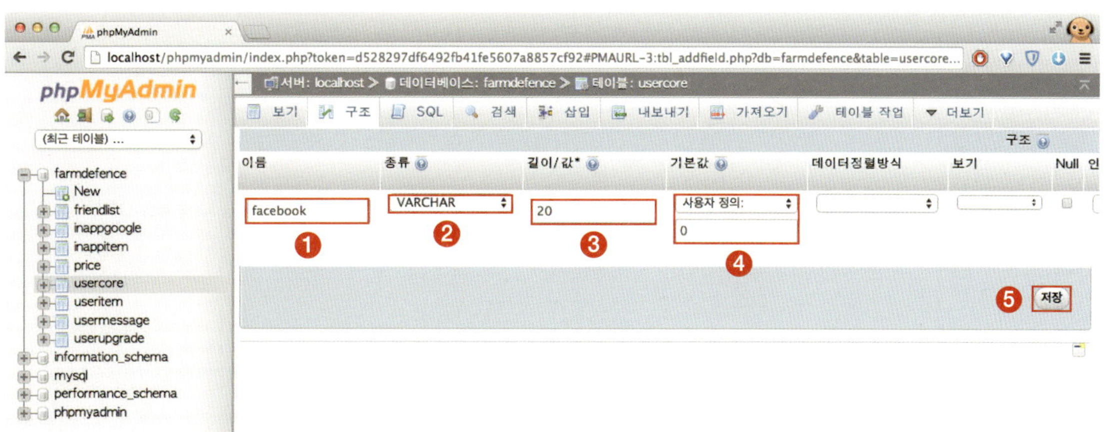

그림 3-384: usercore 테이블 칼럼 추가

앞서 내려받은 첨부 파일에서 3-6/php/로 이동해 postUserIDWithFB.php, getUserDataWithFacebook.php , getFriendListWithFB.php 파일을 C:₩server₩www₩farmdefence 폴더에 복사합니다.

데이터 처리

페이스북 ID를 저장해 활용할 수 있도록 수정해야 합니다. 먼저 UserData 클래스에 facebook 멤버 필드를 추가합니다.

예제 3-191: UserData.cs

```
--(전략)--
/// <summary>
/// 사용자 기본 데이터.
/// </summary>
public struct UserData {
    public string name;
    public int gems;
    public int coins;
    public int hearts;
    public int highScore;
    public double loginTime;
    public string facebook;

    public int upgradeNo;
    public int attLv;
    public int defLv;
    public int moneyLv;
}
--(후략)--
```

그리고 GameData 클래스의 ConvertUserCore 메서드의 마지막에 페이스북 ID를 읽어서 넣도록 추가합니다.

예제 3-192: GameData.cs

```
--(전략)--
    public void ConvertUserCore(string xmlString)
    {
--(중략)--
        serverLoadedTime
            = System.Convert.ToDouble(mainNode["serverTime"].InnerText);
        userdata.facebook = mainNode["facebook"].InnerText; // facebook id
    }
--(후략)--
```

서버에 데이터를 요청하는 TitleGM 클래스의 RequestUserData 메서드도 사용하는 php 파일을 getUserCoreDataWithFacebook으로 변경합니다.

예제 3-192: TitleGM.LoadUserData.cs

```
--(전략)--
IEnumerator RequestUserData()
    {
        WWW www = LoadDataFromServer("getUserCoreDataWithFacebook");
--(후략)--
```

페이스북 로그인 처리

페이스북에 로그인해 얻은 데이터로 가입을 진행할 수 있는 메서드를 추가합니다.

예제 3-194: TitleGM.Facebook.cs

```
--(전략)--
    IEnumerator InputIDToServerWithFacebook(string idText, string facebookID)
    {
        WWWForm form = new WWWForm();
        form.AddField("userID", idText);
        form.AddField("facebookID", facebookID);

        string url = string.Format(GameData.Instance.urlPrefix, "postUserIDWithFB");
        WWW www = new WWW(url, form);
```

```
        yield return www;

        if( www.isDone && www.error == null)
        {
            Debug.Log(www.text);
            // 전달받은 데이터의 앞 5글자를 분리하여 결과 코드로 분석.
            string responseCode = www.text.Substring(0, 5);

            switch(responseCode)
            {
            case "query":
                // 서버에서 SQL 쿼리 에러가 발생한 경우.
                #if UNITY_EDITOR
                Debug.Log(www.text);
                #endif
                break;
            case "exist":
            case "done0":
                // 아이디가 정상적으로 생성된 경우.
                messageBoxObj.SetActive(false);
                // 생성된 아이디의 key를 저장.
                string splitUserKeyNo = www.text.Substring(5);
                int userKeyNo = System.Convert.ToInt32(splitUserKeyNo);
                PlayerPrefs.SetInt("UserKeyNo", userKeyNo);
                // 서버로부터 필요한 정보를 읽는 다음 단계 진행.
                TurnOnObj(0);
                LoadUserData();
                break;
            }
        }
    }
--(후략)--
```

InputIDToServerWithFacebook 메서드는 기존의 InputIDToServer 메서드에서 요청하는 주소와 전달하는 값만 페이스북에 맞춰서 변경합니다.

GetIDComplete 메서드를 수정해 InputIDToServerWithFacebook 메서드를 통해 서버에 아이디를 생성하도록 요청합니다.

예제 3-195: TitleGM.Facebook.cs

```
--(전략)--
    // 페이스북 아이디와 사용자 이름 결과 처리.
    void GetIDComplete(FBResult result)
    {
        if(FB.IsLoggedIn
           && PlayerPrefs.GetInt("UserKeyNo") == 0)
        {
            Dictionary<string, object> userInfo =
                Facebook.MiniJSON.Json.Deserialize(result.Text)
                    as Dictionary<string, object>;

            // 테스트로 사용자 이름을 출력해본다.
            Debug.Log(userInfo["name"]);
            // ID 와 사용자 이름으로 서버에 등록한다.
            PopupOnlyWarningMessage("아이디 등록중…");
            string facebookName = System.Convert.ToString( userInfo["name"]);
            string facebookID = System.Convert.ToString( userInfo["id"]);
            // 서버에 아이디를 전달한다.
            StartCoroutine(InputIDToServerWithFacebook( facebookName, facebookID ) );
        }
    }
--(후략)--
```

테스트를 위해서 TitleGM 스크립트의 OnEnable 메서드에 추가한 사용자 key 제거 코드를 주석처리 합니다.

예제 3-196: TitleGM.cs

```
--(전략)--
    void OnEnable()
    {
        // 저장된 사용자 key를 제거한다.
        // TODO: 반드시 출시전에 지워야한다.
        // PlayerPrefs.SetInt("UserKeyNo", 0);
--(후략)--
```

게임을 실행해 Log in with Facebook 버튼을 클릭하면 User Access Token을 통해서 로그인되고 가입이 완료됩니다.

프로필 이미지 사용

친구 데이터 변경

페이스북 사용자의 프로필 이미지를 얻어서 LobbyScene에 표현되는 랭크에 프로필 이미지가 나타나게 하겠습니다. 이런 처리를 하려면 먼저 친구 중에 페이스북을 이용해 로그인하는 사용자의 페이스북 ID가 필요합니다. FriendData 구조체에 새로운 멤버 필드를 추가합니다.

예제 3-197: UserData.cs

```
--(전략)--
/// <summary>
/// 친구 정보.
/// </summary>
[XmlRoot]
public struct FriendData
{
    [XmlElement]
    public int no;
    [XmlElement]
    public int friend;
    [XmlElement]
    public string name;
    [XmlElement]
    public int score;
    [XmlElement]
    public int state;
    [XmlElement]
    public double sendTime;
    [XmlElement]
    public string facebook;
}
--(후략)--
```

서버에 친구 리스트를 요청하는 TitleGM 스크립트의 LoadFriendData 메서드에서 getFriendList WithFB 파일을 사용하도록 변경합니다.

예제 3-198: TitleGM.LoadUserData.cs

```
    // 친구 데이터 로딩.
    void LoadFriendData()
    {
        StartCoroutine(
            RequestDataToServer<FriendData>(
            "getFriendListWithFB", 0.6f, "friendlist", "FriendData",
            GameData.Instance.friendList,
            LoadMessageData)
            );
    }
--(후략)--
```

프로필 이미지 로딩

먼저 페이스북을 사용하지 않는 사용자의 프로필을 처리하기 위해서 LobbyGM 스크립트에 새로운 멤버 필드를 추가합니다.

예제 3-199: LobbyGM.cs

```
--(전략)--
    // 페이스북 사용자가 아닌 경우 사용될 기본 이미지.
    public Texture normalUserImg;
--(후략)--
```

normalUserImg 멤버 필드에 인스펙터로 사용할 이미지를 할당해 사용하도록 합니다. 그리고 LobbyGM 스크립트의 MakeFriendRank 메서드에서 사용자 데이터도 친구 데이터로 등록해 넣도록 되어 있습니다. 이때 페이스북 ID도 입력될 수 있게 수정합니다.

예제 3-200: LobbyGM.cs

```
--(전략)--
    // RankUnit 처리하여 순위 생성.
    void MakeFriendRank()
    {
--(중략)--
        // 사용자 데이터도 친구로 등록.
        FriendData myData = new FriendData();
        myData.score = GameData.Instance.userdata.highScore;
        myData.state = -1;
        myData.name = GameData.Instance.userdata.name;
        // 페이스북 ID 할당.
        myData.facebook = GameData.Instance.userdata.facebook;
        tempFriendList.Add(myData);
--(후략)--
```

myData.facebook에 GameData.userdata.facebook 데이터를 할당하는 것으로 간단히 해결할 수 있습니다. 이제 RankUnit 스크립트에 프로필을 로딩했을 때 나타나도록 처리하는 ProfileImgCallBack 메서드를 제작합니다.

예제 3-201: RankUnit.cs

```
--(전략)--
    // 프로필 이미지를 로딩한 후 실행된다.
    void ProfileImgCallBack(FBResult result)
    {
        if (result.Error != null){
            Debug.Log(result.Error);
            // 에러가 난 경우 기본 이미지로 나타나도록 함.
            userImg.mainTexture = GameData.Instance.lobbyGM.normalUserImg;
            return;
        }
        // 받아온 프로필 이미지 적용.
        userImg.mainTexture = (Texture2D)result.Texture;
    }
--(후략)--
```

FBResult.Texture를 통해서 이미지 정보가 로딩되므로 간단히 UITexture.mainTexture 멤버 필드에 할당해 이미지가 나타나게 할 수 있습니다. 페이스북 ID를 가진 사용자의 경우 ProfileImgCallBack 메서드를 활용해 이미지가 로딩되도록 Init 메서드를 수정하겠습니다.

예제 3-202: RankUnit.cs

```
--(전략)--
  // RankUnit 초기화.
   public void Init(FriendData friendData, int rankNo, bool isMyData)
   {
       // 이미 작동중인 경우 예외처리.
       if(IsInvoking("RefreshRemainHeartSendTime"))
           CancelInvoke("RefreshRemainHeartSendTime");

       // 친구정보 저장.
       fData = friendData;

       rankLabel.text = rankNo.ToString();
       nameLabel.text = fData.name;
       scoreLabel.text = fData.score.ToString();

       // 페이스북 ID가 있는지 체크.
       if(fData.facebook.CompareTo("0") != 0)
       {
           // ID가 있는 경우. 프로필 이미지 요청.
           string requestImgQuery
               = string.Format("/{0}/picture?width=80&height=80", fData.facebook);
           FB.API(requestImgQuery, Facebook.HttpMethod.GET, ProfileImgCallBack);
       }
       else
       {
           // 기본 이미지로 나타나도록 함.
           userImg.mainTexture = GameData.Instance.lobbyGM.normalUserImg;
       }
--(후략)--
```

TitleScene에서 게임을 시작해 로그인 과정을 거치면 프로필 이미지가 로딩된 모습을 확인할 수 있습니다.

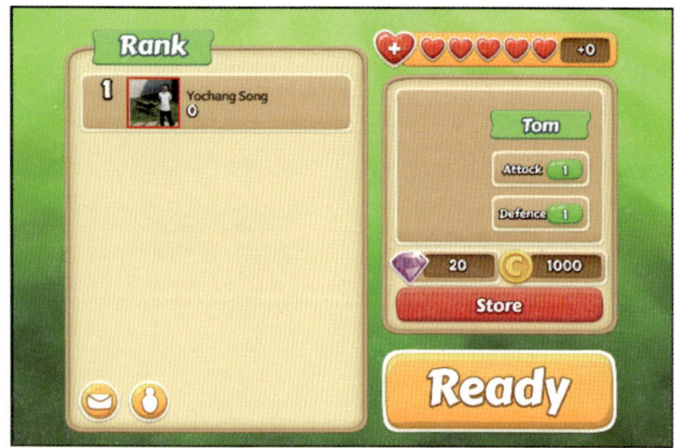

그림 3-385: 프로필 이미지 확인

안드로이드 빌드

페이스북 모듈 추가 방식

앞서 제작한 안드로이드 프로젝트에 페이스북 모듈을 교체하는 방식을 소개하겠습니다. 먼저 유니티에서 새롭게 Google Android Project를 생성합니다. 앞서 배운대로 assets 폴더 아래의 내용을 교체합니다(550쪽의 결제 테스트 참고).

페이스북 모듈을 추가하기 위해 안드로이드 스튜디오에서 주 메뉴의 [File] → [Import Module]을 실행합니다.

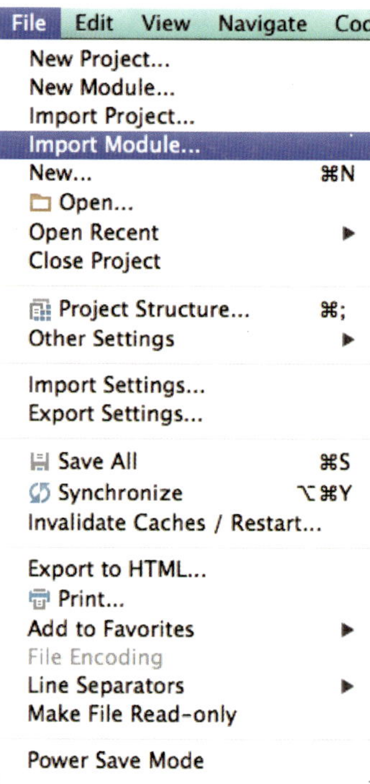

그림 3-386: 프로필 이미지 확인

새로 만든 안드로이드 프로젝트에 facebook 폴더가 함께 생성돼 있습니다. 해당 폴더를 선택(❶)하고 [Next] 버튼을 클릭(❷)합니다.

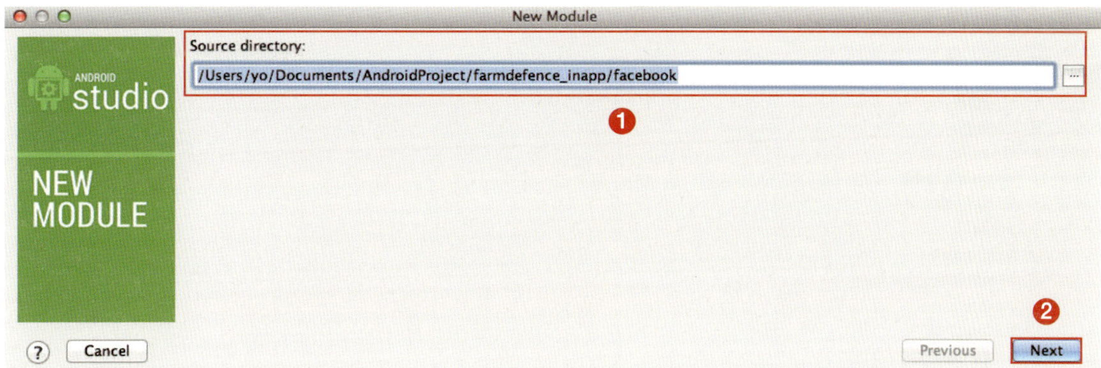

그림 3-387: 모듈 추가

옵션은 그대로두고 [Finish] 버튼을 클릭해 추가를 완료합니다.

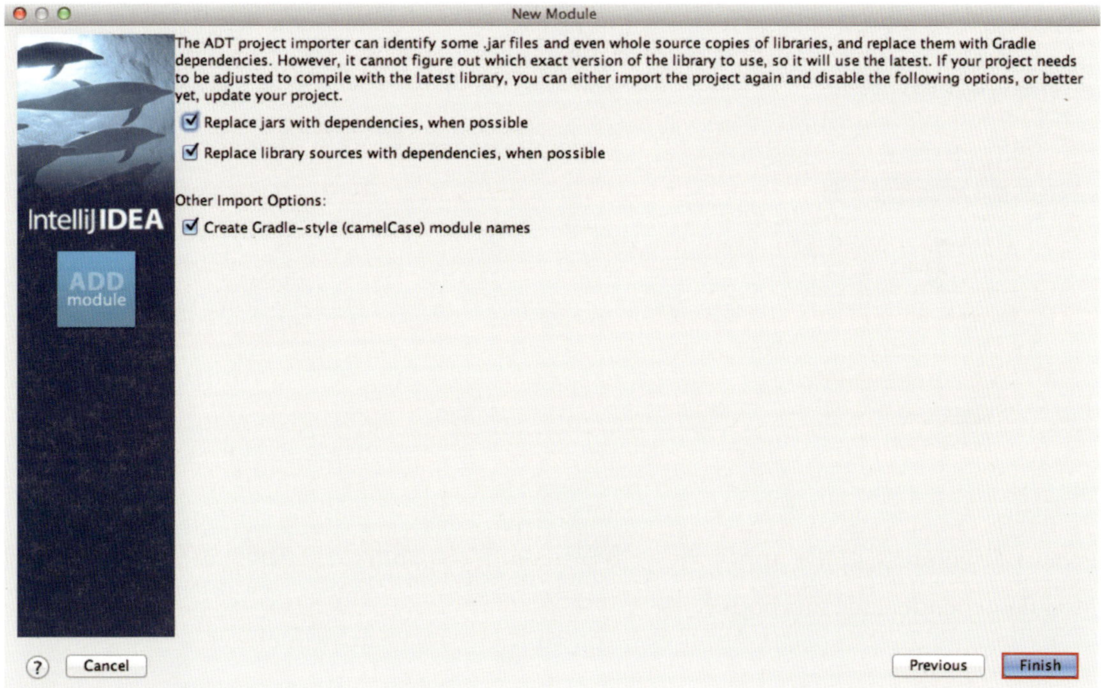

그림 3-388: 모듈 추가

페이스북 모듈이 추가되면 프로젝트에 facebook 모듈이 나타납니다.

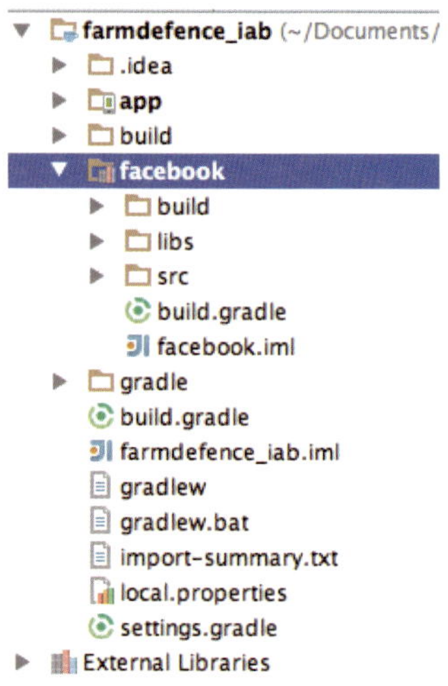

그림 3-389: 페이스북 모듈 확인

의존관계를 처리하기에 앞서 alt 키를 누른채 app/libs 폴더를 끌어서 facebook 모듈에 추가합니다.

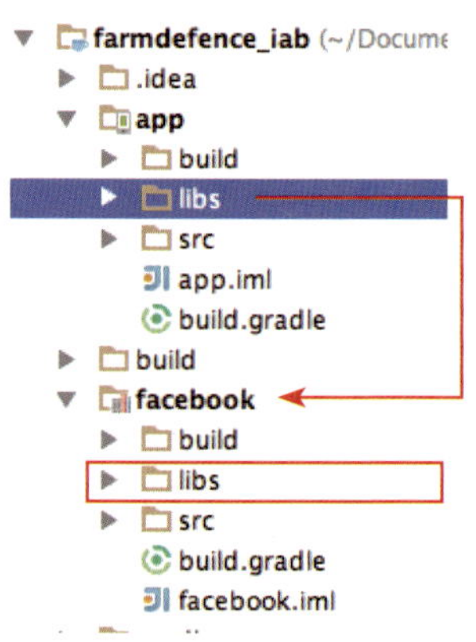

그림 3-390: libs 폴더 복사

Project Structure를 실행해 app의 의존관계에서 com.loopj.android를 제외하고 모두 제거한 후에 Module dependency로 facebook을 추가합니다.

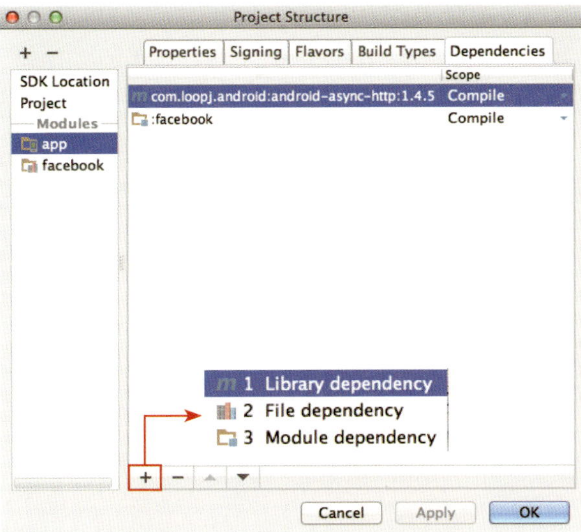

그림 3-391: app 의존 관계 정리

facebook 모듈을 선택하고 Library dependency로 com.android.support:support-v4:20.+와 com.parse.bolts:bolts-android:1.1.2를 추가합니다. 그리고 File dependecy로 libs/unity-classes.jar를 추가합니다. [OK] 버튼을 클릭해 마무리합니다.

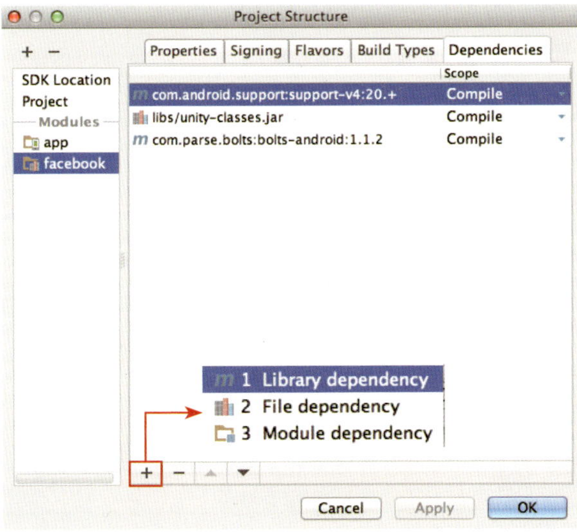

그림 3-392: facebook 의존 관계 정리

AndroidManifest의 application노드에 페이스북을 사용할 때 필요한 내용을 추가합니다.

예제 3-203: AndroidManifest.xml

```
--(전략)--
        <activity android:configChanges="fontScale|keyboard|keyboardHidden|locale|mnc|mcc|navigation|orientation|screenLayout|screenSize|smallestScreenSize|uiMode|touchscreen" android:name="com.facebook.unity.FBUnityLoginActivity" android:theme="@android:style/Theme.Translucent.NoTitleBar.Fullscreen">
        </activity>
        <activity android:configChanges="keyboardHidden|orientation" android:name="com.facebook.LoginActivity" android:theme="@android:style/Theme.Translucent.NoTitleBar.Fullscreen">
        </activity>
        <activity android:exported="true" android:name="com.facebook.unity.FBUnityDeepLinkingActivity">
        </activity>
        <meta-data android:name="com.facebook.sdk.ApplicationId" android:value="_facebook id_" />

    </application>
--(후략)--
```

이때 반드시 <meta-data android:name="com.facebook.sdk.ApplicationId" android:value="_facebook id_" /> 줄의 _facebook id_는 자신의 페이스북 ID를 넣어야 합니다.

이후 APK를 만드는 과정은 기존과 동일합니다.

안드로이드 프로젝트 가져오기 방식

기존의 프로젝트를 무시하고 새롭게 안드로이드 프로젝트를 가져와서 작업하는 방법도 있습니다. 우선 유니티에서 생성한 안드로이드 프로젝트를 가져옵니다(512쪽의 결제 진행 참고).

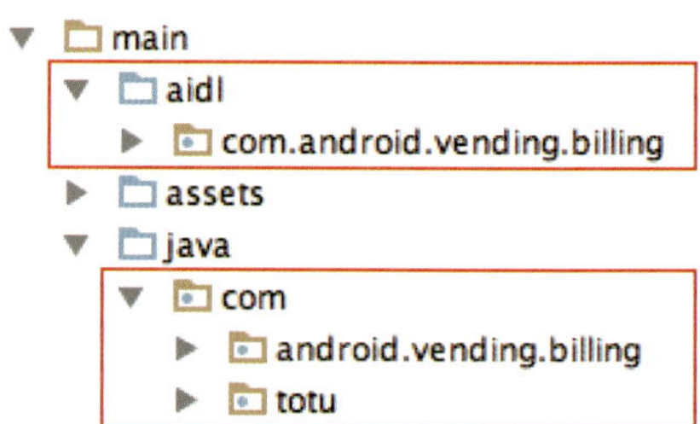

그림 3-393: 복사 대상 폴더

이때 편하게 진행하기 위해서는 앞서 제작한 코드를 재사용하는 것입니다. farmdefence/java 폴더 아래의 내용을 지웁니다. 그리고 이전 프로젝트의 app 모듈에서 아래 폴더를 복사해 넣습니다.

farmdefence/libs 폴더를 끌어서 facebook에 복사합니다.

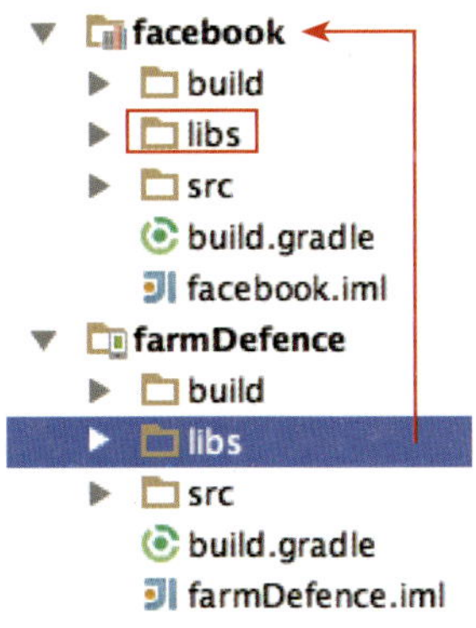

그림 3-394: libs 폴더 복사

의존관계를 앞에서와 같이 정리합니다. 이때 다른 점은 bolts.jar 파일이 libs 폴더에 포함돼 있어서 File dependency로 추가하면 된다는 점입니다. 모듈의 farmDefence와 facebook을 잘 확인해 적용합니다.

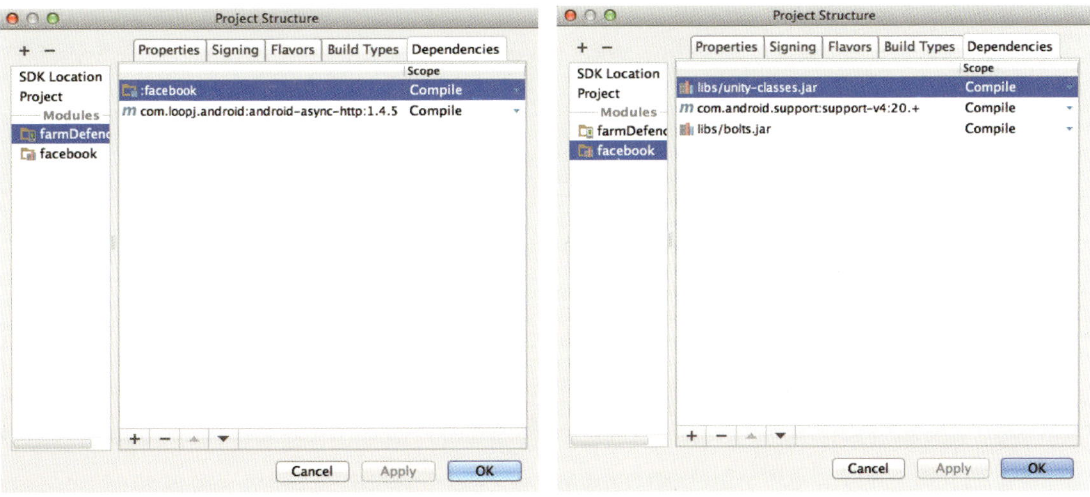

그림 3-395: 의존관계 정리

AndroidManifest는 application 노드에서 android:debuggable="true"를 제거하고 uses-permission 부분을 찾아서 con.android.vending.BILLING 권한과 facebook 관련 내용을 추가합니다.

예제 3-204: AndroidManifest.xml

```
--(전략)—
    <application android:icon="@drawable/app_icon" android:label="@string/app_name">
--(중략)--
        <activity android:configChanges="fontScale|keyboard|keyboardHidden|locale|mnc|mcc|navigation|orientation|screenLayout|screenSize|smallestScreenSize|uiMode|touchscreen" android:name="com.facebook.unity.FBUnityLoginActivity" android:theme="@android:style/Theme.Translucent.NoTitleBar.Fullscreen">
        </activity>
        <activity android:configChanges="keyboardHidden|orientation" android:name="com.facebook.LoginActivity" android:theme="@android:style/Theme.Translucent.NoTitleBar.Fullscreen">
        </activity>
        <activity android:exported="true" android:name="com.facebook.unity.FBUnityDeepLinkingActivity">
        </activity>
        <meta-data android:name="com.facebook.sdk.ApplicationId" android:value="_facebook id_" />

    </application>
--(중략)--
    <uses-permission android:name="com.android.vending.BILLING" />
--(후략)--
```

이후 APK를 만드는 과정은 기존과 동일합니다.

디펜스 게임 정리

디펜스 게임을 만들면서 기본적인 구조이지만 싱글톤 패턴을 적용한 GameData 스크립트를 제작했고 오브젝트 풀을 제작해 적용하기도 했습니다. 완벽한 게임을 제작하기 위해 많은 수정을 거쳐서 최종적인 모습에 도달했습니다. 실제로 게임을 개발할 때도 완벽한 구조와 실행 방식을 염두하고 게임을 제작할 수 없기에 이 책에서도 수정하며 발전시키는 방법으로 진행했습니다.

앞으로 게임을 제작하면서 이 책에서 배운 키워드를 가지고 더 심화하여 공부해 나간다면 더 좋은 게임을 제작할 수 있을 것입니다. 그리고 아무리 간단한 게임이라도 꼭 끝까지 제작해보는 것이 좋습니다.

처음 게임을 제작할 때는 흔히 게임 플레이가 완성되면 게임이 끝이라고 생각합니다. 하지만 디펜스 게임에서도 보았듯 게임 플레이 이후에도 벨런스, 결제 모듈, 외부 로그인 고려 등 신경 써야 하는 부분이 많습니다. 이러한 경험을 떠올려서 이후에 게임을 제작할 때 게임 외적인 부분까지 고려하시기 바랍니다.

부록

- 마이크로소프트 오피스 엑셀에서 XML 파일 손쉽게 제작하기

마이크로소프트 오피스 엑셀에서 XML 파일 손쉽게 제작하기

웨이브 데이터를 XML로 로딩해 처리했습니다. 하지만 XML은 노드 단위로 이름을 계속 적어 넣어야 하는 불편함이 있습니다. 엑셀을 이용해 이런 수고를 덜고 손쉽게 XML로 변경하는 방법을 알아보겠습니다.

XML 매핑 파일 제작

엑셀은 스프레드시트(spreadsheet) 또는 표로 데이터를 처리합니다. 그래서 자신이 만들고자 하는 XML과 어떤 형식으로 매핑(Mapping)되어 데이터가 출력될지 결정하는 XML 파일이 필요합니다.

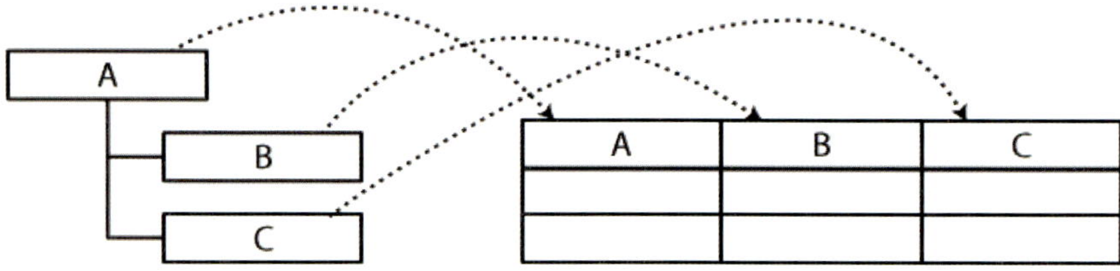

그림 부록-1: XML과 엑셀의 매핑 개념

자신이 원하는 형태의 XML을 작성해 저장합니다. 이때 다음과 같이 만든 노드를 복사하여 총 2개의 기본 노드를 포함한 형태로 작성합니다.

예제 부록-1: EnemyWaveMappingSource.xml

```
<?xml version="1.0" encoding="UTF-8" ?>
<EnemyWaveDatas>
    <EnemyWaveData waveNo = "">
        <type></type>
        <spawnPosition></spawnPosition>
        <tagName></tagName>
        <amount></amount>
        <MS></MS>
        <AD></AD>
        <HP></HP>
    </EnemyWaveData>
    <EnemyWaveData waveNo = "">
        <type></type>
        <spawnPosition></spawnPosition>
        <tagName></tagName>
        <amount></amount>
```

```
        <MS></MS>
        <AD></AD>
        <HP></HP>
    </EnemyWaveData>
</EnemyWaveDatas>
--(후략)--
```

엑셀 개발 도구 리본 설정

엑셀에서 맵핑 설정을 하려면 개발 도구 리본이 필요합니다. 보통 해당 리본이 표시되지 않으므로 이를 먼저 나타나게 하겠습니다. 엑셀을 실행한 후 주 메뉴의 [파일] → [옵션]을 실행합니다.

그림 부록-2: 엑셀 옵션

왼쪽 메뉴에서 리본 사용자 지정을 선택하고 오른쪽 메뉴에 있는 리본 메뉴 사용자 지정을 기본 탭으로 선택한 후 아래에서 개발 도구를 선택합니다. 확인을 클릭해서 옵션 설정을 완료합니다.

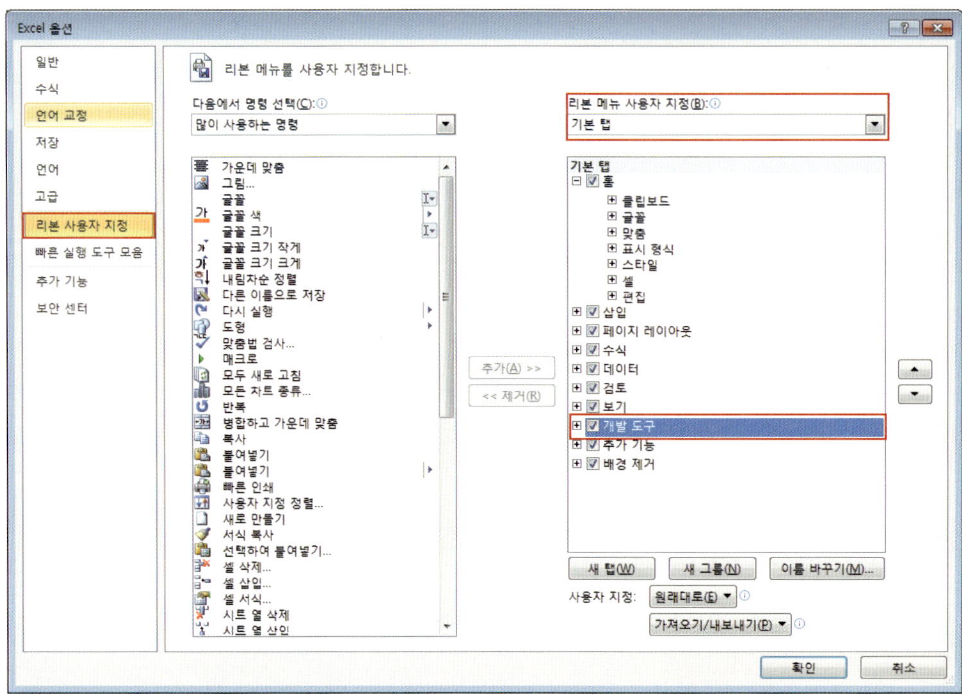

그림 부록-3: 개발 도구 추가

XML 맵핑 설정

주 메뉴의 [개발 도구] → [원본]을 선택한 후 [XML 맵...] 버튼을 클릭합니다.

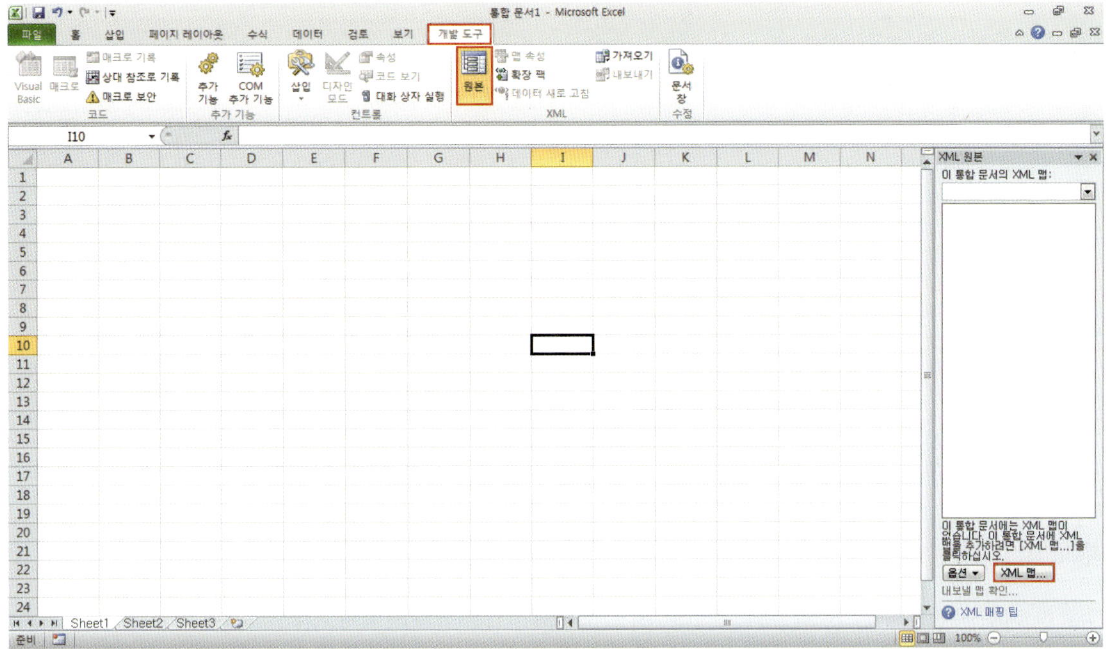

그림 부록-4: XML 맵핑 파일 추가

추가 버튼을 클릭해 앞서 만든 EnemyWaveMappingSource.xml을 선택합니다.

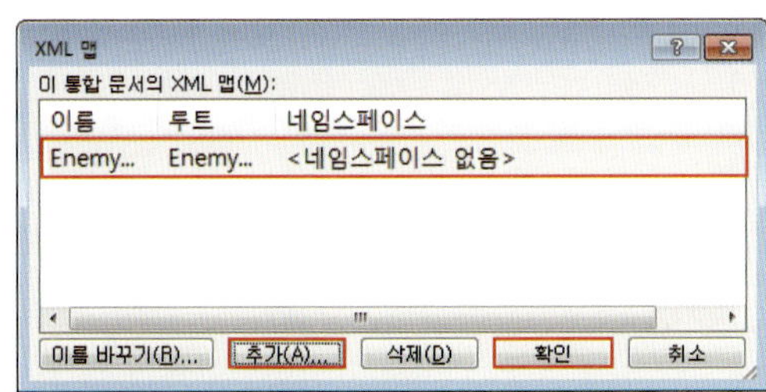

그림 부록-5: XML 맵핑 파일 추가

XML 맵핑 파일이 추가된 후 XML을 끌어다가 스프레드시트에 놓으면 맵핑이 완료되고, 맵핑된 스프레드 시트에 XML 노드 이름이 나타납니다.

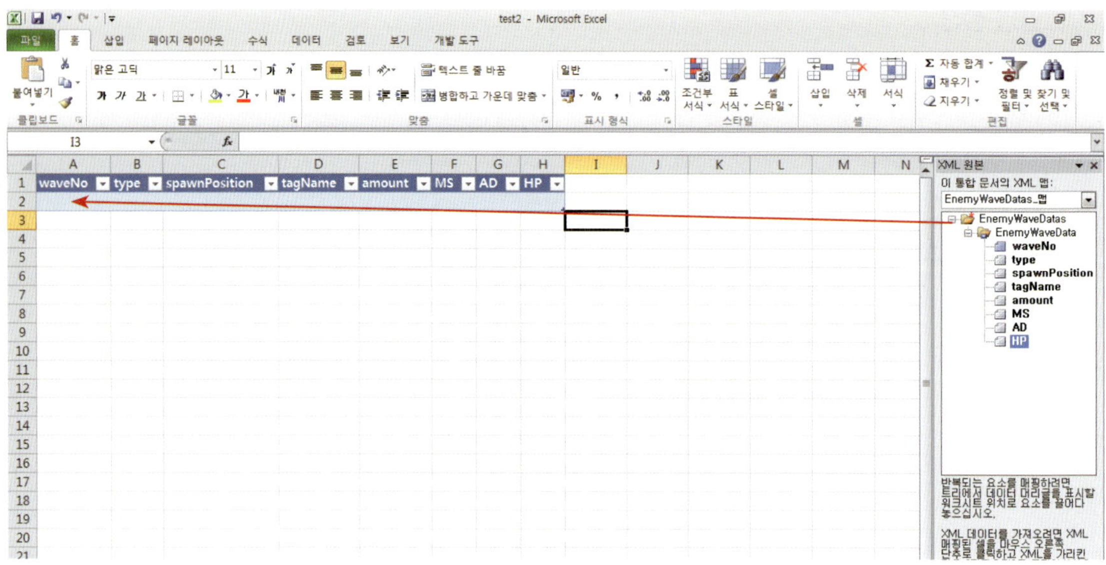

그림 부록-6: XML 맵핑

XML 파일 저장

필요한 내용을 입력한 후 주 메뉴의 [개발도구] → [내보내기]를 클릭해 XML 파일로 저장합니다.

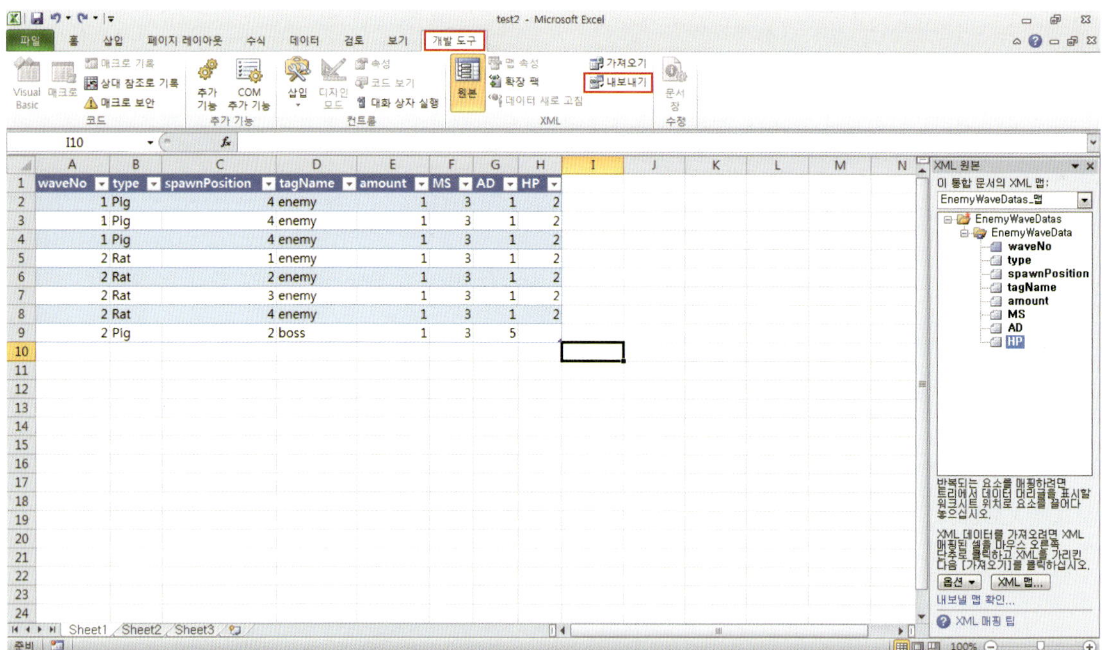

그림 부록-7: XML 파일 저장

기호

A – F

G – O

P – R

사 – 아

자 – 하